Jüri Lina

Sous le signe du Scorpion

L'ascension et la chute de l'Empire Soviétique

Jüri Lina

Première édition en Suède :
« *Under Skorpionens tecken : Sovjetmaktes uppkomst och fall* », Stockholm 1994.
Première édition en anglais en 1998 :
« *Under the Sign of the Scorpion* »,
deuxième édition en 2002, troisième édition 2014,
dont la présente traduction est tirée.

Sous le signe du Scorpion
L'ascension et la chute de l'Empire Soviétique

Traduit de l'anglais et publié par
Omnia Veritas Ltd

www.omnia-veritas.com

© Omnia Veritas Ltd – Jüri Lina - 2016

Tous droits réservés. Aucune partie de cette publication ne peut être reproduite par quelque moyen que ce soit sans la permission préalable de l'éditeur.

AVANT-PROPOS DE L'ÉDITEUR	11
INTRODUCTION	13
LES FAUX COMMUNISTES ET IMPOSTEURS CHRÉTIENS	17
LES ILLUMINATI : LE TRIOMPHE DU MENSONGE	**25**
Les antécédents idéologiques des Illuminés	*27*
La première divulgation	*34*
Les meurtres de Schiller et Mozart	*38*
Les Illuminati en tant qu'infiltrés	*43*
Le totalitarisme jésuitique pour modèle	*50*
Le premier coup d'état des Illuminati	*52*
Le coup d'état Illuminati en Suède	*72*
Le chemin des Illuminati vers le pouvoir mondial	*74*
KARL MARX – L'IDOLE MALÉFIQUE	**83**
Moïse Hess – Le professeur de Marx et Engels	*86*
L'origine de la vision de Marx sur l'humanité	*89*
Les aveux incroyables de Marx, Disraeli et les autres	*92*
Les francs-maçons Marx et Engels	*94*
1848 : « Année de la Révolution » - La première vague	*98*
Mars 1848 – Le plan concerté	*100*
La deuxième vague, 1848-1849	*102*
La Terreur Illuministe continue	*104*
La vérité derrière le mythe	*109*
Marx comme journaliste	*111*
La faillite morale du Marxisme	*113*
VLADIMIR OULIANOV, CET INCONNU	**117**
Lénine le franc-maçon	*121*
Les premiers francs-maçons en Russie	*123*
Le caractère de Lénine	*125*
La terreur sous le règne de Lénine	*131*
L'origine idéologique de la Terreur	*136*
Les derniers jours de Lénine	*150*
LÉON TROTSKI – UN CYNIQUE ET UN SADIQUE	**159**
Trotski le franc-maçon	*161*
Le mentor de Trotski : Parvus	*162*
La tentative de Coup d'État de 1905	*163*
Trotski à l'étranger	*175*
Trotski le despote sans merci	*179*
Les camarades de Trotski	*184*
La chute de l'Amiral Shchastny	*190*

    La rébellion de Kronstadt...*192*
    Trotski l'éminence grise..*195*
    Trotski l'anti-intellectuel..*199*
    Le meurtre de Sergueï Essenine..*200*
    Staline le vainqueur..*203*
    Le meurtre de Trotski..*204*

COMMENT LES COMMUNISTES S'EMPARÈRENT DU POUVOIR **207**
    Les origines de la Première Guerre Mondiale...........................*208*
    L'origine des Juifs de Russie...*216*
    Le Coup d'État de Février 1917..*219*
    Similarités avec le renversement du Shah d'Iran.......................*226*
    Le retour de Lénine et Trotski..*228*
    Des révélations dans la presse...*236*
    La révolte de Kornilov..*242*
    La prise du pouvoir..*244*
    L'aide germanique..*256*
    Le début de la Terreur gouvernementale..................................*258*

À TRAVERS LE LABYRINTHE MEURTRIER **281**

LAZARE KAGANOVITCH, LE LOUP ASSOIFFÉ DE SANG DU KREMLIN **321**
    Kaganovitch l'éminence grise...*323*
    La destruction de la culture Russe...*335*
    La grande famine et autres crimes..*339*
    La Grande Terreur...*343*
    La contribution de Beria..*348*
    Le meurtre de Staline...*356*
    La lutte de pouvoir après la mort de Staline.............................*360*

L'AIDE AMÉRICAINE À L'UNION SOVIÉTIQUE **368**
    L'« Intervention » comme outil de diversion.............................*369*
    La famine comme arme politique..*380*
    Les accords avec les bolchéviques...*384*
    La Collectivisation comme arme politique.................................*388*
    La construction du régime Soviétique..*391*
    L'augmentation de l'aide américaine..*393*
    L'aide de guerre à Moscou..*395*
    Les esclaves étrangers en Union Soviétique..............................*408*
    La Guerre Sainte de Staline..*412*
    L'aide pendant la « Guerre Froide »..*416*
    Le démantèlement de l'Union Soviétique..................................*419*
    Le retrait du Communisme en Europe de l'Est..........................*424*

Les États-Unis aidèrent aussi les communistes chinois à s'emparer du pouvoir 429
LA PRISE DE POUVOIR COMMUNISTE EN ESTONIE 437
EN RÉSUMÉ : QUELQUES CONCLUSIONS 459
JÜRI LINA 477
BIBLIOGRAPHIE SÉLECTIVE 479
OUVRAGES DÉJÀ PARUS CHEZ OMNIA VERITAS 487

« Personne ne sait que le Sionisme est apparu comme un mouvement marxiste et socialiste… Le Sionisme est en fait issu d'une révolution »
Sergueï Lezov, chercheur
à l'Académie des Sciences Soviétique ;
Institut pour l'information scientifique.
Strana i Mir magazine (Munich)
Numéro 3, 1988, p. 94

« Les idéaux du bolchévisme concordent sur bien des points avec les aspirations les plus élevées du Judaïsme. »
Jewish Chronicle,
4 avril 1919 (Londres)

Jüri Lina

Avant-propos de l'éditeur

Cet ouvrage de l'historien estonien Jüri Lina traite de l'apparition puis de l'expansion du phénomène communiste. Les racines du communisme sont profondément occultes. Ce n'est pas un hasard si la symbolique y prend une part si importante. Qu'une telle logique de sujétion et d'esclavagisme de l'homme par l'homme soit parvenue à conquérir la moitié du monde pendant la majeure partie du siècle dernier, est un prodige qui ne doit rien au hasard. Le lecteur découvrira que les instigateurs et les soutiens financiers gigantesques ayant permis la propagation et plus tard la survie de ce système, ne provenait nullement du monde du travail, mais bien de la haute finance internationale. Cette élite cosmopolite a favorisé sans relâche l'instauration d'un mode de vie où primaient la servitude, le mensonge et le crime, grâce auquel elle supervisa le pillage des richesses de la Russie pour son plus grand profit.

Les informations contenues dans ce livre, adossées à des sources prestigieuses et incontestables, aideront le lecteur à comprendre la cohérence ultime des évènements des trois derniers siècles. C'est en cela que de tels travaux si rares font partie de ceux qui peuvent changer notre regard sur le monde et sur l'histoire.

À notre époque de chantage mémoriel permanent, il est important et même crucial de mettre en lumière ces évènements afin de les faire connaître aux générations nouvelles. C'est une manière de se réapproprier un pan de l'histoire qui est enseveli par le mensonge et le silence complice de nos élites. Car les travaux de Jüri Lina sont là pour nous montrer que si le communisme dans sa forme primitive, tel qu'il fut mis en pratique en Union Soviétique, a quasi disparu aujourd'hui, l'idéologie totalitaire et ceux qui la promeuvent sont toujours bien présents au travers des institutions actuelles, notamment celles de l'Union Européenne. Nous sommes donc à ce titre tous concernés par les évènements tragiques ayant accablé la Russie du siècle dernier.

Les faits rapportés par Lina paraîtront ahurissants à certains, tant l'opacité historique volontairement entretenue par les médias de masse et l'éducation nationale, en a falsifié les contours. Même si les crimes communistes sont établis et connus du plus grand nombre, l'origine du mouvement et surtout celle de ses promoteurs reste encore nimbée d'un mystère sulfureux, à la résolution duquel nous invite cet ouvrage d'un intérêt historique majeur.

Note du traducteur

Les nombreuses sources mentionnées ont été traduites en français lorsque le titre présente un intérêt pour la compréhension du sujet traité ou lorsqu'une édition équivalente existe en langue française (ce qui, il faut bien le dire, est rarement le cas). Nous avons délibérément choisi de conserver intacte la bibliographie de références en fin d'ouvrage en langue originale anglaise, car la plupart des ouvrages y figurant ne sont trouvables qu'à partir d'éditions anglophones. Nous pensons que cette précaution facilitera le travail du chercheur qui souhaite consulter les sources originales.

INTRODUCTION

L'empire Soviétique fut établi à 2 heures et quatre minutes le 8 novembre 1917 dans la capitale Russe de Saint-Pétersbourg. En termes astrologiques, le soleil était précisément situé au centre du signe du scorpion. Ainsi le scorpion peut être considéré comme le symbole et gardien du pouvoir Soviétique.

La planète pluton affecte à son tour ceux qui sont sous l'influence directe du scorpion. Dans le passé, mars était le maitre du scorpion, mais depuis la découverte de Pluton en 1930 et son intégration subséquente dans le système astrologique, elle a trouvé son emplacement légitime dans le signe du scorpion. Les effets de Pluton, même avant sa découverte, ont toujours été les mêmes, qu'ils aient été attribués ou non à une autre planète.

Le fait que l'empire Soviétique soit né sous la « mauvaise » planète démontre la nature impénétrable de Pluton, qui ne montre jamais son vrai visage jusqu'à ce que le moment soit venu de restructurer le pouvoir à son avantage. Il a été récemment révélé que les Bolchéviques étaient très versés dans la pratique de l'astrologie.

Le champ d'influence du Scorpion inclut un pouvoir et un développement financier aux dépends des autres. C'est pourquoi les tenants du pouvoir ont besoin de rester soudés – en d'autres termes d'établir une mafia politique. Pluton en Scorpion implique également certaines circonstances cachées qui ne sont révélées qu'avec le temps. L'astrologue Allemand Edmund Herbert Troinsky (1910-1982) avait prévu dès 1956 que l'Empire Soviétique s'effondrerait au début des années 90.

Par leur caractère vindicatif, leur ruse, leur brutalité et leur art de la dissimulation, les agents du scorpion sont considérés comme de dangereux opposants. Ceux qui sont sous l'influence du scorpion sont de profonds matérialistes extrémistes, souvent psychopathes, qui aiment à exploiter les autres tout en n'oubliant ni ne pardonnant jamais. Si leurs plans sont contrecarrés ils deviennent pris de furie. Ils n'hésitent pas à profiter des autres. Rien ne les empêche de poursuivre et d'atteindre leurs buts. Leur véritable nature reste enveloppée de mystère. La couleur du scorpion est le rouge et ses symboles sont le vautour, le serpent et le désert sans vie.

Dans le règne animal, le scorpion est connu pour être une créature toxique qui préfère s'envelopper de ténèbres. Il a pour habitude de piquer les membres de son espèce s'ils interfèrent avec ses affaires.

Le lecteur verra que cette description correspond parfaitement au système Soviétique, à son idéologie et à ses dirigeants. La brutalité du pouvoir Soviétique est bien documentée. Son idéologie porte l'apparence distincte d'un mirage dans le désert, car l'un comme l'autre n'ont rien à voir avec la réalité.

Dans la mythologie égyptienne, la déesse Serket (également connue sous le nom de Selket), était représentée par un scorpion ou par une femme surmontée d'un scorpion. Un pouvoir de guérison lui était attribué, ainsi que la protection contre les morsures des animaux venimeux.

Malgré son expérience personnelle du communisme, le sujet moyen de l'Empire Soviétique ne savait rien des fondamentaux ou des points essentiels du Marxisme-Léninisme, ou de sa véritable origine et de son histoire. Tout ce qui était d'importance ou à tout le moins compromettant a été expurgé des livres d'histoire Soviétiques ou occidentaux.

Pour un occidental, la brutalité communiste est presque inconcevable. L'auteur russe Ivan Bounine, qui vivait à Paris depuis 1920 et reçu le Prix Nobel de littérature en 1933, faisait usage de métaphore pour décrire la vie sous le régime communiste. Lorsqu'un journaliste lui demanda de décrire le régime de terreur communiste, il répondit : « comment pouvez-vous décrire la nuit à une libellule ? »

Ce livre est néanmoins une tentative d'expliquer un concept inexplicable : le maléfice infini du communisme.

Ainsi l'auteur voudrait révéler quelques faits que les historiens malhonnêtes ont pour habitude de passer sous silence. La dissimulation est en fait une sorte de fausseté.

Cet ouvrage traite des conspirations maçonniques maléfiques et d'Adam Weishaupt, le fondateur du mouvement Illuministe-Socialiste dans la ville bavaroise d'Ingolstadt le 1er mai 1776, ainsi que de Moïse Hess, le mentor et professeur de Karl Marx ; deux noms qui ne sont généralement pas connus de ceux qui ont fréquenté le système éducatif sous influence marxiste.

Il existe un dicton : le communisme est le chemin le plus sanglant, le plus difficile et le plus terrible, pour aller du capitalisme au capitalisme. La vérité de ceci est maintenant prouvée et démontrée par l'histoire.

Les représentants du pouvoir criminel ayant stoppé le développement de la Russie et plongé le pays dans le chaos ont maintenant admis eux-mêmes que la vie était meilleure au temps de la Russie Tsariste, qu'elle ne l'était sous l'Union Soviétique. Il a été également calculé qu'un paysan russe en 1968 avait un niveau de vie équivalent à seulement la moitié de celui de 1914.

Si l'on compare les conditions de vie en URSS avec celles de l'Occident, le contraste est encore plus saisissant. En 1968, le niveau de vie moyen au Royaume-Uni était bien plus élevé que celui de l'Union Soviétique.

Le dernier dictateur de l'Union Soviétique, Mikhaïl Gorbatchev (un membre de la Commission Trilatérale), était uniquement préoccupé de rafistoler le toit de cet empire gigantesque, alors que ses fondations socialistes étaient pourries jusqu'à la moelle.

À l'Ouest et même à l'Est, les symptômes de la maladie socialiste ont été débattus mais pas ses causes idéologiques, politiques ou économiques. Pour cette raison, je voudrais profiter de cette opportunité pour informer le lecteur des fondations idéologiques du pouvoir Soviétique et sur les raisons réelles de la décision de répandre le Socialisme-Communisme à travers le monde en utilisant la ruse et la violence, une décision ayant entraîné la plus grande catastrophe spirituelle, sociale et écologique de l'histoire de l'humanité.

Des faits importants, inconnus jusqu'à aujourd'hui à propos du communisme Soviétique, ses crimes et ses criminels, sont continuellement rendus publics dans la Russie actuelle. Par conséquent, des russes intelligents sont au courant de faits essentiels très peu connus en occident. J'ai inclus de nombreux nouveaux faits dans cette troisième édition de « Sous le signe du Scorpion », et puis donc présenter un travail élargi au lecteur.

Ce livre a été l'objet d'attaques en règle, formulées sans le moindre argument objectivement valide et sans qu'aucune erreur factuelle ne puisse être relevée. Ceux qui révèlent certaines vérités déplaisantes sont aujourd'hui systématiquement qualifiés « d'antisémites ». Il suffit pourtant de citer les nombreuses sources sionistes et communistes décrivant les assauts judéo-marxistes contre la société.

Les directives émises par le Comité Central du parti Communiste de l'Union Soviétique prescrivaient en 1943 : « *les membres et leurs organisations de façade doivent continuellement couvrir de honte, discréditer et dégrader la réputation de ceux qui osent nous critiquer. Si nos opposants deviennent trop gênants, traitez-les de fascistes, de nazis ou d'antisémites... après une répétition suffisante, le lien sera considéré comme un « fait » dans l'esprit du public.* »

Une demande croissante a entraîné la parution de trois éditions suédoises et estoniennes ainsi qu'une troisième édition anglaise revue et augmentée. *Sous le signe du Scorpion* éveille un intérêt croissant.

En 1923, le franc-maçon Leiba Bronstein, plus connu comme le dirigeant bolchévique Léon Trotski, inventa l'expression **politiquement correct**. Ceux qui avaient le malheur de dévier de la ligne du parti pendant la Nouvelle Politique Économique de la Russie Soviétique au cours des années 1921-1928, étaient aussitôt récompensés par une balle dans la nuque ou un aller-simple dans un camp de travail. De nos jours, la même expression introduite depuis les années 1970 dans le langage courant, désigne ce qui bénéficie aux intérêts de la franc-maçonnerie internationale, quel que soit le degré de mensonge ou d'irréalité qu'elle recouvre. Mais le politiquement incorrect est d'un autre coté directement néfaste à l'égard des buts ultimes de la franc-maçonnerie.

Ce livre est définitivement « politiquement incorrect ».

Je suggère au lecteur d'étudier attentivement son contenu afin de pénétrer au cœur d'une réalité complètement différente de celle constamment contrôlée par un réseau de fils invisibles.

Jüri Lina
Stockholm, septembre 2014

LES FAUX COMMUNISTES ET IMPOSTEURS CHRÉTIENS

À l'automne 1989, les crimes du dictateur roumain Nicolae Ceausescu contre le peuple roumain et la minorité hongroise étaient débattus à la télévision suédoise. Dans le studio, se trouvait Jorn Svensson, un fonctionnaire du parti de gauche communiste (VPL). Il déclara que les communistes d'Europe de l'Est n'étaient pas de véritables suiveurs de l'idéologie des travailleurs, car ils avaient déviés de la doctrine marxiste.

Depuis lors, les crimes des communistes d'Europe de l'Est ont gagné une attention croissante de la part du public. Alors ses sympathisants à l'Ouest ont cherché à prendre une distance symbolique avec eux, pour ne pas compromettre leur chance d'exercer une influence dans le futur. Naturellement, ils se considéraient eux-mêmes comme de vrais communistes, malgré qu'ils aient auparavant accordé leur soutien aux bolchéviques de l'Est. Cela est devenu tellement sérieux qu'ils dénoncent ces sympathies comme ayant été de graves erreurs. Certains des partis communistes occidentaux commencèrent à se camoufler pour cacher leurs vrais principes, comme le *Parti Communiste Suédois De Gauche* qui se renomma lui-même simplement : le Parti de Gauche.

Les communistes Français demandèrent que leur chef, Georges Marchais, soit destitué car il avait pris des vacances au bord de la Mer Noire en tant qu'invité de Ceausescu. Marchais essaya de s'en tirer à bon compte en déclarant avoir pris ses distances à l'égard du régime communiste en Roumanie un an plus tôt, lorsqu'il avait annoncé à la télévision que le gouvernement de Bucarest n'avait rien en commun avec le socialisme. Le 28 décembre 1989, il formula l'espoir que le vrai socialisme puisse à présent être établi en Roumanie.

Apparemment, les 300 millions de victimes du communisme ne sont pas suffisantes aux yeux de certaines personnes naïves, pour percevoir la malfaisance de la doctrine marxiste. Il n'y a pas une seule personne honnête qui accepterait une vue similaire au sujet du maléfice du National-Socialisme allemand, à savoir le regret que les dirigeants soient des criminels ayant dévié de la « véritable doctrine bénéfique », malgré le fait que les victimes du régime nazi furent bien moins nombreuses que celles qui périrent dans les pays dont les communistes prirent le contrôle.

Milovan Djilas, un des dénonciateurs les plus connus du communisme, déclara au cours d'un entretien pour le magazine allemand *Der Spiegel* (14 mars 1983) qu'il croyait que l'idée du communisme était une émanation de la culture occidentale, du Judaïsme, de la philosophie utopique, ainsi que de la chrétienté et des sectes médiévales.

Nous trouvons il est vrai, des similarités entre le système communiste et la structure de pouvoir de l'église chrétienne, tout spécialement en ce qui concerne l'idéologie et l'attitude intolérante. Même quelques chrétiens (assez peu) ont rétrospectivement condamné les pères de l'église pour leurs actes de violence atroces et pour avoir établi les bases d'un système de totalitarisme religieux en Europe. Certains chrétiens ont qualifié ces criminels et autres membres barbares, de « chrétiens imposteurs. »

En même temps, ils affirment qu'il n'y avait intrinsèquement rien de mauvais dans la doctrine ; que la faute incombait au troupeau qui avait dévié du chemin de la vraie doctrine. C'est pourtant assez improbable qu'une telle doctrine soit sans erreur. Les chrétiens et les communistes ont tous deux été particulièrement intolérants envers leurs dissidents.

Le Vatican et le marxisme ont tous deux été créés à partir d'une vision esclavagiste. Les deux doctrines se sont subdivisées en de multiples factions et toutes deux se sont également prévalues d'un monopole sur la vérité. Les développements de l'histoire et de la science du XXème siècle ont montré que ces doctrines sont intrinsèquement fausses et ont exposé leurs dogmes. Les soviétologues ont révélé des faits embarrassants sur le marxisme et bien des idées chrétiennes ont été renversées par l'historien Danois Christian Lindtner dans son ouvrage « The Secret of the Christ » (« Hemligheten om Kristus » Klavrestrom 2003). De plus, il s'avère que l'univers pourrait être composé de structures multidimensionnelles, pouvant potentiellement contenir des millions de mondes parallèles étrangement connectés. (Paul Davies, « God and the New Physics » 1983)

Même un coup d'œil superficiel au Nouveau Testament, considéré comme sacré, révèle que les descriptions ne sont attestées par aucune preuve. Par exemple, la description d'Hérode le Grand est complètement erronée. Il n'y a aucune preuve qu'il ait ordonné le massacre d'enfants. Comparé à d'autres, il paraît avoir été un roi assez bienveillant. Les preuves historiques montrent qu'au cours de la grande famine en Judée, 24 ans avant l'ère chrétienne, il acheta des denrées en Égypte avec l'argent du gouvernement ainsi que par ses propres ressources, organisant leur distribution au sein de son royaume. « Sa générosité fut spectaculaire » d'après l'historien Michael Grant (« Herod the Great » New York 1967, Londres 1971).

Lorsque la moitié nord (la plus pauvre) de la Suède souffrit de la famine à la fin du 19ème siècle, l'évêque d'Harnosand refusa de distribuer les réserves parmi le peuple, encore moins de mettre à leur disposition quoi que ce soit de gratuit ; c'était mieux que la congrégation en soit réduite à mourir de faim.

Les communistes furent infâmes au point de causer la famine en confisquant la récolte des paysans. Ils nationalisèrent la terre des paysans pour les rendre dépendants de l'état. Chrétiens et communistes confisquaient la terre et les possessions de leurs plus dangereux « ennemis ».

L'empereur romain Jules César (100 -44 avant JC) fit l'exact opposé en achetant lui-même la terre et en la donnant à ses soldats pour les rendre indépendants de l'état.

Dans les années 20, les idéologues Soviétiques citèrent en exemple « l'état communiste » fondé par Johannes Bockelson à Munster en 1534. Un groupe de fanatiques anabaptistes conduits par Johannes Bockelson s'empara du pouvoir en Westphalie le 23 février 1534, en proclamant la commune de Munster la « Nouvelle Jérusalem ». Cette commune devint le siège d'un régime d'une dureté extrême et impitoyable.

Trois jours après la prise de pouvoir, le premier dirigeant de la commune, Jan Matthijs, expulsa tous ceux qui n'étaient pas prêts à accepter leur croyance. Plus tard, la direction passa au Juif baptisé Johann Leider, qui se proclama lui-même roi de la nouvelle Sion, et le conseil municipal fut remplacé par un conseil de 12 apôtres. Ils confisquèrent les propriétés du clergé et les biens de ceux qui s'étaient enfuis. Ils abolirent le commerce, instituèrent le travail forcé et interdirent l'usage de la monnaie. Tout devait être possédé collectivement. Les gens étaient seulement autorisés à garder leurs outils. Toute la production était confisquée par la commune et la polygamie fut introduite. Cette communauté était censée devenir le « règne de mille ans de la paix » (le millénium). Ce mal régna à Munster pendant 16 mois avant que les troupes de l'évêque n'arrivent le 25 juin 1535 pour exécuter tous les dirigeants de la commune. Plus tard les baptistes et les mennonites émergèrent à la suite des anabaptistes. Les anabaptistes prirent également part à la révolte paysanne et incitèrent les pauvres à se révolter dans plusieurs villes d'Allemagne et de Hollande.

Les propagandistes Soviétiques étaient particulièrement impressionnés par la terreur politique qui servait de base à la tactique anabaptiste. Joseph Staline et Félix Dzerjinski qui tous deux ne furent pas loin d'être ordonnés prêtres, avaient ainsi des exemples à portée de main. Dans les années 30, Staline commença à comparer officiellement le parti communiste avec l'ordre des chevaliers teutoniques de l'épée (Fratres Militiae Christi) du 13ème siècle.

Le fanatique religieux Taborite, Thomas Muntzer, tenta de s'emparer du pouvoir en Allemagne centrale durant les années 1524-25 avec l'aide de paysans enragés. Il trouvait les réformes de Martin Luther insuffisantes et voulait abolir la propriété et renverser l'aristocratie.

Des descriptions d'évènements similaires provenant même de dates antérieures peuvent également être trouvées. Les Frères des Apôtres, conduits par le fanatique Fra Dolcino, prirent le pouvoir à Vercelli dans le nord de l'Italie au début du 14ème siècle. Seule la pauvreté semblait vertueuse à leurs yeux, et donc ils tuaient chaque personne riche de la ville. Le régime terroriste des frères des apôtres dura 3 ans de 1304 à 1307. Ils ne parvinrent jamais à aucune forme d'égalité sociale.

L'église médiévale pratiquait la propriété collective, les communistes copièrent ce système. Une plaisanterie Soviétique dit : « les chrétiens ont seulement prêché les avantages de la pauvreté, les communistes l'ont mise en pratique. »

Les racines du communisme peuvent aussi être trouvées dans l'ouvrage « Le Prince » écrit par Niccolo Machiavelli (1469-1527) qui était le secrétaire du conseil des dix dans la république de Florence. Le livre présente des techniques de manipulations cyniques et fausses pour promouvoir une dictature illimitée. L'œuvre fut publiée après sa mort, en 1532.

Les similarités entre l'histoire du communisme et de la chrétienté sont parfois choquantes. Les dirigeants bolchéviques ne reculaient pas devant le meurtre de 9 innocents si la dixième victime s'avérait être un réel opposant. Les croisés qui occupèrent la ville française de Béziers en l'année 1209, avec à leur tête l'archevêque de Narbonne Arnaud Amalric, un Juif baptisé, donna un ordre typique de l'époque : « Tuez-les tous, Dieu reconnaitra les siens ! ». Les croisés massacrèrent 20 000 personnes.

Lorsque le chef de la Tchéka (la police politique), Félix Dzerjinski rapportait à Lénine au cours de l'été 1918 que 500 intellectuels (des scientifiques et autres sommités culturelles) avaient été exécutés, Lénine s'extasia.

Lorsque le Pape Grégoire XIII appris que 60 000 Huguenots avaient été assassinés comme hérétiques les 24 et 26 août 1572, il fut tout aussi ravi et organisa une grande fête, conduisit un service religieux et fit même forger une nouvelle pièce de monnaie pour commémorer le massacre. (Buchwald : « The History of the Church ».)

En 1198, l'église établit une commission pour persécuter et poursuivre les hérétiques. Cela évolua ultérieurement vers la Sainte Inquisition. En 1483, Tomas Torquemada (1420-1498), un marrane (converti Juif baptisé) était nommé Grand inquisiteur de Castille et d'Aragon. En 1492, il expulsa tous les Juifs qui refusaient de se faire baptiser.

D'après Juan Llorente, qui fut secrétaire de l'Inquisition à Madrid entre les années 1789 et 1791, Torquemada fit exécuter 10 220 personnes en 18 ans.

Torquemada combattait les libres penseurs. Ce Grand Inquisiteur fit de la torture un outil efficace : certaines parties du corps étaient brulées, tandis que d'autres étaient clouées. Il condamna à lui tout seul des milliers de victimes au bucher. Il accusait les autres marranes de feindre leur allégeance à la Chrétienté, afin de mieux pouvoir s'emparer de leurs biens. Un autre marrane, Isaac Abrabael, contrôlait en ce temps-là les finances de l'Espagne.

La terreur de l'église espagnole fut cependant substantiellement inférieure à celle ayant cours dans le reste de l'Europe. Les professeurs Henry Kamen (Barcelone) et Stephen Haliczer (Illinois) ont opéré d'importantes révisions au sujet de l'administration de la justice ecclésiastique de l'inquisition. D'après le professeur José Alvarez-Junco de l'Université de Tuft, les historiens ont propagé des informations exagérées et même des mensonges au sujet de l'inquisition.

Les pénalités allaient d'exercices de prières à plusieurs années aux galères. Occasionnellement, les condamnations étaient vraiment légères. Particulièrement lors du cas d'un jeune de dix-huit ans ayant participé à des rites sataniques, s'étant adonné à la pratique de la magie noire, ayant eu des rapports homosexuels et ayant sacrifié des animaux. Il fut relâché à cause de son jeune âge.

Ceux qui étaient punis de mort étaient pour la plupart des libres-penseurs qui refusaient d'abjurer leurs croyances contraires aux dogmes de l'Église. En Sicile, dirigée par l'Espagne, un accusé ne fut pas immédiatement brulé sur le bucher, mais seulement après que plusieurs théologiens éminents de Palerme essayèrent de lui faire reconsidérer ses affirmations. Cela ne servit à rien et le récalcitrant fut mis à mort. L'autre groupe qui périt sur le bucher était constitué de faux témoins.

D'après l'historien italien Agostino Borromeo de l'université La Sapienza de Rome, les chiffres rapportés par les archives papales, montrent que sur les 130 000 cas traités en Espagne au cours de presque 400 ans d'inquisition, la moitié furent condamnés. Sur ces derniers, seuls 2300 (1.8 pour cent) furent exécutés. La plupart de ces crimes étaient tout aussi punissables par les tribunaux civils. La torture ne fut utilisée que dans moins de dix pour cent des cas. Parmi les exécutés, figuraient 59 individus condamnés pour sorcellerie (Borromeo, « L'inquisizione », 2003)

En Allemagne, au moins 25 000 sorcières furent condamnées et brulées par les autorités civiles. En Suisse, environ 4 000. Au Danemark et en Norvège, 1 359 ; et en Suède plusieurs centaines ; ce qui fait au total 100 000 pour toute l'Europe.

En décembre 1917, une commission spéciale pour s'occuper des contre-révolutionnaires était mise en place à Saint-Pétersbourg. Cette organisation fut nommée la Tchéka en Russie Soviétique, et fut particulièrement abjecte sous ses appellations successives : OGPU, NKVD, et dernièrement en tant que KGB.

L'inquisition encourageait les enfants à trahir leurs parents « hérétiques » et les couples mariés à se dénoncer réciproquement. Chaque délateur était payé 4 marks d'argent. Les autorités Soviétiques encouragèrent un type similaire de trahison. Ils fabriquèrent l'histoire d'un jeune délateur appelé Pavlik Morozov, et allèrent même jusqu'à lui ériger un monument.

Il y a encore plus de ressemblance entre les institutions des Bolchéviques, l'église Catholique romaine et les Francs-maçons. Les hauts dignitaires de l'église bénéficiaient de lettres de cachet les autorisant à exercer l'autorité de leurs maîtres. Des directives similaires furent utilisées en connexion avec la soi-disant Révolution Française et aussi par les Bolchéviques.

Les espions utilisés par l'église et l'inquisition étaient appelés la milice du Christ ; l'organe de reconnaissance et de force de l'ordre des dictateurs communistes s'appelait la milice du peuple. Le système Soviétique était constitué d'une hiérarchie de conseils, ou Soviets, comme ils se faisaient appeler, dont seulement le plus élevé, le Soviet Suprême avait le droit de grâce – une réminiscence du *Kahal* judaïque.

Les communistes et le Vatican ont tous deux pratiqué un barbarisme terrible à l'égard de leurs opposants. Après que les croisés aient atteint la rivière Carnascio, le 23 mars 1307, ils emprisonnèrent le meneur des frères des apôtres, Fra Dolcino, après avoir détruit son armée d'un millier d'hommes. Il fut horriblement torturé et puis exécuté le 1er juin 1307. Durant un jour entier, il fut promené aux travers des rues de Vercelli dans un chariot, pendant que les membres de son corps étaient arrachés avec une paire de pinces chauffées à blanc. Ses épaules frissonnèrent apparemment un peu lorsqu'ils arrachèrent son nez, mais il conserva le silence le reste du temps.

Lénine et Staline firent preuve d'un sadisme similaire lorsqu'ils liquidèrent leurs opposants.

Les communistes et les chrétiens ont sciemment employé des criminels. En 1095, le Pape Urbain II relâcha des meurtriers, des voleurs et d'autres criminels pour qu'ils puissent prendre part à la croisade en 1096. Au cours de leur progression à travers l'Europe, ces malfaisants pillèrent tout ce qu'ils purent. (Mikhaïl Sheinman, « Paavstlus » / « The Papacy », Tallin, 1963 p.32). Le leader bolchévique Léon Trotski relâcha les criminels afin de terroriser la population. Mao Tsé-toung fit de même.

La religion du marxisme a ses racines dans le Christianisme. Les bolchéviques avaient leurs propres dix commandements et, tout comme l'église, ils se moquaient aussi de leurs opposants.

Le totalitarisme de l'église appartient au passé mais si l'église devait jamais regagner son ancien pouvoir, ces atrocités seraient probablement répétées. L'historien jésuite Luigi Ciccutini croyait en 1950 que l'église avait le droit divin de juger et d'intervenir sur quelque sujet que ce soit. Il annonça que l'église avait eu raison de brûler sur le bûcher Filippo Giordano Bruno en février 1600.

Un danger similaire nous attend si les communistes (avec l'aide de l'élite financière) devaient redevenir puissants. Après toutes leurs atrocités, nous devrions pourtant être en mesure d'ignorer leurs jolis slogans.

On peut caractériser l'imposture cléricale et le communisme comme des idéologies extrêmement anticulturelles, ayant toute deux persécuté des personnalités culturellement engagées. Toutes deux ont empêché le libre développement de la science. À cause de l'attitude réactionnaire de l'église, bien des vérités, scientifiques, religieuses et ésotériques, n'ont toujours pas été acceptées.

Un des pires crimes de la chrétienté fut l'autodafé ordonné par le patriarche Théophile, qui conduisit à la destruction complète de la plus grande ancienne bibliothèque du monde dans le temple de Sarapis à Alexandrie en 391. L'origine de ce crime fut la haine et l'intolérance de l'église à l'égard de la connaissance émanant de la culture classique gréco-romaine païenne. Un autre exemple est le meurtre de la philosophe et mathématicienne Hypatie à Alexandrie en 415. Elle était connue pour sa beauté, son érudition et sa sagacité. Elle avait inventé un procédé pour séparer le sel de l'eau, conçu un instrument pour mesurer les positions des planètes et du soleil, ainsi qu'un hydromètre pour déterminer la densité des liquides. Elle écrivit également plusieurs ouvrages, parmi lesquels une étude des coniques d'Apollonios de Perga en huit parties. Au sujet de la religion chrétienne, elle écrivit : « le fait d'enseigner des superstitions comme vérité est terrible. »

Des moines chrétiens s'emparèrent d'elle, la conduisirent au Césaréum, l'humilièrent et déchirèrent ses vêtements. D'après Socrates Scholastikos, elle fut flagellée par des tessons tranchants, avant d'être brûlée vive à Cinaron. L'exécution fut dirigée par le patriarche Kyrillos, qui fut plus tard béatifié par l'église.

Les communistes aussi brûlaient des livres et persécutaient des personnalités culturelles. Ils interdisaient même le métier de chef d'orchestre parce que « les orchestres pouvaient parfaitement bien jouer sans chefs ». Plus tard, voyant que leurs orchestres ne s'en sortaient pas sans leurs chefs, les communistes durent changer d'opinion.

Moïse Hess, un des plus importants fondateurs de l'idéologie communiste, savait que le communisme était un parfait mensonge grâce auquel répandre la destruction. (Moïse Hess, « Correspondance » / « Briefwechsel », La Haye 1959)

Vers la fin de leur règne, sous Mikhaïl Gorbatchev, les dirigeants communistes en Russie étaient préparés à demander à l'église Orthodoxe de les aider à préserver leur pouvoir. Cependant ce qui est créé par la violence ne peut longtemps survivre.

Malgré le fait que personne ne soit autorisé à quitter le parti communiste Soviétique sans contrepartie, il s'écroula quand même lorsque des milliers de personnes commencèrent à quitter cette institution criminelle en 1990. En août 1991, après que le parti communiste ait tenté de s'opposer aux réformes de Gorbatchev, le président Russe Boris Eltsine déclara le parti illégal, tout comme le parti National-Socialiste (Nazi) fut rendu hors la loi après la Deuxième Guerre Mondiale. La vie elle-même les forcèrent à répudier leur primitif et irréel matérialisme dialectique comme dogme infaillible, de s'écarter du livre « sacré » « Das Kapital », et des « prophètes » : Lénine, Mao, et autres meurtriers de masse.

Le matérialisme dialectique est un concept qui divise le monde à travers des contradictions et considère la société comme le produit de la lutte des classes, se référant aux forces productives qui entrainent un progrès constant. Ces adorateurs de violence ont toujours leur « sanctuaire » : le mausolée de Lénine.

Karl Marx est son *isme* ne sont malheureusement pas morts, mais ont connu un regain ces dernières années, à travers le néo-Marxisme.

En ce qui concerne l'Église Catholique, l'historien anglais Hugh Trevor-Roper (1914-2003) est catégorique. Il considère la foi chrétienne et le communisme comme les deux faces d'une même pièce. Autant répressives et irréalistes l'une que l'autre, deux idéologies totalement sans valeur (New York Review of Books, 15 aout 2013, p. 56).

Que des véritables communistes aient été transformés en faux en commettant des crimes horribles est aussi logique que de prétendre qu'un scorpion ne pique pas.

LES ILLUMINATI :
LE TRIOMPHE DU MENSONGE

Dans la nuit du mercredi 1er mai 1776, trois hommes étaient réunis au domicile d'un jeune professeur de droit, Adam Weishaupt, dans la ville bavaroise d'Ingolstadt. Ils avaient décidé de fonder un ordre secret pour subvertir l'ordre social, se dénommant tout d'abord *Orden der Perfektibilisten* (l'ordre des perfectionnistes). Weishaupt travaillait à l'établissement de cet ordre depuis 1770.

Parmi les cinq invités figuraient deux étudiants de Weishaupt : le Prince Anton Von Massenhausen, qui avait aidé à l'établissement des règles de l'ordre, et le conseiller Max Edler von Mertz. Parmi les fondateurs, figuraient aussi l'étudiant Bauhoff, ainsi qu'Andreas Sutor (Terry Melanson, « Perfectibilists : The 18th Century Bavarian Order of the Illuminati », Walterville, Oregon, 2009, s. 17.)

Tous les membres utilisaient des pseudonymes en rapport avec leur rôle. Weishaupt s'appela lui-même Spartacus, Massenhausen devint Ajax et Mertz Tibère, Bauhoff Agathon et Sutor Érasme de Rotterdam.

Franz Xaver Zwack ne fut enregistré comme membre que le 22 février 1778. Il devint Caton. Caton l'ancien avait demandé la destruction totale de la cité-état de Carthage. Mirabeau se prénommait Arcésilas, mais en 1786 son alias devint Leonidas (Nesta H. Webster, « Secret Societies and Subversive Movements », Londres 1924, p.205). Mirabeau était un orateur français célèbre qui avait contracté d'énormes dettes. Weishaupt rentra en contact avec Mirabeau à travers certains banquiers Juifs. Mirabeau subit un chantage pour intégrer les Illuminés. (Nikolaï Dobrolyubov, « Secret Societies in the twentieth century », St. Petersburg, 1996, p.23)

Les cités et les endroits importants aux yeux des Illuminés étaient désignés par des noms anciens : Ingolstadt était appelé Éphèse, Munich Athènes, la Bavière Achaïe, Vienne Rome, Landshut Delphes, l'Autriche l'Égypte et ainsi de suite. En se référant aux documents confisqués, on peut voir que les Illuminés utilisaient le calendrier Perse, où octobre se disait Meharmeh, novembre Abenmeh, décembre Adarmeh, janvier Dimeh, etc.

L'avocat Franz X. Zwack avait reçu son doctorat et était devenu conseiller du comte Salm à Landshut où un grand nombre d'archives ont été retrouvées.

Peu après, en 1779, l'ordre fut renommé *Orden der Illuminaten* (Ordre des Illuminés). Leur première devise était : « Les illuminés doivent contrôler le monde ! ». Mais Adam Weishaupt voulait d'abord une unification allemande. En 1779, Spartacus (Weishaupt) avait rédigé une lettre à Marius (Jakob Anton Von Hertel) et Caton (Zwack) en suggérant un changement de nom. Ils avaient l'intention de se dénommer « *Bienenorden* » (Ordre des Abeilles) mais ils conservèrent finalement « *Orden der Illuminaten* ». (« Einigen Originalschriften des Illuminatenordens »/Écrits originaux de l'ordre des Illuminés, Munich, 1787, p.320).

L'ordre des Illuminés (ceux qui ont reçu la lumière) devint une organisation puissante et despotique en Bavière. Il comptait parmi ses membres le baron Von Thomas Bassus, le marquis Constantin Costanzo, le baron Mengenhoffen, Friedrich Munter et d'autres personnalités influentes.

L'ordre reposait approximativement sur les mêmes principes que ceux des Jésuites. Adam Weishaupt avait travaillé cinq ans au développement du système qui lui convenait le mieux. L'ordre était divisé en trois catégories (les Jésuites en avaient quatre). Le premier niveau était pour les novices et les moins illuminés (Minerval), le second pour les Francs-maçons (y compris les chevaliers écossais), et le troisième, l'échelon mystérieux, était composé de prêtres, de régents, de magiciens et d'un roi (les Jésuites avaient un général). Leur but était d'imposer un *Novus Ordo Seclorum* : Nouvel Ordre Mondial.

Les réunions secrètes des Illuminati s'appelaient des synodes. Ceux qui, au sein d'un district, avaient atteint le degré médian des époptes ou des superviseurs, constituaient également un synode. Chaque district était doté de neuf époptes. Leur travail consistait essentiellement à diffuser de la propagande, c'est-à-dire à manipuler l'opinion publique. D'après les constitutions de Weishaupt, ceux qui appartenaient au grade d'époptes contrôlaient l'opinion publique. Au nom de la science, les Illuminati visaient le renversement du monde. Les époptes se comportaient comme des apôtres. Ceux qui avaient atteint ce grade devaient renoncer à leur foi en Dieu (Augustin Barruel, « Mémoires pour servir à l'histoire du jacobinisme. », 1797). Le terme d'épopte signifiait témoin oculaire.

Puis, venaient les degrés supérieurs : Initié du sanctuaire de la Gnose, Rex Summus Sanctissimus, Frater Superior, et Tête extérieure de l'ordre (12ème degré). Au-dessus d'eux tous, se tenait le suprême conseil de l'ordre, dont les membres constituaient l'aéropage. Leur président était le roi secret des Illuminati, dont le nom et la résidence ne sont connus que de l'aéropage. Les membres de l'aéropage constituent la classe invisible, la partie cachée de la conspiration.

Si, à cause des activités criminelles d'un membre des Illuminati, existe le moindre risque que les secrets de l'ordre tombent entre de mauvaises mains, il doit se suicider. Dans un tel cas, la direction exige le suicide. Pour protéger les secrets de l'ordre, l'adepte Serge du Portugal se tua en 1790. Weishaupt indiquait : « Aucun pouvoir ne peut sauver celui qui nous trahit. »

LES ANTÉCÉDENTS IDÉOLOGIQUES DES ILLUMINÉS

En 1492, fut fondé le mouvement *Los Alumbrados* (*les éclairés*), par des marranes espagnols (Juifs baptisés et convertis qui gardaient secrètement leur foi talmudique). Une organisation similaire était fondée en France en 1623 : les Guérinets, qui changèrent leur nom pour celui des Illuminés en 1722. Les autorités espagnoles tentèrent d'arrêter le mouvement des Alumbrados dès 1527 lorsqu'Ignace de Loyola fut brièvement arrêté pour ses activités avec les Illuminés.

Le Juif Loyola (Íñigo López de Oñaz y de Loyola) était né en 1491. En 1534, il fondait son propre ordre –les Jésuites- contractant pour ce faire un crédit. Le Pape reconnu l'ordre des Jésuites le 5 avril 1540.

Benjamin Disraeli, auteur et premier ministre de la Grande Bretagne en 1868 et 1874-76, lui-même Juif, écrivait dans son livre « Coningsby » (Londres, 1844) que les premiers jésuites furent des Juifs. Au sein de ce nouvel ordre, tous les membres étaient sous la surveillance de Loyola.

Ce fut le Cardinal jésuite Juif Roberto Bellarmino (1542-1621), qui envoya au bûcher le philosophe Filippo Giordano Bruno le 17 février 1600.

En 1771, Weishaupt alors âgé de 23 ans rencontra Hans Otto Kölmer, un Juif Kabbaliste danois qui revenait d'Égypte. Kölmer initia Weishaupt aux secrets de la pratique de la magie d'Osiris, de la Kabbale et du mouvement Alumbrados. Nesta Webster suppose qu'il était connu en Italie en tant qu'Altotas, le maître de Cagliostro. Les connaissances occultes de Kölmer firent sur Weishaupt une profonde impression qui le conduisit plus tard à choisir la pyramide égyptienne comme symbole du pouvoir, utilisant probablement une illustration du livre « Pyramidography » de Jean Greaves, professeur d'astronomie à Oxford.

Le fait que l'ordre des illuminés ait été fondé le 1er mai n'était nullement une coïncidence. Pour les Juifs Kabbalistes, cette date, 15 (1 et 5) symbolise le nombre sacré de Yahvé et devint donc leur jour de congé occulte. D'après Johann Wolfgang Von Goethe, le premier mai – le jour qui suit la nuit de Walpurgis – se déroule alors que les forces mystiques des ténèbres sont célébrées.

Les Illuminati choisirent la chouette comme symbole de manipulation (*per me caeci vident* : à travers moi l'aveugle recouvre la vue.)

À cette époque, un jeune Juif nommé Mayer Amschel (né le 23 février 1744) recevait l'instruction pour devenir rabbin. Amschel vivait avec ses parents dans le ghetto Juif de Francfort-sur-le-Main. Il prit plus tard le nom de Rothschild correspondant à l'enseigne rouge du quartier des prostituées.

Ce fut Mayer Amschel Rothschild qui convainquit Weishaupt d'accepter pleinement la doctrine Kabbaliste Frankiste et qui devait par la suite financer les Illuminés. Rothschild avait chargé Weishaupt de rétablir l'ordre des Alumbrados pour le compte des Juifs Kabbalistes.

La Kabbale théorique comprend seulement des enseignements secrets à propos de Dieu et de la nature. Mais la Kabbale pratique (comme le Frankisme) tente d'influer sur les affaires terrestres. Cela comprend l'usage d'amulettes et de nombres magiques ainsi que l'évocation d'esprits maléfiques. Le Talmud et le Midrash contiennent tous deux des éléments Kabbalistes. (« Ancient Oriental and Jewish Secret Doctrines », Leipzig, 1805).

Selon le professeur Juif Gershom G. Scholem, Jakob Frank (1726-1791) fut le plus effrayant phénomène de l'histoire juive. Ses actes étaient totalement immoraux. Le rabbin Marvin S. Antelman montre dans son livre « To eliminate the opiate » (New York, 1974) qu'il y avait une connexion claire entre le Frankisme et l'illuminisme de Weishaupt. Le but des Frankistes était de travailler en secret à l'établissement de la suprématie juive mondiale. Le professeur Scholem a clairement documenté l'extension de leur pouvoir politique en tant que membre affilié des Illuminati.

Jakob Frank (en fait Leibowitz) naquit en 1726 en Galicie polonaise. Il se convertit officiellement au Catholicisme, mais il ne s'agissait que d'un camouflage. Jakob Frank fut emprisonné en 1760 pour avoir continué d'enseigner la Kabbale (le Zohar) et pour pratiquer secrètement les rituels Juifs. En 1773, les Russes attaquaient une région de la Pologne où Frank était retenu prisonnier. Il fut relâché et s'installa à Offenbach (près de Francfort) en Allemagne où il commença de mener une vie luxurieuse et sauvage. Ses actes étaient maléfiques et sa personnalité néfaste. Ces informations proviennent des ouvrages du professeur Gershom G. Scholem : « Cabbala » (New York et Scarborough, 1974), « Sabbatai Zevi » (New Jersey, 1973) et « The Messianic idea in Judaism » (New York, 1971), ainsi que « Sabbatai Zevi » (Princeton, 1973).

Jakob Frank synthétisa sa doctrine dans son livre « The Collection of the Words of the Lord ». Il affirmait que Dieu le créateur n'était pas le même que celui s'étant révélé aux Israélites. Il croyait que Dieu était le mal.

Frank s'autoproclamait comme le vrai Messie. Il faisait vœu de ne pas dire la vérité, rejetait toute loi morale, et déclarait que le seul chemin vers une société nouvelle passerait par la destruction de la civilisation d'alors. Le meurtre, le viol, l'inceste et le fait de boire du sang étaient des actions parfaitement acceptables ainsi que des rituels nécessaires à ses yeux.

Frank était un de ces Juifs réfractaires qui adorent le démon. Les Juifs extrémistes étaient particulièrement épris d'un démon appelé Sammaël (C.M. Ekbohrn, « 100 000 frammande ord » Stockholm, 1936, p.1173).

Joseph Johann Adam Weishaupt naquit le 6 février 1748, à Ingolstadt près du Danube en Bavière dans une famille juive assimilée. (Pouget de Saint André, « Les auteurs cachés de la Révolution Française » p.16). Son père, Johann Georg mourut lorsqu'il avait cinq ans. Son parrain Johann Adam von Ickstadt l'adopta alors. Il était professeur et principal à l'université d'Ingolstadt. (Melanson, « Perfectibilists » Walterville, Oregon, 2009, p. 15). En 1763, à l'âge de 15 ans, il commença à étudier le droit et plus tard la littérature. Il fut éduqué dans un monastère jésuite avant de passer un doctorat en droit au cours des années 1768-1771.

En 1770, Weishaupt s'était vu confier le poste de maître de conférence en droit canon à l'université d'Ingolstadt. En 1773, à vingt-cinq ans, il devint professeur au sein de la même université. Pendant une courte période, il occupa même le poste de principal. La même année, il quitta l'ordre des jésuites. Peut-être parce qu'il avait alors développé sa propre idéologie, mais la dissolution de l'ordre des jésuites en 1773 par le Pape Clément XIV en France, en Espagne, au Portugal, à Naples et en Autriche pourrait en avoir été la cause. Quelques années plus tard, l'ordre des « perfectionnistes » (« *Perfektibilist* ») de Weishaupt commença à travailler contre l'église Catholique romaine. Cependant, en 1814, l'ordre des jésuites fut rétabli et à travers de nouvelles infiltrations devint plus puissant que jamais.

En 1800, l'université se déplaça à Landshut puis à Munich en 1826.

En 1775, le professeur Weishaupt devint membre de la loge *Theodor Zum Guten Rat* au sein de la franc-maçonnerie éclectique. Plus tard Weishaupt devait user de cette implantation à Munich pour permettre à ses Illuminés d'infiltrer toutes les autres loges maçonniques, grâce au fait qu'il détenait une grande influence sur les loges par l'intermédiaire de son Grand Maître, le professeur Franz Benedict (Xaver) Von Baader, qui avait rejoint les Illuminati. Ce fut le baron Adolf Von Knigge (né le 16 octobre 1752 à Bredenbeck, mort le 6 mai 1796 à Brême), le plus proche collaborateur de Weishaupt, qui l'aidera plus tard à intégrer différentes organisations maçonniques (Pat Brooks, « The return of the Puritans » North Carolina, 1976, pp. 68-69).

Les Illuminati commencèrent à œuvrer activement après avoir été rejoints en juillet 1779 par Adolf Von Knigge, alors âgé de 27 ans, sous le pseudonyme de Philon. Le véritable Philon était un savant Juif de l'antiquité. En 1777, il fut reçu au plus haut degré de Chevalier Templier (Chevalier de Chypre) à Hanau. Le baron Von Knigge écrivit aussi le livre « De l'Association avec les Gens ». Il parvint à rassembler beaucoup d'hommes influents.

Ce fut largement grâce à Philon que l'organisation se répandit dans toute l'Allemagne. Les faveurs sexuelles et financières étaient utilisées pour s'arroger le contrôle de gens hauts placés.

Peu à peu, les Illuminati gagnèrent le contrôle de chaque ordre Maçonnique dans le monde. Des financiers importants rejoignirent l'organisation : Speyer, Schuster, Stern et bien d'autres. Les Juifs avaient donc obtenu une position très puissante. Leur base opérationnelle était située à Francfort-sur-le Main.

À Hambourg, une puissante famille juive Kabbaliste prospéra à leur suite. Son nom était (Samuel Moïse) Warburg et ils rejoignirent cette conspiration pour la suprématie mondiale.

Les Jésuites avaient enseigné à Weishaupt leur morale douteuse. Il encouragea ainsi ses plus proches collaborateurs à se servir du mensonge comme d'un instrument et d'éviter de donner au public la moindre explication véridique. Les dirigeants des Illuminati pensaient que leurs plus dangereux opposants ainsi que ceux représentant une menace pour les secrets de l'ordre, devaient être empoisonnés. (Gerald B. Winrod « Adam Weishaupt – A human Devil »)

Weishaupt écrivait à Zwack le 10 mars 1778 : « Nous pouvons commencer à attirer les gens à nous. Nous pouvons nous servir d'eux tels qu'ils sont. »

Weishaupt engrossa la sœur de sa femme et n'ayant pas les moyens de s'acquitter des 50 marks pour un avortement illégal, il essaya sans succès d'user de drogues. Un garçon naquit le 30 janvier 1784.

En 1777, les Illuminati commencèrent à coopérer avec toutes les loges maçonniques (tout spécialement le Grand-Orient) dans le but de les infiltrer. Le duc de Brunswick, Grand Maître d'Allemagne, décréta qu'en 1794 les loges maçonniques étaient toutes contrôlées par les Illuminati. D'après l'historienne britannique Nesta Webster, lorsque Weishaupt devint membre du Grand-Orient, la loge fut financièrement soutenue par Mayer Amschel Rothschild (1743-1812)

Bernard Lazare un auteur Juif bien connu, écrivit en 1894 dans son ouvrage « L'antisémitisme, son histoire et ses causes », que l'entourage de Weishaupt était composé exclusivement de Juifs Kabbalistes. Les documents confisqués montrent que parmi les Illuminati occupant la moindre position dominante, 17 d'entre eux étaient Juifs (approximativement 40%). Plus haut on regardait, plus le pourcentage de Juifs était important. Même le fait que le quartier général des Illuminati à Ingolstadt soit plus tard converti en Synagogue est représentatif symboliquement de cette conspiration. Lazare déclara que tous ces Juifs devinrent des agents de la révolution car ils étaient pourvus « d'âmes de révolutionnaires ».

Il y avait quatre Juifs particulièrement importants dans la direction Illuminati : Hartwig (Naphtali Herz) Wessely, Moïse Mendelssohn, le banquier Daniel Von Itzig (1723-1799) et l'homme d'affaire David Friedlander. (*La Vieille France*, 31 mars 1921).

Tous les initiés avaient juré « un silence éternel et une loyauté inflexible ainsi qu'une soumission totale à l'ordre ». Chaque membre devait promettre : «Je fais la promesse de considérer ce qui est le mieux pour l'ordre comme ce qui est le mieux pour moi-même, je suis prêt à le servir avec ma fortune personnelle, mon honneur et mon sang... les amis et les ennemis de l'ordre deviendront aussi mes amis et mes ennemis... »

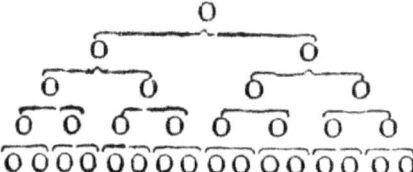

Le système illuministe original de Weishaupt.
Tiré de « *Nachtrag von weitern Originalschriften.* » *(Munich, 1787, p. 32).*

Enfin, chaque nouveau membre était mis en garde : « Si tu es un traitre et un parjure, alors sache que les frères prendront les armes contre toi. N'espère pas t'échapper ni trouver un endroit où te cacher. Où que tu te trouves, la honte, le mépris et la colère des frères te poursuivront et te tourmenteront jusqu'au sein de tes entrailles. »

La plupart des membres étaient induits à croire que les degrés inférieurs du mystère qu'ils avaient atteint étaient les plus élevés. Peu de membres avaient été informés au sujet du but réel de l'ordre.

Le code de conduite Illuminati était présenté dans des termes Maçonniques et prescrivait le mensonge, la tromperie, la violence, la torture et le meurtre pour parvenir à ses fins. Beaucoup de membres croyaient eux-mêmes œuvrer en faveur de l'amélioration du monde. Ils ne devinèrent jamais que le véritable dessein de Weishaupt était l'établissement d'un *Novus Ordo Seclorum*, un programme global de domination mondiale.

Les princes protestants et les dirigeants en Allemagne étaient bien disposés à l'égard du plan officiel de Weishaupt pour détruire l'église Catholique et ils cherchèrent à devenir membres de l'ordre. Au travers de ces hommes, Weishaupt gagna le contrôle sur les ordres maçonniques, dans lesquels lui-même et ses autres affiliés Juifs furent initiés en 1777. Pour éviter que les dirigeants allemands comprennent les buts véritables des Illuminati, il bloqua leur contact avec les degrés supérieurs.

Au cours de l'année qui suivit sa formation, l'ordre fut exclusivement répandu à travers le sud de la Bavière. Plus tard, il s'implanta à Francfort, Eichstadt et d'autres villes, d'après l'ouvrage

« Vagledning for frimurare » / « Guidance for Freemasons », Stockholm, 1906, p.166)

Selon « Guidance for Freemasons », les Illuminati étaient officiellement supposés répandre vertus et sagesse devant conduire à la maitrise du mal et de la stupidité. Ils souhaitaient faire de grandes découvertes dans toutes les branches de la science. Les Illuminati devaient former des hommes nobles et cultivés, des gens éminents, aussi.

Moïse Mendelssohn

Avec le temps, les hommes suivant rejoignirent les Illuminati : le libraire et écrivain Christophe Friedrich Nicolaï (1733-1811), qui prit l'alias de Lucian, le duc Ernst Von Gotha, Heinrich Pestalozzi, dont le système pédagogique fut mis en pratique en Russie Soviétique par la femme de Lénine, Nadejda Kroupskaïa, le duc Karl August, le baron Herbert Von

Dalberg, le comte Stolberg, le baron Tomas Franz Maria Von Bassus (qui prit l'alias d'Hannibal le 13 décembre 1778), l'auteur et philosophe folkloriste Johann Christoph Bode (1730-1793) dont le pseudonyme était Amélius, Ferdinand de Brunswick, le professeur Xaver Fernand Semmer (Cortez) d'Ingolstadt, le philosophe Franz Baader (Celcius) de Munich et bien d'autres.

Adam Weishaupt commença à travailler tout spécialement avec le chef maçonnique Juif Moïse Mendelssohn (1729-1786). Mendelssohn devint d'une certaine manière le guide invisible de Weishaupt. Moïse Mendelssohn était officiellement connu par les Juifs comme un auteur pauvre qui était devenu un des tous premiers philosophes allemands au cours de « l'âge des lumières ». Il s'appelait lui-même un philosophe et se considérait comme une personnalité culturelle. Le but officiel de Mendelssohn était de « moderniser » le Judaïsme pour que le public puisse accepter les Juifs lorsqu'ils renonçaient ostensiblement au Talmud et s'assimilaient à la culture occidentale. L'illuminé Mirabeau écrivit un livre en 1787 sur les « réformes » politique de Moïse Mendelssohn, et ce afin de répandre encore plus de mensonges fantastiques à son sujet. Néanmoins, en secret, Mendelssohn encourageait les Juifs à conserver fidèlement la foi de leurs pères. Il dirigeait les Illuminati à Berlin.

Le rabbin Marvin S. Antelman admet que Mendelssohn fut un agent important représentant un clan de Juifs extrémistes qui souhaitaient nuire au Judaïsme et à toutes les autres religions. Il souligne le lien entre ce groupe et la Maison Rothschild (Antelman, « To Eliminate the Opiate », New York-Tel Aviv 1974). Le mouvement de la Haskalah de Mendelssohn n'aurait été en fait qu'une couverture pour l'illuminisme.

LA PREMIÈRE DIVULGATION

À partir de 1781, la résistance au mouvement d'Adam Weishaupt commença à croître. La première attaque officielle contre les Illuminati eut lieu en 1783. Un candidat rejeté, le libraire Johann Baptiste Strobl originaire de Munich, fut le premier à sonner l'alarme. Weishaupt déclara immédiatement que l'homme était un calomniateur mal informé, dur en manière et en parole.

Mais d'autres vinrent à la suite de Strobl : les professeurs Westenrieder et Danzer avertirent aussi au sujet des véritables activités des Illuminati, selon « Vagledning for frimurare »/« Guidance for Freemasons » Stockholm, 1906, p.166. La duchesse Maria Anna et le professeur Joseph Utzschneider de l'académie militaire de Munich (qui avait quitté les Illuminati en 1783), adressèrent également des avertissements au public.

En 1784 l'ordre comptait déjà 3000 membres à travers toute la France, la Belgique, la Hollande, le Danemark, la Suède, la Pologne, la Hongrie et l'Italie. Finalement, plusieurs membres rompirent avec l'ordre : Zaupser et les professeurs Grunberg, Renner et Cosandey de Munich. Le 1er juillet 1784, même Von Knigge renonça à ses responsabilités au sein de l'ordre à cause d'un conflit avec Weishaupt. Ce dernier, bien qu'il accepta le nouveau plan de réforme de Philon (Von Knigge), voulait quand même faire des additions et des changements ici et là. Philon devait plus tard faire son retour.

La société de Strobl commença à publier plusieurs œuvres polémiques dirigées contre les Illuminati. Il suffit de mentionner : « Babo, Gemalde aus dem menschlichen Leben » (« Babo, impression sur une vie humaine »). Un des informateurs les mieux au fait des intentions et agissements des Illuminati, était Leopold Alois Hoffman. Il n'avait pas seulement appartenu à la franc-maçonnerie, mais avait également été un illuminé.

Ces publications fonctionnèrent comme prévu. Lorsqu'un régent plus conservateur et patriotique, le duc Charles Théodore (1724-1799) atteignit le pouvoir en Bavière, il prononça un bannissement sur les sociétés secrètes le 22 juin 1784. Les Illuminati et les Francs-maçons fermèrent leurs loges. Les francs-maçons cherchèrent à se défendre publiquement. Les Illuminati offrirent même de présenter tous leurs papiers et de se soumettre eux-mêmes à un procès public mais rien n'y fit.

Le 11 février 1785, Weishaupt fut renvoyé de son poste à l'université et interdit de vivre à Ingolstadt ou à Munich. Dans le même temps, l'université fut informée que Weishaupt serait arrêté. Le 16 février il rentra dans la clandestinité et fut caché par son frère Illuminati Joseph Martin, qui travaillait comme serrurier. Quelques jours plus tard, il s'enfuit d'Ingolstadt vers Nuremberg dans l'habit de travail d'un artisan. Il fit un court séjour à Nuremberg et se rendit dans la cité libre de Ratisbonne où il continua ses activités, mais alors un coup du sort survint qui mit la police sur les traces des Illuminati. (Comtesse Sofia Toll : « Les Frères de la Nuit », Moscou, 2000, p.291)

Au cours de l'enquête, de plus en plus de preuves terribles à l'encontre des Illuminati furent découvertes, mais ils continuèrent leurs activités malgré le bannissement. Par conséquent, le 2 mars 1785, un autre décret qui rendit possible la confiscation des biens des Illuminati fut promulgué.

C'est alors qu'un coup du sort mit la police sur les traces des Illuminati. Le 20 juillet 1785, le messager de l'Illuminati Jakob Lanz (qui travaillait comme prêtre) fut frappé par la foudre à Ratisbonne et mourut.

Weishaupt était à ses côtés. Lanz avait l'intention de se rendre à Berlin et en Silésie et reçut ses dernières instructions de Weishaupt avant qu'il ne meure. Il avait cousu une liste d'Illuminati et quelques autres papiers compromettants dans sa robe de prêtre. Weishaupt ne le savait pas et devint donc la victime de sa propre conspiration. (Comtesse Sofia Toll, « Les Frères de la Nuit » Moscou, 2000, p.291)

La police locale trouva d'autres documents importants à la maison de Lanz, y compris les instructions détaillées pour la planification de la Révolution Française. Quelques papiers furent adressés au Grand Maître de la loge du Grand Orient à Paris : Maximilien Marie Isidore Robespierre

L'ensemble fut confié au gouvernement bavarois et le 4 août 1785 un nouveau bannissement des sociétés secrètes fut prononcé.

Le 31 août, un mandat d'arrêt contre Weishaupt fut émis. Sa tête fut mise à prix en Bavière. Weishaupt s'enfuit à Gotha, où l'Illuminé Ernst, Grand-Duc de Saxe Gotha, pouvait le protéger. Il donna à Weishaupt le titre de Conseiller privé, lui offrant asile. Weishaupt resta à Gotha pour le restant de ses jours. Il mourut le 18 novembre 1830. Un buste de lui est conservé au Germanisches National Museum de Nuremberg.

La police commença à chercher d'autres membres connus de l'ordre. Les Illuminati avaient réussi à infiltrer pas mal de postes importants de la société. Pour cette raison, les investigations de la police étaient très lentes.

La perquisition de la maison de Zwack les 11 et 12 octobre 1786, qui avait un lien direct avec les documents secrets trouvés chez Lanz, fut faite seulement un an et deux mois après que Lanz ait été frappé par la foudre. Les autorités fouillèrent la résidence du docteur Franz Xaver Zwack (Caton) à Landshut où les Illuminati gardaient leurs documents les plus importants.

L'année suivante le château du baron Bassus (Hannibal) à Sandersdorf fut également fouillé et la police confisqua même encore plus de documents concernant la conspiration des Illuminés contre le monde entier. Dans ces documents, que j'ai étudiés avec une attention scrupuleuse à l'été 1986 dans les archives d'Ingolstadt, des plans pour une révolution globale étaient tracés et ces papiers annonçaient clairement que cette opération destructrice devait être l'œuvre des sociétés secrètes.

Lorsque les Illuminati furent bannis le 4 août 1785, Zwack s'enfuit à Augsburg puis à Weslar. Après la mort de l'Électeur, Zwack rentra en Bavière, où il fut réintégré comme fonctionnaire. Von Knigge voyagea à Brême, où il mourût en officier britannique le 6 mai 1796. À Ingolstadt et en Bavière, plusieurs autres membres perdirent leur poste ; certains furent même emprisonnés ou expulsés du pays – mais d'autres étaient si puissants que toute condamnation leur fut épargnée. Tout cela d'après le Grand Maitre des Illuminés, Léopold Engel.

Après que Weishaupt se soit réfugié à Gotha, le nouveau dirigeant fut Johann Joachim Christoph Bode, alias Aemilius, qui en juin 1787 se rendit à Paris pour y établir des contacts.

Les francs-maçons ne croyaient pas avoir eu droit à un procès honnête, car leur défense n'avait pas été autorisée. À l'automne 1786, l'électeur Charles Théodore demanda à ce que les Illuminati cessent leurs activités. Ils ne le firent pourtant pas.

En 1786, deux livres remarquables sur les Illuminati furent publiés : « Drei merkwurdige Aussagen » (dans lequel les professeurs Grünberg, Cosandey et Renner témoignèrent) et « Grosse Absichten des Orden der Illuminaten » (« Grand dessein de l'ordre des Illuminés ») comprenant le témoignage du professeur Joseph Utzschneider.

Après une longue enquête, l'Électeur ordonna que les deux ouvrages contenant les documents secrets confisqués soient imprimés sous le titre : « Einige Originalschriften des Illuminaten-Ordens » et « Nachtrag Von weitern Originalschriften » (« Quelques documents originaux sur l'ordre des Illuminés » et « Supplément de documents originaux »). Ces livres furent envoyés au gouvernement de Paris, de Londres et de Saint-Pétersbourg, mais ne furent pas pris au sérieux (jusqu'à ce qu'il soit trop tard). Johann Baptiste Strobl imprima aussi un nouveau recueil concernant les Illuminati en 1787.

Adam Weishaupt, en tant que propagandiste aguerri avait précédemment écrit les livres « En défense des Illuminati » (1786), « Das Verbesserte System der Illuminaten » / Le système amélioré des Illuminati » (1788), « Spartacus und Philo », (1794) entre autres.

D'après « Guidance for Freemasons », Weishaupt, von Knigge, Bode et les autres « très distingués Illuminati » étaient des hommes nobles d'esprit, honnêtes et bien intentionnés qui aspiraient à la bonté et à la justice.

Quelques personnalités culturelles éminentes furent victimes de la tromperie exercée par la propagande habile des Illuminati.

Même le grand poète Johann Wolfgang von Goethe devint Franc-maçon en 1780 et rejoignit les Illuminati plus tard. Son alias au sein de l'ordre était Abaris. (« Geschichte des Illuminaten-Ordens » / « Histoire de l'ordre des Illuminés » par Léopold Engel, Berlin, 1906, pp.355-356). Mais finalement il prit conscience de leur mensonge.

Après la Révolution Française, Johann Wolfgang von Goethe, n'hésita pas à déclarer son aversion à Eckermann. Il déclara que les changements soudains provoqués par la violence lui inspiraient de la répugnance car ils étaient contraires à l'ordre naturel (Karl Viëtor, « Goethe », Stockholm, 1953, p. 100).

L'Illuminé Goethe écrivit à Bode, un frère membre, le 22 juin 1784 : « *Crois-moi, notre monde moral est miné par des tunnels souterrains, des sous-sols et des égouts, tout comme une grande agglomération l'est d'ordinaire, sans que jamais personne ne pense à leurs connexions. C'est compréhensible pour moi ou toute autre personne éclairée si la fumée parfois s'élève d'un cratère ou que d'étranges voix se font entendre...* »

LES MEURTRES DE SCHILLER ET MOZART

Le grand poète et dramaturge Friedrich Von Schiller emménagea à Mannheim le 27 juillet 1783. En juin 1784 Christian Gottfried Korner (1756-1831), un important Illuminé, envoya une lettre à Schiller lui suggérant de rejoindre les Illuminati. Korner fit en sorte que toutes les dettes de Schiller soient payées ; à la suite de quoi, Schiller intégra l'ordre.

Un Illuminati était tenu par le code de conduite de l'ordre : « *Je puis être amené à commettre un acte, s'il est requis par l'ordre, auquel je pourrais ne pas consentir, dans la mesure où il peut être perçu depuis un certain point de vue comme véritablement répréhensible. Néanmoins, il cesserait cependant d'être tel s'il venait à servir de moyen par lequel le but final puisse être atteint.* »

Cette citation provient des documents de l'ordre qui furent saisis durant la perquisition par la police du château du baron Bassus à Sandersdorf et plus tard publiés sous le recueil « Nachtrag von Weitern Originalschriften » à Munich, en 1787. Deux transfuges de l'ordre – Les professeurs Cosandey et Renner – confirmèrent également en avril 1785 qu'un des principes Illuminati était : « la fin justifie les moyens ». Schiller, Pestalozzi et plusieurs membres des Illuminati en Allemagne reçurent la nationalité française en tant qu'« éminents étrangers » en 1792. Schiller apprit cela dans le journal français *Moniteur*.

Ce fut seulement à partir de 1803 que Schiller parvint à voir clairement la supercherie, malgré la publication des documents secrets en 1787. La tromperie et le chantage faisaient partie des méthodes de l'ordre pour parvenir à ses fins. Weishaupt avait conseillé à ses frères Illuminati les plus proches : « Consacrez-vous à l'art du mensonge, l'art de vous dissimuler, de vous masquer, d'espionner les autres et de percevoir leurs pensées les plus intimes ».

Pour s'assurer que les secrets de l'ordre ne puissent être divulgués, Weishaupt créa une police secrète à l'intérieur de l'ordre qu'il prénomma les « frères insinués » (infiltrés). Cela fonctionnait de la même manière que la Tchéka bolchévique et ses successeurs : par la dénonciation, la provocation, le chantage et le terrorisme. Les « frères insinués » agirent à plein durant le règne de la terreur qui est appelé la « Grande Révolution Française », qui fut largement l'œuvre d'agents Illuminati.

Après s'être rendu compte de la nature maléfique des Illuminati, Schiller entreprit d'écrire une pièce de théâtre appelée « Démétrius » dont le titre de travail devint : « Le bain de sang de Moscou ». Cette pièce se proposait d'exposer quelques-unes des atrocités perpétrées dans les coulisses par ceux qui détiennent le pouvoir.

Naturellement, Friedrich Von Schiller ne pouvait soupçonner qu'Heinrich Voss, un jeune docteur qui prenait soin de lui, était un des « frères insinués » qui rapportait tout ce qu'il entendait et voyait à Weishaupt. Heinrich Voss s'en ouvrit à Weishaupt qui voulut empêcher cette pièce de paraître par tous les moyens. Heureusement pour les Illuminati, Schiller mourut après une longue maladie aux alentours de six heures le 9 mai 1805. Hermann Ahlwardt prétend dans son ouvrage « Mehr Licht » / « Plus de lumière » (1925, pp. 60-69) que Schiller fut assassiné par les Illuminati.

Un collège d'experts allemands et étrangers (comprenant Sten Forshufvud de Göteborg et le professeur Hamilton Smith de Glasgow) trouvèrent de l'arsenic dans des prélèvements sur des cheveux de Schiller. L'œuvre de Schiller âgé de 45 ans ne fut jamais achevée ; à la place il termina dans une fosse commune. (Henning Fikentscher, « The latest developments in research of Schiller's mortal remains », Viöl, 2000)

Le 5 décembre 1784, les Francs-maçons demandèrent au brillant compositeur autrichien Wolfgang Amadeus Mozart de devenir l'un des leur. Il intégra la loge *Zur Wohltatigkeit* (de la charité) le 14 décembre 1784. Il fut aussi un membre d'une autre loge, *Zur wahren Eintracht* (de la vraie concorde). Cette dernière était une loge jumelle. Bientôt Mozart atteignit le plus haut degré, le 33ème. Mozart écrivit de nombreuses compositions pour les cérémonies maçonniques.

Les Francs-maçons les plus importants de Vienne appartenaient en même temps aux Illuminati. En 1783, 36 des 83 frères de la loge *Zur wahren Eintracht* étaient Illuminati. Il y avait aussi de nombreux conspirateurs parmi les membres de la *Zur Wohltatigkeit*. L'ami influent de Mozart, le baron Gottfried Van Swieten était un Illuminati. Ainsi que son ami le plus proche, le comte August Von Hatzfeld. Dans sa notice nécrologique pour Hatzfeld en 1787, le dirigeant local des Illuminati, Christian Gottlob Neefe, fit son éloge dans le *Magazin der Musik*. Neefe était le professeur de Beethoven. C'est la raison pour laquelle Beethoven devint Franc-maçon et devint très proche de bon nombre d'entre eux, y compris Gemmingen qui avait aidé Mozart à Mannheim puis l'avait introduit comme membre de la *Charité*.

Mozart fut impressionné par les intentions officielles des Illuminati. Il ne connaissait pas plus de détails. Il n'avait pas la moindre idée sur les intentions de ses amis influents. Il n'existe pas d'information claire permettant de savoir si Mozart savait même que ses amis étaient membres des Illuminati. Car ils ne révélaient leur allégeance qu'à ceux qu'ils espéraient pouvoir recruter. Adam Weishaupt avait déclaré : « *A ces Francs-maçons là nous ne devons pas même révéler que nous ayons autre chose que ce que les Francs-maçons n'ont eux-mêmes... Tous ceux qui ne sont pas qualifiés pour notre tâche doivent rester dans les loges Maçonniques et progresser là sans rien savoir du système additionnel.* » (Einige Originalschriften des Illuminatenordens », Munich, 1787, p.300)

En décembre 1785, les activités des Illuminati à Vienne furent interdites. Les Illuminati furent forcés de quitter leurs loges. Malgré l'interdiction, ils continuèrent à agir comme des Francs-maçons ordinaires. Ils gagnèrent la loge de *l'Espoir Couronné*. Les illuminés Ignaz Von Born, Joseph Von Sonnefells et Otto Von Gemmingen fondèrent une nouvelle loge, *La Vérité*, dont le Grand-Maître était Born lui-même. Les Illuminati croyaient prêcher la vérité ultime.

Le 14 janvier 1786, Mozart intégra la nouvelle loge de *l'Espoir Couronné*. Mais il ne fut pas présent à la cérémonie d'ouverture et plus tard il ne participa que rarement aux réunions. Au cours de cette période, Mozart écrivit rarement de la musique maçonnique.

Mozart appartenait à une société où les Illuminati dominaient encore. Ce n'est que dans la dernière année de sa vie, 1791, qu'il se mit à composer de nouvelles pièces de musique pour les Francs-maçons. Cette musique contenait des codes secrets et des allusions.

Mozart voulait de vrais amis. C'est la raison pour laquelle il devint Franc-maçon. Tous ses amis étaient Francs-maçons. En tant que personne très sociable, Mozart ne pouvait pas être seul et avait donc besoin d'être entouré d'amis avec lesquels il pouvait s'associer.

Ce sont les accointances maçonniques de Mozart qui lui permirent de se faire un nom en Europe car les frères maçonniques de haut rang le soutenaient. Près de la moitié des membres de la *Véritable Harmonie* étaient des aristocrates ayant aidé Mozart, par exemple Esterhazy. Les éditeurs de Mozart étaient également Francs-maçons : Pasquale Artaria, Christophe Torricella et Franz Anton Hoffmeister.

Mozart pouvait toujours compter sur l'hospitalité fraternelle des Francs-maçons, et durant ses séjours à l'étranger, il recevait toujours un soutien financier et un hébergement gratuit. Au cours de ses voyages en 1787-1791, les Francs-maçons de Prague et d'ailleurs aidèrent Mozart de diverses manières. Il existe des preuves écrites permettant d'en attester. Ses amis jouèrent un rôle crucial en aidant Mozart financièrement : Lichnowsky, Franz Hofdemel et Michael Puchberg furent parmi ses plus importants soutiens. Mozart, à son tour, aidait les autres Francs-maçons en obtenant des prêts pour eux.

En décembre 1787, Mozart fut nommé compositeur attitré de la Chambre Impériale, ce qui lui permit de recevoir des commandes pour des

Opéras plus importants. Les Illuminati étaient devenus un état dans l'état. Malgré toutes les interdictions, ils poursuivirent leurs activités subversives contre la société. En ce temps-là les gens manquaient d'expérience et de ressources pour se protéger contre la franc-maçonnerie, qui était entièrement sous l'influence des Illuminati.

L'éminent compositeur autrichien Franz Schubert n'était pas Franc-maçon et il mourut pauvre et méconnu.

En homme doué, Mozart s'aperçut finalement des intentions maléfiques des Illuminati, malgré le fait qu'ils se réclament de « l'ange de lumière ». Il tenta de protéger la société en fondant une société secrète avec certains de ses amis, *Die Grotte* (La Cave). Mozart était très au courant des risques mortels qu'il encourrait. Déjà en avril 1787, il écrivit une lettre à son père lui disant que la mort était en fait l'amie de l'homme et qu'il ne pouvait pas s'allonger pour dormir sans penser qu'il puisse, malgré sa jeunesse, ne pas voir le jour suivant. (Maynard Solomon, « Mozart », Stockholm, 1995).

Il désirait révéler au public la magie conspiratrice des Francs-maçons. Dans ce but, il tenta d'utiliser son opéra « Die Zauberflöte » (La flûte enchanteé), où le personnage de Sarastro était le Grand-Maître des Francs-maçons, une transposition d'Ignaz Von Born. Mozart était doté d'une mémoire exceptionnelle. Une fois qu'il avait entendu une mélodie, il pouvait la jouer plus tard sans faire la moindre erreur. « La Flûte Enchantée » (1791) contient bien des révélations sur les secrets maçonniques. Il utilisa la pyramide des Illuminati, l'œil qui voit tout, le temple et d'autres symboles secrets. Ces métaphores furent retirées plus tard. Mozart utilisa également les moyens de l'expression musicale en créant un contraste entre les thèmes lyriques et tragiques, l'élégance et le folklore, des détails fantastiques et l'atmosphère solide de l'orchestre. La première eut lieu à l'automne 1791. Les Illuminati ne pouvaient pas pardonner cela à Mozart.

Un « Requiem » lui fut commandé anonymement afin de célébrer sa propre mort. Il fut également payé en avance. À Prague, les Francs-maçons avaient pour habitude d'empoisonner doucement au mercure ceux qui devenaient l'objet de leur haine. Des analyses de restes de ses cheveux conservés par sa veuve confirmèrent cela. Il déclara par ailleurs : « Je suis certain de m'être fait empoisonner. Je ne cesse d'y penser. » Il confessa que son Requiem était en réalité composé pour lui-même. (Georg Nikolaus von Nissen, « Biographie de W. A. Mozart » Leipzig, 1828.) Georg Nikolaus von Nissen fut le franc-maçon qui écrivit la biographie de Mozart et devait plus tard épouser sa veuve. Il saisit l'opportunité de mettre l'empoisonnement de Mozart sur le compte du collègue et ami de Mozart, Antonio Salieri.

L'agonie de Mozart dura quinze jours. Ses mains et ses pieds étaient gonflés, il ne pouvait plus bouger et était pris de vomissements. Il était sous l'emprise d'une forte fièvre et perdit connaissance deux heures avant sa mort. Il mourut au matin du 5 décembre 1791, à 35 ans. La cause de sa mort ne fut jamais déterminée. Il n'y eut aucune autopsie.

La composition du « Requiem » fut poursuivie jusqu'au deuxième et dernier verset : *lacrimosa dies ilia* (ce jour de deuil). Franz Xaver Süssmayer acheva l'opus.

Hermann Ahlwardt déclara dans son livre « Mehr Licht » (« Davantage de Lumière ») que Mozart avait été assassiné. Il mourut précisément 7 ans après son initiation maçonnique. Salieri fut plus tard choisi comme bouc émissaire.

L'ouvrage « Staats und Gesellschaftslexikon » (volume 18, 1865) d'Hermann Wagener, confirme que Mozart a été empoisonné. Otto Jahn dans sa biographie de Mozart (1891) souligna également le fait que Mozart avait été empoisonné. Le docteur Ian James du Royal Free Hospital de Londres confirma en 1991 que Mozart avait bien été empoisonné soit à l'antimoine ou au mercure.

En 1990, plusieurs docteurs essayèrent de prouver que Mozart était mort d'une maladie des reins. Cette théorie avait été mise en avant en 1905 par le docteur français J. Barraud, un franc-maçon du 32ème degré. Mais s'il était décédé d'une mort naturelle, les Francs-maçons n'auraient pas confisqué son corps pour éviter une autopsie, en le précipitant dans une fosse pour les pauvres avant de recouvrir son corps de chaux vive.

Si Mozart s'était montré fidèle à l'égard des Francs-maçons, il aurait été enterré avec tous les honneurs. Ses hypocrites « amis maçonniques » pleurèrent des larmes de crocodile. Si la « Flûte enchantée » avait été acceptée, ceux qui étaient au pouvoir n'auraient pas envoyé son librettiste Johann Emanuel Schikaneder, dans un asile de fous où il mourut en 1812.

Lors de l'enterrement, Constance, l'épouse bien aimée du compositeur fut forcée de rester à la maison, tout comme sa belle-mère. Elles ne furent pas même autorisées à suivre le cortège funéraire. Un groupe d'amis parvint à le surveiller mais durent faire demi-tour (officiellement à cause de fortes rafales de vent), aux portes du cimetière Saint Marx de Vienne.

En Autriche, la Franc-maçonnerie fut interdite en 1794 car Léopold II avait reçu deux ans auparavant de troublant rapports des activités Illuminati et maçonniques en Bohême. En 1801, l'Archiduc François II interdit l'accès à la fonction publique aux membres des sociétés secrètes.

La société parvint à maintenir ce bannissement du mouvement subversif jusqu'en 1918, lorsque les Francs-maçons autrichiens prirent le pouvoir avec l'aide de leur fausse doctrine socialiste. Les Francs-maçons continuent encore aujourd'hui de diffamer et de se moquer de Mozart (par exemple Milos Forman dans son film : « Amadeus »).

LES ILLUMINATI EN TANT QU'INFILTRÉS

Les Illuminati se déplaçaient librement au sein des multiples sociétés secrètes de ce temps-là, cherchant à utiliser les idéologies libérales de la Franc-maçonnerie comme appât envers ceux qui ignoraient ses motivations véritables. « Tous les Illuminati sont francs-maçons mais la plupart des Francs-maçons sont loin d'être des Illuminati », déclarèrent les professeur Cosandey et Renner à Munich durant leur témoignage d'avril 1785.

Le dirigeant des Illuminati (Illuminatus Rex), Johann Joachim Cristoph Bode.

Seule une minorité était autorisée à atteindre les grades mystérieux les plus élevés. Seuls ceux-là connaissaient les véritables intentions de l'ordre. Cosandey et Renner ensemble et avec plusieurs autres témoins, déclarèrent qu'il y avait des « discussions constantes au sujet du but » sans qu'il ne soit jamais fourni la moindre explication sur ce qu'il était. Ceux qui appartenaient aux degrés inférieurs (« idiots utiles ») devaient seulement obéir, sans comprendre pourquoi. Le slogan des maçons de haut-rang étaient : « Notre vérité est un mensonge est le mensonge est notre vérité ! »

Le plan de Weishaupt pour s'emparer du pouvoir était ingénieusement simple. Les façonneurs d'opinion publique (les prêtres, écrivains, les représentants publics) devaient être changés en outils dociles, de sorte qu'ils puissent selon les propres mots de Weishaupt « encercler les Princes ».

Comme « conseillers » ils devaient permettre d'influencer les décisions politiques en faveurs des buts Illuminati. Lorsqu'un nouveau frère intégrait l'ordre, il faisait le vœu : « De ne jamais utiliser ma position contre un autre frère ».

Ce groupe à la loyauté corrompue ne s'en remettait pas aux frères en tant qu'individus, cependant ils n'étaient que des outils pour le pouvoir invisible au sein de l'ordre. Cela pouvait aisément se retourner contre n'importe lequel des frères si le « but » (par exemple Weishaupt lui-même) le décrétait.

Ainsi les frères des degrés inférieurs devaient fournir des informations (sous forme écrite) chaque mois au sujet de leurs propres actes et de ceux des frères membres (les soi-disant *Quibus licet*).

Les dirigeants de l'ordre compilaient les informations recueillies par ces « confessions » dont ils pouvaient faire usage plus tard contre n'importe quel frère réfractaire. Weishaupt encourageait aussi la copie et le vol de documents secrets et gouvernementaux. L'ordre avait besoin de ces documents pour poursuivre ses activités révolutionnaires, mais il voulait aussi que les frères perdent tout sentiment de fidélité et de loyauté à l'égard de l'ordre établi, en les poussant constamment à le trahir.

La religion, le nationalisme, le patriotisme, la loyauté envers le dirigeant, les liens familiaux – tous ces sentiments devaient être remplacés par une seule loyauté sans faille à la cause Illuminati.

Un transfuge, Joseph Utzschneider, un professeur de l'académie militaire de Munich, révéla que les diatribes constantes contre la patrie le dégoûtèrent tant, qu'il finit par quitter l'ordre.

L'ordre socialiste supranational auquel les Illuminati aspiraient était résumé à travers le concept de *Novus Ordo Seclorum* (le nouvel ordre mondial). Quelques-uns des points principaux de ce programme étaient :

1. **La suppression de toute religion, y compris de toute communion ou doctrine qui ne pouvaient pas servir d'instrument aux Illuminés.**
2. **La suppression de tout sentiment patriotique et – sur le long terme – l'abolition de toutes les nations pour l'établissement d'un état-mondial Illuminati.**
3. **Le transfert progressif de toute propriété privée et publique entre les mains des Illuminati.**

Les méthodes pour servir à l'accomplissement de ce dessein consistaient en l'établissement de nouvelles lois de taxations que les fonctionnaires Illuminati devaient aider à promulguer. Les plans originaux de Weishaupt comprenaient aussi un impôt sur le revenu progressif (ainsi ce n'est pas une nouvelle invention !) et même une taxe sur l'héritage encore plus confiscatoire.

Karl Marx, aussi, voulait un impôt élevé progressif dans son « Manifeste du parti communiste ». L'intention était d'affaiblir la société.

4. **Un système d'espionnage et de dénonciation global avec comme modèle « les frères insinués ». Le symbole de cela**

était l'œil qui voit tout, un œil dans une pyramide, qui était le symbole du pouvoir Illuminati.

Ce symbole est « l'œil du malin » qui représente Osiris. Il est dérivé du Serpent ainsi que de la fraternité du *Dragon*, se référant à Lucifer comme l'incarnation de la sagesse.

5. **Et finalement un code moral global, une standardisation complète des volontés intérieures des gens, de leur souhaits et aspirations sous « le souhait unique » : celui des Illuminati.**

Les Illuminati voulaient simplement abolir toute forme organisée de gouvernement, le patriotisme, la religion et la famille, pour finalement permettre un gouvernement mondial. Des gens intègres ne travailleraient jamais à l'établissement d'un programme aussi abominable, alors les Illuminati « normaux » étaient repus de phrases vertueuses sur l'amour, la charité et d'autres idéologies de ce genre telles que nous les connaissons aujourd'hui. Plus quelqu'un avançait en grade, plus primitifs étaient les membres qui le composait. Plus les individus étaient primitifs, plus les idéaux qui les unissaient étaient bas. Depuis lors, les Illuminati ont utilisé toutes sortes d'idéologies (Nihilisme, Libéralisme, Fascisme) ou les ont créées eux-mêmes (Marxisme, Communisme, Socialisme) tout en étant eux-mêmes parfaitement indépendants de toute idéologie.

En 1933, la Grande Encyclopédie Soviétique publia un grand nombre d'informations au sujet d'Adam Weishaupt et des Illuminati, mais après cette année, les entrées furent volontairement incohérentes.

En 1778, les francs-maçons s'étaient réunis à Lyon pour discuter de la future révolution. D'autres congrès se tinrent à Paris en 1785 et en 1787, puis à Francfort en 1786, où vivait Mayer Amschel Rothschild et sa banque.

Le 15 novembre 1790, les autorités bavaroises déclarèrent une prohibition définitive des Illuminati, ce qui signifie qu'elles étaient bien au fait des intentions de l'organisation. Ceux qui transgressaient l'interdiction encourraient la peine de mort. Les historiens ont complètement occulté ce fait pour perpétuer le mythe que les Illuminati cessèrent d'exister après 1786. Les Illuminati défièrent toutes les interdictions et continuèrent leurs activités sous d'autres formes et d'autres noms.

Adam Weishaupt (répondant au nom de code de Spartacus) préconisait : « La plus grande force de notre Ordre repose sur le secret. Ne jamais le laisser paraître sous son nom véritable, mais toujours prendre soin de le couvrir par un autre nom et une autre activité. »

Les Illuminati refirent surface dans toute l'Allemagne, sous la forme de sociétés de conférences. Les archives d'état de Dresde contiennent une lettre écrite par Frederick William II de Prusse datée du 3 octobre 1789 à Berlin adressée à l'Électeur Friedrich August III de Saxe, dans laquelle il indique que les Illuminati se sont répandus à travers l'Allemagne et constituent une secte dangereuse. En plus d'infiltrer les sociétés intellectuelles existantes, les Illuminati prirent l'initiative de fonder les leurs à Mayence, Coblence, Trieste, Bonn, Aix-la-Chapelle, Cologne et au sein d'autres villes au cours des années 1782-1787 (Melanson, « Perfectibilists », Walterville, Oregon, 2009, p. 61).

En 1790, Johann Bode reforma les Illuminati sous le nom de Deutsche Freimaurerbund, comme l'indiquait l'appellation figurant sur la couverture des documents maçonniques saisis par les Russes dans les archives allemandes qui furent publiées à Moscou en 1989. Ce fut Bode qui devint à partir de 1785, le nouveau chef des Illuminati.

Lorsque Bode mourut à Weimar le 13 décembre 1793, Karl Leonhard Reinhold (un philosophe autrichien d'Iéna), prit sa succession. L'organisation se prénommait dorénavant *Der moralische Bund der Einverstandenen* (L'Alliance de ceux qui Savent). L'année suivante, il s'installa à Kiel, où il prit un poste de professeur. Il entra à la loge *Zur Wahren Eintracht* de Vienne. Son Grand Maître, Ignaz von Born, le présenta aux Illuminati au printemps 1783. Il devint un des leurs à Iéna en 1787.

En 1809, Reinhold intégra la *Luise zur gekrönten Freundschaft* de Kiel ; avant de devenir son Grand Maître en 1820. Il le restera jusqu'à sa mort le 10 avril 1823. En ce temps-là, il était également le chef des Illuminati.

Cependant, de nombreuses sources officielles indiquent la reconstitution des Illuminati (c'est-à-dire leur réorganisation) à Dresde en 1880 (« Kleine W. P. Encyclopaedie », Brussels-Amsterdam 1949). D'après les Archives Soviétiques Spéciales de Moscou, ce fut vraiment Théodore Reuss qui reforma les Illuminati à Munich en 1880.

Une conférence eut lieu au château de Mayer Amschel Rothschild à Wilhelmsbad près d'Hanau le 16 juillet 1782, où les Francs-maçons et les Illuminati forgèrent une alliance complète. De cette manière, les sociétés secrètes majeures commencèrent une coopération étroite avec les Illuminati. Ainsi, Weishaupt ne gagna pas moins de trois millions d'instruments au service de son œuvre. Le temps venu, les Illuminati devaient apporter la mort et la souffrance à des centaines de millions de gens.

Au cours de la conférence maçonnique de Wilhelmsbad, la décision d'assassiner Louis XVI de France et Gustave III de Suède fut prise. (Charles de Héricault, « La Révolution », p.104) L'initiative de cette conférence était entièrement juive. (A. Cowan, « The X rays in

Freemasonry », Londres, 1901, p.122). La décision de tuer l'empereur Léopold d'Autriche fut aussi prise à la conférence. Il fut empoisonné le 1er mars 1792 par le Juif Franc-maçon Martinowitz. Gustave III de Suède fut assassiné le même mois par le franc-maçon Jakob Johan Anckarström.

En 1800, les Illuminati étaient actifs en Suède, en Autriche, en Russie et dans beaucoup d'autres pays. Trois ans plus tôt, le professeur John Robinson avait écrit un exposé minutieux du complot Illuminati dans son livre : « Proofs of a Conspiracy » (Londres, 1797).

Les Illuminati cherchèrent à prendre le contrôle de la presse et commencèrent à placer leurs infiltrés en coulisses en tant qu' « experts ». L'Ordre désirait aussi influencer le système éducatif.

Le poète anglais Percy Bysse Shelley fut à son tour initialement trompé par la propagande Illuminati, malgré que Weishaupt ait déclaré distinctement que le but des Illuminati était d'œuvrer inlassablement jusqu'à ce que « dirigeants et nations disparaissent sans violence de la surface de la Terre, que l'humanité devienne une grande famille et le monde un lieu de résidence pour gens raisonnables. » Mais plus tard, Shelley tomba sur un exemplaire du livre sensationnel de l'Abbé Barruel « Mémoires pour servir à l'histoire du Jacobinisme », publié en 1798. Ce livre révélait, à l'aide de documents bavarois, la conspiration des Juifs Illuminés. Shelley prit ces révélations au sérieux et recommanda le livre à ses amis. Il commença à regarder les Illuminati comme le mal incarné et suggéra même à Leigh Hunt, l'auteur connu pour son franc-parler, de fonder une société où des membres sensés s'opposeraient à « la société des ennemis de la liberté ». Shelley continua par la suite à voir clair dans les machinations des Illuminati au sein des coulisses de la scène politique.

Shelley se noya le 8 juillet 1822 dans le Golfe de La Spezia, près de Lerici, au large des côtes de la Ligurie, alors qu'il effectuait une sortie en mer. Son corps fut incinéré sur la plage, son cœur fut emmené à Rome.

Les américains Thomas Jefferson et Alexander Hamilton devinrent affiliés à la doctrine de Weishaupt au cours des années 1790. Jefferson et Hamilton ouvrirent les loges maçonniques des États-Unis d'Amérique aux Illuminati européens, malgré de nombreuses voix réfractaires. Parmi ces protestataires figurait John Quincy Adams, qui fut plus tard élu président (1825). Il écrivit une lettre au colonel William L. Stone révélant comment Jefferson exploitait l'ordre maçonnique pour subvertir la société.

Les Illuminati répliquèrent en rendant la tentative d'Adams à sa réélection impossible. Adams fut l'objet d'une vicieuse campagne de calomnie de la part de la presse nationale, déjà sous le contrôle des Illuminati. Adams essaya également de publier un livre de révélations sur les Illuminati mais le manuscrit fut volé.

Le capitaine William Morgan, qui avait atteint un haut degré au sein de la Franc-maçonnerie et avait acquis une position centrale dans l'ordre, découvrit quelques un des terribles secrets des Illuminati dans sa *loge Batavia No. 433* de New York. Il prit conscience des buts des Illuminati et voyagea à travers les États-Unis pour avertir les loges maçonniques. En 1826, il expliqua qu'il était de son devoir d'avertir le public des plans secrets des Illuminati. Morgan voulait révéler les activités louches de l'élite maçonnique dans un livre. Il signa un contrat avec l'éditeur colonel David C. Miller. Le livre « Freemasonry Exposed », fut publié en 1826.

Aussitôt, de nombreux avertissements concernant Morgan se répandirent. Des journaux comme celui de Canandaigua à New York, annoncèrent le 9 aout 1826 : « Si un homme répondant au nom de William Morgan se révèle en société, tout le monde devrait être sur ses gardes, tout spécialement les membres de la fraternité maçonnique… Morgan est un escroc et un homme dangereux. »

Les francs-maçons de Batavia et les Illuminati d'Europe et d'Amérique étaient inquiets. Il fut décidé de le punir pour avoir rompu son serment et trahi ses frères. Richard Howard, un Illuminé anglais, fut envoyé en Amérique pour assassiner Morgan. (Michael di Gargano, « Irish and English Freemasons and their Foreign Brothers », Londres, 1878, p. 73).

La franc-maçonnerie tendit un piège à Morgan pour s'en débarrasser rapidement. Morgan fut arrêté le 11 septembre 1826 pour une dette imaginaire de deux dollars et 68 cents. Le franc-maçon qui avait déniché la dette s'appelait Nicolas Chesebro.

Le 13 septembre à 19 heures, à la prison de Canandaigua, le franc-maçon Lotan Lawson, se présenta pour régler la dette de Morgan. Deux francs-maçons ordonnèrent à Morgan de sortir pour l'entrainer dans une diligence. Morgan résista. Puis les francs-maçons Chesebro et Edward Sawyer forcèrent Morgan à s'installer dans le véhicule. Des témoins l'entendirent crier : « À l'aide ! Au meurtre ! »

Les francs-maçons le noyèrent dans les chutes du Niagara. Il s'agissait de répandre la crainte chez les autres maçons afin de perpétuer leur soumission. John Whitney, un de ceux qui étaient impliqués dans cette affaire, confessa le meurtre de Morgan à son médecin sur son lit de mort en 1860. L'éditeur de Morgan, David Miller, échappa au même sort le 13 septembre grâce à l'aide du sheriff.

Le 4 octobre 1826, Miller imprima 5 000 exemplaires agrémentés de gros titres révélant l'enlèvement de Morgan et sollicitant le public pour recueillir des informations. Les gens savaient que les francs-maçons menacent de châtiments terribles ceux qui révèlent leurs secrets. Les maçons déclarèrent alors que Morgan avait reçu 500 dollars et un cheval contre la promesse de déménager définitivement au Canada.

Le Gouverneur de New York, DeWitt Clinton, nomma plusieurs commissions afin de déterminer les causes de la disparition de Morgan. Le

1er janvier 1827, les francs-maçons Lotan Lawson, John Sheldon, Nicolas Chesebro et Edward Sawyer furent condamnés pour enlèvement. Plus tard, dix autres francs-maçons reçurent des peines de prison pour avoir participé à l'enlèvement de Morgan.

D'après plusieurs témoins, le corps de la victime fut retrouvé dans le lac Ontario, le 7 octobre 1826. Il était impossible à identifier mais la femme de Morgan pensait qu'il s'agissait bien de celui de son mari. Sara Munroe arriva plus tard du Canada. Elle déclara que c'était le corps de son mari Timothy.

Tout cela constituait évidemment une très mauvaise publicité. Les francs-maçons expérimentèrent de nombreuses défections. Les fonctionnaires exigèrent que les professeurs et d'autres individus importants, quittent l'Ordre sous peine de perdre leur emploi. Les francs-maçons furent exclus du jury au sein des tribunaux. Ils étaient insultés dans la rue. L'affaire Morgan provoqua une vague d'hostilité à l'égard des sociétés secrètes en général et tout particulièrement envers la franc-maçonnerie. Les responsables politiques demandèrent à ce que la franc-maçonnerie rompe tout lien avec l'Ordre. Plus de 140 journaux dans tout le pays prirent position contre la maçonnerie.

Cela conduisit les membres des loges concernées au bord de la crise de nerf. À cette époque, il y avait 50 000 Francs-maçons aux USA. Après la publication du livre de Morgan, 45 000 d'entre eux quittèrent leurs loges. Près de 2000 loges furent fermées. La plupart des loges restantes suspendirent leurs activités. Dans le seul état de New York, il y avait 30 000 Francs-maçons. Après la publication de l'ouvrage de Morgan, leur nombre se réduisit à 300. (William J. Whalen, « Christianity and American Freemasonry », 1987, p.9)

L'historien américain Emanuel M. Josephson révéla dans son livre « Roosevelt's Communist Manifesto » (New York, 1955, p. 24) que la loge Illuminati Columbia Lodge fut fondée à New York en 1785. Son premier chef fut le Gouverneur De Witt Clinton, suivit par Clinton Roosevelt.

En 1786 la loge Illuminati de Virginie fut instituée et Thomas Jefferson en prit la tête. Lorsque Weishaupt fut mis en cause en Bavière, Jefferson le défendit en le présentant comme un « philanthrope enthousiaste ». En peu de temps, les Illuminati avaient ouvert quinze loges en Amérique.

Thomas Jefferson fit tout ce qu'il put pour faire finalement accepter la pyramide Illuminati par le congrès comme grand sceau national le 15 septembre 1789.

En 1789, l'éditeur, homme d'état et de science Benjamin Franklin (1706-1790), lui-même Franc-maçon, demanda à ce que les États-Unis d'Amérique se défendent contre l'immigration juive et son influence à l'aide de la constitution, car les Juifs étaient devenus un état dans l'état.

Cette demande fut refusée et à la place, l'étoile de David (au sein de l'Ouroboros maçonnique) devint le symbole de l'armée et de la police en Amérique.

George Washington, qui était devenu Franc-maçon en 1752 à 20 ans, tenta aussi de s'opposer aux travaux Illuminati en Amérique après avoir été convaincu en 1796 qu'ils présentaient une menace à la nation. Weishaupt avait même prévu d'assassiner Washington s'il devenait trop gênant. (Neal Wilgus, « The Illuminoids », New York, 1978, p.33)

David Pappen, président de l'université d'Harvard, lança aussi un avertissement contre les Illuminati le 19 juillet 1798, suivit plus tard de Timothy Dwight, président de l'université de Yale.

Cela conduisit David C. Bernard, David Miller et 41 autres anciens francs-maçons à former une association anti-maçonnique en 1828 à Le Roy (New York). Une année plus tard, Henry Dana Ward, Thurlow Weed et William H. Seward formèrent un parti antimaçonnique, exigeant que la franc-maçonnerie soit bannie en tant qu'institution. Ils organisèrent des manifestations de protestation dans diverses villes de la côte Est.

Le parti participa à l'élection présidentielle en 1832. En septembre 1831, William Wirt fut investi de la candidature à l'élection présidentielle. En 1832, il recueillit 8 pour cent des voix (1 262 755). Le parti rencontra son plus grand soutien dans le Vermont (dont la capitale est Montpellier), mais en 1840 il fut mis hors d'état de nuire…

Weishaupt, comme Niccolo Machiavelli (1469-1527) au sein de la république de Florence, croyait que le pouvoir devait être détenu exclusivement par certaines personnes choisies – toutes les autres étant peu fiables. Dans son œuvre posthume « Le Prince » (1532), Machiavel se faisait l'avocat de la mise en place d'une dictature absolue.

LE TOTALITARISME JÉSUITIQUE POUR MODÈLE

Quelques sources, avant tout chrétiennes, déclarent que le modèle idéologique auquel Weishaupt se référait était basé sur la « République » de Platon. Ces assertions sont trompeuses. Weishaupt (malgré sa haine envers eux) admirait les tactiques et méthodes des Jésuites, leur discipline, leur compétence en matière d'organisation, leur capacité à user des talents à bon escient et leur dévotion à leur cause. Sachant que les Jésuites éduquèrent Weishaupt, il était familiarisé avec leur méthode pour créer une société totalitaire et son prototype était par-dessus tout la règle totalitaire et théocratique, que les Jésuite avaient implantée en dépit du pouvoir central espagnol, au Paraguay en 1609. Cet état d'esclave exista officiellement pour 159 ans, jusqu'en 1768 alors que Weishaupt n'était encore qu'un étudiant âgé de vingt ans. Les Jésuites appelaient ce fief, *encomienda*, ce qui signifie mission ou protection.

Les faits que j'ai trouvés dans la dissertation de Carl Morner : « An account of the history of Paraguay and the pertaining Jesuit missions from the discovery of the country to 1813 » (Uppsala, 1858, pp.92-102) méritent d'être considérés. D'après Morner, chaque mission était dotée d'un conseil municipal qui était chargé d'appliquer les ordres des Jésuites. Les Jésuites suivaient une sorte de méthode communiste, usant de la ruse et de la violence. Les indiens Guarani des deux sexes et de tous âges étaient forcés de travailler pour la mission. Les indiens ne possédaient rien en propre.

Toute la production était réunie dans des entrepôts communaux. Quel que soit la nourriture ou les vêtements dont les Indiens avaient besoin, ainsi que la totalité des besoins généraux de la communauté, étaient distribués à partir de ces entrepôts. Les Jésuites supervisaient le travail comme à l'usine.

Ils avaient institué le devoir de travailler. La distribution de nourriture et des autres nécessités aux indiens dépendaient des résultats de la production. La structure de pouvoir était centralisée et le travail s'accomplissait en groupe. La communauté organisait même des distractions. Lorsque des punitions étaient prévues, les indiens devaient embrasser la main de leur bourreau, le remercier et exprimer des remords.

La direction de cette communauté était constituée de prêtres jésuites en provenance d'Italie, d'Angleterre et d'Allemagne. Ils avaient coordonnés cette enclave d'une manière semblable à celle d'un ghetto en Europe de l'Est derrière le rideau de fer. Tout ceci renforçait l'idée que les Jésuites aspiraient à créer un état indépendant.

Des indiens « sauvages » des contrés voisines étaient tentés de rejoindre ces communautés fermées qui regorgeaient de bonne nourriture, de gentillesse, de fêtes et de musique. Il n'y avait pas de suggestion ou de coercition pour les intégrer. Alors le piège se refermait sur eux. Les Jésuites distribuaient les « sauvages » parmi les missions sur la rivière Paraná. Beaucoup d'entre eux s'échappaient dans la jungle pour être seulement repris plus tard.

Les indiens étaient transformés en créatures dépendantes et sans défense. Leur possibilité de développement spirituel était réprimée. Des prêtres jésuites spéciaux (pareil aux politruks) endoctrinaient les indiens de manière à ce qu'ils n'expriment pas leur mécontentement. Le Christianisme, une religion originellement à l'intention des esclaves, était utilisé avec ruse. En même temps, ils essayaient d'accoutumer les indiens à une attitude militaire et de cette manière de les faire devenir les outils de leurs maîtres sans aucune pensée ou volonté propre. Le Paraguay fut un exemple de standardisation, de « droit de codétermination » de mentalité productiviste, de méthodes communistes, de rideau de fer (la zone était transformée en ghetto), de politruks, de servitude, de violence, de propagande et de militarisme. Un fait intéressant est qu'initialement, des Jésuites d'Europe centrale (de race juive) étaient choisis comme chefs des missions au Paraguay.

Des informations au sujet des conditions réelles atteignirent finalement le monde extérieur malgré toute l'hypocrisie et le double jeu. En 1759, les Jésuites furent ordonnés de relâcher les indiens et d'abolir leur système d'isolement.

Naturellement les Jésuites déclarèrent que toutes les accusations dont ils faisaient l'objet étaient fausses, mais ils admettaient tout de même que quelque chose devait être fait et offrirent d'aider les indiens à devenir graduellement indépendants de nouveau. Ils n'avaient pourtant pas l'intention de tenir leur promesse.

Pendant ce temps, en Europe, l'animosité contre l'ordre des Jésuites croissait et le Roi d'Espagne Carlos III expulsa les Jésuites de toutes ses provinces en 1767. Les Jésuites du Paraguay partagèrent le sort de leurs frères. Un an plus tard, en 1768, ils quittèrent officiellement leur mission sans résistance – Missions qui avaient au travers de leur mode de vie communiste, étouffé le développement spirituel des indiens. De ce fait, les Jésuites avaient acquis l'expérience d'endoctriner les nations indiennes infiniment éprises de liberté, pour les changer en esclaves obéissants parqués dans leur « commune ».

En l'espace de seulement huit ans, en 1776, le Jésuite transfuge Adam Weishaupt forma l'ordre des Illuminé. En fait, les Jésuites conservèrent leur ghetto à travers tout le 19ème siècle. L'esclavage fut aboli en 1843.

LE PREMIER COUP D'ÉTAT DES ILLUMINATI

Adam Weishaupt travailla aussi intensément comme membre de l'ordre maçonnique du Grand Orient pour préparer une soi-disant révolution. (Nesta Webster, « The French Revolution », Londres, 1919, pp.20-21) En même temps, les Illuminati avaient gagné une position sûre en France. Le comte Honoré Gabriel Riqueti de Mirabeau (alias Léonidas) devint le membre Illuminati le plus important.

Un Juif portugais, Martinez Paschalis, créa un ordre cabalistique à Marseille en 1767, l'*Ordre des Élus Cohen*. Louis Claude de Saint-Martin pris la direction de cet ordre. La secte se fit connaitre sous le nom de l'Ordre Martiniste ou les Illuminati Français. Plus tard, elle devait conseiller Pol Pot à partir des années 1950 sur la manière d'établir un état totalitaire reposant sur la terreur.

Un autre Illuminé important, l'écrivain et éditeur Johann Joachim Christophe Bode (1730-1793), alias Amélius, avait séjourné à Paris au cours de la même année, afin d'organiser la Révolution Française et de donner le signal de la rébellion deux ans plus tard, d'après le livre de Johannes Rogalla Von Bieberstein « Die These Von der Verschwörung 1776-1945 » (Francfort-sur-le-Main, 1978).

Johann Bode était arrivé à Paris le 24 juin 1787. Le deuxième congrès des *Amis Réunis* avait eu lieu le 8 juin. Il se mit immédiatement en rapport avec un frère illuminé, Christian Wilhelm von der Busche (1756-1817), afin de faire le point sur la situation.

Bode nota dans son journal le contenu de leurs échanges de mai à août 1787. Ce journal fut mis à disposition du public grâce à l'ouvrage de l'historien Hermann Schüttler « Johann Joachim Christop Bode : Journal von einer Reise von Weimar nach Frankreich. Im Jahr 1787 » / « Journal d'un voyage de Weimar jusqu'en France en 1787 » (Munich, 1994).

Ce journal démontre que Bode a assisté à des réunions cruciales avec les dirigeants francs-maçons en France afin de préparer la révolution. Un personnage clef, Savalette Paul de Lange (*Les Amis Réunis*), intégra les Illuminati le 1er août 1787 et le 4 deux de plus se joignirent à lui, Taillepied de Bondy et Alexandre-Louis Roëttiers de Montaleau.

Savalette de Lange était l'araignée du réseau maçonnique français, il connaissait tout le monde et bénéficiait de beaucoup de contacts utiles au travers desquels il parvenait à tirer les ficelles. D'après le journal de Bode, la totalité des membres directeurs de la maçonnerie en France devinrent des Illuminati au cours de l'été 1787, y compris le secrétaire des *Amis Réunis*, Jean-Baptiste le Sage (1767-1838).

Les Amis Réunis fut une des loges du Grand Orient que Bode parvint à rallier à la cause des Illuminati. Il rencontra également le Grand Maître Paul Savalette de Lange (1746-1797). La tâche principale de Bode était de convaincre les dirigeants que le mysticisme ne présentait pas beaucoup d'avantage et qu'il valait mieux prôner des idées politiques radicales (illuministes). Le magazine du Grand Orient, *Humanisme*, confirme dans son numéro de décembre 1995 que les Illuminati allemands étaient parvenus à établir des contacts avec la franc-maçonnerie au cours des années 1787-89.

En France, il fut décidé d'éviter d'utiliser le terme 'Illuminati' dans toute correspondance. Le nom de code **philadelphes** (à côté des codes maçonniques habituels) le remplacerait, afin d'empêcher les autorités d'identifier les conspirateurs. Le journal de Bode constitue une preuve irréfutable des plans conçus pour rallier les francs-maçons français de haut-rang et les Illuminati allemands, à leur conspiration contre le roi.

Après une rencontre avec les trois principaux conspirateurs à Paris, Bode nota dans son journal : « Nous avons tous les quatre juré solennellement de saisir cette opportunité pour le bien de l'humanité. Amen ! »

De retour à Weimar le 29 aout 1787, Bode annonça à Schiller et à d'autres Illuminati le succès de ses entreprises.

Au cours de l'été 1787, les quatre loges principales, *Les Neuf Sœurs, Le Contrat Social, Les Amis Réunis* et *Candeur*, avaient toutes été mises au service des Illuminati. Deux ans plus tard, les Illuminati étaient parvenus à infiltrer 266 loges, bien que beaucoup de francs-maçons des degrés inférieurs n'en n'avaient aucune connaissance. En 1788-1789, Bode visita la loge du *Contrat Social*.

En tant qu'Illuminati, Bode avait établi des contacts fructueux avec les autres Francs-maçons, également en Suède. Il publia les premiers périodiques maçonniques durant les années 1776-1779. Il prit également part à la convention maçonnique de Wilhelmsbad en 1782.

Dès 1783, Weishaupt, l'ancien dirigeant des Illuminati, avait envoyé le Juif Giuseppe Balsamo (né le 8 juin 1743 à Palerme), qui se présentait lui-même sous le faux titre de comte Alessandro Cagliostro, en France pour que les Illuminati puissent contrôler les ordres maçonniques français. Cagliostro-Balsamo avait été recruté à Francfort en 1781. (Inquire Within « The trail of the Serpent », Hawthorne, Californie, 1936, p.163) Un an plus tôt, il s'était déclaré le dirigeant de la Franc-maçonnerie Égyptienne. Cagliostro avait également pris part à l'important congrès maçonnique de Paris le 15 février 1785.

Cagliostro fut expulsé de France en 1786, en rapport avec « l'affaire du collier ». Il fut emprisonné à Rome en 1789, après avoir tenté de mettre en place une loge maçonnique et fut condamné à la prison à perpétuité. Il y mourut le 26 août 1795.

Un comité secret fut constitué à la convention maçonnique de février 1785 afin de coordonner les actions des révolutionnaires. Il était composé de Saint-Martin, Étrilla, Franz Anton Mesmer, Cagliostro, Mirabeau, Charles-Maurice de Talleyrand (Talleyrand-Périgord), Bode, Dahlberg, baron de Gleichen, Lavater, comte Louis de Hesse et des représentant du Grand-Orient de Pologne et de Lituanie. (Inquire Within « The trail of the Serpent », p.73)

Les Illuminati invitèrent des milliers de criminels à Paris.

Beaucoup de pamphlets contre la Reine Marie-Antoinette commencèrent de circuler à Paris. Après ça des prospectus furent répandus pour inciter le peuple à se révolter. Le but des Francs-maçons était de détrôner le Roi. La machine à propagande était habilement organisée. Marie-Antoinette devint ainsi le symbole de tous les maux du royaume. En fait, elle était une reine très dévouée envers son peuple, qui au cours des célébrations publiques, servait elle-même la nourriture à ses plus humbles sujets.

Durant la campagne de calomnie menée par les Jacobins, ils prétendirent que la reine de France était une lesbienne incestueuse et adultère et qu'elle changeait d'amants d'un jour à l'autre. Des caricatures furent répandues dans des milliers de pamphlets et brochures. Il lui fut attribué des propos qu'elle ne prononça jamais (« s'il n'ont pas de pain, qu'ils mangent de la brioche »). Elle devint un objet de haine sans jamais parvenir à se défendre.

On disait qu'elle était mariée à un homme incompétent et impuissant, qu'elle s'adonnait à des orgies avec les membres de la cour et les ministres, qu'elle se vautrait dans le luxe et dans la perversion au zoo du Trianon. On prétendait que Marie-Antoinette était un monstre parce que sa mère, l'Impératrice Marie-Thérèse d'Autriche, s'était donné à un ours et avait caché le fruit de ces amours coupables dans un placard.

Des « preuves » que la reine couchait avec son fils et entretenait des relations avec des gardes, furent postées partout. Des rumeurs selon lesquelles le frère du roi, le Comte d'Artois, était son amant, se répandirent comme un feu de broussaille. Pourtant, elle ne fut jamais amère, mais demeurait aimable, gentille et aimante.

D'après la propagande actuelle, Louis XVI était un tyran sans merci et stupide. En fait, il était une personne gentille et bien intentionnée, un homme profondément religieux, un père de famille aimant et par ailleurs un fin lettré extrêmement intelligent, d'après la biographie de l'historien français Eric le Nabour, « Le Pouvoir et la Fatalité ». Il lisait souvent l'encyclopédie. Louis était si myope qu'il éprouvait des difficultés pour reconnaître les gens à quelques pas de lui. Il était un bon serrurier et avait une telle connaissance de la mécanique, que les experts contemporains en sont toujours surpris. Il aimait la menuiserie et le travail du bois.

Le Roi n'avait pas d'intérêt pour les aspects charmants de la vie mondaine à la cour. Louis avait 16 ans lorsqu'il épousa Marie-Antoinette, elle-même âgée de 14 ans. Il ne voyagea jamais à l'étranger.

Les Illuminati ont tout fait pour présenter une image aussi négative que possible de Louis XVI et de sa France au monde postrévolutionnaire. Ce ne fut pas l'extravagance et les gaspillages de la cour qui causèrent le déficit public, mais plutôt le soutien de la France à la révolution Américaine. Le coût de la guerre contre l'Angleterre était devenu astronomique – quatre milliards de livres (46 milliards d'euros en 2012). Louis XVI fut le premier chef d'état de l'ancien monde à reconnaître cette nouvelle république américaine. Gustave III fut le deuxième.

Louis XVI avait réformé le système judiciaire, aboli la torture en 1788, humanisé les prisons et développé le système de santé. Mais il avait ouvert la voie à la chute de la monarchie au travers de petites concessions constantes faites aux Francs-maçons et aux Illuminés.

La Révolution ne fut pas organisée dans un pays indigent ou sans ressource, mais au sein d'une nation florissante. Les exportations de la France avaient été multipliées par dix au cours du siècle. L'industrie et l'agriculture avaient fait de grands progrès. Le réseau français de plus de 40 000 kilomètres de routes pavées causait l'admiration et l'étonnement du monde. (René Sédillot, « Le cout de la Révolution Française », 1986)

Ses prétendus révolutionnaires qui œuvraient au renversement de l'ordre établi, étaient souvent des jeunes et beaucoup d'entre eux étaient Juifs ou Francs-maçons, d'après l'historien Henrik Berggren, Ph. D. (*Dagens Nyheter*, 20 janvier 1987, « The Grammar of the Revolution »). Les trois cents hommes qui s'emparèrent du pouvoir sous la Révolution Française étaient tous des Illuminati. (Gerald B. Winrod, « Adam Weishaupt – a Human Devil, p.37) Marat et Robespierre appartenaient officiellement à une organisation « révolutionnaire », *Les Aigris*. *L'Association des Égaux* était aussi active à Paris depuis 1786. Cette organisation avait dans la même année décidé où emprisonner les « ennemis du peuple ».

Tous ces hommes qui menèrent le coup d'état en juillet 1789, qu'ils appelèrent révolution, n'étaient pas juste francs-maçons, mais également Illuminati : Mirabeau, Dominique Joseph Garat (1749-1833), qui devint ministre de l'intérieur en 1793, Maximilien François Marie Isidore de Robespierre (1758-1794), qui dirigeait le mouvement, Jean-Paul Marat, un membre des *Neufs Sœurs* ; Georges Jacques Danton (1759-1794), également un membre des *Neuf Sœurs* ; Desmoulin (Gerald B. Winrod, « Adam Weishaupt – A Human Devil » p.36). D'après Nesta Webster, Danton et Mirabeau étaient originellement membres de la loge maçonnique *Les Amis Réunis* sur laquelle les Illuminati avaient également imprimé leur marque. *Les Neuf Sœurs* avait formé le slogan : « sois mon frère ou je te tuerai ! »

Même Louis Léon Saint-Just, connu pour être un des pères du totalitarisme et appelé l'Ange de la Mort, était aussi franc-maçon. Il promit que la république « exterminerait quiconque s'opposerait à elle. »

Parmi les francs-maçons et Illuminati, figuraient aussi le Marquis Antoine Nicolas Condorcet (1743-1794), Jérôme Pétion de Villeneuve (1756-1794) et le général Marquis Marie Joseph de Lafayette (1757-1834).

Les Illuminati s'étaient déjà emparés des clubs Jacobins en 1789. D'après *l'Encyclopedia Britannica*, 152 de ces clubs étaient actifs le 10 août 1790. Les Jacobins bénéficiaient d'un réseau centralisé à travers toute la France. Le premier club avait été repris par les plus proches collaborateurs de Weishaupt, Bode et le baron de Busche. Les fonds des Jacobins s'élevaient à 30 millions de livres en 1791. Les chercheurs honnêtes ont fait remarquer que l'histoire des Jacobins est en fait l'histoire des Illuminés. N'oublions pas que l'un des titres portés par Weishaupt était : « Patriarche des Jacobins ». Les Jacobins portaient également des bonnets rouges, appelés « bonnets de la liberté » ou bonnets Phrygiens.

Le matin du 8 juin 1783, le volcan Laki en Islande du sud, connut une forte éruption. L'immense coulée de lave détourna le cours des rivières et força les fermiers à quitter leurs pâturages. Les cendres et les gaz qui s'échappèrent rendirent l'éruption extrêmement mortelle.

L'été 1783 fut un des plus chauds jamais connus. Les vents soufflaient majoritairement vers l'est au lieu du nord. Le nuage de souffre se répandit comme un épais brouillard en direction de Bergen en Norvège, qui souffrit d'une hausse significative de mortalité. Le dioxyde de souffre se change en acide sulfurique lorsqu'il rentre en contact avec les membranes du poumon, causant ainsi une déficience pulmonaire létale. Puis les nuages atteignirent l'Angleterre. Ils provoquèrent un épais brouillard qui empêcha tout navire de quitter le port. Les jours étaient grisâtres et le soleil d'un rouge éclatant.

Le volcan Laki relâcha de grandes quantités de gaz toxiques tels que le chlore et le fluor. Aussi beaucoup de troupeaux moururent de fluorose. 23 000 personnes moururent en Angleterre. À cause de pluies de cendres toxiques, des milliers de gens moururent également en Hollande, Allemagne, en Europe Centrale, en Italie, en France et en Égypte. Entre août et octobre 1783, deux fois plus de décès eurent lieu en France qu'à la même période en 1782. Le climat se détériora pendant un certain temps en Europe occidentale et en Amérique du Nord. La température moyenne chuta de deux degrés.

L'éruption se poursuivit jusqu'en février 1784 et le climat se détraqua en France. Cela eut des répercussions à travers tout l'Hémisphère Nord. Aussi loin qu'en Sibérie, le soleil pénétrait difficilement dans l'atmosphère. Le climat en fut affecté pendant plusieurs années dans la plupart de l'Europe et du reste du monde. Le dioxyde de souffre causait des averses de grêle, entrainant de mauvaises récoltes et la sécheresse. La famine s'installa.

Après plusieurs années de mauvaises récoltes, les prix de la farine grimpèrent, ce qui provoqua un manque de pain. Les marchands francs-maçons augmentèrent les prix des denrées. Une miche de pain coûtait un mois de salaire. Le peuple était affamé. Les Jacobins se précipitèrent pour tirer avantage de ce désastre naturel pour inciter le peuple à se révolter.

Un présage de la catastrophe à venir survint presqu'exactement un an plus tôt, au matin du 13 juillet 1788 lorsqu'une grande tempête balaya le pays. En quelques minutes, la température chuta de 13 degrés, le soleil se couvrit et des grêlons de la taille d'une tête de bébé s'abattirent sur les fermes les plus riches – 900 000 hectares furent affectés, les arbres furent déracinés, les vignobles détruits et les récoltes gâchées. Plus d'un millier de villages en souffrirent. Les toits s'effondrèrent et les clochers des églises s'écroulèrent.

Ça ne prit guère de temps avant que les superstitieux aient raison – il s'agissait d'un signe terrible de calamité et de violente mort soudaine. Ça n'était pas non plus un bon signe que le prix du pain commençant à augmenter de jour en jour, des hordes de mendiants soient précipités sur les routes et qu'alors plus de 100 000 indigents se dirigeassent vers Paris.

Un autre signe de mauvais augure fut que l'hiver de 1788-1789 en France fut particulièrement sévère. Le port de Marseille gela. Tout le trafic entre Douvres et Calais fut interrompu. Les moulins gelèrent et ne pouvaient plus moudre le grain pour faire de la farine, donc le manque de pain devint désastreux.

Le froid associé à la faim facilita l'incitation à la révolte. Les scènes de pillage se répandirent à travers la France, elles ciblaient en premier lieu les boulangeries.

Les échauffourées continuèrent à travers tout l'hiver. Le 1er mars 1789, Napoléon Bonaparte, un lieutenant de 19 ans, fut envoyé à Dijon pour mater une révolte mais il refusa de prendre le parti du Roi. Il choisit de rejoindre le camp des révolutionnaires, parce qu'il était franc-maçon et Jacobin et associé aux frères Robespierre. Plus tard, les francs-maçons encouragèrent plusieurs troupes à se ranger dans le camp des « révolutionnaires ».

Les forces des ténèbres Illuminati provoquèrent des révoltes dans les campagnes françaises. Le paiement des créances de la dette nationale consumait la moitié du budget français. Tout cet argent faisait son chemin entre les mains des prêteurs Juifs. Tous ces facteurs furent exploités. Le temps de frapper était venu pour les conspirateurs qui avaient unis les clubs jacobins.

Comme prélude, Mirabeau convoqua les États Généraux le 5 mai 1789, juste après le 13ème anniversaire de la fondation des Illuminati. Marx décrivait Mirabeau comme le « Lion de la Révolution ».

Au début de la révolution, il y avait 282 loges maçonniques en France, dont 266 contrôlées par les Illuminati, d'après Nesta Webster (« World Revolution, Londres, 1921, p.28). Il s'agissait des mêmes groupes qui organisaient tous les troubles et les émeutes.

Le 13 juillet 1789, à 11 heures, les conspirateurs se rassemblèrent dans l'église Saint Antoine où ils mirent en place un comité révolutionnaire et discutèrent de l'organisation d'une milice. Dufour, du Grand-Orient, présidait la réunion. Même la prise de la Bastille fut planifiée par ces Francs-maçons, d'après le témoignage de Gustave Bord (V. Ivanov, « The Secrets of Freemasonry », Moscou, 1992, p.120).

Le jour suivant, le 14 juillet, des gens furent incités à prendre la direction de la forteresse de la Bastille avec des haches en mains.

Contrairement à ce que les mythes Illuminati prétendent, il n'y eut pas de prise tempétueuse de la Bastille. Elle capitula simplement sous la menace de quatre Francs-maçons.

C'est de cette manière que la Bastille fut prise. En fait il était bien inutile de s'emparer de la Bastille, car les autorités avaient déjà décidé de la démolir pour construire des logements à sa place.

Pas un seul prisonnier politique ne fut trouvé dans la Bastille. Il n'y avait que seulement sept personnes d'incarcérées. Quatre d'entre elles, étaient des faussaires et fraudeurs patentés. Le jeune comte de Solages y avait été incarcéré suite à la requête de son père pour s'être rendu coupable d'inceste. Deux des prisonniers étaient des malades mentaux ; l'un d'eux était un irlandais à longue barbe prétendant lui-même être Dieu.

Les révolutionnaires continuèrent de tromper le peuple en leur montrant une presse à imprimer qu'ils présentèrent comme un instrument de torture. Ils prétendirent qu'une vieille armure avait été utilisée comme camisole de force pour les prisonniers réfractaires.

En fait, les prisonniers avaient la vie plutôt facile. Ils avaient leurs propres meubles et étaient autorisés à porter leurs habits normaux. Il leur était servi des repas composés de plusieurs plats. Le donjon avait été utilisé pour stocker du vin. Les gardiens étaient plutôt tolérants, les visites d'amis et de membres de la famille étaient fréquemment autorisées. La bibliothèque était bien fournie. Les promenades dans le petit jardin de la Bastille étaient agréables.

Les Francs-maçons, conduits par Camille Desmoulins, agitèrent le peuple de plus en plus intensément aux cris de « à bas la Bastille ! ». Le tumulte coutât la vie à 83 attaquants. 73 autres furent blessés, dont 15 moururent plus tard de leurs blessures. Un peu plus tôt, le gouverneur avait même libéralement invité le messager Franc-maçon à diner ! Il fut torturé et tué par la foule. Sa tête fut coupée et promenée au bout d'une pique à travers Paris. Peu après, trois officiers furent tués et deux invalides pendus. Les « révolutionnaires » agitaient leurs drapeaux rouges.

Par la suite, des agents Francs-maçons furent envoyés à travers le pays. Leur tâche principale était de répandre la panique, simultanément dans la plupart des provinces. Durant cet hiver de famine, ils commencèrent de répandre le mensonge dans différentes villes et villages à propos des bandes errantes de vagabonds et de mendiants, les traitant de bandits et de pyromanes qui tuaient femmes et enfants. Ils mentirent aussi au sujet d'une attaque imminente des Allemands et des Anglais. En 36 heures, ces rumeurs malfaisantes avaient atteint les masses du pays et créèrent une panique énorme au cours du 22 juillet. Ces évènements sont connus comme *La Grande Peur*. Ceux qui propageaient les rumeurs incitèrent le peuple à prendre les armes contre l'aristocratie, comme s'ils avaient eux-mêmes envoyé tous ces voleurs. Les paysans furent incités au pillage des domaines.

En Bourgogne, les agents francs-maçons trompèrent le peuple en distribuant des brochures préparées le jour-même. Les brochures passèrent pour des déclarations officielles.

Elles proclamaient « **Par ordre de sa Majesté, l'incendie de tous les châteaux et la pendaison pour ceux qui s'y opposent est autorisée du 1er août jusqu'au 1er novembre** ».

Le peuple fut entraîné par ses mensonges. Les paysans prirent les armes. Ils attaquèrent et pillèrent les manoirs et les châteaux. Ils brulèrent des lettres et d'autres documents, détruisant ainsi leur propre histoire.

Derrière l'idée de « journée de la Terreur » il y avait le Franc-maçon Adrien Dupont, qui souhaitait exploiter le peuple autant qu'il pouvait pour des raisons « révolutionnaires », d'après Nesta Webster (« World Revolution » Londres, 1921, pp. 31-32). Pour accélérer leur propre prise de pouvoir, les Francs-maçons suspendirent toutes les tentatives de réformes en cours.

L'Assemblée Nationale fut transférée au sein d'une vieille école d'équitation de la rue de Rivoli en octobre 1789. Les radicaux siégeaient à la gauche du président, les conservateurs à la droite. Ainsi, les Illuminati créèrent le concept idéologique de la gauche et de la droite dans le monde politique. Tout ce qui avait trait à la gauche fut dès lors considéré comme progressiste, car il s'agissait du véritable illuminisme.

Voltaire (François-Marie Arouet, 1694-1778) était le philosophe psychopathe, dont l'attitude haineuse fut pleinement utilisée pour justifier les crimes de la révolution. Voltaire avait annoncé : « Nos opposants sont des scorpions que nous devons écraser sous nos talons. » Au sujet des paysans, il déclarait : « bande de putains ineffablement dégoutants. » En ce qui concernait le peuple français, il le définissait ainsi : « des singes et des catins par paquets ». Il déclarait que la plupart des gens était incapable de penser. Il méprisait la race humaine toute entière. Le 8 avril 1771, il conseilla à l'encyclopédiste d'Alembert : « d'éprouver beaucoup de mépris pour l'humanité ! »

Les portraits de Voltaire dans les livres d'histoire, dépeint comme un saint de l'humanisme, ne sont que de la propagande maçonnique n'ayant rien à voir avec la réalité, y compris la fausse citation : « Je ne suis pas d'accord avec ce que vous dites, mais je défendrai jusqu'à la mort votre droit de le dire. » Elle fut forgée par son admiratrice Evelyn Beatrice Hall, 128 ans après sa mort (1906), sous le pseudonyme de S. G. Tallentyre (« Les amis de Voltaire »).

Voltaire n'hésitait pas à fabriquer des motifs d'accusation contre ses opposants afin de les détruire. Il s'assurait souvent que ses contradicteurs soient emprisonnés. Lui-même ne fut d'ailleurs jamais un dissident persécuté.

Voltaire, souvent sous l'emprise de stupéfiants, déclara au sujet de l'auteur Laurent Angliviel de la Beaumelle : « des insectes tels que La Beaumelle nous rappelle les raisons pour lesquelles nous haïssons l'humanité. » Il appelait Jean-Jacques Rousseau : « l'excrément du siècle ». Il insistait en déclarant que Rousseau était un : « singe dont le cerveau était rempli de diarrhée. »

Tout ceci fut révélé par l'historien Xavier Martin dans son ouvrage *Voltaire méconnu. Aspects cachés de l'humanisme des lumières.* Paris, 2006.[1]

Le fait que les révolutionnaires aient largement été inspirés par les idées de Voltaire, est largement documenté. Toute son idéologie est clairement identifiée. Les écrits révolutionnaires révèlent la haine de l'humanité de Voltaire, l'excuse dont ils avaient besoin pour se livrer à leur violence sans pitié. Ce mépris de l'humanité est la marque de toute la « révolution »

Les révolutionnaires prétendaient que l'homme n'est qu'une machine complexe dénuée d'âme. Ainsi la vie humaine ne se voit dotée d'aucune dignité particulière. Ainsi tout est permis. La vérité et le droit n'étaient que non-sens. Le règne de terreur mis en place par ces psychopathes ne fut que la conséquence logique de cet antihumanisme qui commença à prévaloir sous le terme d'humanisme. Cet antihumanisme défigure l'Europe et le reste du monde depuis 250 ans et a servi de prétexte à tous les crimes commis par les francs-maçons contre différentes nations et leurs représentants patriotes. L'admiration de Lénine pour le coup d'état de 1789 en France est bien connue.

Voltaire, l'hypocrite marchand d'esclaves, était parfait pour les francs-maçons. Benjamin Franklin, un ambassadeur des États-Unis en France, qui était également un franc-maçon de haut-rang affilié à la loge du Grand-Orient *Les Neuf Sœurs*, l'invita à rejoindre l'ordre. Il y fut initié le 7 avril 1778, deux mois à peine avant sa mort le 30 mai.

Franklin fut Grand-Maître de la loge *Les Neuf Sœurs*. Il était devenu franc-maçon à Philadelphie en 1731. Il avait déjà été élu grand-maître de Pennsylvanie.

Ce fut Benjamin Franklin à Paris en 1784, qui suggéra pour la première fois qu'un décalage horaire soit introduit (sous le prétexte que les gens profitent des longues soirées lumineuses, et que des économies d'énergie pouvaient ainsi être réalisées). Nous savons aujourd'hui, à travers des études scientifiques combien ce changement perturbe les cycles naturels, tout spécialement celui des enfants.

---

[1] Voir également, Marion Sigaux, *Voltaire, une imposture au service des puissants* chez KontreKulture. (Nde)

Le coup d'état des Illuminés en France n'apporta aucune des améliorations que les historiens corrompus essayent de nous faire croire, à la place ce fut une orgie de violences et d'intrigues.

Pour rendre le meurtre plus efficace, les « révolutionnaires » commencèrent à utiliser la guillotine à partir d'avril 1792. L'idée originale venait de Joseph-Ignace Guillotin un professeur d'anatomie. Il était membre de plusieurs loges, y compris *Les Neuf Sœurs*. Le Franc-maçon et docteur Antoine Louis construisit la machine à tuer. Le record d'Henri Samson, le bourreau en chef, était de 21 têtes en 38 minutes.

En 1805, Guillotin devint président du comité de vaccination à Paris et commença à empoisonner les masses avec la variole.

Les meurtres commencèrent sous la bannière rouge de Rothschild et des slogans Illuminati : « Liberté, égalité, fraternité ! » et « La liberté ou la mort ! ». À Lyon, les « ennemis du peuple » furent saccagés à coups de canons, en Vendée les « contre-révolutionnaires » furent massacrés à coup de baïonnettes.

Le véritable règne de la terreur ne devait cependant commencer que le 10 août 1792, le jour de Yahvé, lorsque la monarchie fut abolie et que la commune de Paris fut instituée. Le comité dirigeant de la commune incluait 288 Illuminés avec à leur tête Chaumette, Danton et Robespierre. Les dirigeants des Jacobins et tout spécialement les *Enragés* voulaient détruire tous ceux qui avaient exprimé des réserves au sujet de la « révolution ». Georges Jacques Danton, une fripouille patentée, devint ministre de la justice. Il voulait que chaque suspect soit jeté en prison. Beaucoup de prêtres et de familles d'immigrés furent incarcérées. De cette manière, les dirigeants de la révolution confisquèrent d'énormes biens. Danton, lui-même devint extrêmement riche. Plus tôt, il avait perçu d'énormes pots de vin de ceux qui voulaient sauver leur vie. Au début de septembre 1792, Danton encouragea la foule à massacrer les « ennemis du peuple ». Rien que dans Paris, 2800 personnes furent assassinées entre le 2 et le 4 septembre, d'après l'historienne Nesta Webster. Parmi les victimes de ces bains de sang figurait une amie de la Reine, la princesse de Lamballe, qui attaquée dans la rue fut déchiquetée vivante par la populace. Sa tête fut promenée au bout d'une pique sous les fenêtres de Marie-Antoinette.

Chaque aristocrate était automatiquement déclaré coupable, mais seuls ceux qui menaçaient la position jacobine périrent. Les radicaux de gauche comme Saint-Just, Robespierre et Georges Couthon, faisaient exécuter les gens après d'étranges parodies de procès et même parfois sans procès du tout.

Aucune justification de la culpabilité des paysans et des travailleurs ne fut jamais fournie mais ce furent pourtant majoritairement eux qui eurent à souffrir des châtiments « révolutionnaires ». Marat voulait que

100 000 personnes soient guillotinées pour effrayer les ennemis de la « Révolution ». Saint Just fit, au nom de la République, la promesse d'éliminer tous ses adversaires. Les terroristes Jacobins (Illuminati) firent 300 000 victimes, d'après Nesta Webster (« World Revolution » Londres, 1921, p.47). L'historien René Sédillot, dans son livre « Le coût de la Révolution Française », a calculé que la « révolution » sur la base du terrorisme et de la guerre civile, fit au moins 600 000 victimes.

Moins de un guillotiné sur dix étaient des aristocrates. Cette information est basée sur les archives des tribunaux révolutionnaires, qui contiennent les noms des exécutés. Ce fait fut révélé juste avant le bicentenaire de la révolution. Neuf pour cent des « ennemis du peuple » décapités étaient nobles, 28 pour cent des paysans et 30 pour cent des ouvriers. Le reste était des serfs. En d'autres termes, les tués étaient des gens ordinaires.

Le total des guillotinés à cette période, se monte à 16 594 personnes. 280 000 autres furent tués par d'autres moyens. Le décret révolutionnaire ne permettait pas aux accusés d'être assistés par un avocat. Il s'agissait d'empêcher quiconque d'échapper à la terreur.

Rien qu'à Paris, 30 personnes étaient exécutées chaque jour. Au plus fort de la terreur, les exécutions faisaient 80 victimes par jour, sur la base d'accusations complètement fantaisistes. Avant de monter sur l'échafaud, elles devaient porter une chemise rouge. Les exécuteurs Jacobins préféraient d'habitude les victimes blondes. En 1903, Lénine proclamait : « Un social-démocrate Russe doit être un Jacobin. »

Les Illuminati voulaient complètement politiser la société. C'était la tâche assignée aux « frères insinués » sous le nom de « Comité de Sécurité Nationale » dirigé par Bernard-François Chauvelin. Le Comité fut immédiatement repris en main par les loges secrètes, qui commencèrent de préparer une dictature et une révolution mondiale, dont l'intention était de renverser complètement l'ordre social. Cette révolution mondiale était censée être accomplie par une poignée de dirigeants occultes appartenant aux Illuminés. (*Svenska Dagbladet*, 16 août 1989).

L'homosexuel Robespierre (son amant était le meneur terroriste Antoine de Saint-Just) était publiquement considéré comme un tyran et un dictateur absolu. L'armée quadrupla ses effectifs et la conscription fut mise en place. Le serpent maçonnique, l'Ouroboros dévorant sa propre queue, est reproduit sur la Déclaration des Droits de l'Homme et du Citoyen de 1789.

La tentative de fuite du couple royal, la nuit du 21 juin 1791, échoua. À Varennes, Louis, qui s'était déguisé en laquais, fut reconnu par le maire de la ville. Les réfugiés furent arrêtés et ramenés à Paris. Cette fuite avait été organisée par le comte Axel von Fersen. La reine était tombée amoureuse de lui et prenait souvent ses repas avec lui ; de simples collations faites de soupe à l'oignon provenant de leurs fermes et de fromage de leur propre laiterie. Il périt assassiné à Stockholm le 20 juin 1810.

Le 21 janvier 1793, le bourreau en chef Juif et franc-maçon Samson, ainsi que son fils Henri, exécutèrent Louis XVI. Samson cria : « Louis, fils du saint Esprit, monte au paradis ! ». Sur l'échafaud, avant que la guillotine ne s'abatte, le roi cria : « Je meurs innocent, je pardonne aux responsables de ma mort ! »

L'exécution du Roi fut célébrée chaque année jusqu'au coup d'état de Brumaire de Napoléon (novembre) 1799. Même le mot « roi » fut banni.

Lorsque Marie-Antoinette se retrouva devant le Tribunal Révolutionnaire en octobre 1793, les pamphlets furent utilisés comme preuves. Germaine de Staël, une des plumes de son époque, décréta que la France révolutionnaire avait condamné à mort la reine sur la base de mensonges éhontés.

Les cheveux de Marie-Antoinette furent coupés au matin du 16 octobre (jour de Yahvé) 1793, puis elle fut aussitôt exécutée. La reine était nue lorsqu'elle monta sur l'échafaud. Lorsque sa tête ensanglantée fut levée pour être montrée à la foule, la masse présente cria : « Vive la révolution ! Vive la révolution ! »

Le jeune philosophe Hongrois Ferenc Fehér, disciple de Lukacs, vivant à New York, déclara en 1989 que Louis XVI fut jugé sur un terrain politique et non judiciaire. En vertu de quoi il affirma que c'était le terrorisme et non la démocratie qui fut institué. Feher pensait que ce qui fut construit après la Révolution Française relevait simplement de l'anarchie. (*Expressen*, 21 août 1989). Le dramaturge Eugène Ionesco fit observer en 1990 que cette révolution fut une grande erreur qui répandit la plus terrible fausse doctrine de l'histoire.

Les nouveaux dirigeants demandèrent à ce que les gens s'adressent les uns aux autres comme « citoyens ». Le 22 septembre 1792 fut défini comme le jour 1 de l'année 1 d'une nouvelle ère. Les mois furent renommés et la semaine devint une période de 10 jours. Une heure était composée de 100 minutes. Ce nouveau calendrier fut créé par un mathématicien et illustrateur appartenant aux illuminés. Plusieurs villes furent également renommées : Saint-Denis devint Franciade. Toutes ces idioties furent abolies par Napoléon en 1806.

Les paysans de Vendée, que les révolutionnaires avaient renommés Vengé, en eurent assez de toute cette stupidité « révolutionnaire » : leur Roi avait été assassiné, l'école avait été supprimée, les plus âgés de leurs fils avaient été enrôlés dans l'armée. Ils se tournèrent alors vers leurs aristocrates pour trouver protection contre la terreur.

Âgée de 20 ans, Henri de la Rochejaquelin, se porta immédiatement volontaire, suivit de quelques autres. Tout le monde voulait arrêter les terroristes.

Le 10 mars 1793, ils se révoltèrent. Au début, leur rébellion fut couronnée de succès, mais lorsque les Jacobins réalisèrent que la populace commençait à menacer leur position, ils imposèrent leur dictature, qui débuta le 31 mai 1793 et continua jusqu'à mars 1794. La terreur durant cette période fut la pire jamais vue jusqu'alors.

Au nord-ouest, la ville du Mans (en Vendée), près du fleuve de la Sarthe, à 210 kilomètres au sud-ouest de Paris, fut prise par l'armée révolutionnaire le 12 décembre 1793. Près de 15 000 personnes, y compris femmes, enfants et vieillards, furent massacrés à coups de baïonnettes.

À Nantes, la terreur fut dirigée par le général psychopathe et avocat de profession, Jean-Baptiste Carrier. Sa cruauté inimaginable devait le rendre célèbre. Il envoyait les riches marchands en prison pour s'emparer de leurs biens. Il condamnait les femmes et les enfants à la guillotine. D'abord 500 enfants furent massacrés. Tous les jours, sous ses ordres, 50 à 200 personnes étaient exécutées. Des milliers furent envoyées comme esclaves dans diverses mines.

Carrier mit au point une nouvelle méthode d'exécution. Les prêtres et les contre-révolutionnaires étaient placés sur des barges, qui étaient par la suite coulées. Il ordonna la noyade de 94 prêtres ensemble sur une vieille barge, après quoi 144 pauvres couturières furent noyées dans la Loire de la même manière, le 16 novembre 1793. Leur « crime » était d'avoir cousu des chemises pour l'armée. Plus de 6 000 victimes hommes et femmes, partagèrent le même sort entre novembre 1793 et février 1794. Avant que les condamnés ne soient noyés, ils étaient dépouillés de leurs biens. Bientôt, Carrier se mit à violer les jolies filles avant de les noyer. Le nombre total de ses victimes se monte à plus de 10 000. Robespierre, qui dirigeait le Comité de Sureté Nationale à Paris, validait tous ces crimes.

Après la chute de Robespierre, Jean-Baptiste Carrier fut poursuivi pour ces abus, puis condamné à mort avant d'être guillotiné le 16 novembre 1794.

Les noyades de masse de la Loire étaient appelées « la déportation verticale ». Elles étaient organisées par le Comité de Salut Public (dont les 13 membres étaient tous francs-maçons). Les gens étaient exécutés sans aucun procès, malgré la mise en place des prétendus tribunaux révolutionnaires en septembre 1789. Un des juges présidant un de ces tribunaux fut le pervers Marquis Donatien Alphonse François de Sade, libéré d'un hôpital psychiatrique. De Sade a donné son nom au concept de 'sadisme'. Il mourut dans une maison de fou.

Les villages étaient brûlés, les troupeaux tués, les récoltes confisquées. Tout cela était qualifié d'activités révolutionnaires.

Des maraudeurs littéralement déchaînés (les colonnes infernales des soldats du gouvernement) massacrèrent l'entière province de Vendée. Ils brûlèrent, pillèrent et tuèrent sans discrimination. Seules 12 000 personnes survécurent dans toute la province. Un général rapporta à Paris : « La Vendée a cessé d'exister ». Un autre écrivit que cette bande de mercenaires armés parvenait à tuer 2 000 personnes par jour. Une nouvelle rébellion eut lieu durant les années 1794-95.

L'historien français Reynald Sécher, a publié en 1986 un ouvrage sur la terreur révolutionnaire sévissant dans la région : « Le génocide franco-français : La Vendée-Vengée ». Il y démontre qu'au moins 170 000 personnes y perdirent la vie. Son livre est complètement passé sous silence.

L'historien Jean-Clément Martin, considère cependant que les terroristes révolutionnaires firent 250 000 victimes et que même 200 000 républicains périrent en Vendée. (« Violence et Révolution », Paris, 2006)

Une noble de 25 ans, Charlotte Corday, assassina le puissant Franc-maçon assoiffé de sang Jean-Paul Marat (Mosessohn), le 13 juillet 1793, alors qu'il se trouvait dans son bain pour se soulager de ses problèmes pulmonaires et cutanés. Marat avait auparavant été un docteur prospère. Au cours de la révolution, il avait fondé un magazine privé, *L'Ami du Peuple*, qui servait à attiser la haine des naïfs à l'égard du clergé et des aristocrates. Sous prétexte d'un entretien, elle parvint jusqu'à lui. La royaliste Corday avait caché son poignard sous sa jupe. Elle fut arrêtée sur le champ et exécutée le 17 juillet.

Les Jacobins avaient commencé à fermer les loges maçonniques – elles avaient joué leur rôle. En 1794, il ne restait plus que 12 loges, celles les plus utiles aux Illuminati.

Le cousin du Roi, le duc d'Orléans, qui avait commencé lui-même à s'appeler Philippe Égalité, fut lui aussi guillotiné malgré qu'il ait renoncé à son titre. En 1792 il avait quitté sa fonction de Grand-Maître du Grand-Orient, poste qu'il avait tenu pendant 20 ans depuis la fondation de l'ordre. Il connaissait trop de choses sur les préparatifs de la Révolution. Il avait travaillé auprès des Jacobins dans l'espoir de s'emparer du trône comme monarque constitutionnel.

Philippe Égalité expliqua pourquoi il quittait le Grand-Orient de la manière suivante : « *... je ne sais plus à qui appartient le Grand-Orient. Par conséquent, je crois que la République ne devrait plus autoriser aucune société secrète. Je ne veux plus rien avoir à faire avec le Grand-Orient et les réunions maçonniques.* »

Les Illuminati ne pouvaient pas lui pardonner cela et exercèrent sur lui leur vengeance, malgré le fait que son vote ait été décisif dans le processus de détrônement du Roi. (361 votes contre 360)

Le 8 juin 1794, la guillotine était plus efficace que jamais, parce que Robespierre avait senti que le peuple avait besoin d'un dieu, ou d'une déesse de la raison. Il avait donc institué un nouveau jour férié religieux : le

Culte de l'Être suprême. Au cours des festivités, il se présenta comme le grand-prêtre de ce nouveau culte. Les gens réalisèrent qu'il avait perdu la tête.

Le 10 juin 1794, un nouveau décret de la terreur fut promulgué. Il fut donné au Tribunal Révolutionnaire d'user librement de la guillotine. Toute critique du régime était punissable de mort. Commença alors une phase encore plus sanglante : la Grande Terreur. La peine capitale était la seule sentence.

La loi civile fut abolie – les tribunaux ne recueillaient aucun témoignage, ni ne recevaient aucune preuve. Le juge établissait la culpabilité du prévenu en fonction de ses humeurs. Les exécutions se multiplièrent. Au cours de l'été 1794, rien qu'à Paris, plus de 1 300 exécutions eurent lieu. Tous les jours, des charrettes conduisaient les condamnés à la guillotine sur la Place de la Révolution (aujourd'hui Place de la Concorde).

Pendant cette période de terreur, l'illuminé franc-maçon Robespierre déclara : « La révolution n'a pas besoin de savants ! » Il envoya les meilleurs scientifiques de l'époque à la guillotine. L'astronome Jean Sylvain Bailly fut exécuté le 12 novembre 1793. Le grand chimiste Antoine-Laurent de Lavoisier (le père de la chimie moderne), fut guillotiné à Paris le 8 mai 1794.

Ce n'était que le début. Après la « révolution » vinrent les guerres. Les Jacobins expliquaient dans leurs discours enflammés qu'une « guerre serait une bénédiction pour la nation. La pire chose qui pourrait nous arriver maintenant serait que nous n'ayons pas de guerre ».

Le 20 avril 1792, la France déclara la guerre à l'Autriche. Après ça, la Belgique, la Hollande et une partie de l'Allemagne furent envahies. Toutes ces guerres firent deux millions de victimes. Tous les 27 millions d'habitants de la France devaient souffrir de cette folie.

Avec l'aide des troupes « révolutionnaires » françaises, la République ou Commune de Mainz, en Allemagne, fut proclamée le **18 mars** 1793. Le 18 mars avait une signification spéciale pour les conspirateurs Illuminati. Le même jour de 1314, le Grand Maître Juif des chevaliers Templiers, Jacques de Molay, avait péri sur le bûcher.

À cause de cela, certaines des actions les plus importantes des Illuminati furent planifiées pour ce jour, comme une sorte de vengeance de cette exécution. Des révoltes furent organisées le 18 mars 1848 dans plusieurs pays européens. Un coup d'état fut organisé ce jour à Paris (1871) après lequel les Illuminati proclamèrent la Commune de Paris.

Grâce aux efforts de l'armée prussienne, le nid de vipère de Mainz fut liquidé seulement quatre mois plus tard, le 23 juillet 1793. Goethe accompagnait l'armée prussienne dès 1792 dans cette campagne contre « les français sans loi ».

Le 17 janvier 1795, un « état-sœur » révolutionnaire fut fondé aux Pays-Bas, la République Batave, dont Amsterdam devint la capitale. Napoléon supervisa la conversion de cet état en Royaume de Hollande en 1806.

Les révolutionnaires Juifs firent immédiatement en sorte que les Juifs se voient accordés la pleine nationalité et qu'ils puissent donc avoir les mains libres d'agir. Maximilien Marie Isidore Robespierre (1758-1794) publia une œuvre intitulée « De la protection des droits civiques des Juifs » dès 1789. La protection des droits Juifs était évidemment considérée comme une principale priorité.

Louis Joseph Marchand, un ami de Napoléon Bonaparte, écrivit en 1895 que Robespierre était en fait un Juif du nom de Ruban d'Alsace (« In Napoleon's shadow» San Francisco, 1998).

Tout ce qui n'était pas essentiel devint soudainement essentiel. Cependant, les écritures bouddhiques Dhammapada (11-12) nous indiquent :

> *Ceux qui prennent le non-réel pour le réel*
> *Et le réel pour le non-réel*
> *Tombent victimes de notions erronées*
> *Et n'atteignent jamais l'essence de la réalité*
> *Ayant réalisé l'essence de l'essentiel*
> *Et la non-essence du non essentiel*
> *Ceux qui suivent ainsi la pensée correcte*
> *Atteignent l'essentiel.*

Les Juifs Illuminés s'arrangèrent pour que tout ce qui était bon en France soit détruit au cours de la « révolution ». Ce qui était bon disparut à mesure que le mal grandissait. Le réseau routier fut laissé à l'abandon, le commerce extérieur cessa presqu'entièrement et il fallut attendre 1809 pour que la production industrielle retrouve son niveau prérévolutionnaire, d'après l'historien René Sédillot. (« Le coût de la Révolution Française »)

Beaucoup de villages furent rasés. Des églises et des châteaux furent volontairement détruits. L'héritage culturel fut ravagé, y compris des bâtiments médiévaux. La plus grande structure d'architecture romane du 10ème siècle, l'Abbaye de Cluny, fut détruite. Seule une tour demeure encore debout aujourd'hui. Ces barbares commencèrent même à s'attaquer au Palais des Papes d'Avignon. Le clocher de Notre-Dame de Paris fut considéré comme exagérément haut et fut détruit.

Dans le même temps, les « révolutionnaires » commencèrent à dépouiller les châteaux de leurs œuvres d'art et de leurs trésors. L'écrivain Juif Anatole France décrivit dans son ouvrage « Les dieux ont soif » comment les inspecteurs portant des rubans tricolores autour du cou, commencèrent à visiter les résidences fortunées pour s'emparer de leurs richesses. Des marchands d'art étrangers ravis achetèrent des sculptures et des fragments de fresques. Des quantités de collection d'art furent transportées au-delà de la Manche.

La « révolution » fut lucrative pour les Illuminati et les spéculateurs. Tout cela se répéta pendant et après la prétendue « Révolution Russe ». La puissante dynastie financière des Rothschild prospéra à partir de la Révolution Française. Les Rothschild sont toujours aux commandes en coulisse aujourd'hui, tout spécialement au sein de l'Union Européenne.

Le gouvernement atteignit un déficit qui rendait les dettes prérévolutionnaires bien modestes en comparaison. La dette équivalait à 800 tonnes d'or, ou 40 pour cent de la production mondiale d'or durant tout le 18ème siècle.

Les vrais perdants de la « révolution » furent les instruments des Illuminati – les gens simples. Les droits des petits paysans furent abolis. Les œuvres charitables de l'église cessèrent brusquement et toute tentative d'améliorer les conditions des souscripteurs d'emprunts était perçue comme une conspiration contre l'état. Le nombre de déclassés gonfla. Sous le règne de Napoléon, un parisien sur cinq vivait de mendicité.

La légende maintient que tout ceci fut fait pour se débarrasser du joug de la tyrannie et afin de protéger les droits de l'homme. En fait, le règne de la terreur Illuminati institua l'abolition de tous les droits humains. Il fut interdit aux travailleurs de s'organiser et de revendiquer de meilleures conditions, y compris de faire grève. Cette interdiction fut actée le 14 juin 1791. (Etienne Martin-Saint-Léon, « Les deux CGT, syndicalisme et communisme » Paris, 1923, p.7)

Les théâtres se virent accordés toute liberté au début, mais les acteurs ne tardèrent pas à être punis pour des productions indésirables. L'Académie des Arts fut fermée et tous ceux qui voulaient s'autoproclamer artistes étaient libres de le faire. Tout le monde était autorisé à être docteur et à mélanger les médicaments, ce qui eut un effet très négatif sur l'état général de la santé en France – mais peut-être était-ce là l'intention.

Dans leur lutte pour le pouvoir, certains « révolutionnaires » allaient même jusqu'à s'exécuter les uns les autres. Certains dirigeants, par-dessus tout ceux qui voulaient limiter l'extension du terrorisme, furent balayés (Georges Danton, Camille Desmoulins et d'autres partisans de Danton montèrent sur l'échafaud le 5 avril 1794 en tant qu' « ennemis du peuple »).

Robespierre devait également rencontrer la même fin horrible. L'avocat et journaliste français Urbain Gohier révéla dans son journal *La Vieille France* (1922), comment un certain discours, tenu par Robespierre pendant deux heures à la Convention le 26 juillet 1794, avait signé son arrêt de mort. Il y condamnait l'avidité de certains agents étrangers qui tentaient de diriger le développement du commerce en France trop avidement, et demandait à ce que ces agents soient rendus inoffensifs. Il s'était auparavant débarrassé de son rival, Danton.

Le jour-même, à deux heure du matin, Robespierre fut victime d'une tentative d'assassinat à l'Hôtel de Ville. Il reçut une balle dans la mâchoire et perdit l'usage de la parole. Le jour suivant, le 27 juillet 1794, Robespierre fut démis de ses fonctions au sein de la Convention Nationale et fut arrêté accompagné de son frère, de Saint-Just et de Georges Gouthon. Le 28 juillet, Robespierre et 108 de ses partisans les plus fidèles furent tous guillotinés. Le règne de la terreur s'achevait. Les activités des Jacobins furent abolies le 12 novembre 1794. Les membres du Directoire démantelèrent la Commune de Paris le 26 octobre 1795. Ce discours de Robespierre fut écarté de la version officielle des évènements.

Le 1er juillet 1904, le franc-maçon Marquis de Rosanbo, député du Parlement Français, s'exprima en public à l'Assemblée Nationale : « *la franc-maçonnerie a toujours œuvré en secret à la préparation de la révolution… Aussi sommes-nous d'accord sur le fait que la franc-maçonnerie fut l'éminence grise derrière la révolution. Je suis peu habitué au soutien que j'ai reçu de la gauche, cela démontre messieurs, votre parfaite compréhension quant au rôle directeur des francs-maçons sur la Révolution Française.* » (Henri Delassus, « La Conjuration Antichrétienne », Vol 1, Paris, 1910, p. 146)

Officiellement, les « révolutionnaires » présentaient leur soif de pouvoir comme « morale », mais les gens étaient forcés d'être « vertueux » et de changer leur mode de penser. Ces expériences furent plus tard exploitées et reproduites en Russie lorsque les Illuminati qui s'appelèrent eux-mêmes Bolchéviques, rendirent hommage aux hommes responsables de ce terrorisme révolutionnaire. Une statue de Robespierre (Ruban), dont la famille avait immigré en France depuis l'Irlande, fut érigée et un croiseur armé (ainsi que plusieurs usines) prirent le nom de Marat (en fait Mosessohn).

Qu'ont à dire les idéologues Juifs à propos de cette « révolution » en France ? Les archives israélites admirent sans ambiguïté le 6 juin 1889 : « *La Révolution Française revêtit un caractère expressif très hébraïque* ».

Le but de ces nouvelles politiques poursuivi dans le meilleur intérêt du peuple, était indubitablement totalitaire. Plus tard, la question émergea de savoir si cette conspiration pour le renversement de l'église et de l'état avait commencé quelque part en Allemagne (*Svenska Dagbladet*, 16 août 1989). Les autres états cherchèrent dorénavant à se défendre contre l'Illuminisme. Les Turcs repoussèrent une suggestion de la Russie de mener une action conjointe contre la France.

Gustave III de Suède était également préparé à envoyer 16 000 soldats suédois pour aider à forger une alliance européenne pour écraser la Révolution Française. Il bannit la *Marseillaise* de Suède. À cause de cela, la décision fut prise d'assassiner le Roi. Le 16 mars 1792, Gustave III fut mortellement blessé au cours d'un bal masqué par le Franc-maçon Jacob Johan Anckarström. L'ordre formel en avait été donné par le Grand-Maître suédois, le futur Karl XIII, le propre frère du roi. Ce prince donna l'ordre de faire cesser toute enquête sur le meurtre.

Le Roi avait été informé d'une possible tentative d'assassinat, mais il n'avait pas pris ces avertissements au sérieux. Un buste d'Anckarström siège au sein de la chambre des loges du Grand-Orient à Paris. En 1818 les Francs-maçons mirent sur le trône suédois un de leurs agents français – Jean Baptiste Bernadotte.

Un tatouage figurait sur son bras gauche sur lequel on pouvait lire : « Mort au roi ! », ainsi que le slogan des Illuminati « Liberté, Égalité, Fraternité ! », accompagné du bonnet Jacobin.

Beáta Megyesi et Christiane Schaefer, des linguistes de l'université d'Uppsala en Suède, sont parvenues en 2011 à décoder un manuscrit allemand de 105 pages et vieux de 250 ans, le « Copiale Cipher », en utilisant une méthode développée aux États-Unis. L'ouvrage est composé de diverses inscriptions géométriques de type maçonniques et rédigé à partir des alphabets Latin et Grec. La langue sous-jacente en est l'allemand.

Ce document recèle une grande importance, parce qu'il démontre clairement à quel point les idées politiques subversives ont circulé bien avant les révolutions Française et Américaine. Le texte qui le compose est divisé en trois parties. Un membre des sociétés secrètes avait eu accès à ses divers niveaux après avoir gravi les échelons requis. Le contenu révèle l'existence de la franc-maçonnerie et de nombreuses autres sociétés secrètes en activité au XVIIIème siècle. Le ton politique et des vues radicales y sont très affirmés. En fin de document, il est fait mention du droit de se rebeller contre le tyran.

Plusieurs historiens ont conclu que les sociétés secrètes ont joué un rôle majeur dans la radicalisation croissante de la société au cours du XVIIIème siècle. Cette discrétion rendit la tâche particulièrement délicate aux pouvoirs d'alors qui échouèrent à contrôler ces groupes d'influence. Ainsi, un tel environnement offrait à diverses conspirations un terrain très propice. Ces sociétés étaient officiellement apolitiques – en particulier l'Ordre des Occultistes – bien qu'il existe un grand nombre d'exemples de rituels en appelant directement à la rébellion contre le roi et le pouvoir. Les paysans et les travailleurs pauvres n'étaient pas inclus dans ces groupes. Ces derniers fonctionnaient comme une élite au sein de laquelle les mérites acquis s'avéraient plus importants que la naissance ou le milieu social d'origine.

Ces sociétés existaient à travers toute l'Europe. Leurs idées se répandirent rapidement à travers les frontières nationales et provoquèrent le chaos et la misère.

LE COUP D'ÉTAT ILLUMINATI EN SUÈDE

Après le meurtre du roi Gustave III, son frère, le Prince Charles, devint régent. Cependant, la Suède était en fait dirigée par Gustaf Adolf Reuterholm, qui avait intégré les Illuminati à Avignon à l'été 1789. Il était pourvu des qualités qui faisaient défaut au roi : une grande capacité de travail, un fort caractère, de la sobriété, un sens de l'ordre, de la volonté et de l'énergie. Il ne tarda pas à imposer la censure. Lorsque Gustav IV devint roi en 1796, Reuterholm tomba en disgrâce et fut contraint à l'exil.

Les Illuminati Gustaf Björnman, Gustaf Ulfvenclou, et Carl Boheman s'employèrent à tromper le Prince Charles avec leurs théories magiques. Carl Boheman, le fils d'un chaudronnier de Jönköping, était le plus dangereux de ces imposteurs. Il avait étudié à l'université de Lund pendant une brève période mais avait dû s'enfuir à cause d'une dette, pour se retrouver à Amsterdam où il trouva du travail au sein d'un établissement marchand, avant d'être initié à la franc-maçonnerie.

Boheman se rapprocha d'un riche Anglais appelé Stephens qui appartenait à un ordre secret. Boheman accompagna Stephens à Londres où il se fiança à la sœur de ce dernier. Elle mourut avant que le couple ne soit marié, mais Boheman fut autorisé à garder les 10 000 livres de ce qui aurait constitué sa « dot ». Devenu riche, il s'établit à Copenhague en 1794 et prit la nationalité danoise. (C. Georg Starbäck, « Berättelser ur svenska historien » / « Récits de l'Histoire Suédoise », Stockholm, 1880, p. 122)

Boheman se maria en Suède et lorsqu'il visita sa patrie, il se rapprocha du Prince Charles durant sa régence. Boheman prétendait être un franc-maçon de haut-rang, possédant une connaissance étendue de la magie. Le Prince Charles exerçait une influence considérable et fit de Boheman son secrétaire particulier. Il le recevait toujours chaleureusement. Il était présent à toutes les réunions maçonniques et se chargeait personnellement de l'organisation de plusieurs rituels et réunions secrets qui se tenaient au palais du prince.

Au début de 1803, une pièce du Palais Royal de Stockholm fut convertie en temple Illuminati, où avait lieu des réunions de l'ordre sous la direction de Boheman.

Boheman parvint à répandre la propagande pour le compte de l'ordre. Le Prince Charles lui avait accordé le plus haut rang au sein de la franc-maçonnerie suédoise : Maitre de la Sagesse Secrète. Au cours de cérémonies magiques devant l'autel du temple Illuminati, Boheman faisait usage de divers symboles très puissants, y compris celui du serpent se mordant la queue, l'Ouroboros, ainsi que des cercueils.

En ce temps-là, le roi Gustavus IV Adolphus, qui avait pris la succession de son père Gustavus III sur le trône, fut informé du fait que les Illuminati avaient pris position dans son palais. Il refusait de se soumettre à la Franc-maçonnerie. Le rôle de Boheman en tant qu'agent politique ayant utilisé la noblesse à des fins subversives, fut démasqué. Il fut arrêté en février 1803 et banni du royaume (O. H. Dumrath, « Det XIX århundrade » / « Le XIXème siècle », partie II, Stockholm, 1900, p. 82). Ses papiers, ainsi que sa correspondance avec le duc Carl von Hessen furent confisqués. Le procès de Boheman se tint à huis-clos. Le 18 mars 1803, il fut expulsé du Danemark. À la demande du gouvernement suédois, les autorités danoises l'envoyèrent à Hambourg.

En 1814, Boheman retourna à Stockholm où le Prince Charles était devenu le Roi Charles XIII. Mais il n'était plus le bienvenu. Il mourut dans la pauvreté à Wandsbeck, près de Hambourg, en avril 1831.

Le lundi 13 mars 1809, un coup d'état eut lieu au Palais Royal de Stockholm. Gustavus IV fut arrêté par plusieurs officiers francs-maçons de haut-rang, sous le commandement du colonel Carl Johan Adlercreutz. Le roi appela à l'aide. La garde royale enfonça la porte, mais les conspirateurs expliquèrent que tout était en ordre. Le roi tenta alors de se frayer un chemin vers la porte principale où un régiment allemand loyal était en faction. Mais les conspirateurs l'en empêchèrent en le rattrapant. Il fut conduit au palais de Drottningholm, où il fut mis aux arrêts. Le 10 mai, il fut détrôné.

Les conspirateurs francs-maçons portèrent le Prince Charles (l'oncle du roi qui était Grand-Maître) au pouvoir. Le 6 juin 1809, il fut proclamé roi (Charles XIII), malgré son état de sénilité. Gustavus IV Adolphus fut expulsé du royaume en décembre 1809. Il mourut en Suisse le 7 février 1837.

Ainsi se termina la lignée royale de Vasa. Par un coup d'état provoqué par le franc-maçon de haut-rang Gustav Reuterholm, qui avait été l'éminence grise derrière le régent au cours de l'enfance de Gustav IV Adolf (C. Georg Starbäck, « Récits de l'Histoire Suédoise », Stockholm 1880, pp. 290-291). En exil au sein du Pyrmont allemand, Reuterholm écrivit dans son journal du 1er janvier 1808 que Gustav IV Adolf devait être renversé.

Il s'agissait de temps difficiles, préparant l'avènement du socialisme. La misère et le chômage de masse sévissaient. Au cours des années 1860-1930, plus de 1,4 million de suédois immigrèrent en Amérique à cause de la pauvreté et de la famine causées par les francs-maçons. Même les syndicats poussaient les gens à immigrer. Les États-Unis maçonniques avaient besoin de main d'œuvre. La Suède perdit un quart de sa population.

LE CHEMIN DES ILLUMINATI
VERS LE POUVOIR MONDIAL

Malgré des revers occasionnels (à cause des manœuvres de Napoléon), les Illuminati continuèrent leur chemin pour acquérir un pouvoir mondial. La Reine Marie-Antoinette avait mis en garde son frère, l'Empereur Léopold II, à ce propos dans une lettre : « *Fais très attention aux loges maçonniques ; tu as peut-être déjà été averti à ce sujet. Les monstres d'ici comptent accomplir leur but dans tous les pays. Que Dieu protège ma patrie et toi-même d'un tel destin !* »

Pour des raisons de discrétion, la branche italienne des Illuminati, fondée en 1807 par le franc-maçon Luigi Angeloni (1758-1842), se prénommait les Adelphes. Cette dernière fut réunie aux Philadelphes françaises en 1808 par l'agitateur Illuminati et franc-maçon Filippo Buonarroti (1761-1837). Buonarroti était un camarade d'Angeloni. Cette nouvelle organisation Illuminati prit le nom de *Société des Sublimes Maîtres Parfaits* (*Società dei Sublimi Maestri Perfetti*). Buonarroti en prit la direction. Cette société internationale réinventée dans le sud de l'Europe, devait servir le même objectif : provoquer des révolutions et transformer les royaumes en républiques.

Mais les autorités contre-attaquèrent en 1811 et commencèrent à combattre cette société subversive. En 1821 l'organisation entière des Illuminati italiens fut restructurée. Elle prit le nom de *Loges Triangulaires*, mais restait une copie des Illuminati.

L'objectif de l'ordre était de complètement infiltrer les Carbonari et d'utiliser leurs membres pour accomplir ses desseins.

Le 1er mai 1821, les Illuminati de la *Loge Triangulaire* fondèrent la loge dirigeante des Carbonari, l'*Alta Vendita*, d'abord en France sous le nom de *Haute Vente*, puis sur la Péninsule Apennine en 1828. Son grand-maître ou père des maîtres, était Giuseppe Picilli. Au moyen-âge, un marché au charbon se disait *vendita*. Évidemment, l'*Alta Vendita* était manipulée par Buonarroti.

En 1822, lorsque la nouvelle organisation Illuminati (*Società dei Sublimi Maestri Perfetti*) fut découverte par les autorités de Modène, son nom fut remplacée par celui de *Véritables Architectes*. En 1828, l'organisation prit pour nouveau nom celui de *Monde*. Buonarroti réorganisa l'*Alta Vendita* – la direction suprême des Carbonari. Ses statuts étaient similaires à ceux de la *Première Internationale* (Melanson, « Perfectibilists : The 18th Century Bavarian Order of the Illuminati, Walterville, Oregon, 2009, pp. 141-147).

En France, les Carbonari apparurent en 1820. Deux ans plus tard, ils comptaient 60 000 membres qui avaient été recrutés parmi le personnel militaire, les étudiants et les travailleurs naïfs. Lafayette devint le grand-maître de ce mouvement conspirateur et militant qui organisa un complot contre Louis XVIII.

Les Carbonari firent en sorte que Louis Napoléon Bonaparte, le neveu de Napoléon Ier, soit élu président de la Seconde République française.

Sous le Second Empire, lorsque les autorités commencèrent à réagir contre ce mouvement maçonnique, les Carbonari commirent plusieurs attaques terroristes. Leur but était de renverser définitivement la dynastie des Bourbon.

Les Carbonari (brûleurs de charbon) constituaient une société secrète créée à Naples en 1806. Elle était composée de francs-maçons, de personnalités culturelles abusées, de criminels et de militaires. En 1822, l'organisation était dirigée par deux lieutenants : Michele Morelli (1790-1822) et Giuseppe Silvati (1791-1822).

Les membres s'adonnaient à des rituels similaires à ceux pratiqués au sein des ordres maçonniques, ces derniers trouvant leur origine commune avec celle des guildes itinérantes de charpentiers. Les dirigeants se faisaient appeler maîtres et se voyaient assistés de deux cousins, Oak et Elm. Leur table était un billot et leurs sièges des fagots. Ils portaient des tabliers de cuir et s'entouraient d'objets magiques tels que des haches, des branches et des guirlandes de feuilles de chêne. Leur signe de reconnaissance consistait à se frotter trois fois l'œil droit avec la main droite, ainsi que de poignées de mains secrètes différentes pour chaque grade. Leur mot de passe était échangé en se touchant le lobe de l'oreille droite avec la main droite. Leur lieu de réunion était désigné par le terme de 'hutte' (*baracca*).

Le mouvement armé des Carbonari fut établi dans le sud de l'Italie en 1807 et constituait un véritable état dans l'état. Les Carbonari, dont le principe directeur et la tactique reposaient sur la conspiration, participèrent à toutes les insurrections du Royaume de Naples jusqu'en 1835. Leur slogan était : « Nous devons tuer les rois d'Italie ! »

Les troupes autrichiennes parvinrent à contrer toutes leurs tentatives pour s'emparer du pouvoir. Après 1840, les idées psychopathes des Carbonari gagnèrent toute la péninsule.

Le quartier général des Carbonari était situé à Rome. Dans les années 1820, le mouvement comptait 700 000 membres armés. Ils prétendaient pouvoir illuminer le monde grâce au feu sacré de l'illuminisme ! Le symbole de leur message de vérité était le charbon de bois, la source de lumière. Un arbre inversé symbolisait un roi assassiné. Ils défendaient la suppression des loups (tyrans) au sein de la forêt (société).

Les membres de la même hutte se désignaient entre eux par le terme *boni cugini* (bons cousins). Les non-Carbonari étaient appelés *pagani* (païens).

Les couleurs des Carbonari étaient le bleu (l'espoir), le rouge (l'amour) et le noir (la foi). Lors de leurs réunions, ils exhibaient cinq triangles clignotants symbolisant le programme en cinq points des Illuminati.

Le slogan de Garibaldi était repris en cœur : « Nos cœurs ne doivent sentir nulle compassion ! »

Un traitre avéré y perdait sa tête, son corps était ensuite brûlé, sles cendres dispersées au vent, et le bourreau se lavait en s'immergeant dans l'eau.

Le novice devait être recommandé par trois membres, il était transporté dans un sac depuis l'antichambre jusqu'au seuil de la hutte. Le maître frappait trois fois à la porte et prononçait cérémonieusement la requête : « Bon cousins, nous avons besoin d'aide ! » Une réponse rituelle permettait au novice de pénétrer à l'intérieur. D'après le rituel symbolique, le candidat était tiré à travers la « forêt », le « feu », puis l'« eau », avant de prononcer son serment. Il lui était alors permis de sortir de son sac.

Lorsque le carbonaro était reçu au plus haut degré, il était informé de la véritable signification des symboles. Avant cela, il était trompé par de pieuses histoires chrétiennes.

En 1831, Mazzini voyagea depuis sa résidence de Ligurie jusqu'en Toscane, pour s'enrôler dans les Carbonari sous la direction des Illuminati. Leur véritable dirigeant était toujours Buonarroti. Mazzini devait bientôt le remplacer. Grâce à l'assistance de l'*Alta Vendita*, une puissante loge des Carbonari, il espérait s'emparer du pouvoir à travers toute l'Italie.

Les principaux dirigeants furent plus tard des francs-maçons de haut-rang et des Illuminati tels que le comte Camilio de Cavour, Giuseppe Garibaldi, et Giuseppe Mazzini (nom de couverture pour Emunach Memed). Cavour réforma l'économie italienne et créa la lire en 1862 comme moyen de paiement.

Des personnalités culturelles de prime importance crurent également à la propagande des Carbonari, prétendant qu'ils ne cherchaient qu'à libérer l'Italie du nord de l'occupation autrichienne. En 1819, le grand poète britannique Lord George Gordon Byron, fut initié au carbonarisme à Ravenne, en Ligurie, par ses connaissances italiennes. Il fut harcelé par les autorités et se réfugia chez son ami Percy Bysshe Shelley, un éminent poète, qui vivait à Lerici dans le golfe de La Spezia avec sa femme Mary.

Les dirigeants Illuminati internationaux tinrent une conférence à New York en 1850. Ils faisaient des préparatifs pour consolider leur hégémonie internationale à travers la mise en place de la fameuse *Internationale*. Un comité américain fut mis en place. Clinton Roosevelt, Horace Greeley et Charles Dana en prirent la tête. Un autre groupe fut formé afin d'assurer la coordination des actes terroristes. Le Juif italien Giuseppe Mazzini (né en 1805 à Gênes) fut sélectionné pour diriger ce groupe. Il était un Illuminé depuis 1837 et un Franc-maçon du 33ème degré.

À la mort de Mazzini en 1872, son poste fut repris par le Juif Adriano Lemmi, un conspirateur révolutionnaire occupant le poste de Grand-Maître du Grand-Orient en Italie.

Le premier à s'enthousiasmer pour l'Illuminisme en Italie fut le comte Filippo Struzzi, qui fonda plusieurs loges au sein du pays et devint leur chef. (Charles William Heckethorn, « Secret Societies », Moscou, 1993, p.206). Giuseppe Garibaldi était aussi un Illuminé. Les membres du mouvement de Garibaldi portaient des chemises rouges.

De terribles atrocités commencèrent de voir le jour en Italie, en France, en Espagne, en Autriche et en Russie à l'issue de la conférence susmentionnée. Mazzini organisa le meurtre du duc de Parme en 1854, ainsi que ceux des juges qui condamnèrent les meurtriers. Sa renommée en tant que Génie du Mal était sans égale. Sa soif de pouvoir fut satisfaite de mars à juillet 1849, lorsqu'il devint dictateur de la République de Rome.

En 1870, le mouvement Illuminati des Carbonari fut aboli et remplacé par des campagnes socialistes plus efficaces. Certains membres des Carbonari rejoignirent les rangs de *Giovine Italia* (*Jeune Italie*), qui avait été fondé en 1831 puis dirigé par Mazzini. Cette organisation secrète faisait partie intégrante du réseau des sociétés « révolutionnaire » de *La Giovine Europa*, qui exerçait son contrôle depuis la Suisse sous les instructions de Mazzini, au cours des années 1834-36. Mazzini avait commencé à faire la promotion des États-Unis d'Europe dès 1848.

Des anarchistes violents et enragés se répandirent en exactions jusqu'au début de la Première Guerre Mondiale. Des dizaines de milliers de gens perdirent la vie. Le monde devait être divisé en différents blocks, devant par la suite être précipités les uns contre les autres dans de violentes oppositions. Ces opérations étaient contrôlées depuis Londres. Le 29 juillet 1900, le Roi Umberto I était assassiné par le franc-maçon Gaetano Bresci à Monza, malgré le fait qu'il soit membre de la loge *Savoia Illuminata*. Le meurtrier Bresci appartenait à une loge américaine de Paterson, dans le New Jersey.

En 1861, Abraham Lincoln était élu président des U.S.A., cependant il ne tarda pas à devenir une pierre d'achoppement pour les Illuminati. D'abord la guerre civile fut déclarée (la confédération fut fondée par des Illuminés français). Les Illuminati avaient durement œuvré à la formation du même système bancaire que les pays européens, où les banques privées s'occupaient de l'émission monétaire pour que les gouvernements soient forcés d'avoir recours à de la dette aux taux d'intérêts élevés.

Lincoln s'opposait à cela et refusa de donner à la banque Rothschild le contrôle de l'économie américaine. Alors, l'Illuminé Juif John Wilkes Booth l'assassinat le 15 avril 1865 à Washington, quelques jours seulement après la fin de la guerre. Le meurtrier de Lincoln fut également éliminé. Judah P. Benjamin, l'agent de Rothschild, rodait autour de Booth. (William Guy Carr, « The Red Fog Over America », 1968, p.194).

Le général confédéré Albert Pike (né le 19 décembre 1809 à Boston) devint, en tant que Franc-maçon, un membre des Illuminati américains vers la fin des années 1850. Les activités révolutionnaires de Mazzini (la violence anarchique) avaient jeté le discrédit sur le Grand-Orient. Alors Mazzini suggéra la création d'une nouvelle organisation, extrêmement secrète : le *Palladisme*. Aucune mention ne devait jamais en être faite au cours des assemblées des loges ni au sein des sanctuaires des autres rites. Car le secret de cette institution nouvelle devait être seulement divulgué avec la plus grande précaution aux peu d'élus choisis parmi les hauts grades, d'après l'historien Domenico Margiotta dans son ouvrage « Adriano Lemmi » (Grenoble, 1894, p.97).

Giuseppe Mazzini envoya une lettre à Albert Pike le 22 janvier 1870, dans laquelle il lui écrivit entre autres choses : « *En ce qui concerne leurs frères en maçonnerie, ces hommes doivent être contraints au secret le plus strict. Grâce à ce rite suprême, nous pourrons diriger toute la Franc-maçonnerie ; il deviendra le centre international unique le plus puissant, parce que sa direction demeurera inconnue* ».

Le dirigeant maçon américain Albert Pike.

Le même Albert Pike mit en place cette organisation extrêmement secrète, appelée *Le nouveau rite réformé du Palladisme* dont l'organisation comprenait trois importants centres : Charleston en Caroline du Sud aux États-Unis, Rome en Italie et Berlin en Allemagne. Grâce au travail de Mazzini, l'organisation installa 23 conseils subordonnés à des endroits stratégiques autour du monde.

Le Palladisme devint en fait un culte satanique. Ce culte, ou cette religion, vénérait Lucifer en tant que Dieu. Son serment le prouve : « *La religion maçonnique doit être, par chacun d'entre nous les initiés des hauts degrés, maintenue dans la pureté de la doctrine luciférienne.* »

Le général Pike était un homme exceptionnellement maléfique. Durant la guerre civile américaine, lorsqu'il servait sous le drapeau des Confédérés, son armée, composée de bandes indiennes provenant de différentes tribus, perpétra tant de massacres atroces que la Grande Bretagne menaça de rentrer en guerre pour « raisons humanitaires ». En conséquence, le président Confédéré Jefferson Davis (1809-1889) fut forcé d'intervenir contre son propre général et de démanteler ses troupes.

Après la guerre de sécession, Pike fut jugé et condamné à la prison pour ses crimes. Les Francs-maçons s'adressèrent immédiatement au Président Andrew Johnson, lui-même Franc-maçon (*loge Greenville No. 19*). Le 22 avril 1866, le Président Johnson le grâcia. Le jour suivant, Pike visita le président à la maison blanche. Johnson était un subordonné de Pike au sein de la Franc-maçonnerie. La presse ne fut informée de cet événement que 9 mois plus tard. (William T. Still, « New World Order »: The ancient plan of Secret Societies » Lafayette, Louisiane, 1990, p.123).

Albert Pike fut un des membres fondateurs de la célèbre organisation raciste du *Ku Klux Klan*. Il fut le premier Grand Dragon du Klan et écrivit l'hymne et les règles de l'organisation. Les Francs-maçons ont érigé un monument en l'honneur d'Albert Pike au Judiciary Square au centre de Washington. La plaque sur la statue présente Pike comme un orateur, un avocat, un philosophe, un scientifique, un écrivain, un philanthrope, un soldat et un poète.

Albert Pike œuvra pour rendre la franc-maçonnerie plus efficace. Parmi de nombreuses réformes, il organisa l'admission des femmes en tant que membres.

Ce cabbaliste, qui appartenait également aux Illuminati, était possédé par l'idée de domination mondiale. Il confia dans son *"Moral and Dogma of the Ancient and Accepted Rite of Scottish Freemasonry"* : « *la maçonnerie n'a rien à voir avec la Bible, elle n'est pas fondée sur la Bible, car si elle l'était, alors il ne s'agirait pas de la maçonnerie, il s'agirait de tout autre chose.* »

Le politicien Juif Benjamin Disraeli (1804-1881) en Grande Bretagne, un contemporain de Pike et de Mazzini, était, en tant que Frankiste, tenu bien informé de l'incroyable pouvoir des Illuminati. Il avait toujours fait ce que souhaitait Rothschild. Dans son livre « Lord George Bentinck : a political biography » (publié pour la première fois en 1852), il écrivit les mots suivants révélateurs, toujours autant valides aujourd'hui qu'ils le furent il y a 146 ans (Londres, 1882, pp.397-398) : « *Ce ne fut ni le parlement, ni la population, ni l'ordre naturel, ni les évènements, qui renversèrent Louis Philippe… le trône fut pris par surprise par les sociétés secrètes, toujours préparées à ravager l'Europe… Les associations secrètes sont toujours vigilantes et toujours prêtes…* ».

Le dirigeant Juif Illuminé Franklin Delano Roosevelt, qui devint président des États-Unis d'Amérique en 1933, admit également : « *En politique, rien n'arrive par hasard. Si quelque chose se produit, vous pouvez être certain que cela était prévu pour se dérouler de cette façon* ».

L'historien Othmar Krainz démontra dans son ouvrage « Jude entdeckt Amerika » / « Un Juif découvre l'Amérique » (Munich, 1938, pp. 128-129), que l'ancêtre de Roosevelt était un Juif hollandais (Claes Martenszan van Rosenvelt).

Quiconque connaît l'histoire, sait également que l'humanité ne comprend jamais les avertissements à temps. Le professeur Carroll Quigley avait conscience de cela. Face aux évènements, l'opinion publique, la majorité des politiciens et des sociologues s'avèrent incapables d'accepter les faits venant contredire leur certitude de comprendre et de contrôler tout ce qui se passe dans la société. Lénine révéla ouvertement ses objectifs réels des années avant que les bolchéviques ne parviennent au pouvoir. Les nations ont-elles tenus compte de ses avertissements ? Non, elles préférèrent continuer à dormir. Ça n'est en rien différent de nos jours. Les Illuminati le savent bien.

Au fil des ans, les Illuminati déménagèrent leur quartier général entre différentes villes. Dans les années 1870 il se trouvait à Francfort-sur-le-Main. D'après « Nordisk Familjebok » (l'Encyclopédie Nordique), à Berlin en 1907. La « Brockhaus Enzyklopadie » (Wiesbaden, 1970) indique que les Illuminati furent légalisés en 1896. Leur dirigeant était alors Léopold Engel, qui publia l'histoire des Illuminés en 1906 (« Geschichte des Illuminatenordens »).

D'après « Meyers Enzyklopadisches Lexikon », les différents groupes nationaux Illuminati se regroupèrent pour former une association mondiale en 1925. D'après le « Store Norske Lexikon » (Oslo, 1979, Vol. 6, p.183), les Illuminati poursuivent toujours leurs activités en tant qu'organisation secrète.

Le quartier général des Illuminati déménagea en Suisse au cours de la Première Guerre Mondiale et à New York après la Deuxième Guerre Mondiale (The Harold Pratt building, 58, East 68th Street). Les Rockefeller financent maintenant les Illuminati à la place des Rothschild. (William Guy Carr, « Pawns in the Game » « Des Pions sur l'échiquier »).

Un outil tout spécialement utile aux Illuminati au 20ème siècle, fut la compagnie I.G. Farben, dirigée par son patron Juif Max Warburg.

Aujourd'hui les Illuminati contrôlent le mouvement maçonnique dans son ensemble. Ils contrôlent également les Rotary, les Lions, le B'nai B'rith, la Commission Trilatérale, le groupe Bilderberg, les Skulls & Bones, le Bohemian Club et d'autres groupes similaires. Le Rotary International fut fondé par Paul Harris (un membre du B'nai B'rith) à Chicago en 1905. Le Lions Club fut aussi fondé par le B'nai B'rith à Chicago en 1917.

Il y a plus de six millions de francs-maçons (répartis sur 3 315 loges) dans le monde aujourd'hui : quatre millions aux États-Unis d'Amérique, 600 000 en Grande Bretagne, 70 000 en France. Ils sont 15 000 en Suède divisés en 56 loges.

Une enquête sarcastique sur plusieurs réseaux fut publiée par le respecté magazine *The Economist* le 26 décembre 1992. Les Illuminati y étaient présentés comme la « mère de tous les réseaux » et « les véritables dirigeants du monde ». Le magazine présentait Adam Weishaupt et le 1er mai 1776, et déclara que « la conspiration des Illuminés est immense et terrifiante » et qu'il s'agit « du réseau des réseaux ». Le journal fit alors remarquer que plusieurs présidents américains ont été des Illuminati ; certains d'entre eux ont été tués par les Illuminati et leur symbole – celui de l'œil dans la pyramide – est toujours présent sur le billet de 1 dollar.

J'ai trouvé ce symbole à l'été 1986 parmi les autres documents Illuminati dans les archives d'Ingolstadt.

Ce fut le président américain Franklin Delano Roosevelt, un franc-maçon du 32ème degré, qui ordonna d'imprimer ce sceau sur les billets de 1 dollar en 1933, 144 ans après que le Congrès l'ait accepté. Le sceau symbolise que les Illuminati revendiquent le contrôle de l'Amérique, quel que soit le président.

* L'année MDCCLXXVI sur la pyramide signifie 1776, année de la fondation de l'ordre, mais également celle où la République Américaine fut proclamée.

* La pyramide représente la conspiration pour l'établissement d'un gouvernement mondial. L'œil qui voit tout symbolise la police secrète que Weishaupt appelait les « frères insinués ».

* *Annuit Coeptis* signifie : « Il a donné son consentement à nos plans »

* *Novus Ordo Seclorum* signifie : Nouvel Ordre Mondial.

Apparemment, les Illuminés se sentent tellement sûrs d'eux qu'ils autorisèrent *The Economist* (leur propre publication) à publier cette information. Par contraste, il n'y a pas un seul mot sur les Illuminati dans la nouvelle Encyclopédie Nationale Suédoise.

Ce livre expose dans les grandes lignes comment l'une des plus importantes idéologies des Illuminati – le Communisme – fut répandu en utilisant la ruse et la violence. L'auteur révèle de nombreux mensonges que les gens mal informés ont avalés de bonne foi. Les Illuminati connaissent leurs affaires. Le socialiste français et Illuminé Louis Blanc appelait Weishaupt le plus talentueux conspirateur de tous les temps.

Si vous visitez le *Freemason's Hall* à Londres, vous pouvez lire la devise maçonnique en latin concernant l'exercice de leur pouvoir : « AVDI, TACE, VIDE » (Écoute ! Soi silencieux ! Regarde ! »). Cela signifie que le frère obéissant et silencieux quant aux plans secrets des grands maîtres, parvient finalement à comprendre ce qui se passe dans le monde.

Une autre inscription en hébreu au-dessus de l'entrée principale, révèle également le modèle idéologique dont l'organisation est issue : « Kadosh le Adonai » (« Saint aux yeux de Yahvé »)

Raconter l'histoire de l'émergence du Communisme c'est en même temps révéler l'histoire de ses pires criminels. Mais cela est nécessaire, car sans la connaissance des secrets du mal, nous ne pouvons pas non plus développer le bien. Nous pourrons alors apprécier, par-dessus tout, la bonté sur la terre. Alors, nous pourrons vraiment accueillir la vérité, même si elle est effrayante, et dénoncer les mensonges, même s'ils paraissent séduisants.

KARL MARX – L'IDOLE MALÉFIQUE

Le 5 mai 1818 naquit dans la ville allemande de Trèves un garçon, auquel fut donné le nom de Moïse Mardochée Levy Marx. Dans sa jeunesse, il fut élevé comme chrétien. Son père, Hirschel Ha-Levy Marx, juge à la cour suprême, s'était opportunément converti au christianisme en 1816. Le père d'Hirschel était un célèbre Rabin de Cologne. Son beau-père était aussi Rabin.

L'historien Richard Laufner prouva en 1975 que Karl Marx n'était pas né dans une famille chrétienne, car ses membres avaient secrètement gardé leur foi juive. C'est pourquoi il lui fut donné un nom mosaïque juste après sa naissance. Moïse Mardochée Levy ne fut baptisé qu'en 1824, à l'âge de 6 ans où il reçut le nom chrétien de Karl Heinrich.

Le jeune Marx fréquenta une école jésuite, qui avait été reconvertie en établissement d'enseignement secondaire laïc. En même temps, il étudia au sein d'une école Talmudique, où il apprit que les Juifs doivent diriger le monde. Bernard Lazare (né Lazana, 1865-1903) un fonctionnaire et journaliste bien connu du Judaïsme, confirma que Marx avait été imprégné par le Talmudisme.

En août 1835, Marx rédigea son examen d'essai pour ses études religieuses : « L'union des fidèles de Jésus ». Il y écrivit entre autres choses : « *A travers notre amour du Christ, nous tournons notre cœur simultanément vers nos frères, qui sont spirituellement liés à nous et pour qui il se sacrifia.* » (Marx et Engels, « Œuvres Choisies », Volume I, New York, 1979).

Dans son examen d'allemand, « Considérations d'un jeune homme pour le choix d'une carrière », il admit : « *La religion elle-même enseigne que l'idéal pour lequel nous luttons tous s'est sacrifié lui-même pour toute l'humanité ; qui oserait contredire une telle affirmation ?* »

Après le lycée, il étudia à l'université de Bonn et plus tard, à l'automne 1836, à Berlin, il obtint son doctorat à Iéna, où les exigences étaient moindres que celles de Berlin.

Lorsqu'il n'était qu'un tout jeune étudiant, Karl Marx passa par une transformation totale. Il commença à haïr Dieu. Ce fut quelque chose qu'il confessa dans sa poésie brutale.

Dans son poème « La Vierge Pâle » Marx écrit :

« *Ainsi j'ai perdu le ciel,
Je le sais très bien.*

Mon âme naguère fidèle à Dieu
A été marquée pour l'enfer. »

Deux de ses poèmes furent publiés de son vivant dans le quotidien *Athenaeum* à Berlin, sous le titre de « Chants sauvages », le 23 janvier 1841. Quarante poèmes et le drame en vers « Oulanem » écrit par Marx (le titre est l'anagramme d'Emmanuel, signifiant 'Dieu est avec nous') ont été trouvés à ce jour. Il écrivit ce dernier à 18 ans.

Voici la fin du drame « Oulanem » (Robert Payne « The Unknown Karl Marx », New York University Press, 1971) :

« S'il y a quelque chose capable de détruire,
Je m'y jetterai à corps perdu,
Quitte à mener le monde à la ruine.
Oui, ce monde qui fait écran entre moi et l'abîme,
Je le fracasserai en mille morceaux
À force de malédictions ;
J'étreindrai dans mes bras sa réalité brutale,
Dans mes embrassements il mourra sans un mot
Et s'effondrera dans un néant total,
Liquidé, sans existence :
Oui, la vie, ce sera vraiment cela ! »

Mais personne ne prêta attention à sa poésie, qui traitait surtout de la fin du monde et de son amour pour sa voisine, Jenny Von Westphalen. Dans ses poèmes il menaçait de se venger de Dieu et peu à peu exprimait sa haine du monde. Il fit le vœu de précipiter l'humanité dans l'abysse et de la suivre ensuite le sourire aux lèvres. Il jeta des malédictions terribles sur l'humanité. Il ne devint cependant pas athée. Dans son poème « Der Spielmann » (« Le joueur de Violon »), il admit :

« Ce que Dieu ne veut ni ne souhaite,
Investit le cerveau d'un brouillard montant de l'enfer
Jusqu'à ce que le cœur ensorcelé en fasse une réalité :
Avec Satan j'ai conclu un pacte. »

Dans un autre de ces poèmes, Marx fit la promesse d'entraîner l'humanité en enfer avec lui en compagnie de Satan. Ces phrases ne sont pas sans rappeler les expressions de Jacob Frank. Cela montre que Marx fut influencé par le Frankisme. Le père de Marx était rentré en contact avec le Frankisme et avait également enseigné à ses enfants cette idéologie. C'est de cette manière que le jeune Marx fut amené à connaître le

Frankisme, tel qu'il se reflète dans sa poésie. La conversion de sa famille au christianisme ne fut qu'une manœuvre sociale. Jacob Frank lui-même avait fait pareil en devenant « catholique ». Frank avait à son tour suivit le redoutable exemple de Sabbataï Tsevi en « changeant de religion » pour les besoin de la cause.

De tout temps émergèrent des imposteurs pour tromper le peuple. L'un d'entre eux fut le Juif Sabbatai Zevi. Né à Smyrne en 1626, qui faisait alors partie de l'Empire Ottoman, il était un rabbin Sépharade qui influença beaucoup de naïfs leur faisant croire que le Christ reviendrait en 1666. Il se présenta donc lui-même comme le Messie. Il fit de nombreux émules, non seulement parmi les Juifs de Turquie et de beaucoup d'autres pays, mais également parmi les Chrétiens, ces derniers croyant sincèrement qu'il était le Christ. Il fut célébré, hautement considéré, et vivait dans le luxe.

Mais lorsqu'il fut emprisonné par le Grand Vizir Turc Ahmed Köprülü en 1666, à Constantinople, parce qu'il avait promis de s'emparer de la couronne du Sultan, il ne fit pas de miracle, pas plus qu'il n'établit le royaume de Dieu, comme ses partisans s'y attendaient. Au lieu de cela, le 14 septembre 1666, il déclara qu'il se convertissait à l'Islam. Les Juifs et beaucoup de Chrétiens furent indignés (John Jellinek, « Israël à travers les siècles », Stockholm, 1951, pp. 68-69)

Marx était enchanté par l'idée de ruine morale de l'humanité. Dans sa poésie, il rêvait d'un pacte avec Satan. Il était tout particulièrement fasciné par la violence. Plus tard, créant sa propre idéologie, il déclara qu'il fallait lutter contre la violence par la violence. Il appelait l'humanité « les singes du Dieu froid ».

La religion de Marx est clairement révélée dans son poème « Invocation d'un désespéré » (Karl Marx, « Œuvres Choisies », Volume I, New York, 1974) :

« Ainsi un dieu m'a arraché « mon tout »
Dans les malédictions et dans les coups du sort.
Tous ses mondes se sont évanouis
Sans espoir de retour,
Et il ne me reste plus désormais que la vengeance. »
« Je veux me bâtir un trône dans les hauteurs,
Son sommet sera glacial et gigantesque,
Il aura pour rempart la terreur de la superstition,
Pour maréchal, la plus sombre douleur. »
« Quiconque porte vers ce trône un regard sain,
Le détournera, pâle et muet comme la mort,
Tombé entre les griffes d'une mortalité aveugle et frissonnante.
Puisse son bonheur creuser sa tombe ! »

Dans un autre de ses poèmes, « Fierté Humaine » (Publié dans « World Revolution » de Nesta Webster, p.167), il écrivait ce qui suit :

> *« Dédaigneusement je jetterai mon gant*
> *À la face du monde*
> *Et verrai s'effondrer ce géant pygmée*
> *Dont la chute n'éteindra pas mon ardeur.*
> *Puis comme un dieu victorieux j'irai au hasard*
> *Parmi les ruines du monde*
> *Et, donnant à mes paroles puissance d'action,*
> *Je me sentirai l'égal du Créateur. »*

L'esprit de ces poèmes était également évident dans son « Manifeste du parti Communiste » et ses futurs discours. Le 14 avril 1856, il déclara : « L'histoire est le juge, le prolétariat son bourreau ». (Paul Johnson, « The Intellectuals », Stockholm, 1989, p.74).

Marx trouvait un grand plaisir à parler de la terreur, ainsi que des maisons marquées de croix rouges indiquant que ses habitants devaient être tués. Il souhaitait créer une atmosphère maléfique, parce que les méchants ne peuvent s'emparer du pouvoir que lorsque le mal règne.

MOÏSE HESS –
LE PROFESSEUR DE MARX ET ENGELS

La fascination de Karl Marx pour la violence fut renforcée par un communiste Frankiste qu'il rencontra en 1841 lorsqu'il était âgé de 23 ans. Cet homme s'appelait Moritz Moïse Hess. Moïse Hess né le 21 juin 1812 à Bonn, était le fils d'un industriel Juif fortuné. Il mourut le 6 avril 1875 à Paris et fut enterré en Israël. On peut mentionner qu'il fonda le parti Social-Démocrate Allemand. Dans le « Judisches Lexikon » (Berlin, 1928, pp. 1577-78), il y est présenté comme un Rabin communiste et le père du socialisme moderne.

En 1841, il fonda le journal *Rheinische Zeitung* et un an plus tard il fit de Marx âgé de 24 ans, son rédacteur en chef. Théodore Zlocist publia un livre intéressant à son sujet en 1921, « Moses Hess, der Vorkampfer des Sozialismus und Zionismus ». Une partie des idées terribles de Moïse Hess est exposée dans son livre « Rome et Jérusalem : L'ultime question nationale » (Leipzig, 1862).

Moïse Hess transforma vite le jeune Marx en Franc-maçon, pour en faire un agitateur socialiste à son service. Marx n'était pas encore communiste. Il écrivit dans le *Rheinische Zeitung*, qu'il dirigea durant les années 1842-43 : « *Aux tentatives par les masses de mettre en pratique les idées communistes il faut répondre par le canon dès qu'elles deviennent dangereuses...* ». Il croyait alors que ces idées étaient inapplicables. Moïse Hess corrigea essentiellement cette opinion. Il devint l'éminence grise derrière Marx, guidant intensément et influençant les travaux de son protégé.

À paris, à l'automne 1844, Moïse Hess présenta le Marx de 26 ans au demi-Juif Friedrich Engels, qui était plus jeune de deux années. Cette réunion posa les fondations de leur longue collaboration. Engels avait également exprimé des idées chrétiennes dans sa jeunesse : « *J'ai soif d'une connexion avec Dieu. Ma religion était et est toujours un monde paisible et béni et il me plairait qu'il en soit également ainsi après mes funérailles. Je n'ai pas de raison de croire que Dieu puisse en vouloir autrement. La foi religieuse est une chose du cœur. Je prie tous les jours, en fait presque toute la journée, pour la vérité. Je cherche la vérité partout, même où je n'espère en trouver qu'une ombre. Les larmes me coulent en écrivant cela. Je suis ému de plus en plus, mais je sens que je ne serai pas perdu. Je viendrai à Dieu, auquel toute mon âme aspire.* » (Marx and Engels, « From early Works », Moscou, 1956, p.306).

Derrière Karl Marx se tenait le sioniste communiste Moïse Hess.

Mais Engels chuta après sa rencontre avec Moïse Hess à Cologne. Après cette entrevue, Hess écrivit : « *Il me quitta en communiste super zélé. Voilà comment je produis des ravages...* » (Moïse Hess, « Œuvres Choisies », Cologne, 1962).

Ce fut le même Moïse Hess qui élabora la pensée pleine de rancœur de l'idéologie socialiste-communiste. Il fut aussi le premier à recommander, comme une idée fondamentale, que toute propriété privée soit abolie. Alexandre Volodin qualifia Moïse Hess de « philosophe » dans son livre « Herzen » (Tallinn, 1972, p.97).

Alors, quelles étaient donc ses idées remarquables ? Dans ses écrits, Moïse Hess souligna le besoin d'agiter les classes sociales les unes contre les autres et par ce moyen d'altérer leur coopération. Il voulait provoquer une révolution socialiste à l'aide du Judaïsme, du racisme et de la lutte des classes.

Il insistait sur le fait que le socialisme était inséparable de l'internationalisme, car les socialistes n'ont pas de patrie. Que le vrai socialiste n'a rien à faire de sa nationalité. Il déclara aussi que cela ne s'appliquait pas au Juif ! Hess croyait que l'internationalisme servait les intérêts du Judaïsme. Il écrivit : « Quiconque renie le nationalisme Juif n'est pas seulement un apostat, un renégat au sens religieux du terme, mais aussi un traitre à son peuple et à sa famille. » (Moïse Hess, « Œuvres Choisies », Cologne, 1962).

La bolchévique Rosa Luxembourg fut simultanément une internationaliste et une grande patriote juive – elle ne mangeait même exclusivement que de la nourriture kasher.

Dans son « Catéchisme rouge pour le peuple allemand », Moïse Hess révéla : « La révolution socialiste est ma religion ». Il pensait souhaitable que sa lutte brutale pour le pouvoir socialiste soient menée sous la bannière rouge des Rothschild. Moïse Hess écrivit au dirigeant socialiste Juif Ferdinand Lasalle : « J'userai de l'épée contre quiconque s'opposera à la lutte du prolétariat. » (Moïse Hess, « Correspondance », La Haye, 1959). Ce qu'il appelait ainsi, était en fait la lutte des Juifs contre tous les peuples au sein desquels ils vivent.

Cependant, l'agitateur extrémiste Hess n'était pas un athée. Il écrivit : « J'ai toujours été inspiré par les prières juives. » (Moïse Hess, « Rome et Jérusalem », 1860). Il expliqua aussi que le Judaïsme devait se transformer en une idéologie socialiste révolutionnaire sans Dieu. Il expliqua que le rôle des Juifs était de changer l'humanité en un troupeau d'animaux sauvages, tel que décrit dans son article « À propos du système monétaire ». (« Rheinische Jahrbucher », Volume 1, 1845).

Plus tard, Marx et Engels annoncèrent ouvertement que bien des idées de Hess méritaient une reconnaissance unanime. Le Juif hongrois Théodore Herzl développa la doctrine sioniste de Hess dans les années 1890.

Un des autres mentors de Marx, Levy Baruch, souligna que l'élite révolutionnaire juive ne devait pas rejeter le Judaïsme et que les Juifs devaient être considérés comme traitres à leur peuple s'ils venaient à le faire. En tant qu'imposteurs chrétiens, certains Juifs avaient atteint des positions élevées au sein de l'église et de l'administration civile des villes en Espagne au 16ème siècle (l'inquisiteur Lucero et bien d'autres). Baruch propagea la même tactique pour les « révolutionnaires Juifs » - ils devaient dissimuler leur Judaïsme derrière les phrases Marxistes.

Lorsque l'une des lettres de Baruch à Marx fut publiée, son contenu causa un grand scandale que les Illuminati souhaitaient étouffer. Cette lettre expliquait, entre autres choses, qu'il serait plus facile pour la juiverie de s'emparer du pouvoir avec l'aide du prolétariat. Ainsi le nouveau gouvernement serait dirigé par des Juifs qui interdiraient la propriété privée pour que toute la richesse revienne entre les mains juives, ou qu'elle fasse la fortune des administrateurs Juifs et de leurs domaines. De cette manière le vieux rêve dont le Talmud parle nommément, que toutes les richesses de la terre reviennent aux Juifs, devait ainsi s'accomplir. Dans cette lettre, Baruch établit aussi clairement que les buts du Judaïsme étaient l'obtention du pouvoir sur le monde entier, le mélange des races, l'abolition des frontières nationales, l'élimination des familles royales et finalement la fondation d'un état mondial sioniste. (Salluste, « Les origines secrètes du bolchévisme », Paris, 1930, pp.33-34)

L'ORIGINE DE LA VISION DE MARX SUR L'HUMANITÉ

D'après le professeur suédois de l'université d'Uppsala Jan Bergman, les Kabbalistes considèrent tous les non-Juifs comme du bétail. Le Talmud confirme cette opinion à plusieurs reprises : « Seuls les Juifs sont appelés humains, les goyim sont des animaux. » (Baba Batra 114b, Jebamot 61a, Keritot 6b et 7a).

La vie des non-Juifs vaut bien moins que celles des Juifs. Ce principe est confirmé par le Talmud : « Si un non-Juif tue un non-Juif ou un Israélite, il doit être puni. Mais si un Israélite tue un non-Juif, la peine de mort ne peut pas s'appliquer. » (Sanhedrin 57a, ce qui dans la traduction anglaise d'Epstein correspond au Sanhedrin I, p.388).

Le Talmud exhorte également : « Même les meilleurs des *goyim* (gentils) doivent être tués. » (Avodah Zara 26b, Tosefoth).

Les Juifs croient même que le bénéfice du travail des Gentils appartient au peuple élu de Dieu. « Les possessions des Gentils sont comme un désert sans maître ; quiconque les saisit acquiert ainsi le droit de les conserver. » (Baba Batra 54b)

On s'aperçoit que le Judaïsme est une doctrine d'un racisme extrême. Cela est confirmé tout au long du Talmud et de la Torah. « L'humanité n'est bénie que grâce aux Juifs ». (Talmud, Jebamot 63a) « Chaque Juif né enfant de roi. » (Shabbat 67a.) « Les Juifs sont plus agréables à Dieu que les anges. » (Chullin 91b.)

L'écrivain et Franc-maçon Juif Heinrich Heine (Chaïm Budeburg) a confessé : « La religion juive n'est pas du tout une religion, c'est une calamité ».

Israël Shahak considère également le mysticisme kabbalistique comme profondément misanthropique. (« Histoire Juive - Religion Juive : le poids de trois millénaires », Londres, 1994, pp. 16-19).

Dans le Deutéronome 20 :10-7 nous sommes informés que toutes les autres nations doivent travailler pour les Juifs si elles tombent sous la domination juive. Si elles résistent, elles doivent être massacrées et leurs possessions volées. Tous les *goyim* doivent être exterminés à l'endroit où vivent déjà des Juifs.

Dans le Deutéronome 7 :16 (La King James Bible), on peut lire : « *Tu détruiras donc tous les peuples que l'Éternel ton Dieu te livre ; ton œil ne les épargnera point ; et tu ne serviras point leurs dieux, car ce te serait un piège.* »

Les Juifs ont malheureusement suivi ces incitations au génocide de temps à autre. L'historien grec Dion Cassius (qui était aussi un préposé romain) décrivit en détail comment les Juifs des provinces orientales de l'Empire Romain, au cours des années 116 après J.C. lors d'une rébellion, commencèrent à tuer les différents peuples au sein desquels ils vivaient. Les Juifs tuèrent en ce temps femmes et enfants, parfois en usant de tortures terribles. Le bain de sang le plus choquant fut commis dans la cité de Cyrène et au sein de la province Cyrénaïque (dans la partie orientale de la Lybie actuelle) et à Chypre et par-dessus tout dans sa capitale Salamine. L'historien grec Eusèbe confirma cela.

Des meurtres de masse furent également perpétrés en Mésopotamie et en Palestine. Rien qu'en Cyrénaïque, les Juifs tuèrent 200 000 romains et grecs.

À Chypre, le nombre des victimes fut estimé à 240 000. Sur cette île, le Juif Artémion commandait les meurtriers. Naturellement, les Juifs ne furent plus les bienvenus à Chypre après ça.

L'Empereur Romain Marcus Ulpius Nerva Traianus (Trajan) (53-117 après J.C.) envoya des troupes pour arrêter le massacre. Cela prit un an à Rome de contenir la soif de sang des Juifs. Dion Cassius nous raconte comment les Juifs allaient jusqu'à manger leurs victimes en se vautrant eux-mêmes dans leur sang. (William Douglas Morrison, « The Jews Under Roman Rule », Londres et New York, 1890, pp. 191-193) Les meurtres les plus brutaux furent perpétrés en Égypte. Dion Cassius décrit comment les Juifs attaquaient même les navires sur lesquels les gens terrorisés essayaient de s'échapper. (Docteur Emil Schurer, « Geschichte des judischen Volkes im Zeitalter Jesu Christi » / « L'histoire du peuple Juif au temps du Christ », 1890, p.559).

Voici des exemples plus complets des massacres perpétrés par les Juifs. En 517 ap. J.C., les Juifs dirigés par Joseph (Jusuf) Mashrak Dhu Nuwas s'emparèrent du pouvoir dans le nord d'Himyar en Arabie du sud (maintenant Arabie Saoudite) et commencèrent tout de suite à éliminer les chrétiens et les autres Gentils de la région. Ce massacre violent choqua toute l'Europe. Dhu Nuwas avait conquis le pouvoir par la force et introduit le Judaïsme comme nouvelle religion nationale. Les troupes alliées de Byzance, d'Arabie et d'Aksoum (Éthiopie), réussirent à renverser Dhu Nuwas en mai 525 ap. J.C. Le meurtrier de masse fut exécuté. (Y. Kobistyanov, A. Drizdo, V. Mirimanov, « The Meeting of Civilisation en Africa », Tallinn, 1973, pp. 84-85).

En 610 ap. J.C., les Juifs d'Antioche attaquèrent leurs voisins Chrétiens et tuèrent tous ceux qui tombèrent entre leurs mains, puis ils brûlèrent leurs corps. Les Juifs démembrèrent le grand Patriarche Anastase, le forcèrent à manger ses propres intestins, lui lancèrent ses parties génitales en pleine figure et son corps fut trainé à travers les rues avant qu'il soit mis à mort. Tout cela d'après l'historien Juif Graetz.

En 614 ap. J.C., les Juifs de Palestine alliés à leur coreligionnaire de Babylone, prêtèrent assistance aux Perses dans leur conquête de la Terre Sainte. 26 000 Juifs participèrent au massacre. Après la victoire Perse, les Juifs perpétrèrent un holocauste de masse sur les Gentils de Palestine. Ils brûlèrent les églises et les monastères, tuèrent les moines et les prêtres, puis brûlèrent les livres saints. Peu d'églises échappèrent à cette furie destructrice. Les Chrétiens furent vendus au plus offrant. Les prisonniers Chrétiens de la Piscine de Mamilla furent acquis par des Juifs avant d'être massacrés sur le champ. Presque 9 000 d'entre eux périrent ainsi. Cet épisode n'est même pas raconté dans les livres d'histoire moderne.

Mais ces exactions n'étaient pas des crimes d'après les Juifs car comme le Talmud nous l'indique : « Même les meilleurs des *goyim* doivent être tués ». Les Juifs ont eux-mêmes décrit leurs massacres dans la Bible. Dans Esther 9 :16, nous trouvons l'histoire des Juifs avec Mardochée à leur tête, tuant 75 000 perses ainsi que des membres d'autres nations. Les Juifs célèbrent ce génocide chaque année en février ou mars au cours de la fête de Pourim.

Ces croyances kabbalistiques permettent d'expliquer l'extrême mépris de Marx à l'égard des autres peuples. Les Russes étaient un peuple totalement inférieur d'après lui. Il appelait les peuples slaves un « égout ethnique ». Il détestait aussi les chinois. (*New York Times*, 25 juin 1963). Il rejetait quiconque refusait de participer à sa lutte « révolutionnaire » contre Dieu.

Il appelait les travailleurs, pour qui il avait créé son idéologie, des idiots et des ânes. Il traitait les paysans d'hommes des cavernes.

Bakounine prit plus tard ses distances avec le Marxisme car il comprit qu'il s'agissait en fait d'une extension du Judaïsme. Car Yahvé a donné aux Juifs le droit de voler la terre des autres (Deutéronome 6 :10 – 6 :18-19, 7 :1-2). Yahvé a donné aux Israelites le droit de commettre des génocides, d'annihiler totalement les peuples dont les terres lui ont été promises par Dieu. (Deutéronome 7 :16) Yahvé a donné aux Israelites le droit de « les détruire (les autres peuples) avec une destruction puissante jusqu'à ce qu'ils soient anéantis » (Deutéronome 7 :23). Yahvé a donné aux Israelites le droit de tuer et de dépouiller les autres peuples de leurs possessions (Exode 3 :20-22). Yahvé a rendu les Israelites un peuple « saint », une race maîtresse parmi les autres races (Deutéronome 7 :6).

Dans son livre « Dieu et l'état », Bakounine déclara : « *De tous les Dieux bons qui aient jamais été vénérés par l'homme, Yahvé est le plus jaloux, le plus vil, le plus cruel, le plus injuste, le plus assoiffé de sang, le plus despotique et celui qui est le plus hostile à la dignité humaine et à sa liberté...* »

LES AVEUX INCROYABLES DE MARX, DISRAELI ET LES AUTRES

Afin de maintenir l'illusion que le Judaïsme n'avait aucun rapport avec le Marxisme et que la religion mosaïque était une menace idéologique face au Marxisme communiste, plusieurs dirigeants communistes (parmi eux Marx lui-même, Pierre Joseph Proudhon, François Marie Charles Fournier – tous Juifs) firent de prétendus déclarations critiques à l'égard des Juifs.

Certains dirigeants communistes plus récents s'arrangèrent pour être accusés d'antisémitisme pour dissiper les soupçons au sujet des aspects Frankiste-kabbaliste du Communisme. La plupart des prétendus soviétologues et chercheurs (qui n'ont aucune expérience personnelle du Communisme) se sont laissés prendre à cette pantomime. Même Tommy Hansson, dont les sympathies vont à la bourgeoisie, répand ce mythe dans son livre « Marxismens ideologi » / « L'idéologie du Marxisme » (Stockholm, 1989).

En 1844 Marx écrivit dans son article « La question juive », que les Juifs contrôlaient plus ou moins l'Europe, que leur dieu mondial était l'argent et que leur occupation la plus importante, était de soutirer de l'argent aux divers peuples qui la composent, grâce au moyen d'extorsion représenté par les taux d'intérêts. Marx raisonnait :

« *Quelle est la fondation la plus profonde de la religion juive ? Le besoin pratique, l'égoïsme... Qu'est ce qui résume la religion juive ? Le mépris de la théorie, de l'art, de l'histoire, pour l'homme comme but en soi – ceci est devenu la véritable conscience de l'homme épris de l'argent et sa position vertueuse... Dès que la société se débarrassera de la nature empirique du Judaïsme, de son troc et de ses conditions, le Juif deviendra méconnaissable, parce que sa conscience n'aura plus d'objet...* »

Il indiqua tout aussi fermement : « *Derrière chaque tyran, il y a toujours un Juif* ».

Marx admit que la société chrétienne était en train de se judaïser, et donc de devenir plus capitalistique que jamais et ainsi de vénérer l'argent de plus en plus.

Chaque personne dotée de la moindre intelligence sait cela. La manière dont les Juifs s'emparèrent du commerce en Galicie Polonaise au cours du 19ème siècle n'est pas un secret. Les commerces polonais furent ruinés par le cartel des marchands Juifs. Les hommes d'affaires Juifs commencèrent soudainement à vendre leurs marchandises à des prix bien plus bas que les Polonais, donc leurs affaires firent faillites. Alors les Juifs augmentèrent les prix, gagnant le contrôle du marché de toute la Galicie.

Des siècles avant, le sénateur et historien Romain Tacite (54 – 119 ap. J.C.) déclara : « Les Juifs ne font preuve de loyauté et d'indulgence qu'envers les membres de leur tribu ». Les hommes d'affaires Juifs ne virent pas la ruine des marchands Polonais comme criminelle, parce qu'il est écrit dans le Talmud : « Quel que soit le péché commis par un Juif, Dieu le voit toujours comme bon et sans faute. » (Chagiga 15b.)

Le fait que les révolutionnaires Juifs mentent aux chrétiens et aux autres peuples facilement influençables, ne constituait pas non plus un crime. D'après le Talmud, « Le nom de Dieu n'est pas profané si un Juif ment à un goy. » (Baba Kamma 113b.)

Au milieu de la guerre de Crimée, le 4 janvier 1856, Marx révéla avec arrogance au *New York Daily Tribune* qu'il y avait une organisation qui conspirait en Europe et qu'elle était le véritable vainqueur alors que l'Angleterre, la France, et la Russie s'affaiblissaient après leurs pertes au cours de la guerre.

Les autres Juifs ont été tout aussi explicites. Dans son roman « Coningsby », Benjamin Disraeli (1804-1881) décrivit comment une organisation secrète juive dirigeait le monde à travers les Banques. Il montra combien il était facile pour cette organisation de détruire des empires et d'en établir d'autres, de renverser des dirigeants et d'en installer d'autres à la place.

Disraeli dont le père avait immigré en Angleterre depuis l'Italie, était très au fait des secrets des Frankistes et écrivit que l'Allemagne faisait face à une révolution terrible, qui était préparée avec l'aide des Juifs ; à la tête des communistes et des socialistes se tenaient des Juifs. Le but était de neutraliser les chrétiens et de transformer le monde en un monde Juif aux valeurs basées sur la violence, l'idée de base étant que les problèmes peuvent seulement être résolus par le recours à la force.

Disraeli disait : « Nous créons notre chance et l'appelons destinée ». Ce fut Disraeli qui le premier fit l'usage du mot « Big Brother » (un terme maçonnique) à propos d'un dictateur. George Orwell contribua largement à faire connaître cette idée dans son livre « 1984 ». Disraeli fut le premier ministre de la Grande Bretagne en 1868 et en 1874-80. Il fut plus tard ennobli et devint Lord Beaconsfield.

N'est-il pas étrange que Marx ait été plus tard accusé d'antisémitisme mais pas Disraeli, qui décrivit pourtant le même phénomène ? Ou cela avait-il un rapport avec le fait que Marx devint ouvertement communiste et pas Disraeli, qui resta un conservateur ?

Le grand auteur anglais, l'autodidacte Herbert George Wells (1866-1946), ne fut, lui non plus, pas accusé d'antisémitisme. En 1939, il publia un livre intitulé « Le destin de l'Homo Sapiens », où il écrivit ce qui suit concernant les Juifs orthodoxes : « *Toute la question tourne autour de l'idée de peuple élu, dont les vestiges chéris et soutenus ont pour mission de chérir et de maintenir ces vestiges. Il est difficile de ne pas regarder cette idée comme une conspiration contre le reste du monde... Presque toutes les communautés avec lesquelles les Juifs orthodoxes sont rentrés en contact ont tôt ou tard développé une réaction à l'égard de cette idée conspiratrice. Une lecture attentive de la bible ne fait rien pour contredire cette idée ; vous avez là la conspiration clairement exposée. Ce n'est pas simplement la conspiration défensive de gens inoffensifs et anxieux de préserver leurs chères vieilles coutumes, avec laquelle nous traitons. Il s'agit d'une conspiration agressive et vengeresse.* »

Le philosophe Juif Erich Fromm admit aussi que les révolutionnaires étaient vraiment des criminels.

LES FRANCS-MAÇONS MARX ET ENGELS

Peu nombreux sont ceux qui savent aujourd'hui que Moïse Hess était connecté aux Illuminati. Ce fut pourtant lui qui présenta Marx et Engels aux Illuminés francs-maçons.

Le 5 juillet 1843, à la loge *Le Socialiste* à Bruxelles, le chef maçonnique Ragon traça un plan d'action révolutionnaire qui fut plus tard transformé en « Manifeste du parti Communiste ». La loge *Le Socialiste* transmit cette initiative auprès de l'autorité maçonnique la plus élevée, le Suprême conseil de Belgique, et ils décidèrent unanimement d'accepter le programme anarchique de Ragon comme « correspondant à la doctrine maçonnique pour traiter de la question sociale et que le monde entier uni à travers le Grand-Orient, devait par tous les moyens mener à son accomplissement. » (*Bulletin du Grand-Orient*, juin 1843)

Le 17 novembre 1845, Karl Marx devint membre de la loge *Le Socialiste*. En février 1848, Marx publia son « Manifeste du parti Communiste » sur ordre de la direction maçonnique. Marx et Engels étaient des Francs-maçons du 31ème degré. (Vladimir Istarkhov, « La Bataille des Dieux Russes », Moscou, 2000, p.154)

En 1847, Marx et Engels devinrent membres de la *Ligue des Hommes Justes* (Bund der Gerechten), une des branches occultes des Illuminati où le Juif Jacob Venedey jouait un rôle important.

Cette organisation secrète fut fondée en 1836 à Paris par des « révolutionnaires » Juifs socialistes. Le 12 mai 1839, *La Ligue des Hommes Justes*, se joignit à un autre groupe conspirateur *Les Saisons*, pour tenter de prendre le pouvoir en France sous la houlette du Juif Franc-maçon Joseph Moll, Karl Christian Schapper et le fondateur de l'organisation, le Franc-maçon Louis Auguste Blanqui. Ce dernier officiait au sein de l'organisation maçonnique, dans le *Conseil Suprême de l'Ordre Maçonnique de Memphis*. La tentative échoua et Blanqui fut emprisonné. Les dirigeants s'échappèrent à Londres où la *Ligue des Hommes Justes* devint une organisation subversive dirigée par Joseph Moll et Karl Schapper. Des tentatives similaires avaient également échoué en Pologne et en France en 1831.

L'élite financière et les Illuminati avaient besoin d'une idéologie adéquate pour dissimuler leur aspiration au pouvoir. Ils voulaient accomplir certains plans conspirateurs et dans le même temps répandre l'athéisme.

Les travailleurs étaient considérés comme « des idiots utiles » et pouvaient être transformés en d'excellents instruments aveugles, qu'ils espéraient pouvoir manipuler avec efficacité. Pour mener à bien leur conspiration au nom des classes laborieuses, ils avaient besoin de cultiver et d'élaborer toutes sortes d'utopies socialistes et communistes. Hess et Marx espéraient ainsi exploiter la jalousie du prolétariat stupide pour créer un enfer sur terre où la peur, la souffrance, la terreur et la trahison domineraient suprêmement grâce au Communisme.

C'est pourquoi Moïse Hess suggéra de transformer la *Ligue des Hommes Justes* en Parti Communiste dès novembre 1847. Ensemble avec Engels, Marx 'réorganisa' (terme Soviétique) la Ligue avant la fin de l'année. Moïse Hess, Karl Marx, Friedrich Engels, Wilhelm Weitling, Hermann Kriege, Joseph Weydemeyer, Ernst et Ferdinand Wolf jouèrent un rôle important. D'après l'encyclopédie Soviétique estonienne, Marx fut **commissionné** pour écrire le Manifeste du Parti Communiste. Ce fut Moïse Hess qui le fit travailler à l'établissement de la religion de la révolution socialiste. Marx s'en acquitta avec la coopération du marchand d'esclave Jean Lafitte-Laflinne. « Le Manifeste du Parti Communiste » fut publié à Londres. Dans ce document, Marx n'avait fait que développer les idées des chefs Illuminati Adam Weishaupt et Clinton Roosevelt. Il avait en même temps utilisé l'expérience de la conspiration de l'utopie communiste de François Noël Babeuf (1760-1797) pour montrer le chemin que la révolution socialiste (Illuminati) devait suivre.

De cette manière, le Communisme et le Socialisme devinrent les noms de code pour le programme Illuminati, qui était de supprimer tout principe moral, après quoi tout devait être permis. Après cela, les Illuminati firent tout ce qu'ils purent pour répandre cette nouvelle religion, dont le prophète apostolique devait être Karl Marx, qui écrivit : « Un spectre est en train de hanter l'Europe – le spectre du Communisme » (« Le Manifeste du Parti Communiste »). Cette phrase d'ouverture du « Manifeste Communiste » trahit une allégeance assumée envers le mal. Une personne sensée ne saurait accepter ce spectre maléfique. Pour intensifier sa lutte contre les religions concurrentes, Marx lança le slogan « La Religion est l'opium du peuple ! ».

Il commença à propager sauvagement l'idée qu'il ne pouvait être mis fin à l'ancienne société que par une « méthode unique – le terrorisme révolutionnaire. » (Karl Marx et Friedrich Engels, « Œuvres », Moscou, Volume 5, p. 494)

Karl Marx (1818-1883), le saint patron du mal, montre son allégeance maçonnique.

Dans le « Manifeste du Parti Communiste », Marx et Engels déclarèrent ouvertement que la force devait être utilisée pour conquérir le monde : « Les classes dirigeantes doivent trembler devant l'avènement de la révolution Communiste ! » Marx souligna que les objectifs communistes ne pouvaient être atteints que « par le renversement violent de l'ordre établi. » Dans « Das Kapital » (1867) Marx considérait aussi comme une absolue nécessité de souligner le recours à la violence dans les actions socialistes. Il écrivit : « La violence est la sage-femme qui aide la nouvelle société dans sa lutte à quitter l'utérus de l'ancienne. »

Des slogans comme « Travailleurs de tous les pays – unissez-vous ! » étaient nécessaires pour attirer l'armée des aveugles afin qu'ils aident les Illuminés à conquérir le pouvoir avant d'être subjugués pour finalement être changés en esclaves – tout ça au nom des « porteurs de lumière » communistes. La lutte des classes devait permettre d'abolir de nombreuses libertés individuelles et de faciliter l'extinction de valeurs culturelles et créatrices très profondes.

Marx souligna avec impatience que l'établissement du socialisme était impossible sans la révolution. Naturellement, ces « théories » marxistes étaient pleines de contradictions. La « doctrine » de Marx concernait seulement la manière dont le travail physique crée de la valeur. Par contraste, il ne reconnaissait aucune pensée créatrice, qui pouvait servir à donner une forme supérieure au monde. Il démontra ainsi à tous ceux qui étaient dotés de perspicacité, que sa seule intention était seulement d'appâter les travailleurs pour exploiter impudemment leur immaturité intellectuelle. Les gens intelligents et doués qui ne voulaient pas se laisser entrainer étaient condamnés à périr.

Il exhorta les révolutionnaires à ne pas être généreux ni honnêtes et de ne pas reculer face à la perspective de guerre civile. (Karl Marx et Friedrich Engels, « Œuvres », Moscou, Volume 33, p.772) Le résultat fut que les marxistes établirent une nouvelle forme de propagande totale en prêchant de pieux mensonges auprès de gens primitifs et insatisfaits.

Marx prônait l'industrialisation de la société pour que les masses trouvent du travail. De cette manière ils pourraient être recrutés comme **ouvriers**. Que les produits de l'industrie soient nécessaires ou pas n'avait pas d'importance aux yeux des Illuminati, pas plus qu'ils ne se préoccupaient des dégâts que ce processus causerait à l'environnement. Si les gens étaient sans emploi et avaient ainsi le temps de réfléchir, le régime violent des Illuminati aurait pu se voir menacé.

L'éminence grise de Karl Marx, Moïse Hess, devint officiellement membre de la puissante loge *Henri IV*, du Grand Orient à Paris, en 1858.

1848 : « ANNÉE DE LA RÉVOLUTION » - LA PREMIÈRE VAGUE

Quelques mois à peine après la fondation du Parti Communiste, des révolutions commencèrent à « éclater » dans divers pays. 1848 devint la grande année des révolutions. La famille Rothschild était en charge de l'aspect financier de la *Ligue Communiste*. Les Rothschild étaient devenus immensément riches suite à la Révolution Française (1789-1799) lorsque les Empires et Royaumes eurent besoin d'emprunter de l'argent pour des montants sans précédent. Les Rothschild jouissaient du meilleur système d'information de l'Europe, avec leurs propres coursiers, qui s'arrangeaient toujours pour leur transmettre des informations décisives (voir l'issue de la bataille de Waterloo) avant même que les dirigeants en aient vent, (Derek Wilson, « Rothschild », 1994). En 1847, le franc-maçon Lionel Rothschild était devenu le premier Juif membre du parlement britannique.

L'ancien officier prussien August Willich fut nommé chef des terroristes. Il devint plus tard un général de l'Union pendant la guerre civile américaine, où il se rendit célèbre pour les atrocités incroyables qu'il y commit. La Ligue des Communistes comprenait 400 membres en ce temps-là, d'après l'Encyclopédie Soviétique Estonienne. Une quarantaine de scandinaves y prirent part également.

Des « Révolutions » furent initiées dans toute l'Europe, la plupart étant l'œuvre d'Illuminés Juifs ou de leurs sbires. Tout commença lorsqu'une main invisible utilisa l'occasion d'une mauvaise récolte en 1846. Les céréales furent soudainement achetées en grandes quantités. Au cours des années 1847-1848, les prix doublèrent et triplèrent tandis que les denrées alimentaires étaient convoyées vers des entrepôts secrets. Les gens mourraient de faim et finalement le temps était venu de provoquer des révoltes sanglantes. L'acheteur de tout le grain était l'homme d'affaire Juif Ephrasi agissant pour le compte de James de Rothschild (dirigeant du Suprême Conseil Maçonnique Français).

Une conférence maçonnique fut organisée à Strasbourg, en Alsace, en mai 1847, où la décision fut prise d'organiser la révolution au printemps 1848. Parmi les délégués se trouvaient d'importants Juifs Illuminati et Francs-maçons tels qu'Alphonse Lamartine (1790-1869), qui devait prendre la tête d'un nouveau gouvernement temporaire en France (officiellement, il était ministre des affaires étrangères), Adolphe (Isaac Morse) Crémieux, le banquier Michel Goudchaux (1797-1862), Léon Gambetta, Simon et Louis Blanc pour la France (tous devinrent de célèbres dirigeants de la révolution à Paris au printemps 1848), Joseph Fickler, Friedrich Franz Karl Hecker (1811-1881), Georg Herwegh, Robert

Blum, Ludwig Feuerbach (1804-1872) et Johann Jacoby (1805-1877) pour l'Allemagne (tous jouèrent un rôle prépondérant dans la « révolution »).

Le banquier Juif et Franc-maçon Ludwig Bamberger (1823-1899) conduisit la « révolution » en Allemagne en 1848. Il fonda la Banque Centrale d'Allemagne en 1870.

Adolphe Crémieux servit comme ministre de la justice au sein du mouvement révolutionnaire. Ce fut Crémieux qui, en mai 1860, accompagné de Rabbi Elie-Aristide Astruc, Narcisse Leven, Jules Garvallo et d'autres, fonda à Paris la grande loge maçonnique *l'Alliance Israelite Universelle*, qui utilisait le B'nai B'rith comme organe exécutif. En 1863, Crémieux devint président du comité central du mouvement. La devise de cette organisation était : « Tous les Israelites sont camarades ! »

Adolphe Isaac Crémieux, qui était un avocat renommé, un politicien « libéral » et un Grand-Maître de *l'Ordre du rite de Memphis-Misraïm*, ainsi que Maître du *Grand-Orient de France*, déclara ouvertement dans son manifeste de *l'Alliance Israelite Universelle* : « *L'union que nous créons ne doit pas être Française, Anglaise, Irlandaise ou Allemande, mais une Union Mondiale Juive... En aucune circonstance un Juif ne doit se lier d'amitié avec un chrétien ou un musulman ; pas avant que sonne l'heure où le Judaïsme, la seule religion vraie, ne brille sur le monde entier.* »

Crémieux (franc-maçon du 33ème degré) travailla également étroitement avec le puissant Juif anglais Chaïm Montefiore (1784-1885). Ensemble ils arrangèrent le sauvetage de deux meurtriers rituels Juifs qui avaient confessé leurs crimes à Damas.

La Sicile vint en premier. Le 12 janvier 1848, les « révolutionnaires » de Palerme déclarèrent simplement l'indépendance de la Sicile. Le 8 février le mouvement révolutionnaire fut organisé dans le Piémont. La révolte commença en Toscane le 17 février.

Puis les francs-maçons se mirent à l'œuvre en France. Une révolte fut fomentée à Paris au cours des 22-23 février. Isaac Crémieux s'assura que Louis Philippe soit détrôné avant de se rendre à Londres le 24 février. Le franc-maçon Alphonse de Lamartine s'empara du pouvoir. Le même jour, le 24 février, le « Manifeste du Parti Communiste » fut publié. Des émeutes se propagèrent un peu partout.

Marx devait admettre : « La bourgeoisie est historiquement, la classe sociale ayant joué le plus grand rôle révolutionnaire. » Il voulait en fait parler des francs-maçons.

Mars 1848 – Le plan concerté

Si nous examinons de plus près les moments où les « révolutions » éclatèrent dans différents endroits en mars 1848, nous voyons une claire connexion révélant que ces évènements furent les fruits d'un plan élaboré.

Le 5 mars, le prétendu parlement provisoire tenait une réunion à Heidelberg, conduite par le Grand-Maître de la loge maçonnique locale et auquel participèrent principalement les Juifs qui prirent part à la conférence Illuminati de Strasbourg. Le 11 mars, les Illuminati fondaient le Conseil de Saint Wenceslas-Vaclav à Prague.

La violente série d'incidents débuta le 13 mars avec la rébellion dans la capitale autrichienne de Vienne. Les manipulateurs derrière ces actes étaient deux docteurs Juifs, Adolf Fischhof et Joseph Goldmark, qui agissaient de concert avec les dirigeants Juifs des étudiants, notamment Karl Heinrich Spitzer, Ludwig Maximilian Frankl et Goldner. Après les premiers affrontements, cinq insurgés, dont Spitzer, furent tués et 510 autres blessés. Après ces incidents, une organisation étudiante armée fut formée, l'*Akademische Legion*.

Une révolte dans la capitale hongroise de Budapest avait été prévue bien à l'avance pour le 15 mars. Le dirigeant de la révolte hongroise était le Juif Mahmud Pascha (Freund), qui organisa le coup d'état à Budapest, et le Franc-maçon Lájos Kossuth, qui agissait en province. Kossuth était devenu un franc-maçon en 1820 à Sárospatok, où il étudiait le droit. En 1851, il fut initié dans la *Loge de Cincinnati No. 133* dans l'Ohio aux États-Unis. L'année suivante, il fut élevé au grade de maître pour ses immenses services rendus à la franc-maçonnerie internationale.

L'intention était de célébrer le meurtre de l'Empereur Romain Caius Julius Caesar le même jour en 44 av. J.C. La loge maçonnique du Grand-Orient de France continue de nos jours à rendre hommage à Brutus pour ce meurtre. Des émeutes avaient été prévues le même jour à Naples et à Paris.

Le **18 mars** devint un jour spécial. Les pouvoirs des ténèbres s'agitèrent alors lors d'une rébellion à Milan et Stockholm et à travers une révolution à Berlin. La révolution de Berlin fut exclusivement conduite par des Juifs Francs-maçons. Les actions de ce samedi étaient même prévues pour se dérouler en même temps à Milan, Berlin et Stockholm. Le 18 mars était un jour important pour les Francs-maçons Juifs. Le Grand-Maître Juif des Chevaliers Templiers, Jacques de Molay, avait été brûlé sur le bûcher à Paris le même jour en 1314.

Ces révoltes étaient instiguées afin de venger à la fois son exécution et l'abolition de l'Ordre du Temple deux ans plus tôt, tout cela ayant été fait sous les ordres de Philippe le Bel (1268-1314). Ces plans de revanches incluaient le meurtre du Roi de Prusse Wilhelm IV (1795-1861) à Berlin, à la suite de quoi l'Illuminé Mikhaïl Bakounine devait devenir le dictateur de la Prusse. Mais les plans tombèrent à l'eau lorsqu'un fidèle sujet prévint le Roi. Il fut cependant forcé de capituler et de faire de grandes concessions. Johann Jacoby était le maître d'œuvre de la révolte.

Bakounine était devenu franc-maçon à Paris au milieu des années 1840. À Londres, il atteignit le 32ème degré (Mark Leier, « Bakounine : la passion créatrice », New York, 2006, p. 171). À Florence, il fut initié dans la loge *Il Progresso Sociale* du Grand Orient d'Italie en 1864 (Gildo Valeggia, « Storia della Loggia massonica florentina Concordia 1861-1911 », Milan 1911). Il reconnait volontiers dans ses lettres appartenir à la franc-maçonnerie pour des raisons révolutionnaires.

Ces plans de revanche furent à nouveau mis en pratique 23 ans plus tard - le 18 mars 1871 - lorsque la commune de Paris fut proclamée. Plus tard, en Union Soviétique, ce jour fut célébré comme le jour de l'Aide Rouge.

Les troubles gagnèrent aussi Stockholm plus vite qu'un cheval au galop. Ces émeutes furent l'événement le plus sanglant et le plus violent de l'histoire de la ville. Bunny Ragnerstam établit dans son livre « Arbetare i rorelse » / « Travailleurs à l'œuvre » (Stockholm, 1986) que 18 personnes périrent au cours des troubles. Les instigateurs appartenaient à *La Ligue Communiste de Stockholm* fondée à l'automne 1847. Cette organisation avait des connexions avec la Ligue Européenne Communiste. Le pouvoir derrière cette organisation était l'écrivain Juif Christoffer Kahnberg, qui écrivit aussi les proclamations qui furent placardées à travers la ville : « Détruisez la noblesse et donnez aux bourgeois et aux travailleurs leurs droits ! » « L'heure de la révolution a sonné ! » « À bas le gouvernement ! » (En ce temps-là la Suède était gouvernée par un roi libéral, Oscar Ier) « Vive la liberté, l'égalité, la fraternité ! » « Vive le peuple ! Vive la République ! ».

Le 17 mars, la révolte de Venise contre les Autrichiens fut organisée. Le même jour, les « révolutionnaires » libérèrent Daniel Manin (1804-1857), un Franc-maçon Juif et un agent de Giuseppe Mazzini. Le **18 mars**, il dirigea la tentative de prise de pouvoir. Après avoir battu les autrichiens le 22 mars, Manin proclama la République de Venise, dont le comité directeur était constitué de Francs-maçons, parmi lesquels figuraient deux Juif « révolutionnaires » : Léon Pincherle et Isaac Pesaro Maurogonato. Le fait que ces deux étaient Juifs est attesté par « l'Encyclopaedia Judaica ».

Le dirigeant Juif franc-maçon Giuseppe Mazzini (1805-1872)

D'après le programme de Mazzini (1848), l'Autriche-Hongrie devait cesser d'exister en tant qu'état. La révolution Européenne devait donc commencer en Italie, pour éventuellement conduire à la formation des États Unis d'Europe. L'avocat Daniel Manin, qui venait d'une famille juive bien connue de Médine, fut nommé « président » (en fait dictateur) de la République de Venise en août 1848.

Les Autrichiens parvinrent finalement à écraser cette république le 22 août 1849 et Manin prit la fuite avec les autres conspirateurs Illuminés et francs-maçons Juifs à Paris, où il vécut le restant de sa vie. Le « Judisches Lexikon » (Berlin, 1929, Volume 3, p. 1363) confirme également que Daniele Manin était Juif.

Au cours de la révolution de mars à Munich, les Francs-maçons forcèrent le Roi de Bavière Ludwig I à abdiquer. Le 21 mars, la « révolution » commença à Schleswig après que les Danois y aient pénétré. Dans nos livres d'histoire, ces actions sont supposées avoir eu lieu de manière « spontanée » de la part du peuple.

LA DEUXIÈME VAGUE, 1848-1849

Le 12 avril, le Juif Friedrich Hecker organisa une émeute à Baden. Le 15 mai les Francs-maçons commencèrent la seconde rébellion à Vienne, après quoi ils forcèrent l'Empereur à abdiquer. La « révolution » de Bohème (maintenant République Tchèque) culmina avec la rébellion de

Prague le 12 juin 1848. Elle fut réprimée presque immédiatement, le 17 juin.

D'après l'Encyclopédie Soviétique Estonienne, cette action fut organisée à Prague par l'Illuminé Mikhaïl Bakounine, comme l'avait été la « révolte » à Dresde du 3 mai 1849, qui fut tout aussi rapidement réprimée, après quoi Bakounine s'enfuit de la ville le 9 mai. Il avait été un membre du gouvernement révolutionnaire temporaire à Dresde. Il fut plus tard condamné à mort et extradé vers la Russie. En 1861, il s'échappa de la Sibérie pour le Japon et regagna finalement l'Europe. Le 22 juin 1848, une nouvelle émeute fut provoquée à Paris. Le 18 septembre, la rébellion de Francfort fut organisée. Le 6 octobre, une troisième tentative de « révolution » eut lieu à Vienne. Adolf Fischhof prit le poste de chef du comité de sécurité. Il devint le véritable dictateur de l'Autriche. La « révolution » fut heureusement écrasée le 31 octobre.

Le 9 février, la rébellion reprit à Rome. Une milice du peuple fut mise en place au cours de cette vague de révolutions. Cette république révolutionnaire fut écrasée en juillet 1849, malgré la défense obstinée de Garibaldi. Son dirigeant, Giuseppe Mazzini, s'enfuit d'abord en France, puis en Suisse.

Derrière toutes ces actions à travers l'Europe (en Autriche, en Italie, en France, en Hongrie, en Bohème, en Allemagne, en Suisse, au Danemark et en Suède) en 1848, il y avait une conspiration maçonnique, (Nesta Webster « World Revolution », Londres, 1921, p.156).

Marx et Engels se rendirent à Cologne en avril 1848, où ils fondèrent un journal communiste, *Neue Rheinische Zeitung*, dont le premier tirage sorti le 1er juin. Son utilité était de répandre la propagande communiste.

Le fondateur des Illuminati, Adam Weishaupt avait déclaré : « Il est nécessaire de rendre nos préceptes modernes, afin que les jeunes auteurs soient capables de les répandre dans la société et par là de servir notre cause. » Il insistait sur le fait que les journalistes doivent être influencés pour qu'ils ne nourrissent aucun doute sur les auteurs Illuminés.

Ce fut la tâche de Marx. Ainsi l'année 1848 fut présentée dans les livres d'école comme l'année de la volonté du peuple.

Finalement la « révolution » en Allemagne fut complètement mise à bas et Marx fut exilé en mai 1849. Avant cela, il écrivit dans son journal :

« *Nous sommes sans merci et ne demandons aucune clémence. Lorsque notre tour viendra, nous ne cacherons pas notre terrorisme* ». (Karl Marx : Eine Psychographie » par Arnold Kunzli, Vienne, 1966).

Disraeli révéla comment les Illuminati, dirigés par les Juifs, furent à l'origine des troubles en Europe au printemps 1848 : « *Lorsque les sociétés secrètes, en février 1848, surprirent l'Europe, elles furent elles-mêmes étonnées par cette opportunité inattendue, et si peu capables qu'elles furent de saisir l'occasion, sans les*

Juifs, qui de longue date s'étaient malheureusement joints à ces associations impies ; stupides comme le furent les gouvernements, le déclenchement du soulèvement n'aurait pas ravagé l'Europe. » (Benjamin Disraeli, « Lord George Bentinck : a Political Biography », Londres, 1882, p. 357).

Cette citation montre à quel point les Illuminati avaient planifié cette vague de destruction, qui une fois de plus culmina avec la terreur en Pologne en 1863…

LA TERREUR ILLUMINISTE CONTINUE

L'Association Internationale des Travailleurs fut fondée à Londres le 28 septembre 1864 et à sa suite, Hess, Marx, Engels et Bakounine fondèrent la Première Internationale dont la fonction première était de continuer l'activité de la *Ligue Communiste* (qui avait officiellement cessé d'exister le 17 novembre 1852).

Le dirigeant anarco-communiste Pierre Kropotkine (1842-1921) raconte dans ses mémoires qu'il fréquentait avec assiduité les spacieuses loges maçonniques de Genève en 1872, pour assister aux réunions locales de l'Association Internationale des Travailleurs (Kropotkine « Mémoires d'un révolutionnaire », Gloucester, Massachussets, 1967, p. 180)

Le terroriste Juif Karl Cohen, un membre de la Première Internationale et un des associés de Marx, tenta d'assassiner le Premier Ministre Otto Von Bismarck sur Unter den Linden à Berlin le 7 mai 1866.

Maxim Kowalevski était présent lorsque Marx fut informé de la tentative ratée d'assassiner le Kaiser Wilhelm I en 1878, cette fois encore sur Unter den Linden. Il rapporta que Marx devint furieux et se mit à maudire les terroristes qui avaient échoué. (Paul Johnson, « Les Intellectuels », Stockholm, 1989, p.93)

Le 18 mars 1871, les marxistes parvinrent à instituer la première « Dictature du prolétariat » à Paris. La plupart des membres dirigeants de la « Commune Révolutionnaire de Paris » (les termes provenaient directement de 1792) étaient également membres de la Première Internationale. Cette Commune fut le premier signal envoyé à la civilisation que les forces des ténèbres Illuminati voulaient la détruire. Les Communards étaient pour la plupart des Francs-maçons (Louis Charles Delescluze, Gustave Fluorens, Édouard Vaillant), qui luttaient aussi activement contre la chrétienté.

La terreur diabolique des néo-Jacobins et des Blanquistes sous leur bannière rouge, fit des milliers de victimes. Les communards tuaient tout ce qui se trouvait sur leur passage. Par exemple, le 26 mai 1871, ils massacrèrent 50 bourgeois. Ils firent des milliers d'otages. Beaucoup furent tués, comme l'archevêque Georges Darboy, ainsi que le président de la cour de cassation Louis Bernard Bonjean, le 24 mai. En 1918, Lénine commença lui aussi à prendre des otages. Après tout, Weishaupt avait expliqué à ses disciples : « Vous devez étouffer tous ceux que vous ne pouvez persuader ! ».

La Banque Centrale demeura intacte, ce qui est très révélateur.

Le périodique français *Commune* écrivait le 27 mai 1871 qu'une délégation maçonnique était reçue à l'Hôtel de Ville de Paris. Lefrance, membre de la Commune de Paris et de la *Loge 133*, déclara qu'il avait « réalisé depuis longtemps que le but de la Commune était identique à celui de la franc-maçonnerie ». Un autre franc-maçon indiquait : « La Commune est le nouveau temple de Salomon. » Et ce « temple » réclamait de nombreuses victimes, par exemple, tous les mendiants.

Les communards mirent le feu et détruisirent le jardin des Tuileries ; le Palais Royal et l'Hôtel de Ville furent aussi partiellement brûlés. Ils détruisirent divers monastères, églises, théâtres, musés, bibliothèques et d'autres bâtiments prestigieux. Notre-Dame et le Louvre furent incendiés, mais ces feux parvinrent à être contenus puis éteints. Au total, 52 000 étrangers participèrent à la fondation de la commune de Paris.

Les troupes gouvernementales démantelèrent la municipalité quelques 71 jours plus tard, après une semaine de lourds combats, le 28 mai 1871. Le maréchal Patrice de Mac-Mahon fit la proclamation suivante : « Aujourd'hui la bataille est terminée ; l'ordre, le travail et la sécurité sont restaurés. » Le peuple se réjouissait que la misère ait pris fin.

D'après la propagande communiste, 100 000 travailleurs furent plus tard exécutés. Mais en réalité, seuls 285 terroristes furent condamnés à mort, y compris Louis Rossel, Pierre Bourgeois et Théophile Ferré, qui le 22 novembre 1871, furent tous exécutés pour le meurtre de leurs otages. Seules trente condamnations à mort furent appliquées. Beaucoup furent prononcées par contumace, comme celle d'Édouard Vaillant, qui devait rentrer plus tard en France pour y mener une carrière d'homme politique. 13 700 furent déportés, parmi eux, Henri Rochefort, qui devint plus tard un agitateur politique.

Après le fiasco de la Commune de Paris, la Première Internationale planifia d'intensifier la lutte pour s'emparer de l'âme des travailleurs au moyen d'un hymne illuministe de combat.

La Première Internationale qui œuvrait pour le compte des Illuminati, recruta Eugène Pottier (1816-1887) pour écrire l'*Internationale* en illustration de la « lutte des travailleurs ». Il composa l'hymne célèbre en juin 1871 après que la Commune de Paris ait été dispersée. Le texte était originellement chanté sur le même air que celui de la Marseillaise.

Les communards francs-maçons détruisirent la Colonne Vendôme à Paris, en 1871. Ils avaient également prévu de démolir la cathédrale Notre-Dame.

Eugène Pottier fut un des dirigeants de la Commune de Paris en 1871. D'après le *Bulletin Internationale du Congrès Maçonnique de 1917*, il était franc-maçon. La section française de l'Internationale œuvrait sous la direction de la franc-maçonnerie (Alec Mellor, « Logen, Rituale, Hoch Grade », Graz, 1967, p. 477).

Le 15 juillet 1888, le dirigeant socialiste Gustave Delory, maire de la ville de Lille, contacta l'artisan et compositeur amateur Pierre-Chrétien de Geyter, dont la famille avait immigré en France depuis la Belgique. Delory souhaitait que Geyter compose diverses mélodies révolutionnaires, y compris celle de l'*Internationale*. Delory suivait servilement la lutte socialiste menée par le Grand Orient de France. Le franc-maçon Pottier fit usage de termes illuministes : « *Un de ces matins disparaisse, le soleil brillera toujours !* »

L'*Internationale* fut mise en musique au cours d'un dimanche matin par Pierre de Geyter. Le compositeur épelait son nom Degeyter.

La chanson fut jouée pour la première fois lors d'une réunion syndicale de vendeurs de journaux à la fin de juillet 1888. Pierre était sur la liste noire, avait perdu son emploi et s'avérait incapable de subvenir aux besoins de sa famille. Il devint fabricant de cercueils. En 1902, il déménagea à Saint-Denis près de Paris.

Le grand capital utilisa cette chanson pour déstabiliser la société. Elle se répandit grâce au réseau socialiste maçonnique et devint très populaire au sein des travailleurs qui ne se doutaient de rien. En 1904, elle devint l'hymne des travailleurs internationaux.

En 1901, le dirigeant socialiste Gustave Delory poussa le frère de Pierre, Adolphe, à réclamer les droits d'auteur afférents à la chanson. Adolphe prétendit qu'il était l'auteur de la chanson. Pierre poursuivit son frère en justice, mais Delory, le maire socialiste de Lille, accorda contre toute attente son soutien à Adolphe, le frère de Pierre, qui perdit le procès en 1914. Au début de 1916, pris de remords, Adolphe de Geyter se pendit en laissant une lettre à son frère. Il y confessait la manière dont il avait été manipulé pour voler les droits d'auteur. Grâce à cette lettre, Pierre remporta un nouveau procès en 1922.

Cette chanson funeste devint l'hymne national de la Russie Soviétique en 1918, puis celui de l'Union Soviétique le 22 décembre 1922 jusqu'au 15 mars 1944, lorsqu'il se changea en hymne du Pari Communiste.

En 1927, Pierre de Geyter fut invité à Moscou pour la célébration du 10ème anniversaire de la prise de pouvoir bolchévique. Le dictateur Joseph Staline le récompensa en lui attribuant une pension d'état comme compensation pour les droits d'exploitation de l'*Internationale*. Cette pension constitua son seul revenu jusqu'à sa mort à Saint-Denis, le 26 septembre 1932. D'après des sources communistes, plus de 50 000 socialistes et communistes assistèrent à ses funérailles.

Les francs-maçons rendirent hommage à Pierre De Geyter en donnant son nom à des rues de Lille et de Saint-Denis. En 1998, une statue fut érigée en son honneur dans sa ville natale de Ghent en Flandres. Un documentaire et un film de télévision furent réalisés à son sujet en 1978.

Dans les années 1930 et 1940, le Club Pierre Degeyter aux États-Unis lutta contre toute manifestation de musique harmonieuse et constructive. Dans les années 30, l'organisation forma des succursales dans beaucoup de villes américaines, y compris à New York. Derrière ce groupe destructeur se tenait principalement les compositeurs Juifs marxistes de musique atonale : Jacob Schaefer (1890-1936) ; Aaron Copland (1900-1990) ; Charles Seeger (1886-1979), le père du musicien Pete Seeger ; Marcus Samuel Blitzstein (1905-1964), qui au cours d'une visite en Martinique en 1964, à l'âge de 58 ans, fut assassiné par trois marins qu'il avait rencontrés dans un bar ; puis Henry Cowell (1897-1965), qui fut arrêté et condamné en 1936 pour raisons « morales » impliquant un jeune homme de 17 ans, faits pour lesquels il purgea une peine de prison de plus de dix ans. Il fut relâché en 1942.

Le compositeur suédois Pär Lindh déclara au sujet de l'*Internationale* : « *Il s'agit d'une mélodie vulgaire contenant un message insidieux et sinistre. Aucun accompagnement de trompette au monde ne peut relever une telle chanson de mauvais goût. Le texte est le reflet daté d'une histoire dépassée dont on mesure aujourd'hui toute la malfaisance.* »

En 1872, Karl Marx décida de démanteler l'Internationale en Europe, car l'organisation se fissurait sous les coups de la lutte de pouvoir entre lui-même et le chef des anarchistes, Mikhaïl Bakounine. Quatre ans plus tard, le 15 juillet 1876 (100 ans après la création de l'Ordre des

Illuminés), l'Internationale cessa également ses activités à Philadelphie, aux États-Unis.

Depuis 1890, le 1er mai, la date de la fondation des Illuminés, est aussi la date que les communistes et les socialistes autour du monde célèbrent sous la bannière rouge de Rothschild, qui d'après Moïse Hess symbolise la révolution permanente. Les parents de la mère de Marx, Isaac Heijmans Pressburg et Nanette Salomon Barent-Cohen d'Amsterdam, étaient tous deux apparentés à Nathan Mayer Rothschild (*Loge de l'Émulation No. 12*), car la cousine de la grand-mère de Marx Hannah Barent-Cohen (1783-1850) était l'épouse de Nathan Rothschild. Ce dernier finança les activités de Karl Marx. Les historiens ont trouvé deux de ses chèques adressés à Marx. Il instruisit également la direction de la Commune de Paris d'utiliser les couleurs de la famille Rothschild, à la teinte rouge sombre, comme bannière du mouvement des travailleurs.

Évidemment, il était préférable de trouver une raison plus « prolétaire » de commémorer le jour fondateur. C'est pourquoi une provocation fut organisée à Chicago en 1886, pour le 110ème anniversaire des Illuminati. Dans l'espoir qu'un conflit sérieux avec la police se produirait, permettant de faire quelques martyrs dont ils auraient pu célébrer la mémoire. Cependant, la tentative échoua.

La police n'ouvrit le feu que le 3 mai sur un groupe de travailleurs qui attaquaient des briseurs de grève. Un ouvrier fut immédiatement tué et trois autres moururent plus tard à l'hôpital. Ils avaient leurs martyrs, mais c'était le mauvais jour ! Cet incident est connu sous le nom d'émeutes de McCormick. L'instigateur en était un Illuminé Juif millionnaire, Samuel Gompers, qui avait immigré d'Angleterre et était devenu producteur de cigare et le président de la Fédération des Unions Syndicales. Évidemment, Gompers ne faisait que propager les idées de Marx. Il devint franc-maçon en 1904, affilié à la *Loge Dawson No. 16* de Washington.

Au cours d'une manifestation d'ouvriers le 4 mai 1886, un provocateur Illuminati jeta une bombe sur la police présente au rassemblement. Sept policiers furent tués et 50 blessés. La police ouvrit le feu sur les manifestants dont quelques uns furent tués et beaucoup blessés (émeutes de Haymarket).

La Seconde Internationale de Paris décida similairement de faire du 1er mai un jour à marquer d'une lettre rouge en 1889. La véritable raison de cette décision était évidemment une de celles qu'il valait mieux dissimuler aux masses des non-Illuminati. D'après l'historienne britannique Nesta Webster, les Illuminati exerçait aussi un contrôle total des activités de la Seconde Internationale (1889-1899).

Karl Marx mourut en exil à Londres le 14 mars 1883. Toutes sortes de pieux mensonges furent créées autour de son nom. Il devint ainsi le saint patron du mal.

Après la chute du communisme en Europe de l'Est, il fut souvent déclamé que tous les maux du marxisme ne furent pas intentionnels. Ce n'était certainement pas le sens dans lequel Marx espérait que ses « enseignements » fonctionnent. Les francs-maçons Marx et Engels furent si habiles qu'ils parvinrent à tromper des nations entières et leur manifeste diabolique devint une réalité cruelle pour des millions de malheureux.

LA VÉRITÉ DERRIÈRE LE MYTHE

Il existe beaucoup de mythes au sujet de Marx : qu'il était pauvre et uniquement soutenu financièrement par Engels, qu'il était contre le terrorisme, très tolérant, et ne souhaitait pas détruire les idées des autres. Qu'en était-il vraiment ?

D'après le mythe le plus célèbre, Marx n'avait pas d'argent et était économiquement dépendant de son « ami » Engels. En réalité, Nathan Rothschild le finançait. Ceci fut révélé par son associé le plus proche Mikhaïl Bakounine dans sa « Polémique contre les Juifs ». Bakounine rompit avec Marx et ses compagnons, parce qu' « ils avaient un pied dans la banque et l'autre dans le mouvement socialiste ».

Le slogan central des Illuminati Frankistes était : « Il n'y a pas de mur si haut qu'un âne chargé d'or ne puisse franchir. »

Plus tard, Engels définit Marx comme un monstre rempli de haine « comme si dix mille démons l'avaient saisi par les cheveux ». Le penchant incontrôlable de Marx pour la boisson, ainsi que ses orgies sauvages ne faisaient qu'augmenter sa furie à l'égard de son entourage. Toutes les réunions à Paris devaient être tenues derrière portes et fenêtres closes pour ne pas que les grognements de Marx soient entendus dans la rue.

Karl Marx faisait montre d'une grande inclination pour les mets les plus délicats et du vin français, entre autres choses, était importé pour ses repas de famille. Sa famille avait des habitudes dispendieuses.

Un célèbre Illuminati Juif Franc-maçon socialiste, et camarade de Marx, Giuseppe Mazzini, qui l'avait bien connu, écrivit ceci à son propos : « Son cœur avait plus d'élans de haine que d'amour à l'égard des hommes. » Karl Marx était un « esprit destructeur ». (Fritz Joachim Raddatz, « Karl Marx : Eine Politische Biographie », Hambourg, 1975)

Marx était un égoïste peu fiable et un menteur qui ne pensait qu'à exploiter les autres, d'après son assistant, Karl Heinzen. (Karl Heinzen, « Erlebtes », Boston, 1864) Heinzen pensait aussi que Marx avait de petits yeux méchants « qui crachaient les flammes d'un feu diabolique ». Il avait pour habitude de menacer : « Je vais t'annihiler ! »

Marx n'était pas intéressé par la démocratie. Le personnel éditorial de *Neue Rheinische Zeitung* était, d'après Engels, organisé pour que Marx en soit le dictateur. Il n'acceptait pas la critique. Il devenait toujours furieux dès que quiconque essayait de le critiquer. En 1874, lorsque le docteur Ludwig Kugelmann fit simplement remarquer que si Marx organisait sa vie un peu mieux il finirait « Das Kapital », Marx ne voulut plus rien avoir à faire avec Kugelmann et le calomnia impitoyablement. Lorsque Bakounine l'accusa de chercher à centraliser complètement le pouvoir, Marx le traita de théoricien insignifiant.

Lorsqu'après la mort du dirigeant Juif socialiste Ferdinand Lassalle, le 31 août 1864 en Suisse, le Parti Socialiste refusa Marx à la direction du parti, il lança aussitôt une campagne de calomnie afin de le dissoudre : « Notre intention est de tuer *Der Sozial-Democrat* et toute la merde de Lassale. »

Si Karl Marx condamnait l'exploitation des gens, lui-même exploitait tout son entourage. Il combattît tous ceux qu'il ne pouvait pas assujettir. Même en tant qu'enfant, il avait été un vrai tyran.

Travailler était ce que Marx voulait le moins. Il spéculait beaucoup en bourse, bien que perdant constamment de fortes sommes d'argent. Il ne montra jamais aucune considération pour le travail des autres. Beaucoup d'artisans qu'il employa attendirent longtemps leur paiement. Sa femme de ménage, Helen Demuth, travailla comme une esclave dans sa résidence pendant 40 ans sans jamais recevoir aucun salaire. Il n'est alors pas très étrange de savoir que Marx soutenait l'esclavage aux États-Unis. Comme son frère Illuminé Albert Pike, il se vantait de ses opinions racistes à l'égard des noirs.

En référence à la femme de ménage de Marx, Helen Demuth, il peut être ajouté que le 23 juin 1851, elle donna naissance à un garçon dont le père s'appelait Karl Marx. Le père ne voulut pourtant jamais rien savoir à propos d'Henry Frederick Demuth, alors le garçon fut confié à une famille d'accueil. Le cas du fils rejeté devint un sujet embarrassant pour les dirigeants bolchéviques de Moscou, alors Joseph Staline classifia comme secrètes les lettres entre Marx et Engels où cette affaire était trop apparente. (*Viikkolehti*, 11 janvier 1992)

Marx recueillait des informations sur ses opposants politiques. Il transmettait ces notes à la police, croyant ainsi agir à son avantage. Paul Johnson décrit tout cela dans son ouvrage « Les Intellectuels ».

Marx prônait une société meilleure mais ne se souciait pas de la morale. Pas plus que de la propreté. Cela eut un effet à la fois sur sa santé et sur ses relations avec les autres révolutionnaires. Il souffrit de furoncles pendant 25 ans. En 1873 ces furoncles lui causèrent une crise de nerfs accompagnée de tremblement et d'éclats de rage. Il ne mangeait jamais de fruits ou de légumes. Son usage constant de l'alcool causa à son foie des dommages irrémédiables.

MARX COMME JOURNALISTE

Comme journaliste et éditorialiste, Marx « emprunta » tous ses slogans. Ce fut Jean-Paul Marat qui fut l'auteur des phrases : « Les travailleurs n'ont pas de patrie ! » et « Le prolétariat n'a rien à perdre excepté ses chaines ! ». Il vola le slogan « la religion est l'opium du peuple ! » à l'écrivain Juif Heinrich Heine. Karl Schapper fut à l'origine du « Travailleur de tous les pays unissez-vous ! » L'idée de « dictature du prolétariat » n'était pas non plus de Marx – Louis Blanqui en était l'auteur.

En 1841, le Juif Illuminati Clinton Roosevelt publia son ouvrage « La science du gouvernement, fondé sur la loi naturelle », dans lequel il basait sa doctrine sur les enseignements de Weishaupt. Six ans plus tard, Marx utilisa les principes de Roosevelt pour écrire son « Manifeste Communiste ». Dans cette publication astucieuse, il fit la propagande des plans Illuminati : l'abolition de la propriété privée, de la famille, du nationalisme et du patriotisme, du droit d'héritage, de la religion et de toute morale. Marx et Engels indiquaient indirectement qu'un gouvernement mondial devait être institué pour le salut des travailleurs.

Le livre sacré des socialistes, « Das Kapital », publié le 2 septembre 1867, est tout spécialement révélateur car cette œuvre ne montre pas seulement que son auteur était un théoricien négligent et incompétent, mais aussi qu'il était un fieffé menteur. Paul Johnson le démontre dans son livre « The Intellectuals ». Ainsi Marx écrivit sur la situation des tisseurs en Silésie sans jamais avoir parlé avec aucun d'entre eux. Il écrivit sur l'industrie sans jamais avoir visité une seule usine dans sa vie. Marx refusa même l'offre d'Engels de visiter une usine de coton.

Marx rencontra quelques travailleurs pour la première fois en 1845 à Londres et à l'Association Éducative des Travailleurs Allemands. Ces ouvriers étaient pour la plupart des travailleurs et des artisans cultivés et autodidactes qui n'apprécièrent pas les opinions violentes de Marx. Ils auraient préféré voir leur situation s'améliorer graduellement par des réformes et le développement social. Marx éprouva du mépris pour eux et voulait que les intellectuels des classes moyennes soutiennent ses idées apocalyptiques à propos de la destruction de la société capitaliste. Marx fit tout en son pouvoir plus tard pour tenir éloigné les travailleurs socialistes des positions influentes au sein de l'Internationale. Pour sauver les apparences, seuls quelques uns étaient autorisés à rester au sein de divers comités.

Le conflit le plus violent de Marx se produisit lorsqu'il rencontra le chef des travaillistes William Weitling en 1846. Marx accusa Weitling de ne pas avoir de doctrine. Selon Marx, on ne pouvait agir dans les meilleurs intérêts des travailleurs sans une doctrine illuministe.

Seule la première partie de « Das Kapital fut écrite par Marx. Engels rédigea le reste sur les instructions de Marx. Seul le huitième chapitre de la première partie, « la journée de travail » traite de la situation des travailleurs.

« Das Kapital » n'est en aucune façon une analyse scientifique, car Marx présentait seulement les faits qui venaient soutenir ses théories. La substance n'en n'était pas seulement une sélection biaisée, mais avait également subi des falsifications et des distorsions pour mieux convenir aux opinions de Marx.

Il n'utilisa qu'une seule source pour soutenir sa théorie, « Die Lage der arbeitenden Klassen in England » / « Les conditions de vie de la classe laborieuse en Angleterre », publiée à Leipzig en 1845. Engels, qui était le fils d'un producteur de coton, connaissait uniquement l'industrie du textile allemand et rien de notable sur l'industrie des autres pays. Ses connaissances de la situation des mineurs et des travailleurs agricoles étaient négligeables, pourtant il écrivit sur les mines et le prolétariat agricole.

Deux chercheurs scrupuleux, William O. Henderson et William H. Chaloner, procédèrent à une traduction nouvelle du livre d'Engels en 1958, vérifiant et confrontant ses sources avec le texte original de toutes ses citations. Leur analyse annihila virtuellement la valeur objective historique de l'œuvre et la montra pour ce qu'elle était vraiment : de la propagande politique. Engels avait réalisé une sélection appropriée pour ses travaux à partir de faits obsolètes des années 1801-1818, en n'indiquant jamais que c'était le cas.

Il y avait aussi des falsifications et des fausses citations qui se montèrent à un total de 23 pages (plus de 5 pour cent du livre comportant 354 pages). Henderson et Chaloner démontrèrent par leurs analyses qu'Engels n'avait pas été honnête dans ses recherches.

Ainsi Marx utilisa une œuvre de cet acabit comme unique source pour ses déclarations et ses conclusions. Il était parfaitement au courant des falsifications, car l'économiste allemand Bruno Hildebrand en avait déjà révélé la plupart en 1848, et Marx avait été informé de ces critiques.

Marx usait lui-même de fausses citations. Il cita faussement William Gladstone et l'économiste Adam Smith. Il déforma même le contenu de rapports officiels. Les deux chercheurs de Cambridge démontrèrent dans leur analyse « Comments on the Use of the Blue Books by Karl Marx in Chapter XV of « Das Kapital » (1985), que Marx n'avait pas seulement été négligeant mais avait falsifié intentionnellement.

Paul Johnson atteignit les mêmes conclusions : que l'on doit être sceptique au sujet de tous les textes de Marx et qu'on ne peut jamais se fier à ses assertions. Par exemple, Marx affirmait que les accidents de trains étaient devenus plus fréquents alors qu'il s'agissait exactement du contraire.

En 1867, « Das Kapital » ne s'écoula qu'à 200 exemplaires dans toute l'Allemagne.

LA FAILLITE MORALE DU MARXISME

D'après les marxistes aveugles, qui sont nombreux en Suède, Marx défendait l'humanisme et les valeurs humaines, la liberté et la croyance en l'humanité. Ils n'avaient probablement pas lu les lignes suivantes de Friedrich Engels à propos de Marx : « Qui chasse avec un entrain sauvage ? Un homme ténébreux originaire de Trières, un monstre remarquable. Il ne marche ni ne cours, il se dresse sur ses talons et enrage plein de colère... » (Marx and Engels, « Œuvres Choisies » en allemand, supplément au tome II, p.301)

L'écrivain estonien exilé non socialiste Arvo Magi déclara au cours d'une émission de radio que Marx n'était pas un terroriste qui souhaitait détruire les idées des autres. Mais il l'était ! Marx ne tolérait pas d'autres idées que celles des Illuminati qui furent plus tard connues comme marxistes. Le marxisme donna simplement aux pouvoirs ténébreux des Illuminati une méthode hypocrite et une phraséologie verbeuse, qu'ils utilisèrent pour justifier toute les énormités qu'ils commettaient. Comme cette doctrine était totalement inapplicable, ils ne devaient jamais parvenir malgré toutes leurs tentatives, à mettre les théories marxistes en pratique.

Ce que voulaient vraiment les régimes marxistes c'était traiter leurs sujets avec une telle violence qu'ils perdraient finalement tout sentiment de pitié et d'humanité envers leurs semblables. Les marxistes s'emparèrent aussi du fruit de la production des ouvriers en les payant trop peu ou pas du tout pour leur travail. De cette manière les Marxistes développèrent l'esclavage moderne.

Serons-nous un jour enfin capables de comprendre la teneur des crimes des marxistes contre l'ordre naturel ? Partout où ces bandits sont arrivés au pouvoir, cela a conduit à l'avancée de la criminalité d'état et au gangstérisme. Il serait futile d'espérer autre chose. Ces dictateurs forcèrent leurs esclaves à agir contre l'ordre naturel, et les esclaves répondirent par des mensonges, des vols, de la cruauté, de l'hypocrisie et de la fainéantise.

Certains juges du marxisme essayent de prétendre que ceux qui peuvent interpréter correctement la doctrine n'ont pas encore atteint le pouvoir. Comment se fait-il que seuls les marxistes qui interprétaient mal la doctrine soient arrivés au pouvoir. Et à quelle sorte d'enfer peut-on s'attendre lorsque les « vrais interprètes » de cette doctrine atteindront finalement le pouvoir ?

Le marxisme est devenu ce qu'il devait devenir. Rien d'autre n'était à espérer d'une telle doctrine brutale et primitive, qui conduit directement entre les bras des forces démoniaques. D'après le Bouddhisme, ce qui compte c'est le **bon cheminement**, pas le bon but. Ce que vous faites à de l'importance, pas ce que vous dites. Si vous empruntez le chemin du mal, comme le font les Illuminati, vous n'atteindrez jamais le bon but. Si vous marchez sur le bon chemin, vous finirez par atteindre le bon but. C'est pourquoi il n'existe pas de bonne violence.

On ne peut pas construire quoi que ce soit sur le mal. C'est comme de bâtir sur du sable. Ceux qui essayent se trompent eux-mêmes. Il n'est pas non plus possible de réformer une religion absurde, une vérité soulignée par le philosophe italien Filippo Giordano Bruno il y a quatre cents ans. Je crois que toute tentative en ce sens est un crime impardonnable.

Les marxistes fanatiques croyaient que quelque chose pouvait être construit à partir d'une idéologie entièrement composée de mensonges. Il est tout aussi impossible que l'état contrôle tout ce qui se passe dans la société. La plupart de ceux qui devinrent plus tard les sujets d'un état marxiste savent aussi que l'introduction du marxisme fut un crime terrible contre l'humanité.

Néanmoins, peu de gens savent comment cela arriva et pourquoi. Car comme l'ancien président de l'université Columbia de New York, Nicolas Murray Butler (1862-1947), le fit remarquer : « *Le monde est composé de trois catégories de personnes. Un très petit groupe qui met les plans en action, un groupe un peu plus large, qui voit ce qui se passe, puis enfin la grande majorité des gens qui ne savent jamais ce qui s'est produit.* »

Après la chute des régimes marxistes en Europe de l'est, des faits surprenants à propos de l'histoire cachée du Communisme furent découverts. La plupart de ses faits n'ont jamais été présentés au public Européen ou Américain. Il n'y a simplement aucune volonté que ce soit en Europe ou en Amérique de se débarrasser des derniers mythes du marxisme. Néanmoins, dans certains pays l'époque des mensonges marxistes a pris fin. Le professeur Albert Meinhold de l'université de Iéna (dans l'ancienne Allemagne de l'Est) jeta symboliquement une sculpture de Marx d'un des couloirs de l'université. Pour justifier son acte, Meinhold déclara que, malgré le fait que Marx ait reçu le doctorat en droit de l'université (en son absence), une large proportion de l'humanité avait souffert de maux terribles au nom de Marx et du Marxisme, et que sa mémoire n'avait donc rien d'honorable. Marx fut, en d'autres termes, jeté à la poubelle !

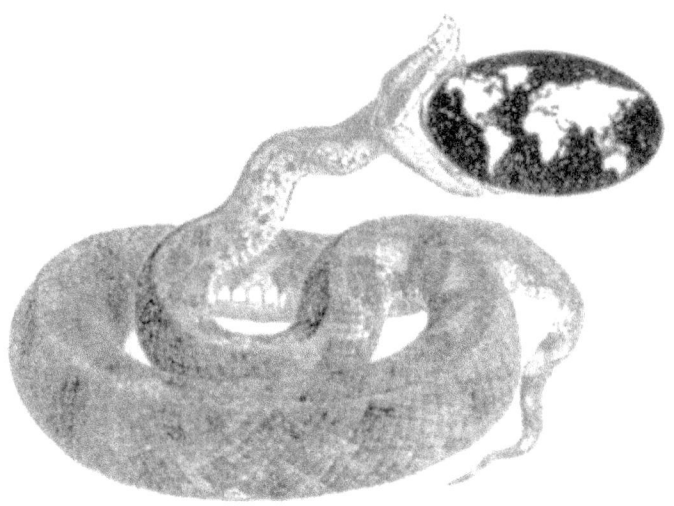

VLADIMIR OULIANOV, CET INCONNU

Nous avons été forcés de croire que Vladimir Oulianov était né à Simbirsk (sur le fleuve Volga, à l'est de Moscou) le 22 avril 1870. Cependant, d'après les dernières recherches, sa date de naissance a été modifiée au 23 avril. (Akim Arutiunov, « The phenomenon Vladimir Ulyanov/Lenin », Moscou, 1992, p.126)

Staline copia son grand professeur et tout comme lui, changea sa date de naissance. Officiellement il était né le 21 décembre 1879, mais il était en fait né le 6 décembre 1878. Le journal *Izvestia* révéla ce secret d'état le 26 juin 1990. Lénine et Staline ne souhaitaient pas que leur vraie nature puisse être révélée par leur horoscope.

Il est généralement connu que la biographie officielle de Lénine a été falsifiée au fur et à mesure. Malgré cela, la décision fut prise de publier une version encore plus efficace du mythe. Alors les bibliothèques furent purgées de toutes les biographies imprimées avant 1970.

Qui fut vraiment Vladimir Oulianov-Lénine ?

L'histoire de la Russie est écrite par ses meurtriers, un fait que le metteur en scène Stanislav Govorukhin souligna dans son documentaire « La Russie que nous avons perdue » (1992). Une version lourdement censurée de ce film fut montrée en Suède.

Le père kalmouk de Lénine, Ilya Oulianov, était un inspecteur scolaire. Les Kalmouks sont un peuple mongolien de la partie européenne de la Russie. Ses deux grands-pères finirent dans un asile de fou. Maria, la mère de Lénine, (au nom de jeune fille de Blank) était issue d'une famille noble et également la fille d'un riche propriétaire. Le père de Maria Blank, Israël, était né en 1802 à Starokonstantinovo dans la province de Volynia.

En 1820, Israël Blank entreprit d'étudier à l'Académie Médicale de Saint Pétersbourg avec son frère Abel, mais les universités d'état étaient fermées aux Juifs, alors Israël et Abel furent tout deux baptisés et convertis à l'Église Orthodoxe de Russie. Israël prit le nom d'Alexandre, son frère devint Dimitri. Le patronyme d'Alexandre devint aussi Dimitri (en fait c'était Moïse). De cette manière, ils furent tout deux autorisés à entrer à l'académie médicale. Les frères Blank furent diplômés en 1824. Alexandre Blank devint un docteur militaire et un pionnier de la balnéothérapie (l'étude des soins par les bains) en Russie.

L'écrivain Marietta Shaginyan, qui dans les années 1930 apprit les racines juives de Lénine, fut averti de ne pas rendre cette information publique, car il s'agissait d'un secret d'état. (*Literator*, No.38, 12 septembre

1990, Saint Pétersbourg). Il ne fut possible de publier ces faits qu'à partir de 1990. Jusqu'alors la famille Blank avait été présentée comme « allemande ».

La mère de Lénine parlait Yiddish, allemand et aussi suédois, langue qu'elle enseigna à sa fille Olga, qui entreprit ses études à l'université d'Helsinki. La grand-mère maternelle de Maria Blank se nommait Anna Beata Östedt, née à Saint Pétersbourg dans une famille d'orfèvres qui avaient immigré d'Uppsala (Suède). Le grand-père maternel de Maria Blank, le notaire Johann-Gottlieb Grosschopf, venait d'une famille de marchands d'Allemagne. Les grands-parents paternels de Maria Blank étaient Juifs. Le grand-père paternel de Lénine était un Chuvashian et sa grand-mère paternelle, était une Kalmouk.

Cela rendait Maria Blank au moins demi-juive, car seul son père était un pur Juif. Hans W. Levy, président de la communauté juive de Göteborg, avait déclaré : « Tous ceux qui sont nés de mère juive sont Juifs. » (*Svenska Dagbladet*, 22 juillet 1990) Certains chercheurs ont cependant trouvé que la famille Grosschopf était également juive. S'il en est ainsi, Lénine doit être considéré comme Juif, car alors sa mère était juive.

L'allemand était parlé dans la famille et Vladimir Oulianov le maitrisait mieux que le Russe. Dans chaque questionnaire, Lénine écrivait qu'il était un écrivain, pourtant son vocabulaire Russe était très limité et dans sa prononciation, il accentuait incorrectement les mots. Il avait très peu de connaissance de la littérature Russe, mais assez pour arborer une aversion intense pour l'œuvre de Fiodor Dostoïevski, qui en tant qu'intellectuel brillant, se déclarait contre le communisme.

En Russie, il fut révélé que le grand-père paternel de Lénine, Nikolaï Oulianov (Kalmouk) avait eu quatre enfants de sa propre fille Alexandra Oulianova (qui fut déguisée en tant qu'Anna Smirnova devant les autorités). Le père de Lénine, Ilya, naquit le quatrième alors que Nikolaï Oulianov était âgé de 67 ans. (Vladimir Istarkhov, « La Bataille des Dieux Russes », Moscou, 2000, p.37) Ilya Oulianov épousa la juive Mari Blank, dont le grand-père paternel Moisya Blank avait été poursuivi pour plusieurs crimes, y compris la fraude et l'extorsion. La consanguinité joua probablement un grand rôle en faisant de Vladimir Oulianov Lénine un pervers : son extrême agressivité était héréditaire et il était né avec de substantiels dommages au cerveau, il eut plusieurs crises de nerfs, trois attaques et était bisexuel. Il était aussi certainement un psychopathe.

Une caractéristique de Lénine était de donner différentes informations sur son entrée au parti dans divers documents du parti. Dans les premiers questionnaires, il déclarait l'avoir rejoint en 1893, mais le 7 mars 1921, au dixième congrès du parti, il mentionna dans le questionnaire des délégués qu'il en était devenu membre en 1894. (Akim Arutianov,

« The phenomenon Vladimir Ulyanov/Lenin », Moscou, 1992, p.116). Dans un de ses écrits, le camarade Oulianov prétendit avoir intégré le parti en 1895 (« Œuvres Choisis », volume 44, p.284). Comment pouvait-il être membre d'un parti qui n'existait même pas ? Le Parti Russe Social-Démocrate des Travailleurs fut seulement fondé en mars 1898. Il semble que tout était possible pour Lénine.

D'après la légende officielle, Lénine avait été exclu de l'université, mais les archives spéciales du comité central établirent clairement que Vladimir Oulianov demanda lui-même au principal la permission de quitter ses études en 1887.

Selon le mythe bolchévique, il avait été expulsé du village de Kokushkino dans la province de Kazan (situé à la confluence des fleuves Volga et Kazanka) pour avoir pris part à des activités révolutionnaires estudiantines. En fait, il était allé vivre dans le domaine de son grand-père maternel à Kokushkino après avoir quitté l'université, un domaine que le Tsar avait donné à Alexandre Blank. Le grand-père de Lénine possédait ainsi tout le village. Plus tard, Lénine vécu avec sa tante à Kazan, un fait sur lequel Lénine lui-même a écrit. Le grand-père de Lénine possédait aussi un autre domaine (98 hectares) dans le village d'Alakayevka près de Samara.

Il ne reste plus rien des faits réels dans la biographie officielle de Lénine. Cela peut être confirmé en étudiant des documents secrets qui ont été récemment rendus publics.

Les gens crurent de bonne foi aux mensonges sur le compte de Lénine. Marie Laidoner, la veuve de l'ancien Commandant en Chef Estonien Johan Laidoner, écrivit dans ses mémoires que si Lénine avait vécu en 1940, les Estoniens n'auraient pas été traités si inhumainement. D'après la légende, la terreur et l'oppression commencèrent seulement dans les années 1930 sous Staline.

La propagande Soviétique déclara que ses parents éduquèrent consciemment Lénine pour être un Messie qui guiderait le prolétariat à se libérer de leur captivité en Égypte, comme Karl Radek (en fait Tobiach Sobelsohn) l'écrivit dans *Izvestia* au printemps 1933. La mère de Lénine voulait en fait qu'il devienne fermier.

La propagande léniniste eut un effet massif sur l'*Homo Sovieticus*. Dans un sondage d'opinion de décembre 1989, 70 pour cent des interrogés (2700 participèrent) croyaient que Lénine était la personnalité la plus importante de l'histoire. Une autre enquête d'opinions fut organisée en janvier 1991 où seulement 10,3 pour cent des interrogés pensaient que Lénine était une personne négative, pendant que plus de la moitié d'entre eux pensait que le coup d'état d'octobre avait été une erreur historique.

C'est pourquoi il n'y a rien qui exaspère davantage les communistes orthodoxes que les révélations au sujet de Lénine. Ils refusent d'abandonner leur icône, depuis que le christianisme se vit remplacé par le léninisme dès 1920, lorsque la nouvelle doctrine fut canonisée. Au début, les marins appelaient Lénine « Petit Père » (Batiushka).

Lénine usait de toutes sortes d'idioties éculées. Un exemple : des « Manuels de travaux » tels que ceux mis à disposition aux natifs des colonies furent utilisés à partir de juin 1919. Lénine avait peu d'idées à lui. Même l'idée du décret sur la terre venait des gauchistes sociaux révolutionnaires. Parmi ses propres stupidités il y avait ses prétendues Thèses d'avril qui ne correspondent à rien de réel car l'indépendance économique est impossible sans la liberté politique. Cette thèse démontrait clairement que les bolchéviques ne voulaient pas coopérer avec le gouvernement.

Au moins Vladimir Oulianov comprenait-il que le marxisme était dépourvu de toute valeur scientifique. Il avait murmuré à l'homme d'affaire Juif Armand Hammer : « Armand, le socialisme ne marchera jamais ! » (*Svenska Dagbladet*, 30 août 1987).

D'après Engels, Marx avait changé le Socialisme Utopique en doctrine scientifique en « découvrant » la vision du monde matérialiste. (C'est la manière dont Engels est défini dans l'Encyclopédie Soviétique Estonienne.) En tant que marxiste éclairé, Lénine connaissait les instructions de Marx d'après lesquelles les révolutionnaires ne devaient ni faire preuve de « générosité » ni d' « honnêteté ». Il n'y avait pas besoin d'être regardant sur les moyens afin d'atteindre leurs buts. Il n'y avait pas lieu non plus de s'inquiéter à propos des dangers de guerre civile. (Marx et Engels, « Œuvres », Moscou, Volume 33, p.172). Adam Weishaupt avait écrit que tous les moyens étaient permis pour atteindre le but final. Lénine répétait que tous les moyens étaient justifiés lorsque le but était la victoire du Communisme.

Le but de Lénine était de briser la Russie et, si possible, de prendre le pouvoir et de devenir riche. Il était prêt à pactiser avec tous les pouvoirs afin de nuire à la Russie, même avec les autorités impériales allemandes, d'après des faits qui ne furent connus que bien plus tard. Lénine était incapable d'éveiller l'intérêt de gens naïfs pour les « activités révolutionnaires » d'un simple club marxiste – la plupart de ceux qui le rejoignaient étaient de simples conspirateurs et aventuriers.

En 1919 un Lénine confiant déclara dans : « Qu'est-ce que le pouvoir Soviétique ? » (Contenu dans un de ses enregistrements phonographiques) que le pouvoir Soviétique était inévitable et était victorieux partout dans le monde. « Ce pouvoir est invincible, car c'est le seul vrai », Lénine acheva en bafouillant dans son mauvais accent russe.

LÉNINE LE FRANC-MAÇON

D'après le Dr. Oleg Platonov, Lénine devint franc-maçon lors d'un séjour à l'étranger en 1908. Le chercheur Nikolai Svitkov confirme son appartenance à la franc-maçonnerie. (« De la franc-maçonnerie en exil russe », Paris, 1932) Mais Lénine ne faisait qu'œuvrer de la même manière que les groupes subversifs dans les années 1890. Les Illuminati, le Grand-Orient, le B'nai B'rith (Fils de l'Alliance), et les autres loges maçonniques étaient toutes intéressées par l'agitation des travailleurs au service de certains buts « utiles ».

D'après Svitkov, les Francs-maçons les plus importants de Russie étaient parmi d'autres : Vladimir Oulianov-Lénine, Léon Trotski (Leiba Bronstein), Grigori Zinoviev (Gerson Radomyslsky), Léon Kamenev (en fait Leiba Rosenfeld), Karl Radek (Tobiach Sobelsohn), Maxim Litvinov (Meyer Hennokh Wallakh), Yakov Sverdlov (Yankel-Aaron Solomon), L. Marov (Yuli Zederbaum), Maxim Gorky (Alexeï Peshkov), Anatoli Lunacharsky (Bailich), et le sioniste Christian Rakovsky.

Viktor Bratjev (docteur en histoire) trouva la preuve que Lunacharsky appartenait au Grand-Orient dans les archives du KGB. (Anton Pervushin « NKVD et les secrets occultes des SS », St Pétersbourg, Moscou, 1999, p. 133)

Lénine, Zinoviev, Radek et Sverdlov appartenaient aussi au B'nai B'rith. Les historiens spécialisés dans les activités du B'nai B'rith, y compris Schwartz-Bostunich, confirmèrent ces informations (Viktor Ostretsov, « La franc-maçonnerie, la culture et l'histoire russe », Moscou, 1999, pp. 582-583).

D'après le politologue autrichien Karl Steinhauser « EG – die Super-USSR von morgen » / « L'union Européenne la nouvelle Super URSS de demain » (Vienne, 1992, p.192), Lénine appartenait à la loge maçonnique *Art et Travail* en Suisse et en France. Il y avait atteint le 31ème degré (celui de Grand Inspecteur Inquisiteur Commandeur), d'après l'historien Yuri Begunov. Oleg Platonov publia en 1996 à Moscou, un ouvrage de 700 pages traitant de l'histoire secrète maçonnique de 1731 à 1996, dans la série « La Couronne d'Épines de la Russie ». Ce livre a été écrit avec l'aide de documents maçonniques classifiés et préservés au sein des Archives Spéciales de l'Union Soviétique de Moscou. D'après ces documents, tous les dirigeants bolchéviques de premier plan étaient membres de diverses loges maçonniques (Platonov, « L'histoire secrète de la franc-maçonnerie », Moscou, 2000, II, p. 417).

Lénine appartenait à diverses obédiences maçonniques étrangères. En 1914, il devint membre de la loge maléfique du Grand Orient, *Les Neufs Sœurs* (*Soviet Analyst*, juin 2002, p. 12).

Le célèbre politicien britannique Winston Churchill confirma aussi que Lénine et Trotski appartenaient au cercle des conspirateurs Illuminés maçonniques (*Illustrated Sunday Herald*, 8 février 1920). Churchill savait parfaitement de quoi il parlait, parce qu'il était lui-même devenu franc-maçon le 24 mai 1901.

Lorsque Lénine visita le quartier général du Grand-Orient de la rue Cadet à Paris en 1905, il signa le livre d'or. (Viktor Kuznetsov, « Le Secret du coup d'état d'Octobre », St. Pétersbourg, 2001, p.42)

La Grande Loge Allemande fit une déclaration en 1917 selon laquelle : « Le révolutionnaire et anarchiste Lénine représente en fait les idéaux de la franc-maçonnerie internationale » (Archive Spéciale de Moscou, fond 1421-1-9064 ; Viktor Ostretsov, « La franc-maçonnerie, la culture et l'histoire russe », Moscou, 1999, pp. 585 et 815).

Il est important de souligner que Lénine et ses sbires ne travaillaient pas. Ils pouvaient pourtant se permettre de voyager à travers l'Europe (ce qui était alors relativement plus cher qu'aujourd'hui) et de vivre luxueusement. Ces révolutionnaires professionnels n'avaient qu'une tâche à cœur : d'inciter les travailleurs et les ouvriers à la révolte. Les activités de Lénine montrent clairement à quel point il suivait les préceptes d'Adam Weishaupt à la lettre.

Lénine et Trotski prirent part à la conférence maçonnique internationale de Copenhague en 1910. (Franz Weissin, « Der Weg Zum Sozialismus » / « Le chemin vers le Socialisme », Munich, 1930, p.9). La socialisation de l'Europe était à l'ordre du jour.

Alexandre Galpern, le secrétaire du Suprême Conseil Maçonnique Russe confirma en 1916 qu'il y avait des bolchéviques parmi les Francs-maçons. Nous pouvons également mentionner Nikolaï Sukhanov (né Himmer) et N. Sokolov. D'après le témoignage de Galpern, les francs-maçons accordèrent aussi une aide financière à Lénine pour ses activités révolutionnaires. Ceci fut confirmé par un franc-maçon connu, Grigori Aronson, dans son article « Les Francs-maçons dans la politique Russe », publié au sein du *Novoye Russkoye Slovo* (New York, 8-12 octobre, 1959). L'historien Boris Nikolaïevsk le mentionna aussi dans son livre « Les Francs-maçons russes et la Révolution » (Moscou, 1990).

En 1914, deux bolchéviques, Ivan Skvotsov-Stepanov et Grigori Petrovski, contactèrent le Franc-maçon Alexandre Konovalov afin d'obtenir une aide financière. Ce dernier devint ministre du gouvernement provisoire.

Radio Russia mentionna également les activités du franc-maçon Lénine le 12 août 1991.

LES PREMIERS FRANCS-MAÇONS EN RUSSIE

Les premières loges maçonniques en Russie furent instituées dans les années 1730. Catherine II bannit toutes les organisations maçonniques en Russie le 8 avril 1782 car elles avaient des liens politiques secrets avec d'influents cercles étrangers. Oleg Platonov a démontré que la franc-maçonnerie russe était en réalité une conspiration contre l'état (« L'histoire secrète de la franc-maçonnerie », Moscou, 1996, p. 4).

La Franc-maçonnerie fut à nouveau légalisée en 1801 après qu'Alexandre Ier soit monté sur le trône. Il devint lui-même franc-maçon, malgré le fait que son père ait été assassiné par des officiers francs-maçons. Certains pensent qu'il s'agissait d'une conspiration ourdie par les Britanniques.

Les meneurs décembristes (Pavel Pestel, Sergueï Troubetskoï et Sergueï Volkonsky) appartenaient aux loges maçonniques des *Amis Réunis*, des *Trois Vertus*, et du *Sphinx*. Les principales sociétés secrètes des décembristes étaient les *Slaves Unis* et les *Trois Vertus*. La Franc-maçonnerie fut à nouveau bannie en 1822, lorsque le gouvernement découvrit que les loges maçonniques étaient en fait des sociétés secrètes qui prévoyaient de transformer l'état et d'infiltrer le gouvernement.

Le Tsar Alexandre Ier avait découvert que les Francs-maçons étaient contrôlés par une main invisible. Évidemment il entreprit d'interdire leurs activités en Russie. Cette décision devait lui coûter la vie.

Nicolas Ier, qui régna de 1825 à 1855, devint tout spécialement strict à l'égard de la Franc-maçonnerie. Toutes les loges furent forcées d'opérer clandestinement.

Les ennemis déclarés de la Franc-maçonnerie Russe étaient la monarchie nationale et la Chrétienté. C'est pourquoi ils travaillèrent en faisant usage « de la propagande des lumières ». Les Francs-maçons Russes tendaient aussi au cosmopolitisme. Leur mot de passe demandait : « Soyez prêts ! », et le Franc-maçon devait répondre : « Toujours prêt ! ». Des motifs provenant du Judaïsme et de la kabbale dominaient l'idéologie et le symbolisme politique de la Franc-maçonnerie. Vu de l'extérieur cela aurait pu apparaître confus et irréel.

Le 31 octobre 1893, Vladimir Oulianov arriva dans la capitale Saint-Pétersbourg, pour y débuter ses activités subversives. Il se définissait lui-même comme un révolutionnaire professionnel.

À l'automne 1895, après un séjour à l'étranger, Vladimir Oulianov, avec d'autres conspirateurs de Saint-Pétersbourg, fonda la Ligue Combattante pour la Libération des Classes Laborieuses qui se développa en groupe terroriste. C'était en fait Israël Helphand (ou Geldphand) alias Alexandre Parvus, un Juif multimillionnaire d'Odessa, qui soutint ce projet. Il s'agissait d'un homme d'affaire franc-maçon. D'après l'historienne britannique Nesta Webster, Parvus était devenu membre du Parti Social-Démocrate allemand en 1886.

En décembre 1895, Vladimir Oulianov fut emprisonné pour activité illégale. Il passa les années 1898-1900 en exil à Shushenskoye près d'Ienisseï en Sibérie. Il reçut des aides généreuses de l'état. Il vivait dans une maison spacieuse et mangeait bien.

En mars 1898, les meneurs Juifs sociaux-démocrates se rassemblèrent à Minsk – ceux qui représentaient la ligne internationale (la lutte pour le pouvoir dans leurs nations d'accueil respectives), ainsi que ceux représentant l'attitude nationaliste des travailleurs Juifs du Bund, qui avait été fondée à Vilnius en 1897, et revendiquaient la fondation d'un état Sioniste.

Ils avaient décidé de rassembler les groupes marxistes subversifs pour former illégalement le parti Social-Démocrate Russe des Travailleurs. Seuls neuf délégués étaient présents à ce congrès constitutionnel et ceux élus au comité central étaient Aron Bremer, Boris Eidelman et Radshenko. Les autres sociaux-démocrates connus étaient Pavel (Pinchus) Axelrod (Boruch), Léon Deutsch, Vera Zassoulitch, Nathan Vigdorchik, V. Kosovsky (Levinson). Le seul Russe était Georgi Plekhanov, dont la femme Rosa était juive.

En février 1900, Vladimir Oulianov voyagea en Suisse. Plus tard il vécut à Munich, Bruxelles, Londres, Paris, Cracovie, Genève, Stockholm et Zurich. Partout où il séjournait, il embauchait ses propres domestiques.

Pour intensifier la propagande marxiste, le barbu rouge Lénine, accompagné de Parvus, fonda le journal subversif *Iskra* (l'étincelle), à Munich en 1900, dont la première publication sortit le 24 décembre 1900. Le journal était clandestinement diffusé en Russie.

Pour des raisons tactiques, Lénine fit du célèbre social-démocrate Georgi Plekhanov le premier rédacteur du journal. Plekhanov n'avait cependant aucune intention de rester la marionnette de Lénine, ainsi donc le Juif L. Martov (Julius Zederbaum) le remplaça bientôt. Au deuxième congrès du parti à Bruxelles en 1903, Plekhanov soutint la suggestion de Martov de dissimuler l'introduction du Socialisme grâce à la démocratie. Lénine exigeait la mise en place d'une dictature socialiste féroce.

En Suède, les francs-maçons ont utilisé avec succès les idées de Martov consistant à construire une « maison du peuple » socialiste et à mettre en place l'esclavage des taxes.

À ce congrès, le Juif Martov suggéra que le parti devait être subordonné aux Juifs – le peuple élu. En contraste, le demi-Juif Lénine, voulait que les Juifs soient subordonnés au parti. Une majorité soutint la suggestion de Lénine et fut donc appelée dès lors les Bolchéviques (la majorité). La minorité (Menchéviks) soutenait la proposition de Martov et agit à la manière classique des sociaux-démocrates, usant de la démagogie et de la ruse. Le parti se scinda. Les véritables raisons n'ont toujours pas été révélées par l'histoire officielle du parti.

Léon Trotski figurait alors parmi les Menchéviks. Il considérait Lénine comme un despote et un terroriste (Louis Fischer, « The life of Lenine », Londres, 1970, p.68)

Le journal *Iskra* se retrouva sous l'influence des Mencheviks. Lénine, qui n'aimait pas les disputes, quitta l'équipe éditoriale et commença d'éditer son propre périodique, *Vperyod*. Un célèbre magnat du textile Juif et capitaliste de Moscou, Savva Morozov, le finança. (Louis Fischer, « The life of Lenin », Londres, 1970, p.68) Les frères Morozov avaient donné à l'écrivain prolétaire Maxime Gorki une maison de deux étages et fourni aux bolchéviques de grosses sommes d'argent.

LE CARACTÈRE DE LÉNINE

Lénine essaya de travailler son propre *isme*, une doctrine, qui différait très peu des enseignements basiques des Illuminati. Le Léninisme devint un tel frein terrible dans tous les domaines du progrès social que l'usage de cette idéologie doit être considéré comme un crime contre l'humanité.

La Russie tente maintenant de se sauver par un processus de démantèlement du Léninisme. C'est la seule manière, car Vladimir Oulianov, connu sous le pseudonyme de Lénine, fut la racine de tous les maux du communisme en Russie.

Sa vraie nature ne fut révélée que récemment. Il est douteux qu'un autre dirigeant ait menti autant sur lui-même et sur tout le reste. Un nombre incroyable de mythes ont été créés à son propos pour dissimuler sa nature maléfique et ses actes destructeurs. Il introduisit la logocracie (le pouvoir à travers l'usage du mensonge éhonté), qui devint une arme politique. Le camarade Oulianov savait que le mensonge pouvait être changé en vérité si seulement il était présenté comme crédible et attractif et ensuite répété suffisamment souvent. Il comprit que les gens deviendraient une fois de plus forts et indépendants s'ils étaient bien informés de l'état des affaires, devaient décider de leur propre existence et travailler sur des choses concrètes. (« Œuvres », volume 26, p.228) C'est pourquoi il introduisit une censure sévère et pensait que les demi-mensonges pouvaient être une arme encore plus efficace contre un argument censé.

Ce fut seulement en 1991-1992 que les chercheurs eurent accès à 3724 documents jusqu'alors secrets. Ces papiers montrent clairement quelle bête Lénine était en réalité. Il fut aussi révélé que Lénine avait été un avocat raté, qui n'avait eu à gérer que six cas au cours desquels il défendit des voleurs à l'étalage. Il perdit les six cas. Une semaine plus tard, il en eut assez et renonça à la profession. Il n'occupa jamais plus aucun emploi après ça.

D'après les vieux documents qui ont été rendus disponibles plus récemment, il est clair que Lénine fut le pire dictateur démagogue, assoiffé de sang, sans pitié et inhumain de l'histoire du monde. Le socialiste américain John Reed, qui rencontra Lénine, le décrivit comme une étrange personne : sans chaleur et dénuée du moindre humour. Malgré cela, il diffusa la propagande communiste aux États-Unis car il était bien payé pour le faire. Une fois, en 1920, il fut payé la somme gigantesque de 1 080 000 roubles pour ses services. (*Dagens Nyheter*, 30 mai 1995)

« Lénine était prêt à détruire 90 pour cent de la population de manière à ce que les 10 pour cent restant puissent vivre sous le Communisme » écrivit l'auteur Vladimir Solooukhine dans le périodique *Ogonyok* en décembre 1990. Ce fut publié comme une déclaration sensationnelle dans le *Dagens Nyheter* du 13 janvier 1991. Lénine s'exprimait ainsi : « Que 90 pour cent des Russes périssent si 10 pour cent expérimentent la révolution mondiale ! » (« Œuvres Choisies », Volume 2, p.702)

Au troisième congrès du Kominterm le 5 juillet 1921, Lénine déclara : « La Dictature est un état de guerre intensif. » Dans cette guerre il n'eut de pitié à l'égard des « idiots utiles » (terme de Lénine), que seulement au début. Dzerjinski (Rufin), le chef de la Tchéka (police politique) était sincère lorsqu'il déclara : « Nous n'avons pas besoin de justice ».

Grigory Zinoviev, le secrétaire de Lénine, se vantait : « Nous pouvons éradiquer toute une classe sociale ! » Avant 1917, il y avait 200 000 familles composant la noblesse, aujourd'hui il n'y en a plus que deux mille. Zinoviev avait surnommé Dzerjinski « le saint de la révolution ». Staline le considérait comme « la flamme éternelle ». En réalité, il était un sadique et un drogué.

Lénine, Trotski et Zinoviev avaient déclaré une guerre sainte au nom du Communisme le 1er septembre 1920.

Lénine déclara : « la paix signifie tout simplement la domination du Communisme sur le monde entier » (Lénine, « Thèse sur la tâche des jeunes communistes »). Les opposants de Lénine dans cette guerre étaient tous ceux qui avaient des idées différentes sur la vie et le domaine spirituel, car de telles personnes étaient répugnantes à ses yeux.

Il donnait constamment des ordres pour que des gens soient pendus, fusillés, brûlés. Ainsi il demanda à ce que les prêtres de Shuya soient exécutés. Il ordonna que la ville de Bakou soit brûlée, si sa résistance ne pouvait pas être écrasée d'une autre manière. Il écrivait :

« *Brûlez Bakou, prenez des otages derrière la ligne de front, placez-les devant les Gardes Rouges et tirez-leur dans le dos, envoyez les Rouges dans la zone, laissez-les tuer autant de bourgeois que possible, payez 100 000 roubles pour chaque corps.* »

D'après Anatoli Latyshev, un historien léniniste, chaque fois que le dictateur ordonnait une exécution, il insistait : « Ne perdez pas une minute ! » À Saratov, même ceux qui doutaient de son pouvoir furent exécutés. En 1919, il écrivit aux communistes du Caucase au sujet de leurs opposants : « *Tranchez-leur tous la gorge !* »

Dzerjinski, le chef de la Tchéka, annonça à Lénine le 19 décembre 1919 que les communistes avaient capturé plus d'un million de cosaques. Lénine ordonna : « Fusillez-les tous ! »

En même temps, Lénine était extrêmement capricieux. Il aimait faire la fête et se vautrer dans le luxe. Lorsqu'il était malade, il refusait que sa femme Nadezhda Krupskaya entre dans sa chambre. Il préférait se jeter au sol et crier hystériquement. Ces scènes furent décrites par la sœur de Lénine.

Son langage natal était l'allemand. Russophobe, il considérait les russes comme inférieurs ; il les désignait par le terme de crotte.

Lénine dirigeait par décrets. Il n'y avait plus de lois en place. Lorsque les premières lois pénales Soviétiques furent promulguées en 1922, Lénine demanda que ces lois « justifient et légalisent le principe de la terreur clairement et sans embellissement ».

Jusqu'alors, de telles révélations avaient surtout été l'apanage de Joseph Staline, le fidèle élève de Lénine. Il est maintenant grand temps de détruire les derniers restes de mythes à propos de Lénine. Lénine devint synonyme d'injustice et de fausseté. Il promit de donner la terre aux paysans, mais finalement les confisqua toutes. En 1918 il remplaça le slogan à propos des nationalisations des terres par des demandes de socialisation des terres. (Voir l'article de Yuri Chernichenko « Qui a besoin du parti des fermiers et pourquoi ? », *Literaturnaya Rossiya*, 8 mars 1991). Marx avait écrit que la terre doit être confisquée une fois pour toute. Lénine le mit en pratique. Plus tard, il offrit 100 000 roubles pour chaque fermier propriétaire pendu.

Lénine promit de faire du travailleur son propre patron, mais le transforma en esclave à la place. Il promit d'abolir l'appareil bureaucratique, mais même de son vivant il augmenta jusqu'à prendre les vastes proportions d'une armée de parasites. Ils étaient 231 000 bureaucrates en Russie en août 1918. En 1922 ils étaient déjà 243 000, malgré les ordres de Lénine pour réduire ce nombre. En 1988 il y avait 18 millions de bureaucrates dans l'empire Soviétique, 11 pour cent de la population active de 165 millions.

Lénine déclara que le parti ne devait avoir aucun secret pour le peuple. Mais l'appareil entier du Parti Communiste était entouré de secret.

Lénine promit la paix, à la place ce fut la guerre civile. Il promit du pain mais provoqua une famine catastrophique. Il promit de rendre le peuple heureux mais fit abattre sur lui de terribles calamités.

Le musée de l'Holodomor de Kiev montre les ravages causés par les trois famines provoquées par les communistes. Près de ce musée se trouve un parc où l'on peut trouver des dalles de pierre sur lesquelles sont inscrites des citations de Lénine. Ce fut pourtant bien Lénine le psychopathe qui organisa l'extermination systématique et industrielle des peuples par la famine. Voici un extrait d'un document confidentiel rédigé à la main par Lénine, qui souligne son immense désir de causer une famine en Ukraine au cours des années 1921-22 :

« *À Mikhaïlov. Le Politburo fait remarquer au Comité Central du Parti Communiste Ukrainien que la confiscation de nourriture, c'est-à-dire 100%, joue un rôle absolument crucial pour la Russie Soviétique. Il doit mettre en place les mesures les plus efficaces pour parvenir à ce but. Des instructions doivent être transmises concernant toutes les décisions. Je veux des rapports par téléphone deux fois par mois en ce qui concerne l'évolution de la collecte et du transport en Russie Soviétique.* 9 novembre 1921. Lénine (Lénine, « Œuvres Choisies », Moscou, 1970, Volume 44, p. 241)

Ce fut Lénine qui bannit les journaux d'opposition. Deux jours après avoir pris le pouvoir, il décréta l'abolition de la liberté de la presse. Durant la première semaine il ferma dix journaux et dix autres la semaine suivante, jusqu'à ce que tous les journaux qu'il n'aimait pas aient cessé d'exister.

Lénine démantela également tous les autres partis politiques (excepté le Bund et Po'lei Sion). Le 17 novembre 1917, plusieurs commissaires protestèrent contre la décision de Lénine de former un gouvernement à partir d'un seul parti – les bolchéviques, car il y avait d'autres partis représentés au conseil des travailleurs.

Il se montra sans pitié à l'égard de son ami L. Martov, le meneur Juif des Menchévik (un des seuls avec lequel Lénine avait pour habitude de s'entretenir familièrement). En 1920, il expulsa Martov en Allemagne, épargnant ainsi au moins sa vie.

Ce fut Lénine qui initia les premiers simulacres de procès. De cette manière il passa en jugement douze révolutionnaires en 1922. Lénine lui-même avait organisé toutes les tricheries nécessaires pour défendre son cas. Staline utilisa des méthodes similaires au cours des années 1936-37.

Ce fut Lénine qui ordonna l'arrestation des socialistes et communistes étrangers en Russie. Les Tchékistes avaient la bride sur le cou.

Ce fut Lénine qui lança le slogan : « Reprenez ce qui a été volé ! ». En suivant ce mot d'ordre, les bolchéviques pillèrent toutes les richesses de la Russie. Le 22 novembre 1917 il promulgua un décret dans lequel il demandait que tout l'or, les bijoux, les fourrures et autres objets de valeur soient confisqués dans les maisons perquisitionnées (Lénine, « Œuvres Choisies », Moscou, volume 36, p.269).

La falsification méticuleuse de la biographie de Lénine concerne même les détails les plus petits et les plus insignifiants. Néanmoins, les gros mensonges commencent avec les petits. Le 21 janvier 1954, la *Pravda* écrivit à propos des conditions de vie de Lénine dans la rue Bonnieux à Paris : «Vladimir Ilitch vivait dans un petit appartement où une petite pièce lui servait de cabinet de travail et où la cuisine était utilisée comme salle à manger et salon. » Mais Lénine écrivit lui-même le 19 décembre 1908 dans une lettre à sa sœur : « Nous avons trouvé un appartement très agréable. Quatre chambres, une cuisine et un office, l'eau courante et le gaz. » Sa femme Nadejda Kroupskaïa confirma dans ses « Mémoires » : « L'appartement de la rue Bonnieux était spacieux et lumineux et il y avait même des miroirs au-dessus des cheminées. Nous avions même une chambre pour ma mère, Maria. » Lénine payait 1000 francs par mois pour le logement.

Lénine louait aussi un luxueux appartement de quatre pièces au 17 Kaptensgatan à Östermalm (Stockholm) à l'automne 1910. C'est ici qu'il vit sa mère pour la dernière fois.

Les nombreuses histoires à propos du « gentil » Lénine jouèrent un grand rôle dans la mythologie Soviétique. L'auteur prolétaire Maxime Gorki émit une mise en garde contre Lénine : « Quiconque ne veut pas passer tout son temps à se disputer devrait se tenir éloigné de Lénine ».

Il faut souligner que Lénine avait très peu d'amis. Il n'était en termes familiers qu'avec sa famille et deux autres de ses relations, L. Martov et G. Krizhanovsky. Il était aussi en contact régulier avec ses deux maitresses, Inessa Armand et Yelena Stasova.

Ses camarades du Parti ne l'aimaient pas. Ils ne lui dirent rien du coup d'état de février 1917. Il l'apprit en lisant le *Neue Zürcher Zeitung*. Même alors, il lui fut difficile de le croire.

Le soviétologue Mikhaïl Voslensky souligna dans son livre « Dieux Mortels » (« Sterbliche Gotter », Dietmar Straube Publishing, Erlangen/Bonn/Vienna, 1989) que Lénine était un de ces rares dictateur à laisser derrière lui beaucoup de preuves écrites de ses crimes contre l'humanité. Parmi d'autres choses, Lénine demandait : « plus nous fusillerons de prêtres représentatifs du clergé réactionnaire mieux ce sera ». Avant que les bolchéviques ne s'emparent du pouvoir il y avait 360 000 prêtres en Russie. À la fin de 1919 seuls 40 000 d'entre eux étaient encore en vie. (Vladimir Solooukhine, « À la lumière du jour », Moscou, 1992, p.59)

Voslensky déclara que Lénine était personnellement responsable du meurtre de 13 millions de personnes. Il explique que Lénine exprimait clairement la vraie valeur du marxisme. Il déclare : « Que peut-on extraire d'une plante venimeuse si ce n'est du poison ? »

L'opinion de Voslensky était que Lénine s'était emparé du credo de Marx selon lequel il avait raison même lorsqu'il avait tort. Finalement, Voslensky établit que l'idéologie communiste devait forcément être criminelle, car elle avait donné naissance à tant de tyrans terribles et démagogues. D'après lui, Lénine fut un des pires et des plus vulgaires d'entre eux.

La cruauté et la brutalité allaient de pair avec la lâcheté du caractère de Lénine. Ce trait de caractère fut décrit par un ancien membre du parti des travailleurs, Oleg Agranyants, dans son livre « Ce qui doit être fait ? Ou la déléninisation de notre société » (Londres, 1989). Il donna l'exemple suivant de la lâcheté de Lénine :

T. Alexinskaya écrivit dans le journal *Rodnaya Zemlya No. 1*, de 1926 : « *Lorsque je vis Lénine pour la première fois à une réunion près de Saint-Pétersbourg en 1906, je fus vraiment déçu. Ce n'était pas tant sa superficialité, mais plutôt le fait que lorsque quelqu'un cria « les cosaques ! », Lénine fut le premier à s'enfuir. Je le cherchais. Il sauta par-dessus les barricades. Son chapeau tomba.* »

Des notes similaires peuvent être trouvées parmi les papiers de l'Okhrana (la police secrète Tsariste), où il est mentionné que le fuyard Lénine tomba dans un canal, duquel il dut être tiré. Pas un de ceux présents à ce meeting subversif ne fut arrêté.

Malgré les revenus criminels secrets de Lénine, il demanda constamment de l'argent à sa mère jusqu'à sa mort en 1916. Staline apportait de l'argent aux bolchéviques de Lénine grâce aux vols de banques et de trains. Maxime Litvinov commettait aussi des braquages de banque, donnant le butin aux bolchéviques.

Oleg Agranyants se réfère aussi à un rapport dans un dossier de l'Okhrana à propos de la visite de Lénine à l'ambassade allemande en Suisse. À l'été 1917, il fut révélé que Lénine était un agent allemand.

Lénine était bien au courant du pouvoir séducteur exercé par l'argent. C'est pourquoi il distribuait des chèques de fortes sommes aux fermiers et aux non-russes à l'automne 1919. Certains d'entre eux crurent cette escroquerie, croyant peut être que les bolchéviques étaient un parti de pères noël. Personne ne pouvait deviner que ces chèques étaient sans provision (Paul Johnson, « Les Temps Modernes », Stockholm, 1987, p.128) Au cours de l'automne 1918, Lénine avait envoyé toute une escouade de travailleurs armés à plusieurs endroits de la campagne, avec l'ordre de ramener autant de vivres que possible. (Johnson, « Les Temps Modernes », Stockholm, 1987, p. 128).

LA TERREUR SOUS LE RÈGNE DE LÉNINE

La femme juive de Lénine, Nadejda Kroupskaïa, écrivit sur la soif de sang de son mari, sa cruauté et son avidité dans ses « Mémoires » publiées à Moscou en 1932. Kroupskaïa décrivit comment un jour Lénine rama dans un petit bateau jusqu'à une petite île de la rivière Ienisseï où beaucoup de lapins avaient migré au cours de l'hiver. Lénine matraqua tellement de lapins avec la crosse de son fusil que le bateau coula sous le poids de tous les corps morts – un acte presque symbolique. Lénine aimait chasser et tuer.

Plus tard, après s'être emparé du pouvoir, il fit montre d'une attitude sauvage comparable envers ceux qui n'étaient pas d'accord avec ses plans d'esclavage.

En 1975, un recueil de documents fut publié à Moscou, « Lénine et la Tchéka », expliquant que Lénine avait adopté la méthode de la terreur de Maximilien « de » Robespierre. Ce dernier avait été sans merci, tout particulièrement envers l'aristocratie spirituelle. Dès le 24 janvier 1918, Lénine déclara que la terreur communiste aurait dû être beaucoup plus sans pitié (« Il y a encore un long chemin pour aller vers la véritable terreur »). Le 28 avril 1918 les journaux de la *Pravda* et *Izvestia* publièrent l'article de Lénine « La tâche actuelle du Pouvoir Soviétique » où il écrivit, entres autres choses : « Notre régime est trop doux. »

Il pensait que les Russes était inadaptés pour mettre en place sa terreur – ils étaient trop bien intentionnés. C'est pourquoi il préférait les Juifs. Évidemment, tous les Juifs ne le rejoignirent pas, seuls les pires, les plus haineux et les plus fanatiques. Le fait que Lénine trouvait les Juifs bien plus efficaces dans la « lutte révolutionnaire » fut gardé comme secret d'état sur ordre de Joseph Staline, malgré le fait que Maria Oulianova voulu le rendre public peu d'années après la mort de Lénine. La sœur de Lénine pensait que cette information aurait été utile dans la lutte contre l'antisémitisme. (*Dagens Nyheter*, 15 février 1995).

Le vice-président de la Tchéka, Martyn Lacis (en fait Janis Sudrabs, un Juif Letton) écrivit ceci dans son livre « La lutte de la Tchéka contre la contre-révolution » (Moscou, 1921, p.8) : « Nous les Israélites devons bâtir la société du futur sur la base d'une terreur constante ».

Lénine écrivit une lettre en 1918, dans laquelle il commentait l'état critique de la situation. Il est patent que Lénine s'arrangea pour mobiliser 1 400 000 Juifs, dont la majorité travaillait pour la Tchéka. Il leur fut donné les pleins pouvoirs. Plus d'un million de Juifs qui refusèrent de participer furent éliminés, un fait passé sous silence jusqu'à aujourd'hui.

Après, Lénine écrivit : « Ces éléments Juifs étaient mobilisés contre les saboteurs. De cette manière, ils parvinrent à sauver la révolution à ce stade critique. » (Todor Dichev, « La Terrible Conspiration », Moscou, 1994, pp.40-41).

Le pouvoir Soviétique était ainsi entièrement Juif. Il fut une fois rapporté à Lénine qu'il n'y avait aucun Juif au sein d'une commission, il en fut indigné : « Pas un seul Juif ? Ce n'est pas concevable ! » (Platonov, « Histoire du peuple russe des années 1900 », Vol I, Moscou, 1997, p. 519). D'après Lazare Kaganovitch, un cadre dirigeant soviétique, Lénine exigeait qu'il y ait au moins un vice-président Juif si la moindre institution soviétique était dépourvue d'un dirigeant Juif. (Chuyev, « Ainsi parlait Kaganovitch », Moscou, 1992, p. 100)

Je connais personnellement plusieurs anti-communistes Juifs qui ont pris leurs distances à l'égard des terribles atrocités des fanatiques Juifs en Union Soviétique, car ces crimes ont discrédité tous les autres Juifs.

Le 26 juin 1918, Lénine donna l'ordre de « répandre la terreur révolutionnaire ». L'opinion de Lénine était qu'il était impossible d'apporter la révolution sans avoir recours aux exécutions. Il voulait tout particulièrement fusiller tous ceux qui étaient responsables de propagande contre-révolutionnaire.

D'après le témoignage de Léon Trotski, Lénine s'écriait dix fois par jour tout au long de juillet 1918 : « Est-ce donc cela la dictature ? Ça n'est que du gâteau ! ».

La même année il donna l'ordre d'exécuter 200 personnes à Saint-Pétersbourg pour la seule raison qu'elles avaient assisté à la messe, travaillé de leurs mains ou avaient vendu quelque chose.

Voici quelques exemples de télégrammes « bénins » de Lénine en 1918 : « Une *troïka* de dictateurs doit être établie et la terreur de masse doit commencer immédiatement. Les prostituées qui boivent avec les soldats et les anciens officiers doivent être fusillées ou déportées tout de suite. Nous ne devons pas perdre une seule minute ! Procédons aux arrestations de masse à toute vitesse ! Exécutez les possesseurs d'armes ! Commencez la déportation en masse des Menchéviks et des autres suspects ! » (« Œuvres Choisies », 3ème édition, volume 29, p.489). « Dans la lutte des classes, nous avons toujours encouragé l'usage du terrorisme. » (« Œuvres Choisies », 4ème édition, volume 35, p.275) « Les exécutions doivent être augmentées ! » (Œuvres Choisies », 5ème édition, volume 45, p.189).

L'historien Dimitri Volgokonov trouva dans les archives du KGB un horrible décret qu'il publia dans son livre. Dans ce décret, Lénine demandait que tous les paysans résistants aux Bolchéviques soient pendus. Le tyran spécifiait : « **Au moins une centaine d'entre eux, que tout le monde puissent les voir !** »

Les paysans de la province de Penza commencèrent à résister au début d'août 1918. Lénine envoya immédiatement un télégramme au comité exécutif local avec des instructions de commencer à pratiquer une terreur sans pitié contre les Koulaks (fermiers), les prêtres et les Gardes Blancs. Il recommandait que tous les « suspects » soient envoyés en camps de concentration. Trois jours plus tard, il envoya un nouveau message dans lequel il exprima sa surprise de ne pas avoir reçu le moindre message en réponse à ses demandes. Il espérait que personne ne montre de faiblesse envers la révolte et écrivit que les biens des fermiers (spécialement le maïs) devaient être confisqués.

La liste des fusillés et autres exécutés fut publiée dans le journal hebdomadaire de la Tchéka. De cette manière, il peut être prouvé que 1.7 millions de gens furent exécutés au cours de la période 1918-19. Un fleuve de sang coulait en Russie. La Tchéka dut embaucher des compteurs de cadavres. D'après les rapports Soviétiques officiels de mai 1922, 1 695 904 personnes furent exécutées de janvier 1921 à avril 1922. Parmi ces victimes figuraient des évêques, des professeurs, des docteurs, des officiers, des policiers, des gendarmes, des avocats, des fonctionnaires, des journalistes, des écrivains, des artistes, des infirmières, des ouvriers et des fermiers... Leur crime était de formuler des « pensées antisociales ».

Il doit être souligné ici que la Tchéka était entièrement sous le contrôle des Juifs, d'après les documents maintenant disponibles. La plupart de cela était déjà connu en 1925. Le chercheur Larseh écrivit dans son livre « La soif de sang du bolchévisme » (Württemberg, p.45) que 50 pour cent des effectifs de la Tchéka étaient composés de Juifs portant des noms Juifs, 25 pour cent étaient des Juifs ayant pris des noms russes. Tous les chefs étaient Juifs.

Lénine était bien informé de ces crimes atroces. Tous les documents étaient placés sur son bureau. Lénine répondait : « *Mettez plus de force dans la terreur... fusillez toutes les dix personnes, placez tous les suspects dans des camps de concentration !* »

L'idée des « camps de concentration » ne fut pas une invention d'Hitler, comme la plupart le croient aujourd'hui. En fait, les premiers camps de concentration furent construits en 1838 aux États-Unis pour les Indiens. Cette méthode d'isoler les gens plaisait aussi aux autres dirigeants cruels. En 1898 des camps de concentration furent construits à Cuba, où les Espagnols emprisonnaient tous les éléments d'opposition. En 1901, les Anglais utilisèrent la même forme d'emprisonnement collectif au cours de la guerre des Boers, où le nom de « camp de concentration » fut aussi utilisé. 26 000 femmes et enfants Boers moururent de faim dans les camps britanniques ; 20 000 d'entre eux n'avaient pas 16 ans.

Lénine incarcérait les gens sans aucun jugement, malgré la mise en place de tribunaux révolutionnaires, comme ce fut le cas en France sous les Jacobins. Lénine prétendait que les camps de concentration étaient en fait des écoles de travail. (Mikhaïl Heller et Alexandre Nekrich, « Utopia in Power », Londres, 1986, p.67) Lénine proclamait aussi que l'usine était la seule école des travailleurs. Ils n'avaient pas besoin d'autre éducation. Il souligna que quiconque sachant compter pouvait diriger une usine.

Tout comme sous la terreur Jacobine en France, les fonctionnaires bolchéviques Juifs utilisèrent des péniches pour noyer les gens. Béla Kun (en fait Aaron Kohn) et Rosa Zemlyachka (en fait Rozalia Zalkind) noyèrent des officiers de cette manière en Crimée à l'automne 1920. (Igor Bunich, « L'Or du Parti », Saint Pétersbourg, 1992, p.73). Le Tchékiste Juif particulièrement cruel Mikhaïl Kedrov (en fait Zederbaum), noya 1092 officiers russes dans la Mer Blanche à l'automne 1920.

Lénine et ses complices n'arrêtaient pas seulement n'importe qui. Ils exécutaient tous ceux qui prenaient une part active à la société, notamment les penseurs indépendants. Lénine donna l'ordre de tuer autant d'étudiants que possible dans plusieurs villes. Les Tchékistes arrêtaient tous ceux qui portaient un chapeau d'étudiant. Ils étaient liquidés parce que Lénine croyait que la génération montante d'intellectuels serait une menace pour le régime Soviétique. (Vladimir Solooukhine, « À la lumière du jour », Moscou 1992, p.40). Le rôle des intellectuels russes dans la société fut remplacé par les Juifs. Beaucoup d'étudiants apprirent vite (par exemple à Iaroslavl) et cachaient leur chapeau. Après, les Tchékistes arrêtaient tous les jeunes suspects et cherchaient leurs cheveux afin d'y trouver la trace du chapeau. Si la trace était constatée, le jeune était tué sur le champ.

L'auteur Vladimir Soloukhine révéla que les Tchékistes étaient tout spécialement intéressés par les beaux garçons et les jolies filles. Ces derniers étaient les premiers à être tués. Ils croyaient qu'il y aurait plus d'intellectuels parmi les gens séduisants. Ces jeunes gens étaient alors tués en tant que danger à la société. Aucun crime aussi terrible n'avait jusqu'alors était perpétré dans toute l'histoire du monde.

La terreur était coordonnée par un fonctionnaire Tchékiste Joseph Unschlicht. Comment se déroulaient les meurtres ? Les Tchékistes Juifs pimentaient les meurtres de méthodes de tortures variées. Dans son documentaire « La Russie que nous avons perdue », le metteur en scène Stanislav Govorukhin raconta comment les moines de Kherson furent crucifiés. L'archevêque Andronnikov à Perm fut torturé : ses yeux furent arrachés, ses oreilles et son nez furent coupés. À Kharkov le prêtre Dimitri fut déshabillé. Lorsqu'il essaya de faire le signe de croix, un Tchékiste coupa sa main droite.

Plusieurs sources relatent comment les Tchékistes de Kharkov plaçaient les victimes en rang et clouaient leurs mains à une table, les entaillaient autour des poignets avec un couteau, puis versaient de l'eau bouillante sur les mains avant de leur peler la peau à vif. Ce procédé était appelé « retirer le gant ». Dans d'autres endroits, la tête de la victime était placée sur une enclume et écrasée doucement au marteau-pilon. Ceux qui devaient endurer le même traitement le jour suivant étaient forcés d'y assister. Tous ces faits ont été relatés par l'historien en exil Sergei Melgunov dans son ouvrage, « La Terreur Rouge en Russie », (Moscou, 1990).

Les yeux des dignitaires de l'église étaient sortis de leurs orbites, leurs langues coupées et ils étaient enterrés vivants. Il y avait des Tchékistes qui avaient pour habitude d'ouvrir l'estomac de leurs victimes, avant d'en extraire les intestins pour les clouer sur un poteau télégraphique, et avec un fouet, ils forçaient la malheureuse victime à courir en cercle autour du poteau jusqu'à ce que tous les intestins soient démêlés et que la victime meure. L'archevêque de Voronezh fut ébouillanté vivant dans une grande marmite, après quoi les moines, revolvers sur la tempe, furent forcés de boire cette soupe. À Odessa, des officiers furent bouillis vivants dans un immense chaudron.

D'autres Tchékistes écrasaient la tête de leurs victimes avec des clous spéciaux, ou les creusaient avec des outils dentaires. La partie supérieure du crane était sciée et le premier de la rangée était forcé de manger le cerveau, jusqu'à ce que le processus soit répété jusqu'à la fin de la rangée. Les Tchékistes arrêtaient souvent les familles et torturaient les enfants devant les yeux de leurs parents, et les femmes devant les yeux de leurs maris.

Mikhaïl Voslensky, un ancien fonctionnaire Soviétique, décrivit certaines des méthodes cruelles utilisées par les Tchékistes dans son livre « Nomenklatura » / « La Nomenclature : la classe dirigeant soviétique » (Stockholm, 1982, p.321) :

« A Kharkov, les gens étaient scalpés. À Voronezh, les victimes torturées étaient placées dans des barils au sein desquels des clous étaient plantés pour qu'ils émergent à l'intérieur, sur ce, les barils étaient lancés en roulant. Un pentacle (une étoile à cinq branches anciennement utilisée au cours de rituels magiques) était marqué au fer rouge sur le front des victimes. À Tsaritsyn et Kamychine, les mains étaient amputées au sabre. A Poltava et Krementchoug, les victimes étaient empalées. À Odessa elles étaient brûlées vivantes dans des fours ou taillées en pièces. À Kiev, les victimes étaient placées dans des cercueils auprès de cadavres en décomposition et enterrées vivantes, avant seulement d'être déterrées après une demi-heure. »

Lénine n'était pas satisfait de ses rapports et demandait : « Mettez plus d'ardeur dans la terreur ! » Tout ceci se produisit dans les provinces. Le lecteur peut imaginer comment les gens furent traités à Moscou.

Le journal Juif russe *Yevreyskaya Tribuna* (*La Tribune Juive*) déclara le 24 août 1922 que Lénine avait demandé aux rabbins Juifs s'ils étaient satisfaits de ces exécutions particulièrement cruelles. Dans le même temps, pas une seule synagogue ne fut fermée, pas un seul rabbin ne fut exécuté.

L'ORIGINE IDÉOLOGIQUE DE LA TERREUR

Comparons les crimes mentionnés dans le chapitre précédent avec le récit de l'Ancien Testament à propos du massacre par le Roi David d'une entière population civile d'un ennemi « ainsi fit-il de toutes les villes abritant les enfants d'Ammon ». (2. Samuel 12 :31.) Il les « coupa avec des scies et des flèches d'acier » et les « fit passer au four à briques ».

Après la Deuxième Guerre Mondiale, ce texte fut modifié dans la plupart des Bibles européennes. Maintenant, beaucoup de Bibles mentionnent que les gens furent *mis au travail* avec les outils cités et étaient occupés à la fabrication des briques – une chose que les habitants faisaient déjà continuellement depuis plusieurs milliers d'années. (Voir II Samuel, 12.31, et I Chroniques 20.3)

Les crimes atroces des extrémistes Juifs en Russie furent commis dans le plus pur esprit de l'Ancien Testament :

*Le Dieu d'Israël commande le meurtre de masse des Gentils (i.e. *goyim* = non Juifs), y compris les femmes et les enfants. (Deutéronome, 20.16)

*Yahvé souhaite répandre la terreur parmi les Gentils (Deutéronomes, 2.25)

*Yahvé commande la destruction des autres religions (Deutéronome, 7.5)

*Les Juifs peuvent partager les bénéfices d'un grand butin (Isaïe, 33.23)

*Les Juifs peuvent faire des Gentils leurs esclaves (Isaïe, 14.2)

*Ceux qui refusent de servir les Juifs doivent périr et être totalement massacrés (Isaïe, 60.12)

*Les Gentils seront forcés à manger leur propre chair (Isaïe, 49.26)

Afin de contrôler la haine des gens pour leurs tortionnaires et bourreaux Juifs, ceux qui étaient suspectés de nourrir un penchant antisémitique étaient aussi exécutés. Ceux qui étaient trouvés en possession du livre « *Les Protocoles des Sages de Sion* » étaient exécutés sur le champ.

À la fin de mars 1919, Lénine fut forcé de s'expliquer : « Les Juifs ne sont pas les ennemis des classes laborieuses… ils sont nos amis dans la lutte pour l'instauration du socialisme. » Mais les gens haïssaient précisément ce socialisme et ceux qui pratiquaient la terreur en son nom.

La passion de Vladimir Oulianov était de tuer autant de gens que possible sans penser aux conséquences. Bien sûr, il ne se demanda jamais si c'était vraiment possible de construire un état reposant sur la violence et le mal.

Lénine montrait la même insouciance qu'à Ienisseï, où il avait chargé son bateau avec tant de Lapins à la tête écrasée qu'il sombra sous la charge. En août 1991 l'état-bateau que Lénine avait lancé, sombra. À quoi d'autre pouvait-on s'attendre ?

Les premiers camps de concentration furent ouverts sur ordre de Trotski en mai 1918. En 1921, au moins 85 000 prisonniers étaient détenus au sein de 200 camps. À l'automne 1923, il y avait 315 camps contenant plus de 120 000 résidents. Ainsi fut construit l'archipel du goulag.

Le terme goulag provient de l'appellation Directoire Central pour la Rééducation en Camp de Travail.

Lénine faisait souvent preuve de courte vue ou d'une complète stupidité. Par exemple, il détestait les chemins de fer. D'après lui, le train n'était acceptable pour une civilisation évoluée qu'aux yeux des professeurs bourgeois. De l'avis de Lénine, les chemins de fer étaient une arme avec laquelle il était possible de supprimer des millions de gens. (« Œuvres Choisies », 2ème édition, Volume 19, p.74) Cette remarque de Lénine ne fut pas donnée à lire aux travailleurs du rail de Baikal-Amur dans leurs baraques.

En 1916, Lénine prétendit que le capitalisme disparaitrait bientôt. Son communisme tomba pourtant le premier.

Lénine n'était pas le moins du monde intéressé par l'héritage culturel mondial. Il ne visita jamais le Louvre quand il était à Paris. En 1910 il qualifia même Paris de 'trou méprisable'.

La révolutionnaire Juive Maria Essen, dans son livre « Souvenirs de Lénine » (partie 1, p. 244) confirma que Lénine ne visitait jamais les musées ou les expositions. Gorki cependant, le força à visiter le musée national de Naples. Il évitait les quartiers populaires des villes. (Paul Johnson, « Les Temps Modernes », Stockholm, 1987, p.82) En effet, Marx avait déclaré que les ouvriers n'étaient qu'un troupeau d'animaux stupides.

Lénine n'aimait pas écouter la musique. Pourquoi perdre son temps avec de telles fadaises ? Selon lui, la musique éveille de belles pensées qui ne sont pas nécessaires. C'est pourquoi il ne voulait pas que qui que ce soit en écoute non plus, encore moins de l'opéra. L'interprète de Staline, Valentin Berezhkov, révèle dans son journal que Lénine voulait fermer le Théâtre du Bolchoï de Moscou, car les classes laborieuses n'avaient pas besoin d'Opéras. Il n'y renonça de mauvaise grâce que lorsqu'il lui fut expliqué que la musique d'opéra faisait partie de la culture Russe. Anatoli Lunacharsky déclara qu'il avait visité quelquefois le Théâtre des Arts, mais confirma aussi que Lénine ignorait tout de l'art. Lénine insistait sur le fait que l'art doit être utilisé pour les besoins de la propagande. Le but de l'art et de la culture était, selon Lénine de servir le socialisme et rien d'autre. C'est pourquoi tant d'abstractionnistes Juifs et d'autres artistes guignols furent immédiatement recrutés, entres autres Vassili Kandisky, Kazimir Malevitch et Isaac Brodsky, pour infester les endroits de symboles communistes, de slogans et de pancartes. Le Proletkult (la culture du prolétariat = sans culture) fut fondé sur ordre de Lénine. Plus tard, des méthodes répressives furent utilisées pour établir le réalisme socialiste – le viol des arts en public. De cette façon les arts aristocratiques et nobles furent détruits. À la tête de ces peintres de pancartes était le Juif et franc-maçon Marc Chagall, qui servit un temps comme commissaire-priseur à Vitebsk.

Lénine pensait que les campagnes électorales étaient une méthode non scientifique. En même temps il jugea bien mal de la situation politique. Lénine déclara que « la guerre mondiale ne peut pas arriver » à Krakow en 1912. (« Œuvres Choisies », 4ème édition, volume 16, p.278).

Malgré de nombreux essais, le « grand chef » du prolétariat ne parvint jamais à apprendre à utiliser une machine à écrire. (Oleg Agranyants, « Que faire ? », Londres, 1989) Il haïssait tous les intellectuels ; peut-être était-ce le résultat d'un complexe d'infériorité.

Anatoli Lunacharsky (en fait Bailikh Mandelstam), commissaire du peuple à l'éducation 1917-29 et un membre du Grand-Orient, se rappela comment Gorki s'était plaint à Lénine en 1918 à propos de l'incarcération des mêmes intellectuels qui plus tôt avaient aidé Lénine et ses compagnons à Saint-Pétersbourg. Lénine répondit avec un sourire cynique : « Leurs maisons doivent être fouillées et eux-mêmes jetés en prison précisément parce que ce sont de bonnes personnes. Ils font toujours preuve de compassion envers les opprimés. Ils sont toujours contre la persécution. C'est pourquoi ils peuvent maintenant être soupçonnés d'abriter des cadets et des octobristes. » (La Collection « Lénine & la Tchéka », Moscou, 1975). Le Parti d'Octobre était une organisation politique non-révolutionnaire de type centriste, anciennement dénommée l'Union d'Octobre 1917.

D'après Lénine, il n'y avait pas d'innocents parmi les intellectuels. Tous étaient l'ennemi principal du communisme. Ils étaient soit contre ou bien neutres. Ils sympathisaient toujours à l'égard de ceux qui étaient persécutés.

Répondant à une lettre de M. Andreyeva le 19 septembre 1919, Lénine admit franchement : « Ne pas emprisonner les intellectuels serait un crime ». Il pensait qu'ils étaient en position d'aider l'opposition et étaient donc potentiellement dangereux.

Le but principal de Lénine était d'exterminer la partie la plus intelligente de la population Russe. Lorsque les géants sont partis, les nains peuvent émerger. Les Tchékistes avaient pour habitude d'inventer des accusations contre les intellectuels. Parfois Lénine relâchait un scientifique dont il avait besoin. Maxime Gorki se chargeait des enquêtes. Lénine utilisa habilement Gorki en tant qu'auteur populaire et célèbre, car il avait besoin de lui pour des raisons de propagande. C'est pourquoi il faisait parfois libérer certains intellectuels que Gorki voulait affranchir des lois de la Tchéka. Plus tard, Lénine commença d'utiliser systématiquement les connaissances des scientifiques emprisonnés pour ses besoins propres.

Lénine commença la persécution des intellectuels immédiatement après son arrivée au pouvoir. Il les fit mourir de faim, les força à émigrer, les emprisonna ou bien les fit assassiner. Ainsi il donna l'ordre de tuer des centaines de milliers d'intellectuels. Pendant la terreur à Kiev qui eut lieu de février à août 1919, les bolchéviques Juifs tuèrent au moins entre 40 000 et 100 000 intellectuels et officiers russes (Platonov, « Histoire du peuple russe dans les années 1900 », partie I ; Moscou, 1997, p. 611).

Dans une lettre à Maxime Gorki du 15 septembre 1919, il traita les savants de « merdes ». Il traita aussi les intellectuels russes d'espions qui essayaient de conduire les jeunes étudiants à leur destruction. Le 21 février 1922 il demanda la démission de 20 à 40 professeurs du Collège Technique de Moscou, parce qu'ils « les rendaient tous stupides ». Le 10 mai 1922, il promulgua un décret demandant que les intellectuels russes soient systématiquement expulsés du pays de la même manière qu'on se débarrasse des insectes. Il voulait que cette missive reste secrète.

Le 16-18 septembre 1922, « 160 des bourgeois idéologues les plus actifs » furent expulsés par décret gouvernemental. Parmi ceux-là figuraient Léon Karsavin, principal de l'université de Saint-Pétersbourg, et Novikov, principal de l'Université de Moscou. Il expulsa aussi Staranov, chef du département de mathématiques de l'université de Moscou, des biologistes, des zoologistes, des philosophes, des historiens, des économistes, des mathématiciens et plusieurs auteurs et journalistes de renommée mondiale. Des philosophes comme Nikolaï Berdiaev, Sergueï Boulgakov et Ivan Ilyin, ainsi que Vladimir Zvorykin et l'auteur Ivan Bunin, qui reçut le prix Nobel de littérature en 1933, doivent aussi être mentionnés.

Il n'y avait parmi ces noms personne d'important d'après le GPU (police politique).

Les bolchéviques restèrent discrets sur le fait que ceux qui étaient expulsés appartenaient à diverses sociétés secrètes, entre autres la *Lumière de l'Etoile Bleue*. Trotski demanda dès 1918 que la Tchéka laisse cette organisation tranquille.

De cette façon, Lénine débarrassa le pays de ses meilleurs esprits. Finalement, Lénine purgea presqu'entièrement la Russie de ses gens éduqués, sages et libres de pensée. Les pires commencèrent à diriger les meilleurs de ceux qui restaient. Ce qui avait été considéré comme faux pendant des siècles, était maintenant devenu une vertu. De la même manière, Lénine introduisit le droit à la malhonnêteté.

Lénine s'enivrât de la possibilité de tuer et de piller en toute impunité. À la place du mot « pillage », il préférait les termes de « confisquer », « saisir », « prendre et ne pas rendre », comme un vrai bandit ! Il écrivit « Je ne veux pas savoir que vous ayez montré le moindre signe de faiblesse en confisquant les richesses. » (Lénine, « Œuvres Choisies », deuxième édition, Volume 29, p.491)

Il n'avait pas la moindre considération ou pitié pour les gens du commun ; il n'accordait pas une pensée à leur sort. Dans le même temps, il contrôlait constamment l'efficacité des Tchékistes.

Le 2 avril 1921, il demanda une réduction du nombre de bouches à nourrir dans les usines. Cela signifiait que ceux en trop devaient être exécutés.

Ceux qui constituaient une menace réelle ou supposée à la suprématie bolchévique furent parqués en camp de concentration. « Le décret sur la Terreur Rouge » du 5 septembre 1918 indique : « La République Soviétique doit se débarrasser de ses ennemis de classe en les isolant au sein de camps de concentration… » (« Décrets du Pouvoir Soviétique », Moscou, 1964, p. 295).

L'auteur Maxime Gorki, qui était bien au fait de l'intolérance de Lénine, le définissait de cette manière : « Lénine n'était pas un magicien tout-puissant, mais un menteur à sang-froid qui n'avait rien à faire ni de l'honneur ni de la vie des prolétaires. » Source : article de Gorki « De la démocratie » publié dans le journal *Novaya Zhizn*, No. 174, 7 [20] novembre 1917.

Lorsque le Juif Vladimir Bonch-Bruyevich, un proche associé de Lénine essaya de le restreindre quelque peu, croyant que le chef révolutionnaire allait entrainer la destruction totale de la Russie s'il n'était pas arrêté, Lénine répondit : « Je crache sur la Russie, car je suis un bolchévique. » (Igor Bunich, « L'or du Parti », Saint Pétersbourg, 1992, p.17) Cette expression devint aussi le slogan des autres dirigeants bolchéviques et la Russie fut transformée en état voyou.

Comme le véritable terroriste qu'il était, Lénine exigeait que les bolchéviques prennent des otages, qui devaient être exécutés sans pitié s'il n'obtenait pas ce qu'il voulait. Il ordonnait que des otages soient pris au cours de toutes les expéditions de pillage. Ces otages devaient être tués si l'argent et les objets de valeur n'étaient pas remis aux Gardes Rouges, ou si une tentative de les dissimuler était découverte.

Les prises d'otages étaient une politique délibérée du gouvernement, qui avait été mise en place par Lénine et Trotski, et non simplement le résultat de la cruauté et de l'absence de toute pitié d'individus terroristes. Ce fut Lénine qui initia les expéditions de pillage et les meurtres de masse. Lénine alla même jusqu'à exiger que tous les sans-abri soient exécutés sur le champ.

Finalement, tous les citoyens Soviétiques devinrent otages de toute façon, enfermés dans un ghetto emmurés par le rideau de fer.

« Le Socialisme est l'idéologie de l'envie », déclara le philosophe Nikolaï Berdiaev en 1918. S'il l'avait dit ouvertement, il aurait été fusillé sur le champ.

Cette définition était vraie, car après avoir exploité l'envie des ouvriers et des paysans pauvres, il commença à éliminer sans pitié ceux qui lui résistaient, tout comme il avait matraqué les lapins. Il donna l'ordre de tirer sur les ouvriers si nécessaire, ce qui finit par arriver lorsque des manifestants paisibles furent mitraillés en mars 1919. Deux milles ouvriers furent tués. (Igor Bunich, « L'or du Parti », Saint Pétersbourg, 1992, pp. 58-59) Une centaine d'ouvriers du rail furent fusillés à Yekaterinoslavl pour essayer d'organiser une grève.

Les mitraillages d'ouvriers continuèrent de la sorte jusqu'au milieu d'avril 1919. Au cours des seuls trois premiers mois de 1919, 138 000 ouvriers furent fusillés. Les bolchéviques s'arrangèrent finalement pour détruire presque tous les meilleurs ouvriers.

Des activistes ouvriers se firent aussi tirer dessus sous le règne de Nikita Khrouchtchev. Le KGB tira sur 80 manifestants à Novotcherkassk sur les bords de la Mer Noire, le 2 juin 1962.

Ce fut Lénine qui introduisit la méthode de fusiller les gens sur le champ. Il catalogua les hommes d'affaires russes comme ennemis du peuple et donna alors l'ordre de les fusiller comme spéculateurs. Les Tchékistes usèrent de certaines astuces pour attirer leur victime sur le lieu de leur exécution. 2000 officiers Tsaristes furent convoqués dans un théâtre de Kiev pour un contrôle de leurs papiers d'identité. Tous furent tués sans pitié. 2000 autres furent exécutés sur le champ à Stavropol.

Lénine encourageait les soldats à tuer leurs officiers, les ouvriers à tuer leurs ingénieurs et directeurs, les paysans à tuer leurs propriétaires terriens.

Vers la fin de 1922, il n'y avait virtuellement plus aucune personne intelligente restant en Russie, et le peu qui restait n'avait pas la moindre possibilité de publier ou de faire diffuser leurs idées. Le grand auteur Mikhaïl Boulgakov fut autorisé à parler ouvertement après la mort de Lénine mais le clown agitateur Vladimir Maïakovski (d'origine juive) le menaça immédiatement : « Ce fut un pur hasard que nous laissions Boulgakov parler, ce que nous fîmes pour le grand régal de la bourgeoisie. Mais c'était la dernière fois. »

Alors les bureaucrates Juifs harcelèrent Boulgakov jusqu'à la fin de ses jours. « Tout a été interdit. Je suis brisé, persécuté et complètement seul, » écrivait-il dans une lettre à Gorki. 13 d'entre les 15 formulant des critiques envers Boulgakov étaient Juifs. (*Dagens Nyheter*, 10 août 1988).

Beaucoup de poètes périrent sous Lénine. Parmi ceux qui furent exécutés était le poète âgé de 35 ans Nikolaï Gumilev, tué le 21 août 1921.

Ce fut Grigori Zinoviev qui donna l'ordre au tchékiste Yakov Agranov d'exécuter Nikolaï Gumilev.

Au début de la Nouvelle Politique Économique (NEP), Lénine était insatisfait que la terreur doive être réduite, mais il promit de continuer encore plus intensément dans le futur. « *C'est la plus grande erreur de croire que la NEP signifie la fin de la terreur. Nous continuerons la terreur plus tard, et aussi la terreur économique* », écrivit Lénine à Léon Kamenev (en fait Rosenfeld) le 8 mars 1922.

Dans son enfance, le petit Vova Oulianov aimait donner des ordres et terroriser sa jeune sœur Olga. Il aimait aussi détruire ses jouets. Il ne parla que vers l'âge de trois ans. Il était également dans son jeune âge, la proie de fréquents accès de rage auxquels seuls des bains d'eau froide pouvaient mettre un terme.

Lénine était extrêmement insatisfait par les résultats de l'agitation des paysans en 1905 : « Malheureusement, les paysans ne détruisent qu'un quinzième des domaines ; seulement un quinzième de ce qu'ils auraient dû détruire entièrement. » (Lenin, « Œuvres Choisies », deuxième édition, volume 19, p. 279) En France, les « révolutionnaires » Jacobins avaient aussi ordonné aux paysans de détruire les châteaux et les manoirs.

Lénine ordonna également de piller les églises et de les détruire. De cette manière il collecta 48 milliards de roubles en or. (« À la lumière du jour » par Vladimir Solooukhine, Moscou, 1992, p.59) Le monastère de Solovetsk fut changé en camp de concentration. De la même manière, les musées furent dépouillés et le butin envoyé en contrebande à l'étranger. La plus importante collection de Rembrandt au monde était conservée au musée de L'Hermitage, mais elle fut vendue, tout comme des trésors artistiques provenant de résidences Russes.

Le 7 novembre, Lénine déclara dans un discours au peuple Russe : « Vous devez être prêts à tout sacrifier pour conquérir le monde ! »

Lénine ne cherchait jamais à atteindre la vérité à travers la discussion. Il n'était intéressé que par le renforcement du pouvoir de son organisation criminelle au travers du mensonge, du pillage et du meurtre. Comme le peuple russe refusait d'accepter le système démentiel des bolchéviques, ils furent forcés de liquider un tiers de la population, écrivit l'auteur Vladimir Solooukhine dans le journal *Ogonyok* en décembre 1990.

Vladimir Lénine reprit bien des méthodes des terroristes anarchistes de Sergueï Netchaïev (1847-82), qui avait prévu d'introduire des baraquements communistes en Russie. Lénine appelait sa propre méthode le « communisme guerrier ». Netchaïev avait travaillé avec le franc-maçon Mikhaïl Bakounine. À cause de l'influence de Bakounine, Netchaïev était porté à croire que tout était moralement justifiable pour un révolutionnaire. Il recommandait même d'enrôler les voleurs, qui pourraient aussi prétendre appartenir aux vrais révolutionnaires. Cette idée devint plus tard la base des tactiques de Lénine. Mao Tsé-toung (en Chine) utilisa aussi les mêmes méthodes.

Netchaïev avait pris part aux troubles estudiantins en 1868 et essayait de mettre sur pied à Moscou l'année suivante une organisation terroriste appelée L'*Axe de Règlement du Peuple*. Il fonda plus tard le groupe terroriste *Enfer*, dont le terroriste marxiste Nikolaï Fedoseyev (1871-1898) devint une figure importante. Il empoisonna son père pour offrir son héritage à l'activité révolutionnaire. Fedoseyev fonda le premier club marxiste à Kazan. Un de ses membres était Vladimir Oulianov (Lénine), qui l'intégra en 1888. (La Collection « Tchernychevski et Netchaïev », Moscou, 1983)

Sergueï Netchaïev écrivit « Le catéchisme de la Révolution » en 1868-69, dans lequel il affirmait : « Nous avons besoin de conspirateurs dotés d'une discipline de fer pour que la révolution puisse aboutir. Ils doivent même espionner leurs camarades et rapporter tous les agissements suspects. De cette façon, Netchaïev organisa personnellement le meurtre d'un membre dissident. Après quoi, il s'enfuit à l'étranger en 1872. La police Suisse l'extrada en Russie la même année et il fut condamné à 20 ans de travaux forcés.

Dans son « Catéchisme de la Révolution », Netchaïev indiqua qu'un révolutionnaire doit être sans pitié envers toute la société, tout spécialement à l'égard des intellectuels. Mais il doit savoir aussi exploiter le fanatisme des terroristes individuels. Ces derniers devaient plus tard être oubliés ou supprimés en fonction des besoins. Comme nous le savons, Staline commença à liquider les terroristes sociaux révolutionnaires – en accord avec les instructions de Lénine.

Une chanson pour enfant bien connue en l'honneur de Lénine dit : « Le grand Lénine est si noble, si attentionné, sage et bon. » Mais le « bon » Lénine se fichait bien des conditions de vie du peuple. Il détestait les enfants. Lénine n'était intéressé que par son propre pouvoir et bien-être personnel. Il s'arrangeait par contre pour que son gang de bandits vive bien, ainsi que sa famille. Lénine organisait des vacances pour les membres de sa famille dans divers lieux de repos, les faisant prendre en charge par l'état, et leur accordait également des pensions d'état. Il y a des preuves écrites de la manière dont Lénine donna l'ordre à Sergo Ordzhonikidze de prendre soin de sa maîtresse Inessa Armand, de la meilleure des manières lorsqu'elle arriva à Kislovodsk. Le premier téléphone spécial fut donné à la même « camarade Inessa ». Ce fut Lénine qui introduisit les privilèges de la Nomenklatura, ce qui changea la vie des gens normaux en véritable cauchemar.

Lorsque Lénine passa 14 mois en prison à Saint-Pétersbourg en 1895-96, il recevait ses repas directement d'un restaurant. Il commandait aussi une eau minérale spéciale uniquement disponible en pharmacie.

En tant que dictateur, l'attitude repoussante de Lénine atteignit son comble. Il conserva sa fortune personnelle, qu'il avait acquise par le pillage d'œuvres d'art, de bijoux et autres objets précieux, dans une banque Suisse. Rien qu'en 1920, Lénine transféra 75 millions de francs Suisses sur son compte. (Igor Bunich, « L'or du Parti », Saint Pétersbourg, 1992, p.83) Ceci fut confirmé la même année par le *New York Times*.

Le même journal écrivit le 23 août 1921, que le camarade Léon Trotski avait deux comptes en banque personnels aux États-Unis, sur lesquels était déposé un total de 80 millions de dollars. Pendant ce temps, Lénine déclarait qu'il n'y avait pas d'argent pour aider les affamés ou soutenir les cultures. D'après la légende, Lénine pensait d'abord aux autres.

Lénine avait par le passé déjà volé des fonds du Parti, malgré le fait qu'il recevait des fonds de la même source. Une fois, il s'appropria le fond entier dévolu à l'achat des votes des membres du comité central. On peut lire ceci dans « Les mémoires d'un socialiste russe » par T. Alexinskaya (Paris, 1923) : « *Sur instructions de Lénine, Nikolaï Shemashko transféra les fonds entiers du Parti sur le compte d'un comité fictif… Lénine versait des pots de vins à certains membres du comité central pour qu'ils votent pour lui.* »

Au cours d'une réunion du Bureau International du Socialisme à Bruxelles le 20 juin 1914, Georgy Plekhanov dit, entre autres choses : « Oulianov ne veut pas rendre l'argent du Parti, qu'il s'est approprié comme un voleur. » (Extrait des comptes rendus)

En Angleterre, des poursuites furent engagées contre Lénine pour une dette impayée. En 1907, il avait emprunté de l'argent au fabricant de savon Feltz en promettant de le rembourser, mais ne l'avait pas fait. La police anglaise recherchait Oulianov. La police française le recherchait aussi en 1907, à la suite de quoi il visita d'autres pays, y compris la Suède.

Il devait 10 000 roubles en or à une bande de voleurs, qui auraient dû recevoir des armes pour cette somme à travers Lénine. Le chef du gang, Stépan Lbov, fut pris et pendu. Avec ça, Lénine croyait le problème résolu. Mais un des bandits vint demander l'argent. Lénine s'enfuit mais fut après recherché par la police. Il s'était aussi approprié l'héritage du millionnaire Nikolaï Schmidt, propriétaire d'une usine de meubles de Moscou, se montant à 475 000 francs suisses. Ce faisant, Lénine agissait en accord avec les principes Jésuites-illuministes – la fin justifie les moyens.

Il ne sera jamais possible de réparer les crimes immenses du Parti Communiste Soviétique. Il est tout aussi impossible de justifier les actes des « camarades individuels » tels que Lénine. En fait Lénine était fasciné par la violence. Il parlait de la prétendue Révolution Française en louant la part de violence qui en avait découlé. Lénine était séduit par la violence – il se léchait les babines lorsque se présentait l'opportunité d'en faire usage.

Les francs-maçons bolchéviques avaient besoin de sacrifices humains. D'après Lénine, ils sacrifiaient leurs victimes en l'honneur de

Moloch, comme le confessa plus tard le transfuge bolchévique Georgi Salomon (« Parmi les Dirigeants Rouges », Stockholm, 1930, p. 56).

Mark Yelizrov, le mari d'Anna, la sœur ainée de Lénine, confia au camarade Georgi Solomon que Lénine était anormal (Georgi Solomon, « Lénine et sa famille », Paris, 1931). Charles Rappoport affirma en 1914 que Lénine était un escroc de la pire espèce. Viatcheslav Menzhinsky traitait Lénine de jésuite politique dans le journal russe exilé *Nashe Slovo* (Paris, juillet 1916).

Menzhinsky fut nommé Commissaire du peuple aux affaires financières après la prise de pouvoir des bolchéviques. En 1918, il était Consul-Général de la Russie Soviétique à Berlin et plus tard, en 1919, il occupa des postes importants au sein de la Tchéka. En 1926, il devint chef de l'OGPU (police politique), un poste qu'il conserva jusqu'en 1934, lorsque Staline le fit exécuter. En 1916, Menzhinsky avait déclaré ouvertement que le but des léninistes était de supprimer la voix des travailleurs. Il devint plus tard un infâme meurtrier de masse.

Le 7 novembre 1990, la télévision suédoise montra un programme sur le coup d'état d'Octobre et ses conséquences. Il y avait des entretiens avec des léniniste-stalinistes et des Gardes Blancs. Alexandre Kondratyevich, ancien officier de l'armée Tsariste Russe, vivant alors à Paris, avait personnellement rencontré Lénine. Il raconta que les yeux de Lénine étaient diaboliques et irradiaient la haine, et qu'il était secoué par le mal et l'animosité tout en parlant. Kondratyevich eut l'impression que Lénine souffrait quelque part de paranoïa.

L'auteur russe Alexandre Kouprine (1870-1938), qui émigra en 1919 avant de rentrer en 1937 décrivit Lénine de la manière suivante : « Petit avec de grandes épaules et maigre ». Il pensait que Lénine était dépourvu de subtilité.

L'auteur Nikolaï Valentinov écrivit le livre « Le Lénine moins connu » (Paris, 1972). Il témoigne du fait que les petits yeux affreux de Lénine irradiaient un mépris perçant, une complète froideur et une méchanceté sans limite. Valentinov affirmait que le regard de Lénine lui rappelait celui d'un porc affamé.

Le philosophe anglais Bertrand Russel maintenait que Lénine était la pire personne qu'il ait jamais rencontrée. Il décrivit dans ses mémoires comment Lénine parlait des paysans qu'il avait pendus et se mettait à rire comme s'il s'agissait d'une plaisanterie.

Il a été à présent rendu public dans la presse russe que lorsque Felix Dzerjinski (en fait Rufin), chef de la Tchéka, rapporta à Lénine l'exécution de 500 intellectuels en 1918, le grand dictateur, dans sa joie, commença à hennir comme un cheval. Il était transporté d'extase et joyeusement satisfait.

En août 1990, l'artiste Ilya Glazounov passait au programme télé le plus populaire de Leningrad « 600 secondes », où le présentateur lui demanda : « Qui considérez-vous comme le plus grand criminel du vingtième siècle ? » Glazounov répondit : « N'est-ce pas évident ? Tout le monde se rend compte de qui il s'agit. » Le présentateur était têtu : « Non, je n'ai aucune idée de qui vous voulez parler. Dites-moi, à qui pensez-vous ? » Glazounov répondit : « Lénine bien sûr. »

Beaucoup de gens qui connurent personnellement Lénine déclarèrent qu'il était principalement rempli de haine et d'une cruauté sans merci. Il recevait toujours les nouvelles des exécutions avec le sourire. Il voulait que les arrestations et les perquisitions des maisons aient lieu la nuit. Le vrai chef de la Tchéka était en fait Lénine. Au cours du septième congrès Soviétique de décembre 1919, Lénine insista sur le fait que la terreur bien organisée était nécessaire. Il expliqua qu'un bon communiste doit être en même temps un bon tchékiste.

Lénine soulignait : « *Nous devons utiliser toutes les ruses et méthodes illégales possibles, nier et dissimuler la vérité.* »

Lénine demandait : « *Nous enseignerons aux gens la haine. Nous devons commencer avec les jeunes. Les enfants seront instruits de haïr leurs parents. Nous pouvons et devons écrire dans un langage nouveau qui suinte la haine, la détestation et des sentiments similaires parmi les masses contre ceux qui ne sont pas d'accord avec nous.* »

Une autre légende prétend que Staline retira le pouvoir des mains du prétendu Conseil des Travailleurs contre la volonté de Lénine. Mais Lénine écrivit ceci dès 1918 : « Tout le pouvoir pour le Conseil des Travailleurs était le slogan de la révolution paisible. Il n'est plus applicable à présent. » (Lénine, « Œuvres Choisies », volume 25, p.156)

D'après une autre légende, Lénine était un défenseur de la démocratie et de la liberté. Si seulement il avait eu le pouvoir plus longtemps tout aurait été différent. Lénine précisa dès 1917 que les ouvriers n'avaient ni besoin de liberté, d'égalité, ou de fraternité. (Lénine, « Œuvres Choisies », volume 26, p.249) Il disait aussi que le marxisme était dépourvu d'éthique. La seule éthique du marxisme étant la lutte des classes. (Lénine, « Œuvres Choisies », volume 26, p.378)

Staline ne dévia pas de la voie du léninisme, comme cela fut plus tard affirmé. Il démantela la NEP qui avait alors joué son rôle. Lénine avait donné des instructions à cet effet. Gorbatchev suivit aussi ces instructions. Lénine écrivit « si les attaques frontales échouent, nous devons les contourner et continuer plus doucement. Nous devons exploiter le capitalisme. » C'était en 1921 avant le début de la Nouvelle Politique Économique. (Lénine, « Œuvres Choisies », vol.32, p.318)

Olgerts Eglits, membre de l'Académie des Sciences de Lettonie déclara dans le journal *Atmoda* (le Réveil) du 17 avril 1989, que Staline avait suivi scrupuleusement les principes léninistes. Tout le monde se rappelle probablement des évènements sanglants qui eurent lieu à Riga et à Vilnius en janvier 1991. Eux, aussi, furent le résultat de la politique léniniste.

Parmi d'autres documents découverts dans les archives de Trotski, il y avait une lettre de Lénine à Ephraïm Shklansky, le Vice-Commissaire Juif du peuple aux affaires militaires, écrite en août 1920. Lénine avait appris comment, en Estonie, des volontaires étaient recrutés pour l'armée Polonaise. Le plan était de les envoyer en Pologne par Riga et la Lettonie. Alors Lénine décida : « *Il ne suffit pas d'envoyer quelques protestations diplomatiques… Utilisez les moyens militaires, la Lettonie et l'Estonie doivent être punies militairement (suivez par exemple, Balakhovich au-delà de la frontière et pendez entre 100 et 1000 officiels et gens riches).* »

Lénine promit de payer 100 000 roubles pour chaque personne pendue. Les plans rusés de Lénine étaient de déguiser ses terroristes en Gardes Blancs de Stanislav Bulak-Balakhovich.

Cette lettre fut tirée des « Œuvres complètes » et fut publiée pour la première fois dans le journal *Das Land und die Welt* No.4, à Munich en 1984, et aussi en Russie après la chute du Communisme.

Ne s'agissait-il pas d'une astuce communiste typique de rendre le président Vytautas Landsbergis responsable du bain de sang Soviétique de Vilnius en janvier 1991 ?

Alexandre Soljenitsyne a souligné que Lénine n'avait absolument rien en commun avec la culture russe, car il appartenait aux prétendus internationalistes. C'est pourquoi il mena une guerre contre toute forme de culture nationale. Ses règles concernant les questions nationales prescrivaient la fusion des différentes nationalités et des cultures nationales. Le saint des bolchéviques écrivit en 1919 : « Les peuples doivent être mélangés. La stagnation nationale doit cesser. » (Lénine, « Œuvres Complètes », Vol. 20, p.55)

Six ans plus tôt en 1913 il avait déclaré : « D'un point de vue social-démocrate, la culture nationale ne doit pas être renforcée, car la vie spirituelle de toute l'humanité sera déjà internationalisée par le capitalisme. Sous le socialisme elle sera complètement internationalisée. » (Lénine, « Œuvres Complètes », Vol.19, p.213) Les successeurs de Lénine ont essayé de réaliser cette thèse de manière à changer la Russie pour en faire « l'égout ethnique » à propos duquel Marx avait écrit.

Oleg Agranyants travailla comme secrétaire du Parti Communiste à l'ambassade Soviétique de Tunis en 1985. Son livre « Que faire ? Ou la tâche la plus importante de notre temps – La délinisation de notre société », fut publié à Londres en 1989. C'était remarquablement surprenant de voir avec quelle véhémence il démasquait Lénine.

Oleg Agranyants expliqua entre autres choses, que Lénine avait complètement confiance en Staline. Par contre Staline, lui, méprisait

Nadejda Kroupskaïa. Il l'avait même menacée de la manière suivante : « Si nécessaire, nous dirons que la femme réelle de Lénine était Stasova ! » Staline avait vraisemblablement ses raisons pour tenir de tels propos, car la Juive bolchévique bien connue, Yelena Stasova, célèbre pour sa direction du MOPR ou Aide Rouge, déclara bien des fois au cours de ses 93 ans que Lénine avait utilisé son nom, Lena, comme pseudonyme. La première fois que Vladimir Oulianov s'appela lui-même Lénine fut en décembre 1901. Dans son livre, Oleg Agranyants regrette que le nom de la maitresse de Lénine ait été Lena et non Varya. Car à la place du Marxisme-Léninisme, nous aurions eu le Marxisme-Varvarisme (en français : Marxisme-Barbarisme).

Kroupskaïa n'appela jamais son mari Lénine. Avant la prise de pouvoir bolchévique elle signait tous les documents Oulianova. Après l'introduction de la dictature rouge, elle signa Kroupskaïa.

Oleg Agranyants explique que la lettre de Lénine au congrès du Parti, qui est plus connue comme son testament où Staline fut dépeint en termes hostiles et non-recommandé pour la direction, est en fait un faux banal. Kroupskaïa écrivit cette lettre. Au cours de cette période, la santé de Lénine était si mauvaise qu'il oubliait parfois son nom. Le tyran, souffrant d'une décadence mentale et physique croissante, n'était plus capable de dicter une lettre. Le Politburo le savait et ne prenait donc jamais ses lettres au sérieux. Par son langage, elle différait aussi grandement des autres notes et écrits de Lénine.

Si les écrits initiaux de Lénine sont étudiés, il n'y a que deux ou trois documents qui ne portent pas Staline aux nues, alors que Lénine était extrêmement sévère à l'égard de ses autres collaborateurs. Il avait toujours quelque chose de déplaisant à dire sur Trotski ou Kamenev ou Zinoviev ou Boukharine. Comme le lecteur l'aura remarqué, son mode d'expression n'était pas particulièrement retenu. Même le sadique sans pitié Léon Trotski traita Lénine de Hooligan lors d'une réunion du Politburo, parce que Lénine, lorsqu'il était en colère, avait pour habitude de traiter ses camarades de criminels, de maraudeurs, d'idiots, de bâtards, de voleurs, de charognes, de parasites, de spéculateurs…

Staline ne fit jamais quoi que ce soit qui diverge des opinions de Lénine ou de ses écrits. Ce fut Lénine, pas Staline, qui commença à déporter les parents de ses opposants politiques.

Lénine haïssait les grands fermiers exploitants (koulaks). Staline suivit le même modèle. Lénine écrivait : « Les koulaks sont les exploiteurs les plus bestiaux, les plus primaires et les plus sauvages. » Staline fit usage de cette déclaration tandis qu'il continuait d'éradiquer les fermiers en tant que classe sociale (Staline, « Problématique Générale du Léninisme », Stockholm, 1938, p. 87).

Staline ne fit que suivre les décrets de Lénine à partir de janvier 1918, qui exhortait la Russie à se purger de toute vermine possible en prévision du futur. L'attitude de Staline envers les valeurs culturelles, était cependant quelque peu plus nuancée que celle de Lénine.

Il n'y avait bien sûr aucune déviation de la véritable doctrine Léniniste. Staline voulait apparaitre démocratique. C'est pourquoi il introduisit de prétendues élections générales pour des raisons démagogiques. Par contraste, Lénine avait dit que le peuple n'avait rien à dire en la matière, car lui, Lénine, avait tout prévu. Staline aussi, était de l'opinion qu'il connaissait tout mieux que quiconque. Staline réintroduisît la tradition de l'arbre du nouvel an et en 1942 autorisa l'usage de chemises militaires (gimnastyorka)… Lénine avait méprisé de telles choses.

Staline n'accéda pas au trône lui-même. Ce fut Lénine qui le fit secrétaire général du Comité Central, car Trotski ne souhaitait pas tenir une position publique étant donné son origine juive évidente. Staline fut un continuateur valable de l'héritage léniniste jusqu'à ce que Lazare Kaganovitch le fasse empoisonner en 1953.

Bien sûr, Staline fut le plus sanguinaire tyran de l'histoire de l'humanité, mais il ne faisait juste que marcher sur les pas de Lénine. Staline fut le bourreau qui exécutait les sentences du juge Lénine et mettait en pratique ses plans esclavagistes. Une fois encore, il est possible de citer un ordre évocateur de Lénine : « *Commençons une campagne impitoyable de terreur et une guerre contre les fermiers et les autres éléments bourgeois qui dissimulent un surplus de récolte* ».

L'homme Soviétique n'était pas autorisé à être indépendant de l'état, même pour sa nourriture. Staline s'assura que cela ne soit aucunement possible en renforçant la collectivisation de masse. En cela, il suivait aussi les ordres de Lénine. Lénine avait dit qu'un fermier indépendant qui disposait d'un excédent de grain était un danger pour la révolution sociale. (Lénine, « Œuvres Complète », seconde édition, Vol.19, p.101) Donc Staline, comme un perroquet, répéta que des mesures devaient être prises contre les fermiers, comme contre les bourgeois, s'ils avaient une bonne récolte, pour protéger la révolution sociale.

Nous comprenons alors, que les gens aient pris l'habitude de réciter cette plaisanterie : Il était demandé à Radio Yerevan : « Pourquoi y a-t-il toujours un manque de nourriture en union Soviétique ? » La Radio Yerevan répondait : « Parce que le Palais d'Hiver est mal gardé. »

Lénine savait que la majorité du peuple russe était contre son Parti assoiffé de sang. Alors il déclencha une terrible guerre contre ce peuple pour le rendre esclave au moyen de slogans vides de sens. Ses successeurs continuèrent cette guerre horrible, mais utilisèrent des méthodes différentes. Vladimir Oulianov-Lénine savait que Staline, étant sans talent, suivrait ses directives à la lettre.

Ce fut aussi Lénine qui créa les troubles entre différentes nations. En février 1921 il rendit les villes arméniennes Kars et Ardakān à la Turquie en échange de la ville de Batumi. Staline ne pouvait pas donner Nagorny-Karabakh à l'Azerbaïdjan sans la permission de Lénine. Lénine ne faisait pas mystère – tout comme les dirigeants Juifs turcs, qu'il n'aimait pas les Arméniens.

L'ingrat Lénine persécuta même ses alliés, tout spécialement les Sociaux-Révolutionnaires de gauche, qui étaient prêts à le soutenir par tous les moyens et entrèrent dans son gouvernement en décembre 1917. Lénine ordonna que leur dirigeant, Maria Spiridonova, soit emprisonnée six mois après sa prise de pouvoir. Staline la fit exécuter en 1941. Beaucoup de ceux qui aidèrent Lénine connurent une fin funeste.

Un secret concernant Lénine fut particulièrement bien gardé jusqu'à la fin des années 1990. Il nous est révélé à travers sa correspondance avec son camarade du Parti et frère maçonnique Grigori Zinoviev (Radomyslsky). Lénine écrivait à Zinoviev le 1er juillet 1917 : « Grigori ! Les circonstances m'ont forcé à quitter Saint-Pétersbourg immédiatement… les camarades ont suggéré un endroit. C'est si ennuyeux d'être seul… Viens et rejoins moi et nous passerons des jours merveilleux ensemble, loin de tout… » Zinoviev répondait à Lénine : « Cher Vova ! Tu ne m'as pas répondu. Tu as probablement oublié ton Gershel (Grigori). J'ai préparé un joli nid douillet pour nous… c'est une maison merveilleuse où nous vivrons bien et rien ne viendra déranger notre amour. Rejoins-moi ici dès que tu peux. Je t'attends, ma petite fleur. Ton Gershel. »

Dans une autre lettre, Zinoviev souhaite s'assurer que Lénine ne couche pas avec d'autres hommes dans leur maison. Il finit sa lettre en envoyant un baiser marxiste à son Vova. Il suggérait que rien ne devait être caché à la femme de Lénine Nadejda Kroupskaïa et lui rappelait la première fois qu'elle les avait surpris. (Vladislav Shumsky, « L'hitlérisme est terrible, mais le sionisme est pire », Moscou, 1999, p. 47) Ainsi les deux frères maçonniques pratiquaient l'amour de David pour Jonathan. Peut-être cela nous aide-t-il à comprendre pourquoi les francs-maçons sont si enthousiastes dans leur promotion de la « libération » homosexuelle.

LES DERNIERS JOURS DE LÉNINE

Le séjour de Lénine en ce monde se termina tragiquement. Les circonstances entourant sa mort ont été soigneusement tenues secrètes. Il fut déclaré officiellement qu'il souffrait de constants maux de tête dus à une blessure par balle causée par Fanny Kaplan, à cause de laquelle il ne pouvait jamais vraiment dormir. Ceci fut prétendu pour la dernière fois par

Chazov, le ministre de la santé Soviétique, dans le journal *Ogonyok* No.42, 1988. Ce mensonge fut en fait démenti par la *Pravda* elle-même, dans son numéro 18, en 1929, où le bolchévique Letton Janis Berzins-Ziemelis parla de sa réunion avec Lénine en 1906. Il raconta, entre autres choses, « *Vladimir Oulianov souffrait déjà alors de maux de tête et d'insomnies. C'est pourquoi il se levait tard et était presque toujours de mauvaise humeur* ».

Ainsi Lénine souffrait de maux de tête 12 ans avant qu'on attente à sa vie. Il était moins connu à l'époque que Lénine souffrait aussi de douleurs constantes aux yeux ce qui, d'après Vladimir Soloukhine, était en relation avec un désordre du cerveau.

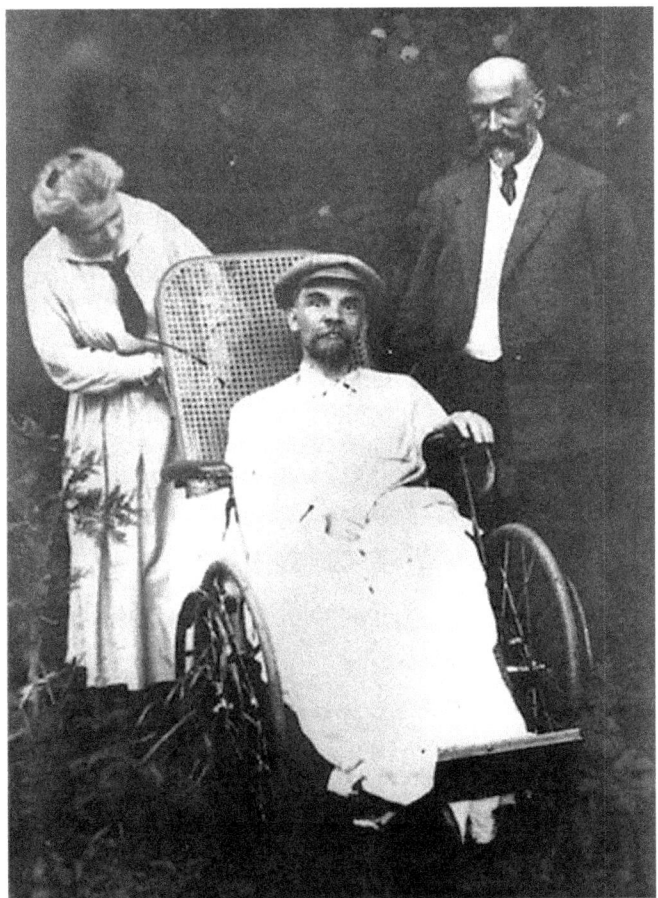

Lénine aux côté de sa sœur Maria et de son médecin, en août 1923.

Dans la soirée du 12 décembre 1922, Félix Dzerjinski annonça à Lénine que son représentant Juif, Théodore Rothstein, ne pouvait plus retirer l'argent du parti sur leur compte en banque suisse. Tous les numéros de codes avaient été changés et l'argent avait été transféré sur trois nouveaux comptes avec de nouveaux codes. Cet argent avait été utilisé, en partie, pour infiltrer les nations européennes.

Lénine avait ordonné à Maxim Litvinov et Théodore Rothstein de construire un nid d'infiltrés à travers l'Europe dès 1917. C'est pourquoi les « diamants du Parti » étaient tout le temps vendus en Angleterre... seul restait l'argent détenu sur les comptes personnels de Lénine. Lénine était extrêmement fâché. Le jour suivant – le 13 décembre – il souffrit d'une deuxième attaque plus intensive.

Le 16 décembre 1922, alors que Lénine s'était à peine remis, il donna l'ordre d'être conduit depuis sa villa de Gorky (près de Moscou) au Kremlin, où il se reposa. Il n'écouta pas les protestations des docteurs et de ses proches. Au Kremlin, Lénine découvrit que quelqu'un avait fouillé méticuleusement son bureau, avait ouvert ses classeurs pour les saccager, prenant des documents secrets, des détails de numéros de codes, des carnets de chèques, des lettres et des autorisations, et plusieurs passeports étrangers. Son accès de rage provoqua la même nuit une autre attaque qui dura une trentaine de minute. Les circonstances de la nouvelle attaque de Lénine furent gardées secrètes par le Parti Communiste jusqu'à ce que l'historien Igor Bunich les révèle dans son livre « L'or du Parti » (Saint Pétersbourg, 1992, p.94).

Lénine s'effondra mentalement et physiquement. Au cours de l'année précédant sa mort, sa santé fut dans un état constant de dégradation totale. La troisième et la plus terrible attaque conduisant à une hémorragie cérébrale survint le 9 mars 1923, lorsqu'il perdit pratiquement l'usage de la parole.

On peut se demander : comment parvint-il à terminer ses projets d'écriture ? Il y a des historiens qui disent carrément que ses derniers écrits furent de la main de Léon Trotski.

On ne peut que supposer toutes les atrocités, que l'inhumain et assoiffé de sang Lénine, aurait pu commettre s'il avait été en meilleure santé.

Trotski suggéra, dans son article célèbre de 1939, que Staline avait pu empoisonner Lénine. Il est vrai que Lénine avait demandé à Staline du poison à la suite de la première attaque le 26 mai 1922. Staline le reporta au Politburo et ils repoussèrent la remise de la substance de l'ordre du jour. Il est maintenant établi que Staline n'a pas empoisonné Lénine.

En 1991, il était toujours prétendu officiellement que Lénine souffrait de caillots durcissant présents dans ses artères cervicales. Ces caillots affectaient le fonctionnement de parties vitales du cerveau. En juin 1992, il fut rendu officiel à Moscou que Lénine était mort de la Syphilis. L'Institut Central du Marxisme-Léninisme communiqua des notes que la sœur de Lénine avait prises au cours des derniers mois de la vie de Lénine.

D'après elle, Lénine avait contracté la syphilis à Paris en 1902. Le mal de tête de Lénine devint particulièrement violent en 1922. Il souffrait aussi de catarrhe gastrique et d'accès de rage incontrôlés. Finalement, il fut paralysé. Les faits à propos de sa syphilis et son épilepsie furent classés. Léon Trotski déclara néanmoins que Lénine était mort de la Syphilis. (Léon Trotski, « Portraits : Politique et Personnel », New York, 1984, p.211)

L'auteur agent secret et franc-maçon anglais, Herbert George Wells, qui interviewa Lénine à Moscou pendant l'hiver 1920, raconta qu'il dut ouvrir une paupière de son interlocuteur avec son doigt pour pouvoir le regarder dans les yeux. C'est ce qui se produit lorsque les paupières sont paralysées.

Peu de temps après cette rencontre, des symptômes évidents de maladie mentale commencèrent à apparaitre. Entre 1922 et 1923, Lénine était sénile. Plus l'environnement est commun et plus un dirigeant médiocre paraît important.

D'après une légende soviétique, Lénine était en meilleure santé à l'automne 1923. Les photos déclassifiées, publiées après la chute du communisme, montrent clairement que Lénine était dans un état d'arriération mentale avancé.

D'après la propagande Soviétique, Lénine avait mené une vie de famille des plus exemplaires. Avant cela, Viktor Chernov, un des meneurs des sociaux révolutionnaires, avait révélé quelques détails à propos de la vie intime de Lénine. Le mythe s'effondra complètement en 1960 lorsqu'un livre sensationnel fut publié en France « Lénine et les bordels » dans lequel il fut révélé que Lénine était extrêmement obsédé par le sexe. C'est pourquoi il haïssait Platon si intensément. Quelques journalistes français avaient visité les bordels de Paris que Lénine avait fréquentés. Les vieilles prostituées furent interrogées sur les habitudes sexuelles de Lénine. C'est au cours de cette période que Lénine contracta la syphilis.

En 1991, il fut pour la première fois révélé en Russie que le chef du « prolétariat mondial » visitait fréquemment les bordels pour satisfaire son appétit sexuel, lorsque sa femme et ses deux maîtresses n'étaient pas suffisantes. Officiellement, Lénine avait atteint le plus haut stade de l'évolution humaine. Quel rapport cela avait-il avec son intérêt pour le plus bas niveau de la culture sexuelle ?

Le Parti bolchévique appela plusieurs célèbres docteurs allemands et leur demanda d'examiner Lénine. Les docteurs allemands firent tous le même diagnostic – syphilis.

Ça ne plaisait pas aux dirigeants du Parti, alors le professeur Juif de 76 ans Salomon Eberhard Henschen, un spécialiste du cerveau de Stockholm, fut invité à Moscou. Il voyagea avec son fils, Folke Henschen qui était un professeur en pathologie. Ils établirent tous deux un diagnostic satisfaisant : artériosclérose. (*Dagens Nyheter*, 23 août 1992). Les autorités n'osèrent révéler la vérité qu'en juillet 1992.

En 1923, Lénine pouvait seulement articuler des mots et des phrases incohérents : « La révolution… aidez-moi… le peuple… allez au diable ». Il criait, tremblait jusqu'aux larmes et soupirait désespérément. (*Dagens Nyheter*, 23 août 1992) En temps normal, il ne pouvait dire que : « Juste maintenant… Juste maintenant… » À noël 1923, seulement quelques semaines avant sa mort, Lénine s'assit sur son balcon et hurla à la Lune comme un loup (Igor Bunich, « L'or du Parti », Saint Pétersbourg, 1992, p.95).

Les photographies prises à l'automne 1923 à l'extérieur de sa villa de Gorky furent rendues publiques en 1992. Elles montrent sans fard à quoi ressemblait le malade Lénine, avec son côté droit paralysé.

Le 21 janvier 1924, aux alentours de 6 heures du soir, la température de Lénine monta à 42.3°C. Il n'y avait plus d'espace à la fin du thermomètre pour en montrer davantage. Dans son spasme final, il brailla en allemand « Weiter, weiter ! » (« De l'eau, de l'eau ! ») Il mourut à 18 heures trente.

Tous les documents des examens du cerveau de Lénine furent gardés secrets et les études supplémentaires sur ce sujet furent interrompues. Ce fut révélé par le journaliste Artyom Borovik. (*Aftonbladet*, septembre 1991)

Ce n'est qu'en 1992 en Russie, que des docteurs s'aperçurent qu'un hémisphère du cerveau de Lénine ne fonctionnait pas depuis sa naissance. L'autre moitié était recouverte d'une telle couche de dépôt de calcium qu'il était parfaitement impossible de comprendre comment Lénine avait survécu ses dernières années, et la question émergea : pourquoi n'était-il pas mort au cours de l'enfance ?

L'artiste Youri Annenkov (Soliterman) prétendit en 1966 dans son livre « The Diary of My Meetings » (New York), qu'il s'arrangea pour jeter un coup d'œil au cerveau de Lénine – l'hémisphère gauche, était très ridé, défiguré et ratatiné. Les docteurs atteignirent le consensus selon lequel il était impossible pour un être humain de vivre avec un tel cerveau. (Igor Bunch, « L'or du Parti », Saint Pétersbourg, 1992, p.75)

En conclusion, le cerveau de Lénine était sérieusement malade depuis sa naissance, mais il s'était produit, presque miraculeusement une sorte de compensation pour le dommage. Cependant, cela laissait une marge très étroite pour survivre à une attaque syphilitique sur le cerveau. Une idée terrifiante apparait, à savoir qu'une maladie du cerveau puisse détruire les hautes fonctions spirituelles qui font de nous des humains, mais laisse intact le genre d'intelligence robotique nécessaire pour un instrument au service des pouvoirs diaboliques.

Pour rendre la situation encore pire, le régime de Lénine était presque exclusivement constitué de pain blanc. Cela signifie qu'il souffrait d'une carence grave en minéraux et en vitamines nécessaires pour que son corps et son esprit fonctionnent proprement. Il ne savait rien de l'alimentation et de la diététique. (*Ogonyok*, No.39, octobre 1997)

Le jeune frère de Lénine, Dimitri Oulianov souffrit également d'une maladie du cerveau. Il devint un infâme meurtrier de masse en Crimée pour le compte du pouvoir Soviétique durant les années 1917-21. Il termina sa vie fou et finit totalement paralysé. Il mourut à 68 ans, le 17 juillet 1943 à Gorky.

L'architecte Alexeï Shchusev (1873-1949), qui dessina le mausolée de Lénine, utilisa l'autel central du temple de Zeus de Pergame comme modèle. Les nationaux-socialistes allemands transférèrent l'original à Berlin en 1944, d'où il fut envoyé à Moscou un an plus tard. Dans l'Apocalypse de Saint Jean, ce temple est désigné comme le trône de Satan. Sur l'autel, des fragments illustrent la bataille des dieux contre les Titans. L'autel avait été érigé sur ordre du roi de Pergame Eumène II (-197 -159 Av-J.C.) pour rendre un culte à Zeus. En 1945, l'autel fut endommagé lorsque les troupes soviétiques pénétrèrent à Berlin. L'Armée Rouge le transporta un an plus tard au musée de l'Hermitage à Leningrad. En 1958, il fut rendu à l'Allemagne de l'Est. (Alexeï Shchusev « Den oforglomliga kvallen » / « La soirée inoubliable », *Svenska Daglabet*, 27 janvier 1948). Un autre secret d'état révèle que le sarcophage de Lénine fut évacué à Tioumen en Sibérie en 1941 et ne retourna à Moscou que quatre ans plus tard.

Finalement les secrets qui se sont développés à l'ombre de Pluton, commencent à émerger à la surface. Ceux qui avaient peur que la société s'effondre si la vérité venait à être connue, avaient raison. Ceux qui proclamaient que le communisme démoniaque ne pouvait pas être réformé avaient raison aussi. C'est une autre des raisons pour lesquelles Lénine détestait les historiens neutres et honnêtes. Lorsque Maxim Gorki le supplia d'épargner la vie du Prince Nikolaï Mikhaïlovitch, Lénine répondit : « La révolution n'a pas besoin d'historiens ». (Igor Bunich, « L'or du Parti », St Pétersbourg, 1992, p.47)

En 1990, la démolition des monuments Lénine en Pologne, en Hongrie, en Géorgie, dans les états Baltes et d'autres pays européens commença. Le premier et dernier président de l'Union Soviétique, Mikhaïl Gorbatchev, intervint. Le 14 octobre 1990, il promulgua un décret interdisant le retrait ou la destruction des statues de Lénine et des autres monuments communistes. Gorbatchev qualifia la destruction des monuments représentant Lénine comme un acte « incompatible avec le respect de l'histoire de la patrie et la morale généralement acceptable. » Le décret de Gorbatchev pour protéger les monuments à la gloire de Lénine fut vain. La destruction s'accentua. Lorsque le monument Lénine de Lvov (en Ukraine) fut retiré, les acclamations cessèrent brutalement lorsqu'il fut découvert que la statue de Lénine se dressait sur des tombes ukrainiennes, juives et polonaises. N'y a-t-il pas là tout un symbole ? Les derniers monuments Lénine en Estonie furent démolis le 21 décembre 1993 à Narva, qui avait été colonisée par des sympathisants bolchéviques russes. Ils l'avaient gardé comme ange gardien pour leurs plans injustes contre l'indépendance de l'Estonie.

Des statues de Lénine restent toujours debout ici et là en Russie, à Cuba et en Asie, tout spécialement en Chine, mais aussi à Calcutta. Les communistes ont été au pouvoir de cette ville indienne pendant 22 ans. Ils continuent de croire que le marxisme-léninisme est la seule réponse aux problèmes politiques et économiques des pauvres.

Le 1er avril 1991, j'ai vu que quelqu'un avait gribouillé un texte presque symbolique sur un mur de Séville en Espagne : « Sans marxisme-léninisme, il n'y aurait pas de communisme dans le monde aujourd'hui ! »

À Stockholm, Lénine fut toujours tenu en haute estime par les cercles pro-communistes. La Librairie Royale s'est vantée d'avoir reçu la visite d'un meurtrier de masse et terroriste. Un bureau surmonté d'une petite plaque commémorative indique les dates de ses visites dans la salle de lecture, expliquant que Lénine s'était assis à cette table pour lire. En juillet 1994, la presse rendit hommage au despote communiste et au dictateur marxiste. En 1997, le bureau fut donné à Moscou. Personne ne songerait à célébrer Hitler de cette manière.

À l'automne 1998, les Jeunes Communistes Suédois et leur dirigeant, Jenny Lindahl, refusaient encore de revoir leur opinion à propos de saint Lénine. Même l'ancien dirigeant du Parti Communiste Suédois, Lars Ohly, défendait encore la mémoire du despote. À l'heure actuelle, aucun membre du parti n'a pris ses distances avec les crimes de Lénine.

Pour survivre face à un régime d'oppression si cruel, les gens avaient recours à la satire politique, qui venait résumer l'essence du système en quelques mots. Le fait de prononcer la plaisanterie qui suit était considéré comme un délit : Lénine est sur le point de mourir. L'Ange de la Mort apparait et lui accorde de réaliser trois de ses vœux. Lénine demande : « Je souhaite que tous les hommes soient communistes, honnêtes et sages. » L'Ange de la Mort lui explique qu'il lui est impossible de réaliser les trois souhaits : « Si un homme est un communiste sage, il n'est pas honnête. S'il est un honnête communiste, alors il n'est pas un sage. Et si cet homme est sage et honnête, il ne sera jamais communiste. »

Le système super centralisé que Lénine avait fondé est maintenant tombé en miettes. Lénine n'a rien apporté de bon à la Russie. L'histoire a déjà jugé Vladimir Oulianov comme étant un grand maître au service des ténèbres et du mensonge.

JÜRI LINA

LÉON TROTSKI –
UN CYNIQUE ET UN SADIQUE

Léon Trotski naquit sous le nom de Leiba Bronstein le 25 octobre (le 7 novembre du calendrier grégorien) 1879 à 22.09 dans le village de Yanovka près de Bobrinets dans la province de Kherson en Ukraine. Certaines sources donnent le 26 octobre pour sa venue au monde. Dimitri Volkogonov, établi cependant que ce fut bien le 25 dans son livre « Trotski ». Le calendrier julien, dans lequel la nouvelle année commence 13 jours plus tard que celle du calendrier grégorien, fut utilisé en Russie avant la révolution bolchévique. Le père de Leiba, David Bronstein, était un riche Juif propriétaire terrien. En fait, la famille Bronstein possédait tout le village.

En 1888, âgé de 7 ans, Leiba commença de fréquenter une école juive, où l'enseignement était dispensé en hébreu. (Dimitri Volkogonov, « Trotski », Moscou, 1994, tome I p.31) Les enfants de cette école juive étudiaient aussi le Talmud. D'après le Talmud, les Juifs appartiennent au peuple élu de Dieu et doivent jouer un rôle dirigeant dans le monde. En 1911, les Juifs bénéficiaient de 43 écoles rien qu'à Odessa, une ville dans laquelle 36.4 pour cent de la population était juive en 1926. Leiba commença à collectionner les images pornographiques à partir de l'âge de 8 ans.

Il interrompit ses études à l'école Cheder et commença à suivre l'enseignement secondaire de l'école Saint Paul à Odessa, mais il termina sa dernière année à Nikolaïevsk, où il fut présenté à un Juif tchèque, Franz Schwigowsky qui recruta le jeune Leiba de 17 ans dans une société secrète : « La Ligue des Travailleurs ». Les membres de la Ligue, y compris Leiba Bronstein, furent emprisonnés le 28 janvier 1898. Il fut incarcéré à Odessa où il passa deux ans avant d'être exilé en Sibérie pour quatre ans. Le 21 août 1902, il s'échappa de Sibérie. Il se rendit d'abord à Vienne, où il rencontra immédiatement le Juif révolutionnaire et Franc-maçon Viktor Adler, qui publiait le journal *Die Arbeiter-Zeitung* (Le journal des travailleurs). Son voyage à Londres fut alors organisé.

En relation avec sa fuite depuis la Sibérie, il acquit un passeport sur lequel apparaissait le nom de Trotski, qui n'était autre que celui du garde de sa prison d'Odessa.

L'homme qui transforma Leiba Bronstein en monstre révolutionnaire sous le nom de Léon (Lev) Trotski, était un Juif Franc-maçon Illuminé de haut rang, Israël Helphand, qui avait pris, par une sorte d'autodérision, le nom quelque peu ironique d'Alexandre Parvus (Alexandre le Petit). Helphand rencontra Bronstein à Munich durant l'automne 1904. Trotski rencontra Parvus à travers Lénine, qu'il avait rencontré à l'automne 1902 à Londres.

Leiba Bronstein considéra d'abord Pavel Axelrod, et plus tard Parvus comme son guide et mentor. Il n'étudia jamais à l'université. Les encyclopédies occidentales ont prétendu que Trotski avait étudié à l'université de Kiev, mais ce n'est pas le cas. Ses contacts avec Parvus furent la seule « université » dont il avait besoin. Trotski resta en Europe Occidentale jusqu'en janvier 1905, lorsqu'il retourna en Russie accompagné de Parvus pour organiser une « révolution ». Avec Parvus, il publia un journal socialiste, *Nachalo* (Le Début).

Bien des mythes embellissant furent attachés au nom de Trotski, particulièrement en occident, où il fut présenté comme une « personnalité gigantesque », un « homme extraordinaire », « éduqué, bon et gentil ». Ces légendes avaient atteint Moscou à l'automne 1988, lorsque Trotski fut réhabilité après les accusations de Staline à son encontre. Il fut aussi prétendu que tout aurait été bien meilleur si Trotski était devenu le Secrétaire Général du Comité Central.

Grâce à des documents historiques, aux propres écrits de Trotski et d'autres sources, nous pouvons prouver le contraire. Ce fut très heureux que Trotski n'ait pas pris la tête du Parti Communiste. Les historiens honnêtes, y compris en Russie, considère Trotski comme une alternative encore plus terrible que Staline.

La légende de Trotski est bien entendue basée sur la propagande du « bon » communisme par opposition au mauvais communisme de Staline. C'est pourquoi il a été martelé encore et encore à quel point Trotski était un homme élégant, tandis que Staline était dur et vulgaire. Trotski était aussi supposé être intéressé par la culture.

La légende autour de Trotski fut principalement créée par lui-même. L'historien Isaac Deutscher écrivit sur les compétences de Trotski en matière de tromperie. Il pouvait parler ostensiblement avec tout le sérieux possible, à propos de choses qu'il ignorait totalement. Sa falsification de l'histoire de la « Révolution Russe » est rapportée en Suède par l'historien Kristian Gerner, parmi d'autres.

TROTSKI LE FRANC-MAÇON

M. Leiba Bronstein devint Franc-maçon en 1897 et plus tard un Illuminé de haut rang à travers son ami Alexandre Parvus. Bronstein devint aussi membre de la loge française *Art et Travail*, à laquelle appartenait également Lénine, selon le politologue Karl Steinhauser (« EG – Die Super-UdSSR von morgen » / « L'Union Européenne – La super Union Soviétique de demain », Vienne, 1992, p. 162). Il avait encore été initié au rite franc-maçon de Memphis-Misraïm.

Winston Churchill, qui était devenu franc-maçon le 24 mai 1901, confirma en 1920 que Trotski était également un Illuminati (*Illustrated Sunday Herald*, 8 février 1920).

« L'initiation du 33ème degré indique : « la Franc-maçonnerie n'est rien d'autre que la révolution permanente, la continuité impérissable de la conspiration. »

C'est ainsi que Leiba Bronstein commença à étudier la Franc-maçonnerie et l'histoire des sociétés secrètes sérieusement en 1898, et continua ces études au cours des deux années passées en prison à Odessa. Il prit des notes de plus de mille pages. L'« Internationaler Freimaurer-Lexicon » (Vienne/Munich, 1932, p.204) admet avec réticence que Leiba Bronstein vint au bolchévisme à travers son étude de la Franc-maçonnerie.

Trotski écrivit lui-même dans ses mémoires : « Ma Vie » : « *Ce fut au cours de cette période que je m'intéressais à la franc-maçonnerie. Pendant plusieurs mois, j'étudiais avidement les ouvrages sur son histoire, ces livres m'étaient remis par des membres de ma famille et mes amis en ville. Pourquoi de nombreux marchands, artistes, banquiers, fonctionnaires et avocats du premier quart du dix-septième siècle s'étaient-ils appelés eux-mêmes francs-maçons en essayant de recréer les rituels en vigueur au sein des anciennes guildes médiévales ? Quelle était cette étrange mascarade ? Graduellement, ma compréhension se fit plus claire. Dans certaines branches de la franc-maçonnerie, des éléments réactionnaires évidents issus d'une certaine féodalité, venaient à dominer, par exemple dans le rite écossais. Au dix-huitième siècle, la franc-maçonnerie devint l'expression d'une politique militante au service des idées des lumières, prônées par les Illuminati, qui furent les précurseurs de la révolution. À gauche de l'échiquier politique, cette branche culmina dans le système des Carbonari... Pour mes études sur la franc-maçonnerie, j'utilise un livre d'exercice comportant un millier de pages numérotées, sur lesquelles je consigne des extraits de nombreux livres, intercalés par mes propres réflexions sur la franc-maçonnerie.* »

Avec l'aide d'Alexandre Parvus, Trotski atteignit la conclusion que le vrai but de la maçonnerie était d'éliminer les états-nations et leurs cultures pour introduire un état mondial judaïsé.

Bronstein devint un internationaliste convaincu qui, par l'entremise de Parvus, appris que le peuple Juif était son propre Messie collectif et atteindrait la domination sur tous les autres peuples à travers le mélange des autres races et l'élimination des frontières nationales. Une République Internationale devait être créée, où les Juifs seraient l'élément dirigeant, car nul autre qu'eux ne saurait être capable de comprendre et de contrôler les masses.

En tant que Commissaire du peuple aux affaires militaires, Trotski introduisit l'usage du pentagramme – l'étoile à cinq branches – comme symbole de l'Armée Rouge. Les Kabbalistes avaient repris ce symbole de magie noire aux sorcières de l'ancienne Chaldée.

Il maintenait aussi le contact avec le B'nai B'rith, un ordre maçonnique Juif, qui avait auparavant aidé les révolutionnaires Juifs en Russie. Jacob Schiff, le président de la banque Kuhn, Loeb & Co. et le serviteur de Rothschild, s'occupa des contacts entre le mouvement révolutionnaire en Russie et le B'nai B'rith. (Gerald B. Winrod, « Adam Weishaupt – A human devil », p.47)

Trotski s'arrangea finalement pour atteindre une très haute position au sein de la Franc-maçonnerie, car il appartenait à la loge *Shriner*, que seuls les Francs-maçons du 32ème degré et au-delà étaient autorisés à intégrer. Franklin Delano Roosevelt, Alexandre Kerenski, Béla Kun et d'autres politiciens majeurs appartinrent aussi à cette « élite ». (Professeur Johan Von Leers, « Le pouvoir derrière le Président », Stockholm, 1941, p.148)

LE MENTOR DE TROTSKI : PARVUS

Parvus naquit Israël Helphand en 1867 dans la ville de Berezino dans la province de Minsk en Biélorussie, mais grandit à Odessa où il termina sa scolarité en 1885. Il continua alors ses études à l'étranger. En 1891, il passa son examen final à l'université de Bâle et en sorti économiste et financier. Il décrocha plus tard un doctorat en philosophie.

Il travailla plusieurs années dans différentes banques en Allemagne et en Suisse. Il devint aussi un journaliste doué qui comprenait parfaitement comment la phraséologie du Marxisme pouvait dissimuler les crimes de guerre politique. Parvus avait étudié l'histoire de la Russie et savait que le pays serait sans défense si la noblesse et les intellectuels étaient éliminés. Toutes ces idées produisirent une forte impression sur Leiba Bronstein et Vladimir Oulianov.

Pendant la guerre Russo-Japonaise, Parvus poussa les soldats russes à tirer dans le dos de leurs officiers. Alexandre Parvus, le criminel professionnel, voulait réformer la Russie pour en faire une base pour les spéculateurs internationaux et les criminels qui se cachaient sous la dénomination de « sociaux-démocrates ». Lénine croyait cela impossible car la Russie n'était pas assez riche et voulait utiliser la Suisse dans ce but, mais Trotski était d'accord avec Parvus. Parvus fut donc l'homme derrière la théorie de la révolution permanente lancée par Trotski. Trotski se faisait l'écho, tel un perroquet, que la Russie devait être précipitée dans les flammes de la révolution mondiale.

Le millionnaire Israël Helphand, alias Alexandre Parvus, transforma Leiba Bronstein (Léon Trotski), en dirigeant socialiste cynique et sadique.

Dans son journal *Kolokol*, financé par des capitaux allemands, Parvus poussait les nationalistes Juifs à combattre la Russie.

L'auteur Maxim Gorki traitait le socialiste Parvus de pingre et d'escroc. Parvus avait souvent empoché les droits d'auteur du célèbre écrivain. Il fut moralement condamné à ce propos par le tribunal honoraire du Parti Socialiste Allemand (composé de Karl Kautsky, d'August Bebel et de Klara Zetkin). Après cela, Parvus voyagea à Constantinople, où il devint conseiller des Jeunes Turcs (c'est-à-dire des Juifs). Il négociait les échanges entre la Turquie et l'Allemagne et devint extrêmement riche par ce moyen. Il fut aussi pour un temps le rédacteur du journal *Arbeiter-Zeitung*.

LA TENTATIVE DE COUP D'ÉTAT DE 1905

Dès 1895, Parvus écrivit dans son journal *Aus der Weltpolitik*, que la guerre entre la Russie et le Japon aurait lieu, et que la révolution russe naitrait de ce conflit. Dans sa série d'articles « La Guerre et la Révolution », publiés en 1904, il prédit aussi que la Russie perdrait la guerre contre le Japon.

Les capitalistes internationaux voulaient initier une « révolution » à Saint-Pétersbourg en rapport avec la défaite de la Russie dans la guerre Russo-Japonaise de 1904-1905. L'organisateur en chef, Alexandre Parvus, reçu deux millions de livres sterling du Japon pour organiser la prise de pouvoir en Russie. (Igor Bunich, « L'or du Parti », St Pétersbourg, 1992, p.33) Le Japon fournit 4 000 fusils aux révolutionnaires.

Le banquier américain Jacob Henry Schiff s'assura que 30 millions de dollars soient utilisés pour renverser le gouvernement russe. Le Japon dépensa 10 millions en activité subversive au cours des années 1903-1905.

Rien qu'en 1905, un total de 50 millions de dollars fut investi dans la « révolution » de Russie. (Platonov, « Histoire du Peuple Russe au 20ème siècle », Partie I, Moscou, 1997, p. 171).

Les activités révolutionnaires furent coordonnées par le colonel japonais Motojiro Akashi, l'ancien attaché militaire en Russie. La planification fut l'œuvre des francs-maçons.

La guerre débuta par une attaque japonaise sur Port Arthur (aujourd'hui Lüshun) le 9 février 1904. Ce fut par-dessus tout, les banques européennes appartenant à de riches Juifs, qui financèrent la guerre Russo-Japonaise. Toute possibilité de crédit fut coupée à la Russie, tandis que le Japon jouissait d'un crédit illimité. Le plus important requin du prêt à intérêt, le Juif Jacob Henry Schiff aux États-Unis d'Amérique, soutint les forces militaires japonaises en leur accordant un emprunt de 200 millions de dollars (« Encyclopaedia Judaica »).

Le *Jerusalem Post* admit le 9 septembre 1976, que ce fut Schiff qui prêta l'argent nécessaire à la construction de la flotte navale japonaise. Plusieurs banques britanniques construisirent des chemins de fer au Japon et financèrent le conflit entre le Japon et la Chine.

Ce fut le même Jacob Schiff qui s'assura qu'aucune banque ne soit autorisée à prêter de l'argent aux Russes. En même temps, il soutenait les groupes Juifs « révolutionnaires » en Russie. L'Encyclopaedia Judaica les appelait « les groupes Juifs d'auto-défense ». Il fut alloué plus tard au gouvernement provisoire toutes sortes d'aides financières possibles provenant de cette firme bancaire Kuhn, Loeb & Co. ainsi que d'autres banques. L'Encyclopaedia Judaica définit Jacob Henry Schiff comme un « financier et un philanthrope ».

Les capitalistes Juifs voulaient s'emparer du pouvoir en Russie au nom des travailleurs. Parvus et Bronstein-Trotski pensaient que le temps était venu lorsque les Russes perdirent Port Arthur le 2 janvier 1905 (20 décembre 1904). Parvus et Trotski commencèrent immédiatement à organiser de graves provocations, des grèves et des émeutes. Les Sociaux Révolutionnaires avaient commencé à terroriser la nation dès 1904.

Le Parti des Travailleurs Socialistes Sionistes, qui prit part à cette Révolution, d'après l'information surprenante de l'Encyclopaedia Judaica (Jérusalem 1971, Vol.15, p.657) avait été formé à Odessa en janvier 1905 à des fins de subversion.

L'opinion publique n'avait jamais entendu parler d'une société secrète juive se faisant appeler Kahal (Conseil), qui opérait en Russie depuis le 19ème siècle. Son but était de renverser le régime Tsariste. Ce fait fut confirmé par l'encyclopédie finlandaise « Suomen Tietosanakirja », mais bien sûr, les encyclopédies soviétiques n'en font pas mention.

La première action importante organisée par Alexandre Parvus avec son camarade Juif Peter (Pinhas) Rutenberg, fut plus tard appelée le

« Dimanche Sanglant ». Le 8 (21) janvier 1905, les hommes de main francs-maçons et le prêtre Georgi Gapon formulèrent des demandes envers le ministre de la justice Mykola Muravyov, qu'il ne pouvait pas accepter. Le 9 (22) janvier 1905, plus de 300 000 travailleurs marchèrent vers le Palais d'Hiver. Près de la Porte Narva, un policier fut tué et un autre blessé par les « révolutionnaires ». Puis les soldats ouvrirent le feu, 40 personnes furent tuées ou blessées. Les mutilés furent immédiatement conduits à l'hôpital. Sur le pont Troitsky, 15 manifestants furent tués et 45 blessés.

Parvus et Rutenberg placèrent leurs terroristes Juifs (principalement des sociaux révolutionnaires) sur différents arbres dans le parc Alexandrovsk et leur ordonnèrent de tirer sur les gardes du Palais d'Hiver. Les soldats furent forcés de riposter pour se protéger (Igor Bunich, « L'or du Parti », Saint Pétersbourg, 1992, p.33). Ils avaient également prévu d'assassiner le Tsar. 20 manifestants furent tués. Un total de 128 personnes perdit la vie, 360 autres furent blessées.

De l'autre côté, sur l'île Vassilievski, les « révolutionnaires » ouvrirent le feu derrière leurs barricades et jetèrent des pierres aux soldats. 163 terroristes furent arrêtés pour pillage et résistance armée. Ils furent plus tard relâchés. Notons que cela se produisit pendant la guerre contre le Japon.

Le Tsar était choqué. Il reçut même une délégation « révolutionnaire » d'une manière paternelle et fit don de 50 000 roubles (l'équivalent de 215 000 dollars d'aujourd'hui) aux familles de chaque mort. Le ministre de la justice et le ministre de l'intérieur furent démis de leur poste.

Tout ceci vient seulement d'être révélé à partir des archives secrètes du Parti Communiste. L'histoire officielle n'a été jusqu'à présent qu'un mensonge insolent : les soldats devant le Palais d'Hiver étaient supposés avoir ouvert le feu sur des manifestants pacifiques.

La propagande communiste composée par Lénine prétendit plus tard que plus de 1 000 personnes avaient été tuées et 2 000 blessées. Le Dimanche Sanglant fut utilisé à bon escient.

Les préparatifs pour un coup d'état national avaient commencé. Les terroristes Juifs Roza Brilliant, Kayalev et d'autres assassinèrent l'oncle du Tsar, le gouverneur de Moscou, le Grand-Duc Sergueï Romanov, le 4 (17) février.

Parvus, Trotski et leurs complices Juifs organisèrent et coordonnèrent des braquages de banques, des mutineries sur le navire armé *Potemkine* (juin 1905), *Ochakov* ainsi que sur une dizaine d'autres navires de guerre ; puis des révoltes à Kronstadt, Sébastopol et d'autres endroits. Le bolchévique Juif Leonid Krasin (en fait Goldgelb, ancien criminel et agent de change), avec les bandits de Parvus, commettaient des braquages de banques, assassinaient des policiers, achetaient des armes – tout cela pour déstabiliser la Russie.

C'est le moment de citer le docteur Juif suédois Salomon Schulman : « **Peu de gens connaissent de nos jours l'importance du rôle à la fois idéologique et pratique, des Juifs, pendant la période pionnière des mouvements socialistes. Beaucoup de ces pionniers d'origine Juive, venaient souvent de familles aisées et déjà assimilées.** » (« Jiddischland : Bland rabbiner och revolutionärer » / « Jiddischland : parmi les rabbins et les révolutionnaires », Nora, 2010, p. 143) C'est la raison pour laquelle, il est important de connaître certains faits au sujet du rôle des socialistes Juifs dans leur lutte contre la Russie en 1905-1906.

Le lieutenant Peter Smidt, qui en novembre 1905 provoqua la mutinerie sur les navires de guerre de Sébastopol, déclara ouvertement qu'il était l'instrument des Juifs (*Novoye Vremya*, mars 1911). Parvus et Trotski recevaient une aide accrue des États-Unis, où le millionnaire Juif Jacob Schiff même en 1890 organisait et finançait l'entraînement des « révolutionnaires » Juifs de Russie.

Ce fut le B'nai B'rith (Les Fils de l'Alliance), l'organisation maçonnique juive, qui planifiait l'instruction pour ces séances d'entrainement. La même organisation joua aussi un rôle actif dans la prétendue révolution de 1905. (« The Ugly Truth about the ADL », Washington, 1992, p.27)

Adolf Krause, le Grand-Maître du B'nai B'rith, confia franchement à un autre libéral Franc-maçon, le comte Serguei Wette (marié à la juive Matilda Khotimskaya), durant les négociations de paix de l'été 1905, que les Juifs déclencheraient une révolution en Russie si les Juifs russes n'avaient pas les mains libres d'agir. Le traité de paix fut signé à Portsmouth le 5 septembre (23 août) 1905. Le financier américain Jacob Schiff fut présent. Witte décrivit cet évènement dans ses « Mémoires ».

Avant cela, des pamphlets révolutionnaires (imprimés en Angleterre) avaient été répandus parmi les prisonniers de guerre Russes et des milliers de Juifs « révolutionnaires » des États-Unis avaient été envoyés en Russie. Ces terroriste Juifs-russes se protégeaient avec leur passeport américain. Les actes de terreur étaient cependant si brutaux que la Russie refusa les droits de la citoyenneté américaine à ces Juifs russes.

Le B'nai B'rith, dont le quartier général était à Chicago en 1905, se trouvait derrière tous ces actes. En 1925, son quartier général fut relocalisé à Cincinnati. Leur pompeuse représentation internationale est aujourd'hui située à Washington. L'organisation fut fondée le 13 octobre 1842 à New York par 12 Juifs, symbolisant les 12 tribus juives qui devaient contrôler le monde. Beaucoup de figures prépondérantes de ce mouvement étaient d'ardents militants en faveur de l'esclavage, parmi eux le Grand-Maître

Simon Wolf. La première loge du B'nai B'rith en Europe fut fondée en 1885 à Berlin. Il y avait 103 loges en Allemagne en 1932. Le B'nai B'rith fut la seule organisation maçonnique autorisée à poursuivre ses activités sous le régime Nazi. Hitler ne fit fermer les loges du B'nai B'rith en confisquant ses archives qu'en 1939. (O. J. Graham, « The Six-Pointed Star: Its Origin and Usage », Toronto, 1984).

Aujourd'hui, le B'nai B'rith est la plus grande organisation juive au monde. En 1970 elle comptait 500 000 membres masculins répartis sur 1700 loges dans 43 pays et 210 000 membres féminins sur 600 loges (Encyclopaedia Judaica). En 2004, l'organisation comporte plus de 215 000 membres dans 51 pays, pour un budget annuel de 20 millions de dollars. Approximativement 85 pour cent de ses effectifs sont situés aux États-Unis.

Il existe à l'heure actuelle 70 loges établies en Europe. La seule loge d'Autriche est appelé *Maïmonide*. L'organisation œuvre à sécuriser le pouvoir des Juifs sur le reste de l'humanité, comme l'a révélé le Juif hongrois Aron Monus dans son livre : « Les secrets de l'Empire Nietzschéen » (Vienne, 1995, p.149). Le B'nai B'rith est un organe exécutif pour l'Alliance Israélite Universelle. Son service de renseignement, l'ADL (Anti-Defamation League), a été désigné comme le KGB des Juifs extrémistes. En 2011, son budget officiel s'élevait à 55 millions de dollars, avec des actifs pour un montant de 171 millions de dollars.

Les terroristes Juifs étaient déjà actifs en Russie avant cela, mais en 1905 la terreur prit des proportions sans précédent. Les fanatiques commencèrent d'assassiner indistinctement. Un des pires terroriste fut la Menchévik Vera Zassoulitch (1849-1919). En 1878 elle assassina le maire de St-Pétersbourg, Fiodor Trepov, avec un revolver de gros calibre mais fut acquittée par la cour le 31 mars 1878. D'autres éminents terroristes Juifs furent Movsha Strunsky, Feig Elkin, Roza Brillant et Feldman. Ils suivirent tous la tradition de l'ignoble terroriste Juif Grigori Gershuni.

Le social révolutionnaire Gershuni fut derrière le meurtre du ministre de l'intérieur, Dimitri Sipyagin (1902), l'attentat contre la vie d'Obolensky, le gouverneur de Kharkov et le meurtre du gouverneur d'Ufa Nikolai Bogdanovitch à Bachkiriïa (1903). Gershuni fut condamné à mort en 1904. Il fut pardonné par le Tsar et écopa de la perpétuité à la place. Gershuni parvint à s'échapper. Il fut acclamé comme un héros à travers toute l'Europe. Il mourut d'un cancer en Suisse.

Le bras droit de Gershuni était Yevno Azef (1869-1918), le fils d'un tailleur Juif. C'était souvent lui qui planifiait les meurtres perpétrés par les sections des terroristes sociaux révolutionnaires. Yevno Azef fut impliqué dans plusieurs complots importants, parmi lesquels celui contre Viatcheslav Plehve, le ministre de l'intérieur, qui fut assassiné le 28 juin

1904. (Carroll Quigley, « Tragedy and Hope », New York, 1966, p.99) Azef s'était déjà arrangé pour infiltrer la police comme agent des sociaux révolutionnaires en 1892, mais ne révéla jamais les plans meurtriers des terroristes car il connaissait les intentions de la police. Il fut finalement forcé de trahir les deux côtés. En 1908, le comité central des sociaux révolutionnaires découvrit qu'Azef avait trahi ses propres camarades qui décidèrent alors de le tuer, mais il réussit à fuir à l'étranger.

Le 7 (20) octobre 1905, tous les trains s'arrêtèrent. Le 8 octobre, St-Pétersbourg fut paralysée par une grève générale qui se répandit aux autres villes le 12 (25) octobre. Les stations d'essence, les banques, les restaurants et les hôpitaux furent fermés. Aucun journal ne fut publié. Rien ne fonctionnait. Des foules agitées se massaient dans les grandes villes, agitant des drapeaux rouges et se posant aux coins des rues, pour écouter des orateurs Juifs qui demandaient la fin du régime Tsariste.

Déjà en avril 1905, Trotski avait publié un pamphlet encourageant le peuple à renverser le Tsar. Trotski était rentré de Suisse en janvier 1905, mais ses activités au sein du mouvement subversif atteignirent leur paroxysme précisément en octobre.

Le conseiller du Tsar, Sergueï Witte, déclara le 9 (22) octobre que Nicolas II devait soit convoquer le parlement, la Douma, et le nommer premier ministre ou il allait devoir utiliser la force contre les masses. Le Tsar suivit son conseil et Witte devint premier ministre le jour-même.

Parvus et Trotski fondèrent le premier Kahal, qui fut appelé Soviet en Russe, le 13 (26) octobre 1905. Ce soviet débuta avec 40 membres du conseil, dont tous rêvaient de s'emparer du pouvoir. Leur nombre s'accrut jusqu'à atteindre les 562 membres. Toute l'activité « révolutionnaire » était coordonnée depuis ce centre organisateur Juif, qui se faisait passer pour un conseil des travailleurs. Le président des débuts fut le marchand Juif d'Odessa Saul Zborovsky. Puis, le nouveau dirigeant devint le Juif Peter Khrustalyev (Georgi Nosar). Ses plus proches collaborateurs étaient Léon Trotski, qui était un véritable dirigeant et Alexandre Parvus. Les autres membres dirigeants n'étaient ni de pauvres paysans ni des ouvriers, mais de riches conspirateurs Juifs et des Francs-maçons : Semyon Vainstein, Bogdan Knuniants (Radin) Andrei Feit, Isaac Golynsky, Ezram Silverstov Komar et Goldberg. Ces gens étaient supposés représenter la classe laborieuse russe, malgré le fait que personne ne les aient élus. Trotski pensait que les Soviets étaient un excellent moyen de poursuivre la tradition de la Commune de Paris.

Il espérait conquérir le pouvoir pour lui seul à travers le chaos qu'ils causeraient. Parvus et Trotski continuèrent d'attiser les flammes de la grève générale et du chaos national qui en résultait au travers de leur réseau secret. Les instigateurs croyaient en fait que le régime Tsariste était sur le point de craquer. Les Soviets avaient l'intention de faire durer la grève générale aussi longtemps que possible, mais l'enthousiasme des ouvriers pour la révolte s'émoussa. Les agitateurs n'avaient plus le peuple derrière eux.

Le Tsar annonça un manifeste le 17 (30) octobre, dans lequel il promit que le suffrage serait élargi et que le pouvoir législatif serait réparti entre le parlement de la Douma et le gouvernement.

Les dirigeants de la révolution de 1905. De gauche à droite : Alexandre Parvus, Léon Trotski et Léon Deutsch. Cette photographie était classée secret-défense.

Le peuple commença de se calmer. Trotski, qui avait fêté son 26ème anniversaire le 25 octobre (7 novembre), fut grandement déçu. La tentative pour s'emparer du pouvoir avait échoué.

Les Francs-maçons fumaient de colère et commencèrent à utiliser le pouvoir des Soviets dans les autres villes. Moïse Ouritski devint le dirigeant du soviet de Krasnoïarsk en décembre 1905, d'après la « Grande Encyclopédie Soviétique ». Les paysans étaient poussés au pillage de leur domaine en novembre-décembre (tout comme en France en juillet 1789).

Ce fut Lénine, d'après la légende, qui conduisit les préparatifs d'une révolte armée en novembre 1905. Mais il était en fait toujours en Suisse, d'après le documentaire de Stanislav Govorukhins « La Russie que nous avons perdue ». Tandis que Lénine était en Suisse, il exigeait que les jeunes communistes de St. Pétersbourg utilisent de l'acide contre les officiers de police, qu'ils versent de l'eau bouillante depuis les fenêtres sur les soldats, que des clous soient jetés sous les sabots des chevaux et que des charges explosives soient jetées dans les rues.

Parvus, Trotski et Deutsch menèrent la révolte. Nosar fut arrêté et Trotski devint le chef Soviétique le 26 novembre. Une semaine plus tard (3 décembre) il fut arrêté avec 300 autres Soviétiques. Parvus organisa aussitôt une grève. Trotski fut exilé en Sibérie à perpétuité.

Parvus rétablit son Soviet presque tout de suite, le 7 (20) décembre, et se nomma lui-même le dernier président du groupe. Le même jour, Parvus avait organisé une importante grève dans la capitale, à laquelle prirent part 90 000 ouvriers. 150 000 firent la grève à Moscou le jour suivant. Des émeutes éclataient aussi dans d'autres villes. Le meneur de la populace qui attaqua Moscou le 9 décembre, était le Juif Zinovi Litvinscdoy (en fait Zvolen Yankelev).

Le soviet de Moscou avait interdit tous les journaux non socialistes le 7 décembre. Les émeutes sanglantes durèrent neuf jours. Le Tsar n'avait pas d'autre alternative que de faire usage de la force contre le pillage et la terreur semés par la foule. Il fut mis un terme à ces troubles majeurs le 12 janvier 1906. Parvus était parmi ceux qui furent arrêtés et fut condamné à l'exil en Sibérie, mais s'échappa avant d'atteindre sa destination.

Dans la partie russe de l'Estonie, il y avait beaucoup d'étudiants Juifs fanatiques parmi ceux qui organisèrent la « révolution » en 1905 : Sundelewich, Gutkin, Katz, Blumberg et les autres (Édouard Laaman et Johannes Ernits, « Le Bolchévisme en Estonie », I, Tallinn, 1930).

Au total, 14 000 grèves furent organisées en Russie en 1905. Trois millions d'ouvriers y prirent part. Les agitateurs étaient partout des Juifs, qui exploitaient allègrement la défaite de la guerre contre le Japon. Les gens comprirent bientôt cela et la réaction ne se fit pas attendre. Le cri de guerre des pogroms entre le 18 et le 20 octobre était : « Frappez les Juifs ! » Les magasins Juifs, où les prix étaient exorbitants, furent pillés et brûlés. 810 Juifs furent tués.

Cela n'était pas surprenant compte tenu du fait que la contribution majeure à ce coup d'état provenait du Parti Socialiste Sioniste des Travailleurs, du Kahal et des partis socialistes Juifs La Faucille, le Bund et Po'alei Sion. Cette dernière organisation contribua à elle seule à hauteur de 25 000 terroristes dans la lutte pour le renversement du Tsar. La Faucille avait été fondée dans le but de prendre part aux événements de 1905. L'organisation fut dissoute en février 1917.

Isaac Deutscher expliqua que l'attitude antisémite fut principalement causée par les tromperies des propriétaires de magasins Juifs. D'après les rapports (exagérés) des officiels Soviétiques sionistes, 4 000 Juifs furent tués au cours des pogroms en Russie entre 1905 et 1907. (*Obozrenie*, Paris, novembre 1985, p.36)

20 000 personnes furent tuées ou estropiées à cause des actions terroristes dans les années 1905-1906, d'après le metteur en scène de film Stanislav Govorukhin. *Novoye Vremya* établit l'estimation totale à 50 000 en mars 1911.

Parvus et Trotski commencèrent tous deux à comprendre que toutes ces actions terroristes sporadiques ne seraient pas suffisantes à favoriser et à changer le résultat de la tentative de coup d'état d'Octobre (lorsque les grèves générales étaient organisées et que les actes terroristes étaient perpétrés), en décembre 1905, et en janvier 1906, lorsque la dernière tentative désespérée de renverser le régime du Tsar s'avéra infructueuse. Lénine qui suivait avec scepticisme les évènements en Russie depuis son exil, arrivait aux mêmes conclusions. Une terreur massive était nécessaire pour déclencher la victoire. Les « révolutionnaires » rêvaient d'une guerre civile.

Le 11 avril 1906, le franc-maçon Peter Rutenberg (1879-1942) pendit le prêtre et syndicaliste Georgi Gapon, qui avait organisé la pétition du Dimanche Sanglant. Il en savait trop et fut tué comme traitre et agent de la police.

À partir de 1905, l'Ordre du Grand Orient de France accorda un soutien constant aux révolutionnaires en Russie. Les sources maçonniques indiquent qu'ils ont été les créateurs du socialisme international. En 1906, les francs-maçons tentèrent d'assassiner le Tsar Nicolas II. Ils utilisèrent même un sous-marin. Ils allèrent jusqu'à construire un avion dans ce but (Platonov, « La couronne d'épines de la Russie : l'histoire secrète de la franc-maçonnerie », Moscou, 1996, pp. 177-179).

Le Tsar nomma Piotr Stolypine ministre de l'intérieur en avril 1906 et peu après il fut nommé Premier Ministre. Stolypine mit finalement fin à la terreur et à la « révolution ». Il n'avait pas d'autre choix que de mettre en place la loi martiale pour effrayer et combattre les terroristes. Seuls ceux qui avaient commis des meurtres furent exécutés après être traduits en cour martiale. 600 terroristes furent jugés par les tribunaux militaires et exécutés en 1906. La plupart des « révolutionnaires » (35 000) s'enfuirent à l'étranger – principalement en Palestine (Isaac Deutscher, « Den ojudiske juden » / « Les Juifs non-Juifs », Stockholm, 1969, p.119), mais aussi en Suède, aux États-Unis et dans d'autres pays.

Piotr Stolypine avait repris le contrôle de la situation à partir de juin 1907. 2 328 autres terroristes furent exécutés dans les années 1907-1908. Combien de Russes lui durent la vie ? La Russie commença de se remettre des atrocités de Léon Trotski et d'Alexandre Parvus. Les forces ténébreuses n'appréciaient pas cette tournure des évènements.

La maison de Piotr Stolypine fit l'objet d'une attaque à la bombe immédiatement après sa nomination au printemps 1906. Les victimes étaient des invités – 27 tués et 32 blessés – l'explosion fut terrible. Parmi les victimes était le fils du premier ministre. Sa fille fut projetée à l'extérieur de la maison par la force de l'explosion et atterrît sur l'attelage d'une calèche. Elle fut estropiée pour le restant de ses jours. Stolypine n'était pas chez lui au moment de l'attaque.

Cette agression sur l'île Aptekarski de St-Pétersbourg fut le dernier spasme de la terreur. Stolypine, pendant ce temps, était bien au courant que les instigateurs des troubles au sein du pays étaient les Francs-maçons Juifs.

Les réformes de Piotr Stolypine étaient profondes. Une nouvelle constitution fut rédigée dans laquelle les paysans se virent accordés une liberté totale. Stolypine introduisit une réforme agraire, qui donnait aux paysans le droit d'obtenir des prêts de l'état pour acheter leurs propres fermes. Deux millions de paysans devinrent fermiers indépendants entre 1907 et 1914 et 23 pour cent devinrent propriétaires. Les paysans étaient exemptés d'impôt sur le revenu. L'électricité et le téléphone furent installés dans les villages de l'Altaï. Stolypine supervisa la construction d'écoles et d'hôpitaux dans le pays. Une assurance maladie fut mise en place en 1912, en accord avec le plan de réforme général. Les entreprises de plus de cent salariés offraient les soins médicaux gratuits.

Le grand réformateur Piotr Stolypine fit cesser les attaques terroristes franc-maçonnes. Mais la Douma lui refusa son aide. C'est pourquoi le Tsar dût dissoudre le parlement à deux reprises : en juillet 1906 et en juin 1907. Ce fut grâce à Stolypine que les Juifs furent autorisés à publier leur encyclopédie, entre 1908 et 1913, qui contient de nombreuses informations racistes.

Les journaux étaient autorisés à publier tout ce qu'ils voulaient. Tous les partis politiques étaient permis. L'armée et la marine furent toute deux modernisées.

Le politologue britannique Bernard Pares admit également que « du point de vue économique, la période de 7 ans 1907-1914 doit être considéré sans aucun doute comme la meilleure de toute l'histoire russe. » Au cours de cette période, les paysans prirent possession des trois quarts du territoire russe.

La Russie présenta un surplus de récolte impressionnant sous la direction de Stolypine. À la suite de ses réformes, la Russie produisait plus de céréales que les États-Unis, le Canada et l'Argentine réunis. Au total, la Russie produisait 40 pour cent de toutes les céréales au monde et était appelée le grenier du monde. Cette situation ne convenait pas à l'élite financière internationale.

Les « révolutionnaires » Juifs réalisèrent qu'ils ne seraient jamais en mesure de s'emparer de la Russie si ce processus se poursuivait. Les fondamentalistes Juifs enrageaient contre ces réformes qui avaient donné au prolétariat agricole russe des terres et la liberté.

C'est pourquoi les forces maçonniques secrètes de Saint Pétersbourg redoublèrent d'efforts pour mettre un terme à ce développement positif.

Les Juifs jouissaient d'une grande influence en Russie – ils dominaient les banques (à travers la famille Poliakov), ainsi que les industries du pétrole et du sucre.

L'avocat Juif Dimitri Stasov descendait d'une famille noble et devint le premier président de l'Association des Avocats Russes de Saint-Pétersbourg. Sa fille, Yelena, la maitresse de Lénine, devint une célèbre meurtrière bolchévique. En 1904, il y avait 3 567 Juifs nobles en Russie, ils ont pourtant essayé de déformer l'histoire, prétendant que les Juifs en Russie n'avaient pas de droits et étaient les victimes constantes de pogroms. Seule la Grande Catherine II, avait essayé de réduire l'influence secrète des Juifs. Peu après, tout continua comme d'habitude. Il devint interdit en Union Soviétique de montrer la célèbre peinture où la grande Catherine piétine le serpent (symbolisant le Judaïsme).

Avant le coup d'état d'Octobre, 37 pour cent de la population juive de 6.1 millions travaillait dans le commerce. En moyenne, les Juifs bénéficiaient d'une meilleure éducation que les autres. La moitié des étudiants en Ukraine étaient Juifs. C'est pourquoi les Juifs occupaient 87 pour cent des meilleurs postes alors qu'ils ne comptaient que pour 4.2 pour cent de la population. Bien sûr, ils avaient tous été baptisés par l'Église Orthodoxe Russe.

Beaucoup de Juifs occupaient de très hautes positions, parmi lesquelles celle du Sénateur et ministre de la justice Vladimir Sabler

(Desyatovsky, 1845-1929), du Premier Ministre et ministre de l'intérieur Boris Sturmer (1848-1917), du ministre de la justice Nikolaï Nelyudov (1840-1896) ou celle du haut-fonctionnaire David Dalin (Levin). Douze Juifs membres du parlement furent élus à la Douma après la tentative de coup d'état de 1905. Mais les extrémistes Juifs rêvaient toujours d'un contrôle total sur la société russe. 50 000 Juifs étaient des ouvriers (même pas 1 pour cent). En 2010, sur 156 801 Juifs, 0,5 pour cent sont ouvriers. La moitié de ces Juifs vivent dans la région autonome du Birobidjan.

D'après Alexandre Soljenitsyne, Stolypine étant libéral, il travailla aussi pour améliorer la situation des Juifs. Stolypine était un homme sensé ayant compris qu'il n'y avait seulement qu'un petit groupe de fanatiques parmi les Juifs de Russie, qui malheureusement commettaient leurs crimes terribles en agissant au nom de tous les Juifs. Même d'après les propres données (évidemment réduites) de Lénine, il y avait 33 000 socialistes « révolutionnaires » d'ascendance juive en Russie en 1906. (Lénine, « Œuvres », 4ème édition, Vol. 2, p.168) Stolypine voulait étendre les choix de carrière pour les Juifs de manière à les tenir éloignés du socialisme.

À 21 heures le 1er (14) septembre 1911, le Premier Ministre Stolypine fut blessé par le terroriste Juif Mardochée (Dimitri) Bogrov (un socialiste révolutionnaire) à l'opéra de Kiev. Cela se produisit au beau milieu de l'acte du « Conte du Tsar Saltan » de Rimski-Korsakov, en présence du Tsar Nicolas II. Bogrov tira sur Stolypine deux fois avec un pistolet à bout portant. Stolypine leva sa main gauche – la droite fut transpercée - et il fit le signe de croix vers le Tsar. Le Premier Ministre Stolypine mourut quatre jours plus tard.

L'étudiant Dimitri (Mardochée) Bogrov était le fils d'un riche Juif qui possédait une grande maison à Kiev. (*Molodaya Gvardiya*, No.8, 1990, p.232) L'assistance essaya de lyncher le terroriste, mais la police le sauva.

Après la chute du communisme, plusieurs documents déclassifiés démontrent que l'assassinat de Stolypine avait été planifié par le Conseil Suprême maçonnique de Paris, mais que ce plan avait été par la suite redéfini par les francs-maçons russes de la capitale Petrograd (le film russe « Stolypine » de 2006, explique tout cela). Avec ce meurtre, les forces occultes mirent un terme aux investigations du gouvernement russe sur les activités subversives maçonniques.

Léon Trotski avait rencontré le meurtrier Bogrov au matin du 1er septembre 1911 à Kiev. Les habitants de Kiev voulaient battre à mort tous les Juifs après le meurtre du Premier Ministre Piotr Stolypine, mais le gouvernement envoya un régiment de cosaques pour arrêter le bain de sang. (« The War by Base Law », Minsk, 1999, p.42)

Les francs-maçons Juifs avaient en tout tenté dix fois de tuer Stolypine. Bogrov y parvint à la onzième tentative. Les « révolutionnaires » étaient satisfaits. Bogrov fut condamné à mort. Lénine apprit la nouvelle depuis son exil et fut ravi. L'historien Vitali Startsev fit remarquer que le Tsarisme avait perdu en Stolypine son défenseur le plus doué.

Le révolutionnaire socialiste et Franc-maçon Alexandre Kerenski (en fait Aaron Kiirbis) se réfugia à l'étranger après le meurtre, car il avait entretenu des relations très étroites avec le meurtrier Mardochée Bogrov. Le même Kerenski devint Premier Ministre de la Russie en juillet 1917, après le coup d'état de la même année.

Pour les Francs-maçons Juifs, il était d'une extrême importance de mettre fin aux réformes. Léon Trotski admettait que si les réformes avaient été menées à bien complètement, le prolétariat russe n'aurait pas été capable d'atteindre le pouvoir. (Léon Trotski, « L'histoire de la Révolution Russe », Londres, 1967, Vol. 1, p.64) Lorsqu'il parlait de « Prolétariat Russe », il voulait bien entendu parler des Juifs francs-maçons.

Pour préserver les plans maçonniques et pour contrecarrer le développement positif de la Russie, un piège fut alors arrangé à travers le gouvernement des États-Unis.

En décembre 1911, le président Américain William Howard Taft annula le traité commercial Russo-Américain. Le Congrès était presque unanime (seul un vote contre fut enregistré). Jacob Schiff s'en était occupé.

TROTSKI À L'ÉTRANGER

Ni Trotski ni Parvus ne restèrent longtemps en Sibérie. Les deux s'échappèrent. Parvus finit en Turquie où il devint un homme d'affaire. Trotski s'échappa le 20 février 1907 et vécut d'abord à Vienne et plus tard à Genève où il discutait occasionnellement des projets Juifs avec le dirigeant sioniste Chaïm Weizmann. Parvus soutenait financièrement Lénine et Trotski à la fois. Ils furent même autorisés pour une courte période à vivre avec Parvus à Munich.

Lénine considérait Parvus comme son professeur, bien qu'il ne tarde pas finalement à le haïr. Parvus devint particulièrement riche au cours de la guerre des Balkans (1912-1913). Il commerçait de tout, des céréales aux préservatifs. Sur ses transactions de charbon il réalisa un bénéfice de 32 millions de couronnes danoises en or.

En 1912, Trotski travailla comme correspondant de guerre dans les Balkans. Parvus avait arrangé cette opportunité pour lui.

Au cours de la Première Guerre Mondiale, Trotski vécu en France mais il finit par agir contre les intérêts de ce pays. Il avait, entre autres choses, publié des articles agitateurs dans le journal *Nashe Slovo* (Notre Monde), qu'il avait fondé avec L. Martov (Julius Zederbaum). Le 15 septembre 1916, le journal fut supprimé et le jour suivant Trotski fut déporté en Espagne. Quelques jours plus tard, il fut arrêté à Madrid.

Il fut envoyé à Cadix, puis à Barcelone, où il prit place à bord du paquebot *Montserrat* et envoyé aux États-Unis.

Trotski débuta son voyage à Barcelone, le 25 décembre 1916. Il voyageait en première classe, et non dans une cabine de troisième, comme il le laisse entendre dans ses mémoires. Les documents de voyage Trotski sont toujours dans les Archives du Bureau de l'Immigration américain et elles sont très explicites. D'autres archives ont préservé une invitation en Amérique, qui permet de remonter à son frère en maçonnerie Jacob Schiff, le président russophobe de la maison Kuhn, Loeb & Co. de Wall Street à New York.

Ce fut Jacob Schiff qui déjà en 1890, avait organisé depuis les États-Unis, les formations des révolutionnaires internationaux à destination de la Russie. Au cours des années 1900-1902, 10 000 révolutionnaires furent entraînés. Leur mission était de détruire la Russie Tsariste. Le B'nai B'rith leur fournit la logistique. Le même ordre maçonnique joua un rôle actif pendant la prétendue révolution de 1905.

Le dimanche 13 janvier 1917, le paquebot *Montserrat* accosta à Ellis Island à New York. À bord se trouvait Leiba Bronstein, plus connu sous le nom de Léon Trotski. Sa famille l'accompagnait. Beaucoup de ses collaborateurs Juifs (Grigori Chudnovski, Moïse Ouritski et les autres) avaient aussi gagné New York à ses côtés.

Trotski séjourna à l'hôtel de luxe *Astor* sur Times Square. Plus tard, Jacob Schiff finança le loyer d'une luxueuse résidence du Bronx, au 1522 sur Vyse Avenue, le tout payé trois mois d'avance. Trotski admet lui-même dans ses mémoires que son appartement de travailleur était doté de la « lumière électrique », d'un fourneau à gaz, d'une salle de bain, du téléphone, d'un ascenseur et même d'un vide ordure. Une limousine avec chauffeur était à sa disposition ainsi qu'à celle de sa famille. (Antony Sutton, « Wall Street et la Révolution Bolchévique », Morley, 1981, p. 22)

Trotski devait écrire plus tard dans « Ma Vie » : « Ma seule profession à New York fut celle de socialiste révolutionnaire ».

Il prononçait également quelques discours aux émigrants de Russie et donnait des conférences à l'Université Russe de l'East Village sur la 7th Street. À New York, Trotski écrivit quelques articles bizarres pour un insignifiant petit journal marxiste *Novy Mir* (le Nouveau Monde), qui avait été fondé par ses camarades Juifs Grigori Weinstein et Isaac Gurvich. Nikolaï Boukharine (en fait Dolgolevsky) travaillait au sein du bureau éditorial, qui était situé au 77 ST. Mark's Place dans l'East Village, avec Moïse Uritsky, Grigori Chudnovsky, Alexandra Kollontai et Moïse Goldstein (dont le nom de révolutionnaire était Volodarsky). Il écrivit aussi pour le journal marxiste rédigé en Yiddish *Der Forverts* (En avant).

Malgré le fait que le journal ne pouvait s'acquitter des droits d'auteurs ordinaires, Trotski et sa famille habitaient une demeure luxueuse. Étant un pauvre frère maçon, il commença à mendier des ressources pour accomplir sa mission destructrice en Russie.

En janvier 1917, Trotski rentra en contact avec l'ordre maçonnique du B'nai B'rith. Celui qui gérait les contacts entre le mouvement révolutionnaire en Russie et le B'nai B'rith, n'était autre que Jacob Schiff.

Officiellement, Trotski s'était rendu aux États-Unis pour préparer l'organisation de la « révolution des travailleurs » en Russie. (Robert Payne, « La vie et la mort de Trotski », Londres, 1978).

Il rencontra plusieurs anarchistes communistes Juifs de New York comme Emma Goldman et Alexandre Berkman.

Dans les archives du Département d'État il y a un document, No. 861.00/5339, révélant comment Jacob Schiff, une personne très influente au sein de l'organisation maçonnique du B'nai B'rith, et ses compagnons Felix Warburg, Otto Kahn, Mortimer Schiff, Isaac Seligman et d'autres avaient planifié dès 1916 de renverser le Tsar Russe.

En avril 1917 Jacob Schiff confirma officiellement que ce fut grâce à son soutien financier aux révolutionnaires, que le Tsar fut forcé d'abdiquer, suite à quoi un gouvernement maçonnique prit le pouvoir (Gary Allen, « None Dare Call it Conspiracy », 1971). Dans le même temps, Alexandre Kerenski, secrétaire du Conseil Suprême de la Franc-maçonnerie Russe et dirigeant du Grand Orient de Russie (Veliky Vostok) reçut un million de dollar de Jacob Schiff. (« Encyclopaedia of Jewish Knowledge », article Schiff, New York, 1938.)

Selon le professeur Antony C. Sutton, au printemps 1917, Jacob Schiff commença à financer Léon Trotski pour mettre en place la « deuxième phase de la révolution ». Le Colonel Edward M. House, un puissant Illuminé en Amérique, s'arrangea pour que le président Woodrow Wilson remette un passeport américain à Trotski, pour qu'il puisse retourner en Russie et continuer « la révolution ».

À New York, le 27 mars 1917, Trotski, âgé de 37 ans, embarquait avec sa famille et 275 terroristes internationaux et aventuriers sur le bateau *Kristianiajjord* pour l'Europe, afin d'accomplir la « révolution » en Russie. Divers criminels communistes Juifs américains et agents de change de Wall Street les accompagnaient aussi. Ils étaient les seuls à bord qui n'avaient rien à voir avec le voyage en Russie. L'aveu le plus intéressant de Trotski est qu'il considérait la Russie comme « notre pays libéré par la révolution ».

Quelques hollandais étaient également présents à bord, selon le communiste américain Lincoln Steffens. Ils étaient les seuls à n'avoir aucun rapport avec le voyage en Russie.

Le 3 avril 1917, alors que le *Kristianiajjord* faisait escale à Halifax, en Nouvelle-Écosse, la police canadienne aux frontières arrêta Léon Trotski, sa femme, ses deux enfants ainsi que cinq autres « Socialistes Russes » (Nikita Mukhin, Leiba Lishelev, Konstantin Romanenko, Grigori Chudnovsky, Gerson Melichansky). Les canadiens croyaient que Trotski était allemand, car il parlait mieux l'allemand que le russe. Les proches camarades de Trotski, Volodarsky et Ouritski, restèrent à bord.

Trotski avait été arrêté à cause d'un télégramme envoyé de Londres le 29 mars 1917. Il révélait que Bronstein-Trotski et ses compagnons socialistes se dirigeaient vers la Russie pour provoquer une révolution contre le gouvernement. Trotski avait touché 10 000 dollars de la part des Allemands dans ce but. (Antony Sutton, « Wall Street et la Révolution Bolchévique », Morley, 1981, p. 28) En effet, en fouillant Trotski, la police trouva la somme des 10 000 dollars. Il expliqua que l'argent venait bien des Allemands mais ne fit aucun autre commentaire. Les autorités canadiennes soupçonnaient Trotski de collaboration avec les Allemands.

Le docteur franc-maçon et adjoint des services postaux Robert Miller Coulter, informa le Major Général Willoughby Gwatkin du Département de la Défense d'Ottawa que « ces hommes étaient hostiles à la Russie à cause de la manière dont les Juifs avaient été traités ».

Les autorités britanniques furent informées que les Allemands avaient financé Kerenski depuis 1915, ainsi que Lénine et d'autres citoyens russes. Mais il apparaît aussi que Trotski avait reçu de l'argent de cette source dès 1916. Les services secrets de la marine militaire canadienne étaient convaincus que Leiba Bronstein agissait sur instruction des Allemands.

Soudain, un contre-ordre pour relâcher Leiba Bronstein et ses sbires fut envoyé par l'ambassade britannique de Washington. L'ambassade avait reçu une demande du Département d'État de Washington pour relâcher Bronstein-Trotski en tant que citoyen américain détenant un passeport américain. Washington demanda que les canadiens aident Bronstein de toutes les manières possibles. Cela démontre que Trotski a bénéficié de soutiens très haut-placés !

Selon les explications officielles américaines, ce fut Kerenski qui insista pour faire relâcher Bronstein. Trotski fut libéré 5 jours plus tard. Les canadiens s'excusèrent d'avoir interrompu son voyage. Plus tard, tout fut fait pour cacher ces faits au public canadien (tout particulièrement après 1919), car les autorités savaient qu'elles avaient, en relâchant Trotski, prolongé la guerre de presqu'un an, selon le Lieutenant-Colonel John Bayne Maclean, un éminent éditeur et homme d'affaire canadien, se prévalant d'une longue collaboration avec le renseignement militaire canadien. Le gouvernement canadien est donc indirectement responsable des morts et des blessures des soldats et des civils qui auraient dès lors pu être évitées. Mais la vérité finit toujours par émerger tôt ou tard.

Ainsi, nous voyons que les accusations de Staline contre Trotski étaient certainement fondées. Trotski avait été accusé d'être un agent payé par le capitalisme international. Les documents canadiens à présent disponibles montrent que cette accusation était tout à fait correcte. Nous verrons plus tard comment Trotski servait consciemment les intérêts allemands et nuisait ainsi délibérément à la Russie.

Winston Churchill déclara dans un article « Zionism Versus Bolshevism » / « Sionisme Versus Bolchévisme » publié le 8 février 1920 dans l'*Illustrated Sunday Herald*, que Trotski appartenait à la même conspiration juive initiée par Spartacus-Weishaupt.

Pourquoi cette hostilité américaine ? Les francs-maçons haïssaient le président Abraham Lincoln parce qu'il avait mis fin à leur rêve d'empire global esclavagiste. Il s'était tourné vers la Russie pour y trouver de l'aide. Alexandre II avait mis sa flotte à sa disposition, qui intervint directement dans la guerre.

Cinq jours après la fin de la Guerre Civile, le 9 avril 1865, John Wilkes Booth, un franc-maçon du 33ème degré, tira sur le Président Lincoln au Théâtre Ford de Washington. L'année suivante, Alexandre II fut victime d'une tentative d'assassinat. Les francs-maçons commençaient à mûrir leur plan de destruction de la Russie.

En 1906, le Tsar Nicolas II passa un accord avec Jacob Schiff afin qu'il cesse de financer les partis révolutionnaires en Russie. Pour sceller cet arrangement, le tsar versa sur ses propres fonds 960 millions de roubles argent (480 millions de dollars) à Schiff, qui furent déposés sur différents comptes chez Rothschild. Cet argent fut utilisé en février 1917 pour renverser le tsar et pour aider Trotski à s'emparer du pouvoir en octobre 1917. C'est ainsi que la future victime finança sa propre destruction !

TROTSKI LE DESPOTE SANS MERCI

Le menchévik Léon Trotski arriva à Saint-Pétersbourg via la Suède et la Finlande, le 4 mai 1917. Au début de juillet, il devint un bolchévique pour préparer la prise de pouvoir avec Lénine, malgré le fait que Lénine l'avait traité de fumier la même année. Les extrémistes Juifs se répandirent en Russie dans toutes les directions. À Saint-Pétersbourg, ils commencèrent à distribuer des journaux, des magazines et des livres en Yiddish et en Hébreu. À la suite de Trotski, 8000 autres révolutionnaires Juifs arrivèrent, parlant Yiddish entre eux. C'étaient pour la plupart de jeunes gens.

Après la prise de pouvoir, Trotski devint le bras droit de Lénine. Ce fut en fait Trotski qui dirigea la Russie pendant la maladie de Lénine. Il imposa sans pitié une souffrance au peuple d'une magnitude que le monde n'avait jamais connue. Au début Trotski voulait utiliser la guillotine pour exécuter les gens, mais fut réprimandé pour cette idée.

Il était un cynique et un sadique de la pire sorte. Il exécutait souvent ses victimes de ses propres mains. Il assassina ses otages de la manière la plus cruelle et il donna même l'ordre de tuer des enfants. Il ordonna des exécutions disciplinaires. Une quantité de documents conservés dans les archives du Parti Communiste décrivent ses cruautés.

Le Juif franc-maçon Léon Trotski s'adressa à ses collègues criminels (« révolutionnaires ») à Saint-Pétersbourg, en décembre 1917. Entre autres choses, il déclara : « *Nous devons la (en parlant de la Russie) transformer en désert peuplé de nègres blancs sur lequel nous exercerons une tyrannie plus terrible qu'aucun des plus affreux despotes de l'Orient n'en rêva jamais.*

La seule différence c'est que cette tyrannie ne proviendra pas de la droite, mais de la gauche, et ne sera pas blanche, mais rouge, au sens littéral, car nous verserons de tels fleuves de sang que les pertes humaines des guerres capitalistes apparaîtront pâles en comparaison. Les plus grands banquiers de l'autre côté de l'atlantique travailleront en étroite collaboration avec nous. Si nous remportons la Révolution et écrasons la Russie, nous consoliderons sur ses ruines le pouvoir du Sionisme et deviendrons une force telle que le monde entier s'agenouillera devant elle. Nous montrerons ce qu'est le vrai pouvoir.

Par l'usage de la terreur, des bains de sang, nous réduirons l'intelligentsia russe à un état de débilité complet, proche de la condition bestiale... Et pendant ce temps, notre jeunesse en blouson de cuir – les fils des horlogers d'Odessa et d'Orsha, Gomel et Vinnitsa, oh comme ils sont magnifiquement capables de haïr tout ce qui est Russe ! Avec quel entrain ils sont en train de détruire toute l'intelligentsia – les officiers, les ingénieurs, les professeurs, les prêtres, les généraux, les académiciens, les écrivains... » (Aaron Simanovich, « Mémoires », Paris 1922, *Molodaya Gvardiya*, Moscou, No.6, 1991, p. 55).

Quelques éclaircissements sont nécessaires à la compréhension de ce qui précède. « Notre jeunesse en blousons de cuir » fait référence aux membres de la Tchéka, principalement Juifs, qui portaient de telles vestes et étaient armés de revolvers. Les quatre villes mentionnées étaient situées dans la prétendue enclave juive (maintenant l'Ukraine et Biélorussie). Une autorité Israélienne notait : « *Jusqu'en 1939, la population de beaucoup de villes polonaises à l'est du fleuve Bug était au moins composée à 90 pour cent de Juifs, et ce phénomène démographique était même encore plus prononcé dans cette partie de la Russie Tsariste annexée de la Pologne connue sous le nom d'Enclave Juive.* » (Israël Shahak, (« Histoire Juive - Religion Juive : le poids de trois millénaires », Londres, 1994, p.62)

Ce fut Trotski qui créa l'Armée Rouge. Il utilisa pour ce faire des méthodes particulièrement effroyables, d'après le livre de la juive Dora Shturman « The Dead grasp after the living » / « Les morts reviennent hanter les vivants » (Londres, 1982). Trotski enrôlait de force les jeunes paysans pris dans leurs fermes et les forçait à embrasser la carrière de soldats rouges, en donnant l'ordre de tirer sur tous ceux qui résistaient. C'est avec de telles méthodes criminelles qu'il forma la prétendue Armée Rouge de volontaires qui « combattit avec grand honneur les propriétaires terriens et les capitalistes et triompha », comme les livres d'histoire Soviétiques le disaient. Pas un mot ne mentionnait les instructeurs américains que Trotski appelait à l'aide pour entrainer ses soldats.

En mars 1918, il avait 300 000 soldats à sa disposition. Deux ans plus tard il en avait déjà un million. Il parvint à entrainer et équiper une armée de cinq millions d'hommes. Il enregistrait tous les officiers et leurs familles. Si l'un des officiers venait à trahir les Rouges ou ralliait la cause des Blancs, sa famille était retenue en otage et le traître était averti qu'elle serait supprimée si les Blancs ne le rendaient pas immédiatement.

Les officiers et leurs familles étaient aussi exécutés pour désobéissance aux ordres. La cruauté impitoyable de Lénine et Trotski devint la norme du gouvernement Soviétique.

D'après les rapports du 11ème congrès du Parti au printemps 1922, Trotski déclara à propos de l'enrôlement forcé des soldats dans l'armée : « *Nous avons pris les Gardes Rouges directement des villages, nous leur avons fourni des armes, parfois dès leur entrée dans les trains ; parfois les armes étaient dans un autre wagon, et ils les recevaient plus tard, lorsqu'ils arrivaient et passaient les portières. Ils passaient ensuite deux à trois semaines, parfois une semaine, dans les casernes, plus tard ils étaient sujets à la discipline de fer par l'intermédiaire des commissaires, des tribunaux et des groupes de punition, car nous devions envoyer des hommes sous - entrainés. Il est vrai que nous menions des campagnes d'agitation, si nous le pouvions, mais rapidement, sous le feu, sous la pression de centaines d'atmosphères.* » (Enregistrements sténographiques, notes des congrès et des conférences du Parti Communiste », p. 289)

Trotski exécutait les gens « coupables » pour des infractions les plus insignifiantes. Il avait pour habitude d'être lui-même le « témoin principal » à ces simulacres de procès. Dans son livre, la juive Dora Shturman appela ces méthodes « du banditisme organisé et légalisé ».

Ce fut Trotski qui demanda que la dictature du prolétariat utilise son véritable nom, la dictature du parti bolchévique. Cela ne fut pas fait pour des raisons démagogiques. Encouragé par Trotski, la *Krasnaya Gazeta* révéla le but principal du régime Soviétique le 31 août 1919 : « *Des fleuves de sang bourgeois s'écoulent déjà – mais encore plus de sang ! Autant que possible !* »

Même durant la guerre civile en 1920, Trotski commença à planifier une militarisation de l'économie, pour la rapprocher du communisme de guerre. Il avait besoin d'esclaves militarisés. Les paysans et les ouvriers auraient le même statut que des soldats mobiles et formeraient des « unités de travail comparables aux unités militaires » (bataillons de travail) et seraient mis sous commandement. Chaque individu était un « soldat du travail qui ne peut pas être son propre maître – s'il lui est enjoint de bouger, il doit obéir ; s'il refuse, il sera un déserteur qui doit être puni » (par la mort).

Tout ceci fut présenté au 9ème congrès du Parti en mars-avril 1920, d'après les archives. Trotski insistait : « Nous disons qu'il n'est pas vrai que le travail forcé soit improductif sous toute les conditions. » (La collection « Roster ur ruinerna » / « Les voix sortant des ruines », édité par Alexandre Soljenitsyne et Igor Shafarevich, Stockholm, 1978, p.53)

Les vues de Trotski impliquaient que les ouvriers, les paysans et les syndicats devaient être subordonnés aux intérêts du Parti Communiste au nom du travail de construction socialiste. Ces tactiques de commando conduisirent la nation au bord de l'abîme et causèrent des destructions massives. Trotski n'en n'avait que faire. Il avait diligemment étudié l'histoire de la Mésopotamie et c'était là qu'il avait puisé ses idées démentes. Le roi Akkadien Sargon I (-2335-2279 Av. J.C.) fonda un empire embrassant Sumer, Babylone, Elam et l'Assyrie. La ville d'Ur fut faite capitale. Durant la troisième dynastie d'Ur, qui débuta en -2112 Av. J.C., Ur-Nammu (-2112-2095) imposa un système despotique et centralisé que Trotski imita.

Les travailleurs de Mésopotamie, que Sargon avait unifiés sous un seul état, recevaient les produits de l'état. Les productions des ateliers étaient gardées dans des entrepôts d'état. Comme les fermiers, les artisans étaient divisés en groupes, chacun contrôlé par un dirigeant. Les produits de premières nécessitées étaient distribués par l'état à l'aide de listes. La teneur des biens reçus était déterminée selon les besoins. Il y avait aussi des normes de travail qui déterminaient la taille des rations des ouvriers. Les travailleurs pouvaient être transportés d'une place à l'autre, d'un atelier à l'autre. Les autorités pouvaient envoyer leurs artisans hors de la ville pour travailler dans les champs ou consolider les berges. Les fermiers étaient envoyés dans les ateliers pour servir de main d'œuvre d'appoint. Le taux de mortalité parmi les ouvriers augmenta jusqu'à atteindre approximativement les 28 pour cent.

En Russie Soviétique, Trotski envoyait toutes les ressources dans des dépôts d'état. Les marchandises étaient échangées contre d'autres marchandises. Un décret fut promulgué obligeant tout le monde à travailler pour l'état. Ceux qui transgressaient les lois ou laissaient leur tâche inachevée étaient sévèrement punis comme déserteurs. Après tout, ils étaient des « soldats du travail ». Staline utilisa plus tard le même système dans ses camps de concentration. C'est pourquoi le système de travail militarisé de Trotski n'aurait jamais pu être une meilleure alternative que le Stalinisme. Trotski était simplement pire.

En réalité les travailleurs russes devinrent les esclaves des Juifs internationaux extrémistes qui avaient pris le pouvoir en cachant leur système par des slogans communistes prometteurs. Les marchandises vendues sur le marché international rendirent les dirigeants Juifs en Russie extrêmement riches. Leurs comptes en banques devinrent de plus en plus gros comme nous pouvons maintenant le voir au sein des archives secrètes du Parti Communiste. Trotski par exemple, outre ses deux comptes en banque américains détenant 80 millions de dollars, avait 90 millions de francs suisses déposés dans des banques Suisses. Moïse Ouritski avait 85 millions, Félix Dzerjinski (en fait Rufin) 80 millions, Ganetsky 60 millions de francs suisse et 10 millions de dollars. (Igor Bunich, « L'or du Parti », Saint Pétersbourg, 1992, pp. 82-84)

La banque Kuhn, Loeb & Co, qui à travers ses succursales allemandes avait soutenu la prise de pouvoir de Trotski en Russie à l'automne 1917 avec 20 millions de dollars, fut plus tard, en l'espace de 6 mois, repayé avec 102 290 000 dollars. (*New York Times*, 23 août 1921) C'est à dire que tous ceux qui étaient impliqués dans la conspiration tirèrent d'énormes profits de la souffrance du peuple russe.

Les bolchéviques agissaient simultanément comme des criminels et des super-capitalistes. L'oligarchie dirigeante – la Nomenklatura – fut transformée par Lénine et Trotski en Golem, qui de manière parasitique pillait les ressources et les biens de ses sujets. (*Executive Intelligence Review*, No 39, 30 septembre 1988, p.29) Dans le folklore Juif, le Golem était un monstre magique qui, grâce à une évocation kabbalistique, pouvait recevoir la vie afin de piller, de nuire ou de détruire les goyim (les Gentils). Suivant les attributs mythiques du Golem, des escouades spéciales pénétraient de force dans les habitations russes pour voler leur or et leurs bijoux.

Ainsi, d'abord le Kahal, un système de communauté typiquement Juif, fut introduit (les Soviets), puis le Golem fut créé (la Tchéka était un être artificiel qui s'appropriait les biens des Russes pour les remettre entre les mains de ses maîtres, les dirigeants communistes), et puis enfin la population entière fut internée dans un ghetto qui, le 30 décembre 1922 fut appelé l'Union Soviétique. Tel fut la manière dont le KGG (Kahal, Golem, Ghetto) fut fondé.

Le Golem était aussi considéré comme un dragon énorme qui se battait contre les ennemis du peuple Juif. C'est pourquoi les dirigeants de la Tchéka inventèrent le terme « ennemi du peuple » ; car il n'y avait qu'un seul peuple à détenir le pouvoir – les autres n'étaient qu'une masse sans valeur – pas meilleure que du bétail. C'est la raison pour laquelle les Tchékistes avaient pour habitude de déporter les « ennemis du peuple » dans des camions à bestiaux.

Tous ceux qui osaient critiquer le seul véritable système – Soviétique ou Kahaliste – étaient considérés comme des « ennemis du peuple ». Pendant ce temps, les Soviétiques, avaient été dépouillés du pouvoir. Au côté de chaque Soviétique il y avait maintenant un membre parallèle du comité du parti qui détenait le pouvoir réel. À travers ce principe de double responsabilité, le Golem pouvait contrôler la situation comme une araignée au centre d'une vaste toile… Mais tout comme dans le conte Juif, le Golem se retourna finalement contre ses propres créateurs. Des centaines de milliers de Juifs commencèrent d'émigrer de L'Union Soviétique dans les années 60 et 70.

LES CAMARADES DE TROTSKI

Léon Trotski débuta comme Commissaire du Peuple aux affaires étrangères, à la suite de quoi il fut nommé Commissaire du Peuple à la guerre. Lénine qualifiait Trotski de « sans doute le membre du comité central le plus capable » et parlait en termes positifs de ses compétences.

Léon Trotski utilisa ses propres méthodes « spéciales » pour fonder l'Armée Rouge. Au cours de son second exil, H. G. Rakovski le recruta dans les services de renseignement autrichien. Il leur servit d'agent secret de 1911 à 1917. De 1917 à 1918, il était également un agent allemand.

Les collègues de travail de Trotski étaient aussi de très intelligents bandits internationaux. Quatre-vingt pour cent des membres du commissariat étaient des Juifs. Tous les chefs étaient Juifs.

Le Vice-Commissaire au peuple aux affaires militaires était Éphraïm Shchklyansky, qui était arrivé par le troisième train de Suisse. Ses subordonnés étaient entre autres, Yemelyan Yaroslavsky (en fait Minei Gubelman) et Semyon Nakhimson. Les membres du conseil militaire étaient :

- Arkadi Rosengoltz,
- Mikhaïl Lashevich,
- Robert Rimm, Joseph Unschlicht,
- D. Weinman, Moisei Lisovsky,
- Isaac Zelinsky, German Bitker,
- Moisei Rukhimovich,
- Béla Kun (en fait Aaron Kohn),

- Grigori Sokolnikov (en fait Brilliant) et
- Josef Khorovsky.

Certains des commandants de l'armée étaient :
- Vladimir Lazarevich,
- Naum Zorkin,
- Yona Yakir,
- Vadim Bukhman,
- Boris Feldman
- Evgueni Shilovsky.

D'autres importants dirigeants Juifs de l'Armée Rouge étaient :

- Ari Mirsky,
- Gavril Lindov-Leytezen,
- Boris Zul,
- Evgueni Veger,
- Isaac Kiselstein,
- M. Volvovich,
- Léon Mekhlis (qui devint plus tard un Tchékiste sanglant),
- Mikhaïl Rozen,
- Samuil Voskov,
- Moisei Kharitonov,
- Grigori Zinoviev (en fait Ovsei Radomyslsky),
- Yakov Vesnik,
- Adolf Lide,
- P. Kushner,
- Mikhaïl Steinman,
- M. Schneideman,
- Mikhaïl Landa,
- Boris Tal,
- Yan-Yakov Gamarnik,
- Josef Bik,
- Rosa Zemlyatchka (en fait Rozalia Zalkind),
- Yan Lenzman,
- B. Goldberg,
- G. Zusmanovich.

Les commandants de division étaient également Juifs :

- Grigori Borzinsky,
- Sergueï Sheideman,
- Blumenfeld,
- Mikhaïl Meier,

- Boris Freiman,
- Alexander Yanovsky,
- Semion Turovsky,
- Andrei Rataisky,
- Alexander Sirotkin,
- Eduard Lepin,
- Samuil Medvedyevsky,
- Miron Polunov,
- Grigori Bozhinsky,
- David Gutman,
- Alexander Shirmakher,
- Evgueni Koffel,
- Boris Maistrakh,
- Ruvin Iztkovsky,
- Mark Belitsky,
- Leonid Berman,
- Konstantin Neiman,
- Nekhemia Feldman,
- L. Schnitman,
- Léon Gordman,
- Mikhaïl Sluvis,
- Yakov Davidovsky.
- Yakov Schwarzman,
- Adolf Reder,
- Moisei Akhmanov,
- Alexandre Grinstein,
- Kleitman,
- Abram Khasis,
- Semyon Nordstein,
- Alexander Richter,
- Lazare Aronstam,
- Vladimir Lichtenstadt,
- Léon Lemberg,
- Abram Vaiman,
- Josef Rosenblum,
- Léon Rubinstein,
- Yefim Rabinovich,
- Moris Belitsky,
- Isaak Grinberg,
- Isai Goldsmid
- Naum Yefuni
- Alexandre Grinstein
- Abraham Volpe

- Lev Shnigman
- Naum Rabichev
- Vladimir Lichenstadt

et bien d'autres. (*Molodaya Gvardiya*, No. 11, 1990.)

Il est impossible de citer les noms de tous ceux qui furent impliqués. Ces listes furent seulement rendues publiques en 1990. Les gens n'avaient aucune idée de la situation réelle.

Bien entendu, à peu près tous les chefs des camps de concentration étaient Juifs. Les plus terribles d'entre eux étaient :

- Naftali Frenkel, (un Juif Turc)
- Marvei Berman,
- Yakov Berman
- Sergei Zhuk,
- Yakov Moroz,
- Abramson,
- Samuil Firin,
- Grigori Afanasiev,
- Israilyev,
- Mikhail Senkevich,
- Israel Pliner,
- Abraham Rottenberg (un célèbre criminel)
- Biskon,
- Finkelstein,
- Mezner,
- Samuil Kvazensky,
- Isaak Grinberg,
- Isai Goldsmidt,
- Aaron Sotz,
- Yakov Rappaport,
- Lazare Kogan.

Ce dernier fut renvoyé pour manque de résultat et fut immédiatement remplacé par un autre Juif. Kogan fut exécuté en 1938. D'après le chercheur et journaliste Juif Arkadi Vaksberg, onze des douze chefs de camps du Goulag étaient des Juifs. (Alexander Vaksberg, « Lubuyanka », Stockholm, 1993)

Ce fut aussi Trotski qui décida que les fermiers indépendants et aisés devaient être annihilés et les autres transformés en travailleurs de Kibboutz ou ferme collectives, qui furent appelées kolkhozes en russe. Staline et Kaganovitch menèrent ces actions à bien en 1929.

Tout ce qui se produisit en Russie sous couvert du communisme était en fait fortement relié à la religion juive. Leurs extrémistes dans leur vanité l'admettaient volontiers. Le Rabbin Stephen Samuel Wise à New York déclara : « Certains appellent cela du Communisme, mais moi je l'appelle du Judaïsme. » (Curtis B. Dall, « The Military Power Order of the World Wars » / « L'Ordre du Pouvoir Militaire des Guerres Mondiales » Army-Navy Club, Washington, 1973, p.12)

Il a également été dit que l'Ancien Testament était le manuel du bolchévisme. Dans la Genèse, chapitre 47, versets 13-26, il est décrit comment Joseph exploite astucieusement une famine pour asservir les égyptiens. Il avait réuni de grandes quantités de céréales (Genèse 41 :29-57) de manière à les vendre aux égyptiens, au cours des années de disette, contre du bétail, de la terre et leur propre liberté.

Cette histoire fait inévitablement songer à la manière dont les Russes furent changés en esclaves et forcés d'intégrer les kibboutzim à cause d'une famine artificielle déclenchée en 1932-33.

Aussi, d'après la Midrash juive (commentaire de la Bible), c'était un acte de piété de la part de Joseph de tirer des profits énormes, au nom du Pharaon, pour l'enrichissement de sa propre famille ; cela fut tacitement pardonné plus tard par Jéhovah dans l'Exode 3 :22 : « Tu sèmeras le désespoir parmi les Égyptiens ! » (Source : Robert Graves et Raphael Patai, Mythes Hébreux, « Le livre de la Genèse », Londres, 1964, pp. 266-267)

N'était-il pas vrai que les rêves anciens des extrémistes Juifs étaient réalisés s'ils s'emparaient de l'argent des Gentils, de leur bétail, de leurs maisons, de leur religion et de leur liberté individuelle ? Le pillage fut officiellement appelé la nationalisation de la propriété privée.

Le 12 avril 1919 le journal *Kommunist* (Kharkov) publia l'article du camarade M. Kohan : « Les Juifs au service de la classe laborieuse », où il était écrit :

« Il peut être affirmé sans exagération que la grande révolution socialiste d'octobre fut l'œuvre de mains juives... l'étoile rouge à cinq branches, qui était connue dans les temps anciens comme un symbole judaïque, n'a pas été reprise par le prolétariat russe par hasard... Les commissaires Juifs, en tant que dirigeants des comités et des organisations Soviétiques, conduisirent le peuple russe à la victoire... Se pouvait-il que la masse ténébreuse et opprimée des paysans et travailleurs russes se débarrasse par eux-mêmes du joug de la bourgeoisie ? Non, ce furent les Juifs qui du début à la fin montrèrent au prolétariat russe le chemin de l'aurore dorée de l'internationalisme et qui jusqu'à ce jour dirigent la Russie Soviétique. Le prolétariat peut se sentir en sécurité entre les mains des Juifs. Nous pouvons rester calmes pendant que le camarade Trotski commande l'Armée Rouge. »

Kohan admettait qu'il n'y avait pas un seul Juif soldat dans l'Armée Rouge, mais que les Juifs la commandaient. Les documents maintenant disponibles viennent confirmer cela.

La nuit précédant le 9 (22) décembre 1919, au cours de la guerre de libération Estonienne contre les bolchéviques, un commandant Juif de bataillon, Shunderev, tomba au combat durant une bataille contre les troupes estoniennes. Parmi ses papiers il y avait une circulaire secrète contenant un appel à tous les chefs Juifs pour la formation d'une société secrète Sioniste. La lettre était rédigée en russe par le comité central du département de L'Union Israélienne Mondiale de Saint-Pétersbourg le 18 mars 1918. Le texte entier fut publié dans deux journaux estoniens. Voici quelques extraits de la lettre publiée dans le journal *Postimees* (Tartu) le 31 décembre 1919 :

« *Fils d'Israël le temps de notre victoire finale est proche. Nous sommes au début de notre domination mondiale et de notre renommée. Ce dont nous avions seulement rêvé auparavant est sur le point de devenir une réalité...*

Malgré le fait que la Russie ait été subjuguée et soit maintenant sous nos pieds punitifs, nous devons encore être prudents. Nous avons transformé la Russie en esclave économique et nous nous sommes emparés de toutes ses richesses et de son or en la forçant de s'agenouiller devant nous. Mais nous devons faire attention à garder notre secret. Nous ne devons pas avoir de compassion pour nos ennemis. Nous devons éliminer leurs individus les meilleurs et les plus talentueux, pour que la Russie soit sans dirigeant. De cette manière, nous détruirons toute opportunité de rébellion contre nous. Nous devons provoquer la guerre des classes et la dissension parmi les paysans et les ouvriers aveugles. La guerre civile et la lutte des classes détruiront les valeurs culturelles que les peuples chrétiens ont acquises... Trotski-Bronstein, Zinoviev-Radomyslsky, Ouritski, Kamenev-Rosenfeld, Steinberg – eux et bien d'autres fidèles fils d'Israël tiennent les plus hautes positions de la nation et dirigent les slaves réduits en esclavage. Nous vaincrons la Russie totalement. Notre peuple joue un rôle dominant dans les comités des villes, les commissariats, les comités victorieux, et toutes les autres institutions. Mais ne laissons pas la victoire nous monter à la tête ! »

Cette missive fut également publiée dans *The Morning Post* (Londres), le 3 avril 1920. Les informations à présent disponibles confirment ces déclarations et l'authenticité de la lettre. Parmi les matériaux de recherche de Moïse Ouritski, un document secret, copié le 17 mai 1918, fut trouvé. C'était la même circulaire que celle trouvée sur le Juif commandant de bataillon Shunderev. Elle fut publiée en Russie pour la première fois en février 1994.

Les « révolutionnaires » Juifs savaient que chaque état serait effectivement détruit à l'aide du socialisme et de la guerre civile. Il était possible de tout contrôler en prenant simplement le contrôle de la production des denrées, des hôpitaux et des sources d'énergie.

Malgré la terreur horrible, de plus en plus de Russes osèrent exprimer leur mécontentement à l'égard de la direction des bolchéviques Juifs. Les intellectuels étaient particulièrement ouverts sur leurs opinions. Alors, le 27 juillet 1918, *Izvestia* publia un appel du Conseil des

Commissaires du Peuple au peuple russe. Cet appel condamnait l'« antisémitisme » comme un danger à la cause de la « révolution des ouvriers et des paysans ». Les antisémites étaient déclarés hors la loi et exécutés sur le champ.

Lénine signa lui-même l'appel mais l'initiative venait de Trotski. Lénine soulignait que l'antisémitisme menait à la contre-révolution.

Trotski considérait tous les patriotes comme antisémites. En avril 1919, au milieu de la grande terreur de Kiev, Trotski visita la ville et ordonna que tous les patriotes russes soient exterminés. Ils furent même battus à mort avec des marteaux et leur cerveau finissait sur le sol du hangar où ce crime fut plus tard découvert. (Platonov, « La couronne d'épine de la Russie : L'histoire du peuple russe au 20ème siècle », Partie I, Moscou, 1997, p.611)

La majorité des Juifs, même s'ils ne se considéraient pas eux-mêmes comme des bolchéviques, soutenaient néanmoins le pouvoir Soviétique, le considérant comme le leur, un pouvoir Juif. Beaucoup de riches Juifs, craignant pour leur fortune, préférèrent les Rouges aux Blancs. Au lieu des privilèges que leurs biens leur accordaient, ils reçurent beaucoup de privilèges grâce à leur proximité avec le pouvoir et leur possibilité de détenir un pouvoir sur les Russes eux-mêmes. Les Juifs, d'après Lénine, « sauvèrent le pouvoir Soviétique » - « les Juifs créèrent assurément la colonne vertébrale du pouvoir Soviétique à l'aide du pouvoir de la juiverie ». (Oleg Platonov, « La couronne d'épine de la Russie : L'histoire du peuple russe au 20ème siècle », Moscou, 1997, partie I, p.583)

LA CHUTE DE L'AMIRAL SHCHASTNY

À l'été 1993, des informations jusqu'alors secrètes furent publiées à propos du meurtre de l'amiral Alexeï Shchastny par Trotski, le 21 juin 1918 à Moscou. La raison du meurtre était très simple. Au début du printemps 1918, Trotski avait donné à Shchastny, alors commandant de la flotte de la Mer Baltique, l'ordre de capituler et de livrer tous ses navires (environ 200) aux Allemands mais l'amiral avait refusé.

Le Juif Adolf Yoffe, qui était le proche camarade de Trotski et se trouvait à la tête de la délégation Soviétique aux négociations de paix de Brest, annonça aux allemands : « Il n'y aura pas de paix ni de guerre ». Les allemands tinrent compte de l'indice et conservèrent le territoire russe qu'ils occupaient. Ils avaient d'autres exigences à formuler. Lénine et Trotski essayèrent de nier le problème mais les Allemands menacèrent de les dénoncer tous deux comme étant des agents payés par Berlin s'ils n'étaient pas autorisés à garder un million de kilomètres carrés du territoire russe, et s'il ne leur était pas donné 6 milliards de marks et la flotte baltique en compensation. Lénine et Trotski cédèrent.

La flotte baltique stationnait à Helsinki. Comme mentionné précédemment, l'Amiral Shchastny refusa d'obéir aux ordres et décida de sauver la flotte entière pour la renvoyer chez elle à Kronstadt. Londres demanda alors que les russes ne cèdent pas leur flotte aux Allemands ; ils devaient la saborder à la place. La pression de Londres était énorme. Alors Trotski donna à nouveau l'ordre de faire sauter les navires de manière à ce que les dommages soient minimes et que les Allemands puissent aisément les réparer.

C'est alors que les services secrets britanniques intervinrent et donnèrent à l'amiral des copies de lettres des services secrets allemands contenant les instructions à Lénine et à Trotski concernant la flotte Baltique. L'amiral réalisa ainsi que les dirigeants Soviétiques, Lénine et Trotski trahissaient la Russie au bénéfice d'un pouvoir étranger alors il s'arrangea pour que les 167 navires atteignent à travers les glaces les côtes russes de Kronstadt. Le Gouvernement de Berlin était furieux.

Trotski voulait se venger de l'amiral. Il ne pouvait pas le faire immédiatement car Shchastny était très populaire. Dans n'importe quel autre état, l'amiral aurait été décoré pour son acte héroïque mais Trotski voulait le punir.

L'Amiral fut convoqué au Kremlin le 28 mai 1918. Trotski posa la question décisive : « Est-ce que l'Amiral voulait servir le régime Soviétique ou non ? » Un simple « oui » aurait suffi, mais Trotski n'entendit jamais cette réponse donc l'Amiral fut immédiatement arrêté.

Au cours du troisième jour de son arrestation, l'Amiral fut informé qu'il ferait face à un procès. Les dirigeants bolchéviques avaient trouvé dans ses affaires les copies des instructions allemandes à Lénine et à Trotski. L'Amiral avait commis une grave erreur – il n'avait pas rendu ces lettres publiques, mais les avait ramenées à Moscou. Trotski avait aussi lu le journal personnel de l'Amiral qui révélait l'antipathie de Shchastny à l'égard du régime Soviétique.

Un procès truqué se mit en place le 20 juin 1918. L'accusation fut communiquée à l'Amiral seulement deux heures avant le procès. Il n'eut jamais le temps de la lire. Seul un membre du public fut autorisé à être présent – la sœur de l'Amiral. Il n'y avait qu'un seul témoin, qui présentait aussi l'accusation officielle. Ce témoin était Léon Trotski. L'Amiral fut accusé de haute trahison et condamné à mort.

Le 21 juin, la brigade chinoise, qui ne parlait pas russe, fut appelée à l'école Alexandrovsk. Ce groupe exécuta l'Amiral et, suivant les ordres, mit le corps dans un sac, qui fut enterré sous le sol de l'une des pièces. Les ordres venaient de Léon Trotski. Aujourd'hui, le ministre de la défense Russe occupe ce bâtiment, pas loin du Kremlin. (*Sovershenno Sekretno*, No.

6, 1993) Ni les anglais, ni Hitler n'utilisèrent ces lettres pour révéler la véritable nature des dirigeants Soviétiques, et ainsi affaiblir le Kremlin. La question se pose de savoir s'ils ne travaillaient pas tous pour un omniprésent mais invisible pouvoir international.

LA RÉBELLION DE KRONSTADT

En février 1921, les ouvriers de Saint-Pétersbourg et les marins de Kronstadt en avaient assez. Plusieurs grèves se déclenchèrent à Saint-Pétersbourg le 22 février. Les ouvriers ne voulaient plus des gardes communistes dans les usines. Le comité directeur communiste avait réduit la ration de pain d'un tiers (les ouvriers de l'industrie lourde recevaient 800 grammes par jour, les ouvriers normaux 600). Les salaires étaient tombés à un dixième de ce qu'ils avaient été avant que les bolchéviques atteignent le pouvoir et le taux d'inflation était catastrophique. Les ouvriers qui s'étaient faufilés au travers des barrages routiers et avaient quitté la ville pour la campagne afin de trouver de la nourriture, étaient soit arrêtés ou simplement fusillés, car les usines étaient gérées par une discipline militaire. Trotski avait repris le système américain du Taylorisme (de l'économiste américain Frédéric Winslow Taylor, né à Germantown en 1856, mort en 1915) qui transformait les ouvriers en robots. Lénine était fasciné par ce système.

Les bolchéviques commencèrent à exécuter les ouvriers en grève en tant que déserteurs. Beaucoup étaient arrêtés. Des incidents se déclenchèrent aussi à Moscou. Les manifestants scandaient, entre autres choses : « À bas les Juifs communistes ! » (Harrison E. Salisbury, « De ryska revolutionerna » / « Les Révolutions Russes », Stockholm, 1979, p.234) Les ouvriers faisaient aussi de pressantes demandes pour la démission immédiate de Lénine et voulaient que l'Assemblée Constituante soit rétablie.

Comme les menaces contre les Juifs communistes devenaient partout de plus en plus fortes, le dirigeant Juif agressif Mikhaïl Lashevich traita les grévistes, et les ouvriers déçus de « suceurs de sang qui essayent de pratiquer l'extorsion ».

Les dirigeants communistes Juifs paniquèrent lorsque les marins de Kronstadt se joignirent aux ouvriers. Au cours d'une réunion le 1er mars, les marins firent part de leur désaccord avec la section politique de la flotte Baltique. Ils avaient été habitués à choisir leurs propres commandants et s'opposaient à la discipline aveugle que les assoiffés de pouvoir communistes exigeaient d'eux.

Les marins du navire de guerre *Petropavlovsk* soutenaient les protestations des ouvriers contre la terrible oppression et présentaient leur propre programme en 15 points, dans lequel ils demandaient, entre autres choses, que les scrutins d'élections des Soviets se déroulent à bulletin secret, car « les Soviétiques actuels ne représentent pas la volonté des ouvriers et des paysans », la liberté d'expression, la liberté de s'organiser, la libération de tous les prisonniers politiques, l'abolition des commissaires et la fin de la suprématie du Parti Communiste. La résolution réclamait aussi le droit des ouvriers et des paysans à être leur propre employeur tant qu'ils n'employaient personnes d'autres, et que tous les Juifs soient démis des hautes fonctions. La dernière demande était la plus importante, d'après Alexandre Berkman. 15 000 marins et ouvriers soutenaient cette résolution. Elle condamnait sans appel le gouvernement communiste.

Les bolchéviques Juifs avaient peur, mais ne voulaient pas consentir à la moindre de ces demandes – le retrait des gardes communistes des barrages routiers et des usines et l'introduction d'une ration égale. À la place, les dirigeants essayèrent de faire retirer aux marins la résolution entière. C'était impossible. Les marins criaient : « Nous préférons mourir que de renoncer ! » Alors les politruks menacèrent que le « Parti n'abandonnerait pas le pouvoir sans lutter. »

Perichenko le Second du *Petropavlovsk*, qui fut plus tard le meneur de la rébellion, parvint à emprisonner l'élite locale du Parti Communiste au début de mars. Tous les points stratégiques étaient occupés.

Parmi les rebelles, il y avait des sociaux-démocrates, mais aussi des bolchéviques russes, des anarchistes, des syndicalistes, des sociaux révolutionnaires et d'autres groupes gauchistes qui voulaient se débarrasser du contrôle communiste Juif sur la « révolution ».

Le 6 mars, Léon Trotski était furieux. Il voulait d'abord utiliser contre les rebelles du gaz toxique, dont il avait fait l'acquisition rapide à l'étranger. Puis il déclara que tous ceux qui demandaient la liberté de parole, la liberté de la presse et des syndicats libres devaient être tués « comme des canards dans un étang » ou « comme des chiens ». Il ordonna aux rebelles de renoncer. Ils refusèrent.

Le 7 mars, l'Armée Rouge ouvrit le feu avec l'artillerie et attaqua Kronstadt par les airs. Le 561ème régiment d'infanterie attaqua sur les glaces le 8 mars. La glace rompit à plusieurs endroits et des centaines de soldats se noyèrent. Le deuxième bataillon fut plus tard envoyé contre les rebelles. Les unités de l'Armée Rouge refusèrent d'attaquer les marins.

De nouvelles troupes plus loyales furent amenées ; 60 000 Gardes Rouges enrôlés de force. Le 18 mars (le jour de l'Aide Rouge), la 7ème armée sous le commandement de Mikhaïl Toukhatchevski attaqua la garnison de 16 000 hommes. Les marins étaient repoussés ; fort après fort, rue après rue. Finalement, seuls une centaine de marins essaya vainement de tenir une dernière défense au sein du phare de Tolboukhine.

Toukhatchevski déclara plus tard qu'il n'avait jamais rien vu de comparable au bain de sang dont il fit l'expérience à Kronstadt. « Ce n'était pas une bataille normale », expliqua-t-il, « c'était un enfer. Les marins se bâtirent comme des bêtes sauvages. Je ne peux pas comprendre d'où ils tirèrent la force de leur furie. Chaque maison devait être prise d'assaut. »

La révolte fut écrasée le 21 mars. Près de 1000 marins avaient été tués. 2500 furent fait prisonniers. Les Gardes Rouges perdirent 10 000 hommes. La plupart des rebelles s'arrangèrent pour s'échapper avec leurs familles à travers le golfe de Finlande à Terijoki et atteignirent finalement Helsinki. La Finlande fut forcée de les extrader en 1945, 24 ans plus tard.

La plupart de ceux qui avaient été capturés furent impitoyablement fusillés sur ordre de Trotski. Un total de 30 000 personnes furent exécutées au cours de ce terrible bain de sang. La déclaration officielle disait : « **Des sentences prolétaires sévères ont été rendues à l'encontre des traîtres à la cause.** » Il n'a été que récemment révélé que Trotski avait personnellement mené les exécutions massives de marins, de leurs familles et de tous les autres opposants impliqués.

L'anarchiste Juif Américain Alexandre Berkman visita Kronstadt après l'assaut. Il écrivit dans son journal : « Kronstadt est tombé. Des milliers de corps de marins jonchent les rues. Les exécutions de prisonniers continuent. » Trotski avait de ce fait définitivement souillé ses mains avec le sang des marins et des ouvriers. En souvenir du cinquantième anniversaire de la commune de Paris et de la victoire sur Kronstadt, il fit jouer aux orchestres l'*Internationale*, l'hymne célèbre des socialistes-communistes.

Kronstadt fut l'apogée de la terreur Léniniste. Lénine et Trotski furent tous deux secoués par la rébellion. Lénine était très satisfait de la contribution arrogante et cruelle de Trotski. Cependant, tous deux pensaient que les russes avaient besoin d'une période plus calme après toutes ces terribles tueries, qui n'avaient pas cessé depuis plusieurs années. Les Tchékistes avaient utilisé toutes les excuses imaginables pour tuer. Dans la ville de Briansk, la peine de mort fut proclamée pour ivresse, à Viatka pour « être dehors après 20 heures », dans d'autres lieux pour vol. Les prisonniers étaient amenés dans des caves pour exécution, où ils étaient déshabillés, mis debouts contre un mur et tués par une petite escouade armée de pistolets. Un Tchékiste muni d'une charrette à bras enlevait les corps, qui étaient treuillées comme des carcasses animales par une trappe pour finir dans un camion stationnant plus haut. Alors d'autres prisonniers étaient amenés et la procédure recommençait.

À Saint-Pétersbourg, le dirigeant Soviétique Grigori Zinoviev demanda au cours d'un discours à ce que les habitants de Russie qui ne pouvaient pas être ralliés à la cause du Communisme soient liquidés. (Det Basta, No.2, 1968, p.136)

En 1919, le procureur de la Tchéka, le Juif Galperin, déclara suite à la condamnation d'une femme russe : « *Souvenez-vous de la loi de fer de la révolution... Le peuple russe n'est qu'un troupeau de bêtes stupides. L'intelligentsia russe, une charogne bonne à rien. Nous sommes vos vainqueurs. Ainsi, le pouvoir n'est pas seulement entre les mains des Juifs, mais avant tout entre les mains des plus forts et des plus rusés.* » (*Novoye Vremya*, 3 avril 1924).

En d'autres termes, la Russie était occupée par un groupe de gangsters Juifs, qui devaient aussi plus tard se battre entre eux. Finalement, environ un million de Juifs moururent de cette manière. Le professeur Israël Shahak fit remarquer dans son précieux ouvrage « Histoire Juive - Religion Juive : le poids de trois millénaires », (Londres, 1994) que les Juifs fanatiques ont toujours essayé de suivre les instructions selon lesquelles ils doivent tuer tous les « traîtres » de sang Juif – ceux qui n'acceptent pas leur propre point de vue extrême.

Cette affirmation fut encore confirmée par le meurtre d'Yitzhak Rabin le 4 novembre 1995. Ces groupes extrémistes Juifs étaient les pires ennemis des gens sensés (y compris des Juifs civilisés) en Russie. Ces criminels ne doivent pourtant pas être méprisés ni haïs, même maintenant après ces évènements, car d'un point de vue spirituel, ils étaient simplement les porteurs d'idées très primitives et destructrices. Ces criminels démontrèrent eux mêmes cette vérité.

Pour assouplir l'oppression et afin de remettre l'économie sur pied, Trotski et Lénine se mirent d'accord pour accorder temporairement la formation d'entreprises privées. D'après l'historien russe Viktor Nanolov, ce fut Trotski qui finit par abolir sa propre économie de type militaire et travailla à la mise en place de la NEP – la nouvelle politique économique. C'était en fait une méthode politique rusée – d'abord une terrible guerre communiste, puis la NEP provoquant une abondance de pain pour faire accepter le régime Soviétique... Bien sûr les Juifs exploitèrent la situation à leur avantage pendant la NEP. En 1924, un tiers de toutes les boutiques en Russie était possédé par les Juifs. (« Revolution of People », « Universal Jewish Encyclopaedia »,).

TROTSKI L'ÉMINENCE GRISE

Lorsqu'en 1922, Lénine introduisit l'important poste de Secrétaire Général du Comité Central, il voulait que Trotski occupe cette fonction. Trotski refusa car cela ne faisait pas bon effet aux yeux du reste du monde qu'un Juif soit à la tête de la hiérarchie communiste. Il ne restait le choix qu'entre deux hommes pour ce poste – le demi-Juif Joseph Staline (en fait Djougachvili), et le russe Ivan Smirnov, un ami de Trotski. Le 3 avril 1922, Staline fut finalement choisi. Staline donna l'ordre d'exécuter Smirnov en 1936.

Léon Trotski voulait servir de guide spirituel à Staline, une sorte d'éminence grise pouvant diriger le pays à travers ce médiocre secrétaire général. Trotski traitait Staline de tâcheron et le considérait comme rien de plus qu'un administrateur inculte. C'était en fait un jugement exact à son sujet – Staline resta un ignorant jusqu'à sa mort.

À partir de 1924, il devint évident que Staline ne se laisserait plus contrôler par Trotski. Au contraire, il voulait prendre toutes les décisions de lui-même.

Il voulait en même temps réduire l'influence des Juifs sur la politique Soviétique. Cependant, lorsqu'il poussa trop loin ce projet contre les extrémistes Juifs, il y perdit la vie lui-même. Sa femme juive Roza l'empoisonna sur ordre de son frère Lazare Kaganovitch, comme le confessa ce dernier à Moscou en 1981.

L'auteur socialiste sioniste Arnold Zweig pensait que Trotski était l'héritier légitime de Lénine. Zweig admit que sa propre substance intellectuelle provenait de l'Illuminé Moïse Mendelssohn.

En tous les cas, Staline mit en place la plupart des idées de Trotski (il n'en avait aucune lui-même). Staline apprit beaucoup de Trotski, tout spécialement lorsque ce dernier affirma lors du douzième congrès du Parti en mai 1923, que le Parti avait toujours raison. Staline ne perpétra pas de meurtres avec la même intensité que Trotski. Si Trotski était devenu Secrétaire Général, toute la Russie se serait trouvée noyée sous un fleuve de sang.

Dans ses mémoires, la deuxième femme de Trotski, Natalya Sedovaya-Trotskaya, ne montra aucune compassion pour les millions de victimes de son mari. Elle était en fait la fille d'un banquier Sioniste, Ivan Zhivolovsky (en fait Avram Zhivatovzo), qui aida à financer la prise de pouvoir bolchévique, d'abord en Russie puis à Stockholm, à travers la Nya Banken (une banque suédoise, possession de la famille juive Aschberg). C'est une des raisons pour lesquelles le Franc-maçon Trotski protégea toujours les intérêts internationaux des riches Juifs. Ivan Zhivotovsky était très proche des Warburg et des Schiff.

Des légendes sur le gentil Trotski ont été répandues dans le monde entier : « Si seulement il avait remporté la lutte de pouvoir, la liberté d'expression aurait prévalu en Union Soviétique », « Il n'aurait pas été nécessaire de réformer le Communisme si Trotski avait été au pouvoir. »

Tout cela n'est bien entendu que de la désinformation. Trotski méprisait le parlementarisme démocratique et ne manquait jamais une occasion de l'attaquer au vitriol. C'est évident en lisant son livre « Qu'est-ce que l'Union Soviétique et vers quelle direction se dirige-t-elle ? », publié à Paris en 1936. A la page 219, il expliqua que les défenseurs des classes liquidées ne devaient avoir aucun droit de former des partis politiques. Il insistait sur le fait que ceux qui font la promotion du capitalisme en Union Soviétique sont des Don Quichotte, qui n'ont même pas la possibilité de former un parti.

Trotski était si puissant en 1922 qu'il accueillit la parade du cinquième anniversaire de la Révolution d'Octobre tout seul, sans Lénine. La même année, Trotski fut l'opposant le plus violent à l'établissement de groupes d'opposition au sein du Parti. Il demanda que ceux qui en étaient les initiateurs soient liquidés immédiatement. Il suggéra que les parcelles de terre privées soient confisquées, car elles pouvaient selon lui donner lieu à une infection idéologique parmi les paysans. Sans ses lopins de terre, il y aurait une pénurie immédiate dans les villes et il serait alors plus facile de contrôler les intellectuels restant.

Le système que Trotski voulait implanter était complètement centralisé. Cela aurait provoqué un règne de la terreur tellement surréaliste que même Staline et ses conseillers Juifs échouèrent à l'accomplir. Avec Trotski au pouvoir, la Russie aurait connu un sort encore pire.

Les idées du Trotskisme sur le socialisme militaire furent mises en place en partie par Mao Tsé-toung en Chine pendant la « Révolution Culturelle ». Ces terribles expérimentations atteignirent une perfection effrayante dans le Cambodge de Pol Pot.

Ce fut Trotski qui dès 1924 demanda la fin immédiate des concessions accordées au travers de la NEP. Staline ne le mit en application que trois ans plus tard – en 1927. La NEP fut finalement abolie en décembre 1929. Trotski fut le plus impliqué dans la liquidation du marché libre en Union Soviétique. Ce fut également Trotski qui purgea la direction communiste pour faire de nouvelles recrues. En janvier 1918, il demanda que les 15 000 finlandais rouges s'emparent immédiatement du pouvoir à Helsinki. À cette fin, Lénine promit d'envoyer des armes à Jukka Rahja (un membre fondateur du Parti Communiste Finlandais). Les armes arrivèrent. Tout était prêt pour un coup d'état national communiste. Mais les Allemands demandèrent alors que les bolchéviques restent en dehors de la Pologne, de la Lituanie, de Courlande et aussi de la Livonie, de l'Estonie, de la Finlande et de l'Ukraine. Les bolchéviques ne furent pas autorisés à écraser la Finlande. Lénine et Trotski furent forcés d'accéder aux demandes allemandes le 3 mars 1918. (*Nootti*, Helsinki, No.4, 1989)

Au début de 1921, Trotski voulait l'incorporation immédiate de la Géorgie dans l'Union Soviétique. Il reçut le soutien de Joseph Staline et de Grigori (Sergo) Ordzhonikidze. Trotski répliqua immédiatement et les agents Soviétiques s'emparèrent du pouvoir dans la province de Borchalin le 12 février 1921. Le 16 février la République Soviétique de Géorgie fut déclarée à Shulaveri et le comité révolutionnaire demanda de l'aide à Moscou. Un jour plus tard les troupes Soviétiques qui attendaient les ordres à la frontière commencèrent l'attaque sur la république géorgienne. Le 25 février l'Armée Rouge s'empara de Tbilissi, la capitale géorgienne. Le plan était accompli. Les bolchéviques commencèrent immédiatement à tuer les intellectuels.

Trotski avait aussi forgé le plan d'envahir l'Arménie et l'Iran mais ce dernier dessein échoua. Il était déçu qu'il ne soit pas possible d'occuper les états Baltes. En janvier 1918, Lénine se plaignit à Trotski « Il serait vraiment dommage que nous devions renoncer à l'Estonie socialiste ».

Malgré les accords conclus en avril 1918 promettant de respecter l'indépendance de la Perse, Moscou déclara le 28 août 1919 : « La vaillante Armée Rouge marchera bientôt à travers le Turkestan jusqu'aux frontières de la Perse encore sous le joug de l'esclavage. » Trotski promit de tendre une main fraternelle aux masses iraniennes afin de « combattre les petits et grands prédateurs ».

Trotski prépara ses plans contre l'Iran dans le plus grand secret. Le 20 avril 1920, il envoya un télégramme à Lénine et au Commissaire aux Affaires Étrangères, Georgi Chicherin. Lénine lui répondit : « Je suis entièrement d'accord avec ce plan ».

La nuit du 19 mai 1920, des troupes en détachement du 11ème régiment furent parachutées dans la ville portuaire d'Anzali dans le nord de l'Iran. Le gouvernement Perse protesta. Le Kremlin répondit que les habitants de la ville avaient sollicité l'aide des soviétiques contre les troupes des Russes Blancs et les Anglais.

La Grande-Bretagne annonça que la Perse ne recevrait aucune assistance en cas de confrontation avec les bolchéviques Russes, malgré la présence de troupes britanniques dans le pays.

Le 23 mai 1920, la capitale de la province de Gilan, Rasht, étaient occupée par les troupes soviétiques. Elles organisèrent une « révolution » dans toute la province, en proclamant la République Soviétique de Gilan, plaçant Mirza Kuchik Khan comme commissaire en chef.

Le 6 juin 1920, le gros du contingent soviétique fut dispersé en Perse. Trotski s'attendait à ce que Gilan devienne une base pour l'établissement de la République Soviétique d'Iran. Ainsi quelques régiments furent-ils laissés sur place. Téhéran déclara avec défiance que la tentative d'exploitation du territoire Perse par Moscou au service de leur plan révolutionnaire mondial, serait stoppée. Cette réaction provoqua la surprise du Kremlin, qui accepta finalement de reprendre la négociation avec le gouvernement de Téhéran.

Fyodor Rothstein (1871-1951), le représentant de Moscou en Perse était un diplomate astucieux et chevronné. La Perse qui devint l'Iran en 1935, exigeait que toutes les troupes soviétiques quittent le pays. Moscou demanda en retour que la Perse accorde l'amnistie à tous les officiers de Gilan, si la République Soviétique était démantelée.

Le Premier Ministre Zia'eddin Tabata-baee de Téhéran, donna son accord. Le 23 octobre 1921, la République Soviétique de Gilan cessa d'exister. Le traitre Mirza Kuchik s'enfuit dans les montagnes, où il mourut gelé le 2 décembre 1921.

TROTSKI L'ANTI-INTELLECTUEL

La prétendue attitude libérale de Trotski envers les arts est aussi une falsification. Il pensait que le Parti Communiste devait avoir le monopole des arts et de la culture. Ce fut Trotski qui initia le réalisme socialiste auprès des artistes. À son avis, les peintures de paysage ne pouvaient pas être faites dans le Sahara. Il ne croyait pas non plus à l'existence d'une imagination libre. Il demandait à ce que tous les artistes suivent une ligne réaliste. Ce fut aussi Trotski qui accordait les certificats politiques aux auteurs, sans lesquels ils ne pouvaient pas continuer à travailler du tout. Trotski décidait de ce qui pouvait être représenté ou pas. Lénine et Trotski pensaient que tout ce qui était créé en dehors de la doctrine Marxiste était de l'art antisocial.

Il fut confié à Mikhaïl Boulgakov la tâche d'écrire une pièce communiste. Il refusa. Il y avait peu d'auteurs qui osaient refuser. Peu après, il n'eut plus aucune chance d'être publié. En 1929 il écrivit à Gorki : « Pourquoi l'Union Soviétique retient un auteur qui n'est pas autorisé à publier ses œuvres ? Est-ce dans l'intention de le détruire ? » En 1939, il était devenu désespéré et écrivit la pièce « Batum » - une apologie (plutôt un cri étouffé) et un hommage au jeune révolutionnaire Staline. Cela ne lui rapportât rien de bon. Il n'avait pas le bon profil ! Dans son excellent roman « Le maître et Margarita », qui ne fut pas publié avant 1966, il décrivit la couardise comme le péché le plus mortel.

D'après la légende, Trotski avait des idées libérales ou d'avant-garde en matière de littérature. Il fut même prétendu qu'il était un critique littéraire très compétent. En 1923, Trotski publia un recueil d'articles sur la littérature, ainsi que ses décisions approuvées par le Parti, à propos de la censure. Le titre de ce terrible ouvrage est « La littérature et la Révolution » (publié en anglais en 1991). D'après ce livre, le but de Trotski était de transformer la littérature en bras armé de la révolution. Il écrivit que toutes les idées menaçantes à l'égard du communisme devaient être purgées. Il croyait cependant à l'usage de formes d'art « dangereuses » pouvant servir à propager l'essentiel du contenu de la doctrine communiste. Il est difficile d'imaginer une idée plus vile que cela. Ce fut la naissance de l'art de propagande. La culture du Prolétariat (qui signifiait vraiment une déculturation) fut mise en place. Trotski ne dissimula rien de cela. Il insistait que les ouvriers n'avaient pas le temps de prendre part à la vie culturelle, car ils devaient se battre pour la révolution. Les courtes pauses entre les batailles n'étaient pas suffisantes. Il les réconfortait par la perspective de pouvoir profiter des autres valeurs dans 50 ans, lorsque la révolution serait victorieuse. Seulement alors pourraient-ils se dévouer à la culture du prolétariat, mais jusqu'alors les ouvriers étaient d'abord et avant tout des soldats de la révolution.

LE MEURTRE DE SERGUEÏ ESSENINE

Comme si tout cela n'était pas suffisant, Trotski organisa l'assassinat du grand poète russe, Sergueï Essenine. La cause officielle de la mort fut le suicide. Malgré le fait que sa tête ait été tellement écrasée que du tissu cérébral avait coulé, et qu'Essenine ait été encore prétendument capable de se pendre, d'après le certificat de décès établi par le docteur Juif Alexandre Gilyarevsky.

La raison principale du meurtre était le nouveau poème d'Essenine. « Terre des escrocs » dans lequel il décrivait de manière stupéfiante un tyran Juif se prénommant Leibman Chekistov. Toutes ses accointances reconnurent Bronstein-Trotski sous la description. Essenine accueillit favorablement la révolution au début mais il déchanta vite lorsqu'il perçut les forces ténébreuses à l'œuvre derrière le spectacle politique. C'est pourquoi il rédigea son poème révélateur dans lequel il décrivit comment des hommes d'affaires américains s'étaient emparés du pouvoir en Russie avec l'aide de gangsters politiques qui devinrent des racoleurs Soviétiques spéculant sur le marxisme. Il traitait les nouveaux assoiffés de pouvoir de parasites et déclara qu'en fait la République Soviétique était un **bluff** (ce mot était romanisé !). Il décrivit aussi la haine brûlante de Trotski à l'égard de la véritable culture russe.

Sergueï Essenine avait déclamé des passages de son poème à beaucoup de ses connaissances. Trotski fut informé du contenu du poème et se trouva incapable de pardonner l'offense.

L'ami d'Essenine Alexeï Ganin, qui était lui aussi poète, fut arrêté en mars 1925. Il fut poursuivi par les calomnies du camarade Léon Trotski, condamné à mort et exécuté. Il avait proclamé officiellement, à la suite des autres poètes russes bien connus Pierre Oreshin, Sergueï Klychkov et Essenine, qu'en Russie le pouvoir était exclusivement détenu par les Juifs.

D'après un rapport de police, ces quatre intellectuels avaient exprimé à voix haute les injustices des Juifs Communistes contre la Russie dans un bar à la fin de 1923.

Se débarrasser d'Essenine n'était néanmoins pas si facile. Il était déjà célèbre dans le monde entier. Il avait passé les années 1922-1923 dans plusieurs pays européens et aux États-Unis, accompagné de sa femme américaine, Isadora Duncan, qui était une danseuse de ballet. Dès le 20 février 1924, le Juge Commissaire de Moscou avait pris la décision d'arrêter Essenine pour déclaration antisémite. Essenine apprit cela et rentra dans la clandestinité.

Au début de septembre 1924, Essenine se cachait à Bakou au bord de la Mer Caspienne, lorsqu'un homme du GPU Yakov Blumkin se présenta soudain à l'hôtel où il était descendu et le menaça d'un revolver en lui décrivant ce qui attendait les gens comme lui dans les cellules du GPU de Moscou. Essenine s'échappa à Tbilissi en Géorgie, où il fit l'acquisition d'un revolver, sur quoi il retourna à Bakou.

Le 6 septembre 1925, Essenine prit un train pour rentrer à Moscou en compagnie de Sofia Tolstaya. Deux Juifs – A. Rog et Levit – se présentèrent soudain et provoquèrent Essenine afin qu'il fasse des déclarations critiques à l'égard des Juifs. Levit et Rog retinrent Essenine à la station de Koursk et le remirent entre les mains de la milice. Le juge Vladimir Lipkin demanda son arrestation.

Le Commissaire du Peuple Lunacharsky intervint alors et exigea que les charges retenues contre Essenine soient levées, parce qu'un « procès contre Essenine serait exploité par les forces antisoviétiques de l'Occident pour des motifs politiques ». Il fut relâché, tout comme il l'avait déjà été à Moscou le 23 mars 1924, quand des agents secrets du GPU, les frères Juifs M. et I. Neiman voulaient l'inculper pour antisémitisme (d'après les paragraphes 172 et 176 du code criminel). Le GPU avait alors rassemblé un nombre considérable de dénonciations décrivant les déclarations antisémites formulées par Essenine, qui était bien au courant de la situation réelle en Russie. Ce procès aurait probablement attiré trop d'attention et les noms de plusieurs agents secrets qui avaient infiltré le cercle des connaissances d'Essenine auraient pu être révélés. C'est pourquoi ils choisirent à de nombreuses occasions de ne pas le poursuivre, malgré le fait que les accusations d'antisémitisme (i.e. de contre-révolution) aient déjà été retenues contre lui.

Alors Trotski décida de se débarrasser d'Essenine d'une autre manière. Essenine déménagea de Moscou à Leningrad dans la soirée du 23 décembre 1925. Il voulait trouver là-bas un nouvel appartement convenable pour publier ses poèmes en deux volumes et commencer à faire paraître son propre journal. Il avait d'abord l'intention de descendre à l'Hôtel *Angleterre*.

Le meurtre d'Essenine devint une mission spéciale du GPU, qui avait déjà organisé le kidnapping d'opposants au régime Soviétique, même à l'étranger, pour les envoyer à Moscou afin d'être exécutés.

Un groupe d'assassins dirigé par Yakov Blumkin arriva à l'hôtel d'Essenine dans la nuit précédant le 28 décembre 1925 et pénétra par effraction dans sa chambre. Leur acolyte était Wolf Erlich, à qui il fut plus tard confié la tâche de saboter l'enquête sur la mort d'Essenine.

Ce dernier résista tant qu'il put. Ses voisins entendirent la lutte. Alors les meurtriers frappèrent Essenine à la tête et le blessèrent avant de pendre le grand poète. Ainsi mourut le brave Sergueï Essenine.

Yakov Blumkin, l'assassin d'Essenine, avait commencé sa carrière comme rabbin dans une synagogue d'Odessa. Comme beaucoup d'autres extrémistes Juifs orthodoxes, il chercha un poste au sein de la Tchéka après que les bolchéviques aient pris le pouvoir. Il était dans le même temps un membre officiel du Parti Social Révolutionnaire. Trotski lui confia la mission d'assassiner l'ambassadeur allemand le comte Wilhelm Von Mirbach, le 6 juillet 1918, pour empêcher le traité de paix de Brest-Litovsk. Les sociaux-révolutionnaires furent accusés de ce meurtre. Le Communiste Aino Kuusinen raconta dans ses mémoires que Blumkin assassina Mirbach.

Après le meurtre de l'ambassadeur Mirbach, Blumkin fut recruté par la Tchéka à Kiev en avril 1919. À l'été 1920 il retourna à Moscou, où il étudia à l'académie militaire. Blumkin fut plus tard nommé inspecteur militaire du Caucase, où il mena la répression d'une rébellion antisoviétique en Géorgie à l'été 1924. Blumkin devint vraiment ignoble. Il fut plus tard envoyé en Mongolie, où il fut nommé chef de la police politique. D'après les informations présentes dans les mémoires de Boris Bazhanov, il commença d'assassiner les gens avec un tel enthousiasme fanatique que la direction du GPU de Moscou dû le rappeler. Il aida plus tard Trotski à rédiger le livre de propagande « Comment la Révolution fut armée ».

En 1925, Trotski lui confia la mission de poursuivre le poète Essenine jusqu'à sa mort. Tout ceci a maintenant été révélé dans la presse russe. (*Molodaya Gvardiya*, No. 19, 1990)

Le journaliste Georgi Ustinov et sa femme Yelizaveta, qui résidaient également à l'hôtel, furent les premiers à pénétrer dans la chambre d'Essenine au matin du 28 décembre. Les assassins avaient fouillé dans les papiers d'Essenine et dans ses autres affaires. Ils devaient probablement chercher le manuscrit de « La Terre des escrocs ». Wolf Erlich rentra aussi peu après.

Ustinov comprit ce qui s'était réellement passé et promit de dire toute la vérité à propos du meurtre du poète. Le jour suivant, Georgi

Ustinov et sa femme furent retrouvés pendus dans leur chambre. Il fut établi qu'ils avaient été violentés avant de mourir.

Le 29 décembre 1925, la presse du soir annonça que le poète de 30 ans Essenine avait mis fin à ses jours.

Blumkin fut finalement envoyé au Moyen-Orient comme chef-espion Soviétique. Il recrutait des agents en Syrie, en Palestine et en Égypte. Il utilisait un passeport au nom de Sultan-Zade. Les chefs de Blumkin étaient alors Vyacheslav Menzhinsky et Mikhaïl (Meier) Trilisser.

La vie de bourreau de Blumkin se termina aussi par la main d'un bourreau. Staline le fit exécuter le 3 novembre 1929 pour sa réunion avec Trotski à Constantinople à l'été 1929. Avant que Blumkin ne meure il cria : « Longue vie à Trotski ! » (Yuri Felshtinsky, « L'écroulement de la Révolution Mondiale », Londres, 1991, pp. 617-618)

STALINE LE VAINQUEUR

Quand Trotski réalisa finalement qu'il était impossible de manipuler Staline, il commença d'attaquer le Secrétaire Général, car Staline prenait son poste au sérieux. Lors d'une réunion du Politburo au début de 1925, Trotski qualifia Staline de fossoyeur de la révolution. Malgré les contributions incroyablement cruelles de Trotski à la mise en place du système Illuministe-Communiste, Staline voulait se débarrasser de lui et de ses compagnons après cette déclaration. Alors Trotski fut démis de son poste de Commissaire du Peuple aux affaires militaires en janvier. Le successeur de Trotski était Mikhaïl Frunze. Trotski fut exclu du Politburo le 23 octobre 1926. En août 1927, Staline s'arrangea pour le pousser vers la sortie du Parti, et le 16 janvier 1928, il fut exilé à Alma-Ata au Kazakhstan.

En octobre 1927, Trotski avait essayé de combattre Staline en se référant au « testament » de Lénine. C'était déjà trop tard. Staline, pendant ce temps, essayait d'avoir accès aux comptes en banque d'Adolf Yoffe. En tant que proche camarade de Trotski, Yoffe refusa de donner son argent à Staline et choisit de se suicider le 17 novembre 1927. Trotski avait donc perdu son propagandiste en chef. Parvus, Trotski et Matvei Skobelev (un révolutionnaire marxiste richissime) avaient pour habitude de tenir leurs réunions chez Yoffe pendant leur jeunesse.

Le 31 janvier 1929, Trotski fut expulsé en Turquie, accusé d'espionnage et d'activités contre-révolutionnaire. Trotski vécu plus tard en France et en Norvège. Les autorités norvégiennes demandèrent, après avoir reçu des pressions de Moscou, à ce que Trotski quitte le pays. Léon Trotski avait en fait publié un livre critiquant le Stalinisme. Il déménagea à Mexico où il fonda son organisation criminelle, la Quatrième

Internationale – qui devint un mouvement subversif mondial trotskiste pour des gens naïfs et immatures. En 1937, Trotski révéla par inadvertance sa connaissance du fait que la Deuxième Guerre Mondiale éclaterait dans deux ou trois ans.

Léon Trotski n'était plus utile à la Franc-maçonnerie comme agitateur de masse, alors les Francs-maçons commencèrent à le combattre ainsi que son idéologie. Trotski admit lui-même cela en 1932. Les compagnons de Trotski, Zinoviev, Kamenev et beaucoup d'autres périrent dans l'Union Soviétique de Staline.

LE MEURTRE DE TROTSKI

Le professeur d'histoire N. Vasetsky écrivit dans son ouvrage « Trotski » (Moscou, 1992) que Staline avait personnellement donné l'ordre d'assassiner Trotski. « Il est temps d'en finir avec Trotski » avait-il dit. Staline ne pardonnait pas une insulte passée. Cette information provient des archives Soviétiques. On prétendit plus tard en Union Soviétique que des Trotskistes frustrés l'avaient tué.

Leonid (Naum) Eitington, colonel du NKVD, recruta le Communiste espagnol Ramon Mercader pour commettre le meurtre. Eitington avait été l'amant de la mère de Ramon. Mercader, qui était aussi un alpiniste de haut vol, infiltra le cercle rapproché des connaissances de Trotski dans sa maison de Coyoacan, une banlieue de la ville de Mexico. Mercader écrasa le crâne de Trotski avec un pic à glace le 20 août 1940. Trotski mourut un jour plus tard le 21 août.

Malheureusement, ses idées démentielles ne moururent pas avec lui. Le 28 mars 1993, je remarquai un graffiti dérangeant sur un mur de Tarifa dans le sud de l'Espagne : « L'œuvre de Lénine et Trotski continue ».

« The Jewish Encyclopedia » (Vol. 10, 1943, p. 312) décrit Trotski comme un des « plus grand généraux Juifs de toute l'histoire ».

Staline s'arrangea aussi pour éliminer la plupart des Trotskistes. Ils étaient alors dans les camps de concentration. En avril 1938, Staline donna des ordres pour exécuter le frère ainé de Trotski, Alexandre Bronstein. En juillet de la même année, le secrétaire de Trotski, Rudolf Klement, fut retrouvé décapité dans la Seine, en France. Le fils de Trotski, Léon Sedov, fut empoisonné dans un hôpital parisien en février 1938.

Le meurtrier de Trotski fut condamné à 20 ans de prison. En 1960 il se rendit d'abord en Tchécoslovaquie, puis à Moscou où il fut acclamé en héros de l'Union Soviétique et décoré de l'Etoile d'Or pour son haut fait. Il changea plus tard son nom pour celui de Lopez. Ramon Mercader mourut en novembre 1978 à la Havane âgé de 65 ans. Fidel Castro l'avait recruté comme fonctionnaire du ministère de l'intérieur. Mercader fut enterré à Moscou.

En 1989, il y eut un certain dégel sur les écrits de Léon Trotski en Union Soviétique. Le journal *Komsomolets* (Moscou) publia plusieurs articles de Trotski en août 1989. À l'été 1990, les autorités de Mexico ouvrirent un musée Trotski. Plusieurs centaines de mexicains lui rendirent hommage lors du 50ème anniversaire de sa mort le 21 août 1990. Le petit fils de Trotski Estéban Volkov se plaignit qu'il n'y ait pas encore de musée Trotski à Moscou.

Les Trotskistes de Russie formèrent leur propre Parti Démocratique des Travailleurs en mars 1992, et promirent de réinstaller le Communisme tel qu'il l'était avant la Perestroïka de Gorbatchev.

L'arrière-petit-fils de Léon Trotski, David Axelrod suivit lui aussi la tradition terroriste. Il émigra de l'Union Soviétique en Israël, où il fut arrêté dans sa 28ème année le 12 juin 1989 pour avoir détruit des biens palestiniens et insulté peu après des soldats israéliens, selon l'agence de presse Reuters.

Telle est l'image exacte du « héros de la révolution » Leiba Bronstein et de son héritage misanthropique, qui nous a longtemps été dissimulé derrière de fausses légendes. Le fanatique Trotski voulait même user de davantage de violence et de force contre les paysans, que Staline et son conseiller en chef, Lazare Kaganovitch. Ensemble avec Lénine, Trotski criait : « Mort à eux ! » Il y avait 6 millions de paysans en Russie. « Mort à eux ! »

On a prétendu que Lénine était le cerveau de la révolution et Trotski son âme. Quelle âme monstrueuse ! Il provoqua des ravages immenses en Russie aux seules fins de soumettre ses habitants. Pendant que les Trotskistes prétendaient que leur professeur ne tissait aucune intrigue, nous pouvons confirmer à l'aide de documents et de ses propresle citations, que Trotski était un sadique particulièrement méchant, qui détruisait tout ce qui avait de la valeur et finit par devenir simplement un simple idiot, un démagogue rusé et un criminel malchanceux qui mourut horriblement.

Trotski fut sans aucun doute le plus cruel et le plus dangereux révolutionnaire au monde, qui organisa littéralement le massacre de millions de russes. Il prenait les enfants en otage et si nécessaire ordonnait qu'ils soient tués. Ce fut Trotski qui libéra les prisonniers de leur prison pour terroriser le peuple. Trotski était un démon froid et sans pitié, comme le définissait l'historien suédois Peter Englund (qui fut un Trotskiste actif). (*Expressen*, 21 août 1990) Englund est à présent le secrétaire permanent de l'Académie Suédoise depuis 2009.

Trotski avait un tel côté satanique en lui que tout ce qui concernait l'inquisition du Moyen-âge paraît insignifiant en comparaison. La brute

Trotski développa avec succès la tradition violente des Jacobins. Ce fut Trotski qui déclara : « Nous n'avons pas besoin de ministres, mais nous utiliserons des commissaires du peuple ». (Les Jacobin en France avait fait usage de *commissaires*).

Le 30 janvier 1923, Trotski et le département de la propagande du Parti Communiste organisèrent devant cinq mille soldats de l'Armée Rouge à Moscou, un grand tribunal politique afin de juger Dieu. Trotski était le juge et Lunacharsky, le procureur. L'accusé fut déclaré coupable d'actes ignobles et comme il fit l'affront de ne pas se montrer, il fut condamné par contumace (*Ost Express*, 30 janvier 1923 ; *Berliner Tageblatt* ; 1er mai 1923).

Avec Lénine, Trotski propagea l'idée des États-Unis du Monde. En octobre 1917 il déclara : « Les États-Unis d'Europe doivent être créés. » Aux côtés de Lénine, il introduisit la cacistocratie rouge (le règne des incompétents) sur la Russie qui paya un lourd tribut pour son crime destructeur.

Il est aisé de comprendre la logique qui animait ceux qui popularisèrent et répandirent des légendes sur le compte de Trotski. Comme Staline était le mal, Trotski devait être le bien. Mais ils étaient tous deux le mal. Staline était juste sans aucun talent et n'avait aucune idée à lui. Ni Staline ni Trotski n'eurent jamais d'amis personnels.

Le film russe « Trotski » (réalisé par Leonid Varyagin), est sorti en 1993. Pour la première fois, le monstre Leiba Bronstein fut montré sous son jour véritable. Le contenu du film est véritable et basé sur des faits bien documentés. Il montre comment Trotski organisa le massacre de 40 000 officiers Blancs laissés en arrière en Crimée. Trotski enseignait aux novices bolchéviks qu'ils devaient tuer les ennemis du communisme.

Mais il est maintenant grand temps de révéler comment le plus brutal état marxiste au monde fut établi...

COMMENT LES COMMUNISTES S'EMPARÈRENT DU POUVOIR

Le grand auteur Russe Fiodor Dostoïevski avait prédit en 1860 que le Communisme détruirait la Russie, que sa mise en place ferait des dizaines de millions de victimes et que le Communisme serait une catastrophe pour l'humanité. De la même manière, le philosophe russe en exil Nikolaï Berdiaev, dans son livre « Le sens de l'histoire » (1923), mit en garde contre une période ténébreuse et inhumaine présageant une horreur apocalyptique.

Il est aujourd'hui devenu relativement facile de décrire la suite d'évènements qui conduisirent les bolchéviques à occuper le siège du pouvoir. Les éléments qui ont été jusqu'ici rendus disponibles, sont, en eux-mêmes, très choquants et il peut être définitivement établi qu'il y avait en fait une conspiration internationale derrière les prétendues « révolutions » de Russie.

En 1915, Alexandre Parvus (Israël Helphand) planifia la prise de pouvoir bolchévique (en fait Illuminati) avec l'aide des services secrets allemands. Il avait écrit le premier rôle pour Vladimir Oulianov-Lénine. Au cours de la même année, Parvus reçu 7 millions de marks du département des finances germaniques pour « développer la propagande révolutionnaire en Russie ».

Parvus rencontra Lénine à Zurich en mai 1915 pour discuter de ses plans. Lénine préférait avec obstination faire de la Suisse la victime de la conspiration.

D'après le journal américain *The New Federalist* (11 septembre 1987), Parvus contribua par ses intrigues au déclenchement de la Première Guerre Mondiale. Il était en tout cas extrêmement bien informé. Il prédit en 1904 que les pays industriels seraient entraînés dans une guerre mondiale, qui serait l'aube sanglante de grands évènements.

Pendant ce temps, Lénine ne pouvait pas croire que les communistes atteindraient le pouvoir de son vivant. Il le déclara dans un discours à Berne le 22 janvier 1917, c'est à dire avant le coup d'état de février. (« Œuvres complètes » Vol.19, p.357) Il ne croyait pas non plus qu'il y aurait une guerre mondiale. Cela démontre qu'il ne fut juste qu'une marionnette entre les mains de l'élite financière internationale.

LES ORIGINES DE LA PREMIÈRE GUERRE MONDIALE

L'été 1914 était le moment propice pour provoquer une guerre afin que le système de Réserve Fédérale (la banque centrale américaine), qui avait été mis en place en 1913, puisse écraser le système monétaire européen, qui reposait sur le standard or.

Il fut révélé au cours du procès de Gavrilo Princip et Nedelko Cabrinovic, les assassins de François Ferdinand (l'héritier du trône autrichien), que l'organisation maçonnique française du Grand-Orient était derrière le meurtre, et non pas l'organisation nationaliste Serbe de la *Main Noire*. Le Grand Orient avait en fait infiltré cette organisation terroriste. Cette énorme provocation avait été planifiée depuis Paris en 1912 au 16 de la rue Cadet, le quartier général du Grand-Orient.

Le franc-maçon Radoslav Kasimirovich donna aux conspirateurs les moyens nécessaires après avoir visité les grandes loges de Paris et Londres.

Nedelko Cabrinovic révéla devant la cour comment les francs-maçons avaient condamné à mort François Ferdinand. Il l'avait appris du franc-maçon Milan Ziganovi. Ce fut ce dernier qui fournit à l'assassin Juif Gavrilo Princip, un pistolet browning pour qu'il tire sur l'Archiduc François-Ferdinand d'Autriche. Princip était aussi franc-maçon. La sentence fut exécutée le 28 juin 1914. Il donna aux autres conspirateurs trois autres pistolets et des explosifs. L'assassin Gavrilo Princip était membre de l'organisation maçonnique des *Jeunesses de Bosnie* mais appartenait également à la loge *Pobratim* (la fraternité) de Sarajevo.

Le jour-même, Trotski, l'émissaire maçonnique, était dans un café à Sarajevo, d'où il donna aux conspirateurs les instructions finales.

Princip tira deux coups de feu qui, un mois plus tard, le 28 juillet, déclenchèrent la Première Guerre mondiale, lorsque l'Autriche envahit la Serbie. L'artillerie autrichienne ouvrit le feu sur Belgrade, qui était alors située près de la frontière autrichienne. Princip mourut de tuberculose dans une prison autrichienne à l'âge de 23 ans.

La conspiration impliquait 27 personnes, y compris Cabrinovic (qui était également membre des *Jeunesses de Bosnie*). Neuf des prévenus furent acquittés. Officiellement, François-Ferdinand fut assassiné par les *Jeunesse de Bosnie* et la société secrète de la *Main Noire*.

Des preuves abondantes émanant des minutes du procès, qui furent publiées en plusieurs langues sans jamais attirer l'attention des historiens malgré les faits véritablement sensationnels qu'elles contiennent, démontrent clairement que la Première Guerre mondiale fut le résultat d'une conspiration maçonnique.

Au cours du procès, Cabrinovic reconnut que Kasimirovic était également franc-maçon. Il quitta le pays aussitôt après l'attentat.

Il déclara : « Ciganovic m'indiqua que les francs-maçons avaient déjà condamné l'héritier à mort deux ans auparavant, mais qu'ils n'avaient pas encore trouvé celui qui exécuterait la sentence. Plus tard, lorsqu'il me remit le revolver et les cartouches, il me dit : Cet homme (en parlant de Kasimirovic) est rentré la nuit dernière de Budapest. Je savais qu'il avait fait le voyage en rapport avec notre projet et qu'il s'en était entretenu à l'étranger avec certains cercles.

L'avocat Premusic à Cabrinovic : « Êtes-vous franc-maçon ? »

Cabrinovic (confus, après un court instant : « Oui, et Ciganovic également. »

Le juge : « D'où l'on peut conclure que vous êtes également franc-maçon, parce qu'un franc-maçon ne révèle jamais à quiconque à part à un autre frère maçon, son appartenance à cette société. »

Cabrinovic : « Je vous en prie, ne me posez aucune question à ce sujet, car je ne répondrai pas. »

Le juge : « Dîtes-moi davantage au sujet du motif de votre geste. Saviez-vous avant de prendre la décision d'assassiner l'Archiduc, que Tankosic et Ciganovic étaient aussi eux-mêmes francs-maçons ? Le fait qu'eux et vous soyez francs-maçons a-t-il exercé la moindre influence sur votre résolution ?

Cabrinovic : « Oui... la franc-maçonnerie renforça ma détermination. En franc-maçonnerie, il est permis de tuer. Ciganovic m'avait expliqué que les francs-maçons avaient condamné l'Archiduc François Ferdinand à mort plus d'un an auparavant. »

Le juge s'adressant à Gavrilo Princip : « Lui avez-vous parlé de la franc-maçonnerie ? »

Princip, répondant avec insolence : « Pourquoi me demandez-vous cela ?! »

Juge : « Je vous le demande parce je dois le savoir. Lui en avez-vous parlé ou pas ? »

Princip répond : « Oui, Ciganovic m'a indiqué qu'il était franc-maçon... Il me l'a appris lorsque je l'ai interrogé sur les moyens d'accomplir l'assassinat. Il a ajouté qu'il en parlerait à une certaine personne et qu'il obtiendrait les moyens nécessaires. Lors d'une autre occasion, il m'indiqua que l'héritier du trône avait été condamné à mort dans une loge maçonnique. »

Juge : « Et êtes-vous aussi franc-maçon ? »

Princip : « Pourquoi me posez-vous cette question ? Je ne répondrai pas. » (Après un court silence) : Non.

Juge : Cabrinovic est-il franc-maçon ?

Princip : « Je ne sais pas. Peut-être. Il m'a une fois dit qu'il allait intégrer une loge. »

Tout ceci provient du rapport sténographique de la cour publié dans le livre d'Alfred Mousset « L'attentat de Sarajevo », Paris, 1930. Cette information fut plus tard étouffée. Bien qu'un ouvrage de W. A. Dolph Owings, « The Sarajevo Trial » (Chapel Hill, 1984) reproduise ce contenu. Néanmoins, tous ces faits furent complètement passés sous silence.

Le comte Ottokar Czernin (1872-1932), ministre des affaires étrangères et ami de François-Ferdinand, déclara que l'héritier du trône lui avait confié plus d'un an à l'avance que les francs-maçons avaient décidé de le tuer.

En juillet 1914, le Grand Orient commença à propager la rumeur selon laquelle la Russie entrerait en guerre contre l'Allemagne. Les conseillers maçons du Tsar prenaient toutes les décisions. Cela le perturbait tellement qu'il commit l'erreur fatale.

La Première Guerre mondiale fit 20 millions de victimes.

Le document N° 346 du Sénat des États-Unis déclare : « Les responsabilités de la dernière Guerre Mondiale repose entièrement sur les épaules des financiers internationaux. Le sang de millions de morts et de blessés est sur leurs mains. » (Rapport du Congrès, 67ème Congrès, 4ème session, Document du Sénat N°346)

Quels étaient les motifs du Grand-Orient ? Il vaut mieux citer les sources Sionistes. Le journal Sioniste *Peiewische Vordle* écrivit le 13 janvier 1919 : « *La juiverie internationale... croit nécessaire de forcer l'Europe à rentrer en guerre pour qu'une nouvelle ère juive puisse émerger à travers le monde.* »

Le périodique *British Israël Truth* déclara en 1906 : « *Nous devons nous préparer pour de grands changements et une grande guerre qui attend les peuples d'Europe.* »

Le quotidien Juif *Hammer* fit preuve d'une franchise inhabituelle juste avant le coup d'état de février : « *Le destin de l'Empire Russe a été décidé sur un coup de dé... il n'y a pas d'issue pour le gouvernement russe. La juiverie en a décidé et qu'il en soit ainsi.* »

Le sioniste Litman Rosenthal expliqua que la Première Guerre Mondiale fut déclenchée par les intrigues des Juifs et qu'elle avait été en fait planifiée à Bâle dès 1903. (Litman Rosenthal « Un prophète s'exprime », *American Jewish News*, New York, Vol. 4, N°2, 19 septembre 1919, p. 464).

Le rabbin Reichhorn montre que ces plans étaient à longue portée en déclarant : « *Nous entraînerons les goyim dans une guerre en exploitant leur fierté, leur arrogance et leur stupidité. Ils se tailleront en pièce les uns les autres. Ils s'expulseront alors réciproquement de leurs pays, et feront ainsi de la place à notre peuple* ». (*Le Contemporain*, 1er juillet 1880).

Le plan devait en même temps servir à diminuer le succès des Allemands sur le marché international, d'après l'historien Gary Allen. Le journal *Jewish World* déclarait le 16 janvier 1919 : « *Le Judaïsme international a forcé l'Europe à rentrer dans la Première Guerre mondiale, pas seulement pour s'emparer d'une grande partie de son or, mais également afin de préparer une nouvelle guerre juive mondiale grâce à cet or.* »

Le docteur et auteur Oscar Levy écrivait à son collègue George Pitt-Riveres en juillet 1920 : « *Il y a peu d'évènements de l'Europe moderne qui ne peuvent être attribués à l'influence juive. Prenez la Grande Guerre qui vient de se terminer, demandez-vous quelles étaient ses causes et ses raisons... Ce n'est pas une plaisanterie... Toutes les idées et les mouvements de notre époque ont pour origine une source juive, pour la simple raison que l'influence sémitique a finalement conquis et complètement soumis cet univers apparemment irréligieux qui est le nôtre.* » (George Pitt-Rivers, « La signification mondiale de la Révolution Russe », Oxford, 1920)

Karl Heise publia la carte d'Europe de la franc-maçonnerie anglaise de 1888. La carte représentait les nouvelles frontières nationales de l'Europe, qui devinrent réalité après la Première Guerre Mondiale. (Pekka Ervast, « Vapaamuurareiden kadonnut sana » / « Le monde perdu des Francs-maçons », Helsinki, 1965, p.78) Son ouvrage captivant qui fut publié à Bâle en 1919 « Entente – Freimaurerei und Weltkrieg », est une analyse du rôle de traître joué par les francs-maçons dans le déclenchement de la Première Guerre Mondiale.

C'est Parvus qui avança les fonds pour la tentative de coup d'état de 1905. À présent, il prenait grand soin de Lénine. Il le fit éditeur de son journal *Iskra* dès 1901, depuis sa maison d'une banlieue de Munich, et il organisa une imprimerie à Leipzig. Parvus s'assura que les journaux atteignent la Russie. Parvus laissa même Lénine habiter dans son appartement de Zurich. Lénine vécut en Suisse entre 1914 et 1917.

Parvus avait expliqué à Lénine que l'organisation de la révolution nécessitait de l'argent et qu'il fallait encore plus d'argent pour se maintenir au pouvoir. Parvus savait de quoi il parlait, car il avait servi de conseiller financier auprès des Turcs et des Bulgares au cours de la guerre des Balkan en 1912-1913. Il était en même temps devenu immensément riche à travers son propre commerce d'arme. Parvus avait œuvré depuis Salonique en Grèce, où il était rentré en contact avec la puissante branche locale de la maçonnerie.

La personne la plus influente derrière lui était le Prince Volpi di Misurata – peut-être l'homme le plus puissant de Venise – qui aidait Parvus financièrement et l'assistait dans ses affaires et ses contacts maçonniques. Ce fut Volpi, qui en octobre 1922, porta au pouvoir le socialiste fasciste Benito Mussolini, en faisant en sorte que le roi le nomme Premier Ministre. Il était aussi derrière la fondation de la Lybie en 1934.

Mussolini avait tout spécialement été satisfait du meurtre du Premier Ministre Russe Stolypine, qu'il appelait dans un article « le tyran de la Neva ». Volpi devint Ministre des finances dans le gouvernement de Mussolini. Volpi avait été au centre des cercles financiers qui avaient provoqué la guerre des Balkans en 1912-1913. (*The New Federalist*, 11 septembre 1987)

En 1916, Alexandre Parvus suggéra que le gouvernement allemand finance Lénine et son parti encore plus intensément. Ils seraient capables de signer une paix séparée avec l'Allemagne s'ils atteignaient le pouvoir à Saint-Pétersbourg. Il était également évident aux yeux des Allemands que les bolchéviques seraient alors capables d'affaiblir efficacement la Russie.

Le conseiller Sioniste du Kaiser, Walter Rathenau (1867-1922), qui était un riche industriel, recommandait lui aussi le financement des bolchéviques. L'ambassadeur d'Allemagne à Copenhague, le comte Ulrich Von Brockdorff-Rantzau, qui était un Franc-maçon bien connu du 33ème degré ainsi qu'un Illuminé, partageait aussi cette opinion. (Nesta Webster et Kurt Kerlen, « Boche and Bolshevik », New York, 1923, pp. 33-34) Parvus était un de ses proches et avait une grande influence sur lui. Parvus gagna lui-même 20 millions de marks grâce à cette suggestion.

Ce fut la lettre d'Ulrich Brockdorff-Rantzau le 14 août 1915 qui régla enfin la question du soutien financier aux bolchéviques. Cette lettre, adressée au Vice-Secrétaire d'état, résumait une discussion entre Brockdorff-Rantzau et Helphand-Parvus. L'ambassadeur recommanda fortement d'employer Helphand pour saper la Russie : « il est un homme extrêmement important, dont les pouvoirs inhabituels peuvent nous servir pendant la guerre ».

Mais l'ambassadeur ajouta une mise en garde : « Il est probablement dangereux d'utiliser les forces qui se tiennent derrière Helphand, mais si nous refusons d'user de leurs services, en craignant de ne pas être capables de les contrôler, cela ne fera seulement que montrer notre propre faiblesse ». (Professeur Zbynek A. B. Zeman, « L'Allemagne et la Révolution Russe, 1915-1918. Documents des archives du ministère des affaires étrangères allemand » Londres, 1958, p.4, document N° 5)

En fait, le premier transfert de cinq millions de marks du ministère des affaires étrangères aux bolchéviques pour « propagande révolutionnaire » avait déjà eu lieu le 7 juin 1915. L'agent Estonien des allemands, Aleksander Keskula, agissait comme intermédiaire dans le transfert. Sa collaboration avec les Allemands avait commencé le 12 septembre 1914. Kesküla avait rencontré Lénine pour la première fois le 6 octobre 1914. Lénine avait aussi des exigences à formuler auprès des Allemands. Il demandait, parmi d'autres choses, l'option d'occuper l'Inde.

Des puissantes forces américaines avaient exactement le même intérêt à utiliser les « révolutionnaires ». C'était principalement l'American

International Corporation, avec John Pierpont Morgan Junior (1847-1943) à sa tête, qui essaya de prendre le contrôle de ces spéculateurs et aventuriers internationaux, d'après Antony Sutton (docteur en économie). (Antony Sutton, « Wall Street et la Révolution Bolchévique », Morley, 1981, p.41)

C'était avant tout Jacob et Mortimer Schiff, Felix Warburg, Otto H. Kahn, Max Warburg, Jerome J. Hanauer, Alfred Milner et la dynastie du cuivre Guggenheim qui financèrent les bolchéviques, d'après l'historien Juif David Shub. Un document (861.00/5339) des archives du département d'état U.S. confirme cela. Deux autres noms sont mentionnés dans ce document : Max Breitung et Isaac Seligman. Tous ces gens étaient Juifs et Francs-maçons. D'après le même document, des plans pour renverser le Tsar furent tracés en février 1916. Il y a toujours des gens qui s'enrichissent au travers des guerres et des révolutions.

Le banquier Sioniste et Franc-maçon Max Warburg joua un rôle important dans le financement de la propagande communiste en Russie. Il fit en sorte que l'industriel Hugo Stinnes donne son accord pour donner deux millions de roubles aux activités de publication bolchéviques le 12 août 1916. (Zeman, « L'Allemagne et la Révolution Russe, 1915-1918. Documents des Archives du Ministère des Affaires Étrangères Allemand », Londres, 1958, p.92) Ainsi, des documents irréfutables prouvent que Max Warburg et d'autres Juifs super-riches soutinrent le Communisme. Ces lettres ne sont pas des faux comme certains l'ont prétendu. Max Warburg était le banquier le plus riche et le plus puissant d'Allemagne. Le quotidien *Hammer* (No.502, du 15 mai 1923) l'appelait « l'Empereur secret ».

Le frère de Max Warburg, Paul, était marié à Nina Loeb, la fille du banquier Juif Salomon Loeb. La Kun, Loeb & Co était le plus puissant groupe bancaire des États-Unis. Un autre des frères de Max Warburg, Félix, épousa Frieda Schiff, qui était la fille de Jacob Schiff. Ce dernier était un des hommes les plus importants au sein de la Kuhn, Loeb & Co. La famille Schiff et la famille Rothschild possédaient une compagnie jumelle à Francfort-sur-le-Main dès le 18ème siècle. Jacob H. Schiff descendait d'une famille rabbinique très distinguée. Il vint à New York dans les années 1860. Ce fut Rothschild qui le forma. Schiff commença d'acheter lui-même la Kuhn, Loeb & Co. avec l'argent des Rothschild. Paul et Félix Warburg devinrent tous deux propriétaires de parts de la Kuhn, Loeb & Co.

Même Alexander Parvus commença à préparer la prise de pouvoir bolchévique en 1916. Il s'assura que Lénine ait tout l'argent dont il avait besoin. (Igor Bunich, « L'or du Parti », St. Pétersbourg, 1992, p.34) De cette façon, Lénine et Parvus reçurent un total de six millions de dollars en or. (Karl Steinhauser, « EG – Die Super UdSSR von Morgen », Vienne, 1992, p.167)

Pendant ce temps, autant de Juifs extrémistes que possible furent recrutés dans le mouvement « révolutionnaire ». Le Juif allemand Karl Kautsky (1854-1938) souligna que « les Juifs de Russie n'ont qu'un véritable ami – le mouvement révolutionnaire ». Les Juifs composaient alors 30 à 55 pour cent du Parti Bolchévique.

Dostoïevski avait prédit que les Juifs réduiraient en esclavage les Russes pour que ces derniers deviennent des baudets et que les Juifs sucent le sang du peuple.

Après l'attentat de Sarajevo, l'Empereur François-Joseph nomma son neveu le Prince Karl comme son successeur au trône. Il y accéda sous le nom de Charles Ier au beau milieu de la Guerre Mondiale, lorsque François-Joseph mourut, le 21 novembre 1916. À travers des négociations diplomatiques secrètes, il chercha à signer une paix séparée avec la France et la Grande-Bretagne, mais tous ses efforts furent sabotés par les francs-maçons.

L'Autriche-Hongrie demanda l'armistice en septembre 1918 et sa capitulation suivie le 4 novembre 1918. Les francs-maçons forcèrent Charles Ier à abdiquer. La république fut proclamée en Autriche.

Le 24 mars 1919, il fut contraint de quitter l'Autriche et vécut dorénavant en exil en Suisse. Il ne renonça jamais officiellement au trône et en 1921, il tenta par deux fois de reprendre le pouvoir en Hongrie. Le 19 novembre 1921, il fut déporté par les Alliés sur l'île portugaise de Madère, où il mourut d'une pneumonie à Funchal, le 1er avril 1922. Il est enterré dans le village de Monte à la périphérie de Funchal.

Au même moment qu'éclataient les coups de feu de Sarajevo en 1914, eut lieu une tentative secrète de meurtre sur Grigori Raspoutine à Pokrovskoïe en Sibérie. Raspoutine était le magicien de la cour du Tsar et le favori de la Tsarine et était résolument opposé à l'entraînement de la Russie dans une guerre majeure. (Colin Wilson « The Occult », Londres, 1971, p.500)

Le franc-maçon et bolchévique autrichien Karl Radek (Tobiach Sobelsohn) avait connaissance de cette conspiration. Il avait toujours été parfaitement informé. C'est sans doute pourquoi il était devenu le grand-maître de la Grande Loge de l'*Étoile Nordique* en Union Soviétique. Radek connaissait personnellement Ziganovic depuis ses séjours à Paris. Il essaya de révéler le secret du déclenchement de la Guerre Mondiale au cours de son procès à Moscou en 1937, mais les laquais de Staline le réduisirent au silence. Il ne lui fut pas donné une autre occasion de s'exprimer et il emporta ses secrets dans la tombe (*Molodaya Gvardiya*, No.2, 1991, p.121).

Avant la prise de pouvoir bolchévique, il était déjà membre du Grand Orient de France, l'obédience qui mit tout en œuvre pour détruire la Russie et y mettre en place le communisme.

Staline avait décidé de le liquider. Il fit arrêter Radek le 16 septembre 1936, en l'accusant d'activités antisoviétiques, un crime qu'il confessa lui-même, bien qu'il demeure critique à l'égard de certains éléments de son procès. Il s'opposait à la criminalisation de tous les accusés et insistait qu'il existait des raisons à ses agissements. Le 30 janvier 1937, il fut condamné à dix ans de travaux forcés dans le camp de Verneuralsk en Oural. Il fut tué là-bas le 19 mai 1939 par les officiers du NKVD Piotr Kubatkin et I. Stepanov, agissant sur ordre de Staline et de Lavrenti Beria.

Une enquête du KGB menée en 1961 et dirigée par Piotr Fedotov et Yakov Matusov parvint à reconstituer les faits. Stepanov avait provoqué une querelle au cours de laquelle Radek fut tué. Kubatkin prit plus tard la tête du NKVD dans le secteur de Moscou. L'opération avait été menée par Kubatkin. Radek fut réhabilité en 1988.

Avant le coup d'état planifié de février 1917, il était nécessaire de se débarrasser de certaines figure-clef, qui exerçaient une grande influence sur la famille du Tsar. Le meurtre de Raspoutine, un moine aux facultés psychiques qui était très proche de la Tsarine, fut décidé lors d'une conférence maçonnique à Bruxelles. Raspoutine voulait que la Russie se retire de la guerre.

Alexandre Guchkov (1862-1936), un franc-maçon et ancien président de la Douma, organisa au préalable une campagne de calomnie contre Raspoutine. La force dirigeante derrière ce plan, était l'avocat franc-maçon et membre de la Douma, Vasili Maklakov (1869-1957).

Le complot meurtrier fut organisé par les francs-maçons britanniques et russes, dont le Prince Felix Yusupov, l'ambassadeur britannique George Buchanan, et le chef de l'espionnage britannique, John Scale, à l'hôtel *Astoria* de St. Pétersbourg, où Scale et son assistant Oswald Rayner avaient leur bureau permanent.

Yusupov tenta d'empoisonner Raspoutine le 29 décembre 1916, mais comme il échoua, il lui tira dessus. La première balle se logea dans son foie. La seconde fut tirée par le membre radical de la Douma, Vladimir Puriskevich, pour finir par se loger dans un de ses reins. Deux agents des services secrets britanniques étaient également impliqués dans cette deuxième tentative : John Scales et Oswald Rayner. Scales était présent lors de la réunion au cours de laquelle l'assassinat fut accompli.

Rayner, un proche ami de Yusupov, géra les assassinats, il tira dans la tête de Raspoutine à bout portant, lorsqu'il réalisa que malgré la dose de poison et les deux coups de feu, Raspoutine était encore en vie. Rayner et Yusupov étaient devenus amis pendant leurs études à Oxford. Ils jetèrent finalement Raspoutine toujours vivant dans le fleuve Nevka. D'après le rapport d'autopsie, de l'eau était présente dans ses poumons. Le pistolet utilisé était un *Mark Webley*.

Le récit de l'assassinat fut reconstitué par un documentaire de la BBC, « Who Killed Rasputin ? ». Il en est fait un compte-rendu détaillé dans deux ouvrages anglais (Michael Smith, « Six : A History of Britain's Secret Intelligence Service », Londres, 2010 ; Richard Cullen, « Rasputin : The Role of Britain's Secret Service in his Torture and Murder », Londres, 2010.)

Un rapport rédigé par John Scale est conservé aux British National Archives. L'agent secret Stephen Alley l'a annoté : « *Bien que cette affaire n'est pas été résolue en suivant le plan à la lettre, notre objectif a clairement été atteint. Les réactions à l'élimination de la « Force Obscure » ont été positives de tous côtés, bien que quelques questions embarrassantes aient déjà été posées au sujet d'une implication plus étendue. Rayner tente d'effacer les traces et vous briefera sans doute à son retour.* »

Le nom de code pour désigner Raspoutine dans ce document était 'Force Obscure'.

La fille écossaise de John Scales, déclara plus tard que son père lui avait confié avoir organisé le meurtre de Raspoutine.

Les protagonistes russes furent déportés en Sibérie. Le Tsar savait également que Rayner était impliqué dans le meurtre, car il en fit mention auprès de l'ambassadeur britannique George Buchanan, qui était membre de la *Golden Dawn*.

Ainsi un autre meurtre fut perpétré par les francs-maçons, afin de construire par la terreur leur monde hypocrite maçonnique.

L'ORIGINE DES JUIFS DE RUSSIE

La plupart des Juifs Russes sont les descendants des Juifs Khazars. D'après l'historien et ethnologue russe Léon Gumilev, les Turcs Khazars migrèrent vers le delta de la Volga au troisième siècle après J.C. D'autres peuplades turques qui utilisaient le royaume Khazar pour base de leurs opérations militaires entre 558 et 650, jouèrent le rôle le plus important dans le développement des Turcs Khazars. Au cours du 10ème siècle, les Turcs Khazars se défendirent obstinément et avec succès contre les Arabes, le pouvoir militaire le plus fort et le plus agressif de ce temps, à mesure qu'ils s'étendaient à l'extérieur de la péninsule arabique.

L'ascension des Turc Khazars dura pendant environ 150 ans – du milieu du 7ème siècle jusqu'à la fin du 8ème siècle, où les Juifs cessèrent de se développer.

Les premiers Juifs qui arrivèrent en Khazarie fuyaient la persécution pour leurs activités anti-gouvernementale en Perse. Une seconde vague d'immigration prit place au 8ème siècle lorsqu'un nombre important de Juifs quittèrent Byzance pour coopérer avec les Arabes, à cause de la concurrence économique des Grecs et des Arméniens. En 723, l'Empereur Léon III de Byzance, tenta de forcer les Juifs à se convertir au Christianisme.

La population originelle de Khazarie resta tournée vers l'agriculture, tandis que celles des arrivants Juifs devint commerciale. Les marchands Juifs (connus sous le nom de « Radokhnids ») en Khazarie, prirent immédiatement le contrôle des routes empruntées par les caravanes entre l'Europe et la Chine. Ces nouveaux marchands étaient tout particulièrement intéressés par le commerce des esclaves.

Le Kaganat de Khazarie était un royaume puissant. Le Roi, ou Kagan, recevait des présents somptueux des Juifs fortunés et avaient de nombreuses juives dans son harem.

Beaucoup d'enfants de races mélangées naquirent au 8ème siècle. Ces enfants, et les Juifs eux-mêmes, commencèrent à s'appeler Khazars au 10ème siècle. La peuplade d'origine peut être appelée Turcs Khazars, les nouveaux venus Juifs Khazars.

Samandar était originellement la capitale de la Khazarie, pour être plus tard remplacée par Itil (actuellement Astrakhan) sur la Volga. Les autres cités Khazars importantes étaient Sarkel sur la Dona, et plus tard Kiev sur les bords de Dniepr. Il y avait environ 4 000 familles juives à Itil. Les Khazars achetaient les services de nombreux contingents et mercenaires, jusqu'à 7 000 d'entre eux à Itil. Les Juifs d'Itil pillaient les Turcs Khazars incessamment.

Au début du 9ème siècle, un prophète Juif du nom d'Obadiah s'empara du pouvoir en Khazarie et introduisit un régime théocratique strict. Le Kagan ne fut pas assassiné mais il fut placé en résidence surveillée. Une fois par an il apparaissait en public pour faire semblant de détenir encore quelque pouvoir. Ce partage apparent du pouvoir était juste une imposture. Obadiah transforma le Kagan (Khan) de la dynastie Asina en sa marionnette et déclara la foi Mosaïque comme religion d'état officielle. Ce coup d'état ne bénéficia qu'aux Juifs.

Les rabbins Juifs n'avaient pas l'intention de convertir les Khazars au Judaïsme, mais de garder la foi exclusivement réservée aux gens qui étaient arrivés au pouvoir. Les Turcs Khazars restèrent païens. Le coup d'état déclencha une guerre civile au cours de laquelle Obadiah se mit à exploiter les tactiques de la guerre totale, qui avait déjà été utilisées avec grand succès durant l'occupation de Canaan, lorsque la nation juive essayait d'annihiler tous ses ennemis. En 820, le nouveau régime était en place.

La Khazarie devint une union contre nature, où ceux qui étaient supprimés étaient constamment confrontés à une classe dirigeante étrangère. Les Juifs Khazars n'étaient pas de braves guerriers, et à la place ils se mirent à terroriser la population originelle et les autres états voisins avec l'aide des Polovtsy (Kiptchak), des Pechenegs, des russes et même de mercenaires islamiques. Ils cherchaient continuellement à agrandir leur territoire et parvinrent à conquérir la Crimée pour parvenir à commercer avec les nations méditerranéennes.

Les Juifs Khazars tentèrent un coup d'état en France au milieu du 10ème siècle avec l'aide de leur propre fraternité de mercenaires berbères, mais avant qu'ils ne réussissent, les slaves parvinrent à s'emparer du pouvoir et à écraser l'état de Khazarie.

Au milieu du 9ème siècle, les Juifs Khazars signèrent un agrément avec les Varangians (Vikings, les gardes scandinaves) pour se partager l'Europe de l'est, mais au 10ème siècle, les Juifs prirent le contrôle dans la plupart des endroits. Les Bulgares, les Mordvins et d'autres races se retrouvèrent sous leur coupe. Les Juifs Khazars étaient au sommet de leur pouvoir à la fin du 9ème siècle et au début du 10ème siècle. Ils menacèrent d'apporter une catastrophe sur les habitants d'Europe de l'Est. Leurs opposants devaient choisir entre l'esclavage et l'annihilation.

Finalement, des rébellions éclatèrent. En 922, les bulgares parvinrent à se libérer de l'oppression exercée par les Juifs. La Khazarie, qui se tenait à l'origine sur le delta de la Volga, s'étendit plus tard entre la Mer Noire et la Mer Caspienne, pour atteindre même jusqu'à la Bulgarie et Kiev.

La Khazarie exista entre le 7ème siècle et 965 après J.C. jusqu'à ce que le Prince de Kiev, Sviatoslav, écrase le règne de la terreur Juif. Les potentats Khazars s'enfuirent et les turcs Khazars ainsi que les autres peuples opprimés furent libérés. Les survivants Juifs Khazar fondèrent les tribus Ashkénazes. Leurs centres principaux furent plus tard en Ukraine, en Pologne et en Lituanie. Les Khazars turcs se mêlèrent aux autres races. La plupart des turc Khazars devinrent plus tard connus sous le nom de Tartares Astrakhan. Les larges territoires Khazars se réduisirent plus tard autour de la Mer Caspienne, où des traces du grand Empire ne furent seulement découvertes que dans les années 1960. (Léon Gumilev, « L'Ethnosphère – L'histoire de l'homme et de la nature », Moscou, 1993 ; Gumilev, « La découverte du royaume Khazar », Moscou, 1996)

Les Juifs ne changèrent pas leurs habitudes. En 1113, le Prince de Kiev, Vladimir Monomakh, pensait qu'il était nécessaire de restreindre l'usure juive. (« Nordisk Familjebok », Stockholm, 1946, Vol.20, p.690)

Les Juifs Khazars répétèrent cette méthode éprouvée une fois encore lorsqu'ils fondèrent l'Union Soviétique, que beaucoup d'entre eux regardèrent comme une sorte de revanche contre le peuple russe.

Les vues de Gumilev trouvent un écho chez un précédent érudit, Isaac Baer Levinsohn (1788-1860), qui avait aussi la certitude que les Juifs russes ne venaient pas d'Allemagne, mais des berges de la Volga. (« The

Haskalah Movement in Russia » Jacob Raisin, Philadelphie, 1913-1914, p.17)

LE COUP D'ÉTAT DE FÉVRIER 1917

Dès avril 1916, les francs-maçons russes avait forgé un plan selon lequel le Tsar serait détrôné et remplacé par un gouvernement socialiste libéral et maçonnique. Pavel Milyukov révéla dans ses mémoires comment une liste préliminaire de gens qui devaient composer le gouvernement provisoire fut tracée dans l'appartement de P. Ryabushinsky le 13 août 1915.

La seule personne absente de cette liste était l'avocat Juif Alexander Kerenski (en fait Aaron Kiirbis). L'écrivain et franc-maçon Mark Aldanov (en fait Landau) expliqua que la liste finale fut terminée en 1916 à l'hôtel *Frantsiya*. (Boris Nikolaïevsk, « Les Francs-maçons russes et la Révolution Russe », Moscou, 1990, p.164)

La liste fut retouchée le 6 avril 1916 à la maison de la journaliste franc-maçonne Ekaterina Kuskova, un fait mis en évidence par une lettre écrite de sa main datée du même jour. Cette information, qui met l'accent sur le fait qu'une conspiration se tenait derrière les évènements de Russie en 1917, fut publiée dans le livre de l'historien russe en exil Serguei Meguro « Les préparatifs du Coup d'état du Palais » et dans le livre de Grigori Aronson « La Russie à l'aube de la Révolution » (New York, 1962, p.126).

À l'été 1916, le Grand Orient organisa une réunion de deux jours dans l'appartement de Vasili Stepanov à St Pétersbourg. Stepanov appartenait à l'obédience du Grand Orient, la *Loge de la Rose*. Les participants venaient aussi de Moscou et dans leur programme, les francs-maçons déclaraient que la première étape était de renverser le Tsar Nicolas II pour le remplacer par son frère Mikhail. Alexandre Kerenski, le grand secrétaire de l'ordre fut désigné (Viktor Brachev, « La Victoire de Février 1917 : la Piste Maçonnique », Moscou, 2007, p. 134)

En 1912, les cercles maçonniques et sionistes avaient aidé le franc-maçon Thomas Woodrow Wilson (1856-1924), à accéder au pouvoir aux États-Unis. Comme président, il commença à œuvrer avec diligence au renversement du Tsar de Russie. Une campagne de calomnie fut lancée. Une campagne d'agitation conduisit à un bain de sang en 1912, près du fleuve Lena. Cependant, il n'y avait pas encore de troubles à grande échelle.

La Russie avait emprunté de grosses sommes d'argent afin de lui permettre de faire la guerre. Cela voulait dire que le pays était particulièrement vulnérable. D'après Alexandre Soljenitsyne, la finance juive internationale donna un ultimatum au gouvernement russe – les Juifs au sein de la société russe devaient être autorisés à agir en tant que Juifs. Tous les crédits furent immédiatement suspendus. Sans ces crédits, la Russie ne pouvait plus faire la guerre. Le ministre des affaires étrangères, Serguei Sazonov, confirma que les alliés ne pouvaient pas non plus aider la Russie, car eux aussi dépendaient de l'élite financière juive. L'Angleterre et la France formaient l'alliance principale des pays belligérants lors de la Première Guerre mondiale. Les États-Unis ne les rejoignirent qu'à partir de 1917.

Nikolai Shcherbatov, chef du protocole et ministre de l'intérieur déclara au cours d'une réunion du gouvernement (d'après les minutes qui en sont extraites) : « *Nous sommes tombés dans l'antre des sorcières. Nous sommes sans pouvoir : l'argent est entre les mains des Juifs et sans eux nous ne pouvons pas obtenir un seul kopek...* » (Alexandre Soljenitsyne, « Œuvres Complètes », Paris, 1984, Vol.13, pp.263-267)

Thomas Jefferson écrivit une fois à John Adams, en lui confiant que les établissements bancaires étaient plus dangereux que des armées. (« Les écrits de Thomas Jefferson », New York, 1899, Vol X, p. 31) Pendant ce temps, les francs-maçons au sein des forces alliées demandaient que la Russie continue la guerre contre l'Allemagne. Cela conduisit la nation à la catastrophe.

La police secrète du Tsar, l'Okhrana, avait informé à temps le Premier Ministre Boris Stürmer des préparatifs du coup d'état de 1917. Il ne fit rien. La Russie avait en ce temps-là le taux d'imposition le plus bas au monde. Cela changea à tout jamais après la prise de pouvoir maçonnique.

En décembre 1916, les francs-maçons reprirent leurs manipulations contre la Russie. En janvier 1917 il fut décidé que les évènements devaient commencer le jour de la fête juive de Pourim, la célébration annuelle du meurtre de masse de 75 000 perses, d'après le livre d'Esther dans l'Ancien Testament (9 :16-26).

En janvier 1917, une délégation maçonnique Franco-Italo-Britannique dirigée par Alfred Milner se rendit à Saint Pétersbourg. Les francs-maçons demandèrent au Tsar de dissoudre son gouvernement et de nommer des ministres francs-maçons pour les remplacer, faute de quoi une révolution aurait lieu et le Tsar la payerait de sa vie. Le Tsar refusa d'obéir.

À ce moment, les francs-maçons élaborèrent un plan rusé. Lorsque le train du Tsar arriva à Malaya Vishera dans la région de Novgorod, le 1er mars 1917, à deux heures du matin, le commissaire franc-maçon Alexandre Bublikov appartenant au ministère des communications, annonça que toutes les gares de St. Pétersbourg étaient occupées par des troupes révolutionnaires de soldats et de marins. C'était un mensonge. Bublikov avait inventé cette fable. Le commandant V. Voyeikov avait également reçu cette désinformation, qui fut transmise au Tsar, en recommandant que ce dernier ne poursuive pas son voyage. Le porte-parole de la Douma, Mikhail Rodzhanko, attira le Tsar à Pskov, où le général franc-maçon Nikolai Ruzsky accompagné de ses troupes devait forcer Nicolas II à abdiquer avant de l'arrêter. Derrière ce plan sinistre, se tenait Nikolai Nekrasov, membre du Suprême Conseil du Grand Orient. Ruzsky reçut la récompense des traîtres, il fut fusillé par les Rouges en 1918 à Pyatigorsk dans la région Stavropol du sud de la Russie.

Alexandre Guchkov et Vasili Shulgin furent envoyés à Pskov par la Douma le 2 mars pour parachever le détrônement du Tsar. (Viktor Brachev, « La Victoire de Février 1917 : la Piste Maçonnique », Moscou, 2007, pp. 190-191).

Les premiers coups de feu devaient être tirés précisément le jour de Pourim – le 23 février (8 mars). L'hebdomadaire Juif *Yevreiskaya Nedelya* (la semaine juive) publia un article à propos de la « Révolution de Février » le 24 mars 1917 (No.12-13) avec un titre particulièrement révélateur : « Cela s'est passé le jour de Pourim ! » (Le 23 février 1917)

Ce jour-là les troubles commencèrent à cause d'une pénurie de pain provoquée par les francs-maçons. En fait, selon l'historien Sergei Semanov, il y avait du pain en abondance.

Les révolutionnaires provoquèrent le peuple afin de constituer des grèves politiques. Les francs-maçons avaient prévu d'accomplir la prise de pouvoir bolchévique en deux étapes.

Les francs-maçons commencèrent de répandre une intense propagande afin que le Tsar soit détrôné. Le slogan « Pour la démocratie ! Contre le Tsarisme ! » Fut utilisé. Bien sûr, tout cela coûtait beaucoup d'argent, et les fonds provenaient pour la plus grande part des États-Unis. Jacob Schiff déclara publiquement en avril 1917 que ce fut grâce à son soutien que la révolution put s'accomplir en Russie.

Selon la légende, les émeutes qui donnèrent lieu à une révolte sociale et conduisirent à une révolution, étaient **spontanées**. Le professeur Richard Pipes de l'université d'Harvard aux États-Unis rejette cette affirmation. Il déclare : « Les historiens ont prétendu que les révolutionnaires étaient poussés en avant par le peuple. Mais si nous remontons aux sources, il devient évident qu'ils ont tort sur toute la ligne et fondent leur perception sur des légendes. » Il souligne : « La révolution de février à Saint-Pétersbourg en 1917 ne fut pas, comme on nous l'a fait croire, un mouvement social – et cela peut être facilement prouvé. » D'après lui, l'étincelle qui mit le feu aux poudres fut la mutinerie au sein des casernes surpeuplées le 23 février (8 mars).

Il avait été nécessaire de recruter des gens plus âgés, car beaucoup de soldats russes avaient été faits prisonniers. Mais les mutins n'étaient pas, comme il le fut avancé plus tard, contre la guerre. Les bolchéviques savaient que la paix était une proposition impopulaire. Les paysans voulaient la terre et l'avait obtenue.

Les agitateurs transformèrent cet insignifiant soulèvement en révolution le 27 février (12 mars) 1917, et trois jours plus tard, le 2 (15) mars, le Tsar Nicolas II fut forcé d'abdiquer sous la menace que sa famille serait tuée. Cela fut divulgué dans ses mémoires par Anna Vyrubova, une proche amie de la famille du Tsar. Il résidait alors à Pskov. Nicolas II se démit de sa couronne au profit de son frère cadet, Mikhail, mais les francs-maçons étaient furieux de ne pas être parvenus à abolir le régime impérial en trois jours. Aussi forcèrent-ils Mikhail à abdiquer à son tour. Leur but était d'écraser définitivement l'Empire.

Un membre irlandais du parlement britannique révéla qu'Alfred Milner, Grand-Maître de la franc-maçonnerie britannique et dirigeant secret du groupe *The Round Table* (financé par la famille Rothschild, d'après l'historien Gary Allen), avait été envoyé à Saint-Pétersbourg afin de renverser le Tsar. « Nos dirigeants… envoyèrent Lord Milner à Saint-Pétersbourg pour préparer la révolution… » (Zeman, « L'Allemagne et la Révolution Russe 1915-1918. Documents des Archives du ministère des affaires étrangères » Londres, 1958, p.92) Le parlementaire protesta en voyant la manière avec laquelle les Britanniques traitaient leurs alliés. Personne ne contredit cette déclaration. (Parliamentary Debates, House of Commons » Vol. 91, No.218, 1917, 22 mars, col.2081) Plus tard, le même Milner dépensa 21 millions de roubles pour la prise de pouvoir bolchévique… Gary Allen déclara que *The Round Table* fut également responsable du déclenchement de la Seconde Guerre Mondiale. L'influence considérable du groupe *The Round Table* sur les évènements politiques est également dévoilé dans l'ouvrage de Carroll Quigley « Tragedy and Hope : A History of the World in Our Time » (New York, Londres, 1966).

Il existe même de nos jours une loge *Alfred Milner* en Angleterre.

La principale force motrice derrière la chute du Tsar fut l'avocat Juif de 36 ans Alexandre Kerenski, qui durant les années précédant le coup d'état avait exclusivement pris la défense des terroristes « révolutionnaires ». Selon l'historien Serguei Yemelyanov, Kerenski était un Franc-maçon du 33ème degré. Il était même le Grand-Maître de la branche russe du Grand-Orient en 1916, d'après l'historien Serguei Naumov. Il affirme détenir des documents venant le confirmer.

Alexandre Kerenski était le fils de la Juive Autrichienne Adler qui avait épousé le Juif Kürbis, toujours d'après l'historien Serguei Naumov. Son véritable nom était Aaron. Sa mère épousa plus tard le professeur

Fiodor Kerenski qui adopta le jeune garçon. Fiodor Kerenski fut d'abord un professeur et plus tard devint le proviseur de l'école publique de Simbirsk où Vladimir Oulianov-Lénine étudia aussi pendant un certain temps. Il fut finalement nommé inspecteur des écoles au Turkestan. En rapport avec cette adoption, Aaron reçut un nom chrétien : Alexandre. Le docteur d'Alexandre Kerenski confirma qu'il était circoncis. (F. Winberg, « La croisée des chemins », Munich, 1922, p.197)

Le Juif Vladimir Bonch-Bruyevich (un proche collaborateur de Lénine), confirma que Kerenski était déjà franc-maçon lorsqu'il était membre de la Douma.

Nous devons souligner que le terroriste Dimitri (Mardochée) Bogrov, coopérait étroitement avec Kerenski, lequel s'enfuit immédiatement à l'étranger après le meurtre du Premier Ministre Stolypine, selon l'historien Oleg Soloviev.

Le politologue autrichien Karl Steinhauser révéla que l'ambassadeur britannique, le franc-maçon George Buchanan, était l'homme de contact entre Kerenski et Londres, Paris et Washington.

D'après Antony Sutton, un de ceux qui agissaient dans l'ombre de Kerenski, était le franc-maçon américain et membre du gouvernement, Richard Crane. Il fut d'abord financé par le banquier Juif Grigori Berenson qui emménagea plus tard avec sa famille à Londres, où sa fille Flora épousa le colonel Harold Solomon. Cet homme était un des Juifs les plus importants de Londres. Dans les années 1930, Grigori Berenson finança une importante campagne sioniste.

D'autres francs-maçons de haut rang au sein du Grand Orient travaillèrent de concert avec Kerenski pour renverser le Tsar : l'avocat Maxim Vinaver (1866-1940), l'avocat Oskar Grusenberg (1866-1940), l'avocat Yakov Frumkin, l'historien Alexandre Braudo (1864-1924), l'écrivain Léonti (Léon) Bramson, l'avocat Joseph Hessen (1866-1943), Yoller et Mikhail Herzenstein.

Les contacts avec le Grand-Orient de France étaient organisés par Serguei Urusov. (Boris Nikolaïevsk, « La Franc-maçonnerie russe et la Révolution », Moscou, 1990, pp. 56-57) Urusov était un propriétaire terrien franc-maçon qui trahit le Tsar. En 1917 il devint ministre de l'intérieur du gouvernement provisoire. Après la prise de pouvoir bolchévique, il occupa une position importante au sein de la banque centrale. (La Grande Encyclopédie Soviétique, Vol. 56, Moscou, 1936, p.301) Le commandant en second, après Kerenski, était Nikolaï Nekrassov.

Au cours du couronnement du Tsar, une croix de Saint André qui avait été parée pour la cérémonie, tomba sur le sol. Quelques heures plus tard, une panique terrible se répandit au sein de la foule qui était venue de Moscou pour apercevoir le nouveau Tsar. Par des rumeurs, les gens s'imaginèrent que les cadeaux d'usage distribués aux pauvres ne seraient cette fois pas suffisants. La foule s'agglutina et environ 1500 personnes périrent suffoquées ou piétinées. Des millions de russes regardèrent cet événement comme un mauvais présage. Le Tsar, pendant ce temps-là, n'interrompit pas le cours des célébrations, mais poursuivi le bal à l'ambassade française. Les craintes des superstitieux furent plus tard confirmées.

Beaucoup d'historiens n'ont toujours pas compris pourquoi tant d'importants généraux Tsaristes avaient trahi Nicolas II. Le Tsar déclara à de nombreuses reprises qu'il avait été trahi. Mais cette énigme est à présent résolue. D'après le Juif franc-maçon Manuil Margulies, les généraux les plus importants étaient tous des frères maçons qui obéissaient à leur loge plutôt qu'au Tsar. Margulies fut incarcéré à cause de ses actions terroristes en 1905. Grâce à ses actes maléfiques, il fut élevé au grade de 18ème degré et intégra le Suprême Conseil Maçonnique. Parmi ces généraux, il mentionna Vassili Romeiko-Gurko, Mikhaïl Alexeyev (1857-1918), qui devait plus tard fonder l'Armée Blanche, Nikolaï Ruzsky, Alexandre Krymov, Alexeï Manikovsky, Alexeï Polivanov, Alexandre Myshlayevsky, Teplov, même Lavr Kornilov, à qui il fut ordonné d'informer le Tsar et sa famille qu'ils étaient tous en état d'arrestation. Kornilov rompit plus tard avec les francs-maçons. (M. Nazarov, *Nash Sovremennik*, No.12, 1991)

Le Tsar Nicolas II fut aussi trahi par le membre de l'aile droite de l'assemblée nationale, Alexandre Guchkov, qui devint ministre de la guerre du gouvernement provisoire. Il regretta plus tard cette action et prit part à la révolte de Kornilov, mais il était déjà trop tard. Même des membres de la dynastie Romanov trahirent le Tsar.

Lorsque le chef du régiment finlandais, le général Vladimir Teplov (1861-1924) s'entendit demander : « Comment réagiriez-vous à la pensée de détrôner physiquement le Tsar ? »

Il répondit brièvement : « Je le tuerai, si l'ordre m'en est donné ! » (Sergei Melgunov « La préparation du coup d'état du palais », Paris, 1931, p. 185). Cette attitude était typique des autres dirigeants militaires francs-maçons.

Le 2 (15) mars, les francs-maçons avaient, sur le modèle révolutionnaire américain, formé un gouvernement provisoire dirigé par le Prince Georgi Lvov (1861-1925). Voilà pourquoi les francs-maçons Juifs étaient si en colère après que Mikhaïl II soit parvenu simultanément à conserver le pouvoir. Cette erreur fut corrigée un jour plus tard. Mikhaïl II fut assassiné rituellement à Perm le 12 juin 1918. Chacun des onze ministres était franc-maçon. Bien sûr, tous les francs-maçons les plus importants étaient présents : Nikolaï Nekrassov (Ministre des communications), Alexandre Kerenski (Ministre de la justice), Pavel Milyukov (Ministre des affaires étrangères, professeur et dirigeant du Parti des Cadets) et Mikhaïl Tereshchenko (Ministre des finances). Le franc-maçon sioniste Piotr Rutenberg, un infâme terroriste, fut nommé chef de la police par Kerenski.

Au début du coup d'état de février, tous les francs-maçons furent instruits de soutenir le gouvernement provisoire (Brachev, « La Victoire de Février 1917 : la Piste Maçonnique », Moscou, 2007, p. 199).

Lorsque le franc-maçon Pavel Miljukov prononça son discours au nom du gouvernement provisoire, le 2 mars 1917, une question fut entendue : « Qui vous a choisi ? » Il répondit : « La Révolution Russe ! » (Alexandre Shubin, « Les Mythes de la Révolution de Février », Moscou, 2007, p. 303).

Le public naïf se réjouit. Mais lorsque le nouveau gouvernement maçonnique répandit sa vague de terreur contre toute forme d'opposition, leur sourire se figea pour être remplacé par des larmes. Au début, plusieurs monuments furent détruits, puis quatre mille policiers furent tués. La foule s'empara d'eux, les battit à mort et traîna leurs corps dans les rues. Les forces de police furent presque liquidées.

Alexandre Kerenski (Aaron Kürbis) dirigea le complot pour renverser le Tsar russe Nicolas II. Il avait à sa disposition 28 loges maçonniques du Grand Orient de Russie.

Puis le meurtre des officiers commença. Durant le premier jour du coup d'état, 60 officiers furent tués rien qu'à Kronstadt, parmi eux l'amiral Robert Von Wirén, le gouverneur de Kronstadt, ainsi que Alexandre Butarkov et le capitaine Georgi Pekarsky. Les deux bras de Von Wirén furent coupés et il fut promené dans les rues jusqu'à ce que les « révolutionnaires » aient assez de pitié pour l'achever. À Vyborg, les officiers étaient jetés sur les rochers depuis un pont. Dans d'autres endroits, ils étaient empalés sur des baïonnettes. Partout les gens se moquaient d'eux et arrachaient leurs bretelles, suite à quoi ils étaient battus à mort, d'après Stanislav Govorukhin.

Il y avait 183 949 prisonniers en Russie en 1912. Kerenski et Rutenberg relâchèrent tous les criminels de prisons. Il y avait des dizaines de milliers de criminels rien qu'à Saint-Pétersbourg. Cette mesure fut appliquée le deuxième jour qui suivit le coup d'état. Les portes des prisons des autres villes furent aussi grandes ouvertes. Alors, l'anarchie commença. Les criminels dévalisèrent les magasins, les boutiques et les installations ferroviaires. Les gens étaient tués et volés. Rien de la sorte n'avait jamais été vu auparavant.

Le gouvernement maçonnique ne souhaitait pas utiliser l'hymne national « Dieu sauve le Tsar », composé par Alexei Lvov en novembre 1883 et écrit par le poète Vassili Zhukovsky sur requête du Tsar Nicolas Ier. A la place un hymne maçonnique, « Le Dieu glorieux de Sion », fut utilisé. Des orchestres militaires allemands jouaient la plupart des enregistrements de cet hymne national. (De février à octobre 1917). (Staffan Skott, « Sovjetunionen fran borjan till slutet » / « L'Union Soviétique du début à la fin », Stockholm, 1993, pp. 23-24)

Les délégués socialistes du Grand Orient s'étaient déplacés en Russie au printemps 1917, pour rappeler à Kerenski la promesse qu'il avait faite en 1912 de ne pas mettre en place un traité de paix séparé. Tous les francs-maçons russes des 49 loges furent dès lors considérés comme des conspirateurs.

Il fut plus tard soutenu que la presse et l'opinion publique aux États-Unis avaient forcé le Tsar à abdiquer. Ces affirmations ne pouvaient pas expliquer le mystère derrière la prétendue révolution de février. Simon Dubnov (1860-1940), un sioniste déclaré, admit ouvertement que la révolution de février prit place grâce aux intrigues des francs-maçons en coulisse. (Alexandre Braudo, « Notes et Souvenirs », Paris, 1937, p.48) Les francs-maçons contrôlaient tous les partis politiques. Le gouvernement provisoire ordonna la destruction de tous les livres que les francs-maçons n'aimaient pas.

Les Soviets (Kahals) d'automne 1905 furent rétablis en rapport avec cette conspiration. Ils étaient supposés représenter les soldats et les ouvriers. Cela aussi était un mythe, car ce fut le franc-maçon Nikolaï Chkheidze qui devint le président du Soviet de Saint-Pétersbourg. Alexandre Kerenski était membre du Conseil des Travailleurs de Saint-Pétersbourg, qui était une réplique exacte de l'organisation à New York. Il était aussi membre du comité de la Douma.

SIMILARITÉS AVEC LE RENVERSEMENT DU SHAH D'IRAN

Un complot maçonnique similaire avec l'aide de l'élite financière occidentale, conduisit au renversement du Shah d'Iran, Mohammed Reza Pahlavi, comme il le révéla lui-même sur l'île de Contadora, au Panama, dans le premier entretien télévisuel qui suivit sa chute en 1979. L'entretien fut réalisé en janvier 1980. Le Shah déclara au journaliste David Frost (de la BBC) : « *Pensez-vous que Khomeiny, une personne sans éducation... pouvait avoir planifié tout cela, tout organisé ? Je sais aussi que des sommes d'argent fantastiques étaient en jeu. Je sais que des experts en propagande furent utilisés pour nous dépeindre comme des tyrans et des bêtes, tandis que les autres étaient des démocrates libéraux et révolutionnaires qui voulaient sauver le pays. Je sais que la BBC était aussi contre nous. Nous avons toutes les informations… cela se déroula comme une conspiration bien organisée… ils en retirèrent environ 250 millions de dollars…*

Où qu'il (Khomeiny) se soit trouvé en Europe, il aurait probablement eu les même possibilités et les même complices. Je ne crois pas qu'il ait été lui-même l'instigateur du plan… Yazdi était un citoyen américain, Ghotbzadeh fut expulsé de l'université de Georgetown car il n'était pas capable de poursuivre ses études… Yazdi était un agent de la CIA, avant d'appartenir au KGB »

David Frost : « *Donc Khomeiny aurait bénéficié d'un certain soutien de la part de l'occident ?* »

Le Shah : « *Comment tous ces facteurs auraient-ils pu être combinés en même temps ?* »

Lorsque j'écrivis à la Sveriges Television (télévision nationale suédoise) et demandais une copie du texte pour la traduction, il me fut répondu officiellement que le texte n'existait plus. Mais je suis rentré en contact avec un membre du personnel éditorial, grâce auquel j'ai obtenu le texte complet.

Le Tsar Russe fut renversé grâce à la même méthode – toute les preuves pointaient en direction d'une conspiration internationale.

La presse américaine dépeignît le Tsar Nicolas II sous des traits monstrueux. C'est la raison pour laquelle le public américain était si content de son renversement. Cette propagande injuste continue encore de nos jours.

Le mensonge le plus audacieux provient de l'historien Hans Vilius, le 1er septembre 1991, dans un programme de la télévision suédoise à propos de « l'histoire » de l'Union Soviétique. Il prétendit que la révolution avait été le résultat du régime sanglant Tsariste contre la population. Il ne mentionnait jamais aucun nombre.

Chaque véritable historien sait qu'un total de 467 personnes (c'est à dires des criminels et des meurtriers) furent exécutées en Russie entre 1826 et 1904. (Professeur Vittorio Strada dans son article « Les peines de mort et les révolutions russes », Obozreniye, No. 14, p.25, Paris, 1984) Cela se monte à 6 condamnations à mort par an.

Combien furent tués pendant la même période aux États-Unis d'Amérique ? Combien d'Indiens furent éliminés pendant la même période ? Je ne mentionnerai ici que le massacre de Wounded Knee où des soldats du gouvernement assassinèrent trois cents indiens désarmés, y compris des femmes et des enfants, le 29 décembre 1890.

Hans Villius ne mentionna jamais les meurtres de masse perpétrés de sang-froid par les bolchéviques, qui se montaient à 66 millions au début pour atteindre plus tard un total de 143 millions, d'après le chercheur anglais Philip Van Der Est. Cela n'était pas de la terreur aux yeux de Villius. Même les bolchéviques appelaient leur propre purge « la Terreur Rouge ». Hans Villius fit tout en son pouvoir pour déformer la vérité et par là soutenir la légende.

LE RETOUR DE LÉNINE ET TROTSKI

La conspiration se poursuivit. Trotski fut envoyé de New York avec un passeport américain le 26 mars 1917. Jacob Schiff commença à le financer au printemps 1917. De cette manière les Bolchéviques reçurent à travers Trotski un total de 20 millions de dollars, d'après Hilaire Belloc, Antony Sutton et d'autres historiens.

John Schiff admit aussi dans le *New York Journal American* du 3 février 1949 que son grand-père avait « investi 20 millions de dollars pour le triomphe final du bolchévisme en Russie ». Ainsi, dépensa-t-il des millions de dollars pour renverser le Tsar avant de dépenser encore plus d'argent pour aider les bolchéviques à prendre le pouvoir.

Il était maintenant temps pour Lénine de rentrer aussi. Lorsqu'il lut dans le journal *Neue Zurcher Zeitung* que le Tsar avait été renversé, il pensa qu'il s'agissait de propagande allemande.

Le 31 mars le Sous-Secrétaire d'état allemand informa l'Ambassadeur Gisbert Von Romberg à Berne par un télégramme chiffré : « *La progression des révolutionnaires russes à travers l'Allemagne doit se mettre en place dès que possible, car les alliés ont déjà commencé leur contre-attaque depuis la Suisse. Si possible, les négociations doivent être accélérées !* »

Le comte Ulrich Von Brockdorff (1869-1928) envoya un télégramme strictement secret de Copenhague au ministre de l'intérieur à Berlin le 2 avril 1917 : « *Nous devons immédiatement essayer de répandre le chaos le plus vite possible en Russie. En même temps, nous devons éviter de nous impliquer visiblement dans le cours de la Révolution Russe. Mais en secret nous devons tout faire pour augmenter l'antagonisme entre les partis modérés et extrêmes, nous sommes très intéressés par la victoire de ce dernier car le coup d'état deviendra alors inéluctable.* »

Brockdorff-Rantzau était ministre des affaires étrangères durant la République de Weimar et ambassadeur à Moscou dès 1922.

Lénine signala au gouvernement allemand le 4 avril qu'il était prêt à rentrer en Russie. Son voyage reçu l'approbation du Chancelier Théobald Von Bethmann-Hollweg, qui appartenait à la famille bancaire Bethmann de Francfort-sur-le-Main, et par le Secrétaire d'État Arthur Zimmermann. Alors ces hommes procédèrent à l'organisation du voyage de Lénine assisté par le Comte Brockdorff-Rantzau et Alexandre Parvus. Ils pensaient qu'il valait mieux que Lénine transite par la Suède, où il serait rejoint par leur homme de confiance, Jakub Furstenberg-Hanecki (Ganetsky). (Antony Sutton, « Wall Street et la Révolution Bolchévique » (Morley, 1981, p.40) Ganetsky était désigné comme « les mains et les pieds du Parti ».

Le 9 avril, Lénine et son groupe commença son trajet de Berne vers la Russie. Avant qu'ils aient quitté Zurich, ils entendirent des cris venant de la plateforme : « Des espions allemands ! Des traîtres ! »

L'état-major allemand ne pouvait pas imaginer que les bolchéviques se retourneraient contre l'Allemagne et l'Europe. Le Major Général Max Hoffman écrivit plus tard : « *Nous n'avions jamais suspecté ou prévu le danger pour l'humanité et les conséquences de ce trajet des bolchéviques vers la Russie.* » (Antony Sutton, « Wall Street et la Révolution Bolchévique », Morley, 1981, p.40)

Selon l'auteur suédois Hans Bjorkegren, le wagon dans lequel Lénine et ses 32 compagnons voyageaient n'était pas scellé, comme un autre mythe le prétendit plus tard. Les autorités germaniques avaient demandé aux « révolutionnaires » de ne pas quitter leur voiture, où deux officiers allemands, les accompagnaient sous les noms russes de Rybakov et Yegorov. (Akim Arutiunov, « Le phénomène Vladimir Oulianov/Lénine », Moscou, 1992, p.61)

L'équipe de Lénine devait plus tard se joindre à celle de Trotski à Saint-Pétersbourg et éventuellement commencer la prise de pouvoir du Gouvernement Provisoire avec d'autres forces dominantes dédiées à l'instauration de la dictature communiste (judaïque).

Le Kaiser allemand Wilhelm II apprit l'opération alors que Lénine avait déjà atteint la Russie. Le motif des Allemands était d'obtenir une paix séparée et plusieurs avantages commerciaux en Russie. Lénine voulait seulement établir une dictature Communiste et confisquer les richesses de la Russie. Les patriotes allemands ne soupçonnaient pas que les forces ténébreuses Illuminati utilisaient simplement l'Allemagne pour camoufler leurs propres activités.

Les compagnons de voyage de Lénine étaient pour la plupart des Juifs extrémistes. 19 parmi eux étaient bolchéviques. Les plus importants d'entre eux étaient :

- Nadejda Kroupskaïa,
- Olga (Sarra) Ravich,
- Grigori Zinoviev (en fait Ovsei Gershen Radomyslsky),
- sa femme Slata Radomyslskaya,
- leur fils de huit ans Stefan Radomyslsky,
- Moisei Kharitonov (Markovich, qui devint le chef de la milice de Saint-Pétersbourg),

- Grigori Sokolnikov (en fait Brilliant, éditeur de la Pravda et plus tard Commissaire du Peuple aux affaires bancaires),
- David Rosenblum (que Staline fit emprisonner en 1937, à Leningrad),
- Alexander Abramovich (qui devint un fonctionnaire important du Kominterm),
- Grigori Usiyevich (en fait Tinsky),
- Yelena Usiyevich-Kon (la fille d'un Juif bolchévique de Pologne bien connu Felix Kon,),
- Abram Skovno,
- Simon Scheineson,
- Georgi Safarov,
- Zalman Ryvkin,
- Dunya Pogovskaya (un activiste du syndicat des travailleurs Juifs),
- son fils de quatre ans Ruvin,
- Ilya Miringov (Mariengof),
- Maria Miringova,
- Mikhaïl Goberman (qui devint un fonctionnaire important au sein du Kominterm),
- Meier Kivev Aizenud (Aizentuch),
- Shaya Abramovich,
- Fanya Grebelskaya (Bun),
- la maitresse de Lénine Inessa Armand (qui était né le 16 juin 1875 à Paris).

Le périple de Lénine fut considéré comme si important que le train du Prince de la Couronne dût faire escale pendant deux heures à Halle jusqu'à ce que le train de Lénine soit passé. Une halte fut faite à Berlin où Lénine reçut de nouvelles instructions du ministre des affaires étrangères allemand. Toute l'équipe rencontra Ganetski à Trelleborg (Suède). Quand le groupe arriva à Malmö, Brockdorff-Rantzau le rapporta immédiatement à Berlin.

Lénine atteignit la gare centrale de Stockholm juste avant dix heures du matin le vendredi 13 avril 1917. Karl Radek (Tobiach Sobelsohn), un autre important franc-maçon et « révolutionnaire », arriva avec lui mais resta dans la capitale suédoise pour aider Jakub Hanecki (Fürstenberg). Ce fut le même Hanecki (plus connu sous le nom de Ganetsky) qui transmis l'argent allemand aux bolchéviques à Saint-Pétersbourg par la Nya Banken (la Banque Nouvelle) de Stockholm et le franc-maçon Olof Aschberg (Obadiah Asch).

Karl Radek, un citoyen autrichien, montra sa gratitude envers les Allemands en prenant plus tard part à des activités terroristes contre le Kaiser allemand et en préparant un complot pour le renverser. MOPR ou l'Aide Rouge, confia plus tard à Karl Radek la tâche d'inciter les ouvriers allemands à organiser une « révolution prolétarienne ». Il était un membre du Comité Central. Staline le fit arrêter en 1937. Radek fournit volontiers des preuves contre d'autres bolchéviques mais cela ne le sauva pas.

Trois nouveaux conspirateurs rejoignirent Lénine à Stockholm : Rakhil Skovno, Yuri Kos et Alexandre Grakas.

Le but des conspirateurs était de mettre en pratique les préceptes Illuministes en Russie d'après le modèle de Weishaupt-Hess-Marx. Il y avait un plan en réserve pour une base communiste au cas où la prise de pouvoir échouerait. Les Communistes avaient choisi la Suède à cette fin, d'après le livre de Soljenitsyne « Lénine à Zurich » (Paris, 1975, p.168)

Les Sociaux-Démocrates suédois aidèrent ces criminels bolchéviques de toutes les manières possibles. Lénine et ses compagnons criminels furent autorisés à utiliser la Suède comme leur base la plus importante pour l'établissement d'un terrorisme d'état prévu en Russie, grâce au franc-maçon et dirigeant socialiste Hjalmar Branting et l'attitude dévouée des sociaux-démocrates suédois. (*Dagens Nyheter*, 5 novembre 1985, p.4) Ils aidèrent aussi à organiser le quatrième congrès du Parti bolchévique au Folkets Hus (le centre social-démocrate) à Stockholm en avril-mai 1906. Branting prononça un discours de bienvenue au congrès.

Branting connaissait également l'origine du financement des activités bolchéviques (« Vem betalade ryska revolutionen ? » / « Qui paya la Révolution Russe ? », *Svenska Dagbladet*, 31 octobre 1985).

Le maire socialiste de Stockholm Carl Lindhagen accueillit Lénine et ses compagnons sur la plateforme de la Gare Centrale de Stockholm. Selon une autre source, Parvus avait lui aussi fait le déplacement à Stockholm pour y accueillir Lénine.

Un politicien socialiste, Erik Palmstierna, soupçonnait à quel point Lénine pouvait devenir dangereux et suggéra donc d'organiser une provocation policière à la gare et de s'arranger pour que Lénine soit tué dans le tumulte. Les autres lui rirent au nez (*Svenska Dagbladet*, 21 octobre 1990). Palmstierna devint ministre de la défense navale le 19 octobre 1917.

Lénine restât à peine plus de huit heures à Stockholm. Il passa la plupart de ce temps à l'Hôtel *Regina* sur Drottninggatan. Il continua vers Haparanda à 18 heures 37 de la même soirée. Avant son départ, les socialistes suédois eurent le temps de lui acheter à PUB (un magasin célèbre de Stockholm), le costume et le chapeau mondialement célèbres. (*Aftonbladet*, 28 août 1989) Dans le même temps, Lénine rencontra Hans Steinwachs, un représentant du ministère des affaires étrangères allemand. Steinwachs était le chef de l'espionnage allemand en Scandinavie, d'après le livre de Hans Bjorkegren « Ryska Posten » / « La poste russe » (Stockholm, 1985, p.264)

Le Juif polonais Moïse (Mieczyslaw) Bronski-Warszawski, qui voyageait sous un faux nom, se trouvait aussi parmi les compagnons de Lénine. Il était toujours à Berne le 7 avril, mais rejoignit les compagnons de Lénine à Stockholm le 13 avril. Le socialiste suédois Fredrik Strim, qui était responsable de l'accueil des conspirateurs, confirma cela.

Steinwachs envoya le télégramme suivant à Berlin le 17 avril : « Le trajet de Lénine vers la Russie s'est bien déroulé. Il fera exactement ce que nous attendons de lui. » (Zeman, « L'Allemagne et la Révolution Russe 1915-1918 : Documents des archives du ministère des affaires étrangères allemand », Londres, 1958, p.51)

Ce fut le ministre de la justice du gouvernement provisoire, Alexandre Kerenski, qui invita directement Lénine et Trotski en Russie. Il fit envoyer au Premier Ministre Georgi Lvov et au ministre des affaires étrangères Pavel Milyukov des instructions à cet effet, qui furent révélées dans le livre de Nesta Webster « Boche et Bolshevik » (New York, 1923, p.19). Vers la fin d'avril, Milyukov ne voulait plus être membre de ce gouvernement et il démissionna.

Le gouvernement allemand paya les tickets pour le voyage du groupe de Lénine de Berne à Stockholm. Le gouvernement allemand, et non l'état-major général, était derrière le voyage de Lénine, comme le révélèrent Nesta Webster et Kurt Kerlen dans « Boche and Bolshevik » (p.25). Le gouvernement avait été fortement influencé par les socialistes.

Le gouvernement provisoire de Russie paya les tickets pour le trajet de Stockholm vers Haparanda puis à destination de Saint-Pétersbourg. Lénine prétendit plus tard qu'il n'était pas le bienvenu en Russie et qu'il n'avait pas obtenu de visa. Il déclara même que le gouvernement provisoire l'aurait mis en prison, car il voyageait sans permission. Tout cela relève de la propagande Soviétique. Toute la troupe se vit accordé un visa de groupe par le consulat général de Russie de Stockholm (excepté Fritz Platten, car il n'était pas citoyen russe). Ce visa est toujours conservé dans les archives de la ville d'Helsinki, où on peut constater qu'il fut émis le 13 avril 1917. Lénine et ses 29 compagnons de voyage figurent tous sur la liste. Certains (Karl Radek par exemple) restèrent derrière. Trois nouveaux conspirateurs les rejoignirent à la place. Ceci fut révélé par Hans Bjorkegren dans son livre « La Poste Russe » (Stockholm, 1985).

Lénine voulait apparaître comme un révolutionnaire extrêmement pauvre. C'est pourquoi il commença son activité de modeste antiquaire en Suisse, qu'il poursuivit plus tard en Suède. Bien sûr il ne dit jamais un mot à propos du fait qu'il ait aussi récolté de l'argent des fonds secrets bolchéviques à Stockholm. Il reçut jusqu'à 3 000 couronnes de cette source, d'après Hans Bjorkegren. Alexandre Parvus avait institué ce fond avec l'aide du banquier Max Warburg.

D'après le Bureau Central des Statistiques de Suède, 3 000 couronnes en 1917 équivalaient à 84 000 couronnes (8400£) en mai 2013. 3 000 couronnes était presque l'équivalent de deux ans de travail du salaire d'un ouvrier (3 256 couronnes). Un ouvrier avec un salaire annuel de 1 628 couronnes pouvait entretenir sa femme et ses enfants. En 2013, un ouvrier recevait en moyenne 273 600 couronnes par an. Il est impossible de subvenir aux besoins d'une femme et de ses enfants avec cette somme sans l'aide du salaire de la femme et d'autres allocations (allocation familiale, allocation au logement, etc.). C'est à dire que 3 000 couronnes d'alors sont plus proches en valeur de 400 000 couronnes de 2013.

Lénine n'était pas satisfait de cela. À Haparanda il reçut 300 autres couronnes (plus de deux mois de salaire d'un ouvrier) comme contribution de la part du consul russe. Lénine confirma cela lui-même dans une lettre adressée au conspirateur sioniste, Alexandre Shlyapnikov. (Hans Bjorkegren, « Ryska Posten » / « La poste russe », Stockholm, 1985, pp. 264-265). En 1913, l'ouvrier suédois gagnait en moyenne 135 couronnes par mois (135 x 166 = 22 410 en 2014, 2241£).

Mikhaïl Goberman était parvenu à récolter 1 000 francs suisses. Les socialistes suisses avaient donné, à travers Fritz Platten, 3 000 autres francs suisses à Lénine. Platten était chargé de résoudre tous les problèmes pratiques au cours du trajet. Les bolchéviques de Saint-Pétersbourg envoyèrent 500 autres roubles. Lénine envoya aussi des lettres implorantes aux socialistes suédois qui s'arrangèrent pour gratter encore plusieurs centaines de couronnes. Ces socialistes ne soupçonnaient pas qu'en fait Lénine avait plein d'argent. À la fin du mois de mars il avait écrit à Inessa Armand : « Il y a même encore plus d'argent que je n'en attendais pour le voyage. » Lénine n'en n'avait jamais assez.

Le syndicaliste Fabian Mansson organisa une collecte parmi les membres du parlement. Même les politiciens de droite donnèrent de l'argent à Lénine, car le camarade Mansson avait fait remarquer que les bolchéviques seraient au pouvoir en Russie dès le jour suivant. Le ministre des affaires étrangères Suédois, Arvid Lindman donna à Lénine 100 couronnes (une somme à l'époque). Le comité des réfugiés suédois donna aussi 3 000 couronnes à Lénine.

Un ticket de deuxième classe de Stockholm à Haparanda coûtait seulement 30 couronnes en 1917. Moyennant quoi, le gouvernement paya tous les tickets ! En Finlande, Lénine, continua son voyage vers Saint-Pétersbourg, mais maintenant voyageant en troisième classe pour que les russes qui le recevaient voient à quel point il était pauvre.

Telle fut la manière dont le voyage de Lénine pour rejoindre la Russie fut organisé. Il arriva à la gare finlandaise de Saint-Pétersbourg à 23 heures 10 minutes au soir du 16 avril. Le franc-maçon Nikolaï Chkheidze, qui était le président du Soviet de Saint-Pétersbourg, était venu à sa rencontre avec des fleurs. Chkeidze prononça même un discours de bienvenu. Staline n'était pas parmi ceux qui assistèrent à la réception. Pas une seule photo ne permet de confirmer la présence de Staline, malgré le fait qu'il prétendit plus tard y avoir participé. Il y avait même une voiture blindée en attente. Lénine sauta dans la voiture et prononça aussitôt un discours agitateur. D'après le communiste suédois Anton Nilson, Lénine était beaucoup plus mauvais lors des interventions publiques que Trotski.

Lénine fut plus tard accueilli au Palais d'Hiver par un représentant du gouvernement provisoire, le ministre de l'emploi Mikhaïl Skobelev, qui était menchévik et franc-maçon.

En avril 1917, il y avait toujours de nombreux agents britanniques à Saint-Pétersbourg qui poussaient les soldats à se mutiner en leur offrant de l'argent. Le 7 avril, le général français Pierre-Thiébaut-Charles-Maurice Janin (1862-1946) reçut un rapport complet sur les agissements et les endroits secrets où opéraient ces agents anglais.

Le même Janin révéla son vrai visage lorsqu'il donna l'ordre aux soldats Tchèques de kidnapper l'amiral Blanc Alexandre Kolchak, le plus important dirigeant du mouvement anticommuniste. Il fut remis aux bolchéviques à Irkoutsk, avant d'être fusillé le 7 février.

En mai, un autre groupe plus large de 200 « révolutionnaires », dirigés par les menchévik L. Martov et Pavel Axelrod, arrivèrent de Suisse. Bien d'autres devaient suivre. Certains de ces conspirateurs voyageaient à crédit. Le conseil d'administration de la compagnie de chemin de fer suédoise essaya désespérément de récupérer les 30 000 couronnes qu'ils leur devaient, mais ils se firent rire au nez par les « révolutionnaires », d'après Hans Bjorkegren. Ils croyaient exercer leur droit « révolutionnaire » à ne pas payer.

Des milliers de conspirateurs Juifs vinrent aussi des États-Unis. Un total de 25 000 « révolutionnaires » international arrivèrent en Russie. Le docteur George A. Simons, le prêtre de l'Ambassade américaine, raconta la chose suivante à propos de cet événement : « *Il y avait des centaines d'agitateurs qui avaient suivi Trotski depuis New York. Nous étions surpris par le fait que l'élément Juif dominait dès le tout début.* »

En 1918, 265 Juifs extrémistes sur les 371 qui siégeaient à la tête de l'appareil de pouvoir communiste, venaient de New York (Vladimir Krasnov, « Les Enfants du Diable », Moscou, 1999, p. 82).

Lénine commença à publier un grand nombre de journaux et de périodiques, un total de 41, y compris 17 quotidiens. Le tirage de la *Pravda* passa de 3 000 copies à 300 000 en mai 1917. Elle était même aussi distribuée gratuitement parmi les soldats au front en Allemagne. Le journal, qui était financé par les Allemands, propageait l'idée d'une paix séparée avec l'Allemagne. Les bolchéviques achetèrent même une imprimerie pour 260 000 roubles, d'après les trouvailles de l'historien

Dimitri Volkogonov. Mais les bolchéviques restèrent impopulaires malgré leur vaste machine de propagande.

Le ministre des affaires étrangères allemand, Richard Von Kühlmann, écrivit au Kaiser Wilhelm II le 3 décembre 1917 : « Ce ne fut pas avant que les bolchéviques aient reçus de notre part un flot continu de fonds au travers de canaux variés et sous différentes sources, qu'ils furent en position de bâtir leur organe la *Pravda*, pour conduire une propagande énergique et appréciable pour étendre la bases originellement étroite de leur Parti. » (Antony Sutton, « Wall Street et la Révolution Bolchévique », p.39)

Giuseppe Mazzini, le dirigeant de la franc-maçonnerie italienne, déclara : « La vieille Europe se meurt. La condamnation à mort des empires, des monarchies et de l'aristocratie est le résultat vers lequel tous nos efforts doivent tendre. »

Le Congrès des États-Unis avait déclaré la guerre à l'Allemagne le 6 avril 1917. Parmi les gens qui avaient œuvré le plus pour entraîner l'Amérique dans la guerre mondiale, il y avait les banquiers George Blumenthal et Isaac Seligman, les industriels Daniel Guggenheim et Adolf Lewisohn, ainsi que les rabbins David Philipson (1862-1949) et Stephen Samuel Wise.

Le rabbin Isaac Wise (1819-1900), président de la loge du B'nai B'rith de Cincinnati, avait expliqué : « La Franc-maçonnerie est une institution juive dont l'histoire, les degrés, les charges, les mots de passe et les explications sont Juifs du début à la fin. » (*The Israelite of America*, 3 août 1866). Bien sûr, la Première Guerre Mondiale avait généré des milliards de profits.

Le président Wilson « fit la promesse » qu'elle serait la dernière guerre de l'histoire. Le franc-maçon Winston Churchill souligna que si les américains n'étaient pas entrés dans la Première Guerre Mondiale, la paix aurait été conclue avec l'Allemagne et le Tsar Russe n'aurait pas été renversé. Alors les bolchéviques n'auraient pas pu s'emparer du pouvoir non plus. (*Social Justice Magazine*, No.3, 1er juillet 1939, p.4)

Le B'nai B'rith et les Illuminati voulaient créer un chaos encore plus grand en Europe, ce qu'ils réussirent amplement. Lors la conférence maçonnique internationale des Grands-Maîtres à Interlaken, en Suisse, le 25 juin 1916, Docteur David promit que les Juifs, après avoir causé de grands bains de sang aryens, prendraient le contrôle du monde entier. (Oleg Platonov, « L'histoire secrète de la Franc-maçonnerie », Moscou, 1996, p.589)

Les slogans bolchéviques étaient : « Paix ! Pain ! Terre ! » ainsi que « Tout le pouvoir aux Soviets ! » Les même slogans furent utilisés pendant le coup d'état des Jacobins en France en 1789, car le slogan Jacobin était « Tout le pouvoir à la Bourgeoisie ! »

Les bolchéviques étaient libres d'agir. Lénine admit lui-même après son arrivée à Saint-Pétersbourg que la Russie était la nation la plus libre du monde. Les bolchéviques eurent peu de succès au début. Les menchéviks et les sociaux révolutionnaires, qui soutenaient le gouvernement provisoire, dominaient les Soviets.

Malgré cela, le ministre des affaires étrangères allemand, Richard Von Kühlmann, rapporta à son ambassade à Berne : « Ceux qui soutiennent la proposition de paix séparée de Lénine sont en nombre croissant. La circulation de la *Pravda* est passée à 300 000 exemplaires. »

Les bolchéviques organisèrent plusieurs grandes manifestations en mai et en juin. Le camarade Alexandre Kerenski, pendant ce temps, voulait mettre en place une armée révolutionnaire russe. La Franc-maçonnerie fut légalisée en Russie le 24 juin 1917. Au début de juillet, Trotski intégra officiellement le parti bolchévique, où il fut immédiatement propulsé au niveau des principaux dirigeants.

DES RÉVÉLATIONS DANS LA PRESSE

Les bolchéviques de rang inférieur étaient très enthousiastes à l'idée de s'emparer du pouvoir dès que possible. Pourtant Trotski et Lénine pensaient que le moment astrologique n'était pas encore propice ! Certains dirigeants bolchéviques se mirent cependant en mouvement dès le 3 juillet. Trotski fit tout pour réfréner les gardes rouges. Il prononça un discours devant le Palais de Tauride où il déclara ouvertement : « Rentrez chez vous ! Calmez-vous ! »

La situation explosa quand même le 4 (17) juillet. Les tentatives de coup d'état étaient en cours. Dans le même temps, les Allemands déclenchèrent une nouvelle offensive sur le front. Le Prince Lvov et son gouvernement étaient presque prêts à quitter leurs postes, mais c'était vraiment trop tôt. Les francs-maçons tentèrent une manœuvre désespérée pour arrêter le cours des évènements. Ils transmirent des informations sensibles aux autorités russes. Le 4 (17) juillet, l'attaché français Pierre Laurent avait rendu visite au colonel Boris Nikitin, alors chef des services secrets russes. (H. Bjorkegren, « Ryska Posten », Stockholm, 1985, p.262) Il donna à Nikitine les copies de 29 télégrammes de Lénine, Ganetsky, Kollontay, Sumenson, Kozlovsky et Zinoviev ainsi que trois lettres adressées à Lénine. Tous ces éléments étaient très révélateurs.

Cette information fut immédiatement transmise aux journaux par des forces patriotiques. Des rumeurs que la presse de Saint-Pétersbourg était sur le point de publier des articles démasquant Lénine, Zinoviev, et Trotski commencèrent à circuler l'après-midi même.

Zinoviev prétendit plus tard que Lénine avait discuté de la prise de pouvoir dans le Palais de Tauride le 3 (16) juillet. Ceci était inexact, car Lénine était alors dans la villa de Bonch-Bruyevich en Finlande, et ne rentra seulement que le 4 (17) juillet. (Mikhail Heller et Alexandre Nekrich, « Utopia in Power », London, 1986, p.30)

Les dirigeants bolchéviques étaient inquiets et commencèrent à travailler plus activement. Personne n'avait plus le temps de former des plans pour la prise de pouvoir. Staline persuada Nikolaï Chekheidze de téléphoner aux équipes éditoriales des journaux et d'interdire la publication de ces documents sensibles. Staline comprenait aussi bien que les autres bolchéviques, que la mise à disposition de ces informations pouvait aussi causer des dommages aux bolchéviques sur le long terme.

Même le gouvernement provisoire voulait à ce moment glisser toute l'affaire sous le tapis. Ils ne voulaient prendre aucune mesure.

Il y avait un petit journal, *Le Mot Vivant*, qui ignora l'interdiction et publia les articles des sociaux révolutionnaires Grigori Alexinsky et Vassili Pankratov à propos du financement allemand du parti de Lénine le 5 (18) juillet. C'est une autre raison à cause de laquelle Lénine commença à haïr la section droite des sociaux révolutionnaires. Le gouvernement provisoire fit fermer le journal en août.

Dans leur article, les auteurs présentaient divers extraits de ces documents, montrant que le dirigeant bolchévique, Vladimir Lénine, avait touché de l'argent des Allemands pour sa campagne d'agitation, par l'intermédiaire d'un certain M. Svensson qui travaillait à l'ambassade allemande de Stockholm. Lénine avait reçu cet argent et des instructions de la part de gens fiables comme Jakub Fürstenberg alias Yakov Ganetsky et Alexandre Parvus à Stockholm et d'une proche de Ganetsky, la juive Yevgenia (Dora) Sumenson (en fait Simmons) à Saint-Pétersbourg. Elle travaillait à la firme Fabian Klingsland de Saint-Pétersbourg et avait vécu en Suède tout en faisant des voyages d'affaires au Danemark pendant la guerre. Elle spéculait aussi en bourse.

L'argent allemand fut transféré de la Banque Impériale Allemande de Berlin via la Nya Banken de Stockholm à la Banque de Sibérie de Saint-Pétersbourg. Tout cela d'après Hans Bjorkegren. Un autre qui reçut cet argent allemand fut l'avocat Juif bolchévique Mieczyskaw Kozlowski de Pologne. Il était en contact permanent avec Alexandre Parvus et Jakub Fürstenberg.

La Banque Impériale Allemande, d'après l'ordre 7433 du 2 mars, ouvrit des comptes pour Lénine, Trotski, Ganetski, Kollontay, Kozlovsky (Kozlowski), Sumenson et d'autres bolchéviques importants. Il n'y avait pas que Lénine qui était impliqué dans des transferts financiers louches, mais aussi Trotski, Zinoviev, Sverdlov, Dzerjinski, Kollontay, Josef

(Isidore) Steinberg, Volodarsky, Ganetsky, Kozlowski, Radek, Ouritski, Menzhinsky, Yoffe et quelques autres.

Le même jour, le 5 (18) juillet, Pavel Pereverzev, le ministre de la justice, fut changé en bouc-émissaire officiel, responsable de la transmission de ces documents secrets à la presse, et fut forcé de démissionner. Il fut déclaré que le gouvernement voulait d'abord une enquête approfondie au sujet de la prétendue haute trahison des bolchéviques.

La tentative prématurée des bolchéviques de s'emparer du pouvoir s'acheva. Il est expliqué dans la collection « L'histoire du Parti Communiste de l'Union Soviétique » (Moscou, 1959, p.218) que les ouvriers et les soldats avaient suffisamment de force pour renverser le gouvernement provisoire et prendre le pouvoir en juillet mais qu'il était alors **trop tôt**. La raison pour laquelle cela était considéré comme prématuré ne fut jamais donnée. C'est pourquoi il fut dit aux étudiants que ce qui se produisit les 3-4 (16-17) juillet était juste une « manifestation pacifique de juillet ».

Le 6 (19) juillet, Lénine publia un article défensif dans le journal *Listok Pravdy*, où il démentait avec colère les accusations contre lui en les qualifiant d'« inventions ordurières » de la bourgeoisie. Lénine déclarait n'avoir jamais rencontré Sumenson et n'avoir rien en commun avec Kozlowski et Fürstenberg. Lénine n'était cependant pas convaincant dans son manque de vergogne, et ses lettres montrent tout le contraire de ce que cet article disait. Il ne pouvait pas non plus expliquer la provenance de l'argent qui lui permettait de publier 17 quotidiens différents, dont la circulation totale s'élevait à 1.4 millions de copies par semaine. (Vladimir Lénine, « Œuvres Complètes », Vol. 35, Moscou, p.260)

Trotski essaya de soutenir que cet argent provenait des travailleurs. Mais était-il possible que les ouvriers puissent collecter chaque semaine des centaines de milliers de roubles juste pour soutenir les bolchéviques alors qu'il y avait d'autres partis bien plus populaires ? Trotski ne parvint pas à convaincre qui que ce soit à partir de tels mensonges.

Le 6 (19) juillet, d'autres journaux commencèrent aussi à publier les télégrammes détaillant les transferts d'argent allemand aux bolchéviques à Saint-Pétersbourg sous des prétextes variés (David Shub, « Russian Political Heritage », New York, 1969).

Dans la biographie officielle de Lénine (p.177), toutes ces accusations furent considérées comme des calomnies provenant de provocateurs. Le soir du 6 (19) juillet dans l'appartement de Margarita Fofanova, Lénine dit à Staline : « Si la moindre connexion avec les transferts de fonds est confirmée, il serait extrêmement naïf de notre part de croire pouvoir échapper à la peine de mort. » (Akim Arutiunov, « Le

Phénoménal Vladimir Oulianov/Lénine », Moscou, 1992, p.73) Il le pensait peut-être, mais il avait tort.

Le gouvernement savait que Lénine avait envoyé une lettre à Ganetsky et Radek à Stockholm le 12 (25) avril 1917, dans laquelle il leur disait : « J'ai bien reçu votre argent ! » Le fait que le gouvernement provisoire ait été au courant de cette affaire louche et ait eu accès aux courriers secrets de Lénine est prouvé par le quotidien *Proletarskaya Revolyutsya* (la Révolution Prolétarienne) qui, à l'automne 1923, publia plusieurs des lettres strictement secrètes de Lénine. Il avait envoyé une de ces lettres de Saint-Pétersbourg à Ganetsky à Stockholm le 21 avril (4 mai). Il écrivait : « L'argent (2 000) de Kozlowski est bien arrivé. » Le comité de rédaction avait obtenu ces lettres venant des Archives de la Révolution de Saint-Pétersbourg. Le directeur de ces archives, N. Sergiyevsk, raconta que ces lettres avaient été trouvées dans les archives du département de la justice du gouvernement provisoire.

Ainsi, le gouvernement provisoire avait réalisé des copies de toutes les lettres de Lénine, connaissait ses activités illégales et était même au courant que Lénine avait des contacts avec un espion allemand, Georg Slarz, mais ne prit jamais aucune mesure. Au contraire, ils étaient de connivence avec les bolchéviques. N. Sergiyevsk, qui avait envoyé ces copies au journal *Proletarskaya Revolyutsya* sans savoir ce que ces lettres contenaient, disparut sans laisser de trace en 1926. (Akim Arutiunov, « Le Phénoménal Vladimir Oulianov/Lénine », Moscou, 1992, p.73)

Le plus sensationnel fut qu'un agent du gouvernement provisoire à Stockholm aida les bolchéviques à passer clandestinement une partie de cet argent allemand à Saint-Pétersbourg dans un sac de courrier. (H. Bjorkegren, « Ryska Posten », Stockholm, 1985, p.137) Cela est indiqué dans la correspondance entre Lénine et Ganetsky-Fürstenberg. Tout ceci fut extrêmement embarrassant pour le gouvernement provisoire.

Ganetsky-Fürstenberg était en route pour Saint-Pétersbourg depuis Stockholm muni de documents importants du Parti juste avant les révélations. Il apprit le scandale à Haparanda et annula son voyage. Il séjourna d'abord à Haparanda, puis retourna à Stockholm par mesure de sécurité. Son représentant, Solomon Chakowicz, un Juif polonais, resta à Haparanda avec son bagage. L'attaché militaire français Pierre Laurent envoya un agent à Haparanda pour voler le bagage de Fürstenberg. Le fait qu'il y soit parvenu ne fut jamais révélé.

Parvus disparut rapidement de Copenhague pour réapparaître en Suisse en pleine émergence du scandale. Il ne répondit jamais aux télégrammes de Radek et de Fürstenberg où ils lui demandaient de démentir les accusations. Il préférait se taire.

Bien sûr, Parvus avait peur. Peut-être craignait-il que les informations sur son rôle dans le coup d'état de février soient révélées en lien avec les transferts de fonds. Cependant, il déclara plus tard avoir tiré les ficelles pendant qu'il vivait à Stureplan au centre de Stockholm et que les troubles avaient été provoqués.

À cause des preuves concrètes contre Lénine, le procureur n'avait pas d'autre choix que de commencer à enquêter sur ses activités. Au cours de l'investigation il fut révélé que le compte en banque de Yevgenia Sumenson contenait 180 000 roubles et qu'une somme de 750 000 roubles avait transité sur une période de six mois en provenance de la Nya Banken de Stockholm. (A. Karayev, « Lénine ») Un télégramme de Sumenson disait : « Envoyez sur la Nya Banken encore 100 000. » Elle avait plus tôt reçue un total de plus de deux millions. Encore plus d'argent avait été transféré sur le compte de l'avocat Kozlowski – 1.3 million par mois.

Il n'y avait plus aucun doute – Lénine était accusé de haute trahison et d'espionnage.

Le 7 (20) juillet le gouvernement provisoire donna l'ordre d'arrêter Lénine, Grigori Zinoviev et Léon Kamenev (Rosenfeld). Ce dernier était le rédacteur en chef de la *Pravda* (la vérité). Un mandat fut également émis.

Les journaux bourgeois et sociaux révolutionnaires demandaient tous deux que les accusations contre Lénine soient traduites devant la justice. Dans le même temps, le nom d'Alexandre Parvus apparut dans la presse.

Certains bolchéviques pensaient que Lénine parviendrait à laver son nom de ses sérieuses accusations devant un tribunal et voulaient donc le voir jugé. Staline et Ordzhonikidze étaient résolument contre.

Le ministre de la guerre et des affaires navales, Alexandre Kerenski (1881-1970), émergea alors le 8 (21) juillet (il venait de visiter le front) pour prendre le poste de Premier Ministre pour résoudre ce conflit avec des « moyens pacifiques », pour reprendre ses termes.

Le président Thomas Woodrow Wilson (un franc-maçon) commença immédiatement à féliciter Kerenski en le qualifiant d'éminent homme d'état et de membre méritant de l'Union de l'Honneur Démocratique. Dans le même temps, Wilson bloqua toute tentative de négociations de paix avec l'Allemagne.

Le 9 (22) juillet à 11 heures du soir, Lénine quitta Saint-Pétersbourg avec Zinoviev. Il voulait éviter le risque d'être découvert en tant qu'agent allemand. Lénine avait séjourné dans l'appartement de Maria Sulimova et pas chez Serguei Alliluyev, comme il fut officiellement déclaré. Joseph Staline et Serguei Alliluyev suivirent Lénine en dehors de la ville. Il se rendit d'abord à Sestroretsk et plus tard à Razliv. Un mois plus tard, il voyagea à Jalkala (en Finlande) et se rendit finalement à Helsinki. La frontière était toujours ouverte, car la Finlande ne devait déclarer son indépendance que le 6 décembre.

La chose la plus remarquable et la plus déroutante c'est que personne malgré l'ordre d'arrestation, ne recherchait Lénine. Personne ne voulait l'arrêter, en dépit du fait que la propagande Soviétique déclara plus tard le contraire. En juillet, le chef du gouvernement provisoire, Alexandre Kerenski, donna pour instruction au général franc-maçon Piotr Polovtsov, de ne pas poursuivre Lénine.

Pendant ce temps, Alexandre Parvus, commença de publier des attaques malveillantes au sujet de Kerenski dans la presse allemande. Il sabota aussi toute possibilité de paix.

Les démentis de Lénine, de Zinoviev et de Kamenev furent répétés dans le journal de Maxim Gorki *Novaya Zhizn* (la Nouvelle Vie) le 11(24) juillet.

Le 13(26) juillet, le Soviet de Saint-Pétersbourg demanda que Lénine et Zinoviev soient jugés. Lénine continua à ignorer ces demandes car il savait pertinemment qu'il courait le risque d'être démasqué par le tribunal.

Le franc-maçon bolchévique Nikolai Sukhanov (en fait Gimmel) maintint, comme beaucoup de ses camarades, que Lénine était innocent et n'avait rien à craindre d'un possible procès. Lénine avait pourtant peur d'une telle investigation.

Le journal bourgeois de Pavel Milyukov *Rech* (discours) accusa aussi Léon Trotski d'avoir reçu 10 000 dollars pour financer la propagande. Voilà pourquoi Trotski appela juillet 1917 « le mois de la plus grande calomnie de l'histoire du monde ».

La pression de l'opinion publique conduisit à l'arrestation de Léon Trotski et d'Anatoli Lunacharsky (en fait Bailikh-Mandelstam) le 5 août. Les autorités arrêtèrent aussi Alexandra Kollontay (1872-1952). Finalement, même Mieczyslaw Kozlowski, Léon Kamenev et Yevgenia (Dora) Sumenson furent arrêtés. Cela ne fut fait que pour calmer l'opinion publique. Tous ces gens furent accusés d'être en contact avec Alexandre Parvus qui était considéré comme un agent du Kaiser allemand.

L'homme chargé de l'enquête, Pavel Alexandrov, collecta de nombreuses sources, remplissant au total 24 volumes. Ils furent conservés dans une archive spéciale et rendus disponibles aux historiens après la chute du Communisme. Les autorités n'allèrent jamais plus loin que cela, malgré le fait qu'elles disposaient de toutes les preuves dont elles avaient besoin pour prouver que les accusés avaient collaboré avec l'ennemi en temps de guerre. Cette preuve aurait été suffisante pour exécuter tous les mis en cause. Mais les autorités ne poussèrent pas les choses plus loin.

Le 6ème congrès bolchévique débuta le 26 juillet (8 août). Certains membres (Joseph Staline, Sergo Ordzhonikidze, Nikolai Skrypnik, Nikolai Boukharine) étaient contre le fait que Lénine et Zinoviev puissent volontairement paraître au procès. Volodarsky était parmi ceux qui voulaient que Lénine soit traduit en justice. Lénine ne le lui pardonna jamais et Volodarsky fut assassiné le 20 juin 1918, moins d'un an plus tard. Lénine décida de se venger lui-même de Volodarsky immédiatement après qu'il eût appris que ce dernier s'était constitué une fortune bien trop grande, qui aurait dû revenir aux dirigeants du Parti. Lénine avait lui-même insisté sur le fait que les bolchéviques ne doivent jamais rien oublier.

Kerenski commença à libérer les détenus bolchéviques dès le 17 août. Kamenev fut le premier à sortir.

En août 1917, une délégation de la Croix Rouge se rendit à St. Pétersbourg pour discuter avec les dirigeants bolchéviques des derniers détails afférents à la prise de pouvoir. Parmi les représentants se trouvaient sept docteurs. Le reste était des banquiers de New York, avec parmi eux, John P. Morgan Jr. et Jacob Schiff.

LA RÉVOLTE DE KORNILOV

Le Commandant Suprême de l'armée Russe, le Général Lavr Kornilov (1870-1918), ne voulait plus prendre part au jeu douteux des révolutionnaires francs-maçons. Il rompit avec eux et commença des préparatifs à Moguilev pour renverser le gouvernement de Kerenski.

Kornilov comprenait que ces ministres de gauche, qui pendant des années avaient prétendu qu'ils pouvaient mieux faire que les ministres du Tsar étaient en fait des gens parfaitement ignorants.

D'après la légende officielle, la révolution de février fut un évènement très positif. En réalité, ce coup d'état conduisit seulement à l'anarchie, comme le souligna l'écrivain Alexandre Soljenitsyne dans un entretien à la BBC.

Le 19 août (1er septembre), Kornilov ordonna à ses cosaques d'attaquer Saint-Pétersbourg. Le 25 août (7 septembre) Kornilov déclara à son subordonné : « Il est temps de pendre les soutiens et les espions Allemands dirigés par Lénine. Et nous devons détruire les Soviets pour qu'ils ne puissent plus jamais se rassembler ! »

Il envoya le même jour, les troupes du Général Alexandre Krymov vers Saint-Pétersbourg avec pour ordres de pendre tous les membres Soviétiques. (John Shelton Curtis, « La Révolution Russe de 1917 », New York, 1957, p.50)

Dans sa proclamation du 26 août (8 septembre), (*Novoye Vermya*, 11 septembre 1917), Kornilov accusa le gouvernement provisoire de coopération avec l'Allemagne pour amoindrir l'état et l'armée. Il voulait dissoudre les Soviets et demanda à ce que Kerenski se retire et lui cède le pouvoir. Kornilov avait compris que les bolchéviques étaient le plus grand danger pour la Russie. C'est pourquoi il souhaitait tous les emprisonner.

Kerenski savait qu'il avait été découvert. Son jeu était terminé. Alors il continua à relâcher les prisonniers bolchéviques. Kozlowski fut aussi libéré. Il travailla comme tchékiste après la prise de pouvoir bolchévique.

Kerenski fut pris de panique et déclara le 27 août (9 septembre) que Kornilov était un mutin et le priva officiellement de son commandement. Kerenski se tourna vers les bolchéviques pour obtenir de l'aide contre Kornilov et tenter de récupérer tout ce qu'il pouvait. Tous les bolchéviques furent comme par enchantement déchargés de toutes accusations et présentés comme les meilleurs défenseurs possibles de la démocratie. Trotski n'avait-il pas dit aux États-Unis que le pouvoir devait être donné à quiconque serait capable de développer la démocratie en Russie ? Cependant, les bolchéviques firent tout ce qu'ils purent pour conserver Kerenski au pouvoir. Il était toujours trop tôt pour qu'ils prennent le pouvoir. Les bolchéviques avaient complètement oublié le slogan de Lénine : « Pas de soutien au gouvernement provisoire ! » (« La biographie courte de Lénine », Moscou, 1955, p.168).

Le général Lavr Kornilov tenta de sauver la Russie de la destruction provoquée par les francs-maçons, mais il échoua.

Les bolchéviques commencèrent à organiser des grèves politiques. Ils encourageaient les ouvriers et les soldats à défendre le gouvernement. Le 27 août les socialistes fondèrent ensemble avec les bolchéviques un comité central contre la contre-révolution. Ils rappelèrent des milliers de marins de Kronstadt à Saint-Pétersbourg. Les ouvriers de Saint-Pétersbourg étaient mobilisés de force. Les bolchéviques les menaçaient de mort s'ils n'obéissaient pas. Les armes qui avaient été confisquées au cours des féroces journées de juillet, furent immédiatement restituées aux Gardes Rouges.

Les Soviets commencèrent à arrêter les gens, principalement ceux qui étaient suspectés de sympathie envers Kornilov. Des milliers d'officiers furent arrêtés de cette manière. Un total de 7 000 « suspects » politiques furent arrêtés. (John Shelton Curtis, « La Révolution Russe de 1917 », New York, 1957, p.53)

Les cheminots étaient aussi mobilisés et débutèrent le sabotage des chemins de fer. Ainsi les troupes d'élite de Kornilov se trouvèrent bloquées et encerclées.

La Franc-maçonnerie internationale commença soudain à mobiliser d'énormes ressources pour arrêter Kornilov, car l'apparition de sa révolte sur la scène politique ne faisait pas parti du scénario ; il devait être écarté par tous les moyens possibles, y compris la fourberie et la violence. Il fut dépeint comme la pire chose qui soit jamais arrivée à la Russie. Des légendes à son sujet continuent d'être répandues encore aujourd'hui. On a même prétendu qu'il ne connaissait rien à la politique.

Les francs-maçons commencèrent une énorme campagne de propagande parmi les soldats qui étaient profondément effrayés et confus. Le général Alexandre Krymov (un franc-maçon) fut invité aux négociations avec Kerenski. Nous ne savons pas ce dont ils menacèrent Krymov, mais en quittant la réunion il se tira une balle dans la tête (à considérer que ce soit lui qui ait tenu l'arme).

Les francs-maçons parvinrent, grâce à leurs efforts combinés, à barrer les troupes nationales de Kornilov à peine une semaine plus tard, le 30 août (12 septembre).

Les dirigeants gauchistes ont toujours considéré les nationalistes patriotes de droite comme la plus grande menace à l'accomplissement de leur objectif socialiste mondial. Kornilov fut arrêté le 1er (14) septembre mais il parvint plus tard à s'échapper.

Les bolchéviques prirent aussitôt l'initiative dans les Soviets. Le même jour que celui de l'arrestation de Kornilov, ils obtinrent la majorité au sein du Soviet de Saint-Pétersbourg aux élections locales. Ils dominèrent à Moscou le 8 (21) septembre.

Trotski fut aussi relâché de prison le 4 (17) septembre. Personne ne daignait se souvenir alors du scandale de juillet. Le moment était maintenant arrivé de préparer un transfert de pouvoir calme et paisible. Le moment astrologiquement propice pour la prise de pouvoir avait été calculé à l'avance.

LA PRISE DU POUVOIR

Pour dissimuler leur ordre Illuministe en Russie, les dirigeants bolchéviques avaient l'intention de nommer le futur régime, le régime Soviétique (Kahal).

Le 21 septembre 1917, Jakub Fürstenberg envoya un télégramme de Stockholm à Raphael Scholan (Shaumann) à Haparanda (il est conservé dans les archives nationales américaines) : « *Cher Camarade ! La succursale de la banque M. Warburg a ouvert en accord avec le télégramme du président du syndicat Rhénan-Westphalien un compte pour l'engagement du camarade Trotski. Le représentant (agent), probablement M. Kastroff, a fait l'acquisition des armes et organisé leur transport… Et une personne autorisée à recevoir l'argent demandé par le camarade Trotski. Salutations fraternelles ! Fürstenberg.* »

Le 23 septembre (6 octobre) Trotski était élu président des Travailleurs de Saint-Pétersbourg et du Soviet des Soldats, malgré le fait qu'il ne soit ni soldat ni ouvrier. Tout est possible pour un franc-maçon.

Pendant ce temps, les États-Unis demandaient une contribution de plus en plus importante à la guerre de la part de Kerenski. Le gouvernement provisoire l'accorda à contre cœur. Le ministre de la guerre, Alexandre Verkhovsky, démissionna en signe de protestation. Il est intéressant de noter que les demandes américaines cessèrent immédiatement après que les bolchéviques se soient emparés du pouvoir.

Divers documents des archives du Département d'État américain prouvent que David Francis, l'ambassadeur américain à Moscou, était tenu bien informé des plans bolchéviques. La maison blanche savait au moins **six semaines à l'avance** le moment où les bolchéviques prendraient le pouvoir. Cet évènement avait été programmé pour survenir à une date qui coïncidait avec l'anniversaire de Trotski. Ainsi, ces plans étaient connus des États-Unis dès le 13 (26) septembre 1917.

Le président des États-Unis, Woodrow Wilson, savait à l'avance que la prise de pouvoir bolchévique prolongerait la guerre mondiale. Mais il ne fit absolument rien pour stopper leurs plans. Au contraire, il fit tout ce qui était en son pouvoir pour les aider. Les États-Unis d'Amérique furent la seule nation à tirer un énorme profit de la guerre. Tous les autres belligérants perdirent des sommes gigantesques et en arrivèrent à devoir aux États-Unis un total de 14 milliards de dollars. Il a été calculé que l'élite financière réalisa un profit global de 208 milliards de dollars au cours de la guerre.

Le gouvernement britannique connaissait aussi les plans bolchéviques, car il avait également recommandé à ses sujets de quitter Moscou au moins **six semaines avant** la prise de pouvoir. (Antony C. Sutton, « Wall Street et la Révolution Bolchévique », Morley, 1981, p.45) Il apparaît ainsi que Londres et Washington savaient tous deux à qui ils avaient affaire.

Le 8 novembre approchait et les bolchéviques firent tout en leur pouvoir pour créer l'indifférence dans les rangs des ouvriers et des soldats, qu'ils avaient plus tard l'intention d'exploiter. Ils tentèrent aussi d'appâter les gens avec le mot magique : « Paix ! », ce qui n'avait plus tellement l'air d'une trahison.

Le Parti bolchévique n'était pas très important à ce stade. Il était constitué d'un cœur Illuministe composé de 4 000 membres qui étaient les plus actifs. Dans le même temps, la diffusion de la Pravda baissa de 220 000 à 85 000 copies.

D'après Margarita Fofanova, Lénine retourna à Saint-Pétersbourg le 5 et non pas le 20 octobre, comme il est officiellement prétendu. Il resta avec Fofanova jusqu'à la prise de pouvoir. Les autorités savaient parfaitement bien que Lénine se trouvait à Saint-Pétersbourg. La sœur de Lénine, Maria, le confirma à un responsable. Le gouvernement provisoire ne **voulait en aucune manière** essayer de poursuivre ou d'arrêter Lénine.

Les plans bolchéviques pour s'emparer du pouvoir n'étaient pas un secret. Le public n'ignorait rien d'eux et encore moins le gouvernement provisoire. Zinoviev et Kamenev écrivirent ouvertement leurs plans dans le journal *Novaya Zhin* du 31 octobre. Lénine avait aussi parlé publiquement de ces plans à de nombreuses occasions. L'historien E.M. Halliday admit dans son livre « Russia in Revolution » (Londres, 1967, p.114) que les autorités connaissaient en détails les projets des bolchéviques. Alors, pourquoi, à moins qu'ils n'aient été impliqués dans la conspiration, ne firent-ils rien pour s'y opposer ?

Néanmoins, pour plusieurs historiens, le mystère n'était pas tant le fait que les bolchéviques aient officiellement discuté leur projet de prise de pouvoir dans la presse, mais que le gouvernement provisoire ne prit aucune mesure pour se protéger ; en fait il fit l'exact opposé. Le Premier Ministre Alexandre Kerenski refusa d'envoyer des troupes spéciales à Saint-Pétersbourg lorsque cela lui fut suggéré.

La réunion des principaux bolchéviques le 23 octobre (5 novembre) à l'appartement de Nikolaï Sukhanov (Gimmel) et leur soi-disant décision de lancer un assaut sur le Palais d'Hiver, sont bien sûr des fabrications totales. Tous les autres dirigeants bolchéviques à part Lénine et Trotski auraient dit que l'action armée n'était pas nécessaire, car ils prendraient de toute façon le pouvoir au cours du deuxième congrès Soviétique le 25 octobre (7 novembre).

Tout cela paraît relever d'une invention ultérieure, car Trotski avait déjà formé un comité révolutionnaire militaire le 12 (25) octobre. Le pouvoir fut transféré à cet organe secret le 21 octobre (**3 novembre**). (Mikhaïl Heller et Alexandre Nekrich, « Utopia in Power », Londres, 1986, p. 37-38).

Tous les faits disponibles aujourd'hui suggèrent un complot organisé et aucunement une sorte d'action spontanée.

Lénine ne fut plus vu entre le 2 et le 7 novembre. Il n'était pas nécessaire. Ce fut Trotski qui organisa tout. Lénine disparaissait de l'appartement de Fofanova à la tombée de la nuit. Seul Staline savait quoi que ce soit des disparitions mystérieuses de Lénine. Lénine n'était pas chez Fofanova le soir du 24 octobre (6 novembre). Il n'était pas non plus dans le bâtiment Soviétique du Palais Smolny. Cela fut confirmé par le livre « À propos de Nadejda Kroupskaïa », publié en 1988 à Moscou. Nadejda s'était rendu depuis Smolny à l'appartement de Fofanova pour chercher Lénine. Mais il n'y était pas. Les historiens Heller et Nekrich en vinrent à la même conclusion : Lénine n'était même pas à Smolny dans la soirée du 6 novembre.

D'après d'autres sources, il ne se montra que le 7 novembre. Il avait pris un tramway pour Smolny. Lénine dit à Trotski en allemand : « Es schwindelt ! » (J'ai le vertige !) Il était pourtant aux commandes ! Lénine commença immédiatement les menaces d'exécutions s'il n'était pas complètement obéi. Mais c'était encore Trotski qui était à la barre.

Le congrès Soviétique, qui avait pris ses quartiers dans l'école de fille de Smolny, était dirigé par Fiodor Dan (en fait Gurvitch, 1871-1947), un des dirigeant Menchéviks. Les conspirateurs annoncèrent déjà à 10:40 au matin du 7 novembre que le gouvernement provisoire avait été renversé et le pouvoir prit par les soviets. Le congrès Soviétique accepta la motion de former un nouveau gouvernement – le Conseil des Commissaires du Peuple (Sovnarkom). La suggestion reçut 390 votes sur 650. Le gouvernement était exclusivement composé de bolchéviques avec Lénine à leur tête. Le dirigeant menchevik L. Martov, quitta le congrès avec les autres membres de son parti.

Ce fut en fait le comité militaire révolutionnaire qui s'était emparé du pouvoir. Les bolchéviques le modelèrent sur les comités révolutionnaires que les Jacobins avaient créés au cours de la prétendue Révolution Française.

Le comité de Saint-Pétersbourg était constitué de 18 Commissaires et de plusieurs douzaines de membres. La plupart d'entre eux étaient Juifs ou mariés à des juives. Paul Laasimir (Pavel Lazimir), un officier gauchiste social révolutionnaire estonien de 27 ans, fut nommé président par Léon Trotski (Juif), qui était le véritable dirigeant du Bureau des Commissaires. Les autres membres commissaires étaient :

- Vladimir Oulianov-Lénine (demi-Juif),
- Adolf Yoffe (Juif),
- Josef Unschlicht (Juif),
- Gleb Boky (Juif),
- Vladimir Antonov-Ovseyenko (Juif),
- Konstantin Mekhonoshin (Juif),
- Mikhaïl Lashevich (Juif),
- Felix Dzerjinski (Rufin, Juif),
- P. Lazimir (Juif),
- A. Sadovsky (Juif),
- Pavel Dybenko (marié à la juive Alexandra Kollontay),
- Nikolai Podvoisky,

- Vyacheslav Molotov (en fait Scriabine),
- Vladimir Nevsky (Feodosi Krivobokov),
- Andrei Bubnov et
- Nikolai Skrypnik (Juif).

Lénine et son gouvernement prirent temporairement le pouvoir. C'est pourquoi il appela ce gouvernement provisoire jusqu'à ce que l'assemblée constituante soit élue le 17 novembre.

Quelque chose d'inexplicable se produisit alors à ce moment. En fait, rien ne se produisit au cours de l'après-midi du 7 novembre. Les historiens ne peuvent pas comprendre pourquoi le Palais d'Hiver ne fut pas pris tout de suite. Le congrès Soviétique fit également une pause. Trotski s'en fut dans une autre pièce pour se reposer. Il fut officiellement prétendu que Lénine était également présent dans le bâtiment, et parti dormir dans une autre chambre au cours de l'après-midi.

À ce moment, Lénine ne semblait être rien d'autre que le caniche de Trotski. Au congrès Soviétique, seul Trotski fut aperçu en train de parler à quelques membres. Lénine n'était nulle part. Il envoya seulement quelques notes à Vladimir Antonov-Ovseyenko, Nikolaï Podvoisky et certains autres membres du congrès. (Serguei Melgunov, « Comment les bolchéviques s'emparèrent du pouvoir », Paris, 1953)

D'après la légende, environ 5 000 marins étaient déjà rassemblés autour du Palais d'Hiver pour préparer l'assaut au petit matin du 25 octobre (7 novembre). En fait, ce bâtiment fut pris par quelques centaines de « révolutionnaires », y compris 50 gardes rouges, qui marchèrent **calmement** directement dans le Palais.

Qu'était-il arrivé à ces dizaines de milliers de « soldats révolutionnaires » dont il est si chaleureusement parlé dans les livres d'histoire ? Ce n'est qu'une falsification de plus, car le Palais d'Hiver ne fut jamais pris d'assaut. Cela ne fut pas nécessaire. Mais le fait de s'emparer du siège du pouvoir à un certain moment, parfaitement calculé, était pour Lénine et Trotski un acte symbolique recouvrant des connotations astrologiques.

C'est pourquoi Trotski voulait toujours rassembler autant de gens que possible. 235 ouvriers furent amenés des chantiers navals de la Baltique. Seuls 80 provenaient de l'usine Putilov, malgré le fait que 1 500 Gardes Rouges aient été officiellement enregistrés là-bas. Un total de 26 000 ouvriers travaillaient là-bas. Tous les sites importants de la ville furent investis par quelques milliers de « révolutionnaires »…

Les premiers Gardes Rouges se rassemblèrent aux abords du Palais d'Hiver à seulement 16:30, d'après l'historien russe exilé Serguei Melgunov. Le chef des Gardes Rouges, Vladimir Nevsky (qui devint plus tard commissaire au peuple à la communication), reçu pour ordre d'attendre. Aux alentours de six heures, le principal de l'académie de l'artillerie militaire à Mikhaïlovsk ordonna à ses cadets de quitter le Palais d'Hiver. Les cosaques le quittèrent aussi. (Serguei Melgunov, « Comment les bolchéviques s'emparèrent du pouvoir », Paris, 1953, p.119) Finalement seules deux compagnies de bataillons de femmes et 40 soldats infirmes restèrent. Cela ne peut pas être autrement justifié que par le fait que le gouvernement provisoire fit tout en son pouvoir pour donner le Palais d'Hiver aux bolchéviques aussi paisiblement que possible. Le gouvernement provisoire ne détenait plus aucun pouvoir. Ça n'était plus qu'un grand spectacle pour le public.

Les théâtres maintinrent leurs représentations, les restaurants restèrent ouverts. Personne ne remarqua que quoi que ce soit d'étrange fût en train de se passer. Le veilleur de pont n'avait non plus aucune idée de la situation réelle. Lénine et Trotski, voulant être sûrs d'avoir sécurisé toutes les routes de transport entre les différents secteurs de la ville, avaient corrompu tous les surveillants.

Le temps passait et toujours rien n'arrivait. Tout le monde attendait. D'après la légende, les bolchéviques avait émis un ultimatum à l'encontre du gouvernement provisoire, qui refusa de répondre. Mais comment pouvaient-ils émettre un ultimatum à un gouvernement, qui s'était déjà **volontairement** soumit le 3 novembre au comité militaire révolutionnaire ? Par ailleurs, Trotski avait confirmé le 7 novembre à 14:35 que le gouvernement provisoire avait cessé d'exister. À 22 heures le congrès Soviétique proclama : « Le pouvoir du gouvernement est entre les mains du comité militaire révolutionnaire ! »

La raison pour laquelle il était nécessaire pour Trotski de monter ce simulacre, apparaitra bientôt évidente. Trotski voulait que le spectacle apparaisse plus dramatique qu'il ne l'était en réalité. Pour cette raison, il fit tirer quelques obus depuis la forteresse Pierre et Paul pendant que les tramways continuaient à traverser le pont Troitski, d'après l'ambassadeur britannique Sir George Buchanan qui fut, lui aussi, impliqué dans le renversement du Tsar. Le plus remarquable fut qu'aucun de ces obus ne toucha jamais le Palais d'Hiver. L'explication officielle était qu'ils avaient été mal lancés. Mais pourquoi les bolchéviques ne pouvaient-ils trouver parmi les « soldats révolutionnaires » quelqu'un qui sache viser correctement ? Il apparaît que ceux qui ont tiré les obus avaient soudainement perdu leur aptitude à viser droit. Toutes ces explosions ne parvinrent à briser qu'une seule vitre. Pourquoi y eut-il précisément 35 obus de tirés ? Ce nombre recouvrait une signification cabalistique.

Les Gardes Rouges attendirent un moment à l'extérieur du Palais d'Hiver malgré l'absence de gardes à la porte latérale, d'après Mikhaïl Heller et Alexandre Nekrich (« Utopia in Power », Londres, 1986, p.41). La garnison de Saint-Pétersbourg non plus ne tenta aucune action contre les bolchéviques. Ils se contentèrent d'observer le spectacle.

Les gardes rouges marchèrent autour de la ville et forcèrent quelques marins à les suivre au Palais d'Hiver, y compris Indrikis Ruckulis, qui était un officier Letton de 27 ans, venant de Kronstadt et commandant un groupe de marins. Il fut menacé de mort lorsqu'il refusa d'accompagner les Gardes Rouges. Il affirma que pas un seul obus n'avait été tiré par le croiseur *Aurora* pour donner le signal de l'assaut, comme il le fut plus tard prétendu. (*Expressen*, le 17 octobre 1984) Ça n'était qu'un autre mythe.

Il n'y eut pas d'assaut du Palais d'Hiver. Tout se passa calmement. Pas une seule goutte de sang ne fut versée. Les Gardes Rouges attendirent juste le moment de pénétrer à l'intérieur. Ils attendirent jusqu'à 1:30 du matin, d'après Indrikis Ruckulis et plusieurs autres sources. Ils ouvrirent le feu pendant un quart d'heure pour sauver les apparences. Personne ne fut blessé durant cette « bataille », d'après un jeune marxiste, Uralov, qui était présent. Il n'y eut aucun blessé car les tirs bolchéviques ne reçurent aucune riposte.

Les Gardes Rouges et marins franchirent alors la porte latérale du Palais d'Hiver, d'après les historiens Mikhaïl Heller et Alexandre Nekrich, qui ont trouvé des témoignages concernant cela. Les membres restant du bataillon féminin n'offrirent aucune résistance, mais « capitulèrent immédiatement ».

Lorsque les bolchéviques eurent marché calmement au travers des entrés non gardées, ils flânèrent dans les couloirs et accueillirent **amicalement** les « défenseurs », qui n'avaient pas résisté. (E. M. Halliday, « Russia in Revolution », Londres, 1967, p. 120) Même Halliday confirme qu'il n'y eut jamais aucune bataille. Seul Moscou offrit un semblant de résistance. Le Kremlin essuya des tirs jusqu'à trois heures du matin, malgré le fait que les cadets aient quitté l'enceinte la veille à sept heures du soir.

Vladimir Antonov-Ovseyenko (1883-1937), qui était un camarade de Trotski, s'était vu confié la tâche de démettre le gouvernement provisoire. Ici, quelque chose d'extrêmement curieux se produisit. Radio Russia le raconta le 12 août 1991 à deux heures de l'après-midi :

Antonov-Ovseyenko et ses Gardes Rouges atteignirent le Malachite Hall juste avant deux heures et attendirent derrière une porte conduisant à la chambre du conseil du gouvernement provisoire. Le gouvernement (sans Kerenski) s'était, contre toute attente, réuni ici. Pourquoi ? Antonov-Ovseyenko resta planté en regardant l'horloge. Les Gardes Rouges et les marins aussi attendaient le signal d'Antonov-Ovseyenko. Ils attendirent là environ dix minutes. Il envoya plus tard un télégramme à Lénine : « Le Palais d'Hiver fut pris à 2:04. »

À 2:10 Antonov-Ovseyenko déclara en s'adressant aux Gardes Rouges : « Le moment est venu ! » (« Pará ! ») Il ouvrit la porte et dit quelque chose de très sibyllin : « Messieurs ! Votre temps est écoulé ! »

Le témoignage du Garde Rouge Volchinsky vient confirmer la remise du pouvoir aux bolchéviques. Les ministres du gouvernement provisoire attendaient les partisans de Trotski et Lénine dans la salle malachite. Lénine déclara : « Tout est en ordre. Nos représentants ont trouvé un accord avec vos représentants. »

Les ministres furent arrêtés avant d'être relâchés peu après.

Nous pouvons supposer que les bolchéviques prirent officiellement le pouvoir le 26 octobre (8 novembre) 1917 à 2:04 du matin. Un examen astrologique approfondi révèle que le soleil occupait alors précisément le centre du signe du Scorpion (14'58').

Dans l'horoscope du régime Soviétique, MC (Medium Coeli = le zénith qui symbolise le pouvoir) se tenait à 4'28' du Gémeaux – un aspect favorable à la prise de pouvoir. Cet horoscope était le pire possible pour les sujets de l'Union Soviétique. Il montre que tout était basé sur la tromperie. Seul le développement technique était favorisé, les valeurs spirituelles étaient entièrement rejetées. Seuls les terroristes assoiffés de pouvoir étaient à leur avantage. D'après cet horoscope, le régime Soviétique n'apporterait rien de bon dans le monde. Les gens auraient dû se méfier d'un tel pouvoir mortel. Il entraîna d'énormes problèmes et de nombreuses catastrophes. L'astrologue Suédois Anders Ekstrom de Skyttorp confirme cette interprétation.

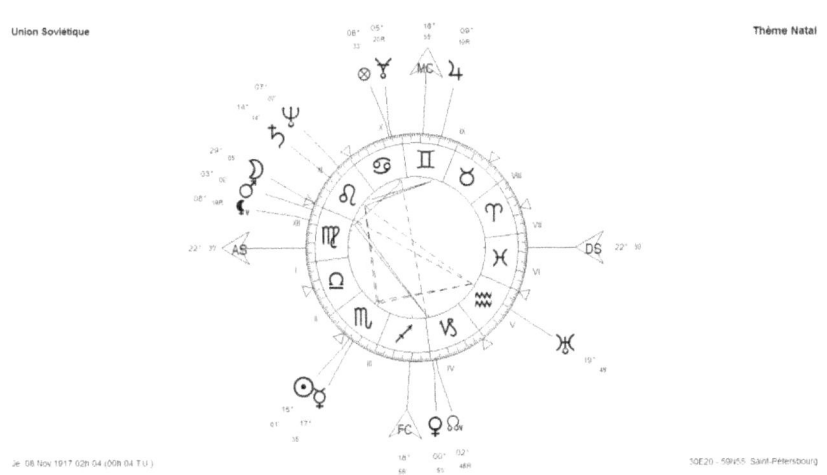

Tout ceci confirme que les francs-maçons bolchéviques connaissaient bien les secrets de l'astrologie. Leur plus important astrologue était le Juif bolchévique Lev Karakhan (Karakhanyan), qui devint plus tard le Vice-Commissaire du peuple aux affaires étrangères.

Pour éviter que d'aucuns parviennent à des conclusions similaires, les bolchéviques déclarèrent immédiatement que l'astrologie était une superstition bourgeoise sans aucun sens. Un positionnement très intelligent. Les Juifs russes et polonais fondèrent aussi l'état d'Israël. Si nous nous penchons sur l'horoscope d'Israël, on voit que le moment le plus propice a là aussi, été calculé. Le résultat était le meilleur possible. De cette manière, ils favorisèrent les leurs à 4:37 de l'après-midi du 14 mai 1948…

Le fait qu'Antonov-Ovseyenko attendit jusqu'à 2:10 favorisait seulement le nouveau régime. 2:10, l'heure où les membres du gouvernement provisoire furent relevés, devait être un moment clé. (Nicolas Campion, « The Book of world Horoscopes », Wellingborough, 1988, p.280)

Lénine le déclara également. Trotski fêtait son 38ème anniversaire le 26 octobre (8 novembre) 1917, et tout le spectacle devint son cadeau d'anniversaire tout autant que le début d'une époque nouvelle. (Les phases de la Lune sont répétées tous les 19 ans) Le Scorpion est le huitième signe du zodiaque – le signe du crime et de la mort.

Certains jours avaient un sens spécial aux yeux de la direction bolchévique. Pourquoi autrement dissimuler la véritable date de naissance de Lénine ? Je dois aussi faire remarquer que l'armée Soviétique fit tout ce qu'elle put pour s'emparer de Berlin le 1er mai 1945 pour que le drapeau rouge des Illuminati puisse flotter sur la ville ce même jour.

Il est évident que le moment officiel (8 novembre) était extrêmement important aux yeux des conspirateurs. Kerenski n'avait-il pas déjà renoncé au pouvoir en faveur de l'élite bolchévique, sans que le public ne le sache, le 3 novembre (21 octobre) ? Pour induire en erreur leurs sujets, les bolchéviques commencèrent officiellement à célébrer la révolution le 7 novembre.

Cette élite qui devint en fait un gouvernement transitoire rouge était responsable du spectacle. Ces dix hommes, dont au moins la moitié était des francs-maçons secrets, composèrent le Politburo et le Comité Militaire Révolutionnaire, qui avait été fondé le 16 (29) octobre – le jour de Yahvé. Il y avait :

- Vladimir Lénine (demi-Juif),
- Léon Trotski (Juif),
- Grigori Zinoviev (Juif),
- Léon Kamenev (Juif),
- Grigori Sokolnikov (Juif),
- Yakov Sverdlov (Juif),

- Joseph Staline (demi-Juif),
- Félix Dzerjinski (Juif),
- Moïse Ouritski (Juif) et
- Andrei Bubnov (Russe).

Tout ce spectacle était-il donc vraiment une Révolution Russe ?

Pas un seul historien n'a été capable d'expliquer logiquement pourquoi les bolchéviques avaient attendu le soir du 7 novembre et ne s'étaient pas emparés tout de suite du Palais d'Hiver. La seule raison invoquée fut celle du manque de résolution des bolchéviques ce soir-là.

Pourquoi le gouvernement provisoire renonça volontairement et si aisément au pouvoir ? Trotski essaya de le justifier en disant que le gouvernement provisoire voulait éviter un bain de sang. Trotski est une source difficilement fiable. Il voulait simplement dissimuler le fait que les frères maçonniques avaient conclu certains accords entre eux.

Une personnalité mystérieuse représentant les francs-maçons bolchéviques prit part aux réunions du gouvernement provisoire. Son nom était Yuri Steklov (en fait Nakhamkis) et il était un agent du Comité Central Bolchévique. Son attitude laissait paraître qu'il était celui qui avait décidé de combien de temps le gouvernement provisoire était encore autorisé à agir et rester au pouvoir. C'était comme si à lui tout seul il reconnaissait et autorisait l'existence du gouvernement provisoire. Il se comportait comme s'il était mandaté pour vérifier que le gouvernement n'outrepasse pas son autorité et son mandat. (Vladimir Nabokov « Le gouvernement provisoire et le coup d'état bolchévique », Londres, 1988, p.116) Yuri Steklov était un Franc-maçon du 32ème degré et le beau-fils de Kerenski.

L'ingrat Lénine n'adressa ses remerciements qu'à ses maîtres maçonniques de Paris, qui l'avaient aidé à accéder au pouvoir. En 1919, il envoya d'énormes sommes d'argent à l'ordre maçonnique du Grand-Orient de France, pour servir à la rénovation de leur quartier général parisien, ainsi qu'à leur propagande et à d'autres buts inconnus. Pendant ce temps, des millions de Russes mourraient de faim. (Oleg Platonov, « La couronne d'épine de la Russie : l'histoire du peuple russe au XXème siècle », Moscou, 1997, p.557)

La foule qui, quelques temps après les Gardes Rouges, avait pénétré dans le Palais d'Hiver, commença à piller et à détruire les meubles. Les yeux des portraits étaient découpés, les livres précieux et les icones furent jetés au sol et piétinés. Ils commencèrent aussi à violer les femmes.

D'après un autre des nombreux mythes figurant au répertoire bolchévique, tous les ministres (excepté Kerenski) furent arrêtés et condamnés à la prison, mais il y a parmi eux des noms qui firent plus tard parti de l'administration bolchévique. Par exemple, le franc-maçon et ancien ministre des communications, Nikolaï Nekrassov, devint un bureaucrate au sein de la Coopérative de l'Union Centrale en 1920. (L'article du professeur N. Pervushin « Les Francs-maçons russes et la révolution » *Novoye Russkoye Slovo*, New York, 1er août 1986, p.6)

Même la Grande Encyclopédie Soviétique (Vol. 56, Moscou, 1936, p. 301) confirma que le ministre de l'intérieur de Kerenski, Serguei Urusov, travailla plus tard dans la Banque Soviétique Nationale. Il était toujours l'émissaire des francs-maçons français.

Le monde est vraiment déroutant et l'histoire officielle contient tant de contes de fées incroyables, que ceux des « Mille et une nuits » paraissent fades en comparaison.

D'après la version bolchévique officielle, Kerenski parvint à s'échapper à Gachino près de Saint-Pétersbourg en portant des habits de femme, sur quoi il s'enfuit à Pskov. Kerenski prétend dans ses mémoires qu'il revêtit un uniforme de marin et s'échappa à Gachino où il voulait organiser la résistance mais échoua, car les troupes s'échappèrent (!?).

Cependant, les historiens Nesta Webster et Kurt Kerlen, ont trouvé certaines informations révélatrices, qu'ils publièrent dans leur livre « Boche and Bolshevik » (New York, 1923, p.19). D'après cette version, Lénine et Trotski laissèrent Kerenski « disparaître » par reconnaissance pour sa contribution lorsqu'il les avait protégés du public en juillet 1917. Ce fut aussi Kerenski qui s'assura que les tickets de train de Lénine et son groupe pour son trajet de Stockholm à Saint-Pétersbourg soient payés. Et finalement il laissa le pouvoir entre leurs mains. D'après la légende, Kerenski était opposé aux Communistes. Il était en fait le Grand Secrétaire du Grand-Orient de Russie. Lénine et Trotski lui fournirent de faux documents et de fortes sommes d'argent et l'escortèrent en juillet 1918 à Mourmansk, qui avait été sous occupation britannique. Kerenski fut accueilli comme un réfugié « Blanc » à Mourmansk. Il embarqua sur un vapeur italien en direction de l'Angleterre, d'après les documents préservés à Londres. Kerenski vécut plus tard en homme fortuné à Berlin, Paris et en Californie. Il mourut d'un cancer à New York le 12 juin 1970.

Même le grand falsificateur de l'histoire Ernest Milton Halliday, admis dans son livre « Russia in Revolution » (Londres, 1967, p.117) que Kerenski quitta le Palais d'Hiver et Saint-Pétersbourg le matin du 7 novembre dans une automobile, qui avait été mise à sa disposition par l'ambassade américaine. La voiture arborait un drapeau américain. Ainsi nous savons à présent comment il parvint à Mourmansk et parvint de là à rejoindre l'Angleterre.

Tout cela laisse à penser que le gouvernement provisoire avait en fait préparé la prise de pouvoir de la terreur bolchévique. Autrement pourquoi les États-Unis d'Amérique et la Grande Bretagne ordonnèrent à leurs ressortissants de quitter la Russie à temps avant que n'ait lieu le transfert de pouvoir ? Les bolchéviques étaient alors officiellement aussi démocratiques que Kerenski et ses laquais.

Le 30 novembre 1917, Trotski reçut la visite de deux hommes d'affaires américains à Smolny, William Boyce Thompson (1869-1930), président de la Banque de Réserve Fédérale de New York, la plus importante banque du système de Réserve Fédérale, accompagné de son assistant, le colonel Raymond Robins. Ils représentaient officiellement la Croix Rouge. Mais ces messieurs s'entretinrent au sujet de la survie financière du communisme et de la propagande qu'il serait nécessaire de répandre à l'étranger. Le résultat de ses pourparlers permit à la Croix Rouge de transférer deux millions de dollars aux bolchéviques en décembre 1917. Cette somme fut envoyée à travers la National City Bank, qui n'avait pas été nationalisée en Russie Soviétique. (Antony Sutton, « Wall Street et la Révolution Bolchévique », Morley, 1981, pp. 46-47).

L'émissaire de John Rockefeller, William Thompson, fit de son mieux pour présenter les bolchéviques sous le meilleur jour possible. Il rédigea même un livret rempli de mensonges, « The Truth about Russia and the Bolshevik », où il prétendait sans vergogne que 90 pour cent des Russes soutenaient le pouvoir Soviétique. Il indiquait à la France et à la Grande-Bretagne, à travers leurs chefs de gouvernement, qu'il fallait s'habituer au fait que Trotski et Lénine se soient emparés du pouvoir en Russie, car ils le conserveraient. Les financiers américains du communisme allèrent même jusqu'à ouvrir un bureau soviétique à New York afin de faciliter la diffusion de cette propagande.

Antony Sutton affirme que Thompson et Robins avaient déjà rencontré Kerenski et s'étaient chargés de financer son gouvernement maçonnique.

Lorsque le pouvoir fut déposé entre les mains de Trotski et de Lénine en novembre 1917, le colonel Edward Mandell House, le conseiller du président Woodrow Wilson, déclara clairement : « Si Trotski ne fait pas l'affaire, nous devons rappeler Kerenski. » House n'était pas colonel, ni même un militaire de carrière, mais au sein des francs-maçons, tout est possible. En 1919, Wilson rompit avec House et plusieurs autres conseillers de l'ombre, déclarant qu'ils l'avaient trompé à la conférence de Paris.

Trotski fit tout ce qu'il put pour plaire à ses maîtres en Amérique. Le 23 novembre 1917, il fit même publier des documents secrets du Département d'État, afin de discréditer la diplomatie européenne et donner aux américains un prétexte pour intervenir. Le 25 novembre 1917, tout ceci fut publié dans *The New York Times*.

Ce qui se passa en février (mars) 1917 ne fut pas une révolution, mais un coup d'état organisé de l'intérieur. Ainsi, les bolchéviques, ne menèrent pas eux-mêmes un coup d'état en octobre (novembre) 1917, comme nous l'avons appris en occident, mais ne firent simplement que prendre le relai.

Il s'agissait d'une conspiration internationale. Si ça n'était pas le cas, alors un grand nombre de faits importants ne peuvent pas être expliqués ; tout devient sombre et incompréhensible. Si nous supposons qu'il s'agissait vraiment d'une conspiration planifiée, alors tous ces évènements étranges, que j'ai décrits plus tôt, trouvent immédiatement une explication claire.

L'Encyclopédie Soviétique Estonienne maintient que si le marxisme a été introduit en Russie, cela prouve qu'il s'agit d'une idéologie véridique. Aucune autre preuve n'était nécessaire. Lénine déclara après la prise de pouvoir : « Nous pouvons maintenant construire l'ordre socialiste ». Trotski le corrigea : « Nous devons établir une dictature socialiste. »

L'auteur Juif Alexandre Zinoviev déclara dans un entretien au printemps 1984, que le « régime Soviétique est éternel, la société Soviétique ne peut pas être détruite même dans des milliers d'années ». Il insista auprès du journaliste, George Urban : « Le système Soviétique restera en place jusqu'à la fin de l'histoire humaine. » Même Trotski et Lénine ne croyait pas une telle chose possible.

L'astrologue Allemand Edmund Herbert Troinsky calcula en 1956 que l'état Soviétique commencerait à s'écrouler après 72 ans et 7 mois, c'est à dire après juillet 1990. Comme nous le savons, le régime Soviétique fut sérieusement affaibli précisément après juin 1990 et tomba finalement en août 1991. L'Union Soviétique fut officiellement dissoute quatre mois plus tard.

L'AIDE GERMANIQUE

Les bolchéviques maçonniques voulaient être certains de pouvoir rester au pouvoir. C'est pourquoi ils avaient demandé de l'aide aux Allemands. Les troupes allemandes furent envoyées pour former un cercle de fer autour de Saint-Pétersbourg pour qu'aucune force d'opposition, y compris les cosaques du général Piotr Krasnov, ne puisse menacer le gouvernement bolchévique (Igor Bunich, « L'or du Parti », St. Pétersbourg, 1992, p.24) Ce furent aussi les Allemands qui écrasèrent une révolte parmi les cadets à un camp d'entrainement de Saint-Pétersbourg, qui capturèrent le Kremlin pour les bolchéviques de Moscou, qui ripostèrent aussi contre les cosaques de Krasnov et perpétrèrent d'autres actions similairement vitales à la survie des Rouges. Le général Kirbach promit que Moscou et Saint-Pétersbourg seraient occupées par les troupes allemandes si le gouvernement bolchévique était menacé. Le faible régime Soviétique était protégé par 280 000 soldats allemands disciplinés.

Une partie de ses troupes allemandes furent appelées les bataillons internationaux au début, mais dans les livres d'histoire Soviétique ils étaient connus comme les « fusiliers lettons ». Il n'y avait que 20 lettons parmi ces « internationalistes », d'après l'historien Igor Bunich (« L'or du Parti », p.79). À l'automne 1918, cette armée internationale était composée de 50 000 hommes. Ce nombre passa à 250 000 à l'été 1920 (M. Heller et A. Nekrich, « Utopia in Power », Londres, 1986, p.95)

Il y avait aussi un nombre considérable de soldats chinois et de Juifs polonais au sein de ses troupes. Ces derniers jouaient d'habitude un rôle dominant. 90 pour cent des « internationalistes » que les Allemands envoyèrent en Russie furent des Juifs (Platonov, « L'Histoire du peuple Russe au XXème siècle », Volume I, Moscou, 1997, p. 499).

Selon Igor Bunich, le colonel Heinrich Von Ruppert avait voyagé avec un passeport suédois à Saint-Pétersbourg dès avril 1917, pour donner des instructions secrètes aux prisonniers de guerre allemands, qui aidèrent plus tard les bolchéviques de toutes les manières possibles.

Un rapport américain extrêmement intéressant, qui atteignit Washington le 9 décembre 1917, précisait entre autres choses, que le général William V. Judson voyait beaucoup d'Allemands en rendant visite à Trotski à Smolny. (Antony C. Sutton, « Wall Street and the Bolshevik Revolution », Morley, 1981, p.45) Les Allemands fournissaient aussi « les révolutionnaires » en armes. Le navire *Yastreb* apporta des armes et des munitions de Friedrichshafen et accosta en Russie à temps pour la prise de pouvoir bolchévique. Les Allemands obtinrent leur paix séparée si longtemps attendue avec la Russie, le 3 mars 1918, bien que Lénine ait immédiatement proclamé son décret de paix le 7 novembre 1917.

Une parade pour les « internationalistes », c'est à dire les Allemands, pour Lénine et son gouvernement bolchévique fut organisée le 29 octobre (11 novembre) 1917. Les Allemands avaient reçu l'instruction de crier : « Nous t'accueillons, révolution mondiale ! » Mais à la place ils crièrent : « Nous t'accueillons Kaiser Wilhelm ! » Lénine le prit comme une insulte. (Igor Bunich, « L'or du Parti », St. Pétersbourg, 1992, p. 24)

Le président Wilson donna également des ordres interdisant toute intervention contre la révolution bolchévique (Antony Sutton). Mais au cas où les choses ne se passeraient pas comme prévues, les bolchéviques avaient été pourvus de passeports afin qu'ils puissent s'enfuir à l'étranger aussi rapidement qu'ils étaient arrivés en Russie. (Bunich, « L'or du Parti », St. Pétersbourg, 1992, p. 8). Nikolaï Boukharine (en fait Dolgolevsky) avait planifié de s'échapper en Argentine. Lénine calma ses compagnons criminels : « Nous avons toujours été chanceux et nous le resterons ! »

Ainsi ces derniers n'étaient autre que des groupes de criminels Juifs qui avaient pris le pouvoir afin d'aspirer la vie du corps de leur victime. Il fut immédiatement donné aux autres Juifs des positions privilégiées. Ceci est confirmé par le rabbin Elmer Berger dans son livre « Le dilemme Juif », publié aux États-Unis en 1945. Berger écrit que le gouvernement Soviétique privilégia les Juifs par le fait qu'ils étaient Juifs et non juste parce que les Juifs dominaient le régime Soviétique. D'un simple trait de plume, chaque soupçon d'antisémitisme devint punissable de mort.

LE DÉBUT DE LA TERREUR GOUVERNEMENTALE

Le groupe de gangsters Juifs qui se faisait appeler bolchéviques devint particulièrement dangereux, car la théorie derrière laquelle ils dissimulaient leurs exactions tentait de justifier les crimes qu'ils commettaient (au nom des travailleurs) et de pratiquer le sabotage à l'égard de la culture spirituelle russe.

Lénine était bien au courant que les bolchéviques avaient besoin de toute l'aide possible afin de s'emparer des richesses de la Russie. C'est pourquoi il déclara qu'ils devaient se servir des criminels de droit commun comme des alliés du communisme. (Louis Fisher, « The Life of Lenin », Londres, 1970)

Les criminels prirent au sérieux le slogan de Lénine « Pillez ce qui a été pillé ! » et parvinrent à trouver un montant important d'objets de valeur bien cachés. Les bolchéviques capturaient alors les criminels, confisquaient leur butin et assassinaient leurs rivaux sur le champ. Les criminels réalisèrent probablement assez tôt que les bolchéviques avaient l'intention de monopoliser le crime, comme il le faisait avec la vérité. De cette manière les bandits furent liquidés gang après gang.

Les spéculateurs bolchéviques qui entouraient Lénine peinaient à croire que tous leurs plans réussiraient, alors ils commencèrent immédiatement à piller la Russie de ses richesses. Cette fortune fut rapidement envoyée à l'étranger, en premier lieu à Berlin.

Les banquiers internationaux étaient très heureux de la tournure des évènements, d'après Igor Bunich. Les bolchéviques agirent avec une telle haine et une telle violence qu'ils paraissaient croire que leurs pillages et leurs meurtres pouvaient s'arrêter d'un jour à l'autre. Avec l'aide de « contrats de vente » écrits sous la menace, beaucoup de domaines et de maison furent transmises aux « hommes d'affaires » Juifs vivant hors de Russie.

Les dirigeants bolchéviques s'emparèrent immédiatement des résidences d'état pour y vivre. Lénine devint le « possesseur » du domaine du Grand-Duc Sergueï Alexandrov à Gorky près de Moscou. Tous les villageois furent forcés de quitter leurs maisons pour faire de la place aux gardes du corps de Lénine. Trotski s'empara du château du Prince Félix Yusupov. Les bolchéviques étaient particulièrement intéressés par les objets en or. Les dirigeants tchékistes par exemple, n'utilisaient que des assiettes en or pour prendre leurs repas.

Les dirigeants bolchéviques avaient, immédiatement après la prise de pouvoir, donné des ordres pour établir les listes des gens qui devaient absolument être exécutés. Lénine déclara qu'une entière classe sociale (la bourgeoisie) devait être éliminée. Le chef révolutionnaire pensait que les enfants devaient impérativement regarder leurs parents se faire tuer. C'était les bolchéviques qui décidaient de qui était bourgeois. De cette manière, beaucoup de gens simples et ordinaires furent aussi tués.

Les intellectuels talentueux perçurent rapidement la véritable nature de ce syndicat du crime, qui se faisait appeler les bolchéviques-communistes. Le nom donné par les intellectuels à cette extravagance de meurtres et de vols était le bolchévisme Juif. Ils regardaient avec crainte toute la richesse être arrachée des mains des Russes. Lénine et ses compagnons de crime voulaient se débarrasser au plus vite de ces intellectuels clairvoyants. Seuls les gens spirituellement aveugles ou ceux qui étaient également aveuglés par l'envie étaient autorisés à vivre.

Ce gigantesque pillage se changea en une sorte de commerce macabre. Le *New York Herald Tribune* écrivait : « *Il semble que la révolution bolchévique en Russie soit en fait une opération financière énorme, dont le but est de transférer le contrôle d'immenses sommes d'argent des Russes vers les banques européennes et américaines.* »

Au début d'avril 1919, George Pitter-Wilson confirma dans le *Globe* (Londres) : « *Le bolchévisme est la dépossession des nations Chrétiennes de manière à ce qu'aucun capital ne reste plus entre les mains des Chrétiens, tout cela afin que les Juifs détiennent le monde entier entre leurs mains et règnent ainsi partout.* »

Pendant ce temps, ils commencèrent à répandre des légendes, selon lesquelles les Juifs n'étaient pour rien dans la prétendue Révolution Russe. Ça n'était pas leur intérêt d'autoriser l'émergence de la vérité. C'est la raison pour laquelle Lénine disait : « La révolution n'a pas besoin d'historiens ! »

Les bolchéviques doivent être considérés comme les pires mythomanes que le monde ait jamais connus, car eux et leurs sbires commencèrent immédiatement à répandre le mensonge selon lequel ces évènements furent seulement l'action sainte du peuple russe. Malheureusement, la plupart des historiens prirent le relai du mensonge. Ils croyaient nécessaire de s'adapter la situation.

Immédiatement après la prise de pouvoir d'automne 1917, les bolchéviques commencèrent à détruire les archives d'état de la Russie, tout particulièrement les archives de guerre. Les Juifs Khazars prirent leur revanche en éradiquant la mémoire russe et son honneur militaire. Au cours des années 1917-21, au moins 30 pour cent (possiblement 50 pour cent) des archives nationales russes furent détruites.

Les bolchéviques commencèrent à confisquer autant de bien privés que possible. Ils interdirent aussi le commerce. Les sujets du régime étaient considérés comme la propriété de l'état (c'est à dire des dirigeants Juifs bolchéviques).

Les lignes suivantes pouvaient toujours être lues dans la Nordisk Familjebok (une encyclopédie suédoise) en 1944 (réimpression de la 3ème édition, Vol.10, col. 1228) : « *Le fort élément Juif dans la direction du régime bolchévique russe provoqua un ressentiment dans beaucoup d'endroits de la Russie et conduisit à répandre la croyance que le bolchévisme était un mouvement à prédominance juive.* »

Le communisme fut simultanément utilisé comme camouflage pour des activités internationales criminelles. C'est pourquoi le communisme devint une forme moderne d'esclavage collectif d'état. Le Parti Communiste devint plus tard une réelle Mafia et son secrétaire général était juste comme le *capo di tutti i capi* (le patron de tous les patrons).

Le peuple russe eut à subir une terrible période d'affrontements violents accompagnés d'une complète dégradation. Le but des Juifs Rouges était de soumettre les Russes aussi vite que possible afin d'étendre leur pouvoir aux autres pays. Au début ces criminels parvinrent, avec l'aide des troupes allemandes et le soutien financier américain, à éliminer ou à contraindre à l'exil presque tous les gens honnêtes et à la pensé indépendante de Russie, pour ainsi transformer la nation en société criminelle.

Il y avait aussi des soldats d'élites Allemands parmi les forces spéciales tchékistes, d'après Igor Bunich. Un total de 280 000 prétendus internationalistes protégeaient le régime bolchévique. Les Allemands déclarèrent qu'ils enverraient immédiatement des troupes si une menace venait à se déclarer contre le régime Soviétique. Les gardes du corps de Lénine étaient aussi principalement Allemands ; avec parmi eux le suisse Friedrich Von Platten.

Les Allemands continuèrent aussi à accorder aux bolchéviques une aide financière. En novembre 1917 ils reçurent 11.5 millions de marks, une somme qui était alors l'équivalent de 50 millions de dollars en 1975. Lénine fut forcé de tenir sa promesse. Le 15 décembre il fit une paix séparée avec l'Allemagne. Après la signature du traité de paix de Brest-Litovsk le 3 mars 1918, il reçut 40 millions de roubles en or pour combattre les Tsaristes Blancs. Le 20 août 1918, Lénine, écrivit en retour une lettre ouverte aux ouvriers américains et leur demandèrent de ne pas se battre contre l'Allemagne. 93.5 tonnes d'or (245.5 tonnes, d'après Oleg Platonov, « La

couronne d'épine de la Russie : L'histoire du peuple russe au 20ème siècle »,
Moscou, 1997, p.528) furent transférées à l'Allemagne en liaison avec le
traité de Brest-Litovsk. Cette « affaire » fut aussi soigneusement cachée au
peuple.

Le rabbin Judas Magnus du comité Juif américain de New York,
admit le 24 octobre 1918 qu'il était lui-même un bolchévique et appréciait
les idées du nouveau régime russe. Les importants journaux Sionistes *Jewish
Chronicle* (Londres) et *American Hebrew* (New York) célébrèrent le régime
bolchévique comme le triomphe du modèle de société Juif, dans leurs
éditoriaux de décembre 1918 jusqu'à la mort de Lénine en 1924.

Ce fut certainement un triomphe. En fait, le monde n'avait jamais
vu un tel triomphe du mal et de la violence.

L'*American Hebrew* écrivit le 8 septembre 1920 : « *La Révolution
Bolchévique fut largement le fruit de la pensée juive, du mécontentement Juif et de la
planification Juive, dont le but est de créer un nouvel ordre du monde. Ce que l'idéalisme
Juif et le mécontentement Juif ont si excellemment contribué à produire en Russie, les
mêmes qualités historiques de l'esprit Juif, permettront de le réaliser tout autour du
monde.* »

Le 23 juillet 1919, Scotland Yard écrivit un rapport au secrétaire
d'état américain, où il était écrit, entre autre chose, qu'ils avaient
maintenant assez de preuves pour prouver que le bolchévisme était un
mouvement international contrôlé par les Juifs.

Un autre rapport au secrétaire d'état américain en 1918 établit que la
direction de chaque cité Soviétique était composée d'au moins 50 pour
cent de Juifs, particulièrement les Juifs méchants « du pire type », dont
beaucoup d'entre eux étaient anarchistes. (« US State Department Report,
Foreign Relations 1918, Russia », Vol.11, p.240)

Le professeur Israël Shakak le dit carrément : « *Un examen des Partis
Socialistes et Communistes radicaux peut produire beaucoup d'exemples de Juifs
dissimulés chauvins et racistes, qui intégrèrent ces partis simplement pour les « intérêts
Juifs » et sont, en Israël, en faveur d'une discrimination 'anti-Gentils'* » (Israël
Shakak, « Histoire Juive - Religion Juive : le poids de trois millénaires »,
Londres, 1994, p.17)

Le journal Juif français *Le Droit de Vivre* écrivit le 13 mai 1933 : « Le
Judaïsme est le père du marxisme et du communisme. » Pour neutraliser la
menace de l'anticommunisme dans les autres pays, le *Jewish Voice* (U.S.A.)
lança le slogan suivant en juillet 1941 (p.23) : « L'anticommunisme est de
l'antisémitisme ! » L'ignoble organisation américaine sioniste, l'Anti-
Defamation League (ADL), était du même avis depuis le début (*Executive
Intelligence Review*, No.39, 30 septembre 1988). Cette organisation entretient
des liens très étroits avec le B'nai B'rith. C'est la raison pour laquelle elle ne
souhaite pas révéler les crimes du communisme.

Le bolchévique M. Kogan, n'avait-il pas déclaré froidement dans son article « *Les services rendus par la juiverie à la classe laborieuse* » : « *Sans exagération, il peut être avancé que la grande révolution socialiste d'octobre fut effectivement accomplie par les mains des Juifs… Le symbole de la juiverie, qui pendant des siècles a lutté contre le capitalisme, est également devenu le symbole du prolétariat russe, ce qui peut même être vérifié par l'adoption de l'étoile rouge à cinq branches, qui en des temps anciens, était le symbole du sionisme et de la juiverie.* » (Kommunist, Kharkov, 12 avril 1919)

Ceci est confirmé par une brochure écrite par le célèbre auteur Maxim Gorki, qui loua l'énorme contribution des Juifs à l'introduction du socialisme. Ce tract inquiéta Trotski et Lénine. Ils pensaient qu'il était formulé d'une manière si maladroite qu'ils craignaient que les ennemis de la révolution (c'est à dire les antisémites) seraient capables d'utiliser les informations qu'il contenait – alors le tract fut interdit.

Maxim Gorki n'avait cependant pas toujours été si amical envers les Juifs. Juste après l'échec de la tentative de 1905, il publia un violent tract antisémite dans lequel il exhortait : « Peuple russe, lève-toi contre les Juifs ! » Plus tard, lorsqu'il devint l'outil docile des « révolutionnaires » Juifs, il voulut tout oublier de ses anciens prospectus.

Les bolchéviques dissimulèrent tout ce qu'ils purent sur leur propre compte. Toutes sortes de vérités devinrent immédiatement des secrets d'état. Lénine était le maître de tous les mensonges.

Qui étaient ces voleurs et bandits qui voyaient en la violence le meilleur moyen de contrôler une société ? Le principal et le plus important organe de contrôle des bolchéviques, après la prise de pouvoir, devint le Politburo, qui était constitué des sept personnes suivantes : Vladimir Lénine, Léon Trotski, Léon Kamenev, Grigori Sokolnikov (Brilliant), Grigori Zinoviev, Joseph Staline et Andrei Bubnov. Seul le dernier de ces messieurs était russe.

Ces hommes, ensemble avec le Parti Central, décidèrent le 9 novembre à 2:30 du matin de former un parti-unique de gouvernement (Sovnarkom), en ignorant les autres partis. Lénine se nomma lui-même à la tête du gouvernement. Il voulait faire de Trotski son commandant en second – le commissaire du peuple aux affaires intérieures. Il serait donc ainsi devenu le Vice-Président du Sovnarkom. Lénine voulait que Trotski écrase la « bourgeoisie » et l'aristocratie.

Trotski refusa et s'en expliqua plus tard : « *J'ai dit à Lénine qu'il était inutile, à mon avis, d'être un jouet dans la main de l'ennemi… il vaudrait beaucoup mieux qu'il n'y ait pas de Juifs du tout dans le premier gouvernement révolutionnaire Soviétique.* »

Un historien Soviétique, Viktor Danilov, publia cette information dans le journal *Travaux pratiques historiques* en 1990. (*Svenska Dagbladet*, 12 avril 1990) C'est pourquoi un alcoolique russe, Alexeï Rykov (1881-1938) fut nommé commissaire du peuple aux affaires intérieures. Léon Trotski fut à la place nommé au poste de ministre des affaires étrangères.

Ainsi, Trotski et les autres Juifs du Politburo voulaient que les Juifs soient aussi peu visibles que possible dans le gouvernement Soviétique. La solution était de recruter un certain nombre de marionnettes russes : V. Nogin (1878-1924) qui était responsable du commerce et de l'industrie ; le franc-maçon Ivan Skvortsov-Stepanov, qui devint commissaire du peuple aux affaires financières ; Nikolai Avilov (Glebov), aux communications ; Vladimir Milyutin, à l'agriculture ; et l'ukrainien Pavel Dybenko (1889-1938) qui devint commissaire du peuple aux affaires maritimes.

Le demi-Juif Joseph Staline fut aussi autorisé à prendre des responsabilités au sein d'un bureau de la nationalité, un organe artificiel. Il ne fut pas beaucoup aperçu au Commissariat du Peuple.

Les autres membres du premier gouvernement Soviétique étaient cependant Juifs : le franc-maçon Anatoli Lunacharsky (en fait Bailikh-Mandelstam), devint commissaire du peuple à l'éducation ; le franc-maçon Nikolai Krylenko (Aaron Bram, 1885-1938), le commissaire du peuple aux affaires militaires ; Ivan Teodorovich, le commissaire à la nourriture ; Georgi Lomov (en fait Oppokov), qui était responsable de la justice ; Vladimir Antonov-Ovseyenko (1883-1939) et finalement Alexandre Shlyapnikov (en fait Belenin), qui était responsable de l'emploi.

Ainsi, il y avait 15 membres dans le tout premier gouvernement Soviétique, d'après le *Journal Gouvernemental des Paysans et des Travailleurs*, No.1, le 10 novembre 1917.

Le président russe Vladimir Poutine a déclaré au musée Juif de la Tolérance de Moscou le 13 juin 2013, que 80 à 85 pour cent des membres du premier gouvernement soviétique étaient Juifs (*Jerusalem Post*, 20 juin 2013). Il voulait parler du deuxième gouvernement.

Il devint bientôt évident que les Russes présents au sein du gouvernement bolchévique, étaient incapables de mettre en place le régime de gangster dont les francs-maçons Juifs rêvaient, malgré le fait que toutes ces marionnettes russes étaient entourées dans leur bureau par des assistants Juifs, qui d'après certains protocoles, prenaient une part active aux réunions gouvernementales. Je mentionnerai ici quelques uns d'entre eux : Fanigstein-Daletsky, Abram Slutsky et Altfater. Ainsi Lénine remplaça-t-il subséquemment les Russes par des Juifs bolchéviques et inaugura aussi de nouveaux postes de commissaires.

Le poste de l'alcoolique Rykov fut donné à Grigori Petrovski (1878-1958) à peine 20 jours plus tard. Georgi Lomov dut quitter son poste de commissaire de la justice. Ce poste fut à la place donné au Juif Josef (Isidor) Steinberg. Vladimir Milyutin fut remplacé par le Juif Alexandre Schlichter (1868-1940). Nikolai Avilov (1868-1940) devait préparer le terrain pour le Juif Vyacheslav Zof. Il y avait aussi deux nouveaux membres : le Juif V. Volodarsky (en fait Moïse Goldstein) devint commissaire de la propagande et de la presse et le Juif Alexandre Kollontay fut nommé commissaire du peuple aux affaires sociales.

Il y avait un total de 17 membres de gouvernement, dont 11 étaient Juifs, deux demi-Juifs et seulement quatre étaient slaves (trois Russes et un Ukrainien). Les membres Juifs devinrent par la suite plus visibles.

Le premier président du Comité Central Exécutif était le franc-maçon Léon Kamenev (Leiba Rosenfeld), désigné par l'occident du terme flatteur de « président ». Son nom d'emprunt Kamenev signifie « insensible ». Il était marié à la jeune sœur de Trotski, Olga. Kamenev occupa ce haut poste pour seulement 13 jours avant d'être remplacé par un autre franc-maçon Juif, Yakov Sverdlov (Yankel-Aaron Movshevich Solomon). Kamenev devint à la place maire de Moscou. Il fut aussi un temps le Vice-Président du Conseil des Commissaires du Peuple. Il fut nommé Commissaire du Peuple au commerce en 1926. Il fut exécuté le 25 août 1936.

Les bolchéviques avaient ouvert une boite de Pandore, noyant la Russie, et inondant plus tard beaucoup d'autres pays de terribles souffrances. Ils établirent un régime féodal de bandits qu'ils appelèrent bolchévisme. Seuls l'espoir et la peur restèrent. Les rues, les squares et même les villes furent renommées d'après les noms des Juifs au pouvoir : Volodarsk, Sloutsk, Sverdlovsk…

Les sociaux révolutionnaires protestèrent fortement contre les actions de Lénine. Pour sauver les apparences, Lénine offrit à l'aile gauche des sociaux révolutionnaires quatre postes dans le Sovnarkom. Au début ils déclinèrent l'offre, mais quelques temps plus tard les sociaux révolutionnaires Josef Steinberg, V. Trutovsky, Vladimir Karelin et A. Kolegayev voulurent rejoindre le gouvernement bolchévique et par là soutenir le terrorisme de Lénine. Ceci eut pour effet de séparer la faction gauchiste des sociaux révolutionnaires.

Pendant ce temps, Lénine interdit officiellement la Franc-maçonnerie pour camoufler ses intentions. Les Jacobins avaient fait de même. Il fut cependant incapable de dissimuler la prédominance des Juifs au sein de l'appareil de pouvoir gouvernemental.

Les Juifs dominaient partout, même depuis l'automne 1917 – chez les commissaires du peuple et dans la direction de chaque institution, malgré le fait qu'ils ne représentaient seulement que 6 pour cent (6.1 million) de la population de la Russie Soviétique.

Le maire de Saint-Pétersbourg était le journaliste Juif G. Schreider. Même la direction des autres partis était majoritairement composée de Juifs. Mais une portion considérable des Juifs des autres partis les quittèrent pour rejoindre les bolchéviques, qui débutèrent une propagande massive pour remporter les élections parlementaires. Les Juifs contrôlaient aussi tous les journaux. Derrière *Izvestia*, qui était à l'origine un journal Soviétique et fut plus tard changé en organe du gouvernement, où travaillèrent Yuri Steklov (Nakhamis), Ziperovich, Goldenberg et d'autres Juifs. Le Périodique *Kommunist* était contrôlé par son rédacteur en chef Juif Wilhelm Knorin. Son successeur était un autre Juif – Stytsky. Le comité de rédaction de *Znamya Truda* était composé de Karl Lander, Levin et Noi Davidson. *Volja Truda* était dirigé par Sachs, Polyansky et Katz.

Le Juif Moïse Kharitonov (Markovich) fut nommé chef de la milice de Saint-Pétersbourg. Il avait voyagé avec Lénine de la Suisse à Stockholm. Il devint plus tard un Trotskiste. Grigori Sokolnikov (Brilliant) avait été le rédacteur de la *Pravda* à un stade expérimental. Après la prise de pouvoir bolchévique, il travailla comme commissaire en chef aux affaires bancaires. Il fut nommé commissaire du peuple aux affaires financières en 1921. Staline le fit arrêter en 1937 et il fut tué par les officiers du NKVD Kubatkin, Sharok et Lobov dans la prison de Tobolsk, sur ordre de Staline et Béria.

Les bolchéviques échouèrent aux élections de l'assemblée constituante le 25 (12) novembre 1917. Sur les 707 sièges, les sociaux révolutionnaires en remportèrent 410 et s'assurèrent par là une majorité, les bolchéviques en gagnèrent 175, les libéraux 105, les mencheviks n'en remportèrent que 16, les cadets bourgeois 17, le Mouvement des Peuples Unis 86… Ainsi les bolchéviques n'obtinrent que 24.7 pour cent des votes (9 562 358 votes sur 40 millions), malgré le fait qu'ils avaient manipulé l'électorat autant qu'ils aient pu.

Lénine avait même aboli la liberté de la presse par décret le 9 novembre. Trotski avait ordonné un jour plus tôt l'autodafé démonstratif d'une édition entière du journal bourgeois *Rech* (le discours). Lénine bannit tous les partis bourgeois à la fin de décembre.

L'assemblée constituante se réunit le 5 (18) janvier 1918 et rejeta le gouvernement bolchévique par 237 votes contre 136. Le jour suivant, elle usa des « fusiliers lettons » (c'est à dire les troupes allemandes) pour dissoudre le parlement. Les soldats allemands ouvrirent le feu sur la foule qui essaya de défendre l'assemblée constituante. Ce fut dès lors le moment où les bolchéviques réalisèrent leur coup d'état. Ils n'avaient aucune intention d'abandonner le pouvoir à ce stade.

Il y avait encore beaucoup trop de choses à piller. Rien que dans les églises, les bolchéviques s'emparèrent de 7.5 milliard de roubles en or, selon une estimation prudente d'experts occidentaux.

Les bolchéviques avaient déjà mis en place des tribunaux révolutionnaires, et débuté la « nationalisation » (c'est à dire le pillage) des biens privés ; ils abolirent tous les grades militaires et fondèrent dans le plus grand secret la police politique (la Tchéka).

Il y avait un nombre incroyable de francs-maçons parmi les bolchéviques. Nikolai Boukharine, Grigori Zinoviev, un membre du B'nai B'rith et du Grand-Orient, d'après le livre de Valeri Yemelyanov « De-Sionisation », Paris, 1979, p.14), Mieczyslaw Kozlowski, Semyon Sereda, qui devint plus tard commissaire du peuple à l'agriculture, Ivan Skvortsov-Stepanov, Mikhaïl Skobelev, Nikolai Sokolov, Leonid Krasin, la femme de Gorki J. Peshkova et son beau-fils Zinovi Peshkov (le frère de Yakov Sverdlov).

Il y avait aussi un grand nombre de francs-maçons occupant de hautes positions au sein de l'administration Soviétique dans les années 1950, d'après la franc-maçonne et journaliste Ekaterina Kuskova (*Novoye Russkoye Slovo*, 1er août 1986, p.6). Les agents communistes qui étaient francs-maçons en occident reçurent un soutien considérable dans leurs carrières de la part de leurs frères des loges. Je peux mentionner ici Georges Ebon, qui fut arrêté en France dans les années 50 (Terry Walton, « Le KGB en France », Moscou, 1993, pp. 67-68).

Le 28 janvier 1918, Lénine décida de créer l'Armée Rouge et les Allemands ainsi que les Américains accordèrent tout leur soutien aux bolchéviques. La situation était catastrophique, car des troupes ennemies s'approchaient de Saint-Pétersbourg, et le 11 mars 1918, le gouvernement bolchévique s'enfuit à Moscou où il s'installa. La retraite fut organisée par Alexandre Shlyapnikov. (Staline le fit exécuter en 1937) Moscou fut après cela choisie comme capitale. Lénine introduisit aussi le nouveau calendrier (Grégorien).

Le Parti Social-Démocrate Bolchévique fut renommé le Parti Communiste le 8 mars 1918. Ces Communistes formaient maintenant un nouveau gouvernement dominé par les Juifs où Léon Trotski devint commissaire du peuple aux affaires militaires.

Un autre Juif, Georgi Chicherin (en fait Ornatsky) dont la mère juive s'appelait Meierdorf, fut nommé commissaire du peuple aux affaires étrangères. Auparavant, il avait séjourné à deux reprises dans un asile d'aliénés. Cela dut bien convenir aux communistes : plus il y avait de fous, mieux c'était.

Le mal se déversa alors sur toute la société. Le pouvoir devint même encore plus centralisé que du temps du coup d'état des Jacobins en France. Trotski considérait ses sujets comme des esclaves militarisés. Toute forme de mendicité fut interdite, tout comme la commune de Paris l'avait fait par décret le 16 avril 1871. Ceux qui violaient ce décret étaient fusillés.

La bourgeoisie fut forcée à balayer les rues et à ramasser la neige à la pelle. Leurs enfants furent exclus de toute haute éducation. Les instructions de Lénine disant que les universités devaient accueillir, par-dessus tout, les gens qui voulaient juste un diplôme plutôt que l'acquisition d'une connaissance, furent également suivies plus tard. Même les Taoïstes originels savaient cela : « Plus les gens ont de connaissances, plus ils sont difficiles à contrôler. »

En 1918, le Patriarche Tikhon bannit le régime Soviétique et le désigna comme l'incarnation de l'Antéchrist. Il protesta fortement lorsque les bolchéviques commencèrent à confisquer les propriétés et les richesses de l'église. Le GPU le poursuivit en justice le 5 mai 1922. Le 26 juin 1923, il fut relâché grâce aux protestations internationales.

Moïse Ouritski (en fait Boretsky) devint chef de la Tchéka à Saint-Pétersbourg. Il travailla d'une manière tout spécialement brutale qui lui valut le surnom de « boucher de Saint-Pétersbourg ». Ce fut Ouritski qui, avec l'aide des marins et des soldats allemands, fit dissoudre le parlement en janvier 1918.

Malgré le fait que les révolutionnaires et bourreaux Juifs préféraient vivre sous de faux noms, les gens ordinaires de Russie réalisèrent bientôt qui dirigeait leur terre avec une main de fer. Les partis politiques Juifs le Bund et Po'lei Sion étaient toujours autorisés alors que les autres partis avaient été bannis en 1920. Ce dernier fusionna avec le Parti Communiste en décembre 1928.

Pas une seule synagogue ne fut détruite ou convertie en toilette publique ou en entrepôt, comme il advint aux églises. Pas un seul rabbin ne fut crucifié. Ces faits sont confirmés par le journal *American Hebrew* (18 novembre 1932, p. 12).

Beaucoup d'églises de Moscou furent détruites en 1922 et à la place, une synagogue pour accueillir deux mille personnes fut construite. Un total de 60 000 églises fut détruit.

Les bourreaux Juifs avaient pour habitude de crier : « Longue vie à la terreur rouge ! Mort aux bourgeois ! » Ils ne tardèrent pas à mettre en place l'obligation de travailler. Les vagabonds étaient exécutés sur le champ.

Le *Times* admit le 18 septembre 1920 : « *Le régime Soviétique repose sur des cerveaux Juifs, des baïonnettes lettones (allemandes) et chinoises et la terrible ignorance russe.* »

En 1922, le correspondant du journal britannique le *Morning Post*, Victor Marsden, publia le nom de 545 fonctionnaires au sein de l'administration gouvernementale. 477 d'entre eux étaient Juifs et seulement 30 étaient russes (5.5 pour cent).

En 1920, un total d'un million de Juifs travaillaient déjà au Parti Soviétique et dans l'appareil d'état, dans diverses institutions, comme dirigeants et dans tous les autres domaines du régime Soviétique. Beaucoup de ces Juifs avaient émigré en Russie, initialement de Pologne et de Lituanie. (« The Book of Russian Judaism », New York, 1968, p.137) Les diplomates les plus importants de l'Union Soviétique étaient également

Juifs. Il y avait aussi des fonctionnaires Juifs au sein de la première représentation Soviétique de Stockholm, par exemple Aaron Zimmermann.

Voici une liste de quelques-uns des Juifs les plus puissants de l'administration Soviétique de la première période :

- Le procureur général D. Kursky.
- L'avocat du Conseil des Commissaires du Peuple était Vladimir Bonch-Bruyevich (1873-1955)
- Yemelyan Yaroslavsky (Minei Gubelman, 1878-1943) devint le commissaire du Kremlin et le secrétaire du comité central. Ce fut lui qui conduisit la prise de pouvoir à Moscou.
- Les autres Juifs importants étaient :
- Moisei Frumkin (qui devint commissaire du peuple aux finances et aux affaires étrangères)
- Adolf Yoffe
- Karl Radek (Tobiach Sobel-sohn)
- Sara Khavkina (qui travaillait au comité central)
- Alexander Ghe (Goldberg)
- Yuri Larin (en fait Mikhaïl Lurye, 1882-1932)
- Vatslav Vorovsky (Orlovski)
- Mieczyslaw Bronski (en fait Moisei Warszawski, qui devint député commissaire pour le commerce et l'industrie)
- Abram Skovno (1888-1938)
- David Rosenblum
- Christian Rakovski (Juif bulgare qui prit la tête du gouvernement rouge en Ukraine)
- Mikhaïl Lashevich
- David Ryazanov (Goldenbach, 1870-1938, un Juif d'Odessa qui arriva de Suisse par le deuxième train, devint directeur de l'institut Marx.)
- Aaron Scheinman
- Georgi Safarov
- Yakov Surits
- Aaron Soltz
- Nikolai Krestinsky (membre du Comité Central)
- Yevgenia Bosh
- Rozovsky
- Samuel Kaufman (qui devint un commissaire du peuple)
- Isidor Gukovsky (commissaire du peuple)
- Feningstein (commissaire du peuple)

- Olga Ravich (Sarra Gavvich, travaillèrent avec le commissaire au peuple Feningstein)
- Yelena Stasova (secrétaire du Comité Central)
- Théodore Rothstein (homme dirigeant au sein du commissariat étranger)
- Ivan Maïski (en fait Steinman)
- Yan-Yakov Gamarnik
- Moisei Rukhimovich
- Alexander Shotman (1880-1939)
- Dashevich
- Mikhaïl Kobetsky
- Mikhaïl Goberman
- Nikolai Gordon (Leiba Alie Chael, proche collaborateur de Grigori Zinoviev)
- Sergueï Syrtsov
- Mikhaïl Tomsky (Honigberg)
- Mikhaïl (Meier) Trilisser
- Joseph Unschlicht
- Arkadi Rosengoltz
- Grigori Chud-novsky
- Joseph Pyatnitsky (Tarsis)
- Evgueni Gnedin (Léon Helphand, fils d'Alexandre Parvus qui devint chef du bureau parisien de la Tchéka)
- Bor et beaucoup, beaucoup d'autres...

Le Comité Central du Parti Bolchévique, qui avait été élu en août 1917, comprenait 24 membres. Parmi eux, au moins 14 étaient Juifs et 2 des demi-Juifs. Même la secrétaire de Moïsseï Ouritski était une juive de 17 ans (Mémoires d'Heinrich Laretei « Au jouet du Destin », Lund, 1970, p.75).

Toutes sortes de spéculateurs Juifs et d'anarchistes, qui étaient épris du bolchévisme, voyagèrent en Russie Soviétique au début. Ils venaient de beaucoup de pays (de Turquie, d'Allemagne, d'Autriche, de Bulgarie, de Hongrie, de Pologne, de Bohème, de Slovaquie et des États-Unis d'Amérique). Par exemple, un sioniste bohème communiste de Prague, Ernet (Arnost) Kolman, travailla à Moscou comme fonctionnaire du parti entre 1918 et 1919 et comme politruk à Moscou et puis en Sibérie dans les années 1920. Il participa plus tard à des activités subversives en Allemagne où il fut arrêté et expulsé vers l'Union Soviétique.

La plupart venaient des États-Unis. Les plus célèbres d'entre eux furent Emma Goldman et Alexandre Berkman, qui furent envoyés à Saint-Pétersbourg part les autorités américaines en janvier 1920. Ces anarchistes avaient prêché l'état Soviétique dans tous les États-Unis en le présentant comme le paradis sur terre. Plus tard, ils décrivirent comme les bolchéviques avaient institués un système de privilège dans le restaurant de Smolny pour que les dirigeants communistes reçoivent de la meilleure nourriture que les autres. Un total de 34 niveaux de privilèges fut établi.

Voici une liste de noms des plus importants Juifs américains qui travaillèrent au sein de l'appareil Soviétique :

Minnor était actif comme commissaire politique au commissariat pour les affaires intérieures.

Kisswalter travaillait au Soviet Suprême comme président du comité de restructuration économique.

Kahan était un membre actif du comité pour l'abolition des banques privées.

Simson coordonnait le travail des Soviets.

Gubelman était commissaire politique du district militaire de Moscou.

Michelson fut nommé comme conseiller à la Banque du Peuple

Et une haute position était également occupée par Isaac Don Levine.

Bien sûr, les Juifs américains occupaient des postes élevés au sein de la Tchéka. Meichman et Meherbey, qui se montrèrent particulièrement dangereux, étaient parmi les plus importants Tchékistes à Saint-Pétersbourg. (Maurice Pinay, « Les forces secrètes du Communisme », Mexico City, 1977, p.45)

La camarade de Trotski, Clara Sheridan, écrivit ouvertement dans le *New York World* du 13 décembre 1923 : « *Les dirigeants Communistes sont Juifs et la Russie est entièrement dominée par eux. Ils sont dans chaque ville, dans chaque bureau du gouvernement, au sein de tous les comités éditoriaux des journaux. Ils chassent tous les Russes et sont responsables de l'augmentation de l'attitude antisémite.* »

John Gates (en fait Israël Regentreif), un des dirigeants Communistes aux États-Unis, confirma aussi dans son autobiographie que les Juifs détenaient une position absolument dominante au sein du mouvement marxiste russe et international. (John Gates, « The Story of an American Communist », New York, 1958)

Les Juifs russes extrémistes et leurs compagnons voyageurs n'étaient que des outils entre les mains des banquiers internationaux Juifs, qui voulaient extraire autant de richesses que possible de la Russie. Tout ce qui s'était produit au cours du règne de la terreur en France, fut répété en Russie.

Le banquier Jacob Schiff avait donné à Léon Trotski 20 millions de dollars pour organiser un coup d'état bolchévique. Cet investissement fut très rentable. 600 millions de roubles en or furent transférés aux États-Unis d'Amérique entre 1918 et 1922, d'après l'historien Gary Allen. Rien que dans la première moitié de 1921, la firme bancaire de Kuhn, Loeb & Co. réalisa un profit de 102 290 000 dollars sur les biens que les bolchéviques avaient volés, d'après le *New York Times* du 23 août 1921. Ce qui représente presque trois milliards de dollars d'aujourd'hui.

L'historien russe Dimitri Volkogonov révéla avoir trouvé dans les archives du Parti Communiste que « dans les réserves privées de la Tsarine il y avait 475 millions de roubles en or (plus 7 millions pour les bijoux de la couronne) » (*Dagens Nyheter*, 31 août 1992) Le département financier bolchévique confisqua tout cela. Certains journalistes suédois (y compris Staffan Skott) ont, en accord avec la légende dominante, essayé d'expliquer que la plupart de cette fortune fut transmise aux partis communistes des autres pays, pendant que des millions de Russes moururent de faim. Ce n'est pas tout à fait vrai. D'après l'historien Igor Bunich, Lénine et Trotski s'emparèrent de cet argent. L'or, pendant ce temps, fut passé en contrebande hors de Russie et déposé sur des comptes en banque personnels autour du monde. 30 tonnes d'or par an étaient produites sous l'ère Tsariste en Russie.

C'est apparemment la raison pour laquelle le journal britannique *The Guardian*, en mars 1923, désigna les bolchéviques comme le parti du Satan Jaune. Voici un cas intéressant :

Le franc-maçon Yuri Lomonosov, qui était le bras droit du ministre des communications durant la période du gouvernement provisoire, vécut aux États-Unis entre 1918 et 1919. Il retourna en Russie et occupa un poste élevé au sein du régime bolchévique. En 1920, l'or du Tsar fut exporté aux États-Unis sous le contrôle de ce même professeur Lomonosov et avec l'aide du groupe bancaire de Jacob Schiff, Kuhn, Loeb & Co. et du banquier Juif Olof Aschberg (de la Nya Banken) en Suède.

Le banquier Juif Jacob Schiff finança le renversement du Tsar russe et la mise en place du régime soviétique en Russie.

Trois cargaisons pour un total de 540 containers d'or furent envoyées à partir du port de Tallinn en République d'Estonie. (US State Department Decima file, 861.51/837, 4 octobre 1920) Le Professeur Lomonosov retourna aux États-Unis en même temps, lorsque sa mission fut accomplie. Chaque container valait 60 000 roubles en or. La valeur totale était donc de 32.4 millions de roubles. Les bolchéviques utilisèrent aussi la Harju Bank (dont le propriétaire était le Juif Armand Hammer, un agent du Kominterm) d'Estonie pour transférer de l'argent.

Les banques suédoises aidèrent Moscou à blanchir l'argent de la Banque Centrale Tsariste, ainsi que les réserves d'or et les pillages de Lénine. Le maître d'œuvre était le banquier Olof Aschberg, qui reçut 500 tonnes d'or confisqué pendant les années 1917 à 1921 (d'une valeur de 12 500 671 766£ en mai 2014). L'or était fondu à Stockholm avant d'être estampillé suédois, alors qu'il comportait auparavant l'estampille russe tsariste. Il était ainsi impossible d'identifier son origine. Aschberg participa plus tard à la vente des bijoux tsaristes à travers des ventes aux enchères en Europe. Sa propre collection d'icônes russes était parmi la meilleure du monde (elle est aujourd'hui entreposée au Nordic Museum). Certaines icônes provenaient des milliers d'églises que les communistes avaient pillées.

La Suède fut ainsi le premier pays à commercer activement avec les bolchéviques.

D'après le docteur en économie et chercheur Martin Kragh, du Centre Uppsala des Études Russes et de l'École d'Économie de Stockholm, la vente de l'or du Tsar via Stockholm fut un des plus importants vols en bandes organisées des temps modernes. Ces liquidités allaient être utilisées pour passer des centaines de millions en commandes à l'industrie suédoise et plus tard en matériel allemand, qui permirent de renforcer la position des bolchéviques. (*Expressen*, 10 mai 2013, p. 4)

À travers ses bureaux commerciaux de Captain Street à Stockholm, Moscou acheta de tout, des moteurs d'avions aux fusils, des locomotives aux équipements agricoles. Les immenses livraisons commencèrent deux semaines après l'éclatement de la Première Guerre mondiale en novembre 1918. Elles bénéficiaient de l'accord tacite du gouvernement suédois. Ces faits sont décrits dans l'ouvrage de l'économiste Sean McMeekin (« Le Plus Grand Casse de l'Histoire : Le Pillage de la Russie par les Bolchéviques », Yale University Press, 2009).

La Suède, sous l'égide d'Olof Aschberg, aida à consolider le pouvoir communiste soviétique à travers la fourniture de matériel et d'armement, ainsi que quantité d'autres marchandises essentielles.

Finalement, toutes les réserves d'or des bolchéviques finirent aux États-Unis, d'après l'historien russe Igor Bunich. Plus de 600 000 mineurs moururent sous les travaux forcés rien que dans les mines d'or de Kolyma.

En octobre 1918, les banquiers Juifs de Berlin reçurent 47 caisses d'or de la Russie, contenant 3125 kilos d'or divisé en 191 barres. Tout cet or qui avait été confisqué au peuple russe, devint plus tard célèbre sous le nom d'or Juif. 50 000 marks allemands et 300 000 roubles furent également transférés. À l'automne 1917, le banquier Juif de Berlin Mendelssohn, reçut 50 676 kilos d'or russe volé, 113 636 roubles (ce qui était l'équivalent de 48 819 kilos d'or). La signature de Mendelssohn présente dans les archives du Parti Communiste, témoigne du fait qu'il réceptionna ces richesses volées (Viktor Kuznetsov, « Le Secret du coup d'état d'Octobre », St. Pétersbourg, 2001, p. 51).

Pendant que le meurtre et le pillage se poursuivaient, plus de 1.6 millions de russes s'échappèrent à l'étranger. Les 19 564 Juifs dominants et les Parti Communiste Juifs Bund et Po'lei Sion essayèrent de maintenir un contrôle complet sur la société russe. Des centaines de milliers de russes furent forcés de devenir communistes. Pendant ce temps, ces extrémistes Juifs, qui étaient obsédés par les hallucinations marxistes, transformèrent la Russie en temple du mal. L'Union Soviétique devint un nouveau temple parfait de Salomon pour les francs-maçons Juifs. Plus de cent millions de gens furent sacrifiés sur son autel.

Pour s'assurer d'un succès encore plus complet, le banquier James Warburg de New York et Frankfort- sur-le-Main, finança aussi Lénine et Trotski. (Gary Allen, « Dites NON ! au Nouvel Ordre Mondial », Californie, 1987, p.22)

En Union Soviétique, les termes typiquement maçonniques du mouvement communiste étaient constamment utilisés. Ils voulaient « bâtir une société nouvelle » et un « futur meilleur et plus brillant » ; ou bien ils voulaient reconstruire l'ancien (*Perestroïka*).

L'appareil de propagande émotive était complètement entre les mains des Juifs « révolutionnaires ». Ils disposaient même de leur propre agence de presse, la YETA, qui reportait avec diligence toutes les manifestations d'antisémitisme. Les fonctionnaires Juifs commencèrent même à publier la *Pravda* en Yiddish (*Varhait*) le 3 mars 1918, et à partir d'août 1918, le même journal fut aussi publié en hébreu, *Emet*. (La Grande Encyclopédie Soviétique, Moscou, 1932, Vol, 24, p.120)

Les auteurs Juifs produisirent une littérature de combat. Les compositeurs Juifs mirent au point toutes sortes de marches et de chansons légendaires pour inspirer aux russes ordinaires des actes héroïques au nom du socialisme. La plupart était calqué, aussi à l'étranger, sur les chansons d'Isaac Dunayevsky et des frères Pokrass, Dmitri et Samuil.

Les travaux de Dimitri Pokrass incluaient la chanson bien connue « Konarmeiskaya », que les socialistes suédois chantèrent avec enthousiasme sous le nom de « La Chanson de la réaction », et la « marche

Budyonny ». Cette dernière fut composée à vingt ans par Dimitri Pokrass à Kiev pendant l'été 1920. La même année, son frère qui était plus vieux de deux ans, écrivit « Nous avons construit la Nation », où il est prétendu que l'Armée Rouge était la plus forte de toutes les armées. Les soldats de l'Armée Rouge tenaient leurs armes fermement dans leurs poings calleux. Cette chanson révolutionnaire fut reprise par les socialistes suédois qui en avaient fait leur propre hymne. Cette chanson fut chantée aux funérailles d'Olof Palme (le Premier Ministre Suédois assassiné en 1986) à Stockholm.

Samuil Pokrass fut plus tard invité à Hollywood. Bien sûr, il n'y avait rien pour empêcher cette émigration aux États-Unis. Il mourut à New York en 1939. Son frère, Dimitri Pokrass remporta plus tard la médaille Staline pour sa contribution au processus d'endoctrinement.

Le morceau le plus célèbre d'Isaac Dunayevsky fut intitulé « La Marche des jeunes enthousiastes ». Les compositeurs Juifs Léon Knipper, Alexandre Tsfasman, Matvei Blanter, Yan Frenkel, Alexandre Kolker, Mark Fradkin, Oskar Feltsman, N. Brodsky, I. Shvarts, Eduard Kolmanovsky, Venyamin Basner, Alexander Flyarkovsky, Alexandre Bronevitsky, David Tukhmanov et d'autres, maintenaient leur contrôle sur la culture musicale russe.

Bien sûr, les Juifs, dominaient aussi le secteur le plus important des médias – l'industrie cinématographique. Les metteurs en scène les plus importants étaient : Léo Arnstam, Abram Room, Léonid Trauberg, Friedrich Ermler, Dziga Vertov, Josef Heifitz, Mikhaïl Romm, Mark Donskoï, Sergueï Jutkevich, Yuli Raizman, Isider Annensky, Roland Bykov, Vladimir Eisner, Boris Frumin.

Vsevolod Meyerhod développa le nouveau théâtre. Le cinéaste Juif et franc-maçon Serguei Eisenstein, réalisa plusieurs films de propagande (« Le cuirassé Potemkine », « La Grève », « Octobre »). Le scénario de son film le plus célèbre, « Le cuirassé Potemkine », fut écrit par un journaliste Juif, Alexeï Kapler. Même l'affiche de promotion de ce film fut dessinée par les frères Juifs suédois les Steinberg.

Les Juifs dominaient la vie culturelle ukrainienne à un degré encore plus élevé. (76 pour cent de ceux qui étaient enregistrés dans des syndicats culturels étaient Juifs).

Lénine prit également l'initiative de proclamer la liberté sexuelle en décembre 1917 (même l'homosexualité fut dépénalisée), comme après le coup d'état Jacobin de 1791. Staline, cependant, interdit l'homosexualité en 1934, en même temps qu'il bannit l'avortement et rendit plus stricte les lois libérales du mariage. Lénine fit proclamer aux organes Soviétiques : « À partir de l'âge de 18 ans, chaque jeune femme est la propriété de l'état. » Les femmes non mariées devaient s'enregistrer elles-mêmes au bureau de l'amour libre. Tout oubli était sévèrement sanctionné. Chaque femme enregistrée devait choisir un homme entre 19 et 50 ans.

Les hommes aussi avaient le droit de choisir des femmes, mais ils devaient fournir des documents prouvant qu'ils appartenaient au prolétariat. Les autres n'étaient pas autorisés à avoir une vie sexuelle car ils étaient des ennemis de classe (c'est à dire les ennemis des Juifs). Dans l'intérêt de l'état, les hommes avaient le droit de choisir des femmes enregistrées au bureau de l'amour libre, même si la dite femme n'était pas d'accord. Les enfants qui étaient nés de ces unions devenaient la propriété de la république. (Mikhaïl et August Stern, « Rideau de fer sur l'amour », Stockholm, 1982, p.26)

Les bolchéviques Juifs organisaient fréquemment des marches nues et propageaient la sexualité de groupe. Ces nouvelles mesures causèrent de profonds dérangements psychologiques sur le peuple russe orienté traditionnellement vers la famille. Les dirigeants communistes voulaient éliminer le concept et la pratique de la vie familiale. L'avortement, pendant ce temps, fut légalisé. Le viol devint aussi beaucoup plus répandu. Le poète communiste Vladimir Maïakovski propagea immédiatement la nouvelle norme de la manière suivante :

« Toute fille, jeune et belle
Je la violerai
Et avec mépris
lui cracherai dessus ! »

Les fonctionnaires Soviétiques essayèrent plus tard de prétendre que ce poème était ironique. Mais pourtant toute forme d'ironie était passible de la peine de mort.

Les normes morales furent rapidement subverties en Russie Soviétique. Une personne qui devint particulièrement un « bon exemple » de cc processus de dissolution, fut la nymphomane Alexandre Kollontay. En tant que Commissaire du Peuple, elle donnait l'ordre à plusieurs marins de la rejoindre tous les jours. Leur fonction était de coucher avec elle. Elle était particulièrement excitée par l'uniforme des marins. Le fonctionnaire du Parti Oleg Agranyants, révéla en 1989 qu'Alexandra Kollontay avait été auparavant tenancière de bordel.

Dès que les mœurs eurent été dissoutes, la sexualité fut interdite. Le but avait été atteint et un nouveau slogan fut inventé : « la sexualité est l'ennemi de la révolution ! » Les femmes devaient devenir des animaux de traits à la place. Le commissaire Juif à l'éducation et à la culture, le franc-maçon Anatoli Lunacharsky déclara : « *cette petite institution de bonnes manières qu'est la famille… cette entière malédiction… sera bientôt un chapitre clos.* »

De cette manière, la société russe avait été transformée en troupeau de bétail, tout comme le franc-maçon Mikhaïl Bakounine l'avait prédit. Le « Dictionnaire Universel » (p. 114) confirme que Bakounine était franc-maçon. Il écrivit également « Le Catéchisme Maçonnique Moderne », qui est une description de l'essence révolutionnaire de la franc-maçonnerie.

Dans une lettre de 1866 à son camarade Alexandre Herzen, il déclarait qu'il était aussi nécessaire d'être maçon que de détenir un passeport.

Le psychologue Juif Alexandre Zalkind admit dans son livre « La révolution et les jeunes » (Moscou, 1925), que le Parti Communiste devait soumettre le peuple russe à la manipulation raciale. Il écrivit : « *La société a le droit total et inconditionnel d'intervenir dans la vie sexuelle des gens et d'améliorer la race en introduisant une sélection sexuelle artificielle.* » En d'autres termes, les extrémistes Juifs voulaient être sûrs qu'ils auraient des esclaves appropriés (pas trop intelligents) dans le futur.

Oleg Platonov écrivit dans son livre « L'histoire du peuple russe au 20ème siècle » (Moscou, 1997, p.520) : « *Un des tout premiers symboles du bolchévisme était le swastika, proposé par des représentants Juifs comme éléments principal des armoiries de l'état. Parmi d'autres usages, le swastika inversé apparu sur les manches des uniformes de l'Armée Rouge, et, en 1918, sur les billets de 5 et de dix milles roubles.* » Il poursuit en précisant : « *L'étoile de David fut utilisée sur les premiers documents bolchéviques en tant qu'insigne militaire Soviétique. Elle fut plus tard remplacée par l'étoile à cinq branches maçonnique.* »

La direction juive communiste introduisit un grand nombre de symboles et de termes maçonniques – par-dessus tout l'étoile rouge à cinq branches (l'étoile de Salomon). Le terme pour s'adresser à quelqu'un devint *tovarishch* (camarade). C'est ainsi que s'appelle le franc-maçon du deuxième degré. Les loges maçonniques les plus élevées sont appelées des conseils, comme dans le Judaïsme. Il y avait aussi un Conseil Suprême. Ceux à qui était plus tard conféré l'ordre de Lénine étaient appelés Chevaliers de l'ordre de Lénine (maçonnique).

Chaque Maître Maçon utilise un marteau rituel. Nous pouvons trouver l'origine de cette tradition dans l'Ancien Testament, où il est écrit que Yahvé agissait comme un marteau servant à la destruction des autres peuples. (Jérémie 50 :23). Le dirigeant franc-maçon communiste Mao Tsé-toung déclara aussi en 1950 : « Le communisme est le marteau qui écrase nos ennemis ».

Le symbole de la faucille provient aussi de la franc-maçonnerie. Elle symbolise la destruction (la castration d'Uranus). Elle est aussi mentionnée par Jérémie (50 :16). Le Parti Socialiste Sioniste, qui avait agi intensément en Russie durant la tentative de 1905-1906, se faisait appeler La Faucille.

Avec l'aide de la Grande Bretagne, de l'Amérique, de l'Allemagne et d'autres pays, le régime Soviétique fut établi en Russie. Ce régime répandit la terreur, la tromperie, le pillage et la prostitution politique. Le Communisme devint tout spécialement dangereux car il justifiait ces crimes incroyables par une propagande mensongère tout aussi incroyable, qui fut pourtant gobée aveuglément par des millions d'ignorants.

Ainsi, la Russie fut infectée par le marxisme qui, tel un cancer, détruisit le corps de la société et commença à répandre la maladie rouge à l'étranger au sein des autres pays. Les Russes qui survécurent furent utilisés comme gourdins contre les autres groupes ethniques, soumis par les maîtres d'œuvres Juifs communistes. La responsabilité en revient par-dessus tout à ceux qui utilisaient ces gourdins comme des armes. Les groupes ethniques furent éliminés les uns après les autres. Approximativement 800 000 Bashkirians (57 pour cent de leur population) furent liquidés au cours des années 1917-1922. (Kaarel Haav, Rein Ruutsoo, « Le peuple estonien et le Stalinisme » Tallinn, 1990, p.36) Lénine indiqua qu'il était favorable au mélange de différents groupes ethniques ; tout ce qui conduisait les peuples différents à devenir une seule nation. (Lénine, « Œuvres », Vol.20, p.18)

La raison pour la déportation des Tartares, des Arméniens et des Grecs présents en Crimée au cours de la Deuxième Guerre Mondiale a maintenant été révélée. Les communistes Juifs avaient suggéré la fondation d'une république juive en Crimée le 15 février 1944, mais les plans ne furent jamais complètement réalisés (*Ogonyok*, No.5, 1990, p.22).

Le syndicat du crime de Lénine devint de plus en plus puissant, car il était soutenu par les banquiers internationaux et également au début par le gouvernement allemand. Le 18 mai 1918, le ministre allemand des affaires étrangères Richard Von Kühlmann, envoya un télégramme à l'ambassadeur Wilhelm Von Mirbach à Moscou : « Dépensez de gros montants, car il en va de notre intérêt que les bolchéviques restent au pouvoir ». Le 3 juin 1918, Mirbach rapporta qu'il avait besoin de 3 millions de marks dans ce but. Le 6 juillet 1918, le régime de terreur bolchévique était sur le point de s'écrouler sous la révolte des sociaux-révolutionnaires mais fut sauvé par les troupes allemandes et non par les « fusiliers lettons » comme la propagande officielle le prétendait. (Akim Arutiunov, « Le phénomène Vladimir Oulianov/Lénine », Moscou, 1992, p.13) Il s'agissait en fait d'extrémistes Juifs, envoyés par les Allemands.

Le gouvernement allemand dépensa une somme de 50 millions de marks pour les bolchéviques, d'après le politicien socialiste Juif Allemand Édouard Bernstein (*Vorwärts*, 14 janvier 1921). Après la Deuxième Guerre Mondiale, les soldats américains trouvèrent des archives du ministère des affaires étrangères allemand dans les montagnes Harz. Les archives contenaient des documents des années 1876-1920. Certains de ces papiers ont été publiés dans le journal *International Affairs* de Londres en 1957. La même année, le recueil de documents « Lénine rentre en Russie », édité par Werner Halweg, fut publié en Hollande.

Le communisme était une idéologie dont la survie reposait sur la violence. La vérité n'a pas besoin de violence. Pendant ce temps, le système communiste encourageait seulement les instincts les plus bas de la mentalité humaine. Des bandits dirigeaient les honnêtes gens. Ce règne apporta la mort spirituelle de la société russe. C'était le but ultime des

Illuminés. Cette période de terreur fut appelée révolution, et cette fois c'en était une d'énorme.

Les dirigeants Communistes Juifs de la Russie Soviétique organisèrent une manifestation du 1ᵉʳ mai en 1919 dans la capitale de la Lettonie, Riga, où ils avaient érigé plusieurs obélisques décorés de symboles maçonniques. Ces photographies extrêmement rares démontrent le lien entre les communistes de haut rang et le réseau caché des Illuminati. Quelques semaines après cette manifestation (22 mai), l'armée allemande mit fin à l'occupation Soviétique de Riga.

Les Communistes avaient tout d'abord propagé la guerre des classes et la haine, moyens par lesquels les gens étaient changés en populace et en horde. L'auteur Tchèque Karl Capek écrivit que le système Soviétique était une tentative pour mettre le monde en pièce et parvenir à une totale confusion internationale.

La nature devait être subjuguée – elle était considérée comme une ennemie. Leur principal slogan était : « nous n'avons pas besoin d'aumône de la nature, nous prendrons à la nature ! » De cette manière les bolchéviques commencèrent une vaste campagne de destruction environnementale. Ce fut Lénine qui, le 21 décembre 1920, donna l'ordre d'irriguer la zone autour de la Mer d'Aral avec des canaux artificiels. Par cette décision, il provoqua la destruction de la Mer d'Aral. Ce lac salé est aujourd'hui presqu'à sec et les environs sont empoisonnés par le sel et les produits chimiques.

Lénine voulait aussi que les autres pays plient sous son empire. C'est pourquoi il ordonna à Maxim Litvinov (Hennokh Wallakh) et Théodore Rothstein de commencer à préparer une infiltration internationale. Lénine finança cette opération avec des diamants trouvés durant les pillages en Russie.

Le Kominterm décida en 1919 qu'il devait convertir toutes les nations européennes en Soviets. Les bolchéviques maçonniques firent des tentatives en Hongrie, en Bavière, et en Slovaquie. La direction juive spartakiste d'Allemagne tentât aussi d'imposer une dictature rouge. Finalement leurs efforts se tournèrent vers la Chine sous-développée.

Lénine insistait sur le fait que l'internationalisme signifiait que l'on doit soutenir le mouvement révolutionnaire dans toutes les nations, sans exceptions. (Lénine, « Œuvres Complètes », Vol. 30, p.170) Cela était bien sûr du véritable impérialisme. Karl Radek déclara dans une veine similaire que : « Les Communistes tout autour du monde doivent aussi être des patriotes russes, car la Russie est la seule nation au monde dirigée par la classe laborieuse ».

La *Pravda* écrivait le 25 décembre 1918 : « *L'Estonie, la Lettonie et la Lituanie dérangent notre pénétration en Europe de l'Ouest. Ils ont coupé la Russie Soviétique de l'Allemagne révolutionnaire. Une telle obstruction doit être annihilée. Les ports de la Baltique nous donneraient l'opportunité d'accélérer le développement révolutionnaire en Scandinavie.* »

Il apparaît clairement que Lénine espérait aussi mettre en place un système communiste en Allemagne. Un autre Juif « révolutionnaire » et franc-maçon, Karl Kautsky, s'opposait à cela. Les dirigeants francs-maçons Allemands avaient des vues entièrement différentes concernant l'Allemagne. Lénine, bien sûr, était extrêmement en colère contre Kautsky et l'appelait un renégat. Lénine dut à ce stade redessiner ses plans de révolution mondiale. Il avait fondé une organisation spéciale dans ce but – le Kominterm (la Troisième Internationale). Son organe exécutif devint l'Aide Rouge Internationale. Le meilleur agent du Kominterm était le communiste Juif Jakob Kirchstein, d'après le général plus tard transfuge du GRU, Valter Krivitsky (en fait Schmelka Ginsberg). D'après un rapport secret aujourd'hui rendu public, Lénine donna 50 millions de roubles au Kominterm en novembre 1919 pour financer les actions subversives à l'étranger.

Beaucoup de révolutionnaires sionistes du Comintern, avaient changé de nom. L'*Encyclopedia Judaica* (Detroit 2007, Volume 5, p. 91), indique que l'Internationale Communiste encourageait les Juifs à changer leur nom pour éviter de venir confirmer la « propagande d'extrême droite qui identifiait le communisme comme un élément étranger, émanant d'une conspiration Juive ».

Le fait que les criminels bolchéviques soient parvenus à s'établir en Russie, était une mauvaise nouvelle pour le reste du monde, car cela influa partout ailleurs sur la qualité de la vie. Des millions de gens de par le monde furent trompés par le communisme, en accomplissant d'horribles atrocités en son nom. Voltaire écrivait : « Ceux qui vous font croire des inepties, peuvent vous faire commettre des atrocités. »

Le but des communistes était d'utiliser la terreur massive pour effrayer ses sujets en les forçant à la soumission totale. Dans le chapitre suivant, nous décrivons comment cette terreur massive débuta.

JÜRI LINA

À TRAVERS LE LABYRINTHE DU MEURTRE

Au matin du 30 août 1918, un cycliste se trouvait au square du Palais de Saint-Pétersbourg aux environs de neuf heures. Il s'arrêta devant la maison numéro 6, le quartier général du Commissariat aux affaires intérieures et la commission extraordinaire de la Tchéka. Cette organisation de la terreur avait été fondée le 7 décembre 1917, mais officiellement elle n'existait pas. La *Pravda* ne publia le décret établissant officiellement la Tchéka, que le 18 décembre 1927. Le cycliste était un jeune homme portant un blouson de cuir et un chapeau d'officier. Il laissa sa bicyclette près de la porte et entra.

C'était le jour des réceptions au Commissariat des Affaires Intérieures. Les visiteurs attendaient dans le hall et ne remarquèrent pas le jeune homme qui était assis près de la porte principale.

Moïsseï Ouritski arriva dans sa voiture aux environs de dix heures. Il était le président de la Tchéka de Saint-Pétersbourg. Ouritski était devenu le célèbre « boucher de Saint-Pétersbourg ». Il menaçait de tuer tous les Russes qui parlaient correctement leur langue natale. Il déclara qu'il n'y avait pas de plus grand plaisir que de regarder les monarchistes mourir, d'après Igor Bunich (« L'or du Parti », St Pétersbourg, 1992) et Oleg Platonov (« L'histoire du peuple russe au 20ème siècle », Moscou, 1997, p.613). Ouritski avait exécuté 5 000 officiers de ses propres mains.

Il marchait maintenant vers la porte de l'ascenseur. Soudain plusieurs tirs furent entendus. C'était le jeune homme au blouson de cuir qui avait approché Ouritski en lui tirant dans la tête et sur le corps. Ouritski s'effondra. Le meurtrier courut dans la rue, sauta sur son vélo et commença à pédaler aussi vite qu'il put.

Lorsqu'il commença d'être pris en chasse par une voiture, il jeta son vélo et pénétra dans l'ambassade britannique. Il en sortit après avoir enfilé un long manteau. Lorsqu'il vit les Gardes Rouges, il ouvrit le feu mais fut vite maîtrisé.

Ceci fut la description officielle du meurtre de Moïsseï Ouritski. Le suspect était un étudiant Juif en technologie de 22 ans, Léonid Kanneglisser. Cette histoire à dormir debout fut publiée en 1975 dans le livre « L'élimination du mouvement subversif antisoviétique » de David Golinkov, qui avait l'habitude d'enquêter sur des dossiers particulièrement importants au bureau du Procureur de l'Union Soviétique.

Le docteur en histoire, Pavel Sofinov, décrivit le même événement d'une manière toute différente en 1960, dans son livre retraçant l'histoire de la Tchéka. Le matin du 30 août, le social révolutionnaire Kannegisser, qui était l'agent du franc-maçon Savinkov ainsi qu'un espion des Britanniques et des Français, assassina le chef de la Tchéka à Saint-Pétersbourg, Moïsseï Ouritski, dans son bureau. Félix Dzerjinski (en fait Rufin) donna l'ordre de fouiller l'ambassade britannique le 31 août.

Le social révolutionnaire Kannegisser était entre temps devenu l'étudiant Kannegisser, et maintenant il avait tué Ouritski dans le couloir de la Tchéka au lieu de son bureau. La version de Sofinov semblait probablement trop artificielle pour être crédible.

L'ouvrage de Grigori Nilov (Alexandre Kravtsov) « La grammaire du Léninisme » fut publiée à Londres en 1990. Dans son livre l'auteur n'accorda aucun crédit à cette théorie. Il déclara à la place que le parti bolchévique et l'organisation centrale de la Tchéka, avec à sa tête Lénine et Dzerjinski, étaient derrière l'assassinat d'Ouritski.

Le livre « L'or du Parti » de l'historien Igor Bunich fut publié à St. Pétersbourg en 1992. Igor Bunich révèle que le meurtre d'Ouritski fut organisé par le protégé de Dzerjinski, Gleb Boky, qui devint plus tard le successeur de Dzerjinski. Le tchékiste Juif, Boby avait pour habitude de nourrir les animaux du zoo avec la chair humaine des exécutés. Igor Bunich démontra que Lénine donna personnellement l'ordre de tuer Ouritski et aussi d'organiser un attentat contre sa propre vie, pour lui donner une raison d'initier immédiatement la terreur de masse contre la population russe. Le meurtre fut aussi la punition d'Ouritski pour avoir volé certaines richesses confisquées dans le dos de Lénine, avec V. Volodarsky (en fait Moïsseï Goldstein) et le franc-maçon Mikhail Andronnikov (qui était le chef de la Tchéka à Kronstadt). Tout fut vendu à travers certaines banques scandinaves. Andronnikov fut plus tard fusillé comme espion pour le compte des Allemands.

Le meurtre du secrétaire du parti de Leningrad, Sergueï Kirov (en fait Kostrikov), le 1er décembre 1934, était en tout point similaire à celui d'Ouritski. Kirov fut officiellement assassiné par Léonid Nikolaïev. Ces deux hauts fonctionnaires du parti avaient été tués professionnellement et sans rencontrer aucun obstacle. Tous deux avaient été prévenus à l'avance. Les deux meurtriers purent accéder librement aux bâtiments respectifs. Les gardes n'étaient pas présents à Smolny, lorsque Kirov fut tué. Après le meurtre, Nikolaïev s'évanouit sous le coup de l'émotion. Nikolaïev avait immédiatement été libéré par des ordres reçus d'en haut, lorsqu'il avait été arrêté à deux reprises pour port de revolver à proximité de Kirov.

Il est clair aujourd'hui que Staline était derrière le meurtre de Kirov, malgré le fait qu'il n'y a pas de documents pour le prouver. Il y a cependant assez de preuve et d'arguments logiques. Aucune analyse ne fut conduite sur le revolver et les munitions de Kannegisser. La Tchéka ne souhaitait pas que la vérité éclate. Kannegisser ne fit jamais l'objet d'aucun procès, mais fut tué illégalement. Si Kannegisser avait vraiment été un social révolutionnaire, un procès aurait constitué une propagande triomphale pour le régime. Les commanditaires du meurtre auraient alors été dénoncés publiquement. Mais le mobile du meurtre d'Ouritski ne fut jamais révélé.

En contraste, nous savons à présent que Lénine devint furieux lorsqu'il reçut des rapports d'Alexandre Parvus à Berlin révélant que quelqu'un de Saint-Pétersbourg l'avait volé juste avant que Dzerjinski ne se soit rendu en Suisse pour enquêter sur la situation. Il advint que certaines cargaisons n'avaient pas atteint Berlin ; l'argent n'avait pas été intégralement déposé sur les comptes en banque suisses de Lénine et de ses camarades approuvés. Certains containers de biens « nationalisés » avaient été envoyés en Suède, y compris beaucoup d'icônes de valeurs (certaines d'entre elles sont toujours exposées au musée national de Stockholm), l'argent avait atterri entre les mains d'autres personnes que Trotski et Lénine.

Les coupables furent bientôt dénichés en juin 1918. Les principaux suspects étaient Ouritski, Volodarski et Andronnikov, le chef de la Tchéka à Kronstadt. Ils avaient volés des containers entiers et vendus le tout à travers différentes succursales de banques Scandinaves. 78 millions de roubles en or avaient disparu de cette manière. (Igor Bunich, « L'or du Parti », St Pétersbourg, 1992, p.41) Les voleurs (d'autres été également impliqués) avaient volé des marchandises valant un total de 2.5 milliards de roubles en or. Au cours de diverses ventes aux enchères de Stockholm à l'automne 1995, la Russie commença à racheter de précieux meubles qui avaient été illicitement transportés en Suède.

Cela fut une surprise désagréable pour Parvus, car Ouritski et Volodarski avaient été ses disciples favoris. Parvus avait fondé un journal Yiddish, l'*Arbaiter Stimme* (le choix de l'ouvrier) pour Ouritski à Copenhague, dans lequel Grigori Chudnovsky et Nikolai Gordon (Leiba Alie Hael Gordon) avait aussi travaillé. Ce dernier était un Juif letton et un proche collaborateur de Grigori Zinoviev (Gerson Radomyslsky).

À Moscou, Lénine promit de résoudre le problème. Et effectivement, Volodarsky fut assassiné le même mois. Ouritski mena les investigations et apprit la vérité, sur quoi il fut aussi assassiné.

Kannegisser déclara avoir agi seul. Les sociaux révolutionnaires nièrent toute accointance avec Kannegisser. Il n'avait jamais été membre de leur parti.

Même le fait que Kannegisser soit affublé d'un chapeau d'officier était étrange alors que les autres avaient tendance à cacher leur chapeau pour ne pas être exécutés. Il paraissait avoir voulu attirer l'attention sur lui. Le fait qu'il se réfugie à l'ambassade britannique pour se changer était aussi surprenant. Il n'enleva que son blouson de cuir pour enfiler un long manteau. Pourquoi, alors, s'était-il enfui du lieu du crime ?

Staline transférait l'argent étranger de Lénine à Moscou dans les années 1930. En 1998, un compte qui appartenait à Vladimir Oulianov fut trouvé en Suisse. Personne ne l'avait touché depuis 1945. Il y avait un peu moins de cent francs suisses restant (50 dollars).

Il était tout aussi étrange qu'il fut parvenu à approcher Ouritski sans entrave et qu'il ait été capable de s'échapper aussi facilement après l'avoir tué. Il était impossible d'entrer sans être muni d'un permis spécial, étant donné qu'il y avait des gardes armés à la porte. Les inconnus ne pouvaient même pas parler à Ouritski au téléphone. Mikhaïl Aldanov confirma cela. Pourquoi personne n'avait réagi ? Ils avaient tout vu et tout entendu !

Mikhaïl Aldanov démontra dans son étude que Kannegisser ne savait pas comment tirer. Aldanov le connaissait bien ainsi que sa famille. Comment Kannegisser pouvait-il alors avoir tiré dans la tête d'Ouritski tel un tireur d'élite pendant que ce dernier se dirigeait rapidement vers l'ascenseur ? Il en ressort que Kannegisser fut utilisé comme homme de paille, tout comme Leonid Nikolaïev fut plus tard utilisé dans le meurtre de Kirov.

Par ailleurs, Lénine, avait adressé à Dzerjinski une courte lettre, dans l'après-midi du 30 août 1918, où deux personnes qui avaient abattu Ouritski furent nommées. Pourquoi rien ne fut jamais mentionné à propos de ces deux hommes ? Qui étaient-ils ?

Le fait que Kannegisser ait reconnu être l'auteur du crime est hors de propos, car les tortionnaires tchékistes pouvaient faire avouer à n'importe qui n'importe quoi. Dans ce cas, l'opportunité fut trouvée d'accuser du meurtre l'aile droite des sociaux révolutionnaires.

Il est maintenant confirmé que l'organisation centralisée de la Tchéka, dirigée par le franc-maçon Gleb Boky, était derrière le meurtre d'Ouritski. (Igor Bunich, « L'or du Parti », St. Pétersbourg, 1992, p.47)

Le mobile était d'exercer une vengeance sur Ouritski pour ses vols. Le but principal était d'avoir une raison de commencer la mise en place de la terreur. Le meurtre de Kirov répondait à une motivation similaire. Mais n'y avait-il pas une autre raison de se débarrasser d'Ouritski maintenant qu'il avait résolu le mystère d'un autre meurtre ?

V. Volodarsky (Moïsseï Goldstein) avait été assassiné dans d'étranges circonstances le 20 juin 1918. Il était le Commissaire du Peuple pour la presse, la propagande et l'agitation. Son meurtrier fut tout de suite estampillé comme membre des sociaux révolutionnaires de droite, malgré le fait qu'il ne fut jamais appréhendé.

La direction bolchévique de Moscou voulait démarrer le massacre immédiatement. Moïsseï Ourtiski, qui enquêtait sur le meurtre de Volodarsky, refusa de se plier à cela. Il soupçonnait que la main de la direction centrale était derrière ce meurtre. C'est pourquoi il était impossible d'utiliser ce meurtre comme prétexte. Lénine était hors de lui. Ceci transparait dans les télégrammes colériques envoyé le 26 juin 1918 à Grigori Zinoviev, le président du Comité du Parti de Saint-Pétersbourg. Lénine écrivit, entre autre chose : «*Au sein du comité central, nous avions l'intention de répondre au meurtre de Volodarsky par la terreur mais vous (pas vous personnellement mais les fonctionnaires de Piter) firent marche arrière. Je proteste fortement !*» (Note : le terme Piter désigne en argot la ville de St. Pétersbourg).

Le seul qui pouvait ignorer les demandes de débuter la terreur était le chef âgé de 45 ans de la Tchéka de Saint-Pétersbourg, Moïsseï Ouritski. D'après Alexandre Kravtsov, son télégramme montre clairement que le meurtre de Volodarsky fut planifié et organisé par la Tchéka sous les ordres de Lénine. L'historien Igor Bunich confirme cela.

Volodarsky et Ouritski appartenaient aux 275 conspirateurs mencheviks qui, avec Trotski, avaient embarqué sur le *Kristianiafjord* dans le port de New York, le 27 mars 1917 pour voyager vers Saint-Pétersbourg, où ils rejoignirent plus tard le dirigeant bolchévique, Lénine. Volodarsky vivait aux États-Unis depuis 1913.

Plusieurs circonstances étranges mirent Ouritski sur les traces des meurtriers de Volodarsky. La voiture dans laquelle Volodarsky voyageait s'était soudainement arrêtée dans une rue de Saint-Pétersbourg le 20 juin 1918. Soi-disant pour cause de panne sèche. Volodarsky descendit de la voiture accompagné de trois camarades pour rejoindre à pied le bureau du Soviet qui était tout proche. Soudain un terroriste fit irruption et lui tira trois fois dessus à bout portant avant de s'échapper. Volodarsky mourut instantanément : une des balles avait touché son cœur. Le terroriste jeta une bombe pour freiner ses poursuivants. Il n'y a pas d'information précisant que la bombe ait explosé ou pas.

Ouritski était très surpris par le fait que Lénine, le jour suivant, accusait l'aile droite des sociaux révolutionnaires. Et abracadabra ! Durant la terreur de 1922, un social révolutionnaire, Serguei, avoua le meurtre de Volodarsky.

Ouritski savait qu'il ne s'agissait pas d'un accident, car la voiture s'était arrêtée à l'endroit exact où le terroriste attendait. On ne se promène pas avec une bombe sur soi juste pour sa propre sécurité ! Comment le meurtrier aurait-il pu savoir que la voiture manquerait d'essence dans cette même rue ? Ouritski ne pouvait qu'en tirer une conclusion logique – le meurtre avait été organisé par la Tchéka de Moscou et ne pouvait qu'avoir été approuvé par Lénine. Bien sûr, Lénine et Dzerjinski savaient qu'Ouritski avait deviné la vérité à propos du meurtre, car il avait ignoré leurs requêtes concernant la terreur de masse. Aucun autre fonctionnaire n'aurait pu contredire une telle demande. C'est une autre des raisons pour laquelle il fut considéré comme une victime particulièrement commode, qui fut plus tard présentée comme un martyr innocent. C'est ce qui se passa également avec Volodarsky, Kirov, Frunze et bien d'autres. C'était le meilleur moyen de se débarrasser de rivaux indésirables.

Lénine avait un autre plan diabolique en réserve. Il avait choisi pour l'accomplir, le même jour que celui du meurtre – le 30 août 1918. Grâce à ce plan Lénine voulait être certain de légitimer la terreur qui avait déjà commencé dans le district de Penza, pour la répandre aussi aux autres zones.

V. Volodarsky et Moïse Ouritsky

Ainsi le 30 août, à environ dix heures du matin, Lénine prit la parole lors d'une manifestation à l'usine Michelson de Moscou. Après la réunion, le chef Communiste se rendit sur les quais où il commença à discuter avec les ouvriers depuis sa voiture. Soudain trois coups de feu se firent entendre, sur quoi les ouvriers reculèrent et Lénine s'écroula au sol. Deux balles l'avaient atteint. La troisième avait légèrement blessé l'infirmière en chef de l'hôpital Petropavlovsk, M. Popova. Le chauffeur Juif de Lénine, Stépan Gil, qui était assis dans la voiture, déclara qu'une femme avec un revolver au poing se tenait à trois pas de Lénine. Gil se précipita hors de la voiture, mais la femme jeta le pistolet à ses pieds et disparut dans la foule. Le blessé Lénine fut remis dans la voiture et conduit à l'hôpital. S. Batulin, Vice-Commissaire de la cinquième division d'infanterie de Moscou, était également présent à la réunion. Il se mit immédiatement à la poursuite de la femme.

Sur la place Serpoukhova, il remarqua une femme étrange portant un porte-document et un parapluie. Elle paraissait chercher à éviter les poursuivants. Batulin lui demanda pourquoi elle se tenait sous un arbre. La femme répondit : « Pourquoi veux-tu le savoir ? » Batulin la fouilla, prit le porte-document et son parapluie et lui ordonna de le suivre.

Sur le chemin, Batulin lui demanda pourquoi elle avait essayé de tuer Lénine. La femme répondit à nouveau : « Pourquoi veux-tu le savoir ? » Alors Batulin lui demanda directement : « Est-ce toi qui a essayé de tirer sur Lénine ? » Elle répondit par l'affirmative.

Le président du comité de l'usine, Ivanov, reconnut la femme. Il l'avait vue avant l'arrivée de Lénine. Elle fut alors confiée à l'organe d'investigation préliminaire.

Le vice-Président de la Tchéka, Yakov Peters, qui était aussi le président du tribunal révolutionnaire, et Dmitri Kursky, le commissaire du peuple aux affaires judiciaires, l'estonien Viktor Kingisepp et d'autres tchékistes étaient parmi les enquêteurs sur la tentative de meurtre. En Angleterre, Peters avait épousé May Freeman, la fille du banquier londonien John Freeman Dunn, ils avaient eu une fille ensemble, Maisie Peters-Freeman. Peters était rentré en Russie avec eux en mai 1917. Staline fit exécuter le Juif letton Yakov Peters en 1942.

Fanny Kaplan, âgée de 28 ans (en fait Feiga Roydman) expliqua que son attentat sur la vie de Lénine résultait d'une action politique personnelle, mais le docteur en histoire Pavel Sofinov a décrit le cours des évènements d'une manière bien différente dans son livre sur l'histoire de la Tchéka (publié en 1960).

Après la réunion à l'usine de Michelson, Lénine quitta l'atelier avec les ouvriers et se dirigea vers la voiture. Soudain un coup de feu fut tiré, puis un autre et aussi un troisième. Lénine fut blessé par deux balles et s'écroula à quelques pas de sa voiture. Les balles étaient empoisonnées. La terroriste ne tenta pas de s'échapper, car des enfants se tenant à proximité désignèrent Fanny Kaplan aux ouvriers qui s'emparèrent d'elle et la confièrent à la Tchéka.

Fanny Kaplan était une sociale révolutionnaire qui organisait des actions terroristes contre les bolchéviques et les dirigeants Soviétiques sous les ordres des impérialistes Franco-britanniques. Malgré le fait que Lénine soit grièvement blessé, sa santé de fer lui permit de se remettre des blessures et du poison. C'est la manière dont « l'historien » Pavel Sofinov décrivit la tentative en 1960.

En 1924, le docteur Weisbrod confirma dans le livre de Yaroslavsky que Lénine guérit rapidement. Le poison n'avait-il alors eu aucun effet ? Il fut expliqué officiellement que le poison des sociaux révolutionnaires était de qualité inférieure et était sans effet. Le docteur Weisbrod ne mentionna jamais le moindre poison. Cette histoire fut inventée plus tard.

En 1938, la propagande Staliniste affirma que c'était Nikolaï Boukharine (Dolgolevsky), membre du Comité Central du Parti Communiste, également appelé le « chouchou du parti », qui avait organisé l'attentat contre Lénine avec les sociaux révolutionnaires. Kaplan aurait été son instrument. Il fut aussi accusé d'avoir organisé le meurtre de Kirov et fomenté celui de Joseph Staline. Boukharine fut aussi accusé des meurtres de Menzhinsky, de Kuibyshev et de Gorky. Pour finir, il fut également soupçonné d'avoir tenté d'empoisonner Yezhov, le chef de la police secrète.

Il existe une autre version des évènements du 30 août 1918. Il s'agissait d'un message écrit de Yakov Sverdlov (en fait Yankel-Aaron Movshevich Solomon). Il maintenait que deux personnes avaient été arrêtées pour cette tentative. Sverdlov déclara qu'ils appartenaient à l'aile droite des sociaux révolutionnaires agissant pour le compte des Anglais et des Français.

Ce document fut même exposé au musée Lénine. Il y était dit que Protopopov, un des ennemis les plus violents de l'Union Soviétique, avait travaillé avec Kaplan et l'avait également aidée à s'échapper. Protopopov avait prétendument été immédiatement exécuté. Cette version ne fut jamais plus mentionnée après le 3 décembre 1918. Le professeur d'histoire Sofinov prétendit ne plus rien savoir à ce sujet. Mais la première question de Lénine après qu'il eut été touché fut : « L'avez-vous attrapé ? » Donc c'était un **homme** qui était l'auteur des coups de feu !

Le professeur de Kazan A. Litvinov parvint plus tard à prouver que c'était le tchékiste Protopopov qui avait tiré sur Lénine. L'agent fut arrêté et tué le même jour, ou le jour suivant. Kaplan ne savait pas ce qui s'était passé et s'en tint avec entêtement à sa version. (Dimitri Volkogonov, « Lénine », Moscou, 1994, p.398)

Un long manteau et un blouson, que le chef bolchévique avait porté au moment de l'attentat, furent plus tard exposés au musée Lénine de Moscou. Quatre trous avaient été marqués – deux rouges, pour montrer quelles balles avaient heurté le corps, et deux blanches qui avaient traversé sans toucher Lénine. Les quatre coups de feu avaient été tirés dans le dos. La version officielle prétend que seuls trois coups furent tirés. La balle qui blessa Popova paraît avoir été une de celles qui avaient traversé les habits de Lénine.

Yakov (Yankel) Yurovsky, qui avait organisé plus tôt le meurtre du Tsar et de sa famille, ne fut autorisé à examiner le site que trois jours plus tard. Il trouva quatre (!) douilles. Mais seuls trois coups de feu avaient été tirés ! (Ibid. p.398)

D'autres facteurs inexplicables étaient également impliqués. Si la direction du parti n'avait pas planifié le meurtre d'Ouritski, Lénine n'aurait pas annulé sa réunion au cours de la même soirée ou aurait du moins pris certaines précautions. C'est l'opinion de Grigori Nilov (Alexandre Kravtsov) dans son livre « La grammaire du Léninisme ». Il remarqua les ambigüités suivantes dans la description officielle.

Est-ce que Fanny Kaplan tenait réellement un porte-document et un parapluie pendant qu'elle tirait ? Resta-t-elle vraiment sous l'arbre en attendant que ses poursuivants aperçoivent le porte-document et le parapluie ? Pourquoi avait-elle seulement jeté le pistolet et pas son porte-document et le parapluie ? Alexandre Kravtsov était d'avis que de tels terroristes politiques n'ont pas pour habitude de fuir, mais de rester près de leur victime.

Il est tout particulièrement étrange que dans la version officielle, les ouvriers lui aient permis de s'échapper. Et où étaient les gardes du corps ? Le chauffeur Gil écrivit dans ses mémoires que Lénine n'avait pas un seul garde du corps avec lui. Pas plus que le comité du parti de l'usine qui l'accueillait !

Il est étrange que Lénine n'ait pas de gardes du corps avec lui dans cette situation. Les bolchéviques prirent particulièrement soin après leur prise de pouvoir, de se protéger contre tous les ennemis potentiels. Au début ils n'utilisaient que des gardes du corps Chinois et Allemands.

Lorsque le gouvernement Soviétique fut transféré de Saint-Pétersbourg à Moscou les 10-12 mars 1918, des mesures de précautions extraordinaires furent prises et des fausses pistes furent utilisées pour confondre les « ennemis du peuple ». À ce stade, les bolchéviques étaient proches d'être renversés. Le train qui devait apporter les dirigeants bolchéviques et leur « gouvernement » (Sovnarkom) de Saint-Pétersbourg à Moscou fut arrêté par 600 marins et soldats russes qui attaquèrent au cri de guerre de : « Détruisons le gouvernement Juif qui a vendu la Russie aux Allemands ! » Une troupe de gardes du corps encore plus importante qui accompagnait le train repoussa malheureusement cette foule (Platonov « L'histoire du peuple russe au 20ème siècle » partie I, Moscou, 1997, p. 536).

Lénine était habituellement toujours entouré de gardes du corps, d'après le tchékiste Alexandre Orlov. Il n'y avait qu'un seul officier à l'usine Michelson le 30 août 1918 – Batulin. Lénine et Kroupskaïa furent photographiés ensemble avec des gardes du corps le 28 août, juste deux jours avant l'attentat. Pourquoi Lénine ne souhaitait-t-il pas avoir ses gardes du corps avec lui le 30 août ?

Il n'y eut jamais d'explication au fait qu'aucune investigation ne fut jamais faite sur le pistolet qui fut trouvé aux pieds du chauffeur, Gil. L'assassin avait-il vraiment fait usage de l'arme qui fut trouvée ? Un autre pistolet fut retrouvé plus tard. Au cours de l'enquête, personne ne s'intéressa à la manière dont Fanny Kaplan tenait son porte-document et son parapluie. C'est pourquoi il y a des raisons de supposer qu'une autre arme fut utilisée au cours de « l'attentat contre la vie de Lénine ».

Mais la circonstance la plus étrange de toute, était sans conteste le fait que Fanny Kaplan soit en réalité à moitié aveugle. Il faisait sombre et il était onze heures du soir lors de l'attentat du 30 août. Elle pouvait à peine voir dans cette demi-obscurité. Ses procès expliquèrent qu'elle paraissait effrayée et confuse en de telles occasions. Sa vue avait été endommagée par l'explosion d'une bombe. Pendant le régime Tsariste, elle fut condamnée à mort pour terrorisme, mais comme elle était mineure au moment des faits, la sentence fut commuée le 8 janvier 1907, en servitude pénale à perpétuité. Elle était par période complètement aveugle et souffrait de maux de tête. Elle fut relâchée en rapport avec la prise de pouvoir bolchévique. Il était donc impossible pour cette femme à moitié aveugle de tirer sur Lénine dans une semi-obscurité. On peut supposer que l'autre personne, mentionnée par Yakov Sverdlov, avait une main sûre et une bonne vue de manière à ne pas tuer Lénine mais à le blesser juste légèrement. Seul le tchékiste Protopopov aurait pu faire cela.

Il aurait été simple d'assassiner Lénine dans la cour de l'usine s'il s'agissait des intentions des « meurtriers ». Il n'y avait aucun garde du corps. Pour cette raison, le ministre de la sécurité russe décida de l'ouverture d'une enquête à propos de cette affaire, le 19 juin 1992. Le dossier fut plus tard repris par le bureau du procureur de Russie. C'était une décision sensible, car ils trouvèrent des informations suggérant que Fanny Kaplan ne se trouvait pas à l'usine Michelson le fameux soir (*Istochnik*, N° 2, 1993). La nouvelle enquête ne pouvait pas non plus certifier que deux des balles tirées provenaient du browning dont Kaplan était supposé s'être servie. Il ne fut ainsi jamais clarifié s'il s'agissait de la même arme ou pas.

Staline fut soupçonné d'être derrière cette tentative, mais l'historien Igor Bunich a maintenant atteint la certitude que Lénine a organisé lui-même la « tentative d'assassinat ». Même si le chef de la Tchéka, Dzerjinski, avait donné l'ordre aux gardes du corps de lever leur protection le 30 août, Lénine lui-même ne l'aurait jamais accepté, lâche comme il l'était. Cela signifie que Lénine ne voulait pas de gardes du corps à ses côtés ce jour-là, car il avait personnellement planifié l'attaque. Autrement, il n'aurait jamais plus osé se montrer en public avec ce qui arriva à Saint-Pétersbourg.

Dzerjinski l'aida à dissimuler la vérité, de façon à ce qu'il soit impossible de révéler le véritable responsable de la fusillade. Il emporta ce secret avec lui dans la tombe. Le Juif polonais Dzerjinski, qui était un terrible sadique et un drogué, mourut soudain dans de mystérieuses circonstances le 20 juillet 1926, lorsqu'il commença à exprimer le désir d'avoir autant de pouvoir que Staline. Staline était aussi intéressé par le fait « d'hériter » de l'argent que Dzerjinski avait déposé sur des comptes en banque étrangers.

C'était typique de Staline qui, par exemple, donna l'ordre d'assassiner le commandant militaire Mikhaïl Frunze sur sa table d'opération, le 31 octobre 1925. Une légende fut plus tard créée pour transformer Frunze en héros national.

L'attentat sur Lénine fut immédiatement exploité par la direction du parti, qui déclara qu'il s'agissait de l'aile droite des sociaux révolutionnaires qui avait commis des actes de terrorisme et que le forfait avait été perpétré pour nuire à la classe laborieuse. Le 2 septembre, Yakov Sverdlov demanda officiellement à ce que la campagne de Terreur Rouge démarre. Il était le président du Comité Exécutif Central (chef d'état) et le secrétaire du Comité Central.

D'après les rapports officiels, le commandant du Kremlin, Pavel Malkov, tua Fanny Kaplan illégalement (sans procès) le 4 septembre 1918. Elle s'en tint à la version selon laquelle elle avait agi de son propre chef. Un prisonnier politique, Vassili Novikov, déclara qu'il avait rencontré Fanny Kaplan à la prison de Sverdlovsk en juillet 1932. Ce fut officiellement nié il y a quelques années. Le groupe de procureurs de Moscou ne voulait pas ignorer une autre version selon laquelle Fanny Kaplan fut grâciée au dernier moment et envoyé en prison à Sverdlovsk en Oural. Elle en sorti en mai 1945 et mourut en 1947.

Lénine savait que les Tchékistes avaient saboté l'enquête de « l'attentat », en déformant les réelles circonstances de cet important « crime » contre le régime bolchévique. Il n'aurait jamais accepté une telle procédure à moins d'être lui-même derrière la tentative d'assassinat.

Félix Dzerjinski, le chef de la police politique en Russie Soviétique. Ce drogué sadique était surnommé Félix le Fer.

La première chose qui fut faite après la tentative fut l'exécution de 900 personnes indésirables à Moscou. Des dizaines de milliers furent tués peu après. Le 21 novembre 1917, Lénine avait dit : « Nous organisons la violence au nom des travailleurs ! »

Le 5 septembre 1918, le Conseil des Commissaires du Peuple proclama la terreur rouge comme norme politique officielle. Cette politique ne fut jamais révoquée. Une campagne de terreur similaire avait débuté après le meurtre de Kirov. Cela devint une énorme célébration macabre pour ces gangs de criminels Juifs qui avaient pris le pouvoir grâce à l'aide allemande et américaine et dirigeaient le peuple par leurs mensonges et leurs doctrines malsaines. Ceux qui étaient impossibles à contrôler étaient liquidés. De telles listes de personnes furent formées immédiatement après la prise de pouvoir, mais la machine à exécution tournait indistinctement dans toute la Russie. Par exemple, 20 docteurs furent exécutés à Kronstadt simplement parce qu'ils étaient devenus trop populaires parmi les ouvriers. Des peines de mort étaient rendues pour les infractions les plus mineures. Les Tchékistes n'avaient besoin que d'un prétexte. Ils voulaient assassiner autant de gens qu'il était pratiquement possible de faire. Immédiatement après la prise de pouvoir, Lénine avait menacé ses sbires d'exécution s'ils ne suivaient pas ses instructions à la lettre.

Les circonstances anormales de la Russie Soviétique mirent en avant des gens mentalement dérangés – des meurtriers de masse. Le Communisme devint une sorte de rage mentale. Même les braves gens eurent une part de responsabilité dans ce processus de destruction, car ils ne firent rien pour empêcher l'avancement de cette Mafia politique criminelle. Les communistes basaient leurs privilèges et leur fortune sur le vol. Le mal était victorieux. Les bolchéviques Juifs, pendant ce temps, déclaraient avec démagogie que la dictature du prolétariat était la forme la plus élevée de démocratie.

La Commission Rohrbach américaine collecta des informations sur les actions terroristes. Les Russes furent soumis à la terreur rouge. Les Menchéviks et les autres socialistes qui passèrent à l'Ouest avaient des choses horribles à raconter concernant le tribut en vies humaines que Lénine fit payer à la Russie.

Certains étaient littéralement taillés en pièces, tandis que d'autres étaient marqués aux fers rouges, leurs yeux arrachés provoquant des souffrances insoutenables. D'autres étaient placés dans des boites dont seules leur tête, leurs mains et jambes dépassaient. Puis des rats affamés étaient introduits dans les boites pour dévorer leurs corps.

Certaines victimes de la terreur étaient clouées par leurs doigts ou leurs pieds au plafond et restaient ainsi suspendues jusqu'à ce qu'elles meurent d'épuisement. Ou bien d'autres étaient enchaînées au sol et recevaient du plomb fondu dans la bouche.

Beaucoup furent attachées à des chevaux pour être trainées à travers les rues, tandis que les Gardes Rouges Juifs leur jetaient des pierres et les battaient à mort.

Les femmes chrétiennes enceintes étaient enchaînées aux arbres avant d'être éventrées pour leur arracher leurs bébés. L'État Soviétique multipliait les lieux d'exécution. Voici un de ceux qui fut décrit par la Commission Rohrbach : « *Tout le sol en ciment de la salle d'exécution de la Tchéka Juive de Kiev était inondé de sang sur une épaisseur de plusieurs dizaines de centimètres composée d'un mélange horrible de cervelles et de morceaux de crânes. Tous les murs étaient recouverts de sang. Des fragments de cervelles et de chevelure y étaient incrustés. Un caniveau de 25 centimètres de large sur 25 centimètres de profondeur et d'une longueur d'environ dix mètres, était pareillement rempli de sang jusqu'aux bords.*

Certains corps étaient démembrés, d'autres avaient les côtes découpées, et même parfois littéralement taillés en pièces. Des cadavres avaient les yeux arrachés. Leur tête, leur visage, leur cou et leur thorax portaient des traces de blessures profondes et des sévices qu'ils avaient dû subir. Nous trouvâmes plus loin un corps dans lequel un coin à bois avait été enfoncé. Certains cadavres avaient eu la langue arrachée. Nous découvrîmes dans un coin une quantité phénoménale de membres, bras et jambes, sans que nous puissions identifier à quels corps ils appartenaient. » (The Defender Magazine, Wichita, Kansas, Octobre 1933)

L'occident commença immédiatement à défendre ces criminels, disant qu'un peu de sang doit être versé pour une bonne cause… Personne ne peut ignorer que de telles « révolutions » impliquent toujours de longues et inutiles destructions.

Le coup d'état des extrémistes Juifs de 1917 en Russie devint la plus grande catastrophe sociale de l'histoire de l'humanité. Les nouvelles autorités dépouillèrent complètement le peuple russe, y compris de sa propre histoire. Mais la vérité finit toujours par être révélée. Nous savons à présent presque dans les moindres détails ce qui se passa et quels étaient les coupables.

Voici une liste de membres de la Tchéka au début de la terreur en 1918 :

- Felix Dzerjinski (Président)
- Yakov Peters (Vice-Président and chef des tribunaux révolutionnaires)
- Viktor Shklovsky
- Kneifis
- Zeistin
- Krenberg
- Maria Khaikina
- Sachs
- Stépan Shaumyan
- Seizyan
- Delafabr
- Blumkin
- Alexandrovich
- Zitkin
- Zalman Ryvkin
- Reintenberg
- Fines
- Yakov Goldin
- Golperstein
- Knigessen
- Deibkin
- Schillenckus
- Yelena Rozmirovich
- G. Sverdlov

- I. Model
- Deibol
- Zaks
- Yanson
- Leontievich
- Libert
- Antonov
- Yakov Agranov (Sorenson), qui était particulièrement cruel.

Tous les Juifs mentionnés ici, s'illustrèrent par leur pratique de la Terreur Rouge.

Grigori Zinoviev dirigea la terreur à Saint-Pétersbourg. Zinoviev était le plus proche camarade de Lénine et son secrétaire avant la prise de pouvoir, malgré le fait qu'il était considéré comme dénué d'intelligence et complètement incompétent. Son secrétaire, Richard Pickel, l'aidait. Il n'était pas seulement franc-maçon appartenant aux hauts grades du Grand-Orient, mais aussi Juif, comme l'illustre l'histoire suivante.

L'ancien tchékiste Alexandre Orlov décrivit dans son livre « L'histoire secrète des crimes de Staline » comment la dernière marche de Zinoviev vers son exécution fut reproduite devant Staline.

Le 20 décembre 1936 lorsque Staline célébra l'anniversaire de la Tchéka, un grand gala fut donné, auquel furent invités le chef du NKVD Nikolaï Yezhov, Mikhaïl Frinovsky (chef-adjoint du NKVD), Karl Pauker (chef de la section des opérations) et d'autres dirigeants Juifs terribles de la Tchéka. Lorsqu'ils furent tous en train de festoyer joyeusement à table, le cruel bouffon Pauker décida d'imiter la scène de l'exécution de Zinoviev. Pauker jouait Zinoviev. Deux de ces collègues le tirèrent alors vers la cave dans laquelle il allait être exécuté, « Zinoviev » supplia qu'on lui laisse la vie sauve d'une voix attendrissante et en roulant des yeux. Soudain il tomba à genoux, étreignit la botte du garde et cria d'une voix macabre : « Chers camarade, au nom de Dieu... appelle Joseph Vissarionovich ! »

Staline regarda et éclata de rire. Il dit « Pour l'amour de Dieu ! » Les invités voyant que Staline appréciait le spectacle, demandèrent à Pauker de répéter la scène. Staline ne pouvait pas s'arrêter de rire et se tenait le ventre. Alors Pauker se lança dans une nouvelle démonstration, où « Zinoviev » levait ses mains et criait : « **Écoutes Israël ! Le Seigneur ton Dieu *est* le seul Éternel !** » (La profession de foi juive, voir le Deutéronome 6 :4) Alors Staline ne fut plus capable de suivre le spectacle, car il se mit à rire si fort qu'il était sur le point de s'étouffer. Il fit signe à Pauker d'arrêter son cirque.

Karl Pauker fut également exécuté 6 mois plus tard – le Juif hongrois fut accusé d'être un espion allemand. L'ancien barbier était venu de Budapest pour faire carrière au sein de la machine de terreur de la

Russie, en dépit du fait qu'il était une personne sans éducation et ignorante. Mais Staline l'avait autorisé à le raser – ce qui montre à quel point il lui faisait confiance.

Il n'était pas toujours nécessaire d'être communiste (de préférence Juif), pour devenir un fonctionnaire important au sein de l'appareil Soviétique. Il suffisait aussi d'être Juif et riche. Le jeune frère de Yakov Sverdlov, Venyamin, avait émigré aux États-Unis, où il était devenu un banquier prospère. Yakov, en tant que chef d'état, invita son frère en Russie peu après la prise de pouvoir, où il devint, avec l'accord de Lénine, le Commissaire du Peuple aux communications, malgré le fait qu'il n'était même pas membre du Parti. Il ne pouvait cependant pas faire face aux exigences de sa fonction et devint plus tard un fonctionnaire dirigeant au sein du Soviet de l'économie nationale. (1923-1925)

L'autre frère aîné de Yakov et de Venyamin, Zinovi, ne voulait rien avoir à faire avec le mouvement des extrémistes révolutionnaires et rompit avec eux. Alors son père le maudit et le jeta hors de chez lui. L'auteur Maxim Gorki (en fait Alexeï Peshkov) adopta Zinovi, qui émigra plus tard en France où il intégra la Légion Étrangère.

Son père se réjouit d'entendre qu'il avait perdu son bras droit au cours d'une bataille. Dans le Judaïsme, les fils maudits perdent toujours leur bras droit. Tout ceci a été rapporté par le chercheur russe Gregory Klimov. « Le Protocole des Sages Soviétiques », Krasnodar, 1995).

Un rapport du 1er mars 1919, rédigé par le capitaine Montgomery Schuymler (Omsk, Sibérie) à l'adresse du lieutenant-colonel Barrows (Vladivostock), indique : « Il est probablement peu recommandable de le déclarer publiquement aux États-Unis, mais le mouvement bolchévique est, et ce depuis ses débuts, guidé et contrôlé par les Juifs russes de la plus basse engeance... » (U.S. National Archive, 1919. Record Group 120 : « Record of the American Expeditionary Forces », p. 2, paragraphe 2).

Matvei Maravnik admit à la télévision suédoise qu'il aurait vraiment dû devenir rabbin, mais qu'il avait à la place choisi de travailler comme fonctionnaire bolchévique. Isaac Babel se battit pour le régime rouge dans la cavalerie de Budyonny. Il profita de l'opportunité de voler autant de diamants qu'il le pût. Il fut plus tard célébré pour ses écrits.

Les « révolutionnaires » Juifs croyaient que par tous ces meurtres de masse terribles, ils sacrifiaient des victimes *goy* pour faire plaisir à Yahvé. Dans le mot hébreu pour « s'emparer d'une proie » il y a le sens de « pillage ». C'est précisément ce qui fut fait en Russie. C'est pourquoi le poète et auteur Juif Heinrich Heine écrivit : « *Die Judische Religion ist uberhaupt keine Religion, sie ist en Ungluck.* » (La Religion Juive n'est pas du tout une religion, c'est une calamité.) Il confirma aussi dans ses « Confessions » que : « Les actes des Juifs sont aussi peu connus du monde, que leur véritable nature. » Il parlait bien sûr des actes des Juifs extrémistes.

Ces criminels vénéraient aussi Yahvé qui, d'après l'auteur français Juif Anatole France, était un puissant démon. (« La Reine patte d'Oie », 1899) Ainsi, ces Juifs hassidiques avaient la bénédiction de leur Dieu pour se réjouir de la souffrance et de la dégradation d'un autre peuple (Psaume 37 :34). Malheureusement, ces gens représentaient les pires éléments de la juiverie.

En Europe, les Juifs devinrent finalement synonymes de traîtres, d'après la « British Encyclopaedia ». Les bandits politiques qui ravagèrent la Russie étaient totalement sans pitié et inhumains. C'est la raison pour laquelle Chang Kai-Shek confirma que la plus grande faute du communisme était son inhumanité.

Le peuple russe se souvient avec horreur de ses bourreaux Juifs, qui avaient tous leur propre méthode pour se débarrasser de leurs ennemis. Ashikin à Simferopol faisait marcher ses victimes dénudées devant lui avant de trancher leurs bras et leurs oreilles avec son épée avant de leur écraser lui-même les yeux et de leur couper la tête. Le bourreau en chef de Nikolaïev, Bogbender, faisait emmurer ses victimes vivantes. Deutsch et Wichman œuvraient à Odessa. Ils prétendaient ne pas avoir d'appétit jusqu'à ce qu'ils aient tué plusieurs centaines de goy. Les tchékistes de Voronezh commettaient des meurtres rituels. Entre autres choses, ils avaient pour habitude de faire bouillir leurs victimes vivantes. C'était une méthode banale pour se débarrasser des goys et des Juifs renégats. Presque tous les habitants de Piatigorsk furent exterminés. Toutes ces informations furent publiées dans le journal russe *Russkoye Vosskresenye*, No.3, 1991.

À l'été 1919, les tchékiste d'Odessa utilisèrent deux épaves flottantes, le cuirassé *S/S Sinop*, et le croiseur *S/S Almaz*, que les Britanniques avaient sabordé, pour interroger, torturer et tuer les suspects. Deux tchékistes Juifs, Mikhail Wichman et Max (Mendel) Deutsch, avaient leur méthode favorite. Ces bourreaux attachaient leurs victimes avec des chaines en fer sur des épaisses plaques de bois et les plongeaient les pieds devant, dans un four du navire, où ils commençaient à cuire. Après, les victimes étaient retirées du four et plongées à l'aide de corde dans la Mer Noire, avant d'en être tirées à nouveau pour repasser au four. Les tchékistes appréciaient beaucoup l'odeur de chair brûlée.

D'autres victimes étaient précipitées dans la machinerie, ce qui les écrabouillait. D'autres étaient jetées vivantes dans la chaudière, en étaient retirées et ramenées sur le pont. Les victimes souffraient davantage à l'air frais avant d'être replongées dans la chaudière pour achever d'être complètement cuites. (Nikolaï Zhevakhov, « Mémoires », Moscou, 1993).

Après ces atrocités, Deutsch fut nommé chef de la Tchéka d'Odessa en 1920. Dans le journal *Nouvelles du Soviet d'Odessa*, le camarade Deutsch déclarait : « La peine de mort n'existe pas pour la Tchéka, nous ne faisons que nous débarrasser des éléments contre-révolutionnaires qui se tiennent sur le chemin de la construction de l'état des travailleurs. Actuellement, les procès publics sont hors de question. »

La nuit du 20 juillet 1919, tous les 712 avocats d'Odessa, à l'exception de deux, furent tués. Wichman prit la tête de la Tchéka à Simferopol en 1921. Mais en avril de cette année, il fut exclu du Parti et renvoyé de la Tchéka, car il en avait après les instances dirigeantes du Parti. Il fut embauché dans les années 30 comme général tchékiste du GPU à Chernigov.

Odessa abritait plus d'un millier de tchékistes. Ils employaient principalement des Chinois comme bourreaux. Ces derniers tuèrent près de 2 000 ennemis du peuple durant l'été 1919. Un nombre total de 10 000 personnes furent arrêtées. Tout fut organisé dans l'esprit de Lénine. Il avait déclaré : « Il vaut mieux s'emparer de cent innocents que de laisser filer un seul ennemi. »

La Tchéka publiait plusieurs journaux contenant les récits de tous ces abus : *L'hebdomadaire de la Tchéka*, l'*Épée Rouge* et la *Terreur Rouge*. De mai 1920 à 1922, les *Nouvelles du Soviet d'Odessa*, publia des informations sous le gros-titre récurrent « Les Opérations de la Tchéka », indiquant les tués des semaines précédentes.

La commission du général Anton Denikin qui enquêta sur les meurtres de masse des bolchéviques au cours des années 1918-19, trouva que les Rouges étaient parvenus à tuer au moins 1,7 million de personnes, pendant cette période.

A Vologda, Mikhaïl Kedrov (Zederbaum) et Alexandre Eiduk liquidèrent tous les intellectuels, pour lesquels ils ressentaient une haine particulière. Au cours de l'hiver 1920, un Juif de 20 ans fut nommé chef de la Tchéka de Vologda. Ses méthodes perverses d'exécution furent décrites par l'historien Sergueï Melgunov dans son livre : « La Terreur Rouge en Russie », (Moscou, 1990, p.122). Le jeune homme avait pour habitude de s'asseoir sur une chaise près de la rivière. Il se faisait apporter une pile de sacs et beaucoup de prisonniers. Les prisonniers étaient forcés de pénétrer dans les sacs, avant d'être jetés au travers d'une brèche dans la glace où ils se noyaient. Il fut bientôt rappelé à Moscou, où il fut accusé d'être anormal. Bien sûr il l'était – après tout, il n'avait pas jeté ses victimes dans l'eau bouillante, n'est-ce pas ? D'après le Talmud, le châtiment de Jésus est de bouillir en enfer dans des excréments.

Certains bourreaux et tortionnaires Juifs devinrent particulièrement célèbres, parmi eux Roza Schulz, Arkadi Rosengoltz furent particulièrement redoutés chez les marins et les cheminots.

Parmi les tchékistes de Kharkov, Yakimovich, Lyubarsky, l'ancien barbier de 18 ans Yesel Mankin, Feldman, Portugeis et Sayenko étaient tout spécialement redoutés.

Les réserves de Juifs extrémistes n'étaient pas suffisantes. C'est pourquoi ils recrutèrent un grand nombre de criminels russes et de meurtriers chinois pour poursuivre la tuerie jour et nuit. Les Juifs comme d'habitude étaient à la tête de cette bande. Beaucoup de criminels firent une carrière fructueuse en tant que tchékistes. Il y avait aussi beaucoup de bandits dans l'organisation Soviétique officielle. Officiellement c'était une chose dont on pouvait être fier. Mikhaïl Vinnitsky publia un article dans le journal *Kommunist* de mai 1919, dans lequel il disait avoir travaillé, en sa qualité de voleur, pour les idéaux du communisme, car il ne faisait que voler les riches membres de la bourgeoisie. En 1919 il travailla comme secrétaire dans la Tchéka. Plus tard, sous le nom de Mishka Yaponchik, il mit sur pied un régiment entièrement composé de voleurs et de pilleurs. Le dirigeant politique de ce régiment était le Juif Feldman. Le terrible voleur d'Odessa Kotovsky fut nommé à la tête d'un régiment communiste. Dans Tsaritsyn (aujourd'hui Volgograd), même les organes Soviétiques étaient dirigés par des criminels (Juifs). (Serguei Melgunov, « La Terreur Rouge en Russie », Moscou, 1990, pp.178-179)

Les Juifs dirigeaient habituellement les tchékistes Russes. Yelena Stasova et Varvara Iakovleva travaillèrent de manière particulièrement brutale à Saint-Pétersbourg. Revekka Plastina (Maizell) devint célèbre à Arkhangelsk, Yevgenia Bosh à Penza, et les déménageuses juives hongroises d'Odessa. La juive Maria Khaikina, qui commit des atrocités terribles, dirigeait le tribunal révolutionnaire de Kiev. Une des meurtrières les plus terribles fut Roza Schwartz, mais également Dora Yavlinskaya.

Un nègre américain, Johnston, fut envoyé à Odessa où il fit ses preuves en tant que boucher sauvage. Sa tâche principale était d'écorcher à vif ses victimes. (« La Terreur Rouge », p. 139)

Il est impossible de décrire tous les bouchers et leurs crimes. Durant une seule année au pouvoir, les bolchéviques exterminèrent 320 000 ecclésiastiques (*Molodaya Gvardiya*, No.6, 1989). Un total de 10 180 000 « ennemis de classe » fut assassiné entre 1918 et 1920. 15 millions d'autres moururent au cours de la guerre civile. Pendant la famine de 1921-1922, 5 053 000 autres périrent. Les bolchéviques, dirigés par Lénine, parvinrent à détruire plus de 30 millions de personnes durant leurs quatre premières années au pouvoir.

En 1917, 143.5 millions de gens vivaient au sein de la Russie Impériale, qui devint plus tard la Russie Soviétique. La Russie avait perdu plus de 20 pour cent de sa population en 1922. Il n'y avait plus que 131 millions d'habitants en 1923. Il a été calculé que la population de la Russie, dans des circonstances normales, aurait dû augmenter pour atteindre les

343 millions au milieu des années 1950, c'est à dire, si le développement avait continué comme il avait débuté sous l'ère Tsariste. En tout, 165 millions de gens avaient disparu. Qui se lamente et porte leur deuil en Occident ? Ils n'étaient plus que 178 millions de survivants.

Les meurtriers de masse Juifs les plus brutaux furent Roza Zemlyachka (en fait Rozalia Zalkind) et Béla Kun (Aaron Kohn). Ce dernier venait de Hongrie. Roza Zemlyachka fut appelé la « furie de la Terreur Communiste », ou Camarade Démon. Elle était née le 1er avril 1876, la fille d'un marchand Juif de Kiev, Samuil Zalkind, et mourut le 21 janvier 1947.

En novembre 1920, elle était devenue secrétaire du parti en Crimée et Trotski lui avait confié la tâche de nettoyer le territoire des Blancs. Cette femme assoiffée de pouvoir travaillait comme tchékiste aux côtés de deux autres Juifs, Béla Kun et Boris Feldman. Ses méthodes pour tuer ses victimes variaient, mais elle préférait les noyer dans la Mer Noire depuis une barge, pour économiser les munitions. Ses méthodes d'exécutions étaient trop horribles, même pour Dzerjinski à Moscou. Ses camarades avaient peur d'elle.

La Juive meurtrière de masse, Roza Zemlyachka (Rozalia Zalkind).

Aucun procès n'avait jamais lieu. Plusieurs centaines furent probablement pendus sur l'Avenue Nachimovski à Sébastopol. Béla Kun et Roza Zemlyachka étaient particulièrement avides lors de leurs incursions. Ils parvinrent à s'emparer d'un montant d'or inhabituel à Sébastopol. Cela constituait largement la base de leur immense fortune. Béla Kun avait pour habitude cruelle de violer ses victimes féminines. Ces deux parvinrent à tuer 8 364 personnes à Sébastopol, rien que lors de la première semaine de novembre 1920. 50 000 autres « ennemis du peuple » furent tués en Crimée, selon les sources officielles (12 000 à Simferopol, 9 000 à Sébastopol, 5 000 à Yalta).

En 1939, Zemlyachka fut nommée vice-présidente du Conseil des Commissaires du Peuple.

L'auteur Ivan Shmelev (1873-1950) affirme qu'au moins 120 000 personnes furent tuées en Crimée. Shmelev, qui vivait dans la ville d'Alushta, fut témoin de la rage des bolchéviques. Son fils fut tué au cours de la Terreur Rouge qu'il décrivit dans son livre « Le Soleil des Morts », publié pendant son exil en France en 1924.

Bêla Kun donnait d'habitude un coup de main pour abattre les gens à la mitrailleuse. Il devint célèbre en tant que « Commissaire de la Mort ». Dzerjinski le traitait de fou. Trotski lui donna personnellement l'ordre de fusiller 40 000 officiers capturés en Crimée.

Lorsque Béla Kun rencontra Lénine à Moscou en 1918, l'idéologue du Parti, Karl Radek, dissuada Lénine de se fier à Kun pour quoi que ce soit. Il lui indiqua que Kun était un imposteur habile qui était déjà parvenu à escroquer des sommes colossales. Lénine répondit cependant qu'il pouvait utiliser n'importe lequel élément criminel ou immoral, pour le mettre au service de la révolution. C'est ainsi que Kun fut envoyé en mission en Hongrie, où il ne tarda pas à être intercepté comme espion Soviétique.

Le 20 mars 1919, suite à une crise politique, le régime bourgeois de Hongrie abandonna volontairement le pouvoir aux sociaux-démocrates. Quatre conseillers socialistes (Ernest Harami, Julius Beidl, Emmanuel Buchinger et Jacob Veltner) recommandèrent de rejoindre le camp des communistes afin de mettre en place une dictature du prolétariat. Le jour suivant, Béla Kun (qui était incarcéré comme agent soviétique), et ses camarades bolchéviques, furent relâchés de prison et ils fondèrent aussitôt le Parti Socialiste.

Les socialistes francs-maçons, assistés par le comte Mihaly Karolyi, donnèrent les pleins pouvoirs à Kun. Il n'y eut pas de coup d'état, seulement un accord passé entre frères maçons. Le 21 mars 1919, la République Soviétique de Hongrie fut proclamée à Budapest.

Le régime de terreur communiste en Hongrie fut le produit de Béla Kun, son éminence grise. Officiellement, il était le Commissaire du Peuple aux Affaires Étrangères. Il était également un maître de la loge Johannes (aux degrés inférieurs) à Debrecen. Il était aussi membre du B'nai B'rith.

Le dirigeant communiste de la République des Peuples de Hongrie, Matyas Rakosi (Rosenfeld), au cours des années 1945-46, avait pour habitude de dire la plaisanterie suivante au sujet du chef de gouvernement de la République Soviétique, Sandor Garbai (1879-1947) : « Les dirigeants Juifs de la révolution ont recruté Garbai, le Gentil, afin qu'il y ait quelqu'un de disponible pour signer les condamnations à mort le samedi. » (Jerry Z. Muller, « Les Juifs et le Capitalisme », Princeton University Press, 2010, p. 153).

Toute cette misère avait été planifiée à l'avance par les francs-maçons, comme le souligne clairement le *Wiener Freimaurer Zeitung* (N° 1, 3 mai 1919). Le 2 novembre 1916, un conseil de la Grande Loge Hongroise discuta d'un plan d'action pour l'établissement de la République Soviétique de Hongrie, grâce à la mise en place d'un gouvernement provisoire socialiste. Le Grand Maître, Arpad Bokanyi, compara ses plans aux préparatifs de la Grande Révolution Française. Lorsqu'il termina de présenter le plan maçonnique du gouvernement d'intérim devant précéder l'installation de la République Soviétique, un frère s'écria : « **Ce programme maçonnique est identique à celui du Conseil National Hongrois ainsi que celui du gouvernement nouvellement formé. Notre chemin est donc déjà balisé.** »

Cela vaut la peine de faire remarquer que 90 pour cent des francs-maçons hongrois étaient Juifs. Leur Conseil de Commissaires du Peuple était composé de 26 membres, dont 18 étaient Juifs. Les huit hongrois n'étaient juste que des marionnettes. Béla Kun était un escroc rusé, extraordinairement avide et cruel. Il avait plus tôt occupé le poste de secrétaire du syndicat des ouvriers à Kolozsvar, mais avait été renvoyé pour cause de détournement de fonds publics. En gardant cela à l'esprit, il est facile de comprendre que son travail le plus important consistait à traquer les goys qui possédaient de l'or. Des montants fabuleux furent transférés de Hongrie vers les banques étrangères.

Lorsque les socialistes et communistes hongrois s'emparèrent du pouvoir dans le pays, ils commencèrent à faire des préparatifs pour étendre la violence au sein des autres pays. Kun avait initialement prévu de provoquer une révolution en Autriche, de manière à forger un pont depuis la République Soviétique jusqu'en Bavière. Il fit régner l'agitation parmi les bolchéviques autrichiens pour que ces derniers organisent de violentes manifestations contre le gouvernement. Le 18 avril 1919, les terroristes rouges tentèrent de brûler le bâtiment abritant le parlement à Vienne, mais la dictature de Hongrie ne parvint pas immédiatement à aider les communistes d'Autriche, alors le coup d'état prévu échoua. (Harry H. Bandholz, « An Undiplomatic Diary by the American Member of the Interallied Military Mission to Hungary 1919-20 », New York, 1933, p. 24).

Mais l'Armée Rouge hongroise commença à répandre le communisme en Slovaquie, qui fut finalement occupée. Le 16 juin 1919, la République Soviétique de Slovaquie fut proclamée à Presov et le pillage commença là aussi. Les troupes Tchèques écrasèrent ce gouvernement diabolique dès le 7 juillet et parvinrent à repousser ces gangsters Juifs avides. Le dictateur Antonin Janousek (1877-1941) s'enfuit en Russie Soviétique.

Béla Kun et l'incroyable cruauté du régime de terreur de ses camarades Juifs, infestèrent la Hongrie pendant 133 jours. Le commissaire Juif de Béla Kun, Isidor Bergfeld, admit avoir personnellement brûlé vif 60 magyars dans des fours et en avoir assassiné 100 autres de ses propres mains. Un total de 560 victimes fut compté. La terreur communiste, qui était dirigée par le Juif Otto Korvin (en fait Klein), le chef de la police politique, coûta au pays 28 milliards de florins en dommages matériels et 14 milliards de dettes. Il fut plus tard découvert que le gouvernement « révolutionnaire » avait aussi volé 900 millions de florins en devise étrangère au « fond domestique du peuple ». (A. Melsky, « Béla Kun et la Révolution Bolchévique en Hongrie », Stockholm, 1940, pp. 25-26, 46).

Dans les sous-sols du parlement, le Palais Batthyani, et ceux du Collège des Professeurs, Klein-Korvin et ses compagnons, exécutaient leurs victimes par pendaison. Elles étaient également fouettées à l'aide de cordes humides, leurs yeux arrachés au couteau, puis éventrées, pendant qu'un moteur de voiture restait allumé devant la sortie pour couvrir leurs cris de douleur.

D'après l'historien Juif Richard Pipes, jusqu'à 95 pour cent des dirigeants de la Hongrie étaient Juifs en 1919 (« La Russie sous le Régime Bolchévique », New York, 1993, pp. 112).

Les troupes roumaines renversèrent Béla Kun et ses amis criminels le 6 août 1919, malgré le fait que l'Entente, dirigée par la France, ait empêché une nouvelle fois les Roumains d'écraser la dictature communiste en Hongrie. Au début, les Roumains obéirent, mais ils ne tardèrent pas à réaliser que ces voisins communistes pouvaient constituer une menace sérieuse envers la Roumanie.

Le franc-maçon meurtrier de masse Béla Kun, qui durant 133 jours terrorisa la population de Hongrie, devenue en 1919 une « dictature du prolétariat ».

Lénine ne manqua pas de menacer d'invasion la Roumanie pour sauver la « dictature du prolétariat » de Béla Kun, mais l'Armée Rouge se trouvait dans une situation précaire et la Russie Soviétique ne pouvait tenir une telle promesse. Béla Kun s'enfuit en Autriche sociale démocratique, le 1er août 1919, où il fut mis en détention au sein d'un hôpital psychiatrique de Vienne. Mais Friedrich Adler, le Juif franc-maçon meurtrier et social-démocrate, arrangea sa libération en juillet 1920, lorsque la Russie Soviétique offrit des prisonniers de guerre autrichiens en échange.

Après qu'Adler ait assassiné le Premier Ministre autrichien, le comte Karl Stürgkh, le 22 octobre 1916, à cause du fait que ce dernier avait tenté d'empêcher les activités des radicaux de gauche, Adler déclara devant le tribunal : « ça n'est pas seulement le droit, mais le devoir, de chaque citoyen de faire usage de la violence. » Adler fut condamné mais grâcié peu après et devint plus tard le dirigeant du parti communiste en Autriche. En février 1934, les sociaux-démocrates d'Autriche essayèrent de s'emparer du pouvoir par la force.

Béla Kun se rendit alors en Allemagne. Le nouveau régime hongrois exigea qu'il soit extradé en Hongrie afin d'y être jugé pour ses nombreux crimes de masse, mais cette demande fut ignorée. Béla Kun s'en fut donc en Russie Soviétique, où il put poursuivre ses exactions.

La surprenante nouvelle de la chute du régime soviétique fut reçue par le Commissaire du Peuple aux Affaires Militaires, Tibor Szamuely, dans la ville de Györ au nord-ouest de la Hongrie, au cours d'une session de nuit du tribunal révolutionnaire. Il venait juste de condamner à mort trois pauvres travailleurs en tant que contre-révolutionnaires. Il ajourna la séance, laissa les accusés que personne n'osa exécuter après son départ, et rentra dans la capitale. Il n'emprunta pas le train spécial de Béla Kun, parce qu'il pensait plus sûr de s'échapper en voiture.

Le dirigeant de la terreur rouge, Szamuely, fut tué par les gardes-frontières hongrois. Les socialistes autrichiens exigèrent que la population soit informée du fait que Szamuely s'était suicidé. Une importante somme d'argent fut trouvée dans ses poches. Les paysans hongrois taillèrent son corps en pièce. Il fut enterré dans un endroit reculé et il fut inscrit sur sa tombe : « Ci-gît un chien mort ».

Sept grands cercueils rempli d'or et d'argent furent découverts à son appartement de Budapest, ainsi que de nombreux tapis turcs et persans. Tout cela avait été confisqué au nom de la classe laborieuse, selon A. Melsky.

Korvin-Klein, Kohn-Kerekes et plusieurs autres meurtriers de masse et voleurs furent condamnés à mort et exécutés par pendaison.

Plusieurs des partenaires de Béla Kun s'échappèrent aux USA, par exemple Sandor Goldberger et Joseph Pogany. Pogany fut actif dans le Parti Ouvriers Américain sous le pseudonyme de John Pepper. (Nesta Webster, « Le réseau socialiste », Londres 1926, p.59)

Le 10 janvier 1919, la République Soviétique de Brême avait été déclarée, avant d'être liquidée trois semaines plus tard, le 4 février. Le même mois, une autre république Soviétique avait été formée à Brunswick près du fleuve Oker, et une autre encore à Baden. Mais aucune ne survécut. Au début de mars 1919, de nouvelles manifestations eurent lieu à Berlin pour y implanter un système soviétique, mais cette tentative échoua également.

Les Juifs Communistes menés par Eugène Leviné et Kurt Rosenfeld s'emparèrent du pouvoir à Munich pendant deux semaines, du 13 avril au 1er mai 1919. Ils avaient proclamé la République Soviétique de

Bavière. Tous ces dirigeants étaient des Juifs qui appartenaient à la loge maçonnique secrète *Nombre Onze*, située au 51 Brennerstrasse à Munich. Eugène Levine (en fait Nissen Berg) et Max Levien assassinèrent leurs otages, et courraient après tous les objets en or et les bijoux dont ils pouvaient s'emparer. Eugène Levine fut exécuté pour ses crimes immédiatement après la chute de la République Soviétique de Bavière. Le meurtrier de masse Max Levien s'arrangea pour s'échapper en Russie Soviétique, où il devint un membre du Comité Exécutif Central.

Après la Première Guerre mondiale, plusieurs pays disparurent ou furent découpés. Les francs-maçons avaient décidé que la riche Hongrie devait être détruite. Le 4 juin 1920, à travers le traité de Versailles, des millions de Hongrois furent changés en étrangers dans leur propre pays, en se voyant amputé de 70% de leur territoire pour le voir être remis aux pays voisins qui occupaient déjà leur patrie. Trois millions et demi de Hongrois devinrent ainsi une des plus grandes minorités d'Europe. Sur une population hongroise de 21 millions, seuls 7,5 millions restèrent. La Hongrie perdit ainsi 60 pour cent de sa population ainsi que ses cinq villes les plus importantes, notamment Brasso, qui devint la ville roumaine de Brasov où les Hongrois sont une minorité aujourd'hui.

La Hongrie est probablement le pire exemple de l'injustice et de l'avidité des francs-maçons...

Le président de la République Soviétique de Bavière, Eugène Leviné, né Nissen Berg à St. Pétersbourg en 1883.

Les bandits bolchéviques pouvaient seulement ravager les zones conquises pour eux par les Allemands, d'après l'historien Igor Bunich. Les Allemands étaient complètement surpris – ils n'avaient jamais rien vu de semblable à la cruauté dont ils étaient maintenant témoins. Ils auraient aisément pu retenir les bolchéviques mais s'en gardèrent bien, car un marché avait été conclu.

Le lieutenant K. Balk, le président de la Commission Allemande de la province d'Iaroslavl, avait demandé dès le 21 juillet 1918, que l'armée de volontaires paysans qui se battait contre les bolchéviques se range sous son commandement. Les 428 paysans naïfs le firent, suite à quoi ils furent remis aux bolchéviques qui les exécutèrent tous immédiatement, à la grande horreur des Allemands (Igor Bunich, « L'or du Parti », St Pétersbourg, 1922, p.22).

Il fut également remis aux bolchéviques, les listes allemandes des opposants au communisme et sur la base de ces listes, ils exécutèrent 50 247 autres victimes entre mars et novembre 1918, d'après Igor Bunich.

Bien sûr, l'antisémitisme se mit à fleurir comme jamais parmi les Russes. Dans toutes les régions reconquises par les Blancs aux Allemands, des recherches étaient engagées pour mettre la main sur les Commissaires Juifs qui ne s'étaient pas encore réfugiés sous la protection allemande. Mais il n'y en avait pas beaucoup qui restaient – les Blancs n'en trouvèrent que très peu. Cela fut immédiatement exploité par la propagande sioniste en Occident, et comme d'habitude, les faits furent déformés dans des proportions ridicules. Ces légendes sont toujours, regrettablement et aveuglément crues.

Je ne donnerai qu'un exemple parmi tous ces mensonges. Il fut prétendu que les Blancs de la ville ukrainienne de Proskurov avaient exécuté 60 000 Juifs le 15 février 1919. Cependant, cette petite localité ne comportait alors que 15 000 habitants. Les Juifs de Proskurov étaient juste occupés à mettre en place le régime Soviétique dans d'autres endroits. (*Russky Kolokol*, No.7, 1929, Berlin) Il y avait 11 411 Juifs à Prokurov en 1897 (50 pour cent de la population). En 1926, ils étaient 13 408 Juifs (42 pour cent de la population). Une remarquable métamorphose ! La ville de Proskurov comportait 34 592 habitants en 1933. L'Encyclopaedia Judaica de 1971 déclare que seuls 1 500 Juifs avaient été tués en 1919, une estimation basée sur la propagande Soviétique. (Seules neuf victimes juives peuvent être aperçues sur une photo des archives de Jérusalem). Il fut dorénavant prétendu que 60 000 Juifs avaient été tués dans toute l'Ukraine. Comment se fait-il alors que plusieurs résidents de Proskurov (notamment Boruch Ginsberg et sa famille), atteignirent les États-Unis, d'après les archives d'Ellis Island du 9 juin 1922 ?

Les sionistes semblent avoir un faible pour les grands nombres en rapport avec les six, le même nombre que les branches de l'étoile de David. La propagande sioniste après la **Première** Guerre Mondiale prétendit que **six millions** de Juifs étaient morts de la famine, d'épidémie et d'**holocauste**. Un article de propagande intitulé « La crucifixion des Juifs doit cesser ! » fut publié dans l'*American Hebrew* du 31 octobre 1919. Tout cela fut plus tard démasqué comme ayant été de la **propagande de guerre**.

Le meurtre le plus atroce fut commis la nuit précédant le 17 juillet 1918, lorsque le Juif Yankel Yurovsky et ses bouchers subalternes exécutèrent le Tsar et sa famille à Ekaterinbourg, dans la cave d'une maison ayant appartenue au marchand Nikolaï Ipatiev.

Sous le régime de Kerenski, la Commission Spéciale avait déjà conduit des investigations à l'égard des crimes supposés du Tsar contre la Russie, mais elle n'avait rien trouvé de substantiel. Le Tsar ne fut cependant pas libéré. Malgré l'absence de chef d'accusation, la famille entière devait être liquidée.

Par une chaude nuit d'été, à deux heure et demi, **douze** hommes assassinèrent le Tsar Nicolas II, la Tsarine Alexandra ainsi que leurs cinq enfants Olga, Maria, Tatiana, Anastasia et Alexeï, puis également leur 3 domestiques et leur docteur de famille, Evguéni Botkin. Un des bourreaux alla même jusqu'à battre à mort le chien des enfants, Jimmy, avec la crosse de son fusil, faisant ainsi un nombre de victimes égal à douze. La première délégation de l'Union Soviétique aux Nations Unis comportait 12 membres, tous Juifs. Le nombre 12 a toujours joué un rôle central dans la Kabbale. Ce nombre correspond aux 12 tribus d'Israël – un symbole de leur lutte pour la domination mondiale.

Le Juif tchékiste de 40 ans Yankel Yurovsky tua le Tsar Nicolas II. Le Prince de la Couronne âgé de 13 ans Alexeï, malade (il souffrait d'hémophilie), ne mourut pas instantanément, alors Yurovsky tira plusieurs autres balles sur lui. Il avait un pistolet Mauser et un Colt. Son grand-père était un rabbin, d'après l'historien Oleg Platonov. Les études de Yurovsky se terminèrent après dix-huit mois. Il avait dit à son frère Leiba qu'il rêvait de devenir riche. Il parvint à accomplir son rêve au travers de son commerce de bijoux.

L'homme qui retint prisonnier la famille du Tsar, était le favori de Trotski – Alexandre Beloborodov, un des dirigeants Soviétique d'Ekaterinbourg. Son véritable nom était Yankel Weisbart et il était le fils d'un riche marchand de fourrure Juif, Isidor Weisbart. Weisbart fut une fois pris sur le fait en train de voler une forte somme d'argent, mais rien ne lui arriva.

Yurovsky était un des dirigeants tchékiste d'Ekaterinbourg. Son assistant, G. Nikulin, était son complice au cours des meurtres. Les autres membres de l'escouade de bourreaux étaient Piotr Yermakov, Piotr Medvedyev, S. Vaganov et sept autres « révolutionnaires » internationaux, qui furent plus tard présentés comme « Lettons » (l'astuce habituelle pour camoufler la vérité). Il y avait aussi Andreas Vergasi, Laszlo Horvath, Victor Grünfeldt, Imre Nagy, Emile Fekete, Anselm Fischer et Isidor Edelstein. Tous ces hommes faisaient partie de l'équipe spéciale du régiment de Kamyslov. Toute l'opération était intitulée « Tvyordy Znak » (signe de hardiesse).

Lorsque tout ceci fut rendu public en 1992, Erzsebet Nagy, la fille d'Imre Nagy, qui avait mené la révolte hongroise contre l'union Soviétique à l'automne 1956, réagit avec force. Elle essaya d'affirmer que son père avait été emprisonné par le Tsar et que sa famille avait été assassinée. Il était censé lui avoir écrit une carte postale depuis son camp de prisonnier. (*Dagens Nyheter*, 1er septembre 1992). Il est plutôt improbable que les bourreaux aient été autorisés à dire à qui que ce soit où ils se trouvaient, ni ce qu'ils faisaient au cours d'une opération secrète de ce type. N'importe quel sujet Soviétique peut confirmer la véracité de cette affirmation.

Ce fut le Juif Schinder, chef de la Tchéka d'Ekaterinbourg, qui sélectionna les meurtriers du Tsar et de sa famille. L'homme qui détruisit les corps avec de l'acide sulfurique était officiellement appelé Pinkus Voikov (en fait Pinkhus Weiner). Il était un chimiste Juif de 30 ans, qui avait pris part aux préparatifs du meurtre. Il vola plus tard une bague de rubis au doigt d'un des corps, et la portait avec fierté. Il fut assassiné en 1927 à Varsovie.

Le Tsar Nicolas II et sa famille

Le chef le plus élevé du Parti d'Oural et de Sibérie, le Juif de 42 ans Shaya Goloshchokin, qui était un proche ami de Yakov Sverdlov et n'avait jamais travaillé de sa vie auparavant, prit aussi une part active dans la planification des meurtres. L'historien V. Burtsev, qui a enquêté sur le mouvement révolutionnaire, le décrit comme un dégénéré et un bourreau cruel. Il mena plus tard la campagne de liquidation contre le peuple Kazakh.

Ce fut lui, selon l'historien Oleg Platonov, qui rapporta plusieurs boîtes étranges à Moscou à la fin de juillet 1918. Ces boîtes, d'après une discussion à Sovnarkom, contenaient les têtes du Tsar et de sa famille préservées dans des jarres d'alcool. Après la mort de Lénine, une commission trouva la tête du Tsar Nicolas II conservée dans l'alcool sur un de ses classeurs. (Vladimir Solooukhine, « À la lumière du jour », Moscou, 1992, p.217)

Il y avait aussi un autre fonctionnaire Juif derrière ces meurtres – Georgi Safarov (Woldin), un proche camarade de Trotski âgé de 27 ans. Il fut plus tard un des leaders du Kominterm.

Les Cosaques et les troupes tchèques prirent Ekaterinbourg le 25 juillet. Nikolai Sokolov commença immédiatement à enquêter sur le meurtre de la famille du Tsar. Il avait travaillé auparavant comme enquêteur préliminaire sur des affaires particulièrement importantes au tribunal d'Omsk.

Une cave dotée d'un grillage fut trouvée dans le sous-sol de la maison du marchand Ipatiev. Des traces de sang et d'impacts de balles sur le mur étaient apparentes, malgré que les meurtriers aient pris soin de nettoyer les lieux du crime. Il était évident que la petite cave avait été transformée en véritable abattoir.

Un des enquêteurs aperçut une citation de Heine écrit en Allemand sur un mur :

**« BelsaTsar ward in selbiger Nacht
von seinen Knechten umgebracht. »**

C'est à dire – (Belsa) le Tsar fut tué par ses esclaves la même nuit. Dans l'original, le nom était Belzazer. L'historien Juif Edvard Radzinsky déclara que cette citation allemande était « remarquable » et ne tentât pas d'interpréter ces lignes.

Le modèle du texte de Heine se trouve dans l'Ancien Testament : « En cette nuit Balthazar, le roi des Chaldéens fut égorgé » (Daniel 5 :30). Certains « historiens » ont essayé de dissimuler certains signes cabalistiques trouvés sur le même mur. Ces signes étaient impossibles à expliquer, donc Edvard Radzinsky préféra les passer sous silence.

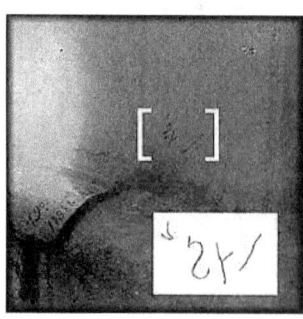

Ces signes furent finalement déchiffrés : « *Le Tsar fut sacrifié en ce lieu sur les ordres de forces secrètes, afin de détruire l'État. C'est un message à toutes les*

nations. » (*Komsomolskaya Pravda*, No. 169, 1989, Vilnius) Ceci fut confirmé par l'historien Serguei Naumov.

Ceci est une preuve suffisante qu'il s'agissait d'un meurtre rituel Juif, car le texte cabalistique citait aussi l'Ancien Testament (Daniel 5 :25) : « MENE, MENE, TEKEL, UPHARSIN ! » (Ce qui entre autres choses signifie que le royaume a été divisé ou détruit).

En feuilletant un petit livre publié à Berlin juste avant la Première Guerre Mondiale, il apparaît comme évident que cette victime avait été désignée depuis longtemps. Le livre fut écrit par le Juif G. Friedlander et s'intitule « La dynastie Romanov au pilori de l'histoire mondiale ». Je ne citerai qu'une seule phrase : « La dynastie Romanov doit être détruite ! »

L'historien Juif Nathan Eidelman confirme également que ce furent les Juifs qui assassinèrent le Tsar et toute sa famille. L'archevêque d'Ekaterinbourg pense aussi qu'il s'agissait d'un meurtre rituel perpétré par des Juifs hassidiques.

En mars 1908, Lénine écrivit pour exprimer sa satisfaction concernant l'assassinat du roi Carlos Ier et du Prince de la Couronne Louis Philippe du Portugal. Une bombe avait été jetée sur le carrosse royal le 1er février 1908. Lénine pensait que ce crime était « un pas dans la bonne direction vers une révolution sociale dans ce pays ». Il regrettait que cela n'ait pas conduit à une terreur générale du genre de celle qui rénove une nation et avait rendu la Révolution Française si célèbre. (Lénine, « Œuvres », Moscou, Vol.12, p.151) Selon Lénine, la terreur indiscriminée était nécessaire.

Mais n'est-ce pas ce à quoi avaient œuvré les francs-maçons de tout temps ? Le franc-maçon Gaetano Bresci (de la *Loge Paterson* du New Jersey) assassina le roi Umberto II à Monza (Italie), le 29 juillet 1900. Il y a beaucoup d'autres exemples d'attaques terroristes similaires. Déjà dans les années 1800, lorsque le terroriste Serguei Netchaïev suggérait que la famille du Tsar soit éliminée, Lénine approuva aussitôt. Les Juifs américains extrémistes soutenaient la même idée.

Ils eurent recours à la ruse et à la fourberie lorsque cela fut nécessaire. Les francs-maçons se débarrassèrent de Manuel II, qui était le plus jeune fils de Carlos, en répandant de fausses rumeurs. Les francs-maçons voulaient mettre un terme aux réformes. Le Roi Manuel s'échappa précipitamment d'un bal donné au cours de la visite d'état du président brésilien Hermès da Fonseca, le 3 octobre 1910. Fonseca était aussi un franc-maçon. Le Roi cru aux rumeurs selon lesquelles une révolution, allant jusqu'à menacer sa propre vie, avait éclaté dans son pays.

Les francs-maçons de haut rang, Theophilo Braga et Affonso da Costa, furent dès lors capables de proclamer la République du Portugal, le 5 octobre 1910. Un gouvernement provisoire constitué majoritairement de Francs-maçons fut mis en place. Theophilo Braga se proclama Président.

Affonso da Costa s'assura que le Portugal s'implique dans la Guerre Mondiale en 1916. La menace représentée par les francs-maçons était connue depuis longtemps dans l'état voisin de l'Espagne. C'est pourquoi tous les membres de différentes loges furent menacés de la peine de mort en 1814. La Grande Encyclopédie Soviétique confirma cela en 1938.

L'ordre d'assassiner le Tsar et sa famille provenait en fait de New York. Lénine n'avait pas son mot à dire sur la question. Les bolchéviques avaient été forcés de fuir Ekaterinbourg à une telle vitesse, qu'ils n'avaient pas eu le temps de détruire toutes les bandes de télégraphes. Ces bandes furent plus tard trouvées dans le bureau télégraphique. Sokolov s'en empara mais ne parvint pas à déchiffrer les télégrammes. Cela ne fut fait qu'en 1922 par un groupe d'experts à Paris. Sokolov découvrit alors que les bandes étaient extrêmement révélatrices, car elles concernaient le meurtre du Tsar et de sa famille.

Le Président du Comité Central Exécutif, Yakov Sverdlov, envoya un message à Yakov Yurovsky où il transmettait qu'après avoir annoncé à Jacob Schiff à New York l'approche de l'armée Blanche, il avait reçu l'ordre de Schiff de liquider tout de suite le Tsar et toute sa famille. Cet ordre fut transmis à Sverdlov par l'ambassade américaine, qui se trouvait alors dans la ville de Vologda.

Sverdlov ordonna à Yurovsky d'obéir à cet ordre. Mais le jour suivant, Yurovsky voulait vérifier si l'ordre s'appliquait à toute la famille ou seulement au chef de famille, le Tsar. Sverdlov lui précisa alors que la famille entière devait être éliminée. Yurovsky fut responsable de la bonne exécution de l'ordre.

Ainsi, Lénine ne décida rien de tout cela lui-même. L'historien Juif Edvard Radzinsky essaya d'affirmer que ce fut Lénine qui donna l'ordre d'assassiner le Tsar et sa famille. Mais un tel télégramme ne fut jamais retrouvé dans les archives. L'explication de Radzinsky que Lénine fit détruire ce télégramme ne tient pas, car il y avait un large nombre de matériaux compromettants laissés par Lénine. Pourquoi aurait-il précisément détruit ce télégramme et non pas d'autres documents particulièrement incriminants ?

En novembre 1924, Sokolov confia à un ami proche que son éditeur avait peur de publier ces faits sensibles dans son livre. Ils furent censurés. Sokolov montra à ses amis les bandes originales et les traductions déchiffrées. Sokolov mourut soudainement un mois plus tard. Il avait prévu de se rendre aux États-Unis pour fournir des preuves en soutien d'Henry Ford dans un procès intenté au magnat automobile par la Kuhn, Loeb & Co. pour avoir publié le livre « Le Juif international ».

Le livre de Sokolov « Le meurtre de la famille du Tsar » fut publié à Berlin en 1925 sans faire mention de l'information détaillée plus haut. Ces faits ne furent rendus publics qu'en 1939, dans le journal exilé *Tsarsky*

Vestnik. Le rôle de Jacob Schiff dans ces meurtres ne fut révélé en Russie qu'en 1990.

Au début, les autorités Soviétiques n'osèrent pas rendre public le meurtre de la famille entière du Tsar. Elles déclarèrent que seul le Tsar avait été exécuté. Comme le meurtre avait été arrangé à la hâte, Trotski n'eut jamais à jouer le procureur dans le procès contre le « tyran » comme il l'avait prévu. (P. Mykov, « Les derniers jours des Romanov », Sverdlovsk, 1926) Il déclara : « *L'exécution de la famille impériale était nécessaire, pas seulement pour décourager l'ennemi et lui ôter tout espoir, mais aussi pour secouer notre peuple et lui montrer qu'il n'y aurait aucun retour en arrière* ».

Piotr Medvedyev, chef des gardes surveillant l'extérieur, déclara plus tard ne pas avoir pris part aux meurtres. Sa femme raconta comment il tremblait de tous ses membres lorsqu'il rentra à la maison. Il ne se remit jamais de cette expérience.

La fin de Yakov Sverdlov fut, elle aussi, terrible. Le 16 mars 1919, il visitait l'usine Morozov de Moscou lorsqu'un ouvrier le frappa sur la tête avec un lourd objet aux alentours de quatre heures de l'après-midi. (A. Paganuzzi, « La vérité sur le meurtre de la famille du Tsar », USA, 1981, p.133) Il mourut officiellement de la tuberculose. Sverdlov avait exercé une forte influence sur les bolchéviques d'Ekaterinbourg depuis 1905, lorsque le Parti l'avait envoyé pour organiser des activités « révolutionnaires » (il organisait des vols et des meurtres pour collecter plus d'argent pour le Parti). Les faits réels à propos de la mort de Yakov Sverdlov restèrent un secret d'état en Union Soviétique.

Sverdlov avait aussi volé les biens des autres. Genrikh Yagoda, le commissaire du peuple aux affaires intérieures, avait rédigé un document secret No. 56 568, le 27 juillet 1935, qui indiquait : « *le coffre-fort ignifugé de Yakov Sverdlov était conservé dans les armoires du Kremlin. Les clefs étaient manquantes. Le 26 juin de cette année, nous avons ouvert le coffre et trouvé :*

« *1. Des pièces d'or de l'ère Tsariste pour un montant de 108 525 roubles. 2. Des objets en or, avec beaucoup de bijoux – 705 objets… des lettres de crédits pour 750 000 roubles furent aussi trouvées.* » (*Sovershenno Sekretno*, No.9, 1995, p.16)

Jacob Schiff mourut subitement en 1920. Le meurtrier Yankel Yurovsky, ne mourut cependant qu'après un long et douloureux cancer. La plupart de ceux qui furent impliqués dans le meurtre du Tsar, furent exécutés au cours de la terreur massive des années 1930. Le reste des membres de l'équipe des bourreaux furent victimes de mésaventures de toutes sortes.

La maison dans laquelle la famille du Tsar, ses domestiques et son docteur avaient été assassinés fut démolie sur ordre de Boris Eltsine en 1977. Il était alors le Chef du Parti de Sverdlovsk (redevenue Ekaterinbourg). En 2003, une église fut édifiée sur le site.

Le Juif Andrei Markov avait déjà exécuté à Perm le dernier Tsar de Russie, Mikhaïl II, le 12 juin 1918. Les bourreaux qui l'assistaient étaient Zhuzhgov, Myasnikov et Ivanchenko. Le corps de Mikhaïl Romanov fut incinéré. Nicolas avait abdiqué en faveur de son frère, Mikhaïl.

De cette façon, la Russie fut nettoyée de tous les « nuisibles », comme l'avait demandé Lénine dans un décret de janvier 1918.

Winston Churchill confirma le 11 avril 1919 : « De toutes les tyrannies de l'histoire, la tyrannie bolchévique est la pire, la plus destructrice, la plus dégradante. » (Paul Johnson, « Temps Modernes », Stockholm, 1987, p.106) Cela est vrai. Chaque château de Russie fut pillé, tout comme les fonds des affaires commerciales importantes, qui furent de toute façon tous confisqués par la suite. Les bolchéviques torturaient les gens pour s'emparer de leurs bijoux. Ils commencèrent à diriger en utilisant la famine comme arme, tout comme la Mafia Cosa Nostra en Sicile avait commencé son règne en exploitant la sécheresse.

Toutes sortes de marchandises furent expédiées à Berlin. Rien qu'en 1918, 841 wagons de bois de construction, 1218 wagons de viandes, deux millions de livres de lins, etc., furent envoyés. Les « révolutionnaires » Juifs n'étaient intéressés que par eux-mêmes. Gleb Boky continua à utiliser le vieil artifice qui consistait à demander de gros montants aux otages, l'argent finissant dans ses propres poches. Le GPU découvrit en 1932 que Ganetsky avait 60 millions de francs suisses sur un compte en banque de Genève. (Igor Bunich, « L'or du Parti », St. Pétersbourg, 1992, p.42)

L'éditeur Salomon Schulman écrivait : « Les années 1920 constituent l'âge d'or de la culture Yiddish en Union Soviétique. » (« Yiddish Country, Nora, 2010). D'un autre côté, toutes les autres cultures furent détruites.

Les communistes brûlèrent des millions d'ouvrages précieux et de manuscrits rares. 95 pour cent des sites culturels furent détruits. Encore en 1970, un fonctionnaire soviétique déclarait ouvertement au directeur Yuri Lyubimov : « Nous n'avons pas besoin de Boulgakov ou de Dostoïevski… » (Le journal estonien *Edasi*, 2 août 1988, p. 6).

Les livres indésirables font aussi l'objet d'autodafé en Israël. Le 23 mars 1980, des centaines d'exemplaires du Nouveau Testament furent publiquement et cérémoniellement brûlées à Jérusalem sous les auspices du *Yad Le'akhim*, une organisation religieuse Juive subventionnée par le ministère Israélien des Religions. (Israël Shahak, « Histoire Juive - Religion Juive : le poids de trois millénaires », Londres, 1994, p.21)

Les bolchéviques firent en fait tout ce qu'ils purent pour laisser les Russes restants dans l'égout ethnique dont Marx avait parlé. Ils voulaient écraser l'esprit et la morale du peuple à travers une pauvreté totale et l'acculer ainsi au crime et à l'alcoolisme. Ce faisant, ils pensaient rendre les ouvriers moins dangereux. Ils y parvinrent certainement. Tout le monde avait peur des communistes. Les Jacobins avaient aussi répandus la terreur sur leurs sujets pour les rendre plus facile à diriger.

Il y a 2500 ans, le philosophe chinois Sun Tsu (490 Av. J.C.) écrivit son « Art de la Guerre », où il décrivit les tactiques les plus efficaces contre un pays ennemi, d'une manière encore valide de nos jours :

« *Tout ce qui a de la valeur dans le pays ennemi doit être renversé et détruit… Coopérez avec les pires et les plus viles des créatures. Provoquez des luttes et des conflits entre les citoyens… Dégradez les traditions de l'ennemi et effacez son histoire. Infiltrez la société au moyen d'espions.* »

Le franc-maçon communiste Mikhail Borodin (Moshe Grusenberg), auquel fut confié des tâches particulièrement sensibles.

Le Communisme international utilisa les mêmes techniques contre la société russe. Ils commencèrent à éliminer les traditions en renommant les 1200 villes russes et en changeant les noms de millions de rues.

Au cours de la génération suivante, les communistes commencèrent à utiliser les moyens socialistes les plus efficaces pour arrêter le développement spirituel et psychologique de la société – le chemin des études restait fermé aux talentueux et n'était rendu accessible qu'aux inintelligents. Vladimir Lénine n'avait-il pas fait remarquer que seuls ceux cherchant un diplôme devaient être autorisés à poursuivre des études et non ceux qui souhaitaient atteindre la connaissance ? Les socialistes suédois ont aussi utilisé cette méthode avec « succès ». Les communistes et les socialistes savent qu'une personne intelligente et talentueuse ne peut que se dresser contre leur débilité sociale.

Le docteur et journaliste Juif Salomon Schulman, admit dans sa description des Soviétiques dans le *Svenska Dagbladet* du 25 septembre 1994, qu'un jour nouveau se levait ; une nouvelle race Juive était venue au monde. Il parlait des Soviétiques. Est-il possible de présenter les choses d'une manière plus claire ?

L'élite financière internationale avait décidé dès 1814, au congrès de Vienne, que la Russie devait être détruite pour se venger du Tsar Russe, qui s'était dressé contre leur projet de création d'une Communauté Européenne Socialiste.

Les bourreaux bolchéviques pensaient être du côté de la justice, car le Dieu des Juifs leur a donné le droit d'exterminer toutes les races indésirables (Deutéronome 7 :22-25). Leur Dieu leur a également donné le droit de réduire en esclavage les autres peuples paisibles (Deutéronome 20 :10-11). Karl Radek déclarait que c'était un préjugé bourgeois d'agir comme si le travail menait à la liberté.

Un auteur Juif sensé, A. B. Joshua, confirma : « Pour moi, la catastrophe du Judaïsme est l'idée d'être le peuple élu… » (*Dagens Nyheter*, 3 janvier 1988)

Mais le Sionisme n'a-t-il pas bâti son entière idéologie sur le mythe du « Peuple élu de Dieu » ? C'est une idéologie raciste, bien que les Nations Unis ne la considèrent plus comme telle.

Israël Shahak a écrit dans son ouvrage : « Histoire Juive, Religion Juive », Londres, 1994, (pp. 26-28), que le kabbalisme mystique est tout particulièrement inhumain, car il désigne les non-Juifs comme des êtres sataniques. Les assassins Juifs racistes agissent toujours en accord avec leur doctrine primitive et illégale.

L'ancien grand rabbin de Stockholm, Morton Narrowe, a critiqué les révélations de Shahak dans le magazine *Judisk Krönika* (Chronique Juives, novembre 1995), tout en admettant l'existence de lois discriminatoires à l'égard des non-Juifs, qui ne seraient cependant plus valides de nos jours, parce que le Judaïsme relève à présent de valeurs morales plus élevées. Ces valeurs morales expliquent difficilement la politique actuelle de l'état d'Israël, où perdure encore une doctrine barbare et primitive. Même Matthieu met dans la bouche de Jésus des expressions judaïques lorsqu'Il qualifie les Juifs d'enfants de Dieu et les Gentils de chiens. (Matthieu 15 :26).

La Tchéka tuait les enfants devant leurs parents et les parents devant leurs enfants. Ces meurtres furent organisés par une unité spéciale formée en janvier 1919 et dirigée par le Juif à demi-fou Mikhail Kedrov. Il appréciait tout particulièrement d'assassiner les enfants qui avaient été officiellement accusés d'espionnage (Sergei Melgunov, « La Terreur Rouge en Russie ») Si Lénine avait vraiment aimé les enfants, comme la gauche le prétend, cela n'aurait jamais pu advenir. Kedrov finit par être interné dans un hôpital psychiatrique, car il avait tenté dans sa frénésie meurtrière, d'exterminer tous les habitants de Vologda, au nord de la Russie. Même pour les dirigeants de la Tchéka, c'en était trop. Le chef du NKVD, Beria, le fit exécuter en octobre 1941.

D'après le magazine *Molodaya Gvardiya* (La Jeune Garde), N° 11, 1990, plusieurs tchékistes avaient pour habitude de boire le sang de leurs victimes afin de devenir de plus en plus cruels. La Tchéka se changea ainsi en un abominable abattoir humain.

L'auteur Alexeï Tolstoï a écrit que les tchékistes de Moscou, après la Terreur Rouge promise qui avait déferlé sur le peuple, organisèrent une démonstration de force, où ils défilèrent en portant des uniformes de cuir noirs les habillant des pieds à la tête, arborant une banderole sur laquelle était inscrit le terme « Terreur ! »

Les bolchéviques commencèrent à manipuler l'histoire avec précision, pour qu'elle soit conforme à la manière dont ils voulaient que le monde la perçoive. C'est pourquoi la plus grande menace pour le Communisme, qui était entièrement basé sur le mensonge et la peur, étaient ceux qui osaient bravement dire la vérité. Dire la vérité était considéré comme de l'agitation antisoviétique et à ce titre passible de mort. Au cours de la période Glasnost de 1986-1991, c'est cette vérité qui perça le « cœur » du communisme et le détruisit.

Les conseils des travailleurs, les soviets, perdirent bientôt leur pouvoir et leur influence. Le pouvoir fut alors transféré au comité du parti. Au cours du soulèvement de Kronstadt en 1921, les travailleurs et les marins essayèrent de reprendre le pouvoir aux soviets, mais ils échouèrent.

La pyramide du pouvoir partait du comité de village, suivi par un comité des villes, où le dirigeant était secrétaire du parti, puis venait le comité régional républicain, jusqu'en haut du Comité Central élisant le secrétaire général. Finalement, au sommet, se tenait le Comité Central qui nommait le Politburo, ce dernier exerçant des pouvoirs dictatoriaux.

En 1922, Staline devint le premier secrétaire général du Parti Communiste de l'Union Soviétique, puis en 1924, après la mort de Lénine, il jouissait d'un pouvoir total en tant que dictateur et devint ainsi un des hommes les plus puissants au monde, jusqu'en 1952 lorsqu'il fut renvoyé de son poste de secrétaire général en ne conservant que sa position de premier ministre aux pouvoirs limités. Georgi Malenkov fut nommé comme nouveau chef du Parti.

Ses jours de gloire étaient à présent derrière. Influencé par Franco, Staline s'était nommé généralissime le 27 juin 1945. Son tailleur Juif, Abram Lerner, lui avait dessiné et cousu un nouvel uniforme. Cela fit de Staline l'homme d'état le plus élégant dans son uniforme blanc, lors de la Conférence de Postdam (17 juillet – 2 août 1945).

Après la mort de Staline le 5 mars 1953, Nikita Kroutchev fut nommé chef du parti par intérim. Le parti resta sans dirigeant officiel jusqu'au 13 septembre 1953, lorsque le Comité Central confirma la position de Kroutchev comme premier secrétaire.

Leonid Brejnev parvint à le mettre à l'écart le 14 octobre 1964 et devint à son tour premier secrétaire. Il proposa de se débarrasser secrètement de Kroutchev, mais le chef du KGB, Vladimir Semichastny rejeta l'idée parce qu'elle risquait d'être révélée publiquement. Le 8 avril 1966, Brejnev réintégra le poste de secrétaire général.

Les derniers secrétaires généraux furent Youri Andropov (12 novembre 1982 – 9 février 1984), Konstantin Chernenko (13 février 1984 – 10 mars 1985), puis finalement Mikhail Gorbatchev (11 mars 1985 – 24 août 1991). Du 15 mars 1990 au 25 décembre 1991, Gorbatchev fut le premier et dernier président de l'Union Soviétique.

Les informations officielles de janvier 1927 confirment que les Juifs constituaient un pourcentage disproportionné parmi les membres du Parti Communiste. En Biélorussie, où ils représentaient 8,2 pour cent de la population, ils étaient présents comme membres du Parti à hauteur de 45,5 pour cent. En Ukraine, ils étaient 5,4% de la population et 23,1% du Parti. En Russie, pesant à peine 0,5% de la population totale, mais constituant 4,1% des membres du Parti. Dans l'ensemble de l'Union Soviétique, comportant une population Juive de 1,8%, 8,1% des membres du Parti Communiste étaient Juifs.

Ces estimations sont trompeuses, parce que durant l'ère Soviétique, les données étaient rarement disponibles, ce qui est encore le cas de nos jours.

Des statistiques irréalistes ont été publiées même au cours des dernières années. Le Parti Bolchévique comportait officiellement de 80 000 à 350 000 membres en octobre 1917. Mais en réalité, à la fin de 1917, il rassemblait seulement 44 148 membres dont 9,6 pour cent étaient Juifs. Au moment du coup d'état de février de 1917, les membres équivalaient à 10 023 avec le même pourcentage de Juifs. D'après les données internes du Parti Communiste, au printemps 1922, les inscriptions avaient atteint les 375 948, dont 19 564 Juifs, soit 5,2 pour cent. http://revsoc.org/archives/2511

Avant cela, plus de 300 000 membres avaient été exclus pour cause de « mode de vie bourgeois », penchant excessif pour la boisson, ou de leur propre chef, par exemple en signe de protestation contre la NEP (3,1 pour cent).

En janvier 1923, il y avait 493 409 communistes. Le pourcentage de Juifs au sein du Parti Bolchévique en octobre 1917 était probablement de 8,1 pour cent, mais considérablement davantage au milieu des années 1920, lorsque la plupart des partis socialistes et communistes avaient été intégrés au sein du Parti de la République Soviétique Communiste. Le Bund était doté de 33 700 membres et Po'alei Zion de 30 000, Apoel Atsairs comportait plusieurs dizaines de milliers de membres. Au total, tous les Partis Socialistes et Communistes Juifs, rassemblaient plus de 300 000 membres.

D'après la documentation soviétique, tous les Bundistes rallièrent le Parti Communiste de la Russie Soviétique, à partir de mars 1921. L'aile gauche des sociaux-démocrates de Po'alei Zion fut transformée en Parti Juif Communiste en 1919. La majorité de ses membres fut absorbée par le Parti Communiste de la Russie Soviétique, en décembre 1922, à l'insu de Lénine et de Staline.

En ajoutant aux 20 000 Juifs originaux, les bandits des partis révolutionnaires sionistes, se montant approximativement à 200 000 membres, il est évident que le pourcentage de Juifs atteint presque les 45 pour cent, au lieu des 8 pour cent admis. Mais il s'agit là de mathématiques sionistes…

Les sionistes ont prétendu que seuls 2,5 pour cent de la population juive avaient pris part au coup d'état et à la prise de pouvoir bolchévique. Mais 320 000 sur une population de 5,6 million, correspond bien à 5,7 pour cent.

Staline commença à s'inquiéter lorsque Trotski parvint à mobiliser autant de révolutionnaires sionistes. Le 26 janvier 1924, il mobilisa les paysans Russes afin qu'ils deviennent communistes, ce qui porta à 241 591 le nombre des nouveaux membres en l'espace d'un an. En 1925, le parti était doté de 735 000 membres et deux ans plus tard, de 887 233, malgré le renvoi constant 'd'éléments indésirables'. Le pourcentage des sionistes avait ainsi diminué. Plusieurs milliers d'extrémistes Juifs, qui avaient poursuivi leurs activités du Po'alei Zion, furent déportés en camps de travail. En 1928, cette organisation fut interdite par décret de Staline, pour motif de mouvement antisoviétique.

En 1934, le Parti Communiste rassemblait déjà 1 874 488 membres et en 1985, ils étaient 19 millions.

En 1936, 9 commissaires du peuple sur 14 étaient Juifs :

- Grigori Kaminsky
- Isidor Lyubimov
- Lazare Kaganovitch
- Israel Reinar
- Arkadi Rosengoltz
- Genrikh Yagoda
- Maxim Litvinov
- Moisei Rukhimovich
- Moisei Kalmanovich

Sur les 136 membres et fonctionnaires du Sovnarkom (le Gouvernement), 115 étaient Juifs, ce qui correspond à 85 pour cent. Le président du Sovnarkom (premier ministre), était le Russe Vyacheslav Molotov (Skriabin).

La vie culturelle était entièrement contrôlée par les Juifs, ainsi que la plupart de la presse.

Le pouvoir était préservé par l'appareil de sécurité de la Tchéka, correspondant à l'acronyme russe VChK, à prononcer Vé-Ché-Ka, et signifiant la Commission Extraordinaire Russe pour le Combat contre la Contre-Révolution et le Sabotage. Elle fut fondée le 7 (20 du calendrier julien) décembre 1917. Elle devait être l'épée et le bouclier du Parti Communiste, dont les symboles sont visibles sur l'emblème du KGB. Félix Dzerjinski fut le premier dirigeant de la Tchéka, qui devint le GPU (Administration Politique de l'État) en 1922. Le 15 novembre 1923, elle fut renommée le OGPU (Direction Unifiée de la Politique de l'État).

Après la mort de Dzerjinski, le 20 juillet 1926, le Polonais Vyacheslav Menzhinski lui succéda, avant de mourir à son tour le 10 mai 1934. Le 10 juillet 1934, l'organisation fut renommée NKVD (le Commissariat du Peuple aux Affaires Intérieures), mais elle était toujours connue sous le nom de GUGB. Sur ses 59 dirigeants, 53 étaient Juifs.

Le nouveau patron en était Genrich Yagoda, à qui devait succéder en septembre 1936, Nikolai Yezhov, qui fut à son tour remplacé par Lavrenti Béria. En 1946, elle fut réorganisée en MVD (Ministère de l'Intérieur), ou en fait MGB (Ministère de la Sécurité), avec Béria toujours à sa tête. Le 13 mars 1954, elle devint finalement le KGB, le Comité pour la Sécurité de l'État. Ses chefs furent :

- Ivan Serov (1954-1958)
- Alexander Shelepin (1958-1961)
- Vladimir Semichastny (1961-1967)
- Yuri Andropov (1967-1982)
- Vitali Fedorchuk (1982)
- Viktor Chebrikov (1982-1988)
- Vladimir Kryuchkov (1988-1991)
- Vladim Bakatin (1991)

L'organisation cessa d'exister le 3 décembre 1991.

Le quartier général du KGB était situé sur la Lubyanka, là où le siège social de la compagnie d'assurance Rossiya était situé sous l'ère tsariste. Le bâtiment est toujours sur l'ancienne place Dzerjinski. Le KGB était un organe de répression dotée de 750 000 employés, toujours considérés comme des tchékistes. Un immense réseau de millions d'agents informateurs était utilisé pour contrer les attitudes et les opinions critiques, dans les foyers mais également sur les lieux de travail.

Plusieurs Juifs actifs à l'international avaient remarqué que cette organisation répressive était représentée disproportionnellement par des Juifs extrémistes. L'avocat israélien, Yoram Sheftel, qui en 1990 visita les locaux du KGB de Simferopol en Crimée, fit une découverte choquante : « *Sur le mur de droite se trouvait une plaque commémorative sur laquelle était gravés les noms d'environ trente hommes du KGB morts lors de la Grande Guerre Patriotique, comme les Soviétiques désignent la Deuxième Guerre mondiale. Je fus choqué et pris de colère en lisant les noms : le premier était Polonski et le dernier Levinstein, ainsi que tous les autres comme Zalmonowitz, Geller et Kagan – tous Juifs. Le meilleur de la jeunesse Juive de Russie, le berceau du sionisme, s'était vendu corps et âmes au démon Rouge.* » (Yoram Sheftel, « Le dossier Demjanjuk : l'ascension et la chute d'un procès à grand spectacle », Londres, 1994, p. 301).

Le politologue Russe et journaliste d'investigation Yevgenia Albats, dont le père était un officier du GRU, écrit : « *En tant que Juif, je me pose une question : Pourquoi y-avait-il autant de Juifs parmi les enquêteurs du NKVD-MGB – y compris chez les pires d'entre eux ? C'est une question douloureuse, mais je ne peux m'empêcher de m'interroger.* » (Yevgenia Albats, « Un État dans l'État : le KGB et son emprise sur la Russie – Passée, présente et future », Farrar, Straus & Giroux, 1994, p. 147).

Le politologue Juif anglais, le professeur Leonid Schapiro, admet : « *Les Juifs abondaient aux niveaux inférieurs de la machinerie du Parti – tout particulièrement au sein de la Tchéka et ses organisations successives, le GPU, l'OGPU et le NKVD... Il est difficile de donner une raison satisfaisante à la prééminence des Juifs au sein de la Tchéka. Peut-être qu'ayant souffert aux mains des autorités russes, ils voulaient s'emparer des rênes du pouvoir au sein du nouvel état.* » (Leonard Schapiro, « Le rôle des Juifs dans le Mouvement Révolutionnaire Russe », *Slavonic and East European Review*, 1961, N° 40, p. 165).

La nouvelle caste communiste, la Nomenclature, surpassa tous les Pharaons et les esclavagistes de l'histoire du monde. En 1940, le droit de choisir où travailler était strictement encadré. De nouvelles lois punissaient sévèrement les travailleurs qui déménageaient ou changeaient de profession. La différence entre les camps de travail et l'usine était presque inexistante. (Milovan Djilas, « La nouvelle classe : une analyse du système communiste », New York, 1957, p. 95). Cela était encore le cas jusque dans les années 1950. Déménager de sa propre initiative était également interdit.

Les éléments essentiels du communisme démontrent que le pouvoir Soviétique reposa dès le début sur la terrible spoliation et extermination d'un peuple. Après la prise de pouvoir bolchévique, toutes les compagnies d'assurance cessèrent leurs activités. C'est une de ces choses complètement omises par les descriptions du système communiste.

Le décret soviétique du 28 novembre 1918 bannit toutes les assurances, car « le gouvernement possédait le monopole du domaine social », et que toute propriété privée cessa d'exister.

Le décret du 18 novembre 1919 annula toutes les assurances-vie souscrites avant la prise de pouvoir. Aucun paiement ne fut autorisé en cas de mort, malgré son augmentation considérable. La vie humaine n'avait aucune valeur aux yeux des communistes. Le 18 octobre 1920, le gouvernement Soviétique promit de s'occuper de toutes les affaires sociales. Mais ce ne fut jamais le cas. Cela démontre clairement que les intentions de Lénine étaient maléfiques.

Au cours de la période de la NEP, à partir du 6 octobre 1921, Lénine autorisait uniquement les souscriptions de police d'assurance auprès de la *Gosstrakh*, la nouvelle compagnie d'assurance d'état. Les couvertures commerciales et privées étaient autorisées, mais pas les assurances-vie. Les assurances du trafic routier fonctionnaient normalement, mais ne payaient aucune compensation en cas de mort par accident. En 1925, les assurances privées cessèrent d'être valides. Seules les coopératives ou les entreprises d'état pouvaient souscrire une assurance contre les désastres naturels. Seules les assurances-vie collectives financées par les ouvriers étaient autorisées. Le bénéficiaire en était cependant toujours l'état, qui gagnait ainsi de l'argent en faisant exécuter les gens. En 1939, 12,7 millions d'assurances-vie étaient actives. Si l'assurance-vie individuelle avait été autorisée, l'état n'aurait pas manqué de faire faillite à cause de ses massacres systématiques.

En 1934, les assurances personnelles furent à nouveau autorisées mais seulement à petite échelle. Après la Deuxième Guerre mondiale, lorsque le système d'assurance-vie collective fut liquidé, le nombre des polices s'effondra à 1,4 millions, car les paiements étaient si élevés que seuls les privilégiés politruk pouvaient les verser.

Les cotisations ne furent réduites pour les citoyens, qu'à partir de 1960, lorsque les massacres systématiques eurent cessés. Le nombre de police d'assurance repartit alors à la hausse pour atteindre les 2,9 millions. En 1970, 17,7 millions de polices d'assurance étaient souscrites. Dix ans plus tard, ce nombre atteignait les 62,1 millions. En 1988, le monopole d'état sur les assurances cessa ; en l'espace de deux ans, les petites coopératives avaient acculé *Gosstrakh* à la faillite.

Si nous comparons cette situation à celle en vigueur dans l'Allemagne Nationale-Socialiste, où il n'existait aucune limite sur les assurances-vie, ces faits parlent d'eux-mêmes.

La terreur d'état des communistes était sans borne – au nom du pouvoir, tout le mal possible et imaginable était permis.

En Union Soviétique, les gens se voyaient forcés de souscrire à des journaux de propagande, ainsi qu'à acheter des bons de trésor gouvernementaux qui ne seraient jamais remboursés.

Le Léninisme n'était rien d'autre que du banditisme politique organisé, ou divers groupes Juifs s'affrontaient constamment entre eux pour le pouvoir, pendant que le reste des autres races endurait les conséquences terribles de leurs intrigues. Cette lutte de pouvoir fut officiellement camouflée sous le terme d'« antisémitisme d'état ». Ainsi naquit un nouveau mythe fallacieux de plus.

Le dirigeant du groupe Juif le plus puissant, qui triompha de tous les autres, était Lazare Kaganovitch, un des pires meurtriers de masse de l'histoire.

LAZARE KAGANOVITCH, LE LOUP ASSOIFFÉ DE SANG DU KREMLIN

Le sbire le plus zélé de Staline fut Lazare Kaganovitch. D'après les documents du Parti, il était né le 22 novembre 1893 dans le village de Kabany dans la province de Kiev. Sa date de naissance officielle devint le 22 février 1893.

Lazare Kaganovitch commença par fréquenter une école Juive. Ancien fabricant de chaussure et menchevik, il fit une carrière incroyable en Russie Soviétique. Il avait auparavant travaillé officiellement comme cordonnier. Il n'avait pas d'autre formation. C'est pourquoi il avait été qualifié d'« autodidacte » dans les documents du Parti. Il devint un membre du Parti bolchévique dès décembre 1911, sa carte de membre portait le numéro 000 008. Il était considéré comme un fonctionnaire énergique qui était compétent en matière de gestion des effectifs. Selon les mémoires du secrétaire de Staline, Boris Bazhanov, sa manière d'écrire le russe trahissait de sérieuses lacunes grammaticales.

La biographie officielle de Kaganovitch prétend qu'il fut expulsé de son village natal en 1915, mais qu'il s'échappa et se cacha sous divers pseudonymes jusqu'à la révolution de février 1917. Ses activités pendant cette période restèrent un secret d'état, tout comme le fait qu'il soit un membre du mouvement sioniste Po'lei Sion (les Travailleurs de Sion). Cette organisation cherchait à combiner le Socialisme avec le Sionisme. Des dizaines de milliers de Juifs bolchéviques étaient membres de Po'lei Sion.

Dans le journal *Molodaya Gvardiya* (No.9, 1989), l'historien russe Serguei Naumov (Magadan), confirma que Kaganovitch était vraiment membre de Po'lei Sion. Les documents envoyés à Lazare Kaganovitch, dans lesquels les émissaires de l'organisation sioniste internationale Po'lei Sion comptabilisaient leur somme d'argent, ont été trouvés dans les archives. Ces organisations extérieures n'étaient pas autorisées à voir de tels rapports. Léon (Leiba) Mekhlis, un autre bourreau au service de Staline, était aussi membre du Po'lei Sion.

Le Po'lei Sion fut fondé en 1899 et la branche russe en 1901. Les dirigeants de l'organisation étaient alors Khaim Zhitlovsky et Nakham Syrkin (1868-1924). Ils prirent une part active dans la « révolution » russe de 1905-1906, lorsque 25 000 membres de ce groupe Sioniste-Marxiste se bâtirent contre le Tsar. Le groupe Union Mondiale fut fondé en 1907 et le siège était à La Haye entre 1915 et 1916, mais entre 1917 et 1919 il fut relocalisé à Stockholm, où il reçut toutes sortes de soutiens. Le siège changea alors pour l'Union Soviétique, où Po'lei Sion existait légalement comme Parti Socialiste Sioniste jusqu'en 1928. Les membres infiltrèrent alors le Parti Communiste et d'autres organisations. Po'lei Sion soutenait activement la prise de pouvoir bolchévique. Les membres de Po'lei Sion étaient principalement constitués d'extrémistes et de terroristes qui assassinaient tout ce qui se trouvait au travers du chemin vers le pouvoir Juif en Russie. Cette organisation subversive marxiste était même représentée en Estonie.

Le Bund – le Parti Nationaliste Juif – et Po'lei Sion poursuivirent leurs activités pendant que tous les autres partis, excepté le Parti Communiste, étaient interdits. Le Parti Communiste comportait même une Yevsektsia, c'est-à-dire une section juive. 90 pour cent des Sionistes Rouges appartenaient à l'appareil répressif Communiste, d'après Serguei Naumov.

En 1918, les Juifs Lazare Kaganovitch, Genrikh Yagoda et Yan Gamarnik déportèrent 50 000 paysans russes de la zone de Kouban. Bien sûr, ces victimes étaient comme d'habitude transportées dans des wagons à bestiaux.

En 1922, Lazare Kaganovitch aida Staline à devenir le dirigeant de la section d'organisation et d'éducation du Comité Central. Il intégra le Comité Central et le Secrétariat en 1924 – Lazare Kaganovitch devenant Secrétaire du Comité Central. Après cela, il s'occupa des tâches les plus importantes. Entre 1925 et 1928 il était le premier secrétaire du Parti en Ukraine. Il n'avait qu'un seul chef, Staline.

Sous le patronage de Kaganovitch, la vie culturelle juive en Union Soviétique devint florissante. En 1928 il y avait déjà dans l'Empire Soviétique 1075 écoles juives, où 160 000 enfants étaient éduqués en Yiddish. Le nombre d'institutions juives augmenta rapidement dans les années 1930-1931. Trois quotidiens en Yiddish étaient publiés : *Der Emess* (Moscou), *Oktober* (Minsk) et *Stern* (Kharkov). *Oktober* écrivit avec colère que les russes avaient pour habitude de dire : « Maudits Juifs ! » Il y avait aussi beaucoup de journaux locaux et de périodiques (*Einigkeit*, *Heimland*). Un journal pour enfants, *Zei Gereit* (Soyez prêts) était aussi publié à Kharkov. Le nombre de livres et de journaux passa de 11 titres à 298 (le total des publications passa de 155 000 à 1 136 000). La maison d'édition *Emess* existait depuis 30 ans. Je dois mentionner ici que les publications juives n'étaient pas soumises à la censure comme les autres publications. Une personnalité culturelle juive me révéla que Glavlit (l'organe de censure) ne censurait pas leur revue *Sovetish Heimland*. C'était un signe de confiance particulière de la part du Parti. Il y avait un département d'études culturelles juives à l'académie Biélorusse. Un institut de culture juive fut fondé en Ukraine en 1929. Certains instituts de formation des professeurs de collèges avaient des départements spéciaux pour la formation des professeurs, leur fournissant une qualification pour enseigner dans les écoles juives. L'Université du Peuple Juif ouvrit après la « révolution », d'après l'Encyclopaedia Judaica. Les organisations juives qui ne plaisaient pas aux chefs des bandits, étaient fermées.

Lazare Kaganovitch était le bras droit de Staline au sein de la machine de terreur. Il n'y avait pas la moindre compassion en lui, d'après Robert Conquest. Il croyait que les intérêts des bolchéviques justifiaient n'importe quel crime. Nikita Khrouchtchev, qui était un de ses plus proches adjoints, le qualifiait « d'homme le plus impitoyable ».

Le journaliste américain Stuart Kahan publia un livre très révélateur sur Lazare Kaganovitch. Kahan est le petit-fils du frère de Kaganovitch Morris, qui émigra aux États-Unis d'Amérique au début des années 1900. Il parla longuement avec sa famille en Yiddish le 23 septembre 1981 en Russie. Le résultat fut le livre « Le Loup du Kremlin » (New York, 1987).

Lazare Kaganovitch confirma à sa famille, entre autres choses, que c'était Trotski qui avait mené la prise de pouvoir des 7 et 8 novembre 1917. Bien sûr il idéalisait Lénine et Staline et s'en tint aux mythes Soviétiques. Il confirma cependant l'existence de protocoles secrets supplémentaires à propos du pacte de Molotov-Ribbentrop.

KAGANOVITCH L'ÉMINENCE GRISE

Lazare Kaganovitch bénéficia d'une carrière merveilleuse après avoir aidé Staline à réduire au silence Nadejda Kroupskaïa et, à travers elle, à s'approprier la fortune que Lénine avait déposée en Suisse. Plus tard, il apporta sa contribution au combat contre Trotski. Kroupskaïa devint un problème pour Staline car elle, ainsi que Kirov et Ordzhonikidze, avait demandé que Staline soit démis et remplacé par Trotski. Au cours d'une réunion des dirigeants du Comité Central, Kaganovitch demanda à ce que Kroupskaïa cesse toute activité politique et qu'elle ne soit plus jamais autorisée à assister aux réunions du Comité Central et qu'elle garde le silence. Autrement, le Parti informerait le public que Yelena Stasova avait été la véritable femme de Lénine et que Kroupskaïa avait juste été sa maîtresse. Kroupskaïa renonça. Pour cette contribution, Lazare Kaganovitch fut promu au rang de membre de Politburo et de chef du Parti de Moscou. Il avait auparavant occupé le poste de Secrétaire Général des syndicats du commerce.

Staline expliqua personnellement à Kroupskaïa ce qui l'attendait si elle ne transférait pas la fortune de Lénine à Moscou. Le Parti pouvait même présenter Roza Zemlyachka comme veuve de Lénine. Kroupskaïa renonça et révéla les endroits et les numéros de compte dont Staline avait besoin pour s'emparer de l'or de Lénine.

Dans les années 1930, Staline organisa le transfert des avoirs déposés à l'étranger par Lénine. En 1998, un compte en banque ayant appartenu à Vladimir Oulianov fut découvert en Suisse. Personne ne l'avait touché depuis 1945. Il y avait un peu moins de cent francs suisses de déposé.

À ce stade, Lazare Kaganovitch commença vraiment à diriger la terreur cruelle de Staline. Mais pour vraiment devenir une éminence grise au sein du Kremlin, il avait également besoin d'une « Esther » au côté de son dirigeant. L'opportunité se présenta lorsque Staline assassina sa seconde femme, Nadejda Alliluyeva, au cours d'un accès de colère le 9 novembre 1932. Staline étrangla sa femme après qu'elle l'eût accusé d'être coupable de génocide. Staline était déjà irrité par la relation lesbienne de sa femme avec une juive, Zoya Mosina, qui fut plus tard emprisonnée et déportée en Sibérie. Tous ces faits sont racontés par le dissident diplomate Soviétique Grigori Besedovsky (en fait Ivan Raguza) dans son livre « Les mémoires de Litvinov ». Staline lui-même avait en fait des penchants homosexuels, d'après le Juif bolchévique Isaac Don Levin (« Stalin's Big Secret », New York, 1956, p.40).

Le deuxième mariage de Staline (sa première femme était Ekaterina Svanidze, dont il avait divorcé en 1918), se termina violemment. Il avait commencé par un viol, pendant que Staline était sur le trajet de Tsaritsyn en 1918, pour accélérer le transport de céréales. Le bolchévique Serguei Alliluyev et sa fille de 17 ans voyageaient dans le même wagon. Des cris venant de son compartiment se firent entendre au cours de la nuit. Le père demanda à ce que la porte soit ouverte. Elle le fut finalement et Nadya, en larmes, se précipita dans les bras de son père. Elle déclara que Staline venait de la violer. Serguei Alliluyev prit son revolver pour tuer l'offenseur. Staline tomba à genoux, implora son pardon et promit d'épouser la fille si ce qui venait de se passer n'était pas ébruité. Serguei Alliluyev se calma et accepta de ne pas tuer Staline. Cette décision devait coûter la vie à sa fille, quatorze ans plus tard.

En suivant son cortège funéraire, le père Serguei ne se doutait probablement pas que Staline détruirait aussi son fils. C'est pourtant ce qui se passa en 1939.

Joseph Staline (en fait Djougachvili) était à moitié Juif, d'après le chercheur russe Gregory Klimov. Le Juif David Weissman prétend qu'il était complètement Juif (*B'nai B'rith Messenger*, 3 mars 1950, p.19).

Le docteur et journaliste Juif, Salomon Schulman qui vit en Suède, affirme que Staline parlait le Yiddish et le prouve en citant la revue en Yiddish *Di Goldene Kayt* (1962). Ceci fut révélé au cours d'une réunion entre Staline et les poètes Juifs Abraham Sutzkever et Shlomo Mikhoels (commissaire de la propagande). Sutzkever discuta des problèmes de la culture Yiddish, dont Staline était un fin connaisseur. Sutzkever parla Yiddish et Staline comprenait tout mais préféra répondre en russe. Le fait que Staline comprenait le Yiddish était un des secrets d'état les mieux gardé de l'Union Soviétique. Staline devint un pion obéissant entre les mains de l'élite financière internationale. Lazare Kaganovitch s'assurait qu'il suive toutes les directives importantes. Staline ne permit au début aucun antisémitisme. Il fit publier un article sur les moyens les plus efficaces de combattre l'antisémitisme dans la *Pravda* (No.41) de février 1929.

En 1924, un important conflit se déclencha entre les Juifs occidentaux de Russie (Haskala) et les orientaux (Hassidique). Les premiers voulaient Trotski comme chef représentant de leur régime, les autres préféraient le demi-Juif Staline et voulaient éloigner le plus possible de Juifs occidentaux des arcanes du pouvoir. Cependant, Trotski avait prévu de quitter la Russie avec le produit de tous ses pillages. Zinoviev, Kamenev, et Kaganovitch étaient à la tête des Juifs orientaux au début (les deux premiers avaient changé de côté). Staline voulait rester en Russie et exploiter les Russes et les autres peuples en tant qu'esclaves de la Mafia Communiste. Les Stalinistes voulaient se débarrasser d'autant de Juifs occidentaux que possible. Ces groupes criminels se battirent les uns contre les autres, tout comme les Jacobins s'étaient déchirés entre eux pendant leur règne de la terreur.

Les Juifs orientaux parvinrent à reprendre la main le 21 mai 1924 et Staline fut réélu comme secrétaire général du Comité Central. Ce fut Zinoviev qui proposa Staline pour la direction avec le plus d'enthousiasme. Ce soutien lui coûta la vie (en 1936), car Staline visait sa fortune personnelle. Grâce à la torture, Staline finit par obtenir le compte en banque de Zinoviev.

Beaucoup d'autres dirigeants bolchéviques durent céder leurs richesses à Staline sous la torture. : Kamenev, Boukharine, Unschlicht, Boky, Ganetsky, Béla Kun et bien d'autres. Staline soutira 60 millions de francs suisses au seul Ganetsky. Les tchékistes torturèrent Béla Kun pendant trois jours avant qu'il n'avoue et leur dise où sa fortune était cachée. C'était à ce point difficile pour lui de se défaire de ses gains mal acquis. Officiellement, il fut exécuté pour le viol de beaucoup de ses victimes femmes. Seuls les Juifs américains, qui avaient accumulés d'importantes fortunes pendant qu'ils travaillaient au sein du pouvoir Soviétique, furent laissés en paix.

Trotski dont les plans furent déjoués, s'arrangea quand même pour rester dans les coulisses du pouvoir. Il décida plus tard de quitter la Russie. Il fut autorisé à prendre avec lui ses volumineuses archives. Staline faisait espionner Trotski pour savoir où il avait caché sa fortune. À partir de ce moment, Lazare Kaganovitch et d'autres Juifs similaires commencèrent à jouer un rôle important au sein de l'état Soviétique. Pour dissimuler cette lutte de pouvoir, elle fut appelée « l'antisémitisme de Staline ».

Le grand public ne savaient pas que les adjoints les plus proches de Staline étaient toujours des Juifs, d'après les mémoires du secrétaire dissident du Politburo, Boris Bazhanov (il s'échappa astucieusement en Perse le 1ᵉʳ janvier 1928). Même le secrétaire personnel de Staline, Léon (Leiba) Mekhlis, était Juif. Son secrétaire aux affaires « sensibles » était Grigori Kanner. Ce dernier noya plus tard le sbire de Trotski, Ephraïm Shklyansky, dans Long Lake à New York, le 27 août 1925, un parfait exemple d'affaire « sensible ». Bazhanov demanda à Kanner s'il avait vraiment fait noyer Shklyanski. Kanner lui avoua avec réticence qu'il n'était pas autorisé à aborder certains sujets, même auprès du secrétaire du Politburo.

Staline avait à sa disposition un nombre total de 49 secrétaires. 40 d'entre eux (80 pour cent) étaient Juifs. Mais ces hommes, à leur tour, avaient besoin d'adjoints. Kanner employait pour l'aider un Juif connu sous le nom de Bombin. Mekhlis avait aussi deux aides Juifs, Makhover et Yuzhak, d'après Boris Bazhanov.

Boris Bazhanov, qui finit par devenir le secrétaire de Staline au Politburo, confirma dans ses mémoires publiées en occident, que Staline, de par son ignorance en matière politique, n'était pas du tout intéressé par les affaires gouvernementales. Ces dernières étaient gérées par ses assistants Juifs. Bazhanov confirma aussi que tout ce qui était nécessaire d'acheter à l'étranger (par exemple : les locomotives et d'autres produits de l'industrie) était acheté au travers de puissants groupes financiers Juifs, qui faisaient preuve de sympathie à l'égard de la révolution bolchévique.

Bazhanov révèle aussi que la moitié des membres du Comité Central étaient en fait des Juifs s'étant rapidement emparés de tous les postes importants. En 1939, les Juifs occupaient toujours 38 pour cent des postes au sein du Soviet Suprême. Il y avait un nombre incroyable de Juifs au sommet de la pyramide administrative de Staline. Les non-Juifs du gouvernement n'étaient que des marionnettes. Bazhanov déclara ouvertement que les Juifs détenaient plus de pouvoir que les autres. Cette franchise dura jusqu'en 1925, lorsque la position privilégiée et décisive des Juifs dans la société Soviétique commença à être camouflée.

L'antisémitisme continuait à croître au sein du peuple. Nikolai Boukharine déclara en 1927 : « Nous n'avons jamais eu un tel antisémitisme aussi extrême que celui d'aujourd'hui. » Il devint même pire après, malgré le financement d'un bureau spécial au Comité Central des Jeunes Communistes (Komsomol) dans le but d'éradiquer l'antisémitisme. Il est étrange de savoir que toutes ces décisions étaient des secrets d'état. Un exemple de cela fut une résolution du 2 novembre 1926, où il fut indiqué que le but premier du Komsomol était de combattre l'antisémitisme dans la société. C'est pourquoi Staline proclama le 1er janvier 1931 que « les communistes condamnent résolument l'antisémitisme » et qu'« en Union Soviétique, l'antisémitisme est puni de la façon la plus sévère. »

C'était en vain, car les extrémistes Juifs continuaient de dominer les domaines les plus importants. Même à l'université, les professeurs dominants et les conférenciers étaient des Juifs qui commençaient à endoctriner la nouvelle génération communiste. Nous pouvons voir le résultat horrible de cette « éducation » partout au sein de la société russe amorale d'aujourd'hui. Il y avait 25 000 Juifs maîtres de conférences en Union Soviétique en 1968, d'après Isaac Deutscher. Il confirma dans son livre « Les Juifs non-Juifs » que les Juifs devinrent des privilégiés après la prise de pouvoir bolchévique. Ils avaient leurs propres théâtres, leurs propres maisons d'édition et journaux. Sur tous les étudiants à l'université, 20,4 pour cent étaient Juifs. Dans certains établissements universitaires, le ratio atteignait presque les 40 pour cent. Les Juifs ne constituaient dans le même temps que 1,8 pour cent de la population (Platonov, « L'Histoire du peuple Russe dans les années 1900 », partie I, Moscou, 1997, p. 803).

En novembre 1936, le Premier Ministre de l'Union Soviétique (le Président du Conseil des Commissaires du Peuple), Vyacheslav Molotov (en fait Skriabine), menaça les antisémites de leur administrer la peine de mort.

Kaganovitch savait très bien que Staline souffrait de paranoïa. Un meilleur instrument ne pouvait pas être trouvé. Kaganovitch exploita la paranoïa de Staline au maximum et accrut même sa maladie de toutes sortes de façons, afin qu'autant de Russes et de concurrents Juifs que possible, périssent.

Staline souffrait déjà de graves problèmes psychologiques en décembre 1927. Il était devenu particulièrement irritable au sujet de la lutte de pouvoir avec Léon Trotski. C'est pourquoi le Politburo voulait que le célèbre neurologue, Vladimir Bekhterev, examine Staline. Même Staline voulait être examiné, car son bras gauche avait commencé de devenir raide et il voulait un diagnostic. Le professeur Bekhterev fut mandé à l'occasion d'un congrès et conduit auprès de Staline au Kremlin. Il examina Staline pendant quelques heures. Lorsqu'il retourna au congrès, il dit à voix haute, pour que tout le monde l'entende, qu'il venait d'ausculter un paranoïaque hystérique. Ainsi Bekhterev avait fait son diagnostic – paranoïa extrême. Bekhterev mourut la nuit suivante. Il fut empoisonné. Aucun examen post mortem ne fut jamais conduit. Quelques années auparavant, il avait délivré son diagnostic au sujet de Lénine : syphilis aggravée, ce qui fut immédiatement classé secret-défense.

Lazare Kaganovitch avoua à sa famille américaine, que c'était Staline qui avait planifié le meurtre de Serguei Kirov le 29 novembre 1934, accompagné de Genrikh Yagoda (né sous le nom d'Hirsch Yehuda en 1891), le chef Juif du NKVD. Kirov fut tué le 1er décembre 1934. Léon Trotski fut officiellement accusé d'avoir organisé le meurtre de Kirov et fut même condamné pour ce crime en son absence.

Ce fut Kaganovitch qui suggéra comment se débarrasser des concurrents indésirables. Par exemple, il suggéra d'exécuter Nikolai Boukharine pour avoir servi de laquai aux Nazis. Boukharine avait été nommé plus tôt le « golden boy de la révolution ». Kaganovitch et Staline voulaient s'approprier ses richesses. Les deux tiers des membres du Politburo furent finalement exécutés au travers des intrigues de Kaganovitch. Sur les 139 qui en 1934 avaient été élus membres du Comité Central, 98 furent plus tard liquidés. Nikita Khrouchtchev confirma aussi cela. D'autres fonctionnaires importants de l'appareil politique furent aussi assassinés, y compris Eismont, Vladimir Tolmachev le 20 septembre 1937, et Martemyan Ryutin, un membre de la clique de Boukharine, mourut dans un camp de travail en 1938.

Lazare Kaganovitch s'assura aussi que les membres de sa famille soient pourvus de hautes positions au sein de l'appareil gouvernemental. Son frère Mikhaïl Kaganovitch devint Commissaire du Peuple aux affaires aériennes. Yulius Kaganovitch fut nommé secrétaire du Parti à Gorky (Nizhny Novgorod). Boris Kaganovitch devint chef de l'industrie des uniformes militaires. D'autres proches de Lazare Kaganovitch (Aaron Kaganovitch, S. Kaganovitch et d'autres) devinrent aussi des officiels importants. (Rudolf Kommos, « Juden hinter Stalin » / « Les Juifs derrière Staline », Bremen, 1989, p.158)

Les historiens et les médias de l'occident, ont affirmé qu'il n'y avait plus de Juifs au sein de l'appareil administratif du temps de Staline. Il suffit de vérifier les listes des officiels et des secrétaires de différents commissariats du peuple dans les années 1930-1939, pour en tirer des conclusions différentes. Les commissaires du peuple d'origine juive dominaient toujours. En 1937, 17 des 22 membres des commissaires du peuple étaient Juifs, malgré le fait que les communistes ne voulaient pas exposer le considérable élément Juif du gouvernement Soviétique. Isidor Lyubimov (Kozelevsky), Moissei Kalmanovich, Arkadi Rosenglotz, Israël Veitzer, Yankel Gamarnik et Maxim Litvinov (en fait Wallakh-Finkelstein), en faisait partie.

En 1935, Kaganovitch fut également nommé commissaire du peuple à la communication.

Le Conseil des Commissaires du Peuple était composé de 133 membres, dont 115 étaient Juifs. Le Présidium du Soviet Suprême en 1937 comportait 27 membres, dont 17 étaient Juifs.

Prenons le Commissariat du Peuple aux Affaires Étrangères comme exemple. Aux côtés du commissaire Maxim (Hennoch) Litvinov-Finkelstein, se tenaient Vladimir Zuckerman, Yakov Rothstein, B. Rosenblum, R. Fliegelbaum, V. Levin, S. Epstein, V. Blumenfeld, E. Aisenstadt, D. Stern, H. Veinberg, E. Galperin, etc.

Examinons le Commissariat du Peuple au commerce extérieur comme autre exemple. Le commissaire du peuple était le Juif Arkadi Rosenglotz. Ses adjoints étaient également Juifs : Moise Frumkin et Israël Veitzer. Tous les dirigeants fonctionnaires du même commissariat du peuple étaient Juifs :

- Boris Belinski,
- Saul Bron,
- Stanilas Messing, (ancient tchékiste)
- B. Plavnik,
- M. Bronsky,
- Sholom Dvoilatsky,
- L. Friedrichsohn,
- M. Gurevich,
- Y. Yanson,
- M. Kattel,
- Fritz Kilevets,
- Abram Kisin,
- Boris Krayevsky,
- Filip Rabinovich,
- Nikolai Romm,
- Yakov Sokolin,
- Mark Sorokin,
- Anton Tamarin,
- S. Zhukovsky,
- Y. Flior,
- Ivan Katznelson.

Seuls les garçons de courses n'étaient pas Juifs.

Les fonctionnaires des autres commissariats du peuple étaient aussi principalement des Juifs.

Le tableau était le même à travers tous les postes dirigeants du Comité Central. Même le poste de secrétaire général était occupé par le géorgien à moitié Juif, Joseph Staline. Les autres fonctionnaires les plus importants étaient les Juifs suivants :

- Lazare Kaganovitch,
- Yan Gamarnik (chef du bureau politique de l'Armée Rouge),
- I. Kabakov (en fait Rosenfeld),
- Mikhaïl Kaganovitch,
- Wilhelm Knorin,
- Joseph Pyatnitsky (Aronsson),
- Mikhaïl Rukhimovich,
- Mendel Khatayevich, qui en 1935 fut décoré de l'Ordre de Lénine pour avoir organisé la famine catastrophique de l'Ukraine, mais qui fut condamné posthume, le 13 janvier 2010 par la cour d'appel de Kiev, pour sa responsabilité dans l'Holodomor (extermination par la famine).
- Moisei Kalmanovich,
- D. Beika, Tsifrinovich,
- F. Gradinsky,
- Grigori Kamensky,
- Grigori Kanner,
- T. Deribas,
- S. Schwartz,
- E. Veger,
- Léon Mekhlis,
- A. Steingart,
- Genrich Yagoda,
- Yona Yakir,
- Moisei Einstein,
- Yan Yakovlev (Epstein),
- Grigori Sokolnikov (Brilliant),
- Vyacheslav Polonsky (Gusin),
- G. Veinberg,
- Itzik Feffer,
- Samuil Agurzky,
- Khaim Fomin et les autres.

Ces autres Juifs jouèrent aussi un rôle important au sein de l'appareil du Parti : Eismont, Tolmachov, Martemyan Ryutin. Il n'y a pas assez de place pour nommer ici tout le monde et parcourir ainsi toute les listes. Le tableau est assez clair. Les non Juifs occasionnels étaient d'habitude mariés à des juives, comme Vyacheslav Molotov (Skriabine) qui était marié à Polina Zhemchuzhina (Perl Karpovskaya). Elle était la sœur de Samuel Karp, le propriétaire de Karp Import-Export Co. à Bridgeport dans le Connecticut. Staline la fit emprisonner mais la relâcha plus tard. Ce fut une grande erreur de sa part.

Voici quelques-uns des gens les plus importants du NKVD (la police politique), ceux qui firent le sale boulot pour Kaganovitch et Staline. La police politique était dotée de 59 hauts dirigeants. Seuls trois n'étaient pas Juifs. Les dirigeants tchékistes des années 1930 étaient les célèbres Juifs suivant :

- Meier Trilisser,
- Yakov Agranov (Sorenson),
- Mark Gay,
- Stanislav Redens,
- Roman Pilyar,
- Abram Slutsky (qui assassinait les ennemis du communisme à l'étranger),
- Yakov Aleksnis,
- Israël Leplevsky,
- Leonid Zakovsky,
- Zinovi Ushakov-Ushmirsky,
- Isaac Shapiro,
- Boris Berman (chef de la section judiciaire du NKVD),
- Lazare Kogan (qui fut un interrogateur particulièrement cruel),
- Yakov Rapoport,
- Joshua Sorokin,
- David Schuster,
- Mikhaïl Spiegelglas (chef-adjoint de la section étrangère du NKVD),
- Moisei Gorb (dirigeant de la section spéciale du NKVD),
- Yakov Broverman,
- Leonid Reikhman,
- Léon Elberg,
- Léon Scheinin,
- Boris Stein,
- Yakov Surits (qui avait auparavant été ambassadeur de la Russie Soviétique en Norvège, en Allemagne et en France),
- Vera Inber,
- Alexander Langfang (bourreau sans éducation qui devint célèbre sous le sobriquet de la « hachette »),
- Vilhelm Knorin,
- Joseph Pyatnitsky (Aronson),
- Mikhaïl Frinovsky,
- Yakov Smushkevich (qui fut nommé chef des forces aériennes en 1940),
- Mendel Berman,
- Boris Rodos (sans aucune compétence ni diplôme),

- Léon Schwartzman,
- Evgueni Hirschfeld,
- Serguei Efron,
- Zakhar Volovich (terrible bourreau),
- Israël Pinzur,
- Léon Vlodzhiminsky,
- Naftali Frenkel,
- Abram Belensky,
- L. Zalin,
- L. Meier,
- Z. Katznelsohn,
- F. Kurmin,
- Leonid Vul,
- Lev Belsky (Abram Levin),
- Zinovi Katznelsohn,
- Lev Meier-Sakharov,
- Leonid Vul,
- Lazar Berenson,
- Alexander Dorfman,
- S. Gindin,
- Vladimir Zaidman,
- Alexander Forkaister,
- Lazar Spiegelman,
- J. Volfzon,
- Georgi Abrampolsky,
- I. Weizman,
- S. Rosenberg,
- A. Minkin,
- F. Katz,
- Alexei Shapiro,
- M. Pater,
- A. Dorfman,
- B. Ginzburg,
- V. Baumgart,
- J. Vodarsky,
- K. Goldstein,
- Lipsky,
- Ritkovsky,
- Berenson,
- Zelikman,
- Sofia Gertner,
- Yakov Mekler et beaucoup d'autres.

Les pires à Léningrad, furent Sofia Gertner et Yakov Mekler, qui fut surnommé le Boucher.

Il y avait quelques dissidents déçus même parmi les hauts fonctionnaires, comme Leiba Feldbin qui s'enfuit aux États-Unis en juillet 1938.

Le 5 mai 1993, la *Pravda* publia des documents extrêmement secrets de la 13ème division du NKVD et plus tard d'une section correspondante du KGB, prouvant qu'un grand nombre de gens tombèrent victimes de meurtres rituels Juifs en Union Soviétique. La *Pravda* déclarait : « il existe encore 40 à 50 personnes par an qui sont victimes de tortures rituelles ».

Les Juifs jouèrent aussi un rôle majeur dans les services de renseignement militaire (GRU). Par exemple l'agent secret Léopold Trepper, dont le père était commerçant en Pologne. Trepper avait pour habitude de déclarer fièrement : « Je suis communiste, parce que je suis Juif ! » (Harry Rositzke, « KGB », Helsinki, 1984, p.25) Avant cela, il avait été un activiste sioniste en Palestine, mais avait été expulsé en France, avant de rejoindre Moscou. Un autre agent à succès fut Ignatz Reiss (Ignati Pretsky), que Staline fit assassiner en 1937 à Lausanne parce que Reiss continuait à soutenir Trotski. La mission fut confiée à Valter Krivitsky (né Schmelka Ginsburg en 1899 en Pologne). Il était déjà un meurtrier de masse à l'âge de 19 ans. Le groupe d'extermination sous ses ordres massacra 2 341 personnes. En 1935 il devint le chef du service du renseignement militaire Soviétique. Après 20 ans comme assassin Soviétique, il rompit avec le service lorsqu'il lui fut ordonné de tuer son ami et camarade communiste Juif Ignatz Reiss, en Suisse. Reiss avait mis de côté beaucoup d'argent pour s'enfuir à l'ouest. Krivitsky rentra dans la clandestinité, sur quoi un autre assassin Juif, Isaac Spiegelglas, reçut l'ordre d'achever la mission. Reiss fut assassiné le 4 septembre 1937.

Le Premier Ministre français, le Juif Léon Blum, avait promis d'aider et de protéger Krivitsky. Un activiste Juif, Paul Wohl, exfiltra Krivitsky de France vers les États-Unis. Israël Don Levine du *Saturday Evening Post* accorda à Krivitsky un contrat pour neuf articles pour 5 000$ chacun. Krivitsky fut retrouvé mort chez lui peu après.

Les méthodes utilisées contre les déserteurs furent plus tard modifiées. L'agent déserteur du GRU, Viktor Souvorov, décrivit dans son livre « L'aquarium » (Ekaterinbourg, 1993, pp. 4-6) comment le GRU après la Deuxième Guerre Mondiale, prit l'habitude de brûler vivants les traîtres ou les agents qui échouaient au cours de leurs missions. Ils étaient drogués et ramenés dans des sacs diplomatiques de l'Ouest vers Moscou pour être brûlés à mort dans des hauts fourneaux. Des films de ces exécutions étaient montrés aux nouvelles recrues pour qu'elles n'aient pas d'illusion sur le sort de ceux qui échouaient en mission ou trahissaient l'organisation.

Un de ces traîtres fut le colonel du GRU Oleg Penkovsky. Les britanniques autorisèrent le KGB à l'arrêter. Penkovsky avoua tout et fut condamné à mort. Le 16 mai 1963, il fut brûlé à mort devant les yeux d'un groupe d'officiers de haut rang.

Le secrétariat du président Boris Eltsine, admit en 1992 que le Parti Communiste avait formé une force spéciale pour perpétrer des attaques terroristes contre les opposants politiques occidentaux.

Les meilleurs agents du Kominterm étaient aussi des Juifs. Dans les années 1930, Jakob Kirchstein et Rudolf Katz étaient considérés comme deux des meilleurs.

La vie culturelle de l'Union Soviétique était « organisée » par le Kultprovsvet. Les 40 dirigeants de cette organisation étaient tous Juifs. La propagande Soviétique était bien sûr dirigée par le Juif Boris Feldman. Les plus éminents journalistes propagandistes étaient aussi Juifs. Mikhaïl Koltsov (Ginzburg) était particulièrement efficace et avait aussi des accointances tchékistes. Il supervisa l'agitation communiste de Madrid au cours de la guerre civile espagnole. Le dirigeant des syndicats était Solomon Dridzo (en fait Lozovsky), qui fut plus tard remplacé par Mikhaïl Tomsky (Honigberg).

La jeune organisation communiste Komsomol fut aussi fondée et dirigée par des Juifs. Le Comité Central des Jeunesses Communistes fut d'abord dirigé par Oskar Ryvkin et après 1920 par Lazare Shatskin, le fils d'un riche homme d'affaire Juif. (*Noorte Haal*, 3 novembre 1988) Ceci était bien sûr un secret d'état. Shatskin devint plus tard un ennemi de Kaganovitch et devait disparaître. Les Juifs dirigeaient aussi les plus importantes sections du Comité Central des Jeunesses Communistes. Par exemple, le chef de la section presse était le Juif Munka Zorky (en fait Emmanuil Lifschits). Le Vice-Président du Comité de Planification de l'État dans les années 1930 était Léon Kritsman. Un des chefs les plus importants de l'économie dans les années 1940 était Yakov Kiselman.

Dans les années 1930, cinquante-deux pour cent des membres du Parti Communiste Soviétique, étaient Juifs. Ils jouaient systématiquement un rôle dirigeant. Le *B'nai B'rith's National Jewish Monthly* de février 1935 indique que les responsables de la vie quotidienne et du travail en Union Soviétique, étaient principalement des Juifs et que l'ordre social qui en était issu, était entièrement l'œuvre des mains, des cerveaux et des âmes des Juifs. En 1982, Yuri Andropov devint chef du Parti. Le nom de famille de sa mère était Flekenstein et il avait reçu, comme enfant adoptif, une éducation juive.

LA DESTRUCTION DE LA CULTURE RUSSE

Avec ses camarades Juifs, Lazare Kaganovitch organisa la destruction des sites historiques et culturels du patrimoine Russe.

En tant que Juif Sioniste, Lazare Kaganovitch haïssait les églises. Le Christianisme est considéré comme une hérésie par le Judaïsme. Kaganovitch commença à faire sauter des monastères et des églises d'une valeur architecturale unique, à Moscou. Une étude approfondie révèle que cette vague de démolition ne survint pas du tout par hasard, mais qu'elle était le fruit d'un plan bien établi. Si nous traçons des lignes droites entre les églises démolies sur une carte, la figure qui en résulte prend la forme d'une étoile de David. (Galina Belaya, « Maintenant les Juifs portent le blâme de la tragédie Soviétique », *Dagens Nyheter*, 2 janvier 1991).

Beaucoup de petites églises furent converties en toilette publiques ou en musée de l'athéisme. Ceci n'arriva jamais à une synagogue. Kaganovitch profita aussi de l'opportunité pour détruire plusieurs forts médiévaux. Seule une série sporadique de destruction d'églises se produisit du temps de Lénine. Il y avait certains bolchéviques russes empressés qui, dans leur ignorance endommagèrent aussi des synagogues. Ils eurent plus tard à le payer chèrement.

Lazare Kaganovitch devint un célèbre meurtrier de masse.

Le 5 décembre 1931 à deux heures du matin, Kaganovitch fit exploser la magnifique cathédrale du Christ-Sauveur de Moscou. Elle avait été construite en souvenir de la libération de la Russie de Napoléon en 1812 et avait été terminée en 1883. La cathédrale était richement décorée – la moitié d'une tonne d'or, plusieurs tonnes d'argent, d'améthystes, de diamants, d'émeraudes, de turquoises, de topazes, des icônes d'une valeur inestimable. Les chaises étaient parées de bijoux. Sa construction dura 44 ans et elle ne fut autorisée à exister que 48 ans.

Deux ouvriers Allemands de l'équipe de démolition refusèrent de détruire l'église. Ils furent tous deux exécutés pour leur acte de résistance. L'ingénieur russe Zhevalkin dirigea la démolition. Cela ne prit que quelques mois de piller, de désassembler et de finalement ramener la cathédrale au niveau du sol.

Kaganovitch et Staline demandèrent à l'architecte Juif Boris Yofan de dessiner le Palais des Soviets (ou le Château du Kahal), qui devait être construit à l'endroit où la cathédrale se dressait. Ce bâtiment était prévu pour mesurer 415 mètres de haut et aurait alors émerveillé le monde entier. (L'Empire State Building, qui avait été terminé en 1931, ne faisait que 381 mètres de haut) une statue de Lénine haute de 70 mètres devait le couronner.

Cependant les plans ne furent jamais réalisés. Le problème de ce projet était que le sol de cette zone, située à un jet de pierre du Kremlin, ne convenait pas à un bâtiment aussi large et aussi lourd. Nikita Khrouchtchev fit construire à la place une piscine à la fin des années 1950. En 1993, les dirigeants de l'église russe décidèrent de reconstruire la cathédrale. Elle fut terminée en 1999 et ouverte au public l'année suivante.

La maquette du Palais des Soviets (ou le château du Kahal). Sur le monument se tient la statue de Lénine saluant à la façon des Zélotes. Les Zélotes étaient une ancienne société secrète Juive. Le même salut fut échangé au premier congrès sioniste de Bâle en 1897. Les communistes internationaux se saluaient par un « Hail, Moscou ! »[2]

---

[2] Le lecteur reconnaitra peut-être en ce salut, celui d'un autre mouvement socialiste... (Nde)

Lazare Kaganovitch se vit confier la construction du métro de Moscou. Il mit immédiatement en place un système de travail esclavagiste, où 70 000 ouvriers étaient exploités jusqu'à l'extrême. Il donna l'ordre aux tchékistes de capturer des garçons de 11 ans et de les mettre au travail pour que le métro soit achevé d'ici le 1er mai 1935, le 159ème anniversaire des Illuminati et le jour sacré de Yahvé. Kaganovitch fut fait chevalier de l'Ordre de Lénine en récompense de ce projet, au cours duquel beaucoup d'ouvriers moururent. Pendant ce temps, le peuple russe commença à le surnommer « le commissaire de fer ». Les fonctionnaires Juifs l'appelaient le Grand Lazare.

Le métro, conçu par Alexeï Shchussev, fut terminé à temps. Les premiers à l'emprunter furent les membres du Politburo, à l'exception de Staline qui avait peur de se rendre dans un sous-sol aussi profond. Sa maladie avait viré au pire. Le métro reçut le nom de Kaganovitch.

Après cela, en 1935, Lazare Kaganovitch fut nommé commissaire du peuple aux transports. Il prétendit immédiatement qu'il y avait des ennemis du peuple se camouflant comme travailleurs du rail. Il demanda qu'ils soient pourchassés et découverts. Dans les archives, il y a 32 lettres de Kaganovitch au NKVD contenant des demandes d'emprisonnement contre 83 hauts fonctionnaires du système de transport.

Le livre « Le Loup du Kremlin » raconte aussi comment Lazare poussa son propre frère, Mikhaïl Kaganovitch, au suicide pour éviter un procès truqué, où il était accusé d'espionnage pour le compte des Allemands. Son frère, comme je l'ai mentionné plus haut, était le commissaire du peuple aux affaires aériennes. Plus tard, Kaganovitch extermina aussi d'autres frères. Il déclara : « Je n'ai qu'un seul frère : Staline ! »

Kaganovitch fut aussi derrière le « plan quinquennal de l'athéisme » qui débuta en 1932. Il avait prévu de fermer la dernière église russe en 1936, tandis que le nom de Dieu était supposé ne plus jamais être mentionné en Union Soviétique après 1937. Le « plan quinquennal de l'athéisme » ne fut cependant jamais réalisé.

Kaganovitch créa une semaine de cinq jours sans aucun jour de congé. L'esclavage total ! Les noms des jours de la semaine furent également remplacés par des couleurs : jaune, orange, rouge, violet et vert. Les dirigeants communistes essayèrent également une semaine de six jours comportant un jour de repos, mais finirent par reprendre l'ancien calendrier en 1940, car le calendrier communiste ne fonctionnait pas.

Kaganovitch, qui administrait la terreur atroce, ne manquait pas aussi d'exploiter toutes les nombreuses faiblesses de Staline. La fille de Staline, Svetlana déclara en Occident que son père paraîssait être possédé par le démon. Il était un homme de petite taille, de seulement 155 cm et souffrait à cause de cela d'un complexe d'infériorité. En même temps, il souffrait de son bras quelque peu rigide et amaigri. Il avait eu la variole à l'adolescence et son visage en était resté marqué. En plus, il était un paranoïaque alcoolique et psychopathe. Peut-être à cause de sa lâcheté, il demanda à ce que l'on trouve un sosie de lui-même au printemps 1935.

La police secrète trouva l'homme adéquat à Vinnitsa. Il s'appelait Yevsei Lubetsky. Des maquilleurs arrangèrent si bien son visage, que pas même la secrétaire de Staline n'était capable de voir la différence entre lui et son maître réel. Tous ceux qui avaient été impliqués dans le processus d'organisation et de recherche du sosie de Staline furent éliminés. Seuls Kaganovitch, Molotov et Malenkov savaient que Staline avait une doublure. Le camarade Lubetsky vivait aussi dans une villa. Les domestiques de la maison croyaient aussi que leur maître était le vrai Staline. Il visita des théâtres, se tint devant le tombeau de Lénine et reçut des délégations étrangères… Lubetsky fut arrêté en 1952 mais fut sauvé par la mort de Staline. Il mourut en 1981 dans la capitale du Tadjikistan, Douchanbé.

Mais Staline était également un toxicomane. Ce fait fut révélé en mai 2013 dans plusieurs journaux russes comme le *Komsomolskaya Pravda*, qui publia plusieurs documents déclassifiés détaillant la manière dont Staline était traité quotidiennement au moyen de stimulants à base de cocaïne. Le docteur de Staline, le professeur Vladimir Vinogradov, lui prescrivait de l'extrait de cocaïne depuis le 31 août 1944. Il prenait 10 gouttes dans le nez toutes les deux heures, afin que l'effet narcotique pénètre rapidement dans son sang, en lui détruisant cependant les tissus nasaux. La cocaïne avait pourtant été bannie en Union Soviétique depuis 1927. La cocaïne cause des dommages irréversibles aux vaisseaux sanguins du cœur et du cerveau, provoquant une hypernervosité, de l'irritabilité, la panique, le trouble du sommeil et des psychoses. La cocaïne rend le toxicomane agressif et paranoïaque, en provoquant des hallucinations, de l'anxiété et des accès de paranoïa. La drogue rend ses usagers colériques, hostiles et anxieux. Elle génère un comportement violent et hiératique. Staline prenait également de la morphine.

Jusqu'en 1929, il n'y avait aucun signe relevant d'un culte particulier à l'égard de Staline en Union Soviétique. Il visitait diverses institutions sans gardes du corps pour jouer au démocrate disponible pour tous. Ce furent Kaganovitch et Mekhlis qui changèrent cela. Vers la fin de 1929, les premières photos en rose de Staline commencèrent à apparaître. Après ça, Staline fit montre d'une habileté encore plus géniale.

En 1937, lorsque la terreur fut à son comble, les impressions d'annuaires téléphoniques cessèrent parce qu'il était impossible de suivre le rythme des exécutions.

LA GRANDE FAMINE ET AUTRES CRIMES

En 1929, il y avait du chômage déclaré dans les villes et du chômage dissimulé dans les campagnes. En cette année, la population pouvait manger à sa faim et l'Union Soviétique exporta 2.5 millions de tonnes de céréales.

Le 9 octobre 1930, Staline aboli officiellement le chômage par décret. Le versement d'allocations chômages cessa aussitôt. Kaganovitch croyait nécessaire à ce stade de réduire la population. Il y avait trop de gens restant. Le meilleur moyen de se débarrasser d'eux était de provoquer une famine. C'est pourquoi la collectivisation forcée fut initiée en 1929. Cela s'appelait la « dékoulakisation », c'est-à-dire – la terre était confisquée aux fermiers propriétaires (koulaks). Beaucoup de petits propriétaires furent aussi affectés, parfois des villages entiers, quelle que soit la classe sociale des habitants. Le 27 décembre 1929, Staline commença à utiliser le slogan de Kaganovitch : « La liquidation de toute la classe des koulaks ! » Koulak (« poing » en russe) était un terme utilisé pour définir un fermier capable et prospère. Kaganovitch causa la complète dissolution de la vie rurale en Russie.

Mais le crime le plus haineux de Kaganovitch, fut l'organisation de la famine de 1932-1933 en Ukraine et dans le nord du Caucase avec Yan Yakovlev (Epstein). Lazare Kaganovitch s'empara de la responsabilité de l'agriculture au Comité Central en 1933, afin de pouvoir mener à bien ce projet plus facilement. Ce fut l'extermination par la famine (l'Holodomor) en Ukraine.

D'après l'historien Vladimir Tikhonov, qui était également membre de l'Académie Soviétique, il y avait 26.6 millions de foyers en Russie en 1929. Cinq ans plus tard, cette estimation était passée à 23.3 millions, une réduction d'environ trois millions, c'est-à-dire entre 11 et 12 pour cent. Tikhonov conclut : plus de dix millions de personnes furent sujettes à une condamnation arbitraire. Les fermiers et les paysans affectés étaient les « meilleurs, les plus expérimentés et les plus vaillants au travail ». Il avait été décidé au début, qu'au moins 6.8 millions de « koulaks » devaient être éliminés. (« La construction socialiste de l'Union Soviétique », Moscou, 1934)

La « dékoulakisation », ou collectivisation, fut organisée de la manière suivante : confiscation des maisons et de toute propriété, et enlèvement des koulaks et de leurs familles sans nourriture dans des wagons à bestiaux. Ces convois signifiaient la mort pour la plupart des enfants et des personnes âgées.

De surcroît, les adultes étaient contraints aux travaux forcés, dont la plupart mourrait inévitablement. Rien que durant la construction du canal de la Mer Blanche, long de 227 kilomètres, qui fut achevée en 1933, 1 000 ouvriers esclaves mouraient chaque jour, sur une période de 20 mois. Ils étaient forcés de travailler au pas cadencé ! Si nécessaire, ils comblaient les divers trous dans les murs de béton avec l'ouvrier le plus proche, qui était ainsi emmuré vivant. Le canal fut inauguré le 2 août 1933, et Staline était même sur les lieux. Au total, la construction du canal coûta la vie à 600 000 ouvrier esclaves.

Un grand nombre de prisonniers n'atteignit même pas les camps à cause de l'immense cruauté du traitement qui leur été infligé. Par exemple, les administrateurs avaient mis au point la méthode suivante : le train était arrêté à certaines gares où la température était de 20 degrés au-dessous de zéro et tout le monde était déshabillé. Les prisonniers étaient alors « douchés » avec de l'eau glacée sortant de tuyaux. Les soldats criaient : « Quelle vapeur ! » (*Rahva Hääl*, 12 juillet 1989).

Huit millions de personnes moururent à cause de la famine d'après l'historien Serguei Naumov. Certaines victimes furent même mangées (*Molodaya Gvardiya*, septembre 1989). Il s'agissait d'un crime contre l'humanité extrêmement vicieux, mais ceux qui en furent les responsables ne furent jamais punis. Beaucoup d'historiens ont récemment atteint de nouvelles estimations en calculant le nombre de blessés. Six millions moururent rien qu'en 1933. 25 000 personnes mouraient chaque jour en Ukraine au printemps 1933. Les morts étaient partout dans les rues.

Kaganovitch avait exporté la plupart des céréales produites en Ukraine pendant que la population crevait de faim. Environ **15 millions** de personnes moururent en rapport avec la collectivisation forcée. Il s'agit bien d'un génocide.

Les bolchéviques considéraient leurs sujets comme la propriété de l'état. Ils pensaient qu'ils pouvaient faire ce qu'ils voulaient avec eux. Staline fut forcé de faire quelque chose à propos du chômage pour le bénéfice de la propagande et il ne s'en cachait pas. Les financiers étrangers auraient pu mettre fin à ce massacre, mais ils s'en gardèrent bien.

Trois Juifs, Lazare Kaganovitch, Yakov Yakovlev (Epstein) et Grigori Kamensky, décidaient de combien de koulaks étaient nécessaires et qui devait être considéré comme tels pour être expulsé de sa terre vers la Sibérie, en prison ou en camp de travaux forcés. Ils décidèrent de gérer la menace des autres paysans indépendants en les forçant à intégrer des kibboutzim (une moindre version de ceux qui avaient été testés en Palestine depuis 1909). Les membres de ces kibboutzim, appelés kolkhozes et sovkhozes en Russie Soviétique, n'avaient pas de passeport, car les autorités Soviétiques considéraient ces nouveaux esclaves comme leur propriété. Ils n'étaient pas autorisés à se déplacer ou à s'échapper de leurs travaux impayés et dégradants (il y avait toujours un Politruk dans chaque kolkhoze, pour s'assurer que tout se passe à la manière communiste). Comme ces travailleurs corvéables à volonté n'avaient pas de passeport pour prouver leur citoyenneté, ils n'avaient en principe aucun droit civique. Une permission spéciale était nécessaire même pour se rendre faire des courses ou du commerce à la ville la plus proche. Ce système ne fut aboli que dans les années 1970.

Trotski, en exil, écrivit en 1931 que la collectivisation forcée était une « nouvelle ère dans l'histoire de l'homme et le début de la fin de l'idiotie dans les campagnes ». (Léon Trotski, « Problèmes de développement de l'URSS », Paris 1936)

Au cours de la première collectivisation Trotskiste, entre 1929 et 1932, il n'y avait pas que les êtres humains qui furent détruits mais aussi 17.7 millions de chevaux, 29.8 millions de bovins (dont 10 millions de vaches à lait), 14.4 millions de porcs et 93.9 millions de moutons et de chèvres. L'auteur Yuri Chernichenko commenta ceci dans le journal *Literaturnaya Gazeta* du 14 avril 1988, où il déclara : « *C'était une guerre, un coup porté à la force productive de la nation, d'une telle magnitude que les scènes classiques d'horreur de la bataille de Stalingrad paraissent faibles et naïves en comparaison.* »

Il y avait 19.6 millions de chevaux, juste 40.7 millions de bovins, 11 millions de porcs et 32.1 millions de chèvres restant en 1932. Un nombre total de 159.4 millions d'animaux de ferme disparurent entre 1929 et 1934.

Cela conduisit à la famine de l'hiver 1932-1933, tout comme l'avait prévu Lazare Kaganovitch et ses proches camarades. Il était interdit de vendre des céréales sur le marché ouvert. La production agricole fut réduite d'un quart et la production de viande de moitié durant ces cinq années, 1929-1933, d'après l'historien G. Shmelev. Dans le même temps, 1.8 millions de tonnes de céréales étaient exportées. Le slogan Soviétique officiel était très cynique : « Tout pour le bien du peuple, tout est fait au nom du bonheur du peuple ! »

Kaganovitch et ses copains Juifs organisèrent ce génocide en introduisant un impôt confiscatoire sur les paysans qui restèrent après l'extermination des « koulaks ». Pendant ce temps, il envoya de nouveaux gangs d'activistes fanatiques pour commander des patrouilles de renforts, particulièrement en Ukraine, où les frontières des autres républiques Soviétiques avaient été fermées. Les activistes politiques s'emparèrent du moindre grain de maïs, de tous les œufs, et de chaque légume et fruit que les fermes produisaient. Des convois de camions emportaient toute la nourriture. Chaque morceau de pain, qui aurait dû être apporté aux affamés, était confisqué à la frontière. Chaque Ukrainien, qui pouvait être suspecté de la moindre tentative, le plus souvent inventée, pour amoindrir l'impact de la famine ou de cacher de la nourriture aux autorités, était fusillé ou envoyé en camp de travaux forcés. (Robert Conquest, « La moisson de tristesse : la collectivisation Soviétique et la famine de la terreur », Alberta, 1986)

Le cannibalisme devint de plus en plus courant en Ukraine en 1934.

Plusieurs sources indiquent que la famine amena la création de plusieurs abattoirs d'enfants orphelins, dont la viande était ensuite vendue.

Chaque matin, des wagons tournaient pour ramasser les morts en Ukraine et en Russie du sud. Des corps étaient aussi alignés le long des routes d'Asie centrale.

Lazare Kaganovitch et ses complices furent finalement responsables de la mort de près de **15 millions** de personnes au cours de la grande famine. Si nous y ajoutons un autre 15 millions – le nombre de ceux qui moururent de la collectivisation, nous voyons que Kaganovitch et sa bande de bandits détruisirent pas moins de **30 millions** de vies humaines en l'espace de quelques années.

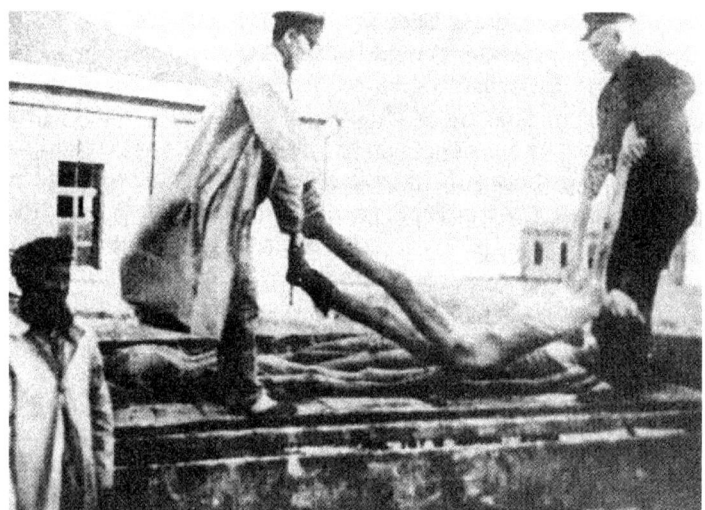

Des victimes de la famine en Ukraine, en 1933.

Le 13 janvier 2010, la Cour d'Appel de Kiev condamna Joseph Staline, Lazare Kaganovitch, Mendel Khatayevich, Vlas Chubar, Stanislav Kosior et d'autres impliqués à titre posthume, pour le génocide du peuple ukrainien.

Mais même cette épouvantable montagne de victimes ne semblait pas avoir rassasié la soif de sang de Staline et de Kaganovitch. Alors, en 1932, ils commencèrent aussi la première vague de terreur depuis la mort de Lénine. La plupart de ceux qui étaient envoyés en camp de travaux forcés étaient ainsi pratiquement condamnés à mort. Déjà en 1921, Lénine et Trotski avait fait construire le camp de la mort de Kholmogory près d'Arkhangelsk, où les prisonniers étaient tués lentement et constamment remplacés. Kaganovitch utilisa la même méthode. Cela prenait juste deux semaines de tuer les prisonniers les plus faibles. Beaucoup de détenus des camps « normaux » furent plus tard condamnés à mort et fusillés, soit par des tribunaux « révolutionnaires » spéciaux ou sur instruction du NKVD. Selon Alexandre Soljenitsyne, il existait aussi des camps spéciaux d'élimination où les prisonniers étaient envoyés en flot continu pour y être tués.

Cette terreur ne connaissait pas de limite. Lorsque toutes les pièces du puzzle sont finalement réunies, nous faisons face à la plus horrible des réalités. « L'Enfer » de Dante est un jeu d'enfant en comparaison.

LA GRANDE TERREUR

En 1937, 18 autres millions en plus des 30 millions qui avaient été éliminés durant la collectivisation et la famine, perdirent leur vie suite à la vague de terreur de Kaganovitch. Ça n'était pas encore assez. Il y avait encore « trop de gens » qui restaient. C'est pourquoi la grande terreur débuta en 1937. Les gens étaient exécutés par vague, d'après l'historien Dimitri Yurasov. Une telle vague se produisit à Moscou et à Leningrad le 30 octobre 1937, lorsqu'un nombre particulièrement important de gens furent tués. Apparemment, les tchékistes célébraient quelque chose ?

L'année d'avant (le 30 septembre 1936), le commissaire du peuple aux affaires intérieures, Genrikh Yagoda (Hirsch Yehuda) avait été démis et remplacé par Nikolai Yezhov. C'était Kaganovitch qui avait voulu se débarrasser de lui. Il n'était pas assez efficace. Yagoda, qui avait auparavant été pharmacien, avait toujours sa trousse de médecine sur lui. Il aimait empoisonner ses victimes personnellement dans les geôles de Lubyanka. Yagoda fut lui-même victime de la grande terreur. Il fut arrêté en 1937 et fusillé le 15 mai 1938. Yagoda avait épousé la cousine de Yakov Sverdlov. Durant cette période, le NKVD était dirigé par les chefs adjoints Matvei Berman et Mikhaïl Frinovsky.

Pendant ce temps, certaines de ces exécutions de masses gratuites étaient directement causées par les purges de Juifs extrémistes contre d'autres Juifs. Une lutte de pouvoir se déroulait, en même temps qu'une souffrance terrible était infligée au peuple russe. Les officiers du NKVD commencèrent à porter un nouveau symbole sur leurs manches durant la grande terreur de 1934-1938 – l'épée et le serpent. Ceci symbolisait la lutte des Juifs kabbalistes contre leurs ennemis. D'après le Talmud, il n'y a pas de mal, car Satan et Dieu sont unis en Yahvé.

Beaucoup de dirigeants fonctionnaires périrent au cours de cette lutte de pouvoir : Zinoviev, Kamenev, Smirnov, Pyatakov, Radek, Tomsky

(Honigberg), Sokolnikov, Rykov (qui était devenu chef du gouvernement après la mort de Lénine), Krestinsky, Boukharine... Staline et Kaganovitch courraient derrière l'or de leurs rivaux. Même le contenu des comptes en banques personnels de Lénine fut transféré à Moscou. Tous ceux qui avaient été impliqués dans cette affaire d'or furent liquidés en 1937. Staline voulait aussi mettre la main sur l'or des sociaux révolutionnaires. Ils avaient volé des banques en Russie et en Europe pendant 15 ans et avaient changé tous leurs profits en or.

L'économie planifiée commença d'être appliquée aux meurtres. Kaganovitch dressa le premier plan d'extermination en juillet 1937. D'après ce plan, le NKVD devait liquider, au cours d'une période de quatre mois, 268 950 personnes, dont 75 950 d'entre elles devaient être tuées immédiatement. Kaganovitch réalisa bientôt que le rythme était toujours trop lent. Différentes suggestions sur la manière dont le nombre de meurtres pouvait être augmenté furent fournies aux responsables locaux du Politburo, qui mettaient en pratique toutes ces suggestions. Par exemple, cela permis de détruire 48 000 autres personnes et d'en emprisonner 9 200 autres sur une période de quatre mois. Mais le quota n'était toujours pas satisfaisant. (*Moskovskie Novosti*, 21 juin 1992).

Un total de 7 millions de gens devint de nouveaux prisonniers politiques en Union Soviétique au cours des années 1937-1938. Au point culminant de la terreur de Staline et de Kaganovitch, le nombre d'exécutions atteignit 40 000 par mois, d'après Alexandre Soljenitsyne, qui évalua le nombre total de ceux qui furent exécutés dans les années 1937-1938 à un million et estima que deux autres millions moururent dans les camps de travail.

Le journal *Literaturnaya Rossiya* publia l'estimation la plus importante du nombre total de victimes du régime Soviétique, y compris ceux qui moururent de famine provoquée et de mauvais traitements : **147 millions**. Cela fait une moyenne de 5 millions par an sur 30 ans, bien que les années 1937-1938 comptent un nombre disproportionné de morts. Beaucoup de ceux qui furent assassinés étaient des femmes et des enfants qui avaient été catégorisés comme « ennemis du peuple ». Le massacre systématique d'un grand nombre d'enfants commença dès 1934. Après tout, ils coûtaient de l'argent...

Au cours des années 1935-1939, 92 000 enfants âgés de 12 à 16 ans, passèrent en jugement. Le 1er avril 1939, plus de 10 000 mineurs furent envoyés en camp de détention.

À Moscou, les meurtres étaient perpétrés dans les donjons de la prison de Lubyanka, de Butyrka et de Lefortovo. Staline et Kaganovitch faisaient brûler leurs victimes les plus importantes la nuit, suite à quoi ils faisaient transférer les cendres pour les enterrer dans une fosse commune du cimetière de Donskoye. Cela semblait être la manière la plus sûre d'achever l'élimination totale de leurs principales victimes.

La plupart de tous ceux qui furent tués dans les prisons de Moscou pendant les années 1930, 1940 et le début des années 1950 furent incinérés. Nombres d'entre eux furent jetés dans diverses fosses communes de Moscou. Un de ces charniers jusqu'alors inconnu, fut trouvé au cimetière Kalitinsky au sud de Moscou. Le NKVD l'utilisa comme décharge pour les corps pendant les années 1930.

Les camions bâchés arrivaient aux alentours de cinq heures de l'après-midi, chaque jour pendant sept ans entre 1934 et 1941. Ils conduisaient jusqu'à l'extrémité d'un ravin puis faisaient demi-tour jusqu'au bord. Les camions étaient peints en bleu-vert et n'avaient pas de fenêtre sur les côtés. À la place, de grandes lettres sur les côtés des camions annonçaient SAUCISSES ou VIANDE et parfois GATEAUX. Lorsque le camion s'était reculé jusqu'au bord et arrêté, une trappe était ouverte à l'arrière et deux officiers portant des uniformes du NKVD, bottes en caoutchouc, longs tabliers de caoutchouc noirs et dorés et de longs gants en caoutchouc qui leur montaient jusqu'aux coudes, se saisissaient des corps par la tête et les jambes et les jetaient dans le ravin. Deux autres soldats attendaient en bas avec des pelles et jetaient de la terre sur les corps. Les corps étaient toujours nus. Ils avaient tous un impact de balle dans la tête ; un petit trou d'entrée derrière le cou et un grand de sortie sur le front. Ils avaient tous été tués dans le dos.

Les bourreaux bénéficiaient d'un ravitaillement d'alcool illimité. Ils étaient le plus souvent ivres, parfois complètement. De la vodka était consommée pendant et après le travail.

Le KGB reconnu en juillet 1990 qu'il y avait aussi des charniers dans les cimetières de Donskoye et de Vagankovskoye à Moscou. Rien qu'à Butovo, au sud de Moscou, 200 000 victimes du communisme sont enterrées.

Un grand site où prenaient place les exécutions a été maintenant découvert à Kuropaty, à six kilomètres de Minsk, la capitale de la Biélorussie. Au moins 102 000 personnes furent tuées là-bas, y compris beaucoup de femmes. Des témoins ont raconté que les exécutions débutaient en soirée et continuaient toute la nuit. Les bourreaux portaient des uniformes du NKVD. Le témoin Mikolai Karpovich vit comment des gens se tenaient alignés près d'une fosse commune. Ils étaient bâillonnés et les yeux bandés. Pour économiser les balles, les bourreaux essayaient de tuer deux personnes par tir. Des exécutions se produisirent là tous les jours entre 1937 et juin 1941.

Les gens qui vivaient proche de la forêt de Kuropaty pouvaient entendre les salves de coups de feu et les prisonniers crier et supplier qu'on épargne leur vie. Il y avait au moins cinq sites d'exécutions de ce type autour de Minsk, où les bouchers travaillaient par tranches horaires. Les hommes en uniformes du NKVD prenaient part aux danses du village de Kuropaty aux alentours de 11 heures les samedis soirs.

Environ cinq charniers de cette zone ont plus tard été découverts. Les prisonniers qui étaient emmenés à Kuropaty en hiver étaient forcés de quitter les équipages par un froid glacial, pour être douchés d'eau glacée avant d'être renvoyés aux wagons. Peu d'entre eux survivaient jusqu'au matin suivant. Les têtes étaient coupées de tous les corps gelés. Les survivants étaient tués sur le bord des charniers, où toutes les victimes étaient jetées.

La télévision de Moscou relata le 12 septembre 1989 que près de 300 000 victimes avaient été trouvées dans une mine d'or abandonnée près de Tcheliabinsk. Cela en faisait le plus important charnier. Les communistes tuèrent jusqu'à 250 000 « ennemis du peuple » dans la forêt de Bykovnya près de Kiev entre 1937 et 1941. La plupart reçurent une balle dans la nuque, mais quelques-uns furent aussi empoisonnés par la fumée. Cet endroit avait auparavant été désigné comme un site des victimes du fascisme. Les corps de beaucoup de Juifs étaient supposés se trouver cachés ici, mais ce mensonge fut révélé après la chute du communisme.

Boris Berman inspecte le travail des prisonniers du Canal de la Mer Blanche.

Lorsque la terreur atteignit son comble en 1937, les hommes du NKVD ne pouvaient plus continuer leur tâche en tirant seulement sur leurs victimes, alors ils commencèrent à les gazer à mort dans les camions. À la lumière de cette information, il est compréhensible que toutes les personnes honnêtes pâlissent à l'évocation du NKVD. Les gens étaient aussi gazés à mort sous le régime de Lénine.

Le NKVD avait construit un système d'information efficace où ceux qui dénonçaient les « ennemis du peuple » recevaient une somme d'argent importante de la part des commissaires en blouson de cuir du NKVD.

L'Occident considérait tout cela comme parfaitement normal. L'ambassadeur américain de Moscou, Joseph Davies (un franc-maçon), faisait tout particulièrement preuve d'enthousiasme à propos des procès fictifs. Il rapporta au secrétaire d'état que les éléments à charge prouvaient « au-delà du doute raisonnable » que les condamnations pour trahison étaient justifiées. Il louait le système judiciaire Soviétique auprès de la presse et du corps diplomatique, à tel point qu'il fut décoré de l'Ordre de Lénine. Les révélations concernant la situation réelle étaient considérées comme des calomnies de la part de la presse américaine.

Les observateurs occidentaux étaient aussi satisfaits du procureur en chef Juif Andrei Vychinski, qui avait pour habitude de terminer ses plaidoiries par l'annonce suivante : « Tuez-moi ce chien enragé ! » L'auteur communiste danois Martin Andersen-Nexo, écrivit au sujet de Vychinski : « Le réquisitoire du procureur fut hautement convaincant et la sentence absolument juste ! »

L'auteur britannique George Bernard Shaw balaya le comportement bestial des bolchéviques, en disant que la Russie primitive avait besoin d'être soumise par la force et par en haut. Il déclara que certaines nations avaient le droit d'exterminer les éléments indésirables parmi son peuple. Il alla même jusqu'à recommander Staline pour le prix Nobel de la paix après une visite en Russie en 1931

Staline n'avait aucune compassion, même pour ses propres camarades, encore moins lorsqu'il se sentait menacé. Le commissaire du peuple Grigori (Sergo) Ordzhonikidze demanda qu'il soit mis un terme à la terreur massive le 16 février 1937. Il lui déclara : « Tu es fou. Maintenant je le sais... » Le 18 février, Staline envoya les tchékistes chez lui. Ils l'informèrent qu'il avait le choix entre se tirer une balle dans la tête ou mourir dans le sous-sol du NKVD. Ordzhonikidze n'avait pas le choix. Officiellement, il se suicida et Staline pleura publiquement sa mort. Staline était un bon acteur. (Abdurakham Avtrokhanov, « La Technique du Pouvoir », Francfort-sur-le-Main, 1976, p.422)

Fiodor Raskolnikov, un autre vieux naïf bolchévique, protesta. Il se fixa à l'étranger et envoya une lettre au secrétaire général : « *Vous devriez être poursuivi devant les tribunaux, camarade Staline, comme un instigateur de famine, un vandale, un traître à la révolution et comme le bourreau de l'intelligentsia, de l'armée et de la science !* »

Staline continua avec sa « perestroïka » Nikolai Yezhov, pendant ce temps, devient encore plus gênant. Il était connu pour être un alcoolique et pour faire usage de drogue. Lorsque Staline eut à nommer un nouveau chef pour organiser la terreur, il avait le choix entre Yezhov et Beria. Il choisit Yezhov, qui l'avait impressionné en frappant Sokolnikov (Brilliant) au visage à une réunion du Comité Central. L'argument de Yezhov avait conquis l'appréciation de Staline. Yezhov fut promu au poste d'adjoint le plus proche de Staline. Yezhov se sentait menacé par Lavrenti Beria, alors il commença, comme chef du NKVD à rassembler des informations compromettantes sur ce dernier. Il essaya aussi de neutraliser Kaganovitch. Beria apprit tout cela depuis son vignoble et s'en fut immédiatement à Moscou pour le rapporter à Staline. Staline ordonna une enquête. La commission d'investigation atteignit la conclusion qu'il n'y avait, d'après Yezhov, que seuls deux communistes honnêtes restant au sein du Parti – Staline et Molotov, à part Yezhov lui-même, bien sûr. Yezhov fut renvoyé en juillet 1938 et devint à la place chef des transports maritimes. Pour sa contribution à la découverte d'un complot anti-Staline, le Juif Lavrenti Beria (sa mère était juive) fut nommé commissaire du peuple aux affaires intérieures et devint plus tard le chef du NKVD. Le maréchal Georgi Zhukov l'appelait une « personne monstrueuse ». Cela était certainement vrai, et il devint à ce moment le meilleur sbire de Staline et Kaganovitch.

LA CONTRIBUTION DE BERIA

Staline développa un intérêt extrême pour le phénomène OVNI. Beria fut chargé de collecter des informations sur cette énigme. Staline manifestait de l'intérêt pour d'autres sujets mystérieux. Il fut très satisfait lorsqu'avant la Deuxième Guerre Mondiale, l'astrologue Juif d'Hitler, Wolf Messing, vint en Russie et l'aida de bien des manières. Il fut même capable de prédire qu'Hitler serait vaincu en mai 1945.

Staline commença à avoir confiance en Beria, depuis que ce dernier l'avait sauvé d'une tentative contre sa vie près du lac Ritsa en Abkhazie. Staline et Kaganovitch firent exécuter Yezhov à travers Beria le 1er avril 1940, pour lui faire un poisson d'avril. Yezkov avait « puni des citoyens sans raison ». (*Ogonyok*, février 1988)

La première chose que fit Lavrenti Beria, fut d'adoucir le régime des camps de prisonniers. La torture cessa. Dans le même temps, il commença à exécuter les anciens tchékistes. Il voulait que les nouveaux rivalisent les uns les autres pour essayer d'emprisonner ou d'exécuter le plus de monde possible. Le général Leonid Reikhman devint un des plus importants tchékistes.

Beria détestait les enfants, c'est pourquoi il souhaitait envoyer autant d'enfants que possible en camps de travaux forcés. En octobre 1940, ses tchékistes parvinrent à emprisonner jusqu'à un million d'enfants âgés de 14 à 17 ans. Les unités du NKVD avaient kidnappé ces enfants dans plusieurs villes russes et les avaient parqués comme du bétail dans des camps où ils moururent de faim ou de fatigue. À partir de 1943, les tchékistes s'arrangèrent pour récolter deux millions d'enfants par an.

Beria se changea en bourreau terrifiant au cours de la Seconde Guerre mondiale, car il s'arrangea pour mettre ses crimes sur le compte des Nazis. Il fit capturer près de 20 millions de gens et les envoya dans les camps d'esclaves.

L'Union Soviétique perdit au moins 32 millions, possiblement 45 millions de citoyens au cours de la Seconde Guerre mondiale. L'historien Nikolaï Tolstoï prétend que la plupart d'entre eux (supposément 20 millions) furent tués sur ordre de Beria. Tous ces morts furent mis sur le compte des Allemands. Au cours de la guerre, Beria avait fondé une terrifiante organisation, la Smersh (« Mort aux espions ! »), qui tua un nombre important de personnes. Ces bourreaux étaient si fiers de leur œuvre qu'ils se filmaient eux-mêmes en pleine action. Le réalisateur Stanislav Govorukhin montra quelques séquences de ce film dans son « La Russie que nous avons perdue », où le Smersh pendait les « ennemis du peuple » en applaudissant chaudement pour leurs crimes. Beaucoup de gens terminèrent en camps appelés ChSIR. Ces derniers étaient dédiés aux familles des traîtres à la patrie. Tous les prisonniers de guerre étaient aussi considérés comme traîtres. Des millions furent capturés dans les années 1941-1942. Beaucoup d'entre eux moururent de faim car Lazare Kaganovitch et Lavrenti Beria, sur instruction de Staline, interdisaient à la Croix Rouge d'apporter de la nourriture aux prisonniers. Étrangement, la Croix Rouge s'y conforma et toujours plus de gens mourraient.

Staline, Kaganovitch et Beria prirent soin de détruire tous les magasins de nourriture avant le siège de Leningrad – ils voulaient détruire tous les témoignages embarrassants de ces évènements historiques dans cette ville. Ludmilla Grünberg, qui vivait à Leningrad en ce temps-là, confirma cela.

Beria fut fait maréchal de l'Union Soviétique pour l'efficacité cruelle de sa terreur au cours de la guerre. Semyon Ignatiev fut nommé chef du NKVD. Beria fut fait président de la commission atomique en 1946. Il avait toujours beaucoup de pouvoir comme commissaire du peuple aux affaires intérieures et continua sa campagne de terreur après la guerre. Il prouva qu'il était mille fois pire que Yagoda et Yezhov mis ensemble.

Selon des estimations basses, au moins cinq millions de personnes furent exécutées au cours des campagnes contre les « contre-révolutionnaires et pour la poursuite des réformes agraires de 1949-1952 ». Kaganovitch et Beria furent responsables de ces meurtres de masse.

Lavrenti Beria abusait constamment de son pouvoir, forçant les femmes qui lui plaisaient à coucher avec lui. Des voitures de police étaient utilisées pour kidnapper les jolies filles et les ramener à Beria. Il les violait, suite à quoi elles étaient fusillées et enterrées dans le jardin de son palais privé. Des squelettes de jeunes femmes furent retrouvés dans son jardin en mars 1993. Beria kidnappait aussi et exploitait sexuellement des petits garçons avant de les tuer.

Ordzhonikidze avait prévenu Staline du fait que Beria avait été un agent des Musavatistes, un mouvement nationaliste, à Bakou entre 1918 et 1920. Les Britanniques contrôlaient le renseignement des Musavatistes. En 1919, Beria avait commencé à travailler pour les britanniques. Staline ne se souciait pas de ces accusations, car Beria fut plus tard un agent-double du NKVD. Tous ceux qui osaient mentionner ce sujet disparaissaient mystérieusement. C'est à cause de cela que Grigori Kamensky, le commissaire du peuple aux affaires sanitaires, fut exécuté.

Staline avait aussi été un agent de la police Tsariste, l'Okhrana, après qu'il eût perdu son emploi d'assistant météorologiste à Tiflis (maintenant Tbilissi). Staline avait écrit beaucoup de rapports au chef de l'Okhrana, Vissarionov. En 1906 il fut arrêté avec d'autres bolchéviques, mais fut relâché quelques heures plus tard. Mais lorsque Staline voulut se débarrasser de son collègue agent, Roman Malinowski, il l'envoya en Sibérie. Malinowski fut trompeusement rappelé en Russie Soviétique en novembre 1918, où il fut exécuté sur ordre de Lénine.

Staline, Kaganovitch et Beria firent exécuter 25 700 citoyens polonais en avril 1940. Le meurtre de plus de 4 000 officiers polonais (beaucoup d'entre eux Juifs) à Katyn fut révélé par les Allemands. Ce fut Ivan Krivozhertsev qui informa les Allemands sur les charniers de la forêt de Katyn. Personne ne voulait écouter l'affirmation Nazie selon laquelle c'était l'œuvre des bolchéviques, car l'Union Soviétique avait jeté le blâme sur les Allemands.

Il fallut attendre le 14 octobre 1992, pour qu'une copie de la décision signée par Staline et transmise à Molotov, Kaganovitch, Kalinin et les autres, soit remise au président polonais Lech Walesa par le gouvernement russe. Cela n'était pas si étrange que des tchékistes Juifs aient exécuté des officiers Juifs (tels que Abram Engel, Samuel Rosen, Isaak Gutman, Isaak Feinkel et d'autres) qui servaient dans l'armée polonaise. Après tout, l'Ancien Testament déclare que Yahvé est aussi sans pitié à l'égard de son propre peuple (Josué 24 :19). Ils étaient considérés comme des traîtres !

Le président des États-Unis d'Amérique Franklin Roosevelt, et le Premier Ministre britannique Anthony Eden, interdirent toute publicité autour de ce massacre. Roosevelt déclara officiellement que les évènements de Katyn étaient un complot allemand. Winston Churchill prévient ses ministres : « Ce sujet doit être évité ! » Dans le même temps, il informa Staline qu'il ferait tout ce qu'il pourrait pour réduire au silence les journaux polonais exilés de Londres.

Voice of America ne fut pas, même dans les années 1970, autorisé à rapporter le fait que les bolchéviques avaient tué des officiers polonais. Hans Holzapfel, le patron Juif de la section Européenne, était responsable de la censure.

Les massacres commencèrent en avril 1940. Les officiers polonais, portant des uniformes d'hiver, étaient emmenés par petits groupes - de 30 à 40 à la fois – sur le site de l'exécution. On leur tirait alors une balle dans le cou, un à la fois, pendant qu'ils se tenaient au bord d'une fosse commune. Le NKVD continua à travailler tous les jours pendant près de six semaines. Un total de 4 143 corps d'officiers fut retrouvé. Selon les archives, 4 421 personnes furent tuées dans la forêt de Katyn. Tous les corps identifiés se trouvaient être des prisonniers de Kozielsk. Les prisonniers qui avaient été incarcérés dans les camps de Starobielsk (près de Kharkov) et d'Ostachkov (près de Kalinin) furent assassinés ailleurs. Le montant de ces derniers s'élevait à 10 131 (3 820+6 311) personnes. 7 305 autres citoyens polonais furent massacrés en Biélorussie et en Ukraine. Les archives concernées étaient estampillées : « À ne jamais ouvrir ! »

Kaganovitch mit en place des camps d'esclaves, ou les détenus travaillaient enchaînés. Izrail Pliner améliora le système de camp de travail du GULag avant d'en prendre la tête en 1937. Un autre dirigeant puissant de camp de concentration, fut le Juif extrémiste Lev Inzhir. Les dirigeants de camp particulièrement cruels ont été identifiés, ils sont tous Juifs :

- Semyon Firinpupka,
- Mikhail Volkov (Vater),
- German Granovsky,
- Ishaslav Grach,
- Yakov Jorsh,
- Zinovi Katznelson,
- Joseph Lerner,
- Lev Meier (Sakharov),
- Isai Rybkin,
- Alexandre Ousiyevich,
- Jevsey Shirbindt,
- Semyon Nakhimson,
- Yakov Moroz,
- Lev Abramson,
- Aaron Soltz,
- Naftali Frenkel – un Juif Turc,
- Yakov Berman,
- Serguei Zhuk,
- Yakov Rapoport,
- Nakhimson,

- Yakov Moroz,
- Abramson,
- Pliner,
- Matvei Berman,
- Samuil Kogan,
- Samuil Firin,
- Biskon,
- Finkelstein,
- Serpukhovsky.

Lazare Kogan et Matvei Berman furent mis à l'écart pour manque d'efficacité. Ils furent exécutés en 1938 et remplacés par d'autres Juifs.

Kaganovitch fit une contribution importante à la fondation de l'état d'Israël. Moscou déclara au début de mai 1947 que la Palestine devait être divisée en deux états, l'un arabe, l'autre Juif. Pendant ce temps, les Juifs Sionistes marchèrent sur la Palestine en chantant *l'Internationale*. Plus tard, le temps astrologique parfait pour la naissance du nouvel état fut élaboré. Astrologiquement, il devait favoriser à la fois les dirigeants et les ressortissants. Alors l'état d'Israël fut proclamé le 14 mai 1948 à 16 :37. L'assemblée générale des Nations Unies avait cependant donné son feu vert à ce projet le 29 septembre 1947.

Les Sionistes, conduits par le premier Président d'Israël, Chaïm Weizman (originaire de Pologne), savaient que les meilleures armes disponibles provenaient de Tchécoslovaquie mais le gouvernement de droite de ce pays refusait de vendre quoi que ce soit aux Juifs. Alors Staline organisa un coup d'état communiste à Prague (mené par Klement Gottwald) en février 1948 et au cours de l'été 1948, 6 mois après le coup d'état, les aviateurs d'Europe Occidentale (y compris la Suède) commencèrent secrètement à transférer des marchandises de contrebande depuis la Tchécoslovaquie communiste vers le nouvel état d'Israël. Ce fut David Ben-Gourion qui prit l'initiative des contrats d'armement. Staline et Kaganovitch s'étaient assurés que toutes ces livraisons d'armes soient effectuées par une compagnie aérienne américaine.

Des instructeurs américains entraînaient les pilotes Israéliens dans un camp secret de la banlieue de Prague. (*Dagens Nyheter*, 23 décembre 1990, « Svenskar hjalpte Stalin » / « Les suédois qui aidèrent Staline » par Anders Persson).

Toutes ces armes furent produites en 1944-1945 pour l'Allemagne Nazie d'Hitler et étaient destinées aux Arabes antibritanniques. Les munitions utilisées plus tard contre les Arabes étaient marquées avec des Swastikas et des lettres arabes. Même Isaac Deutscher admit que Staline accordait une aide financière et matérielle substantielle aux Juifs de Palestine. (« Les Juifs non Juifs », Stockholm, 1969, p.99)

L'histoire de la Seconde Guerre mondiale a également commencé à subir une révision en Russie. L'officier repenti des services de renseignements russes, Viktor Suvorov (Vladimir Rezun), révéla dans sa série d'ouvrages, « Le Brise-Glace » (Moscou, 1992), « Le Jour J » (Moscou, 1994) et « La Dernière République » (Moscou, 1996), que ce fut bien Staline qui planifia d'attaquer Hitler, face à quoi l'Allemagne se vit forcée de mener une attaque préventive.

Selon l'ancien officier SS, Hans Werner Woltersdorf, le franc-maçon Martin Bormann, le plus proche adjoint d'Hitler, entretenait des contacts et organisait la médiation entre l'organisation soviétique subversive de la *Provokatzya* et la Grande Loge d'Angleterre. (Woltersdorf « Die Ideologie der neuen Weltordnung », Bad Neuenahr, 1992, p. 110)

Au cours des dernières semaines de la guerre, le journaliste Juif Ilya Ehrenbourg, encourageait les soldats Soviétiques à violer les femmes de l'ennemi dans de nombreuses publications. *« Tuez-les ! Personne en Allemagne n'est innocent. Ni les vivants, ni ceux qui ne sont pas encore nés. Tenez compte des mots du camarade Staline et écrasez la bête dans sa tanière ! Brisez la fierté raciale des femmes allemandes ! Prenez-les comme vos légitimes tributs de guerre ! Tuez-les, vous les braves soldats de la victorieuse Armée Rouge ! »*

Ses exhortations furent suivies d'effet. L'Armée Rouge viola 1,9 millions de femmes allemandes, 180 000 d'entre elles en moururent. Cela signifie qu'un soldat soviétique sur deux participa à ces viols. Des gangs de violeurs de femmes allemandes se constituèrent. 300 000 enfants, dont beaucoup moururent de malnutrition, naquirent suite à ces viols massifs.

En Russie, cette information est encore préservée comme secret d'état.

La terreur semée par l'Armée Rouge à Vienne, à l'automne 1945.

Comme les accords de Postdam le spécifièrent le 2 août 1945, l'Autriche fut occupée par 700 000 soldats étrangers, dont 400 000 appartenaient à l'Union Soviétique.

Le magazine politique autrichien *Profile*, publia un article en mai 2012 au sujet des atrocités soviétiques commises en zone occupée au cours des années 1945-1955. L'Armée Rouge rapatria son butin en Union Soviétique en monopolisant 31 000 wagons de chemin de fer. Sans compter tout ce que les soldats soviétiques volèrent pour eux-mêmes et leurs familles.

L'armée soviétique envoyait chaque mois 31 kilos de biens volés par personne. Les soldats dérobèrent même 60 000 pianos, 459 000 radios, et 3,3 millions de paires de chaussures.

Au début de janvier 1946, les troupes soviétiques confisquèrent le bétail, les plans de travail, et tout le grain du village d'Ebereau. Ils s'emparèrent aussi des portes, des fenêtres et des parquets de toutes les maisons. Ils pillèrent chaque maison du village de Rudersdorf, s'emparant des vêtements de prix, des bicyclettes et des montres de valeur.

Les tchékistes tenaient leur propre comptabilité ; ils étaient principalement en quête d'objet en or et d'antiquités. Personne ne dérangea leur activité de pillards sans scrupule.

Selon l'historienne Barbara Stelz-Marx, 270 000 femmes autrichiennes furent violées (« Stalin Soldaten in Österreich : Die Innensicht der sowjetischen Besatzung 1945-1955 » / « Les troupes de Staline en Autriche : un aperçu de l'occupation soviétique de 1945 à 1955, 2012).

Beaucoup de ces femmes furent tuées après coup. En zone d'occupation, il y avait un soldat soviétique pour 15 résidents.

Afin que les soldats soviétiques puissent célébrer le 1er mai 1945, Staline leur accorda trois jours d'immunité totale afin qu'ils violent et dépouillent tous les Autrichiens qu'ils rencontreraient sur leur chemin. Cependant, les troupes soviétiques continuèrent leurs atrocités, même après ce congé. Personne ne fut poursuivi ni condamné.

Les commissaires soviétiques menaient la grande vie sous différentes formes. Le commissaire en chef de l'Autriche, le général d'état-major Vladimir Kraskevich, vivait dans une villa de 254 mètres carré. Il retira 160 000 schillings de la Banque Centrale Autrichienne pour rénover sa maison. Il la décora ensuite de tableaux volés, de meubles anciens, de tapis luxueux et de rideaux de soie. À Baden, en banlieue de Vienne, il avait confisqué une villa de 15 chambres. Lorsque Staline l'apprit en 1952, il le réprimanda gentiment.

Au cours des années 1950-1953, plus de cent mille Autrichiens furent condamnés pour « propagande antisoviétique » et déporté à Moscou où ils furent exécutés. Les commissaires soviétiques arrêtèrent également plus de 2 000 Autrichiens. 1 000 d'entre eux furent envoyés dans les camps d'esclaves soviétique du GULag, afin de participer à la construction du communisme. Les autorités d'occupation soviétiques reçurent le soutien des communistes Autrichiens. En 1951, tous les chefs de la police de la zone soviétique, étaient membres du Parti Communiste Autrichien.

L'Union Soviétique « confisqua » 450 compagnies dont les Allemands étaient propriétaires au sein de la zone. Ces dernières firent faillite peu après. En 1953, 90 pour cent du pétrole des états satellites d'Europe de l'Est, provenait d'Autriche. L'Union Soviétique causa à l'Autriche une perte financière équivalent à 15 milliards d'euros actuels.

Les pouvoirs d'occupation, y compris l'Armée Soviétique, se retirèrent d'Autriche le 27 juillet 1955, après avoir signé un traité qui rendit au pays sa souveraineté. L'Autriche promit de maintenir sa neutralité et de ne pas s'unir à l'Allemagne. Le 25 octobre 1955, le dernier soldat étranger quitta le sol de l'Autriche.

Plus de 46 millions de soldats soviétiques furent blessés au cours de la Seconde Guerre mondiale. 1,276 millions d'entre eux subirent des blessures à la tête, plus d'un million perdirent les deux bras, trois millions un seul bras, un million perdirent leurs deux jambes, plus de trois millions une seule jambe, 85 942 soldats s'en tirèrent sans bras ni jambes (ils étaient surnommés les « samovars »). Près de 86 000 en réchappèrent avec des blessures aux bras et aux jambes.

Quelques héros de guerre handicapés furent glorifiés dans la littérature soviétique, la presse et à travers la propagande d'état. La vaste majorité des invalides de guerre se retrouvèrent isolés et « guérirent » au sein d'institutions publiques ou dans leurs foyers. Les autorités n'appréciaient guère que des millions d'invalides dérangent les rues des villes soviétiques.

Comme leurs pensions étaient extrêmement basses, les estropiés devaient mendier pour assurer leur subsistance. Ils se déplaçaient grâce à de petites voitures de bois fabriquées par eux-mêmes.

Lors de la célébration du 70ème anniversaire de Staline, en décembre 1949, il fut décidé de nettoyer les rues de ces invalides. Des millions d'entre eux furent tout simplement fusillés.

Mais même après cela, les vétérans de guerre furent pourchassés. À la fin des années 1940 et 1950, les vétérans invalides de Moscou et d'autres grandes villes furent déménagés de force dans des lieux reculés. D'après l'historienne Beate Fieseler, les dirigeants des kolkhozes des zones rurales, qualifiaient les travailleurs handicapés peu efficaces de « parasites », afin de se débarrasser d'eux. Ces ouvriers étaient alors déportés en camps de travail (Beate Fieseler, « La souffrance des vainqueurs : les invalides de la grande guerre patriotique de l'Union Soviétique », Londres et New York, 2005).

Un des plus horribles d'entre eux, fut le camp Spasskaia près de Karaganda, au Kazakhstan, dans lequel 15 000 ouvriers handicapés furent envoyés entre la fin des années 1940 et le début des années 1950 (Soljenitsyne, 1985).

Un grand nombre de camps de travail furent construits et plusieurs monastères furent convertis en refuge pour invalides, tel Vaalam, situé sur une île du lac Ladoga. Les handicapés étaient arrêtés dans la plupart des grandes villes : Moscou, Leningrad, Kiev, Odessa, Riga, Tallinn, Dnepropetrovsk, Kharkiv, Tomsk, et Novosibirsk. Ceux qui étaient incapables de travailler étaient fusillés sur le champ, selon le slogan soviétique : « Celui qui ne travaille pas, ne mange pas. » Le reste était transporté jusqu'aux camps de concentration pour invalides de guerre de Vaalam, Goritsky, Kirillo-Belozhorsky, et Aleksandero-Svirtsky.

La sanction légale à l'origine de tous ces faits cruels, était un rapport secret émit par le ministre de l'intérieur Sergei Kruglov, le 20 février 1954, sous la forme d'un décret du 23 juillet 1951 censé combattre la pauvreté. D'après ce rapport, « en 1951 107 766 parasites ont été interpellés. » L'année suivante, 156 817 le furent à nouveau et en 1953, 182 342 « vagabonds » furent « récupérés ». Kruglov insistait sur le fait que 70 pour cent de ces cas étaient constitués d'invalides de guerre.

Seule une minorité d'entre eux était considérée comme apte au travail, ainsi la majorité des vétérans et la plupart des enfants furent liquidés. En 1948, Vaalam fit incarcérer 747 handicapés. En juin 1952, 901 étaient encore présents et en 1971, 574 vétérans restaient.

Les derniers invalides de guerre disparurent des rues d'Estonie au printemps 1965. L'élimination des invalides de guerre est un crime soviétique qui a totalement été occulté en Occident.

LE MEURTRE DE STALINE

Staline commença à se battre contre les dirigeants sionistes à partir de 1949. Son dérangement psychologique avait empiré. C'est la raison pour laquelle il commença une campagne contre les « cosmopolites » en novembre. Il pensait qu'il était temps de persécuter les Juifs et d'insulter les Sionistes. Staline fit arrêter l'auteur Juif Samuil Persov le 18 janvier 1949 et le fit exécuter le 23 novembre 1950. Samuil Gordon fut victime du même sort lorsqu'il fut exécuté le 21 juillet 1951.

Staline commença à persécuter toute sorte de représentants culturels Juifs en août 1952. Le 12 août 1952, 24 Juifs (y compris des auteurs écrivant en Yiddish) furent arrêtés et 23 d'entre eux exécutés. Le même soir, 217 autres poètes et écrivains Juifs, 108 acteurs, 87 artistes et

19 musiciens disparurent sans laisser de trace. Les auteurs David Bergelson, Fefer Itsik et David Hofstein étaient parmi ceux qui furent assassinés.

Alors Staline commença à purger l'appareil gouvernemental de ses éléments Juifs, pas seulement en Union Soviétique mais aussi au sein des états satellites. Les procès de Prague contre Rudolf Slanski (en fait Salzmann), Vlado Clementi et d'autres furent très contestés.

Les dirigeants Juifs devinrent extrêmement inquiets et commencèrent à prendre des mesures de rétorsions. Ils s'arrangèrent pour démettre Joseph Staline du poste de secrétaire général en octobre 1952. (« Le livre de référence encyclopédique », Moscou, 1955, Vol. 3, p.310) Ce fait a été négligé par toutes les biographies de Staline. Le public en général n'a jamais rien entendu au sujet de cette vengeance Juive. Georgi Malenkov fut choisi pour occuper le poste de premier secrétaire du Comité Central. Aucune information ne figure dans les encyclopédies récentes à ce sujet. Staline fut relégué au rang de secrétaire ordinaire au sein du Comité Central. Il conserva pourtant son poste de Premier Ministre.

Joseph Staline, la personnification du mal.

Staline devint profondément inquiet et répondit à son tour par des contre-mesures. Ainsi, il donna l'ordre qu'un groupe de docteurs Juifs (les professeurs Boris Kogan, Yakov Rapoport, Alexandre Feldman, Miron Vovsy, Alexandre Grinstein, Yakov Etinger et d'autres) soit arrêté le 7 novembre 1952. Ils furent accusés d'avoir causé la mort de deux membres russes du Politburo (Andrei Zhdanov – le chef du Kominform – et Alexandre Shcherbakov). Dans le cas de Zhdanov, ces docteurs étaient accusés d'avoir établi un faux diagnostic et d'avoir gardé secrets les symptômes de sa condition cardiaque.

Le 1er septembre 1948, le journal *Izvestia* annonça qu'Andrei Zhdanov était mort à l'hôpital. Staline affirmait à présent que ses docteurs Juifs avaient contribué à son décès.

D'après les confessions du professeur Vovsy, Staline les accusait aussi de planifier la mort d'autres membres russes du Politburo et de recevoir leurs instructions de l'organisation sioniste l'*American Jewish Joint*

Distribution Committee. (Abdurakhman Avtrokhanov, « Le mystère de la mort de Staline », Francfort-sur-Main, 1981, p.182)

Nous pouvons supposer qu'il s'agissait d'une des accusations inventées par Staline. Cependant, lorsque Staline accusait Trotski d'être un espion allemand, tout le monde pensait qu'il mentait. Les documents trouvés dans les archives occidentales ont maintenant confirmé que Staline avait raison.

L'*American Jewish Joint Distribution Commitee* est une organisation sioniste internationale fondée en 1914, qui œuvre au moyen d'une large propagande économique pour les intérêts de la Juiverie. La direction centrale de l'organisation a son siège à New York. Paul Warburg était parmi les dirigeants. Elle bénéficie de représentants dissimulés au sein de presque tous les pays.

L'organisation fut officiellement active en Union Soviétique jusqu'en 1938. Le président de l'*American Jewish Joint Distribution Commitee* fut pendant un temps l'Illuminati Félix Warburg, d'après l'Encyclopaedia Judaica. Telle était l'organisation subversive pour laquelle Joseph Staline accusait les docteurs de travailler.

Beria répondit par une intrigue pour démettre de ses fonctions le docteur russe de Staline, le professeur Vladimir Vinogradov. Il raconta à Staline que Vinogradov avait recommandé (en parlant de Staline) qu'il devait s'abstenir de toute activité pour raisons de santé. Staline était furieux et cria : « Mettez-le aux fers ! »

Staline continua de se débarrasser des adjoints Juifs aussi vite qu'il pouvait. Léon Mekhlis, que Staline avait fait rédacteur en chef de la *Pravda*, fut parmi les victimes. Staline soupçonnait Mekhlis d'avoir quelque chose en commun avec les docteurs Juifs arrêtés et pour cette raison, l'envoya à Saratov, où il fut calmement appréhendé et ramené à Moscou pour y être tué. Il témoigna contre les docteurs Juifs emprisonnés dans la prison de l'hôpital de Lefortovo. Mekhlis mourut le 13 février 1953. Il fut enterré sur la Place Rouge, mais cette fois Staline n'était pas là pour verser des larmes de crocodile pour lui. (Abdurakhman Avtrokhanov, « Le mystère de la mort de Staline », Francfort sur Main, 1981, p.197)

Un article de Staline à propos des docteurs meurtriers Juifs fut publié le 13 janvier 1953. Il était évident que le prochain objectif de Staline était de purger le Politburo des Juifs et des autres membres ayant des proches Juifs (épouses). Selon l'historien Abdurakhman Avtrokhanov, il n'y avait plus que deux Juifs (Kaganovitch et Beria) restant parmi les membres du Politburo, ainsi que cinq Russes mariés à des Juives (Molotov, Malenkov, Khrouchtchev, Andreïev et Vorochilov). Staline voulait former un nouveau Politburo plus large, composé uniquement de membres russes.

Les dirigeants Juifs commencèrent à craindre pour leurs positions. Ils réalisaient que Staline pouvait aller bien plus loin. Un des plus inquiets était Lazare Kaganovitch, membre du Politburo. Il décida d'organiser un complot pour se débarrasser de Staline. Il invita trois autres membres du Politburo ; Nikolai Boulganine, Vyacheslav Molotov et Kliment Vorochilov, à la villa de Vorochilov à Zhukovka où il, d'après son propre témoignage, suggéra d'utiliser sa propre sœur Roza (la femme de Staline), qui était docteur, pour tuer Staline en faisant usage de médicaments qui causaient des hémorragies cérébrales. Il fut décidé que les pilules habituelles de Staline seraient remplacées par d'autres que Molotov appelait mort-aux-rats. Tout le monde approuva la suggestion de Kaganovitch. (Stuart Kahan, « Le Loup du Kremlin : Le bras droit de Staline », Stockholm, 1988, pp.268-269)

Beria aussi se sentait menacé et il mit au point son propre plan qu'il baptisa *Mozart*. Beria pouvait compter sur le soutien de Nikita Khrouchtchev, de Georgi Malenkov et de Nikolai Boulganine. Tout le monde attendait le bon moment.

Staline soupçonnait que quelque chose se préparait. Il réalisa qu'il n'était plus utile pour les Juifs. Il déclara donc au présidium à la fin de février que le processus principal contre les docteurs Juifs prendrait place à la mi-mars.

Dans le même temps, il prit l'initiative de présenter une proposition de nouveau décret, selon lequel **tous les Juifs** devaient être déportés en Asie Centrale. Kaganovitch et Molotov protestèrent. Staline ne se préoccupa pas des conséquences. Selon le témoignage du secrétaire du Comité Central, Panteleimon Ponomarenko, à des journalistes étrangers en 1956, il en avait assez des Juifs.

Ponomarenko était alors l'ambassadeur de l'Union Soviétique en Pologne. (A. Avtrokhanov, « Le mystère de la mort de Staline », Francfort sur le Main, 1981, p.228)

Les conspirateurs ne pouvaient plus attendre, car l'Union Soviétique se serait effondrée si le décret avait été mis en pratique.

Dans la résidence d'état de Staline à Kountsëvo (anciennement domaine d'Orlov), à 84 kilomètres de Moscou, ses gardes du corps, Piotr Lozgachev et Mikhaïl Stratostin, devinrent suspicieux le soir du 1er mars 1953, car ils n'avaient pas vu Staline de toute la journée. Ils avaient peur tous deux de se rendre auprès de lui de leur propre chef. Lozgachev trouva finalement le courage d'ouvrir la porte. Il trouva Staline allongé sur le sol à côté de la table où il dînait habituellement, avec le coude posé inconfortablement sur le tapis. Une montre gousset et une copie de la *Pravda* étaient sur le côté. Il était conscient, mais avait perdu la faculté de parler. C'était le jour de la fête de Pourim.

Stratostin informa immédiatement Georgi Malenkov, le secrétaire général du Parti, qui lui demanda à son tour d'appeler Beria. Beria ne voulait pas que quiconque soit au courant de la maladie de Staline. Il se rendit auprès de lui avec Malenkov à trois heures du matin. Ils n'amenèrent avec eux aucun docteur. Ils écoutèrent longuement le ronflement bruyant de Staline. Puis Beria se tourna vers Lozgachev et dit d'une voix menaçante : « Tu essayes de provoquer une panique, hein ? Ne vois-tu pas que le camarade Staline est endormi ? »

Nikita Khrouchtchev arriva à son tour à 7:30 le matin du 2 mars, puis les docteurs firent seulement après leur apparition. Beria s'était assuré que Staline ne reçoive aucun soin médical pendant les 12-13 heures suivant la découverte de son état. Staline mourut trois jours plus tard, le 5 mars.

Beria fut nommé commissaire du peuple aux affaires intérieures pour sa contribution à la disparition de Staline. Dans le même temps, tout fut fait pour rétablir la domination Juive. Staline avait déjà tout essayé pour se débarrasser des Juifs extrémistes dès qu'il avait perdu confiance en eux. Par exemple, Piotr Pospelov (en fait Fogelson) avait travaillé comme idéologue en chef du Parti Communiste entre 1940 et 1949. Staline fit révoquer Pospelov et le nomma directeur de l'institut de Marx, Engels et des études Stalinienne. Il fut également renvoyé de ce poste en 1952.

Beria relâcha dès que possible les personnalités culturelles Juives et les docteurs qui avaient été incarcérés. Mikhail Ryumin et d'autres tchékistes impliqués dans les investigations préliminaires contre les docteurs Juifs, furent exécutés en 1954. Le professeur Boris Kogan, lui-même un important dirigeant bolchévique, avait mis en place le régime Soviétique à Volynia en 1954. (Le magazine estonien Soviétique *Aja Pulss*, No.9, 1988, p.28)

D'après une enquête secrète menée par Staline, Béria avait une mère Juive.

L'historien Juif Edvard Radzinski, indique dans son livre sur Staline publié en 1996, que Staline a été assassiné car il souhaitait se débarrasser de ses proches conseillers Juifs, ainsi que déporter les autres Juifs, puis se prémunir de toute vengeance en initiant une guerre atomique contre le monde occidental.

LA LUTTE DE POUVOIR APRÈS LA MORT DE STALINE

Entre le 6 mars 1953 et le 27 juin 1953 (une période de 113 jours), l'Union Soviétique était entièrement dirigée par les Juifs, avec à leur tête

Lavrenti Beria. Georgi Malenkov devint premier ministre, le 5 mars. Beria le força à démissionner du sommet du Parti le 14 mars. (Malenkov mourut à Moscou en janvier 1988 âgé de 86 ans). Nikita Khrouchtchev fut nommé secrétaire général adjoint. Le Parti Communiste n'eut plus de dirigeant officiel jusqu'en septembre 1953, lorsqu'une réunion du Comité Central confirma officiellement la position de Khrouchtchev comme dirigeant du Parti.

Ce fut Kaganovitch et Molotov qui aidèrent Khrouchtchev à se débarrasser de Malenkov. Cette période ne fut pas du tout chaotique comme le prétendit plus tard Khrouchtchev. Les documents secrets qui sont parvenus jusqu'à nous sont explicites à ce sujet. Le professeur d'histoire Boris Starkov présenta ces documents dans son article « les cent jours du maréchal Lubyanka ou Lavrenti Beria fut-il un réformateur ? » (Le journal *Fontanka* de St. Pétersbourg, du 9 novembre 1993)

Le 23 mars, Beria promulgua un décret, qui permit la libération de plus d'un million de prisonniers politiques. Il avait formé le projet de réformer le système du Goulag. Le 16 juin 1953, il proposa que le système de travaux forcés soit aboli car il était inefficace et manquait de perspective. Il proposa aussi que tous les dossiers où les gens avaient été poursuivis pour activité contre-révolutionnaire soient revus. Il recommanda que tous ces gens soient réhabilités et qu'il leur soit alloué des dommages et intérêts en tant que victimes innocentes. Il voulait même que les déportés soient relâchés. Ce fut Beria qui révoqua toutes les accusations retenues contre les docteurs Juifs. Il nomma ses Juifs favoris aux plus hautes fonctions. Notamment Solomon Milstein comme ministre-adjoint de l'intérieur en Ukraine.

Lavrenti Beria alla même plus loin. Il interdit tous les slogans communistes avant la parade de célébration de la victoire du 9 mai 1953. Le 27 mai, il proposa de suspendre le développement du socialisme en Allemagne de l'Est et d'autoriser l'Allemagne à se réunir sur une base bourgeoise.

Lavrenti Beria, une énigme.

Pour l'Union Soviétique, néanmoins, il avait certains projets inacceptables. Beria voulait vendre les états baltes aux pouvoirs Occidentaux. Un agent du KGB Georg Meri (le père de l'ancien président estonien, Lennart Meri), devait devenir premier ministre de la démocratie indépendante d'Estonie. Ce fut Khrouchtchev qui parla le premier des plans de Beria pour abandonner les pays Baltes. Le 12 juin 1953, Beria donna l'ordre que les russes des républiques Baltes rentrent en Russie et autorisent les autorités locales à assumer le pouvoir. Cet ordre fut immédiatement obéi. Beria voulait également rendre l'île de Sakhalin au Japon.

Beria fut le premier à abolir le culte de la personnalité établi par Staline. Il était pourtant étrange de trouver la signature de Kaganovitch sur tant de propositions de changements. Beria encouragea par la suite Khrouchtchev et Boulganine à s'emparer du pouvoir officiel, mais ces derniers, avec Malenkov, décidèrent de mettre fin aux réformes qui avaient provoqué la frayeur de l'appareil du Parti. Ils voulaient le détruire.

Le maréchal Georgi Zhukov dirigea l'interpellation de Beria au cours de la réunion du Politburo du 27 juin 1953. Il fut accusé d'activités contraires à la ligne du parti, ainsi que d'avoir eu une conduite antiétatique, de s'être adonné à l'espionnage ainsi qu'aux viols sur mineurs.

Le procès de Beria ainsi que de six de ses plus proches collaborateurs, se tint du 18 au 23 décembre 1953. Ils furent tous condamnés à mort et exécutés le jour même où la sentence fut prononcée : le 23 décembre.

Telle est du moins la version « officielle ». De nouveaux faits démontrent que Beria avait déjà été lâchement assassiné à son foyer, le 26 juin 1953.

Kaganovitch contribua à la liquidation de Beria. Il avait espéré gagner l'accès au réel pouvoir pour lui-même et fut très déçu lorsque Nikita Khrouchtchev fut élu nouveau dirigeant du Parti Communiste en septembre 1953. Nikita avait autrefois été son protégé et son subordonné. Il n'était qu'un mineur sans aucune éducation lorsqu'il rencontra Kaganovitch, mais il était marié à la juive Nina Kukharchuk. Trotski avait sous-estimé Staline, Kaganovich sous-estima Khrouchtchev et perdit la lutte de pouvoir.

Khrouchtchev fit arrêter le fils de Staline, Vassili, le 28 avril 1953, car il avait accusé le Politburo du meurtre de son père (par empoisonnement). Vassili Staline l'avait menacé de faire des révélations embarrassantes. Il était pilote de combat, lieutenant général de la Force Armée et l'ancien dirigeant militaire du district de Moscou. Nikolai Bulganin, le ministre de la défense, lui ordonna de quitter Moscou. Il refusa d'obéir et fut condamné à huit ans de travaux forcés. Sa fausse accusation contre le maréchal Alexandre Novikov fut utilisée comme prétexte. Il fut relâché en 1960 et envoyé en retraite. Le 11 janvier 1960, il lui fut interdit de vivre à Moscou et de porter le nom de Staline, qu'il dut remplacer par celui de Djougachvili. Il s'installa à Kazan, où il fut retrouvé mort dans son lit le 19 mars 1962. La cause du décès était empoisonnement à l'alcool. En septembre 1999, il fut complètement réhabilité.

Selon Vladimir Solooukhine, en 1953, il y avait 22 millions de prisonniers dans les camps et 8 millions de soldats dans l'armée (qui menaient une vie encore plus dure), 30 millions de paysans travaillant virtuellement pour rien dans les kolkhozes et 40 millions œuvrant dans les mêmes conditions au sein de l'industrie.

Après la mort de Staline, plusieurs soulèvements se déclarèrent au sein de divers camps de travail. La révolte de Vorkuta éclata le 1er août 1953, celle de Karaganda au Kazakhstan, le 16 mai 1954.

Sous l'ère Khrouchtchev, la terreur continua.

Kaganovitch décida d'attendre le moment opportun pour renverser Khrouchtchev et s'emparer du pouvoir. En 1957 il essaya de mettre au point un coup d'état avec l'aide de Malenkov, Molotov et d'autres conspirateurs, mais ce fut Khrouchtchev qui parvint à écraser Kaganovitch et son groupe. Khrouchtchev révéla les intentions de Kaganovitch au cours d'une réunion du Parti en juin 1957. Il annonça à la direction du parti que Kaganovitch avait ordonné l'exécution d'un nombre incroyable de fonctionnaires du Parti pour des motifs erronés. Khrouchtchev présenta aussi des preuves – les ordres écrits de Kaganovitch aux tribunaux, ses propositions au NKVD, et des télégrammes adressés à Staline contenant des diffamations. Finalement, Khrouchtchev accusa Kaganovitch du meurtre intentionnel d'au moins 20 millions de citoyens Soviétiques.

Kaganovitch téléphona à Khrouchtchev pour implorer sa pitié. Il ne voulait pas être exécuté. Khrouchtchev lui répondit : « Mais que voulais-tu faire avec moi ? » Comme punition, le dirigeant du Parti envoya Kaganovitch âgé de 64 ans en Oural, où il devint le directeur de l'usine d'amiante de la ville d'Asbest. Molotov fut envoyé en tant qu'ambassadeur en Mongolie.

Huit villes, qui portaient le nom de Kaganovitch, y compris Kaganovitchibad et Kaganovitchesk, reprirent leur ancien nom. Le métro de Moscou fut renommé Lénine à la place. Les hauts fonctionnaires s'étaient mis d'accord pour arrêter de se tuer les uns les autres.

Il y avait néanmoins un crime que Khrouchtchev étouffa complètement, car il était lui-même complètement impliqué. En 1946, certains problèmes émergèrent avec les ukrainiens, qui continuaient avec obstination leur résistance passive. Khrouchtchev, qui avait été le premier secrétaire du Parti en Ukraine, avait de grandes difficultés, malgré le fait qu'il recevait des instructions de Staline, à briser la résistance ukrainienne au moyen de la famine. Il échoua dans sa mission. C'est pour cela que Staline le fit suspendre temporairement, et envoya Kaganovitch pour le remplacer en tant que premier homme du Parti en Ukraine.

Kaganovitch fut (comme à son habitude) si efficace que deux millions de personnes trouvèrent la mort à cause de la famine massive qu'il provoqua. La résistance ukrainienne était brisée. Staline était satisfait. Ce crime affreux fut passé sous silence en Occident et lorsqu'il finit par émerger, la presse ne voulait pas admettre qu'il s'agissait de l'œuvre de Kaganovitch. Elle blâma Khrouchtchev qui était un non-Juif.

Après avoir commis ce terrible crime contre l'humanité, Kaganovitch retourna à Moscou et remit le pouvoir à Kiev entre les mains de Khrouchtchev. C'est pourquoi Khrouchtchev ne voulait pas que ce forfait soit mentionné parmi les autres crimes de Kaganovitch.

Ça n'était pas cependant le seul crime dont ils s'étaient rendus coupables ensemble. Au début de 1954, la plus haute direction du Parti (Khrouchtchev, Malenkov, Kaganovitch, qui était alors premier ministre) donna l'ordre le 14 septembre de la même année, de tester une bombe atomique sur des êtres humains. La bombe, qui devait exploser à 500 mètres au-dessus du sol, explosa avec une force de 40 kilotonnes. La bombe atomique qui annihila Hiroshima et provoqua la mort instantanée de 80 000 personnes, n'était pas aussi puissante (elle était seulement de 13 kilotonnes).

L'expérimentation prit place en Oural près du village de Totskoïe entre les villes de Kuibyshev et d'Orenbourg, 970 kilomètres à l'est de Moscou (*Izvestia*, 14 août 1993).

Les autorités Soviétiques voulaient savoir à quel moment elles pouvaient envoyer des troupes en zones irradiées. 44 000 soldats furent forcés de pénétrer dans la zone 20 minutes après l'explosion. Sans le savoir, les soldats avaient été condamnés à mort. Les autorités ne s'étaient pas préoccupées de la population locale, en songeant à la direction du vent. Elle ne fut même pas prévenue. Le taux de radiation était dix fois supérieur (50 Roentgen) au taux considéré par les Américains comme le plus haut ne présentant pas de danger pour les êtres humains. Il était impossible de faire usage de masques à gaz, car la température de l'air était de 45 degrés. Plus d'un million de personnes vivaient dans cette zone (dans un rayon de 150 kilomètres autour de l'épicentre de l'explosion).

Parmi les participants se trouvait le capitaine Yuri Sorokin qui, après la chute du Communisme, poursuivit le ministère de la défense russe pour 52 millions de roubles. Le maréchal Zhukov suivait l'expérimentation depuis un bunker placé à 25 kilomètres.

Le ministre de la défense, Nikolaï Boulganine, déclara que l'expérience était un succès. (Après la Deuxième Guerre Mondiale, les commissaires du peuple de l'Union Soviétique reçurent l'appellation plus civilisée de ministre). Une dureté similaire fut appliquée lorsqu'au cours de la Deuxième Guerre Mondiale, les britanniques offrirent aux communistes des détecteurs de mines, mais qu'un général de l'Armée Rouge refusa en disant : « Nous n'en n'avons pas besoin, nous avons des effectifs pour ce type d'exercice ! » Le NKVD envoyait les prisonniers politiques pour nettoyer les champs de mines sous menace de mort, d'après l'historien Nikolai Tolstoï.

En 1957, une autre bombe atomique explosa accidentellement dans cette même zone. Cette fois, 10 000 personnes furent évacuées.

Entre 1949 et 1963, 221 tests nucléaires furent effectués à Semipalatinsk au Kazakhstan, y compris 30 tests au niveau du sol, 88 en atmosphère, six dans la stratosphère et 97 en sous-sol. Selon le membre de l'Académie des Sciences Russe, Andrei Sakharov, qui conçut la première bombe soviétique à hydrogène, six millions de gens trouvèrent la mort à cause de ces expérimentations.

Entre le 29 août 1949 et le 19 octobre 1989, un nombre total de 456 engins nucléaires furent testés. La force des explosions atteignait parfois les 150 kilotonnes. De nos jours, près d'un millions de personnes souffrent de problèmes de santé causés par ces radiations. Leur patrimoine génétique est détruit. Un enfant sur trois souffre de malformation, est atteint du cancer ou se trouve dépourvu d'un système immunitaire efficace. Les chercheurs déclarent que la prochaine génération ne pourra même pas survivre.

Le couple de Juifs américains, Julius et Ethel Rosenberg, ainsi que leurs assistants Morton et Sobel, transmirent toutes les informations nécessaires à la construction de la bombe atomique aux physiciens de l'Union Soviétique (notamment au Juif Léon Landau). Staline passa en revue 286 rapports à propos du développement de la bombe atomique. Klaus Fuchs était parmi les informateurs. Beria devint chef du projet de la bombe atomique Soviétique. Le FBI était au courant de cela, mais ne réagit seulement après que les informations se trouvent en sécurité entre les mains Soviétiques.

Personne n'était intéressé par la possibilité de liquider le communisme en menaçant le régime Soviétique avec des armes atomiques.

Les époux communistes Rosenberg furent condamnés à mort et exécutés le 19 juin 1953. Morton Sobell fut condamné à 30 ans de réclusion pour espionnage malgré ses dénégations. Dans son ouvrage « On Doing Time » (1974), il clama son innocence. Mais dans une interview donnée au *New York Times* (11 septembre 2008), il reconnait avoir été un espion soviétique. Mais il était alors âgé de 91 ans.

Le plus grand explosif nucléaire au monde – la bombe du Tsar – fut mis à feu le 30 octobre 1961 sur l'île de Serverny à Novaya Zemlya, dans l'océan Arctique. Il s'agissait d'une bombe à hydrogène multi-étage d'une force explosive équivalent à 50 mégatonnes.

Staline avait instauré tous les principes du marxisme-léninisme, mis en place une dictature, liquidé la libre concurrence, aboli l'idée de toute éthique, dégradé les intellectuels, encouragé la lutte des classes transnationale, essayé d'éliminer la religion, réduit les ouvriers en esclavages (qui se tournèrent vers la boisson à la place de travailler). Mais les différentes races ne voulaient pas se mélanger les unes aux autres, les croyants ne voulaient pas abandonner leur foi, les paysans haïssaient le travail au sein des fermes collectives (et devinrent extrêmement fainéants car ils étaient contraints de travailler pour le bénéfice de quelqu'un d'autre).

Un peloton d'exécution du NKVD attendant sa prochaine mission près de Moscou en 1936.

Tous ces faits horribles concernant la terreur communiste ont été passés sous silence, y compris en Israël. « Un étudiant israélien quitte le lycée sans même jamais avoir entendu parler de Genrikh Yagoda, le plus grand meurtrier Juif du 20ème siècle, le chef adjoint du GPU et fondateur du NKVD. », indiquait le plus grand journal israélien *Yedioth Ahronoth*, dans un article intitulé : Les Juifs de Staline. « **Nous ne devons pas oublier que certains des plus grands meurtriers des temps modernes sont Juifs.** » La version anglaise fut reprise en anglais sur *Opinion*, un site d'information en ligne, le 21 juin 2012. Il fut déclaré à l'attention du public israélien que Yagoda était responsable de la mort d'au moins 10 millions de personnes au cours de la collectivisation stalinienne.

Le célèbre auteur russe Vladimir Soloukhin (1924-1997) indiqua ce qui arrive aux gens qui apprécient la vérité : « *Lorsque j'écrivais sur la destruction des cosaques et de la paysannerie russe, j'étais juste un écrivain russe. Mais lorsque je commençai à écrire au sujet de ceux qui avaient perpétré tout cela, je fus immédiatement qualifié d'antisémite.* » Une étiquette qui lui resta accolée jusqu'à sa mort.

Les Communistes échouèrent sur toute la ligne et s'arrangèrent pour éliminer un grand nombre de gens au cours du processus – les ennemis de classe et les ennemis du peuple qui auraient pu déranger la construction de la société Illuministe. Les communistes furent finalement forcés d'admettre que leur système était complètement irréaliste, tout comme leurs opposants l'avaient prôné tout au long de la perpétuation de leur folie. L'*Homo Sovieticus* était devenu un outil inutilisable. Il était impossible de continuer.

Les projets des dirigeants communistes des années 1920 et 1930, de croiser les humains avec les singes pour produire le nouvel homme soviétique, échoua. Ils voulaient créer une créature qui ne serait pas très futée, mais suffisamment intelligente pour obéir et travailler sans remettre en cause le système. Le projet fut dirigé par le professeur Ilya Ivanov (Oleg Shishkin, « Le Frankenstein Rouge », Moscou, 2003).

Les Communistes eurent à essuyer toutes sortes de revers. Certains commencèrent à regretter tous leurs crimes, comme Malenkov qui devint croyant dans son grand âge et qui fut aperçu dans beaucoup d'églises aux alentours de Moscou. Il avait bien de quoi se repentir. Il mourut à Moscou le 14 janvier 1988 à 86 ans.

Lazare Kaganovitch n'était pas parmi ceux qui regrettaient leurs actes. Il mourut le soir du 25 juillet 1991 à 97 ans. Ses méthodes immensément cruelles n'avaient mené nulle part. Sa vie est une leçon terrible pour tous ceux qui veulent vraiment apprendre des erreurs des autres.

L'AIDE AMÉRICAINE
À L'UNION SOVIÉTIQUE

La prise de pouvoir bolchévique fut financée par Jacob Schiff, Paul Warburg, John Rockefeller, Franklin Vanderlip, John Pierpont Morgan junior (qui donna au moins un million de dollars à Lénine) et William Averell Harriman, tous américains. En Europe, les forces similaires et au service des mêmes fins, furent le Grand-Maître anglais Alfred Milner et la famille Rothschild. L'Union Soviétique utilisa la bannière rouge des Rothschild comme symbole officiel du socialisme-communiste.

Il existe quelques ouvrages de chercheurs honnêtes, comme ceux d'Antony Sutton « Wall Street et la Révolution Bolchévique » et Gary Allen « None dare call it a conspiracy », qui révèlent les cercles financiers qui aidèrent les bolchéviques à se maintenir au pouvoir à n'importe quel prix. Sans ce soutien financier, il leur aurait été impossible de rester en selle ; la Russie les aurait rapidement désarçonnés.

Le docteur en économie Antony C. Sutton, passa plusieurs années à amasser les documents prouvant tout cela. Le contenu des archives qu'il dénicha fut publié dans une série de livres, comprenant le gigantesque recueil en trois volumes « Western Technology and Soviet Economic Development », publié par l'institut Hoover. Il publia aussi deux autres ouvrages importants sur ce sujet : « The national suicide » et « The best enemy money can buy ».

L'embargo sur le commerce américain n'était rien d'autre qu'un gigantesque bluff. L'état totalitaire Soviétique était complètement inefficace et n'aurait jamais pu survivre sans aide extérieure. L'histoire ancienne de la Chine nous fournit un exemple similaire. Dans l'année 8 après J.C. un membre important de la classe dirigeante, Wang Mang, usurpa le pouvoir et s'autoproclama empereur un an plus tard. Il essaya de prendre le contrôle de l'économie à l'aide de réformes radicales. Wang Mang renforça le gouvernement central avec la sévérité et la discipline caractéristique des asiatiques. Il nationalisa la propriété et interdit la vente d'esclaves. La situation économique se détériora catastrophiquement. En l'année 17, les paysans en eurent assez et une révolte pour renverser Wang Mang, éclata. Ils y réussirent et le tuèrent comme un chien enragé.

Antony Sutton souligne le fait que 95 pour cent de la technologie Soviétique provenait des États-Unis d'Amérique ou de ses alliés. Ses conclusions prouvent que sans l'aide américaine, les communistes n'auraient pas été capables de se maintenir un seul jour au pouvoir. Les bolchéviques auraient sans doute perdu la guerre civile de quatre années si l'Occident ne leur avait pas offert son aide. C'est pourquoi les alliés mirent en place la prétendue Intervention.

Pendant qu'il réquisitionnait des milliards pour la défense contre le communisme, le congrès des États-Unis accordait en même temps six milliards de dollars en aide économique et militaire directe aux communistes. Des avions de combat F-86 équipés de radars valant plus de 300 000 dollars chacun ont été vendus au dictateur communiste de Yougoslavie pour 10 000 dollars. L'administration Eisenhower approuvait tout cela (« Report, U.S. Foreign Assistance », U.S. Agency for Int. Dev. 21 mars 1962).

L'« INTERVENTION » COMME OUTIL DE DIVERSION

L'initiative de « l'Intervention » venait en fait des bolchéviques. Léon Trotski, commissaire du peuple aux affaires militaires, envoya une note écrite en anglais requérant une aide militaire de la part des alliés le 5 mars 1918. Les troupes britanniques devaient être envoyées à Arkhangelsk et des troupes américaines devaient occuper Vladivostok pour prémunir l'avancée japonaise (Yuri Felshtinsky, « L'échec de la Révolution Mondiale », Londres, 1991, pp. 283-284).

Le 19 mars 1918, 2 000 soldats britanniques investirent Mourmansk pour freiner l'avancée des troupes finlandaises. Les bolchéviques locaux reçurent l'ordre de Saint-Pétersbourg de coopérer avec les troupes britanniques. (Staffan Skott, « Sovjetunionen fran borjan till slutet » / « L'Union Soviétique du début à la fin », Stockholm, 1992) Trotski approuva le soviet militaire composé de Britanniques, de Soviétiques et de représentants français (M. Jaaskelainen, « Ita-Karjalan kysymys : kansallinen laajennusohjelman synty ja sen toteuttamisyritykset Suomen ulkopolitiikassa vuosina 1918-20 » / « La question de la Carélie Orientale : Le début du programme d'extension national et les tentatives des affaires étrangères finlandaises des années 1918-20 », Helsinki, 1961).

Il y avait officiellement 10 052 soldats étrangers à Mourmansk le 1er juillet 1918, y compris 6 850 Anglais mais aussi des Serbes et des Français. De telles estimations sont habituellement contestées. Le major général britannique Sir Charles Maynard, publia dans ses mémoires « The Mourmansk Venture » une version toute différente. Il prétendait que les troupes alliées n'avaient jamais excédées 1 500 hommes. Trotski avait auparavant demandé l'aide des Français lors de la fondation de l'Armée Rouge, mais Paris n'avait pas souhaité collaborer. Le colonel américain Raymond Robbins n'eut quant à lui aucun scrupule à aider les bolchéviques. 4 000 soldats américains arrivèrent à Arkhangelsk le 4 septembre 1918, d'après Louis Fischer (« La vie de Lénine », Londres, 1970, p.430). Le président américain Woodrow Wilson avait envoyé deux millions d'hommes sur le front occidental au printemps 1917.

Maynard lui-même quitta l'Angleterre le 18 juillet 1918 avec seulement 150 Royal Marines. Les bolchéviques avaient besoin du soutien des Allemands, car c'était en fait les soldats allemands qui protégeaient les bolchéviques des Tsaristes Blancs. Les Britanniques considéraient les Blancs de Finlande comme des ennemis. Les troupes Rouges Finlandaises, qui étaient procommunistes, étaient dirigées par les Britanniques, d'après le général Maynard. Lorsqu'il voulut donner 150 000 livres aux troupes des russes Blancs (un total de 5 000 hommes), Londres refusa de donner son accord. Il se rendit à Londres pour expliquer la situation désespérée des Blancs. Seulement alors il lui fut donné la permission de donner l'argent aux Blancs, qui se battaient contre les bolchéviques et voulaient rétablir l'empire Tsariste.

Les Blancs finlandais étaient volontaires pour occuper Mourmansk dès que possible, mais le président Finlandais, Pehr Evind Svinhufvud, après avoir reçu des avertissements de Londres, n'osa pas donner des ordres dans ce sens. Lorsqu'il devint clair que les troupes russes Blanches du nord progressaient trop vite, David Lloyd George (un franc-maçon) demanda à ce que Churchill retire les renforts de Mourmansk. Des demandes pour que les Britanniques interrompent leur aide aux Blancs en Russie étaient aussi fréquemment publiées dans la presse. En août 1919, Lord Henry Rawlinson (franc-maçon) fut envoyé de Londres à Mourmansk. Il donna des instructions pour que les troupes britanniques soient renvoyées à la maison.

Au début, l'Occident déclara plutôt hypocritement que les bolchéviques étaient dangereux. En dépit de ces avertissements, les Britanniques n'envoyèrent que quelques soldats pour combattre ostensiblement les Rouges. En fait, les Alliés évitèrent de déranger les bolchéviques. Un exemple illustre parfaitement cela, lorsque les britanniques promirent à Boris Savinkov, un des dirigeants sociaux révolutionnaire et un franc-maçon, d'envoyer deux divisions contre les bolchéviques d'Arkhangelsk. Seules 600 troupes furent en fait envoyées, et elles ne furent même pas impliquées dans un combat. Savinkov accusa les Britanniques d'aider secrètement les bolchéviques.

Les livres d'histoire déclarent qu'en août 1918, les troupes britanniques débarquèrent au nord de la Russie et avancèrent sur

Petrograd. Mais en réalité, elles ne parcoururent que 40 kilomètres en deux mois, avant de faire halte et de quitter le pays (Nikolai Starikov « La liquidation de la Russie : Ceux qui aidèrent les Rouges à remporter la Guerre Civile », Moscou, 2010, pp. 237).

Les Français sabordèrent tous les navires de Crimée et d'Odessa. De la même manière, toute la Russie fut sabordée par le communisme. Les Alliés neutralisèrent toutes les défenses du pays contre les envahisseurs Rouges.

Grâce à divers documents retrouvés au sein des archives, l'incroyable vérité finit par émerger : les gouvernements Occidentaux contrôlés par la franc-maçonnerie, étaient très enthousiastes à l'idée d'une victoire bolchévique.

Les troupes françaises avaient reçu l'ordre de faire exploser leurs réserves de matériel militaire, afin que les Blancs n'aient pas accès à l'armement, ni aux uniformes et aux munitions. Des ordres similaires avaient été donnés aux troupes britanniques. Les Français et les Britanniques s'emparèrent de sept navires de guerre russe à Sébastopol en Crimée, avant de les faire sauter. Douze sous-marins supplémentaires furent sabordés. Les munitions furent jetées à la mer. Les fonctionnaires bolchéviques leur facilitèrent la tâche. Tout ceci se passait en avril 1919.

La Grèce proposa de réserver les navires russes pour un usage futur, mais les Alliés refusèrent (Strarikov « La liquidation de la Russie », Moscou, 2010, pp. 263).

Ce sabotage fut officiellement justifié comme un moyen d'éviter de laisser les armes aux mains des Blancs, mais ils firent retraite devant les Rouges, (« car la lutte contre les Rouges serait inutile »).

Le tchékiste Georgi Lafar, qui venait de France, avait été envoyé de Moscou à Odessa pour s'assurer que l'armée du général Anton Denikin soit promptement neutralisée. Lafar servait d'interprète aux officiers français. Les Français obéirent aux bolchéviques. Ils exigèrent que les Blancs quittent Odessa sous 48 heures.

Les Blancs parvinrent à recueillir des informations à propos du sabotage de Lafar avant de le faire arrêter. Il fut immédiatement exécuté le 3 avril 1919. Dans les livres d'histoire soviétiques, il est désigné comme le premier espion soviétique.

Les Français pensaient que l'évacuation de Sébastopol aurait dû se dérouler bien plus vite. Elle ne prit que douze heures. Puis quelque chose d'étrange se produisit. Les troupes françaises restèrent sur place pendant douze jours pour préparer l'arrivé des Rouges.

Les Rouges attendirent patiemment. Lorsque les Français furent partis, les bandits se mirent en marche pour exercer leur terreur inimaginable. (Starikov « La liquidation de la Russie », Moscou, 2010, pp. 263).

Lénine admit que l'Entente (les Alliés) ne combattit jamais les Rouges : « *Pendant trois ans, les Britanniques, les Français et les Japonais occupèrent le territoire russe. Il ne fait aucun doute que le plus petit effort de leur part aurait suffi à nous battre en quelques mois, voire quelques semaines.* »

Le président Woodrow Wilson fut un des tout premiers chefs d'état à reconnaître la Russie Soviétique. Le 6 juillet 1918, les américains décidèrent d'envoyer 7 000 soldats à Vladivostok. Le but de cette manœuvre était d'atténuer les préparatifs japonais pour une éventuelle intervention. Les américains furent bientôt inquiets et furent forcés de prendre des mesures contre l'armée japonaise.

Le 26 août 1918, le consul américain de Vladivostok, John Caldwell, envoya un télégramme à Robert Lansing, le secrétaire d'état à Washington : « *Près de 18 000 soldats japonais ont débarqué à Vladivostok. 6 000 autres sont en route sur le front de la Mandchourie. Les japonais avancent partout où ils le peuvent… la situation est critique.* » (Papiers concernant les relations étrangères des États-Unis, 1918, avec la Russie », Vol. II, pp.328-329)

Les américains considéraient la situation comme dangereuse surtout à cause du fait que les japonais renversaient le régime Soviétique partout où ils arrivaient. Selon des sources officielles, 70 000 soldats japonais étaient déjà présents en Extrême-Orient au début de novembre 1918. Robert Lansing ne cachait pas son opinion selon laquelle les Juifs bolchéviques étaient spirituellement sous-développés, c'est à dire des êtres primitifs.

Malgré la stricte censure Soviétique, une phrase importante et révélatrice peut être trouvée dans certaines publications : « Le gouvernement américain était évidemment contre l'avancée japonaise. » (Documents de la politique étrangère de l'Union Soviétique », Vol. I, Moscou, 1957, p.225) Cette phrase fut plus tard censurée, car les falsificateurs de l'histoire la considéraient comme trop dangereusement révélatrice.

Trotski révéla dans ses mémoires « Ma Vie », que le 18 novembre 1917, le général William Judson, le chef de la mission américaine, lui passa un coup de fil inattendu au quartier-général soviétique de Smolny. Il lui dit : « *Le temps des protestations et des menaces contre le pouvoir soviétique est révolu, pour peu que ce temps ait jamais existé.* »

À partir de décembre 1917, les financements de Wall Street se déversaient en masse auprès de Lénine et Trotski à travers la Croix Rouge. Les Blancs n'obtinrent quasiment rien de la part de l'Entente. Les financiers américains avaient complètement investi sur les bolchéviques. Le gouvernement britannique encouragea même les Blancs à se rendre.

La guerre civile était trop fatigante pour Lénine. C'est la raison pour laquelle l'Occident augmenta sa contribution pour y mettre un terme. Les

Alliés commencèrent à se retirer et leur équipement fut laissé aux bolchéviques.

Dès mars 1918, cinq officiers américains avaient commencé à entraîner les unités de l'Armée Rouge. Les américains envoyèrent aussi des équipements militaires aux bolchéviques, d'après Antony Sutton (« The national suicide », Melbourne, 1973, p.76) Sutton se réfère à un autre important document, prouvant que Trotski demanda à l'ambassadeur américain, David R. Francis, une aide officielle pour entraîner l'Armée Rouge en 1919.

Les États-Unis, comme puissance militaire de premier ordre, s'assurèrent que les Japonais ne menacent pas l'établissement du régime Soviétique. Les États-Unis occupèrent l'Extrême-Orient jusqu'à ce que l'Armée Rouge puisse se tenir sur ses deux jambes et contrôler le territoire Soviétique. Le Président Woodrow Wilson avait donné des instructions secrètes au commandant des troupes américaines en Extrême-Orient, William S. Graves. Antony Sutton fait référence à de tels documents. Les Américains contrôlaient le chemin de fer Transsibérien, aussi était-il très facile pour eux de repousser les troupes Blanches de Koltchak hors de Vladivostok.

Ils pouvaient même se permettre de donner cérémonieusement la zone entière aux bolchéviques. L'annonce de cet événement fut publiée dans le *New York Times* du 15 février 1920. L'Associated Press rapporta dans un télégramme que des réunions de rue et des parades de célébration avaient lieu à Vladivostok, après que les troupes de l'amiral Alexandre Koltchak furent forcées de quitter la ville. Des drapeaux rouges étaient accrochés sur beaucoup de maisons. Dans des discours cérémonieux, les Américains étaient reconnus comme de vrais amis qui étaient intervenus au moment critique pour sauver la situation. Les Américains, de leur côté, insistaient sur le fait qu'ils ne souhaitaient pas envahir l'Extrême-Orient par le contrôle de certains états Soviétiques, mais que l'opération devait être considérée comme une contribution des Alliés au rétablissement paisible de la situation locale. Sur les 60 officiers américains, 50 d'entre eux étaient d'anciens Juifs Russes, qui aidèrent les bolchéviques.

Cela prit 13 ans aux Rouges pour reconnaitre officiellement que le général d'état-major William Sidney Graves (1865-1940), était venu en Sibérie pour les aider et non les contrer.

Cependant, de nombreux Juifs se tenaient aux côtés des Blancs, bien que cela représente pour eux un terrible danger. Par exemple, la brigade du général Denikin était dirigée par Abram Alpern de Rostov. Il avait coutume de dire : « Il vaut mieux sauver la Russie avec l'aide des cosaques que de la perdre en faveur des bolchéviques ! » Plus tard exilé en France, il souhaitait retourner en Russie pour fusiller les dirigeants bolchéviques. Ils pensaient pourtant être bien trop vieux pour une tâche pareille. (Andrei Burovsky, « La vérité et la fabrication des Juifs soviétiques », Moscou, 2009, pp. 195-196).

Les Juifs bolchéviques auraient tué comme déserteur les officiers Blancs Kaufman et Landau, au moyen de leurs horribles méthodes. Qui se souvient que plus **d'un million de Juifs** furent assassinés par les bolchéviques pour trahison ?

Le général Alexeï Von Lampe révéla dans le magazine exilé *Russky Kolokol* No 6 et No 7, 1929, publié à Berlin, que le but de la présence de l'Entente en Russie, était de contrer la menace allemande à l'égard des alliés. Il y avait plusieurs milliers de soldats étrangers qui stationnaient près de Mourmansk et d'Arkhangelsk dans le nord de la Russie. Lorsque le front russe devint superflu, ils quittèrent simplement le théâtre des opérations. Avant cela, les Alliés suggérèrent que les troupes russes Blanches aussi devaient cesser leurs activités militaires. Lorsque les Blancs refusèrent de le faire, les Anglais jetèrent leur équipement – avions, véhicules blindés, carburant, uniformes et munitions - dans la Mer Blanche, dans un endroit qui a depuis été localisé.

Alexeï Von Lampe décrit les évènements à l'extérieur de Saint-Pétersbourg, lorsque la marine britannique délaissa les forces Blanches du général Nikolai Yudenich en 1919. Ils ne recevaient plus aucun soutien. Bien sûr, il y avait des Anglais qui ne souhaitaient pas être au côté des bolchéviques. Un de ceux-là était Francis Allen Crombie, l'attaché militaire britannique de Saint-Pétersbourg. Il fut démis d'une manière originale.

Lorsque les Gardes Rouges pénétrèrent de force dans l'ambassade britannique le 31 août 1918 et que Crombie leur résista, ils le tuèrent devant l'ambassade. Pas un de ceux qui étaient présents n'offrit la moindre résistance.

Le franc-maçon Winston Churchill écrivit une lettre au Premier Ministre britannique, David Lloyd George le 21 février 1919. Il n'avait pas d'objection envers le point de vue général selon lequel les Russes devaient se débrouiller eux-mêmes. Lloyd George expliqua officiellement le motif pour ne pas aider les Russes Blancs de la manière suivante : « Envoyer nos soldats pour tirer sur les bolchéviques reviendrait à créer le bolchévisme chez nous ». (Paul Johnson, « Modern Times », Stockholm, 1987, p.108) Il justifia sa coopération avec les bolchéviques : « Nous avons conclu des traités avec des cannibales, pourquoi pas les bolchéviques ? » Lloyd George était en faveur de contributions actives pour aider le gouvernement Soviétique. Un traité commercial entre la Grande Bretagne et l'Union Soviétique fut signé le 16 mars 1921.

Le 14 février 1919, le président Wilson demanda le retrait des forces étrangères de Russie. Les bolchéviques devaient être simplement laissés en paix. Il expliqua cette demande d'une manière très particulière : « Nos forces sont inutiles en Russie. »

La position du président américain était claire avec ce message, qui fut lu lors du quatrième congrès extraordinaire Soviétique du 14 mars 1918. Il écrivit, entre autre chose que le gouvernement des États-Unis ferait tout ce qu'il pouvait pour aider la Russie à devenir complètement souveraine et indépendante dans ses propres affaires internes, ainsi que pour recréer son rôle important en Europe et dans la vie de notre société actuelle.

Ce n'était pas que des mots – les États Unis d'Amérique commencèrent immédiatement à soutenir les bolchéviques de toutes les manières possibles. En 1920, les Américains avaient déjà construit deux ports en Extrême-Orient pour le compte de la Russie Soviétique.

Quarante-cinq mille soldats français (le nombre est probablement exagéré) furent stationnés près d'Odessa et sur la péninsule de Crimée. Les Français aussi délaissèrent les Blancs. Les forces alliées quittèrent soudain le champ de bataille et refusèrent de se battre contre les bolchéviques. Dans le même temps, les français de Berëzovski près d'Odessa donnèrent les premiers tanks aux Rouges. L'histoire a dû sembler très étrange aux yeux des Blancs, tout spécialement à cause du fait que les bolchéviques bénéficiaient, selon les Français, d'instructeurs Allemands. Les Alliés étaient supposés combattre les Allemands sur tous les fronts.

Des documents secrets découverts plus tard expliquent bien cette situation. Il fut révélé que les Anglais étaient seulement autorisés à soutenir les Blancs par du ravitaillement et que les Français avaient reçu l'ordre de rester complètement passifs, comme au temps des problèmes du Général Anton Denikine avec les Rouges du Caucase. Les forces Françaises passives se retirèrent complètement de Russie les 5 et 6 avril 1919.

Alexeï Von Lampe prétendait que les contributions alliées n'étaient qu'un mirage ou de la propagande communiste. Les Alliés ne coordonnèrent jamais aucune de leurs activités. Ceci sabotait les opérations de l'Armée Blanche, qui était composée de volontaires nationalistes.

Les Alliés contrecarraient tout le temps les initiatives des Blancs, et au début ils se battirent même contre eux. Pendant ce temps, les bolchéviques recevaient toute sorte d'aide, d'argent et d'informations de la part de l'Occident. L'Angleterre envoya des fusils et des munitions pour 250 000 hommes en Russie Soviétique, d'après *The Manchester Guardian* (2 mai 1919). Les Blancs recevaient une portion insignifiante de ces cargaisons. Les Français ne donnèrent que de petites sommes d'argent aux Blancs. Les Alliés donnèrent même une aide directe aux bolchéviques lorsqu'ils conquirent l'Ukraine, alors que les combattants de la liberté du dirigeant ukrainien nationaliste et franc-maçon Simon Petlyura ne reçurent pas la moindre assistance (« Ukraine & ukrainien » par le docteur Ivan Owenchko, Greeley, Colorado, 1984, p.114).

De tous leurs opposants, Simon Petlyura est celui contre lequel les bolchéviques se battirent le plus durement. Dans toutes les zones qui avaient été libérées, les gens célébraient la chute du régime Juif Rouge. Ces célébrations étaient présentées comme des « pogroms Juifs » par la propagande communiste. Petlyura dû s'enfuir en Pologne en octobre 1919. Sa dernière tentative pour sauver l'Ukraine du joug communiste barbare, échoua aussi. L'Occident avait tout misé sur les bolchéviques.

Moscou, pendant ce temps, ne pouvait pas oublier l'esprit de résistance de Petlyura. C'est pourquoi le Juif bolchévique et franc-maçon Samuel (Sholom) Schwartzbart, l'assassina à Paris le 25 mai 1926, en lui tirant cinq balles à bout portant. (Georg Leibbrant, « Ukraine ».) D'après l'encyclopédie Soviétique estonienne, ceci était la vengeance des Juifs. Personne n'était autorisé à menacer leur pouvoir rouge. Schwartzbart fut acquitté par un tribunal français.

Les Blancs traitaient leurs opposants quelque peu différemment. En 1918, un éditeur de journal d'Yekaterinoslavl publia un appel au combat contre le général Lavr Kornilov. D'après Alexeï Von Lampe, il fut simplement banni de la ville pour son crime.

Antony Sutton fait remarquer que l'Occident commença à soutenir les bolchéviques avec impatience en décembre 1917, alors que la possibilité d'établir le régime Soviétique était encore incertaine. En fait, une opération intensive d'aide systématique débuta après la prise de pouvoir bolchévique. Sutton affirme que les bolchéviques reçurent tout ce dont ils avaient besoin (principalement des armes et des conserves) de la part de l'Occident. L'Union Soviétique fut fondée par les mêmes cercles financiers qui avaient brisé l'Europe lors du traité de Versailles, en créant les conditions nécessaires au déclenchement de la Deuxième Guerre Mondiale. Ce cercle a contrôlé les deux côtés de plusieurs guerres.

Le président américain Woodrow Wilson (1856-1924) avait envoyé avec beaucoup de réticence 4 500 troupes en Russie du nord, car le franc-maçon et commandant suprême des troupes alliées, Ferdinand Foch, l'avait demandé. L'historien Louis Fischer confirma dans sa biographie de Lénine que Wilson essayait de maintenir la présence américaine au minimum – les forces américaines ne firent rien de concret en Russie du nord. Les nombres officiels étaient aussi grandement exagérés. Fischer établit que les troupes étrangères ne jouèrent qu'un rôle très limité quant au résultat de la guerre civile. (Louis Fischer, « The life of Lénine », Londres, 1970, p.489)

Ainsi, les États-Unis d'Amérique et leurs alliés n'étaient pas du tout intéressés par le fait de renverser les bolchéviques. Les rapports anciennement secrets des archives du département d'état américain au sujet de la guerre civile russe sont extrêmement intéressants et confirment ce fait. Ces papiers ont été mis à la disposition des chercheurs depuis septembre 1958. Parmi d'autres documents, figurent les instructions du département d'état qui furent télégraphiés à l'ambassadeur américain, David Francis, le 15 février 1918, lui disant de maintenir un contact officieux avec les bolchéviques, pour qu'il n'y ait pas besoin de reconnaître le régime officiellement. Francis avait suggéré d'écraser les bolchéviques. Washington ignora cette suggestion.

Il n'aurait pas été bien difficile d'écraser les bolchéviques, s'il avait existé une réelle volonté de le faire, car ils étaient excessivement faibles au milieu de l'année 1918. En juillet 1918, les Allemands et les Chinois qui repoussèrent la révolte des sociaux révolutionnaires les sauvèrent. Le général finlandais Carl Gustav Mannerheim croyait aussi que ses troupes bien disciplinées étaient capables de conquérir la Carélie orientale et de renverser Lénine (qui était totalement ignorant des tactiques militaires) à Saint-Pétersbourg. Les Allemands interdirent cependant cette initiative. Puis des menaces de la part des Britanniques se firent entendre. Londres considéra même l'éventualité d'une déclaration de guerre contre la Finlande si les Finlandais menaçaient réellement les bolchéviques (M. Jaaskelainen, « Ita-Karjalan kysymys… » / « La question de la Carélie orientale… », Porvoo, 1961).

Au printemps 1918, Léon Trotski adressa la demande d'une aide économique aux États-Unis afin de combattre les Blancs plus efficacement. Lénine demandait aussi au président Wilson de l'aide pour construire son état socialiste, d'après Louis Fischer dans « The life of Lenin » (Londres, 1970). Bien sûr, les États-Unis accordèrent toute sorte d'aides aux bolchéviques. L'ambassadeur américain, David Francis, reporta à Washington le 17 mars 1918 que Trotski voulait cinq experts militaires américains, des contrôleurs du trafic ferroviaires, et des équipements militaires (US State Department Decimal File : 861.00/1341). Trotski écrivit officiellement dans le *Russkoye Slovo* du 20 mars 1918, qu'il était impossible de s'allier avec les États-Unis. Cette manœuvre faisait partie du jeu.

Lorsque Lénine commença à nationaliser les compagnies étrangères en 1918, il fit une exception pour les sociétés américaines. Louis Fischer confirme cela dans son livre « The life of Lenin » (Londres, 1970). Les américains furent autorisés à garder le contrôle de Singer et de Westinghouse, ainsi que d'International Harvester ainsi que d'autres firmes.

Les Alliés se retirèrent complètement du nord de la Russie afin de démoraliser sérieusement les troupes Blanches, après que le général Anton Denikine soit parvenu à conquérir Kiev le 31 août 1919 et ait commencé à marcher sur Moscou. Ceci fut révélé dans l'ouvrage de Paul Johnson « Modern Times » (Stockholm, 1987, p.109)

Le général socialiste polonais Jozef Pilsdski fut cependant couronné de succès. Il battit les bolchéviques à la bataille de Wisla. Étant francmaçon, il fut immédiatement forcé de signer un traité de paix avec Lénine. Lénine admit plus tard que si Pilsudski avait continué la guerre pendant une semaine de plus, cela aurait signifié la fin du pouvoir bolchévique, car les forces du général Peter Von Wrangel approchaient et les Rouges n'étaient pas capables de les contrer. Les Juifs polonais, pendant ce temps, aidèrent les troupes de Lénine très activement lorsque l'Armée Rouge attaqua la Pologne en 1918-1919.

L'intervention et le blocus économique ne furent malheureusement qu'un spectacle ridicule. L'élite financière internationale avait besoin de cette diversion pour permettre la mise en place rapide d'une forme totalitaire de capitalisme sans économie de marché – la plus importante forme d'Illuminisme, que nous connaissons sous le nom de Communisme – en Russie. L'élite financière occidentale voulait utiliser l'économie de marché capitaliste comme une enclume et le communisme comme un marteau pour diriger le monde entier et le soumettre entièrement, tel que l'a décrit l'historien américain Gary Allen dans son ouvrage « None dare call it conspiracy ». L'Union Soviétique fut plus tard changée en base pour la déstabilisation du reste du monde. C'est la raison pour laquelle tout fut fait pour maintenir en vie l'Empire Communiste de Moscou, malgré le fait qu'il soit venu au monde comme une monstruosité économique nécessitant constamment d'être maintenu en vie. Dans le même temps, les faux-semblants du communisme devaient être préservés.

Oswald Spengler, le grand penseur et historien du XXème siècle qui a écrit l'ouvrage important « Der Untergang des Abendlandes » (Le déclin de l'Occident), perçut aussi le fait que les partis de gauche étaient contrôlés par les mêmes financiers qu'ils considèrent officiellement comme leurs ennemis. Il affirma : « *Il n'existe aucun mouvement populaire, pas même le mouvement communiste, qui n'ait fonctionné au service des intérêts des puissances d'argent, et dans la direction indiquée par ces mêmes puissances – et tout cela sans que les idéalistes, parmi les dirigeants, en aient la moindre suspicion.* » Spengler alla même jusqu'à désigner le socialisme comme le capitalisme des classes inférieures.

Le ministre des finances britannique, Reginald Mc Kenna déclara aux actionnaires de la Midland Bank le 24 janvier 1924 : « *Je crains que les citoyens ordinaires n'apprécieraient pas de savoir que les banques créent l'argent... et que ceux qui contrôlent le crédit d'une nation, dirigent la politique du gouvernement et tiennent au creux de leur main le destin des peuples du monde.* » (*Time Magazine*, 3 mars 1924)

Plusieurs travaux sérieux ont démontré au moyen de documents sourcés que chaque guerre en Europe au cours des deux derniers siècles, a été causée par l'élite financière pour servir ses propres intérêts. Le commandant William Guy Carr confirma dans son ouvrage « Des pions sur l'échiquier » que le jacobin Napoléon Bonaparte était, au début, le serviteur loyal de l'élite financière. Il fut un témoin passif au côté des frères Robespierre au cours de la prétendue Révolution Française, mais réprima violemment la révolte royaliste de 1795. Il comprit finalement la nature du jeu pervers auquel il prenait part et commença ainsi à le combattre, avant de se voir éliminé en conséquence.

En 1928, le franc-maçon Franklin Delano Roosevelt, qui devait devenir président des États-Unis en 1933, déclara dans un discours célèbre : « L'opinion publique est si aisément manipulable. »

Un célèbre Illuminé Juif et franc-maçon, Walter Rathenau, qui devint ministre des finances de la république allemande de Weimar, avoua en 1912 : « Trois cent hommes qui se connaissent tous, contrôlent les finances de l'Europe et nomment des successeurs issus de leur propre rang. » (*Wiener Presse*, 24 décembre 1912).

Le franc-maçon et citoyen autrichien Karl Radek (Tobiach Sobelsohn), fut un de ces Juifs étrangers à devenir un puissant fonctionnaire communiste au sein de la direction soviétique. Les organisations Juives des États-Unis envoyèrent 1700 initiés en Russie Soviétique.

Tout s'était déroulé comme prévu. Ceci fut révélé par Walter Rathenau à Paris en 1913, lorsque l'élite financière et les Illuminati fondèrent l'Alliance Bancaire Internationale : « *Le moment est venu pour l'élite financière de dicter ses lois au monde, comme elle l'a fait auparavant dans l'ombre... L'élite financière devra succéder aux empires et aux royaumes avec une autorité qui ne s'étend pas seulement sur un pays, mais au monde entier.* »

Il n'est alors nullement surprenant que les bolchéviques reçurent assez de fusils et de munitions en provenance de l'Occident pour écraser les Blancs Tsaristes. Les démocraties occidentales ne tenaient aucun compte des rapports relatant que la majorité de ceux qui étaient tués par les Rouges étaient des gens normaux, des pauvres, des travailleurs, ouvriers, femmes enceintes, etc. Ceci fut confirmé en 1978 par l'exilé estonien de 90 ans, Kustav Pohla. Il avait lui-même été le témoin de ces crimes en Russie. (*Eesti Päevaleht*, Stockholm, 8 avril 1978)

Les États-Unis, l'Angleterre et la France ont aidé les Rouges à consolider leur pouvoir après qu'ils soient sortis victorieux de la Guerre Civile, permettant à ces bandits maçonniques, s'appelant cette fois eux-mêmes communistes, de détruire la Russie.

Les Rouges en train d'achever leur victime – « un ennemi du peuple ». Les Français savaient ce qui se passait, ils firent pourtant tout pour maintenir les communistes au pouvoir en Russie.

« **Il n'y eut jamais de pire comportement de la part des pays, que celui des Alliés en Russie de 1917 à 1920.** Entre autres choses, leurs efforts servaient partout à compromettre les ennemis du bolchévisme et à renforcer les communistes. Ce facteur fut si déterminant, que je me demande si le bolchévisme aurait pu triompher en Russie si les gouvernements occidentaux n'avaient pas participé à ses progrès grâce à leur interférence maléfique. » (George F. Kennan, « Russie et l'Occident sous Lénine et Staline », Boston, 1960, pp. 117-118).

En 1919, les représentants des Blancs ne parvinrent même pas à obtenir de visa pour visiter la France afin de mener des négociations avec l'Entente ; tandis que Trotski, Lénine et Kerenski se déplaçaient au cours de la guerre librement d'un continent et d'un pays à l'autre.

LA FAMINE COMME ARME POLITIQUE

Lénine savait qu'il pouvait briser le dos des Blancs en causant des dommages aux paysans. La confiscation systématique des produits agricoles conduisit à une famine terrible qui, en retour, causa des épidémies de typhus et d'autres maladies graves. Les gens commencèrent les pillages. La situation était chaotique. Le fait que les céréales confisquées étaient vendues à l'étranger était caché au public. De cette manière Lénine utilisa la famine comme une arme contre ses ennemis. Une autre raison pour l'établissement de cette famine était d'établir le régime bolchévique et de réduire la population russe, d'après Vladimir Solooukhine (« À la lumière du jour », Moscou, 1992, p.52). La situation se détériora drastiquement. Alors, les bolchéviques durent arrêter de confisquer les céréales en 1921, mais il était déjà trop tard. Dix millions de gens moururent de faim en juillet 1921. Au cours de l'hiver de 1921-1922, 35 millions étaient sans nourriture (Article de Vladimir Berelovich, « La diplomatie de la famine » dans l'hebdomadaire *Russkaya Mysl*, Paris, 27 septembre 1985).

Lénine exploita la situation et mis en place des pièges à nourriture, à Torgsin, où les gens pouvaient acheter des macaronis, du lard, des céréales, contre de l'or ou des devises étrangères. Tous ceux qui essayaient d'acheter quoi que ce soit, étaient immédiatement arrêtés et dépouillés de leur or. Selon Igor Bunich, ils étaient également forcés de s'expliquer sur la provenance de leur argent.

Des millions de vies furent sauvées par diverses organisations privées de Suède et des États-Unis – notamment par l'ARA (American Relief Administration). L'ARA collecta 70 millions de dollars (dont 56 millions provenaient de dons des américains). Cet argent permit d'acheter de la nourriture pour 18 millions de russes.

Lénine avait collecté 400 millions de roubles en or à Kiev, 500 millions à Odessa et 100 millions à Kharkov, mais il ne se sentait pas d'en consacrer une partie aux affamés. Il annonça : « Nous n'avons pas d'argent ! » (Igor Bunich, « L'or du Parti », St-Pétersbourg, 1992, p.85). Mais Lénine disposait de fonds pour le Grand Orient de France, dont il finança la rénovation du temple de la rue Cadet à Paris.

Pendant ce temps, les bandes de criminels et de voleurs que Trotski avait fait libérer continuèrent à ravager le pays. Dans les années 1950, Mao Tsé-toung en Chine, utilisa aussi les criminels. La famine menaçait d'envoyer à la mort des dizaines de millions de gens. Des faits de cannibalisme se produisirent dans les endroits les plus affectés.

Un comité appelé Pomgol fut établi pour aider les affamés. Les citoyens les plus éminents de Russie rejoignirent ce groupe. Ce qui arriva par la suite fut particulièrement révoltant. Le comité avait à peine été formé que tous ses membres, à l'exception de Maxim Gorki et Vera Figner, furent arrêtés. Ils avaient distribués des médicaments et de la nourriture. Les bolchéviques n'apprécièrent pas le fait que les membres du comité aient évoqué les causes de la famine, ce qui les conduisaient à critiquer le communisme de guerre. Lorsque le comité fut dissou, toute aide cessa. L'ARA fut accusé d'espionnage. (Voir le film de Stanislav Govorukhin « La Russie que nous avons perdue »).

Selon les sources officielles, cinq millions de personnes moururent de faim pendant les années 1921-1922. Les émigrants affirmèrent que les véritables estimations étaient significativement supérieures. La presse russe a également démontré cela plus récemment. Lénine était entièrement responsable de ces pertes de vies humaines.

La cruelle guerre communiste ne fonctionnait pas, malgré les montant importants en provenance de l'aide étrangère, et déjà au début de 1921 Lénine fut forcé d'admettre : « C'est fini ! » Cependant, l'élite financière internationale ne voulait pas renoncer. Des mesures colossales furent bientôt prises et au début de mars 1921, Lénine annonça qu'une nouvelle politique économique – la NEP – devait être mise en place. Cela fut fait dans le but de sauver le communisme de sa crise économique et pour calmer les révoltes de paysans à travers la Russie, car ceci était une autre contribution importante à la cause de la NEP.

Lénine autorisa les étrangers à créer de prétendues concessions de compagnies où les Occidentaux possédaient 51 pour cent et les Soviétiques 49 pour cent.

Antony Sutton souligna dans un article, que la censure Soviétique fit plus tard tout en son pouvoir pour effacer des livres d'histoire toutes les informations au sujet de ces entreprises coopératives. Lénine appela cette campagne de réforme la « politique de deux pas en avant, un pas en arrière ». Il déclara que les portes étaient ouvertes au capital étranger et à la technologie occidentale. Il encourageait la constitution d'entreprises privées agricoles, de services, et de petites activités individuelles. À partir de 1922, Lénine autorisa la fondation de 330 coopératives et 134 firmes qui fournissaient une aide logistique. Le 21 février 1922, la *Pravda* écrivit comment l'American Barksdall Corporation commençait à livrer des équipements modernes à l'industrie pétrolière de Bakou.

Singer fut une de ces compagnies ayant fondé une concession en 1925. Par la suite, les bolchéviques s'emparèrent de cette firme. Beaucoup d'autres entreprises pouvaient pendant un certain temps coopérer ouvertement avec les Communistes et même rapatrier leurs profits hors de l'Union Soviétique. Ces hommes d'affaires étaient le Juif Armand Hammer et W. Averell Harriman, qui devint l'ambassadeur américain à Moscou en 1943. Cette coopération ouverte se poursuivit jusqu'en 1937 dans certains secteurs.

Le 28 octobre 1921, Lénine donna à Armand Hammer l'équivalent d'un monopole. La famille de ce dernier avait émigré d'Odessa en Amérique où il avait fondé l'American Communist Party avec son père. Il s'arrangea plus tard pour représenter 38 compagnies américaines (y compris Ford) à Moscou. Lénine lui avait fourni une lettre qui lui garantissait un accès direct à toute heure du jour.

Hammer coopéra avec presque tous les dirigeants communistes. Il rencontra Gorbatchev pour la première fois le 18 juin 1985. Staline fut le seul à lui causer des problèmes. En 1930, Staline refusa de continuer à traiter avec Hammer et il fut forcé de cesser ses activités à Moscou. La raison en était qu'Hammer avait coopéré de trop près avec Léon Trotski.

Lénine était plus intéressé par l'appropriation des richesses appartenant aux Russes, que par la pratique du socialisme utopique. Par exemple, les socialistes suédois, au nom de la « juste distribution », ont transformé leurs sujets en esclaves des impôts au profit de l'élite financière.

À cause de cette situation, le pillage s'accéléra. Ce fut principalement le « Juif avide », Armand Hammer, qui ramena les bijoux du Tsar et ceux de toute l'aristocratie en Amérique où ils furent vendus aux autres riches Juifs.

Hammer démarra ses « affaires » avec Lénine en échangeant des pierres précieuses et des fourrures contre des denrées, dont les Russes auraient pu produire un surplus eux-mêmes si Lénine n'avait pas détruit leur capacité à le faire. Cela faisait partie du plan des bandits. De cette manière, les Œufs de Fabergé, les tiares de diamants et les icones qui avaient été volées aux églises, finirent entre les mains d'Armand et de son frère Victor Hammer. Lorsque les provisions étaient épuisées, de nouveaux biens volés étaient ramenés d'Union Soviétique ; cela ne présentait aucune difficulté car les chefs des brigands de Moscou étaient toujours impatients de gonfler un peu plus leurs comptes en banque étrangers avec l'aide d'Armand Hammer et d'autres intermédiaires. Lénine confia une fois à Armand Hammer : « La Russie Soviétique a besoin du capital américain et de son soutien technique pour remettre la Russie sur les rails. » (*Dagens Nyheter*, 25 novembre 1984)

Lorsque Hammer atterrissait à Moscou dans son avion privé, il n'avait jamais besoin de passer à la douane ou de faire valider son passeport. Tout le monde était supposé être égal, mais il semble que certains étaient plus égaux que les autres. « Ce fut Lénine qui me persuada de devenir capitaliste », déclara plus tard Hammer.

En 1980, Hammer le milliardaire communiste, « donna » le Sovincentre, un gigantesque immeuble de bureau, à Moscou, afin de surveiller ses intérêts de plus près. Les usines chimiques de Hammer en Union Soviétique dévastèrent l'environnement naturel ainsi que la santé des gens (par exemple, à Ventspils en Lettonie occupée). Mais il s'en moquait. La chose la plus importante était le profit. Il n'en avait jamais assez ! Hammer ne cachait pas son attitude satanique : « Celui qui dit la vérité n'a pas d'avenir. L'avenir repose exclusivement sur des mensonges. » Ces mensonges se sont maintenant retournés contre les menteurs.

À l'époque de la NEP, Lénine avait aussi entrepris la manœuvre politique de changer le nom de la Tchéka en GPU (l'Administration de la Politique du Gouvernement) le 6 février 1922. Il rendit plusieurs entreprises à leurs propriétaires originaux, mais elles furent plus tard confisquées à nouveau.

En juin 1925, le chef du GPU de la province de Lubensk (en Ukraine), Dviyannikov, envoya une circulaire secrète à ses chefs de districts. Dviyannikov ordonnait au GPU de faire profil bas au cours de la période passive de la NEP, mais de continuer à rassembler des informations sur les ennemis du régime Soviétique pour qu'ils puissent être prêts à frapper le coup fatal au moment opportun. Il encouragea ses subalternes à être plus actifs sur leur espionnage du peuple, dont les sourires de soulagement devaient bientôt être remplacés par les grimaces de la peur. Il s'attendait à ce que les ennemis se dévoilent d'eux-mêmes.

La propagande Soviétique avait répandu efficacement le mythe de la menace Occidentale envers le système communiste de la Russie. Cette propagande ne reposait cependant sur aucun fondement. Cela peut être facilement prouvé par les faits suivants. En mars 1924, le commandant en chef, Mikhaïl Frunze, demanda à ce que l'Armée Rouge soit dissoute parce qu'elle s'était changée en une bande de voleurs et de pilleurs. Cela fut fait de manière secrète. Seuls le commandement resta en place. Ainsi, l'Union Soviétique resta en fait sans armée tout au long de l'été 1924, jusqu'à ce qu'elle enrôle un grand nombre de jeunes paysans. L'opération est connue sous le nom de **réforme militaire de 1924**. Les cercles dirigeants de l'Occident étaient tous bien au courant de ce fait, mais le dissimulèrent au public. Ils n'avaient aucune volonté d'éliminer le communisme, même s'ils savaient que le communisme était un système où de grands efforts étaient déployés pour résoudre des problèmes qui n'auraient jamais existé sans le communisme...

LES ACCORDS AVEC LES BOLCHÉVIQUES

Peu après que les bolchéviques aient atteint le pouvoir, la Standard Oil acheta tous les puits de pétrole du Caucase, bien que ces derniers soient censés être officiellement tous nationalisés. (Harvey O'Connors « The Empire of Oil », New York, 1955, p.270.)

Antony Sutton explique que la Standard Oil of New York construisit une raffinerie en Russie en 1921 pour renforcer l'économie bolchévique. La Standard Oil et sa filiale Vacuum Oil vendirent le pétrole Soviétique aux pays européens. Un proche associé de la Standard Oil et des autres intérêts de Rockefeller, était Jacob Schiff de la firme de Wall Street Kuhn, Loeb & Co. Le journal *National Republic* annonça en septembre 1927 que les bolchéviques avaient reçu un crédit de 65 millions de dollars. En 1928, la Rockefeller Chase National Bank commença à vendre des bons du trésor bolchéviques aux États Unis d'Amérique. Dix-neuf grosses raffineries de pétrole furent construites en Union Soviétique entre 1917 et 1930, mais seul une d'entre elles contenait des matériaux fabriqués en Union Soviétique.

Même au tout début, de grandes quantités d'équipements industriels, de machines agricoles et de munitions furent amenées en Russie Soviétique depuis les États-Unis. Au cours des années 1921-1925, les américains livrèrent l'équivalent de 37 millions de dollars de machines et autres technologies aux bolchéviques. En échange, les compagnies américaines reçurent le droit d'exploiter les mines d'or du fleuve Amour.

La compagnie britannique Lena Goldfields Ltd construisit une mine moderne avec tous les équipements nécessaires près de Vitimsk, dans la taïga près du fleuve Lena. Une technique éprouvée fut utilisé plus tard afin de dissimuler ce cadeau : les bolchéviques emprisonnèrent tous les principaux ingénieurs britanniques et les accusèrent d'espionnage économique.

Les prêteurs et les hommes d'affaires moins importants agissant pour leur compte, commencèrent à connaître de sérieux problèmes avec les dirigeants bolchéviques locaux, qui prenaient la propagande officielle anticapitaliste au sérieux.

Un citoyen Tchèque, Benedict, qui vivait à Vienne, arriva en Russie au début de 1924. Il acheta un bateau à vapeur et le chargea de marchandises de valeur. Il avait reçu une permission officielle. Le GPU de Novorossiysk mit un embargo sur le vapeur et incarcéra Monsieur Benedict. La direction centrale ordonna immédiatement de relâcher Benedict et de lui rendre sa marchandise, mais les autorités locales refusèrent d'obéir. Benedict finit en Sibérie (à la prison Novo-Nikolaïevsk). Il fut plus tard transféré à la prison de Solovkuy où il resta pendant trois ans. Un homme d'affaire finlandais ne pouvait pas trouver de logement approprié à Moscou. À ce moment, le GPU vint à sa rescousse et lui offrit une chambre au siège du GPU. Il finit à la prison de Butyrka. Les hommes d'affaires de ce type, y compris un nommé Koch, étaient communément accusés d'espionnage. (A. Klinger « The Soviet Forced Labour », 1928)

La General Electric (une filiale de Morgan) aux États-Unis, contribua largement à la construction de l'Empire Soviétique. Cette compagnie aida à l'accomplissement du plan GOELRO, qui avait été conçu pour fournir l'électricité en Russie au moyen de la construction de 100 centrales électriques entre 1920 et 1935. Zinoviev parla à la place de 27 centrales en janvier 1921. Seule une petite partie du plan fut mise à exécution. Carl Steinmetz, le représentant de la compagnie, se tourna vers Lénine le 16 février 1922 et lui souhaita bonne chance avec la construction de son état socialiste. Lénine remercia Steinmetz pour son aide dans un courrier. (Lénine, « Œuvres complètes », Vol.27, pp.275-276, et p.539)

Les directeurs de General Electric et de la Standard Oil étaient aussi membres du CFR maçonnique (Council on Foreign Relations). Ce groupe jouit d'une grande influence sur la société, d'après le *Chicago Tribune* (9 novembre 1950) : « *Les membres de ce conseil ont exploité les avantages offerts par leur richesse, leur position sociale et leur haute éducation pour conduire leurs nations respectives à la banqueroute et au déclin militaire. Ils devraient jeter un œil sur leurs mains. Elles sont pleines de sang : le sang séché de la dernière guerre et le sang frais de l'actuelle guerre de Corée.* »

Entre les années 1927 et 1932, les ingénieurs américains et britanniques construisirent la centrale électrique Dneprogress avec l'aide de la technologie américaine et des esclaves russes. Le Colonel Hugh Cooper termina la construction en 1932.

La Dneprogress, qui faisait 760 mètres de long et 60 mètres de haut, fut désignée comme la plus importante construction du monde. Elle produisait 2.5 milliard de kilowatt d'électricité par an.

Au début, les centrales électriques (Volkhov, Svir et Dneprogress) furent entièrement construites par General Electric. La compagnie conçut plus tard une grande usine à turbines à Kharkov, pour que les russes soient capables de construire leurs propres turbines. La production de cette usine fut deux fois et demie supérieure à celle des usines de General Electric aux États-Unis.

C'est grâce à tous ces projets que les Russes furent capables de construire la centrale hydroélectrique de Dniepr en Ukraine, pendant les années 1954-60, ainsi que trois centrales électriques additionnelles.

Six ingénieurs britanniques (y compris Thorton du *Metropolitan-Vickers Co.*) furent condamnés aux travaux forcés pour « sabotage » en 1933, à la seule fin d'effrayer les autres ingénieurs étrangers et de les réduire au silence. (Mikhaïl Heller et Alexandre Nekrich, « L'utopie au pouvoir », Londres, 1986, p.245)

Pendant ce temps, de plus en plus d'or atterrissait dans les coffres forts de l'élite bancaire. Les compagnies américaines commencèrent à bâtir l'industrie lourde Soviétique dès le début des années 1920. Les contrats s'accumulaient. En 1922, fut fondée la délégation du commerce russo-américain, dont la principale tâche était de sauver l'économie bolchévique. La *Chase National Bank* de Rockefeller joua un rôle majeur dans cette délégation. Herbert Clark Hoover (1929-33, soutenu par l'extrême influence du CFR) avança des fonds pour la distribution de nourriture. Mais Lénine utilisa ces capitaux à son profit exclusif ainsi que celui des cadres les plus importants du Parti (Gary Allen, « None Dare Call It Conspiracy).

Les paysans qui avaient récupéré leurs terres furent livrés à eux-mêmes, ce qui ne posa aucun problème particulier.

Le 30 décembre 1922, l'Empire Soviétique Russe fut officiellement renommé : l'Union Soviétique. Une période d'industrialisation encore plus intensive débuta en 1926, deux ans après la mort de Lénine. Pendant deux ans, de 1926 à 1927, la plupart des 788 plus grandes usines furent construites grâce à l'aide américaine.

En cinq ans (1928-1933), 1500 compagnies industrielles furent créées, notamment une usine aéronautique ainsi que de tracteurs et d'automobiles (« L'Encyclopédie Soviétique Estonienne », Tallinn, 1973, Vol. 5, p. 439). Tout cela fut une tentative pour stabiliser l'économie.

Antony Sutton révéla : « Il existe un rapport au sein des dossiers du Département d'État, faisant mention de Kuhn Loeb and Co. comme financier du premier plan quinquennal. » (« La technologie occidentale et le développement économique soviétique », Vol. II)

Arthur G. McKee de Cleveland mit au point les plus grandes aciéries du monde à Magnitogorsk en 1928 et la construction débuta en janvier 1929. Elles étaient la réplique des aciéries Garg en Indiana. Tous les équipements provenaient des États-Unis d'Amérique, principalement de la Clearing March Corporation. Les huit plus grands fours furent aussi construits pour les bolchéviques. Le complexe entier faisait 17 kilomètres de long. Une chose dont commença aussitôt à se vanter le Kremlin dans sa propagande comme il le fit à propos des autres projets géants que les États-Unis conçurent pour l'Union Soviétique. Ils avaient même prévu à l'avance le nombre d'ouvriers esclaves russes qui étaient censés périr au cours de la construction. Des experts allemands et américains ainsi que des ouvriers travaillaient aussi sur place. Un de ceux-là était John Scott qui fut employé comme soudeur en septembre 1932. Il travailla à Magnitogorsk pendant cinq ans. John Scott fut assez chanceux d'obtenir la permission de quitter l'Union Soviétique avant la Deuxième Guerre Mondiale. La plupart des experts étrangers étaient déjà partis en 1932. John Scott publia ses souvenirs : « Au-delà de l'Oural : un ouvrier américain dans la ville d'acier de la Russie » (Boston, 1941).

La production d'acier passa à 4.2 millions de tonnes en 1928. D'après le plan, elle aurait dû augmenter à 10.5 millions de tonnes, mais même 1933, la dernière année du plan quinquennal, ne donna que 5.9 millions tonnes d'acier. Ainsi la production n'avait augmenté que de 1.7 millions de tonnes. Seul 57 pour cent du plan fut mené à bien. La même chose se produisait dans tous les domaines, car la production était toujours d'une qualité bien inférieure aux estimations. Staline prétendit toujours que le premier plan quinquennal avait rempli ses objectifs à 93.7 pour cent. L'économie monopolistique se changea finalement en pauvreté organisée.

La Collectivisation
Comme Arme Politique

Au début de 1929, il n'y avait que 7000 tracteurs en Union Soviétique. Des tanks devaient être utilisés pour le labourage au début de la collectivisation. Le nombre de tracteurs passa à 30 000 à la fin de la même année. Certains d'entre eux avaient été directement achetés aux États-Unis. Au moins 250 000 tracteurs étaient nécessaires à la collectivisation.

Kuhn, Loeb & Co. augmentèrent leur soutien financier à Moscou en proportion afin de neutraliser les paysans indépendants (ils étaient trop dangereux pour les dictateurs) et les forcèrent à travailler dans les kolkhozes (kibboutz).

Quatre-vingt compagnies américaines participèrent à la construction de trois usines gigantesques de tracteurs en Russie. L'usine de Stalingrad fut en fait construite aux États-Unis, apportée en Union Soviétique en pièces détachées et assemblée en trois mois. Vingt-six compagnies américaines s'investirent dans ce projet. Les bolchéviques voulaient construire 50 000 tanks et tracteurs chenilles chaque année. Les usines étaient construites de la même manière à Kharkov et à Tcheliabinsk. La construction de cette usine de tracteurs et de tanks fut élaborée par un ingénieur de Détroit du nom de Calder. Au début, ces usines étaient toutes dirigées par des ingénieurs occidentaux.

Les Américains construisirent aussi une industrie moderne d'amiante pour Moscou et dessinèrent le système d'irrigation de l'Asie Centrale, qui a maintenant littéralement détruit la Mer d'Aral. Elle se réduisit de 62 000 kilomètres carrés en 1923, pour atteindre seulement 12 130 km² en 2011.

Les fermiers indépendants et les paysans étaient considérés comme tout particulièrement dangereux, car le système agraire avait une fois de plus produit un excédent de nourriture. L'expert agricole Vladimir Tikhonov confirma aussi dans la *Literaturnaya Gazeta* du 4 août 1988, que la prétention de Staline selon laquelle la collectivisation avait été entreprise sous prétexte d'une pénurie de nourriture, était entièrement fausse. En fait, le système agricole avait commencé à récupérer très vite après que Lénine ait rendu aux paysans leurs terres et aboli leur contrôle. La situation était presque normale en 1927 et la Russie avait à nouveau commencé à exporter des céréales. 100 000 tonnes de céréales étaient exportées en Russie en 1928, 1.3 millions de tonnes en 1929, 4.8 millions de tonnes en 1930 et 5.1 millions de tonnes en 1931.

À ce stade, Staline et Kaganovitch commencèrent à mettre en pratique l'idée insensée de Trotski concernant la collectivisation agricole. Staline déclara que, après l'industrialisation rapide (qui fut appelée « perestroïka »), ils parviendraient à fournir les villes en nourriture à partir de fermes géantes. D'après Tikhonov, cet argument était complètement fallacieux.

Quinze millions de gens perdirent leurs maisons à la suite de cette collectivisation. Beaucoup de paysans s'enfuirent des kolkhozes pour les villes. Un million d'entre eux furent envoyés en camp de travail et 12 millions furent déportés en Sibérie, car Staline et Kaganovitch avaient classifié comme ennemis de classe tous les paysans qui possédaient plus d'un hectare de terre. Après la collectivisation, le niveau de la production agricole déclina rapidement.

Tout de suite après, Kaganovitch, le sbire de Staline, organisa une famine au cours des années 1932-1933 qui envoya près de quatre millions d'Ukrainiens, deux millions de Russes du Caucase du nord, du delta de la Volga, et d'autres endroits, ainsi que 2,4 millions de Kazakhes, directement à la tombe.

L'historien britannique Robert Conquest a même déclaré que le nombre de victimes se montait à 15 millions. (« La moisson de tristesse », Alberta, 1986) Plusieurs historiens russes évoquent un nombre de **10 millions**. La famine fut organisée en ordonnant aux troupes de confisquer les réserves entières de grains.

Les États-Unis regardèrent calmement cette tragédie se dérouler. Toutes les rumeurs à propos de la famine furent officiellement niées, aucune aide ne fut accordée aux endroits concernés, aucune assistance (humiliante) de l'étranger ne fut acceptée.

En 1945, lors de la conférence de Yalta, Staline informa cyniquement Churchill et Roosevelt que ses réformes avaient fait dix millions de victimes. Il sous estimat le total, qui fut plus tard évalué à près de 30 millions.

Une nouvelle famine fut organisée en Ukraine entre 1946 et 1947, au cours de laquelle deux millions de personnes moururent. En même temps, les Ukrainiens furent forcés d'approvisionner l'armée Soviétique (plusieurs millions d'hommes) en vivres. Les communistes Chinois et Éthiopiens utilisèrent aussi la famine comme arme. La collectivisation causa une érosion énorme de la terre utilisable, qui occasionna la destruction de beaucoup de villages et mena plus tard à l'introduction du système de rationnement.

L'historien Serguei Kharlamov, un spécialiste des circonstances entourant la collectivisation forcée, souligna que le premier plan quinquennal causa un choc en retour dans la production industrielle car les Russes gaspillaient des quantités importantes de métaux, de ressources et d'énergie, souvent sans aucune raison. Serguei Kharlamov alla même jusqu'à déclarer que si le conflit germano-soviétique s'était déclenché quelques années après 1941, l'Union Soviétique se serait effondrée d'elle-même à cause de l'économie de Staline et à son système d'oppression. Kharlamov écrivit la chose suivante à propos de la politique de l'Union Soviétique : « Il n'y avait pas d'avancées. C'était tout le contraire en fait. » (*Dagens Nyheter* 7 avril 1988)

Les dirigeants communistes de Moscou devinrent encore plus dépendants de l'aide américaine. Telle était bien leur intention. Une situation similaire se produisit en Chine dans les années 1950, au cours du prétendu « Grand bond en avant » (1958-1963).

L'élite financière internationale n'était pas inquiète de la tournure prise par les évènements. La façade du communisme devait être bâtie à tout prix. Les millions de gens qui étaient envoyés dans les camps du Goulag pour y mourir, n'empêchaient nullement les principaux capitalistes et politiciens américains de dormir. Ils furent 15 millions entre 1926 et 1938, d'après des recherches faites par l'historien Dimitri Yurasov. Officiellement, 5 503 660 prisonniers furent internés dans divers camps et prisons au cours des années 1921-1953. 642 480 de plus furent exécutés et 765 180 déportés en Sibérie. En 1989, un nombre total de 6 267 840 victimes de la persécution soviétique durant cette période, fut établi grâce aux « recherches » officielles conduites par Viktor Zemskov, à la demande de Gorbatchev.

Le commissaire du peuple aux affaires étrangères, Maxim Litvinov, rencontra le banquier Paul Warburg (de la Kuhn, Loeb & Co.) lors d'une conférence à Londres en 1933, où l'état de l'économie mondiale fut discuté. L'Union Soviétique reçut peu après un prêt gigantesque.

Les produits d'Universal Oil, la Badger Corporation, la Lummus Company, les produits Alco, la McKee Corporation et la Kellogg Company, parmi d'autres construisirent l'industrie du pétrole Soviétique.

En juin 1944 Staline confia à l'ambassadeur américain William Averell Harriman, que les deux tiers des grandes industries Soviétiques avaient été fondés par des compagnies américaines. Staline ajouta que l'Allemagne, la France, la Grande Bretagne et l'Italie avait construit le reste. Ce fut exactement ce que Harriman écrivit dans son rapport au Département d'État américain de Washington.

Le gouvernement des États-Unis ne pouvait pas entretenir des relations diplomatiques avec l'état soviétique, car le peuple américain avait une vision très négative de la barbarie communiste. C'est la raison pour laquelle l'élite financière fit absolument tout ce qu'elle put pour dépeindre le régime soviétique de la manière la plus positive possible dans la presse. La vérité devait être dissimulée. Rockefeller embaucha l'agence de publicité Ivy Lee pour dépeindre les bolchéviques sous les couleurs les plus attrayantes possibles. Ivy Lee (un membre du CFR) prétendit même que les bolchéviques devaient être considérés comme des idéalistes confus et des bienfaiteurs de l'humanité. Il organisa la propagande pour la reconnaissance de l'Union Soviétique, ajouta que les communistes étaient « all right » et qu'il n'y avait vraiment aucun problème communiste. Il s'agissait juste d'une erreur psychologique.

Walter Duranty, le correspondant du *New York Times* à Moscou, fit ce qu'il put pour décrire les procès truqués des années 1930 de la manière la plus favorable possible – il alla même jusqu'à les justifier. Ces journalistes américains savaient bien ce qui se passait réellement, car ils l'ont décrit eux-mêmes dans leurs mémoires. Les comités de rédaction américains ne leur permirent pas de dire la vérité.

Il n'est dès lors pas surprenant que Staline, gentiment appelé « Oncle Joe », soit nommé homme de l'année par le *Time Magazine* de 1939. Adolf Hitler avait eu droit au même honneur l'année d'avant. Ivy Lee avait mis en valeur Hitler de la même manière. Le *Time* expliquait sa décision de la manière suivante : « Hitler est la garantie d'une paix mondiale. »

Mais lorsqu'un journaliste britannique du *Manchester Guardian* publia un article sur les massacres de masse de la campagne russe dès 1933, l'opinion « progressiste » occidentale ne voulut pas le croire.

LA CONSTRUCTION DU RÉGIME SOVIÉTIQUE

Les Allemands prirent également une part active à la construction de l'Union Soviétique, car ils en attendaient un profit important et l'opportunité de reconstruire leur propre machine de guerre… Après la Première Guerre Mondiale, le traité de Versailles interdit à l'Allemagne de se doter d'une industrie militaire et les usines d'avions Junkers, Dornier et Rohrbach furent forcées de déménager à l'étranger. Le traité de Rapallo, signé par la Russie Soviétique et l'Allemagne le 16 avril 1922, donna à Junkers-Werke une opportunité de mettre en place l'industrie aéronautique FIL près de Moscou. L'usine fut terminée en avril 1924. Les pilotes allemands furent autorisés à s'entrainer là-bas. L'usine sous la direction de Junkers et sous la licence de Mercedes Benz, commença à produire 300 avions par an dont le gouvernement Soviétique en achetait 60. Junkers avait aussi un élève doué à l'usine FIL, Andrei Tupolev, qui construisit plus tard le ANT-5 grâce à l'aide américaine.

Junkers construisit une autre usine dans la province de Tver, où des ingénieurs allemands étaient employés. Junkers produisait aussi des avions pour les passagers dans cette usine. Les moteurs d'avions et les pièces de rechanges étaient achetés pour Moscou par la Chase National Bank, qui restait la principale intermédiaire de l'aide Soviétique. Les banques Rothschild de Grande Bretagne, de France et des États-Unis d'Amérique furent aussi utilisées pour financer l'industrie de guerre de l'Union Soviétique et de l'Allemagne entre 1925 et 1939.

Alexandre Soljenitsyne fit remarquer dans sa « Lettre aux dirigeants de l'Union Soviétique » (Paris, 1974), que Moscou avait, après la signature du traité de Rapallo, autorisé la Wehrmacht à former les officiers Allemands aux tactiques modernes de la guerre éclair (*blitzkrieg*). L'Armée Rouge trouvait aussi les manœuvres jointes des tanks en Ukraine, fort utiles.

L'Union Soviétique s'engagea dans une coopération à grande échelle avec Krupp, qui dès le début vendait les locomotives de leur usine d'Essen. Krupp construisit jusqu'en 1927, 17 usines d'armes à Leningrad, Petrokrepost, et en Asie centrale. Krupp produisit aussi des sous-marins à Leningrad et Nikolaïevsk. La compagnie construisait des moteurs diesel pour les bolchéviques et fonda, dans le nord du Caucase, le premier modèle de coopérative agricole mécanisée. Les tanks étaient produits dans l'usine de tracteur de Rostov na Donu, qui avait été construite par Krupp. Un terrain d'entraînement pour tank fut construit à Kazan où les équipages de tank allemands étaient également autorisés à s'entraîner.

En outre, Moscou avait un accord avec le constructeur d'avions Ernst Heinrich Heinkel, qui vendait des avions de combats assemblés à partir de pièces détachées qui étaient envoyées d'Allemagne vers l'Union Soviétique. AEG et Linke-Hoffman-Werke déplacèrent aussi leurs usines en Union Soviétique.

L'économie russe avait commencé à basculer immédiatement après la prise de pouvoir bolchévique. En 1920, la production industrielle atteignait seulement 13.8 pour cent de ce qu'elle avait été en 1913. Le chômage augmenta. La production de sel diminua drastiquement pour atteindre seulement 25 tonnes. La Russie avait produit 122 millions de tonnes de sel par an sous le régime Tsariste. Cependant l'appareil du Parti augmentait considérablement, malgré les tentatives de limiter ce développement.

La propagande battait tous les précédents records de mensonges. Il ne fut seulement révélé dans le journal *Komsomolskaya Pravda* en octobre 1988, que le record mondialement célèbre de l'ouvrier Alexeï Stakhanov était du bluff. Deux autres ouvriers l'aidèrent à établir son record légendaire à la mine de charbon le 31 août 1935. Stakhanov était âgé de 29 ans lorsqu'il prétendit avoir récolté 105 tonnes de charbon en 5 heures et 45 minutes (sa tranche horaire ordinaire). Cela correspondait à 15 fois la moyenne et donna lieu à une immense campagne de propagande. Stakhanov eut même droit à une ville à son nom, où une statue de lui fut élevée. Stakhanov mourut en 1977 âgé de 71 ans.

Staline avait l'intention d'uniformiser la population. Différents groupes (ouvriers, intellectuels, fonctionnaires du Parti et les autres) devaient porter des blouses spécifiques aux couleurs symboliques. Mais les sponsors étrangers n'avaient aucune envie de payer pour ce projet et donc l'idée fut enterrée.

Après la Deuxième Guerre Mondiale, Staline parvint à uniformiser au moins une partie de la population : les cheminots, les gardes et la milice portaient des chemises de soldats bleues (gimnastyorkas). Les élèves des écoles devaient porter des chemises grises pendant que les apprentis mettaient des chemises noires. Les communistes de Corée du Nord et de Chine décrétèrent que la société entière devait être uniformisée.

L'AUGMENTATION DE L'AIDE AMÉRICAINE

Rockefeller accorda une attention toute particulière au développement de la machine de guerre Soviétique. Les experts américains admettaient que le communisme était à nouveau en danger et aurait pu s'effondrer, si le premier plan quinquennal n'avait pas été financé par les États-Unis. Les Américains continuèrent à les financer aussi plus tard, malgré le fait que l'ignorance des Russes présentait constamment de nouveaux problèmes. L'argent américain continuait de donner vie à ce système artificiel, inefficace et brutal, malgré toutes les difficultés.

Un contrat fut signé avec la Ford Motor Company le 1er mai 1930. Ford promit d'investir 30 millions de dollars (environ 600 millions de dollars d'aujourd'hui) pour construire l'industrie automobile Soviétique. Et donc les américains construisirent une usine Ford à Nijni-Novgorod, qui s'appelait l'usine Molotov et avait déjà commencé à produire 140 000 véhicules par an en 1932, y compris la GAZ-A (Ford-A).

Le franc-maçon Henry Ford s'était auparavant assuré que les ouvriers russes reçoivent une bonne formation dans ses usines aux États-Unis. Il fournit aussi les matériaux nécessaires. Les américains gérèrent l'usine pendant les premières années.

Ford construisit plus tard des usines à Oulianovsk, Odessa et Pavlosk, où les tanks étaient produits. 10 millions de dollars de salaires furent payés à des américains chaque année.

L'American Electric Boat Company et des compagnies britanniques et italiennes commencèrent à aider l'Union Soviétique à construire des sous-marins en 1930. La force aérienne Soviétique fut entièrement construite par des capitaux étrangers dans les années 1930. Moscou avait auparavant acheté des avions à l'Allemagne, l'Angleterre, l'Italie, aux États-Unis d'Amérique ainsi qu'à d'autres pays.

L'American Seversky Aircraft Corporation commença à aider les forces aériennes Soviétiques pour construire des hydravions en 1937. Lorsque l'usine de Russie fut achevée, elle pouvait produire 10 hydravions par jours. La Radio Corporation of America construisit aussi le réseau de radio et de télégraphe Soviétique dès 1927. La Dupont Company construisit cinq usines chimiques en Russie, produisant (entre autres choses), de l'acide nitrique, nécessaire à la production d'explosifs.

Les Russes s'avéraient souvent incapables de construire des usines sophistiquées, même lorsque les américains leur fournissaient des instructions détaillées. Alors, l'industriel Albert Kahn de Detroit conclut un accord avec Moscou en février 1930, selon lequel il devait construire plusieurs industries en Union Soviétique. Le tout pour un montant de deux milliards de dollars. Parmi tous les importants projets conduits par le sioniste Albert Kahn, nous pouvons mentionner l'usine de moteur électrique d'Elmash en Oural et l'usine de turbines de Kharkov (conçue par General Electric). Selon l'Encyclopaedia Judaica, ses plus proches collaborateurs étaient des conseillers du gouvernement Soviétique pour l'établissement du deuxième plan quinquennal.

La propagande Soviétique incita 100 000 ouvriers américains à partir en Russie. La plupart ne furent pas autorisés à retourner chez eux. Ils furent changés en citoyens Soviétiques contre leur volonté. Ceux qui commencèrent à protester et à critiquer le communisme finirent même dans les camps. Cela montre à quel point les tenants du pouvoir avaient peur que le public américain puisse connaître en détail les conditions de travail dans le « paradis » communiste. Un de ceux qui se laissèrent abuser en voyageant dans l'enfer communiste, fut le communiste américain Andrew Smith. Lorsqu'il se réveilla enfin pour quitter l'Union Soviétique, il prévint d'autres naïfs potentiels de ne pas tomber dans le piège, en rédigeant un livre (Smith, « J'étais un ouvrier soviétique », Londres, 1937). 60 000 ouvriers allemands se déplacèrent aussi dans l'Empire de Staline.

Décrire tous les projets américains ayant permis de construire la façade trompeuse du communisme prendrait trop de place. L'élite financière internationale (Kuhn, Loeb & Co., Morgan, Rockefeller, les Warburg, Dillon, Cyrus Eaton, David Kendall et d'autres) qui prirent grand soin des bolchéviques, aidèrent aussi Adolf Hitler à prendre le pouvoir. Ceci est confirmé par divers documents mais il s'agit d'un tout autre sujet.

Croire que ces éminents capitalistes ne savaient pas ce qu'ils faisaient relève du mythe. Ils savaient pertinemment qu'ils aidaient toutes sortes de bandits politiques. Ils s'assurèrent que l'Union Soviétique reçoive toute la technologie étrangère nécessaire.

Que les ressources des bolchéviques aient été énormes devient évident, si l'on considère le fait que seul le quart de l'aide technologique fournis à l'Union Soviétique fut en réalité utilisée, tout cela à cause du manque d'ordre régnant dans le pays. Certains biens d'équipement techniques durent attendre dix ans avant d'être utilisés. Personne ne put utiliser l'équipement étranger destiné à une usine de sucre de la province de Dniepropetrovsk, qui avait pourtant coûté des millions. Seuls 13 pour cent des convoyeurs étrangers furent utilisés. Les autres ne firent que rouiller. La situation en Ouzbékistan était même pire. Seul deux pour cent des convoyeurs envoyés par les capitalistes étrangers furent utilisés. (Yuri Chernichenko dans son article « Qui a besoin d'un Parti des Fermiers et pourquoi ? » *Literaturnaya Rossiya*, 8 mars 1991)

Staline et Hitler avaient des intérêts commerciaux communs alors même qu'ils préparaient leur destruction mutuelle. L'Allemagne vendit 36 avions, y compris 6 avions de combats Heinkel He-100, 5 Messerschmitt BF-IIO, deux bombardiers Junkers Ju-88 et d'autres à l'Union Soviétique, d'après l'accord commercial signé au cours du pacte Ribbentrop le 23 août 1939. Shavrov révéla cela dans son histoire de la construction aéronavale. L'Union Soviétique acheta 22 000 tonnes de cuivre aux États-Unis en novembre 1939 et les vendit ensuite à l'Allemagne. Certains cargos étaient envoyés en Allemagne depuis le Mexique en passant par Vladivostok. L'Union Soviétique continua à livrer ses marchandises jusqu'à ce que l'Allemagne attaque.

L'AIDE DE GUERRE À MOSCOU

En mai 1941, un séminaire fut organisé à San Diego, Californie, par les dirigeants des principales compagnies fournissant le matériel de l'US Navy. Un des intervenants était le commandant la flotte du Pacifique, l'amiral James Otto Richardson.

Dans son discours concernant la situation mondiale, il expliqua que dans un futur proche, une démonstration de force militaire se produirait entre Hitler et Staline. Comme aucune armée des deux grandes puissances n'étaient opérationnelle en mode défensif, mais seulement en mode offensif, celle des deux qui prendrait l'initiative et attaquerait la première, aurait un avantage énorme. L'amiral poursuivit : « *Cette situation génère un dilemme : laquelle de ces deux options nous est le plus favorable ? Une attaque de Staline ou Hitler ? C'est très facile de le résoudre. Tout ce dont nous avons besoin est d'examiner une carte de l'Europe, pour réaliser que si Staline lançait ses 200 divisions accompagnées de dix mille tanks contre Hitler, il écraserait la Wehrmacht et son armée camperait en quelques mois sur les bords de la Manche et à Gibraltar. À l'inverse, si Hitler prend l'initiative, il finira coincé quelque part Dieu sait où dans les plaines russes et cela prendra beaucoup de temps à Staline de le repousser... Messieurs, nous laisserons donc Hitler agir le premier.* »

Frank Knox, le Secrétaire à la Marine, était présent parmi les participants. Il commenta aussitôt en disant : « L'Amiral Richardson a formulé avec précision nos attentes en ce qui concerne les évènements mondiaux futurs. »

Ainsi fut-il décidé qu'Hitler attaquerait Staline et non le contraire. (Bunich, « L'or du Parti », St. Pétersbourg, 1992, p.133).

Ainsi, le régime terroriste bolchévique fut en grave danger à l'été 1941, lorsque Staline planifia une attaque contre Hitler (*opération Tonnerre*), bien qu'il ait personnellement privé l'Armée Rouge de ses meilleurs commandants. L'attaque aurait dû prendre place le 6 juillet 1941, pour se terminer le 10 juillet.

Le 21 juin (le jour avant l'attaque d'Hitler), l'état-major de l'Armée Rouge avait déjà reçu des ordres pour attaquer la Roumanie et la partie occidentale de la Pologne, le 6 juillet 1941. Le commandant de cette opération aurait été le maréchal Semyon Timoshenko. Il était supposé rallier Minsk le 22 juin pour préparer l'attaque à laquelle 4.4 millions d'hommes auraient dû participer. Mais les Allemands attaquèrent les premiers.

En Russie, l'histoire de la Seconde Guerre mondiale commence à présent d'être connue. Comme le révèle le transfuge du GRU, Viktor Souvorov (Vladimir Rezun), Staline avait prévu de laisser Hitler pénétrer les pays capitalistes à la manière d'un brise-glace, avant d'attaquer lui-même l'Allemagne et d'occuper les zones qu'Hitler aurait conquises pour ensuite étendre le communisme au reste de l'Europe.

Le 22 juin à 3 :15, le ministre allemand des affaires étrangères, Joachim von Ribbentrop, déclara la guerre à l'ambassade soviétique, soumettant le document à l'ambassadeur, Vladimir Dekanozov.

Staline avait promis sur le cercueil de Lénine, d'étendre les frontières de l'Union Soviétique (*Pravda*, 30 janvier 1924). Dès le 19 août 1939, Staline avait finalement décidé de l'attaque future sur l'Europe (Souvorov, « Jour J », Tallinn 1998, p. 23).

Le Dr. Joachim Hoffmann, écrit dans son livre « Stalins Vernichtungskrieg : 1941-1945. Planung, Ausführung und Documentation » (Munich, 2000, pp. 29, 31), que Staline disposait de 24 000 tanks et Hitler de seulement 3 550 pièces usagées. Hoffmann insiste particulièrement sur le fait que parmi ces tanks, 1 861 étaient équipés du modèle dernier cri du T34 et KV (Kliment Voroshilov), sans équivalent dans le reste du monde. En 1940, 358 d'entre eux furent fabriqués et dans la première moitié de 1941, 1 503. Une preuve flagrante des plans agressifs qui avaient été conçus de longue date.

Staline disposait également de tanks spéciaux A-tanks (Avtostradnye tanki) pour se déplacer sur les autoroutes allemandes. Les Allemands étaient dépourvus de tanks lourds, alors que Staline avait à sa disposition 35 000 pièces d'artillerie.

La principale preuve de ces manigances est le lexique de conversation russo-allemand que Staline avait fait imprimer à l'attention de l'Armée Rouge en mai 1941. Ce lexique contient une phrase très révélatrice : « N'ayez pas peur, l'Armée Rouge arrive ! ». Il en contient plusieurs autres : « Où sont les mines ? Rendez-vous ! Les mains en l'air ! Jetez votre arme ! Où se trouve le campement ? Quand les soldats allemands sont-ils partis ? Arrêtez de transmettre ou je tire ! »

Les espions d'Hitler avaient prévenu Berlin à ce sujet et un plan de contre-attaque, l'opération *Barbarossa*, fut mis sur pied. Ce plan fut déclenché, après certains retards, le 22 juin 1941, anticipant d'à peine deux semaines l'attaque prévue de Staline. L'Allemagne sauva ainsi l'Europe d'une invasion communiste.

Staline était surpris, malgré les rapports de ses propres espions. Il ne pouvait pas comprendre la témérité d'Hitler à maintenir deux fronts simultanés. Il ne s'attendait pas à cela – il avait même éprouvé des difficultés à croire l'annonce de la guerre. Il la voyait comme une provocation. Il n'accorda pas non plus foi aux annonces d'une attaque venant des déserteurs Allemands le jour d'avant. Ce ne fut que plus tard dans la soirée qu'il donna l'ordre de résister.

Staline avait déjà déclaré devant le Comité Central en 1925 : « *Si une grande guerre a lieu en Europe, nous ne nous contenterons pas de regarder. Nous y prendrons part, mais les derniers – de façon à décider de l'issue de la guerre. Et donc naturellement d'en cueillir les fruits…* »

En 1941, personne ne voulait croire les explications d'Adolf Hitler selon lesquelles il n'avait fait qu'anticiper l'attaque prévue par Staline. Souvorov est parvenu à prouver, à l'aide de documents des archives allemandes et des sources déclassifiées Soviétiques, que cette déclaration d'Hitler était tout à fait exacte.

Le glossaire russo-allemand secret qui fut imprimé le 29 mai 1941.

Hitler expliqua le 4 juin 1942 au chef d'état-major finlandais, le maréchal Gustaf Mannerheim, le jour de son 75ème anniversaire à Immola près d'Imatra en Finlande, qu'il avait été contraint d'attaquer l'Union Soviétique de manière préemptive. (L'enregistrement suivant fut effectué en secret par la radio finlandaise) :

« *J'ai eu une conversation avec Molotov (commissaire du peuple aux affaires étrangères), à ce moment-là, et il est absolument certain que Molotov partait avec l'intention de déclencher une guerre. J'ai alors rejeté sa décision de provoquer la guerre, mais il était impossible de l'arrêter. Les exigences avancées par cet homme trahissaient ses intentions de parvenir au final à diriger l'Europe.*

Déjà à l'automne 1940, nous ne cessions de considérer une rupture des relations avec l'Union Soviétique. À cette époque, je conseillais au gouvernement finlandais de négocier et de gagner ainsi du temps pour diluer les tensions – car je craignais toujours que la Russie attaque la Roumanie par surprise à la fin de l'automne – afin de s'emparer des puits de pétrole. Nous n'aurions alors pas été prêts.

En effet, si la Russie avait mis la main sur les puits de pétrole, alors l'Allemagne aurait perdu. Cela n'aurait requis que 60 divisions russes pour arriver à ce résultat.

En Roumanie, nous ne disposions alors d'aucune unité importante. Le gouvernement roumain s'était depuis peu retourné contre nous. Nos installations sur place étaient risibles. Tout ce qu'ils avaient à faire était d'occuper les puits de pétrole. Bien sûr, avec notre armement, je ne pouvais pas me permettre de déclencher une guerre en septembre ni octobre. C'était hors de question. »

Где электростанция?	Во йст ди крафтцэнтрälэ?	Wo ist die Kraftzentrale?
Где завод?	Во йст ди фабрик?	Wo ist die Fabrik?
Какой?	Вас фюр айнэ?	Was für eine?
Сколько рабочих?	Вифиль арбайтр?	Wieviel Arbeiter?
Где базарная площадь?	Во йст дэр марктплац?	Wo ist der Marktplatz?
Где лавки?	Во зинт лэди?	Wo sind Läden?
Когда ушли немецкие солдаты?	Ван фэрлисн дойчэ золдатн дэн орт?	Wann verließen deutsche Soldaten den Ort?
Куда ушли (направление, название селения)?	Вохин бэгабн зи зихь (рихьтунг, бэнэнунг дэс ортс)?	Wohin begaben sie sich (Richtung, Benennung des Orts)?

Extraits du glossaire fournis aux militaires soviétiques pour leurs interventions en Allemagne.

Le plan militaire secret *Grom* (*le coup de tonnerre*) était la répétition de l'opération *Groza* (*opération tonnerre*), qui conduirait à une attaque d'envergure sur la Roumanie, puis sur l'Europe occidentale. L'intention était de conquérir de nouveaux territoires pour l'Empire Soviétique. Les documents de Staline sont conservés au sein des Archives Générales des Effectifs Militaires (Collection 16, liste 2951, Dossier 237).

L'historien militaire russe Valeri Danilov reconnaît : « Nous avions l'intention d'attaquer. Lorsque nous avons été attaqués les premiers, nous ne fûmes plus capables de nous défendre ni de contre-attaquer. »

Cette information capitale est complètement ignorée de l'histoire officielle de la guerre. De nos jours, les attaques américaines sont désignées par le terme de guerres préventives selon la Doctrine Bush.

Staline disposait de plus d'un million d'hommes prêts à l'assaut, 200 fois plus que toutes les autres armées européennes ensemble. Un nombre total de 5 millions d'hommes contre les trois millions de l'Allemagne.

Souvorov cite les maréchaux Georgi Zhukov, Alexandre Vassilevski, Vassili Sokolovski, Nikolai Vatutin, Ivan Bagramyan et d'autres, tous confirment que Staline préparait une offensive et n'occupait pas une position défensive, comme il le fut prétendu par la suite. C'est la raison pour laquelle les pertes de Moscou furent si énorme – 600 000 hommes au cours des trois premières semaines, 7 615 tanks, 6 233 avions de combat (dont 1 200 furent perdus le premier jour) et 4 423 pièces d'artillerie.

Le journaliste australien John Pilger a souligné : « La tromperie des gouvernements démocratiquement élus apparaît plus imposante que celle des dictatures, à cause des illusions qu'ils génèrent. »

Le sénateur franc-maçon de haut-rang Harry S. Truman, qui devint vice-président et plus tard président des États-Unis, expliqua la situation au *New York Times* après l'attaque d'Hitler : « Si nous voyons que l'Allemagne est sur le point de l'emporter, nous devons aider la Russie, et si nous voyons que la Russie domine, nous devons alors soutenir l'Allemagne, car de cette manière nous pourrons laisser s'entretuer le plus grand nombre possible. Cependant, je ne veux en aucune circonstance qu'Hitler soit victorieux. Aucune des deux nations ne respecte la parole donnée » (*The New York Times*, 24 juin 1941).

Mais Wall Street n'avait aucunement l'intention de menacer la vie de Staline, car sa mort aurait été une « véritable catastrophe ». Truman craignait-il qu'aucune autre bande de criminels Rouges ne soient capable d'assassiner autant de Russes ? Truman eut l'occasion d'assouvir son penchant pour le meurtre en août 1945, lorsqu'il donna l'ordre de lâcher des bombes atomiques sur deux centres culturels du Japon. Gore Vidal révèle, dans son introduction au livre du professeur Israël Shahak « Histoire Juive - Religion Juive : le poids de trois millénaires » (Londres, 1994), que Truman reçut deux millions de dollars de « soutien » de la part d'un sioniste, pour sa campagne présidentielle de 1948.

Truman (1884-1972) n'était pas seulement un maçon du 32ème degré, mais également le grand maître de l'État du Missouri. J'en ai eu la confirmation, lorsque j'ai visité le temple maçonnique d'Alexandrie, en Virginie, le 9 novembre 1998. Le 19 octobre 1945, Truman fut admis au 33ème degré pour son usage de l'arme atomique contre le Japon. Il devint également membre honoraire du Suprême Conseil maçonnique et du Suprême Conseil International, ainsi que Grand Maître d'honneur et dirigeant de l'Ordre de De Molay.

Harry Truman le grand maître franc-maçon dans son accoutrement.
Les journalistes et les historiens ont refusé de commenter ses ignobles déclarations.

Un grand nombre de soldats russes se constituèrent prisonniers volontairement. À la fin de la première année, 3.8 millions s'étaient rendus aux Allemands. L'Armée Rouge refusa simplement de se battre pour la cause du communisme. La plupart des 1.2 millions restant fut tuée aux combats. Joseph Staline commença à avoir peur. Les prétendues Divisions Noires étaient constituées de prisonniers russes, qui s'entraînaient méthodiquement à Sochi, avant d'être envoyés se battre contre les Allemands en juillet-août 1941. Staline disposait de troupes paramilitaires prêtes à l'offensive, plus que toute autre nation. Mais il lui en fallait davantage.

Le 24 août 1941, Radio Moscou encouragea la Juiverie internationale à aider sans réserve l'Union Soviétique dans ses moments de détresse. Il est donc parfaitement compréhensible que les financiers de Wall Street fussent pris de panique et commencèrent à envoyer toutes sortes d'équipements à l'Union Soviétique aussi vite qu'ils le purent. En août 1941, les États-Unis commencèrent à se concerter avec Moscou au sujet du meilleur moyen de provoquer le retrait des troupes hitlériennes. Les États-Unis continuaient pendant ce temps à fournir aux Nazis une aide militaire et économique, mais sur une échelle réduite.

L'Union Soviétique, les États-Unis d'Amérique et la Grande Bretagne signèrent un protocole préliminaire concernant l'aide militaire à destination de Moscou le 1er octobre 1941, à la suite duquel 400 avions, 500 tanks, pièces d'artilleries et autres munitions furent immédiatement envoyés en Union Soviétique. Un de ceux qui furent impliqués dans cet accord était Henry Ford. Staline demanda du fil barbelé le 1er octobre 1941 et 4 000 tonnes de fils barbelés furent aussitôt envoyées en Union Soviétique le 10 octobre. La production de guerre Soviétique augmenta de 25 fois au cours des quatre années de guerre.

Les États-Unis demandaient aussi que Staline « oublie » temporairement les slogans communistes et la propagande antirusse. Il dut rouvrir les églises, relâcher les prêtres et autoriser même une certaine liberté religieuse (la demande correspondante du président Roosevelt fut transmise à Staline par le Père Brown, le prêtre Catholique de l'ambassade américaine de Moscou). Washington voulait aussi que l'Union Soviétique commence à réutiliser les vieux uniformes de l'armée Tsariste. Staline dut accéder à ces demandes.

Les nouveaux uniformes étaient cousus aux États-Unis en 1941-1943. L'Armée Soviétique porta les chemises Tsaristes jusqu'en 1970. Une chanson patriotique russe, « La guerre sainte » - qui avait rallié les soldats de la Première Guerre Mondiale, fut aussi utilisée.

Du matériel fut immédiatement envoyé en Union Soviétique. Une part importante de l'aide américaine était sous forme de nourriture. 4 291 012 tonnes de conserves, de sucre, de sel, de noisettes, de thé, de fruits et d'autres denrées y compris des vitamines, furent envoyées en Union Soviétique entre le 1er octobre 1941 et le 31 mai 1945. Un total de 782 973 tonnes de viande en conserve fut envoyé à Moscou. En 1945 les magasins stockèrent 46 fois plus de boites de viandes qu'ils ne le faisaient en 1940.

Staline commença à paniquer en constatant la rapidité avec laquelle les Allemands progressaient (ils avaient déjà atteint Minsk dès le sixième jour de la guerre). Il quitta Moscou à l'automne 1941. Deux millions et demi de Juifs furent déplacés, sur ordre de Staline, des zones envahies vers les régions centrales de l'Union Soviétique où ils commencèrent immédiatement à commercer sur le marché noir (Isaac Deutscher, « Les Juifs non-Juifs », Stockholm, 1969, pp.96-97).

Staline était préparé à faire la paix avec Hitler en octobre 1941. Il voulait donner aux Allemands les états Baltes, la Biélorussie, la Moldavie (Bessarabie), une partie de l'Ukraine (Bucovine) et l'isthme de Carélie. Le général Nikolai Pavlenkov révéla cela au printemps 1989 dans le journal *Moskovskyie Novosti*.

Le commissaire du peuple aux affaires intérieures, Lavrenti Beria, se vit confier la tâche de commencer les négociations de paix avec Hitler, à travers son agent Stamenov, qui était l'ambassadeur bulgare. Hitler refusa de négocier avec Moscou. Tout cela est prouvé par des documents que Dimitri Volkogonov présenta au journal *Izvestia* le 9 mai 1993.

Le président Roosevelt voulait justifier son aide au Parti Communiste Soviétique, alors il se tourna vers son ami Juif Jack Warner à Hollywood et lui commanda un film de propagande, « Mission à Moscou », qui encensait le Stalinisme. Le film qui fut achevé en 1943, était basé sur un livre simpliste de Joseph E. Davies, un ancien ambassadeur américain en Union Soviétique. Warner produisit cinq autres films de propagande dont « Russian Girls », « Days of Glory », et « Song of Russia ». La propagande Soviétique déclara plus tard que toutes les avancées contre les Nazis étaient dues à l'héroïsme du peuple Soviétique.

Le cours de la guerre se modifia grâce à l'aide américaine, et les choses commencèrent à s'éclaircir pour Staline, qui utilisa cette opportunité pour proclamer une guerre sainte du communisme. À Yalta, il lui fut laissé les mains libres pour occuper de nouvelles zones et pays en Europe de l'Est. L'encyclopédie Soviétique estonienne admit : « Il fut décidé que Königsberg et ses environs devaient être **livrés** à l'Union Soviétique. »

Au palais de Livadiya sur les hauteurs de Yalta en Crimée, le dictateur soviétique Joseph Staline, rencontra le président américain Franklin Roosevelt et le premier ministre britannique Winston Churchill, du 4 au 11 février 1945, pour décider secrètement du futur de l'Europe. Cette réunion fut nommée la conférence de Yalta, et affublée du nom de code de Conférence des Argonautes. L'Europe de l'Est devait être accordée à l'Union Soviétique comme butin de guerre. L'accord secret ne fut publié que le 16 mars 1955.

Selon ce document, des millions d'Allemands devaient être envoyés comme esclaves en Union Soviétique. Staline demanda 4 millions d'esclaves Allemands. En mars 1947, une estimation chiffra à 4 millions le nombre d'Allemands utilisés comme esclaves. Plusieurs centaines de milliers d'entre eux, y compris des civils innocents, avaient été transférés par les Américains en Union Soviétique, qui les utilisa comme travailleurs forcés.

La Croix Rouge allemande essaya de rapatrier les captifs. Le destin de 1,3 millions d'esclaves allemands sous protection des Alliés, est toujours inconnu. Ils sont toujours officiellement considérés comme manquant. Ils sont apparemment morts de faim.

Le dernier grand rapatriement des Allemands depuis l'Union Soviétique, se déroula en 1956. Tous les citoyens russes qui avaient fui le communisme, devait être remis à Staline. Les Îles Kouriles, Sakhaline et la Mongolie-Extérieure appartiendraient à l'Union Soviétique.

L'Union Soviétique se vit également accorder trois votes aux Nations Unies, tandis que les autres pays devaient se contenter d'un seul vote.

Roosevelt fit tout ce qu'il put pour contenter Staline. Même lors de la Conférence de Téhéran en 1943, lorsque Staline suggéra en plaisantant qu'après la guerre, 50 000 officiers Allemands devaient être tués, il trouva qu'il s'agissait d'une bonne idée. Churchill fut choqué : « Je ne participerai pas à une boucherie perpétrée de sang-froid ». Roosevelt lui répondit alors : « Disons 49 500 ? » Churchill quitta la pièce en signe de protestation. Ils se mirent cependant d'accord pour dissimuler leurs crimes de guerre réciproque.

Ils s'accordèrent également pour établir le gouvernement communiste de la République de Pologne qui avait été installé par l'Union Soviétique. Arthur Lane était l'ambassadeur américain en Pologne. Il fut tellement outragé par cette trahison de la Pologne, qu'il démissionna de son poste et rentra aux États-Unis en disant au peuple américain ce dont il avait été témoin. La distribution de la première édition de ses écrits fut étouffée. La plupart des exemplaires disparurent du circuit de distribution ou furent mystérieusement détruits. (Arthur Bliss Lane, « J'ai vu la Pologne être trahie : un ambassadeur américain raconte au peuple américain », New York, 1948).

Lors de la Conférence de Postdam de juillet-août 1945, à Cecilienhof aux abords de Berlin, Joseph Staline, le président Harry Truman, le premier ministre Winston Churchill et le nouveau premier ministre Clement Atlee, se mirent d'accord pour transformer la Chine en pays communiste en envoyant de l'équipement militaire à Mao Tse Toung, au travers de l'Union Soviétique. Bien des frontières européennes allaient être bouleversées. L'Union Soviétique s'empara des zones d'influence polonaises, la frontière polonaise orientale suivrait la ligne Curzon (la ligne de démarcation entre la Pologne et l'Union Soviétique), et la Pologne recevrait une compensation territoriale sur son flanc occidental avec l'Allemagne : 14 millions d'Allemands furent déportés dans ce qui constitue le plus important nettoyage ethnique de l'histoire. Ils furent expulsés de leurs foyers de Prusse, de Poméranie et de l'Est de la Prusse.

Les lignes directrices de l'ordre mondial après la Seconde Guerre mondiale étaient tracées. À quelques centaines de mètres de Cecilienhof, se trouve une pyramide recouverte de symboles maçonniques...

L'ancien agent de renseignement Douglas Bazata, confessa à l'automne 1979 à Washington que son supérieur, le général William Donovan, l'avait payé 800 dollars de plus pour arrêter l'avancée du général Patton en France en 1943. (Donovan était le directeur de l'agence de renseignement OSS, le précurseur de la CIA). Bazata s'acquitta de sa tâche en août 1944, lorsque Patton et ses troupes furent proches de Dijon. Patton avait été trop efficace et aurait terminé la guerre bien trop tôt.

Malgré le fait que le général américain George Patton soit parvenu à libérer de larges portions de la Tchécoslovaquie, il reçut un ordre strict du commandant en chef Dwight Eisenhower (1890-1969), un franc-maçon de haut rang, d'abandonner la Tchécoslovaquie à l'Armée Rouge. Patton obtempéra de mauvaise grâce et retira ses troupes de Tchécoslovaquie à contrecœur. Lorsque la Troisième Armée de Patton fut prête à pénétrer dans Berlin, tout le ravitaillement en pétrole fut soudain suspendu – l'intention était de l'empêcher d'atteindre Berlin avant les Russes. Après cela il reçut l'ordre d'attaquer – beaucoup de soldats américains moururent en vain. Patton aurait pu mettre fin à la guerre neuf mois plus tôt.

De cette manière, les Russes eurent toute latitude pour prendre Berlin, Prague et Vienne en premier. L'Union Soviétique en profita pour occuper la Roumanie, malgré la paix séparée existante avec ce pays. Le général Patton déclara vigoureusement que le véritable ennemi des USA était à Moscou et que les Américains devaient continuer à se battre vers l'Est pour libérer les peuples esclaves de l'Union Soviétique. Patton devint trop difficile à gérer pour les francs-maçons de haut rang. Il voulait aussi utiliser les troupes allemandes pour écraser les communistes de Moscou. Il était ainsi devenu un fardeau pour la franc-maçonnerie internationale.

Il était donc devenu nécessaire de se débarrasser de Patton en 1945, car il ne correspondait pas au profil du héros de guerre. Selon l'agent OSS Douglas Bazata, ce fut le président Truman qui prit la décision de régler l'affaire. Les francs-maçons laissèrent l'OSS et le NKVD assassiner le général quatre étoiles. Cela fut prouvé par l'historien Robert Wilcox dans son ouvrage : « Cible Patton : le complot pour assassiner le général George S. Patton » (Washington, 2008).

Bazata fut payé pour tuer Patton. Mais au lieu de cela, il prévint le général. Un autre agent fut dès lors utilisé pour plus de sûreté. Ce dernier fit plusieurs tentatives qui échouèrent toutes.

Selon l'officier du renseignement militaire Stephen Skubik, même Staline donna l'ordre d'assassiner Patton. Lorsque Skubik prévint le général Donovan, son séjour à Moscou fut interrompu et il fut rappelé à la base. Il était tombé sur un secret gênant.

Patton devait voyager de Munich aux États-Unis le 10 décembre 1945. Le jour avant, lui et son chef d'état-major Hobart Gay ainsi que son chauffeur, devaient chasser le faisan. À 11:45, un camion militaire percuta leur voiture. En rapport avec cet accident, l'agent tenta de tirer sur Patton avec un projectile de métal d'une arme spécialement conçue. Patton fut blessé. Le meurtrier lui-même avoua cela à Bazata, qui fut passé au détecteur de mensonge.

Malgré le fait que le général soit paralysé, il commença à guérir au cours de son séjour à l'hôpital. À ce stade, un agent du NKVD accéda à la chambre de Patton pour l'empoisonner au moyen d'une nouvelle formule de cyanure de potassium, dont les symptômes étaient semblables à ceux produit par une embolie (un caillot de sang traversant les vaisseaux). Patton mourut le 21 décembre 1945.

Le corps ne fut jamais autopsié, et tous les rapports d'hôpitaux sur sa mort disparurent sans laisser de trace.

Les pouvoirs occidentaux abandonnèrent à Staline plus de deux millions de réfugiés de guerre. Le destin qui les attendait était pourtant bien connu. Aucune erreur ne fut commise. Certains de ceux qui étaient parvenus à s'échapper d'Union Soviétique dans les années 1920 et étaient déjà devenus des citoyens occidentaux furent aussi renvoyés de là où ils venaient. Le général de réserve de 76 ans, Piotr Krasnov, qui était un citoyen allemand, fut renvoyé en Union Soviétique. Il fut exécuté à Moscou le 17 janvier 1947, selon l'Encyclopédie Soviétique Estonienne. Le cas de Krasnov est l'exemple le plus infâme de la trahison américaine à l'égard des anticommunistes. Les Britanniques extradèrent le légendaire général des Tsaristes Blancs, Andrei Chkouro, à Staline. Il avait été décoré de l'ordre du Bain par le Roi George V pour services rendus à la Grande-Bretagne.

Le franc-maçon Harold Macmillan renvoya aussi 70 000 cosaques qui avaient trouvé refuge en Occident. Toute information à leur sujet fut classifiée. Beaucoup de documents disparurent sans laisser de trace. L'historien Nikolaï Tolstoï en Angleterre révéla cela. La BBC ne fut pas autorisée à faire mention de son livre « Le ministre et les massacres », qui traite de cette effroyable affaire. Les cosaques résistèrent mais les Britanniques utilisèrent des violences répétées afin de les livrer en mai 1945. La plupart furent tués avec leurs familles. Il fut plus tard révélé que l'initiative provenait du franc-maçon Antony Eden. (Nikolai Tolstoï, « Victimes de Yalta »)

Le dictateur yougoslave Josip Tito (en fait Broz), dont les proches adjoints étaient les Juifs Moïse Pijade et Aleksander Rankovic (Rankau, qui dirigea la terreur en tant que ministre de l'intérieur) fit également revenir les déserteurs de force.

Tito est responsable de la mort de 1 172 000 personnes (Gunnar Heinsohn, « Lexikon der Völkermorde », Rowol, 1998). Une purification ethnique à grande échelle d'Allemands, d'Italiens, de Hongrois et d'autres peuples fut réalisée avec le consentement tacite de la Grande-Bretagne et des États-Unis. Après Noël 1944, jusqu'à 30 000 Allemands (âgés de 18 à 40 ans) furent déportés en Unions Soviétique depuis la Yougoslavie. Les femmes constituaient 90% du groupe. La plupart furent envoyées dans les camps de travail du Donbass, où 16% d'entre elles périrent.

Beaucoup d'évènements deviennent significativement plus clairs en les observant depuis une perspective historique. Des agents britanniques aidèrent à renverser le gouvernement yougoslave le 27 mars 1941. Un nouveau gouvernement, dirigé par le général franc-maçon Richard D.

Simovic, commença immédiatement à coopérer avec Staline, en signant un pacte d'amitié le 5 avril.

Londres finança Tito durant toute la Seconde Guerre mondiale et l'aida plus tard à se maintenir au pouvoir. Le rôle de Churchill fut crucial. Tito le rencontra dans la Villa Rivalta de Naples le 12 août 1944. D'après Zivadin Simic, un des dirigeants de la police secrète, Tito était franc-maçon.

Après la guerre, Tito reçut un soutien massif de l'Occident pour mettre en place le communisme. Aussitôt après la guerre, les États-Unis donnèrent 150 millions de dollars à Tito. Les États-Unis dépensèrent à eux seuls, 35 milliards de dollars en aide secrète entre 1948 et 1965. Sans ce soutien son régime se serait immédiatement effondré. Ses crimes furent dans le même temps dissimulés.

Un expert en juridiction internationale, Smilja Avramov, révéla ceci à un journal serbe, *Politika Ekspress*, dans un entretien, publié le 16 janvier 1989. Le soutien financier à Tito couvrait 60 pour cent des dépenses du régime communiste. Smilja Avramov insista : « Notre régime n'aurait jamais survécu sans cette aide économique. » L'aide américaine à la Yougoslavie est un important secret d'état que l'ambassade américaine de Belgrade refuse de commenter. Les contributions des banques privées occidentales devinrent un secret encore mieux gardé.

L'auteur croate Mladen Lojkic raconte dans son livre « Les francs-maçons contre la Croatie : les Érostrates croates au service de la maçonnerie serbe. » (Zagreb, 2010, p. 318) :

« *Le financement de la Grande Loge Nova Yugoslavia en 1956, qui coïncida avec l'avènement de Tito au pouvoir, provoqua la jonction des états indépendants du fameux mouvement des non-alignés, et ouvrit la voie à des emprunts non remboursables. La sécurité matérielle ne fit que renforcer la dévotion à l'égard du « petit homme » au sein de la caste privilégiée des communistes. Le correspondant principal de Nova Yugoslavia avec le reste du monde maçonnique, était Moïse Pijade. En plus de garantir le financement étranger de ce système antinaturel d'« auto-gouvernement », la franc-maçonnerie collaborait avec l'UDB (les services de sécurités intérieure de la Yougoslavie), afin d'exclure de la vie politique tous ceux qui ne suivaient pas la voie de Tito, même s'ils appartenaient à ses propres rangs. Le lavage de cerveau transforma les masses en zombies dépourvues du droit de participer à la moindre pensée.* »

En Yougoslavie communiste, les gens étaient même exécutés par la guillotine. Au cours des interrogatoires, des moyens extrêmement cruels étaient utilisés. Celui qui était suspecté de pensées critiques envers le régime, était enfermé nu dans un sac avec quatre rats puis le sac était battu jusqu'à ce que les rats paniquent et attaquent le suspect. Le pilote de combat Ivan von Birchan fut un de ceux qui subit ce genre de traitement, avant de parvenir plus tard à s'enfuir en Suède.

L'Occident fournissait les listes de tous les soldats capturés qui avaient demandé l'asile politique. Ils furent immédiatement exécutés dès leur retour en Union Soviétique. D'autres soldats Soviétiques qui avaient été faits prisonniers de guerre furent envoyés dans des camps de prisonniers spéciaux. L'attaché militaire du président Boris Eltsine, le général Dimitri Volkogonov, découvrit les instructions de Staline pour construire un grand nombre de camps de prisonniers avec une capacité de dix mille prisonniers chacun. Ce fut là où ces pauvres soldats furent envoyés.

La manière dont près d'un millier de soldats prisonniers Russes furent envoyés à une mort certaine depuis Gavle sur deux bateaux dans des conditions de secret extrême en Union Soviétique le 10 octobre 1944, était un secret d'état suédois. Ils en avaient assez de la guerre et décidèrent de s'échapper en Suède.

Cela ne fut révélé qu'au printemps 1992 par l'historien Anders Berge dans son livre « Flyktingpolitik i stormakts skugga, Sverige och de sovjetryska fangarna under andra varldskriget » / « La politique des réfugiés dans l'ombre d'une super puissance, la Suède et les prisonniers Soviétiques Durant la Deuxième Guerre Mondiale. » (Uppsala, 1992) D'après Berge, Moscou demandait aussi les adresses des prisonniers russes à qui avait été accordé le droit de résider en Suède.

Le gouvernement suédois coopéra et fournit des listes à l'ambassade Soviétique. Ceci était de l'espionnage à un haut niveau. Les agents communistes étaient aussitôt envoyés pour commencer à travailler sur ses réfugiés. Berge déclare que la Suède « donna aux officiels Soviétiques une pleine autorité… pour soumettre les récalcitrants par la persuasion, les menaces et d'autres méthodes. » Ceci provoqua le retour forcé de 180 Russes en Union Soviétique. Moins de la moitié – 1 750 – des réfugiés de l'Union Soviétique se virent accorder l'asile politique en Suède.

C'était une ironie du sort que Staline ait autorisé le NKVD à coopérer et à partager ses expériences avec la Gestapo. Le NKVD et la Gestapo exécutaient même des gens ensemble. L'historien Nikolaï Tolstoï révéla aussi cette collaboration d'avant-guerre.

LES ESCLAVES ÉTRANGERS EN UNION SOVIÉTIQUE

Jusqu'à récemment, il a été caché au public que l'Union Soviétique utilisa aussi des centaines de milliers d'esclaves étrangers pour divers projets de reconstruction après la Deuxième Guerre Mondiale. Des millions de nouveaux esclaves étaient nécessaires. C'est pourquoi de nouveaux camps d'esclaves pour étrangers furent construits avec l'approbation silencieuse des dirigeants occidentaux. Un film révélateur au sujet de ses esclaves sorti en France en 1995 « Les esclaves étrangers du Goulag ».

Pendant que l'Occident célébrait la victoire, un ordre en provenance de Moscou à destination de la zone Soviétique de l'Allemagne, ordonna au NKVD et Smersh (mort aux espions !) d'emprisonner tous les étrangers se trouvant dans la zone. Parmi ceux qui furent arrêtés se trouvaient des Italiens, des Français, des Polonais et d'autres qui avaient travaillé dans l'industrie de guerre allemande, et des réfugiés étrangers (y compris beaucoup de russes).

Beaucoup d'alliés prisonniers de guerre, qui avaient été détenus dans des camps de prisonniers allemands, devinrent ainsi des esclaves Soviétiques. Bien sûr, beaucoup de prisonniers de guerre Allemands furent aussi réduits en esclavage. De cette manière, des centaines de milliers d'étrangers innocents furent capturés au cours d'une courte période. Les gouvernements occidentaux déclarèrent ces gens comme « disparus » ou « déserteurs ». Ils voulaient cacher à l'opinion les réelles circonstances.

Deux citoyens américains, John Noble (âgé de 22 ans) et son père, furent parmi ceux capturés à Dresde le 5 juillet 1945. John avait survécu au terrifiant bombardement britannique sur Dresde. Le fait qu'il soit porteur de l'immunité diplomatique Suisse ne le sauva ni lui, ni sa famille. La Gestapo retenait sa famille en maison d'arrêt pendant la guerre et John avait attendu impatiemment les « libérateurs » Soviétiques. Cependant, il perdit rapidement ses illusions, car les soldats Rouges commencèrent à assassiner, à violer et à piller à Dresde et dans les autres villes.

Les autorités américaines n'écoutèrent pas les appels à l'aide de John Noble. Au début il croupit avec les autres étrangers, docteurs, avocats et hommes d'affaires et leurs femmes et enfants, dans une prison où tous les prisonniers étaient torturés. Certains étaient même éliminés d'une balle dans la nuque parce qu'ils n'étaient pas physiquement aptes aux travaux forcés. Les étrangers avaient été capturés lors de raids dans leur maison, des institutions ou dans les rue.

Les prisonniers capturés furent envoyés en camps de concentration. Ce qui se passa dans ces camps après la guerre, y compris à Buchenwald et Sachsenhausen a été complètement ignoré par les livres d'histoire. Beaucoup des crimes terribles commis dans ces camps furent plus tard mis sur le compte des Nazis.

Au cours des années 1945-1950, les forces du NKVD soviétique firent régner la terreur dans le camp spécial N°2 de Buchenwald, en Thuringe, sur 28 455 victimes innocentes de différents pays. Deux fosses communes contenant 22 000 morts, surpassaient en importance celles que les gardes allemands avaient dû creuser pour enterrer les victimes des bombardements britanniques et américains du 24 août 1944 et du printemps 1945.

Le 16 janvier 1950, le camp de Buchenwald fut fermé et les derniers 2 415 prisonniers furent rendus aux autorités d'Allemagne de l'Est. D'autres furent renvoyés au sein de divers camps d'esclaves en Union Soviétique.

À Sachsenhausen, les communistes exterminèrent 64 000 prisonniers. Tous ces crimes soviétiques reçurent l'approbation des gouvernements occidentaux, tous contrôlés par la maçonnerie.

John Noble déclare que 10 000 personnes de différentes nationalités moururent de malnutrition au cours d'une seule année à Buchenwald. Il avait découvert cela dans des documents Soviétiques en travaillant au bureau du camp. Les gouvernements des prisonniers les avaient trahis et oubliés. Ces crimes furent aussi commis pour faciliter l'expansion du communisme. Le sort de ces individus importait peu.

Les citoyens étrangers de ces camps de prisonniers communistes en Allemagne étaient accusés « d'activité antisoviétiques ». John Noble écopa d'une condamnation de 15 ans dans un camp d'esclave à Vorkouta. C'était une destination sans retour.

Les prisonniers étrangers furent transportés en Union Soviétique dans le secret le plus total. Les dirigeants politique occidentaux en étaient informés, mais ils gardèrent le silence.

À Vorkouta, il y avait un nombre total d'un million d'esclaves qui travaillaient dans 40 mines de charbon, des usines de ciment et de briques. La production moyenne d'un mineur de charbon était de 17 tonnes par tranche horaire, un montant complètement inhumain. Six à sept personnes mourraient tous les jours. Leurs corps étaient jetés dans des fosses communes. 15 pour cent des prisonniers étaient des femmes et des enfants. Parmi les esclaves, il y avait des Américains, des Allemands, des Tchèques, des Slovaques, des Estoniens, des Finlandais, des Anglais, des Japonais, des Italiens et d'autres. Seuls les plus forts survivaient.

Après la mort de Staline, le général Ivan Maslennikov visita Vorkouta pour mettre fin à la révolte du 15 juillet 1953. Avant cela, il voulut savoir ce que les prisonniers pensaient de leur vie sur place. Il insista sur le fait que personne ne serait puni pour dire ce qu'il pensait. Il n'y avait personne pour oser dire un mot sur le sujet. Le général continua à encourager les prisonniers.

Finalement, un groupe d'hommes, y compris un ancien professeur d'histoire de Leningrad, s'avança. L'ex-professeur dit : « Je parlerai même si je sais pertinemment que je prendrai encore dix ans de travaux forcés ici pour ce que j'ai à dire. » Maslennikov lui assura qu'une telle chose ne lui arriverait pas. Le professeur résuma alors l'esclavage à travers les âges et termina en commentant l'esclavage en Union Soviétique : « Jamais dans l'histoire il n'y eut d'esclavage aussi cruel et inhumain. » Le professeur ne reçut jamais dix autres années de travaux forcés – il fut immédiatement fusillé.

John Noble parvint au prix d'une grande difficulté, à faire passer une carte postale à ses parents à Detroit. Ils se tournèrent vers le président Eisenhower, qui fut forcé de demander à Moscou la libération de John Noble. Il fut finalement relâché en 1955. En 1960 il publia son livre à New York, « J'étais un esclave en Russie : un américain nous raconte son histoire ».

Nikita Khrouchtchev fit libérer plus de 200 000 étrangers originaires de 45 pays. La libération des esclaves étrangers cessa en 1964 lorsqu'il fut renversé.

Après la chute du communisme, les dossiers du KGB sur les esclaves étrangers en Union Soviétique furent finalement rendus disponibles. Il fut montré que la police était parvenue rien qu'en 1950, à capturer 57 238 étrangers, des Anglais, des Yougoslaves, des Français, des Polonais, des Roumains, des Iraniens, des Afghans, des Chinois, des Japonais, des Coréens, des Turcs, des Danois et des Belges. Un citoyen suisse avait aussi été kidnappé et envoyé en Union Soviétique. Beaucoup d'étrangers avaient été arrêtés en visitant Moscou.

Le diplomate suédois Raoul Wallenberg fut la plus célèbre personne capturée par l'Union Soviétique. Il fut kidnappé à Budapest le 17 janvier 1945 et envoyé à Moscou, où ils essayèrent de le recruter en tant qu'agent. Wallenberg refusa. Il fut alors assassiné par deux Juifs tchékistes – le colonel Grigori Mairanovsky et Dimitri Kopelyansky – au moyen d'une injection de poison.

Ceci fut révélé par le journaliste Juif et franc-maçon Arkadi Vaksberg dans le *Svenska Dagbladet* du 13 décembre 1995. Il considérait comme une ironie du sort le fait que les Juifs aient fait assassiner Wallenberg, alors qu'il avait sauvé la vie de beaucoup de Juifs. Nous savons maintenant que la délégation suédoise de Budapest avait aussi aidé des nationaux-socialistes Allemands et des Italiens fascistes à échapper à l'Armée Rouge grâce à de faux passeports. Le ministère des affaires étrangères suédois classifia cette information comme secrète en 1952.

Même les membres de l'ambassade américaine n'étaient pas à l'abri – certains d'entre eux finirent aussi comme esclaves. Alex Dolgun, âgé de 22 ans, fut kidnappé alors qu'il se promenait dans une rue de Moscou en décembre 1948. Il travaillait à l'ambassade. Alex était né à New York et était citoyen américain. Son père était un ingénieur qui avait été trompé par la propagande Soviétique et s'était rendu en Russie comme des dizaines de milliers d'autres Américains naïfs en 1933, pour aider à la reconstruction de l'industrie communiste. Il ne fut pas autorisé à quitter le pays après l'expiration de son contrat. Il fut considéré comme citoyen Soviétique contre son gré et fut enrôlé dans l'Armée Rouge au cours de la Deuxième Guerre Mondiale. Son fils Alex fut accusé « d'activité antisoviétique et d'espionnage » avant d'être envoyé en camp de travail. Il fut libéré en 1956 grâce à l'amnistie de Khrouchtchev.

Dolgun ne fut pas autorisé à quitter l'Union Soviétique malgré le fait que sa sœur de New York lui envoyait régulièrement des invitations. Grâce aux efforts de sa sœur, il échappa finalement à l'enfer Rouge en 1971. (Alexandre Dolgun et Patrick Watson, « L'histoire d'Alexandre Dolgun. Un américain dans le Goulag », New York 1975)

La chose la plus difficile à accepter pour ces gens, était le fait que leur propre ambassade ne se souciait nullement de leur sort, bien que de nombreuses informations leur étaient fournies. Ils étaient aussi mis à l'épreuve mentalement du fait qu'ils étaient retenus en camps de prisonniers, alors qu'ils étaient tout à fait innocents. Par-dessus tout, ils étaient déprimés d'être contraints à vivre dans un pays étranger et d'obéir à des ordres formulés dans une langue étrangère.

Certains étrangers qui n'étaient pas aptes au travail physique, furent exécutés en Union Soviétique. L'ancien colonel du KGB, Kirillin confirma que 7 000 étrangers avaient été fusillés dans le village de Boutovo (sur le prétendu Polygone) près de Moscou.

Des documents révèlent que 60 000 autres étrangers, y compris des Finlandais et des Roumains, furent envoyés à Petchora à Komi. Le président Boris Eltsine ordonna que ces documents sensibles soient à nouveau classifiés.

Pendant sa période au pouvoir, Lénine avait décidé que la colonne vertébrale du système Soviétique serait fondée sur le travail forcé. Il avait calculé la moyenne des travaux des esclaves et leurs rations de nourriture. Il avait même prévu le nombre de victimes qui devaient périr. Un ordre écrit signé par Lénine en 1919, auparavant inconnu, fut montré dans le documentaire français déjà mentionné. « Publication interdite ! » avait été tamponné dessus. Cet ordre extraordinaire déclarait que « tous les étrangers « inutiles » devaient être envoyés dans des camps de concentration ».

LA GUERRE SAINTE DE STALINE

En 1936, Staline se lança dans une « guerre sainte » en Espagne. Moscou envoya aux communistes espagnols 648 avions, 347 tanks, 60 véhicules blindés, 1 186 pièces d'artilleries et 3 000 experts militaires Soviétiques entre 1936 et 1939. Le soutien total se monta à 274 millions de roubles (50 millions de dollars), d'après le journal estonien *Vikerkaar* (No.1, 1986). L'élite financière changea soudain ses plans et l'aide Soviétique (c'est-à-dire américaine) à la république fut interrompue en 1938. Ainsi, Franco parvint à prendre Madrid le 28 mars 1939. La guerre civile espagnole fit près de 365 000 victimes.

Les réserves d'or espagnoles de 600 millions de dollars (les quatrième au monde) furent transmises à Moscou, afin d'en priver Franco. Moscou conserva tout cet or (d'une valeur de 10 milliards de dollars en 2014).

Deux stalinistes italiens, Carlo et Nello Roselli, avaient planifié une révolution à Venise pour le 25 mai 1937, où ils devaient conduire une attaque avec l'aide de 2 600 terroristes et provoquer ainsi une guerre civile. Staline décida soudain d'annuler cette opération et interdit aux frères Roselli de mener une action armée en Italie. Les frères communistes ignorèrent cependant cette interdiction. Le NKVD organisa alors l'assassinat des deux frères avec l'aide d'un groupe de droite, d'après l'historien Franco Bandini dans son livre « Le cône d'ombre : ceux qui ont armé les mains des meurtriers des frères Rosselli » (1990). Bandini déclara dans le journal *Il Tempo* (Rome), le 11 avril 1990 : « *Le lobby des historiens essaye de passer sous silence chaque élément d'information de ces 45 dernières années. Ils considèrent les documents de cette nature comme leur propriété exclusive. Ils ne travaillent qu'à la dissimulation de certaines vérités déplaisantes.* »

La guerre sainte atteignit la Pologne le 17 septembre 1939. Dans le même temps, l'Union Soviétique organisa une « armée populaire finlandaise », où de jeunes hommes portant des noms finlandais étaient enrôlés. Leurs uniformes provenaient de Pologne. La Finlande fut attaquée le 30 novembre de la même année. Mais Moscou fut forcée d'interrompre la guerre contre la Finlande le 12 mars 1940 – elle était devenue trop coûteuse (le côté Soviétique avait déjà perdu 250 000 hommes sur un million). Staline avait dit à Churchill en 1943 : « Une nation qui s'est si intensément battue pour garder son indépendance mérite le respect. »

Même la seconde tentative, qui débuta le 22 juin 1941, échoua. Staline changea d'avis en 1948 lorsqu'il déclara, d'après le témoin Milovan Djilas : « Ce fut une erreur de ne pas avoir occupé la Finlande. » (*Helsingin Sanomat*, 16 mars 1983).

À l'été 1940, il était temps d'introduire le communisme dans les états Baltes et la Bessarabie (Moldavie). L'économie florissante des états Baltes était un bien mauvais exemple pour leurs voisins de l'est et pour cette raison, ces pays devaient disparaître. La Finlande, l'Estonie, la Lettonie et la Lituanie jouissaient d'un revenu commercial équivalent à 586 474 000 dollars sur les marchés mondiaux en 1938, tandis que la gigantesque Union Soviétique ne comptait que pour 512 508 000 dollars. (J. Bokalders, « The International Yearbook », Riga, 1944)

L'Angleterre rompit ses négociations avec Staline concernant les états Baltes. L'élite financière avait décidé que l'Allemagne devait « livrer » les états Baltes et la Finlande à l'Union Soviétique. Pendant les négociations de Londres, Staline comprit qu'il lui serait permis d'occuper les états Baltes.

Le président Roosevelt était bien informé de cet ajout secret au pacte de Molotov-Ribbentrop le jour après qu'il fut signé. Ceci ressort d'un télégramme secret (71.6211/93). Il ne manifesta aucun signe extérieur, mais continua à jouer le rôle du dirigeant occidental naïf et « bien intentionné ». Il ne prévint jamais les états Baltes, car la disparition de ces nations de la carte servait aussi les intérêts américains.

Lorsque l'Armée Rouge eut occupé l'Estonie, Franklin Delano Roosevelt déclara cyniquement aux journalistes : « Si les Estoniens n'aiment pas le communisme ils peuvent quitter l'Estonie ! »

Roosevelt savait très bien avec qui il traitait. Son jugement à propos de Staline le montre bien. Lorsque Félix Habsbourg visita la Maison Blanche, Roosevelt demanda : « Félix, avez-vous déjà rencontré le Diable ? » Félix Habsbourg ne comprit pas ce qu'il voulait dire par là. Roosevelt continua : « Félix, j'ai rencontré le Diable. Il était à Yalta et son nom est Staline. » (Erich Feigel, « Kaiserin Zita », Vienne, 1977, pp.226-227).

Même la première dame, Eleanor Roosevelt, comprenait ce qu'était le bolchévisme, mais écrivit néanmoins le 15 février 1947, concernant le sort des réfugiés : « Je suis vraiment désolée qu'ils ne rentrent pas chez eux. Je pense sincèrement que leurs pays progressent dans la voie d'une révolution sociale qui ne peut pas, ni ne devrait, être stoppée. »

Les États-Unis continuèrent à aider Moscou au cours de la Guerre d'Hiver contre la Finlande, en dépit de la promesse de Roosevelt selon laquelle Staline ne recevrait aucun soutien pour attaquer la Finlande (il y avait à ce moment un embargo officiel contre l'Union Soviétique). Trois cent firmes de quinze états envoyaient leurs marchandises dans le Pacifique pour être redirigées vers Vladivostok.

Pendant ce temps, l'Union Soviétique fournissait l'Allemagne en céréales, en pétrole et d'autres matières premières nécessaires à la guerre contre l'Europe de l'ouest au printemps et à l'été 1940. En 17 mois l'Allemagne reçut 865 millions de tonnes de pétrole, 14 000 tonnes de cuivre, 1 million de tonnes de bois de construction, 11 000 tonnes de lin, 15 000 tonnes d'amiante, 184 000 tonnes de phosphates, 2 736 kilogrammes de platine, 1 462 millions de tonnes de céréales, et plus encore, de Moscou. Rien qu'en novembre 1939, l'Union Soviétique avait acheté 22 000 tonnes de cuivre aux États-Unis en le revendant à l'Allemagne avec un profit.

Les Finlandais s'allièrent avec les Allemands à l'été 1941, après que Moscou ait une fois de plus attaqué le pays. Le 22 juin à 6:05 ; ils reprirent les zones que l'Union Soviétique avait occupées. Staline sollicita l'aide de la Grande Bretagne. Et en effet – Churchill envoya immédiatement 500 avions de combats, 280 véhicules blindés et 3 000 camions à Arkhangelsk. Le 31 juillet 1941, les avions britanniques bombardaient le port de Liinahamari dans la province de Petsamo dans le nord de la Finlande. La Grande-Bretagne déclara la guerre à la Finlande le 6 décembre 1941.

En homme censé, le commandant en chef finlandais, le maréchal Carl Gustav Mannerheim, rompit le lien avec les forces allemandes et continua l'opération tout seul. Il voulait reprendre toutes les zones que la Finlande avait perdues au cours de la guerre d'hiver de 1939-1940. Pas même Pierre le Grand n'était parvenu à défaire le Roi suédois Charles XII sans l'aide secrète de l'Angleterre, bien que cette dernière se déclare officiellement neutre.

Les États-Unis d'Amérique ne voulaient pas déclarer la guerre à la Finlande directement, mais à l'été 1942 les Américains fermèrent leurs consulats en Finlande et demandèrent à ce qu'Helsinki ferme les siens aux États-Unis. L'Union Soviétique attaqua une fois de plus le 9 juin 1944, cette fois munie d'armes américaines, mais la Finlande parvint à résister. Washington était en colère. Les États-Unis rompirent toutes relations diplomatiques avec la Finlande le 30 juin 1944, pour forcer le petit pays à adopter une attitude plus amicale à l'égard des Soviétiques.

La Finlande continua à se défendre. Moscou eut l'impudence de demander 300 millions de dollars de « dommages » à la Finlande lorsque la guerre se termina en septembre 1944.

L'historien français Raymond Cartier a réalisé une étude intéressante, comparant les armements d'Hitler aux équipements que les États-Unis envoyèrent à Staline. L'Allemagne, dans ses attaques contre l'Union Soviétique, utilisa 1 280 avions, 3 330 véhicules blindés et plus de 600 000 voitures. En comparaison, les États-Unis envoyèrent ce qui suit à l'Union Soviétique au cours des neuf mois compris entre le 1er octobre 1941 et juin 1942 : 1 285 avions, 2 249 véhicules blindés, 81 289 armes automatiques, 30 millions de kilogrammes d'explosifs, 36 825 voitures, 56 445 téléphones et autres équipements. Les troupes soviétiques utilisèrent 3,5 millions de chevaux.

Durant toute la guerre, les États-Unis envoyèrent un nombre total de 376 000 véhicules (y compris 45 000 jeeps « Willis » et 29 000 motocyclettes), 29 000 locomotives, 12 536 tanks, 17 834 avions, 130 500 armes automatiques, 240 000 tonnes d'explosifs et de munitions, 13 200 révolvers, 2.5 millions de tonnes de pétrole, 400 systèmes radar, 40 000 équipements radio de terrain et d'autres équipement militaires.

Les voitures américaines constituaient les deux tiers des effectifs de l'Armée Rouge, et 43 494 autres voitures furent envoyées par la Grande Bretagne. L'Armée Rouge reçut un nombre total de 419 494 voitures et autres véhicules. Seules 120 000 voitures furent produites en Union Soviétique entre 1942 et 1944 – donc trois fois moins que ce que les Soviétiques reçurent de l'occident.

Ils n'avaient pas non plus de problèmes d'uniformes, car les États-Unis confectionnèrent 34 millions d'uniformes, y compris les chemises de l'armée Tsariste, avec les machines à coudre Singer. L'Amérique livra aussi 50 millions de mètres d'habits en laine. Les conducteurs de tank portaient des pardessus américains. Cette information provient des archives Keesen « Archiv der Gegenwart » (Partie XV, 1945, p.76), entre autres sources.

Les communistes reçurent de l'Amérique un total de 17.8 millions de tonnes de marchandises pour une valeur de 10.8 milliards de dollars. Bien sûr, Moscou ne fut jamais capable que de repayer une infime partie de cela. En janvier 1951, les USA voulaient que leur soient rendus 84 navires de guerre valant 800 millions de dollars, mais Staline refusa catégoriquement.

Il est évident que Moscou n'aurait jamais survécu à l'attaque d'Hitler sans l'aide américaine. Comme preuve de ceci, nous pouvons remarquer que l'Union Soviétique ne disposait pas de bombardiers. Seuls 79 des Pe-8, les quadrimoteurs Soviétiques, furent construits. 50 000 avions similaires furent produits en Grande Bretagne et aux États-Unis au cours de la même période. Le bombardier Soviétique 11-4 était considéré comme un avion de deuxième ordre.

L'AIDE PENDANT LA « GUERRE FROIDE »

Les États-Unis continuèrent à construire l'Union Soviétique durant la prétendue « Guerre Froide ». L'Occident continua à traiter avec l'Est militairement et économiquement. Antony Sutton confirme que la construction de l'industrie de l'acier Soviétique fut accomplie par *Fretz-Moon*, *Aetna Standard*, *Mannesmann* et d'autres compagnies américaines. Les deux tiers de la marine marchande Soviétique, qui en 1970 était composée de 6 000 navires, étaient construits en dehors de l'Union Soviétique. Les quatre cinquième des moteurs maritimes étaient aussi construits à l'extérieur de l'Empire Soviétique. Le reste était construit avec l'aide occidentale.

Le Congrès des États-Unis, tout en s'appropriant des milliards pour la défense contre le communisme avait dans le même temps accordé plus de six milliards de dollars en aide économique et militaire directe aux communistes.

Des avions de combats équipés de radar F-86 d'une valeur de 300 000 dollars pièces avaient été vendus au dictateur communiste de Yougoslavie pour la somme dérisoire de 10 000 dollars. L'administration d'Eisenhower approuvait tout cela (« Report, U.S. Foreign Assistance », U.S. Agency for Int. Dev., 21 mars 1962).

L'industrie automobile Soviétique provenait entièrement de l'Occident, principalement des États-Unis. Moscou utilisait 30 000 véhicules de transport lourd pour déplacer ses missiles et d'autres matériaux militaires, tous fabriqués grâce à l'aide américaine. La Ford Motor Company construisit une gigantesque usine de poids lourds à Gorky (aujourd'hui Nijni-Novgorod) en 1968.

Gleason, New Britain Machine Company et TRW de Cleveland aux États-Unis, livrèrent des matières premières pour la construction des véhicules Fiat à Togliatti. Les Américains construisirent aussi la plus grande usine de camion du monde à Kama dans les années 1970. Les informations à propos de quelles compagnies participèrent au côté de Ford sont classifiées par le Département d'État américain. 1 200 étrangers travaillèrent à l'installation de l'usine, qui avait une capacité de production de 150 000 camions à trois essieux et 250 000 moteurs diesel par an. À cause du manque de compétence des Soviétiques, seuls 41 000 camions furent produits à l'usine de Kama jusqu'en 1978. La compagnie Kama avait une signification militaire importante.

D'autres documents prouvent que la *Arthur Brandt Company* de Detroit, dans le Michigan, construisit l'usine de voiture ZIL. La Chase Manhattan Bank prêta 192 millions de dollars pour ce projet.

Le premier ministre Alexeï Kossyguine confirma à la fin de 1965, que « la mécanisation fut accomplie bien trop lentement ». Dans certains cas, les retards se montaient à quatre ans ou plus. Plus de 100 000 projets de construction restèrent inachevés. Même les États-Unis ne pouvaient pas aider l'Union Soviétique cette fois.

Seuls 676 000 tracteurs parmi les 2 762 200 de l'Union Soviétique entre 1966 et 1974 fonctionnaient correctement. Les autres étaient d'une qualité médiocre. (Charles Levinson, « Vodka-Cola », Essex, 1979, p.127) Seuls 30 pour cent des 10 000 moissonneuses-batteuses furent effectivement livrées en 1964.

Le tank Soviétique T-54 ressemblait étrangement au tank américain Christie. On pourrait supposer que les communistes aient volé le modèle et l'ait copié. C'était en fait beaucoup plus simple. L'U.S. Wheel Track Layer Corporation produisait les tanks pour Moscou.

Pendant la période Gorbatchev (1985-1991), l'Union Soviétique produisit deux fois plus de tanks que les États-Unis ne le firent au cours de la présidence Reagan (1981-1988). 3 300 tanks furent produits en Union Soviétique en 1986, 3 500 en 1987, et encore en 1988. Des milliers d'autres véhicules blindés furent aussi produits par l'Union Soviétique au cours de la même période. Il y avait un nombre total de 53 000 tanks dans l'Empire Soviétique. Ceci équivalait à trois fois le nombre de ceux de l'OTAN.

En 1966, la France accepta de financer la construction d'industries chimiques pour 3.5 milliards de francs. Moscou reçut aussi 1.5 milliards de francs pour construire l'usine de voiture Renault près du fleuve Kama en 1971 et 800 millions d'autres francs, pour la construction de moulin à papier. En 1988 le milliardaire Armand Hammer investit six milliards de dollars dans la construction d'usines chimiques en Union Soviétique. Le capitaliste Juif Robert Maxwell, qui se noya dans des circonstances mystérieuses en 1991, entretenait aussi une intense collaboration avec Moscou.

80 pour cent de toutes les marchandises livrées en Union Soviétique étaient achetées à crédit. (Charles Levinson, « Vodka-Colo », Essex, 1979, p. 26) Beaucoup de Russes intelligents comprenaient difficilement que les Américains ne mettent pas fin au communisme.

Pendant ce temps, le KGB en Union Soviétique et ses états satellites, devaient suivre des instructions secrètes pour que personne ne soit autorisé à mettre au point de nouvelles inventions qui auraient pu causer une augmentation de la production. Ces instructions ne furent révélées qu'à l'été 1990.

Antony Sutton souligne le fait que les Russes n'auraient jamais été capables de poursuivre leur propre programme spatial, Soyouz, sans l'aide des États-Unis. Des milliers d'experts Allemands en fusées capturés furent envoyés en Union Soviétique et le premier Spoutnik russe fut propulsé dans l'espace par des fusées allemandes développées auparavant.

Les propres contributions de l'Union Soviétique aux recherches spatiales n'étaient généralement qu'un grand bluff, comme le prouva très clairement le journaliste dissident Leonid Vladimirov. Le journal suédois *Expressen* révéla le 21 janvier 1985 que la haute technologie était envoyée en Union Soviétique via la France, en dépit de l'embargo américain pesant sur le Kremlin. Cela rendit possible la poursuite de la coopération spatiale. Les présidents américains ont classifié un pacte de cette nature avec la France. La NASA était responsable de la contrebande d'équipements électroniques modernes en Union Soviétique.

Un autre bluff soviétique fut le fameux fusil mitrailleur AK-47, qui était originellement une arme allemande. Mikhail Kalachnikov admit qu'il avait été « aidé » par l'inventeur et armurier allemand Hugo Schmeisser, dans la conception de son fusil d'assaut AK-47.

L'inventeur allemand Schmeisser développa la première arme d'assaut, le Sturmgewehr 44, pendant la Deuxième Guerre mondiale.

Après la guerre, en octobre 1946, Schmeisser fut arrêté et forcé de travailler à Izhevsk au sud des montagnes de l'Oural, où était situé le centre de développement d'armes à feu soviétiques. Il lui fut imposé de continuer à développer de nouvelles armes pour l'Armée Rouge.

Schmeisser fit partie des 16 Allemands pour lequel un département spécial (N°58) fut créé dans l'usine numéro 74, plus tard connue sous le nom d'Izmash. Schmeisser fut recruté comme l'un des cinq concepteurs du groupe, avec Kurt Horn, Werner Gruner (tous deux de Grossfuss), et Oscar Schink (de Gustloff), sous la direction de Karl Barnitske (également de Gustloff). Schmeisser percevait un salaire de 5 000 roubles par mois.

En 1947, Hugo Schmeisser avait terminé le prototype de l'AK-47.

Les États-Unis disposaient de 5 000 ordinateurs à la fin des années 1950, tandis que l'Union Soviétique n'en n'avait que 120. En 1973 les États-Unis en avaient 70 000 et l'Union Soviétique 6 000 – les ordinateurs Soviétiques étaient tous de première ou de deuxième génération. Les ordinateurs américains pouvaient gérer 2 500 opérations par seconde pendant la Deuxième Guerre Mondiale et 15 000 dans les années 1950. IBM et la British Company International Computer and Tabulation Ltd. commencèrent à fournir leurs ordinateurs à l'Union Soviétique.

Les activités des instituts de recherche Soviétiques et des prétendues usines boîtes aux lettres étaient strictement secrètes. De cette façon, l'Union Soviétique cachait à l'opinion publique qu'elle était loin derrière dans le domaine du développement technologique et que certains projets trouvaient leur origine à l'étranger. Ceux qui s'y intéressaient en Occident, pouvaient lire dans divers livres ce qui se passait dans ces institutions.

Les dépenses militaires de l'Union Soviétique se montaient à 35 pour cent de son PIB (comparé à 5.5 pour cent de celui des États-Unis et 2.5 pour cent de la Suède). La Maison Blanche à Washington et Wall Street à New York continuaient à soutenir le système Soviétique malgré leur condamnation officielle de l'invasion de l'Afghanistan par Moscou. Un accord pour développer l'agriculture Soviétique fut tardivement signé en 1985. De jeunes fermiers américains furent envoyés en Union Soviétique pour former des fonctionnaires de kolkhozes russes. Des moyens techniques modernes furent aussi livrés. (*International Herald Tribune*, 19 juin 1985) Dans le même temps, Moscou envoya une aide à tous les autres pays communistes. Le Nicaragua reçut à lui seul 294 millions de dollars pendant trois ans. Moscou envoya 300 millions de dollars chaque mois pour soutenir le régime communiste de Kaboul.

LE DÉMANTÈLEMENT DE L'UNION SOVIÉTIQUE

Une seule conclusion peut être tirée de tout ceci : les États-Unis d'Amérique auraient pu ruiner l'Union Soviétique à n'importe quel moment s'ils l'avaient souhaité. Ils n'auraient eu pour cela qu'à interrompre la livraison de tous les équipements modernes. Washington continua. Les États-Unis auraient pu vaincre et défaire facilement les communistes vietnamiens. Mais ils ne le voulaient pas. Au contraire, de l'équipement militaire moderne était livré aux Viêt-Cong. Et plus de 58 000 jeunes américains furent sacrifiés. Tout ceci servait les desseins de l'élite financière (et les États-Unis eurent l'opportunité d'expérimenter diverses armes bactériologiques et chimiques). L'élite financière souhaitait que la guerre du Vietnam se poursuive à tout prix. Selon le Dr. Alfred W. McCoy, elle fournissait une couverture parfaite pour le marché de la drogue.

Plusieurs chercheurs américains, y compris Richard Pipes d'Harvard, ont fait remarquer que les Américains n'avaient qu'à cesser d'envoyer leur aide pour parvenir à renverser les communistes à Moscou. Antony Sutton souligna dans une conférence aux dirigeants du Parti Républicain que cette arme efficace n'avait jamais été utilisée. Si le soutien avait été interrompu, ils auraient pu épargner à des millions de gens les plus terribles souffrances et servir ainsi la cause de la démocratie.

L'aide à l'Union Soviétique et à ses satellites fut dissimulée de bien des manières possibles, principalement par des emprunts à des taux d'intérêts incroyablement faibles. Le fait que Moscou ne pouvait même pas se permettre de payer les intérêts de ses emprunts était bien connu. Le remboursement n'était pas attendu. Rien qu'en 1984, le bloc Soviétique reçut des emprunts pour un montant total de 50 milliards de dollars en même temps que de la technologie livrée gratuitement.

Le sénateur William Lester Armstrong déclara lors d'un discours prononcé le 13 avril 1982 : « *Ces dix dernières années, les États-Unis et les autres nations occidentales ont vendu à l'Union Soviétique et ses états satellites pour plus de 50 milliards de dollars d'équipements techniques sophistiqués que les communistes ne sont pas capables de produire eux-mêmes... Cette technologie a été utilisée pour produire des missiles nucléaires, des tanks, des véhicules blindés, des systèmes de commandes et de contrôle militaire, des satellites espions et des radars anti-aériens...* »

En 1984 l'Union Soviétique devait aux banques occidentales 136.7 milliards de dollars, y compris 28.7 milliards à diverses banques privées. (*Svenska Dagbladet*, 4 mai 1985) Malgré cela, des « emprunts » se montant à 200 millions de dollars furent accordés par la First National Bank de Chicago pendant que Morgan Guaranty, le Bankers Trust et l'Irving Trust accordaient à l'Union Soviétique 200 autres millions de dollars à un taux d'intérêt dérisoire. Ces emprunts étaient consentis sans contrepartie et l'emprunteur était supposé commencer à les rembourser six ans plus tard.

L'emprunteur était autorisé à utiliser l'argent pour n'importe quoi – comme si l'Union Soviétique était le meilleur client des banques. Les archives récemment ouvertes ont révélé que Moscou effectua divers transferts de fonds illégaux à destination des Partis Communistes du monde entier.

En outre, certaines marchandises étaient vendues à l'Union Soviétique à un prix bien inférieur que celui du marché. Les contribuables occidentaux devaient payer la différence. De cette manière l'EEC « vendit » 100 000 tonnes de beurre à l'Union Soviétique pour approximativement 45 pfennigs par kilogramme pendant que le consommateur allemand devait payer 10 deutsche mark par kilogramme (100 pfennigs = 1DM). 100 000 autres tonnes de beurre furent plus tard « vendues » à l'Union Soviétique au prix élevé de 70 pfennigs par kilogramme.

Dans les années 1984-1986, l'Union Soviétique perdit approximativement 8 milliards de dollars en profits pétroliers annuels (bien que le volume d'exportation soit à peu près équivalent) à cause de la chute des prix. Ceci doit être comparé aux exportations totales de la nation, qui s'élevaient à 20-25 milliards de dollars. En 1989 l'Union Soviétique parvint seulement à réunir 18 milliards de dollars de revenus tirés du commerce extérieur (constitué principalement de pétrole, d'or et d'armes). Un tiers du capital à l'exportation était consacré aux céréales. D'autres marchandises devaient aussi être importées. Les importations payantes de l'Union Soviétique en devise occidentales augmentèrent de 23 pour cent en 1989, pendant que ses revenus dans les mêmes devises n'augmentèrent que de 7-8 pour cent.

Les états satellites et les pays du tiers monde, en retour, devaient à l'Union Soviétique 85 milliards de dollars, qu'ils n'étaient pas en mesure de rembourser. Le déficit budgétaire en 1989 était de 100 milliards de roubles, se montant à 25 pour cent du budget.

Au printemps 1990 l'Union Soviétique fit face à une crise monétaire aigüe. Le taux de croissance annuel avait baissé de deux pour cent, l'inflation galopante était au moins de 23 pour cent et il y avait une pénurie des biens de consommation courante. Des grèves ne firent qu'aggraver la situation. Selon le journal des affaires Moscovites *Kommersant* (26 novembre 1990), Moscou reçut de nouveaux crédits s'élevant à 14 milliards de dollars des banques privées allemandes, françaises, italiennes, japonaises et d'autres pays à la fin de 1990.

À l'automne 1991, Moscou demanda 12 milliards de dollars d'aide alimentaire. En dépit de prix très bas, l'Union Soviétique commença de devoir de larges sommes d'argent à beaucoup de pays pour des produits de premières nécessités. Moscou devait aux banques allemandes 37.6 milliards de DM à la fin de 1991. Diverses compagnies japonaises étaient engagées à hauteur de 200 millions de dollars sur Moscou en 1996. L'Union Soviétique avait des arriérés de dettes à l'égard de différentes compagnies occidentales, qui s'élevaient à presque 10 milliards de dollars au printemps 1990.

Les citoyens Soviétiques étaient fatigués de nourrir leurs parasites. C'est pourquoi ils faisaient juste semblant de travailler. Les États-Unis essayèrent de garder l'Union Soviétique à flot en faisant usage de toutes sortes de recours. Washington envoya une aide de 15 milliards de dollars à l'Union Soviétique en 1991 (Moscou n'était pas obligé de rembourser cela). Wall Street calcula que Moscou aurait besoin de 30 milliard de crédits par an pour couvrir ses besoins les plus vitaux, mais elle ne recevait que la moitié de cela.

Plusieurs compagnies occidentales aidèrent à financer la propagande Soviétique à la télévision centrale de Moscou en faisant la promotion de marchandises qu'il était virtuellement impossible d'obtenir en Union Soviétique. Les gens intelligents de l'Empire Soviétique réalisaient que les capitalistes n'avaient nullement l'intention de leur permettre de vivre une vie normale, car ils envoyaient constamment davantage d'aide à l'Union Soviétique en prolongeant de ce fait la souffrance de ses citoyens.

Pourquoi l'Union Soviétique finit-elle par sombrer ? Il devenait de plus en plus difficile pour les États-Unis de soutenir l'Empire Soviétique. L'Amérique n'avait pas assez d'argent pour couvrir ses propres dépenses. Le gouvernement américain devait 4000 milliards aux banques privées en 1992. Pendant ce temps, le déficit budgétaire de 1992 avait augmenté de 285 milliards de dollars (*Svenska Dagbladet*, 30 octobre 1992).

Le journal *Voice of America* déclara en août 1987 que les banques américaines prêtaient à l'Union Soviétique et aux autres états communistes au moins 33 millions de dollars par jour (1 milliard par mois). Le Secrétaire d'État Alexandre Haig se plaignait : « Si nous récupérons 25 cents pour chaque dollars, nous aurons de la chance. » Les banques privées allemandes, britanniques et françaises injectèrent plus de 11 milliards de dollars en Union Soviétique au cours des dix premiers mois de 1988. *Voice of America* déclarait déjà en août 1988 que même l'ensemble de la collecte de l'impôt sur le revenu des occidentaux ne pouvait pas sauver l'économie Soviétique complètement inefficace. (Le déficit budgétaire n'atteignait officiellement que 100 milliards de roubles).

La CIA avait quant à elle systématiquement surestimé la capacité de survie de l'économie Soviétique. Il fut établi que la CIA avait commis de sérieuses erreurs d'analyse sur le développement de l'Union Soviétique.

Il n'y avait qu'une manière d'en sortir – la Russie devait devenir une économie de marché. Chaque possibilité future de crédit devenait maintenant complètement dépendante de cette condition. Cela fut souligné à Budapest par l'important Juif franc-maçon Jacques Attali, alors directeur de la Banque Européenne de Reconstruction : « S'il y a le moindre problème avec la démocratie, ou si le gouvernement est incapable de continuer sa politique actuelle, nous interromprons notre aide immédiatement. » (*Dagens Nyheter*, 14 avril 1992) Attali, un membre du B'nai B'rith était considéré comme l'éminence grise derrière le franc-maçon François Mitterrand, alors président de la France.

Les banques occidentales mirent au point un complot pour saper l'économie Soviétique au début de 1991 pour accélérer la chute de l'Union Soviétique. Elles inondèrent le pays de roubles dévalués causant une hyperinflation grâce à laquelle elles pensaient pouvoir se débarrasser de Gorbatchev.

Le Premier Ministre Valentin Pavlov révéla cela le 13 février 1991 dans le journal *Trud*. Cette injection massive de liquidités en Union Soviétique avait été bien préparée. Les banques d'Autriche, de Suisse, du Canada et de la Russie se joignirent à l'opération. Le président Mikhaïl Gorbatchev dérangeait le développement d'une économie de marché et ce faisant se tenait au travers du chemin de l'élite financière. L'Union Soviétique essaya de se protéger en retirant tous les billets de 50 et 100 roubles de la circulation. Ceci fut annoncé à la nation par le programme d'information *Vremya* à la télévision de Moscou à 9 heures du soir le 22 janvier 1991.

Les gens ordinaires étaient autorisés à échanger leurs anciennes devises pour des nouvelles, mais seulement pour une somme égale à leur salaire mensuel, n'excédant pas 1 000 roubles. L'état collecta 40 milliards de roubles de ces billets, sur un total de 48 milliards.

Ceci est un exemple de la manière dont certains pouvoirs peuvent, à certains moments, se protéger lorsqu'un empire s'effondre. Le public ne sut jamais rien d'une autre manœuvre secrète, encore plus décisive, accomplie par les cercles financiers pour démanteler l'Union Soviétique. En 1991, entre 14 et 19 milliards de dollars de devises étrangères quittèrent l'Union Soviétique. À cause de cette fuite des capitaux, la production chuta dramatiquement. (Noam Chomsky, « You Cannot Murder History », Göteborg, 1995, p. 511) Cette initiative ruina instantanément l'Union Soviétique, car 79 pour cent des actifs travaillaient, d'une manière ou d'une autre, dans l'industrie militaire, qui nécessitait constamment un apport de devises étrangères.

Même le vin des Tsars fut vendu à diverses ventes aux enchères dans les années 1980. 13 000 bouteilles de vin Massandra, ainsi que 62 autres bouteilles qui avaient appartenues au bureau du cabinet, furent vendues à Sotheby's à Londres en mars 1990. Ces bouteilles de vin valaient près d'un million de dollars. Elles se négociaient au prix de 280 dollars la bouteille en 1987. Les réserves d'or et de diamants avaient aussi été significativement réduites pour régler les factures impayées, à partir de 1980. Dorénavant, l'Union Soviétique vendrait des armes.

Le président George Bush informa Mikhaïl Gorbatchev le 27 mai 1991 que 150 millions de dollars avaient été transférés sur son compte en banque en Suisse. Gorbatchev appelait le président Bush « mon ami George ». Tout ceci est évident et ressort d'un entretien avec le général du KGB N. Leontiev. Cet entretien fut publié dans la *Komsomolskaya Pravda* du 26 décembre 1995. Gorbatchev avait interdit que ses conversations téléphoniques avec Bush soient mises sur écoute. Mais le KGB enregistra quand même toutes les conversations.

Les dirigeants Soviétiques firent un pacte secret avec les États-Unis après la chute de l'Empire Soviétique, selon lequel les œuvres d'arts les plus importantes devaient être transportées aux États-Unis. La Russie reçut des tracteurs et des céréales en échange. Les lignes suivantes peuvent être lues dans le pacte : « Ce contrat est secret. Les experts en art ne le connaissent pas. S'ils venaient à le savoir, ils pourraient devenir hystériques. C'est pourquoi il est important de le garder secret. » TASS parvint à se procurer une copie du contrat à New York. Cet accord passé de l'art contre du blé fut acté le 29 octobre 1991, après la chute de l'Union Soviétique ! Ce fut un des derniers crimes de Gorbatchev contre le peuple russe avant sa démission en décembre. Ses autres crimes sont détaillés dans mon livre « Bakom Gorbatjovs kulisser » / « Dans les coulisses de Gorbatchev » (Stockholm, 1987).

Peu après cela, le président Bush envoya une aide alimentaire sous la forme d'un crédit de 1.5 milliards de dollars aux Républiques Soviétiques (sauf aux états Baltes qui étaient devenus indépendants) ; cette dernière devait cette fois être remboursée. En même temps, il demanda à ce que Gorbatchev utilise la violence si nécessaire. Le 8 juillet 1992 à Munich, George Bush déclara : « Il n'y a pas assez d'argent dans le monde entier pour sauver la Russie. Maintenant les Russes doivent commencer à travailler aussi. » (Swedish TV-Aktuellt, 8 juillet 1992) Étant membre de la Commission Trilatérale, Bush savait bien sûr de quoi il parlait.

LE RETRAIT DU COMMUNISME EN EUROPE DE L'EST

Le KGB contribua grandement à la démolition des dictatures communistes des états satellites de Moscou. Le KGB aida simplement à renverser les régimes totalitaires d'Allemagne de l'Est (Erich Honecker déclara plus tard qu'il y avait eu un complot pour le renverser), de

Tchécoslovaquie, de Pologne et de Roumanie. La télévision suédoise montra même des documentaires où divers représentants de l'ancien régime Soviétique confirmaient qu'une conspiration de ce type était contrôlée par Moscou. C'est pourquoi il fut si facile de faire tomber le mur de Berlin. Ce fut le Juif Kurt Goldstein qui conçut l'idée de construire ce mur. Le chef du Parti en ce temps-là, le Juif Walter Ulbricht, approuva immédiatement l'idée. Ce fut révélé par *Der Spiegel* (No.16, 1991). Ce plan diabolique fut réalisé le 15 et 16 août 1961. Les membres des familles de ceux qui furent fusillés pour essayer de franchir le mur devaient aussi régler la facture des balles.

Le président franc-maçon de la Tchécoslovaquie, Vaclav Havel, confirma aussi que le KGB avait préparé un coup d'état pour renverser le dirigeant communiste Milos Jakes.

Tout ne se passa pas comme prévu, mais les préparatifs du KGB menèrent directement à la prétendue révolution violette, qui balaya les communistes au pouvoir et mit Vaclav Havel au premier plan. Le candidat présidentiel du KGB, Zdenek Mlynar, qui vivait à Vienne et était l'ami d'enfance de Gorbatchev, refusa de participer au coup d'état. (*Dagens Nyheter*, l'article « KGB planerade kupp mot Jakes » / « Le KGB organise un coup d'état contre Jakes », 31 mai 1990)

Il fut déclaré dans le documentaire de la BBC « Czech-mate inside the revolution » que le KGB recrutait des provocateurs parmi les étudiants pour renverser Jakes le 17 novembre 1989. Le chef de la police secrète, Alois Lorenz, avait reçu des instructions précises de la part de Viktor Grushko, le chef-adjoint du KGB, qui venait d'arriver de Moscou. Des rumeurs devaient être répandues à propos d'un étudiant qui était supposé avoir été tué au cours d'un affrontement avec la police. L'agent Ludek Zivcak reçut l'ordre de faire semblant d'être tué. Une ambulance fut immédiatement envoyée pour emporter le « corps ». Cette opération ne fut que partiellement réussie. Jakes fut renversé mais les agents du KGB ne parvenaient pas à faire taire les demandes des étudiants après coup.

Le KGB aida également à liquider le communisme en Pologne. Plusieurs observateurs politiques révélèrent cela. Après cela, il était temps de renverser la ligne dure du régime communiste de Roumanie. En juillet 1994, le nouveau service de sécurité roumain, RIS, rendit un rapport public à propos des circonstances cachées entourant le renversement du dictateur Nicolae Ceausescu. RIS faisait référence aux accords secrets passés entre Bush et Gorbatchev. Environ 1 000 voitures Soviétiques commencèrent soudain à arriver chaque jour, à partir du 9 décembre 1989 (seules 80 voitures passaient la frontières chaque jour). Dans chaque voiture, il y avait deux ou trois « touristes », généralement des hommes bien bâtis âgés entre 25 et 40 ans.

Le *Voice of America* avait auparavant révélé comment des messages codés à destination des conspirateurs avaient été imprimés dans la presse roumaine. Le RIS affirmait que les agitateurs commencèrent soudain à se manifester avant le 21 décembre 1989. Ils distribuaient de la drogue, ce qui rendait les gens suffisamment courageux pour défier les tanks. Les « touristes » Soviétiques (en fait des officiers du KGB) prirent aussi part aux affrontements qui eurent lieu près de la ville de Craiova (*Hommikuleht*, 19 juillet 1994, p.7).

La Roumanie fut la seule nation du bloc de l'Est à connaître une révolution anticommuniste sanglante. Elle coûta des milliers de vies. Le dictateur Nicolae Ceausescu avait déjà perçu la conspiration qui se tramait derrière les évènements et avait tenté de dénoncer l'implication étrangère à la télévision. Il fut finalement arrêté puis les vainqueurs décidèrent de rapidement l'exécuter avec sa femme le 25 décembre 1989.

Le gouvernement fut repris en main par l'agent du KGB Ion Iliescu, qui commença immédiatement à « démocratiser » la Roumanie.

Le renversement des régimes européens de l'Est qui refusaient de renoncer fut également important aux yeux de Moscou qui avait besoin de persuader les tenants de son arrière-garde communiste de prendre une nouvelle direction. Les États-Unis d'Amérique étaient derrière tout, comme le déclara un représentant Soviétique à l'agence de presse Reuters en novembre 1989 (*Dagens Nyheter*, 30 novembre 1989).

Ce fut également les États-Unis qui incitèrent l'Union Soviétique à écraser les rébellions d'Europe de l'Est en 1956 et 1968, car les intérêts des hauts cercles financiers l'exigeaient. L'écrivain suédois rouge Jan Myrdal révéla dans le journal *Folket i Bild* (No.20, 1979, p.31) que « le Département d'État américain, à travers les diplomates suédois, demanda, avant l'invasion de 1956, à l'Union Soviétique de rétablir l'ordre en Hongrie. »

Le 2 novembre 1956, le Département d'État envoya un télégramme au dictateur communiste Josip Broz Tito à Belgrade, dans lequel il était déclaré explicitement « le gouvernement américain ne considère pas d'un œil favorable les gouvernements inamicaux bordant l'Union Soviétique (« Congressionnal Records », 31 août 1960, p.17 407).

Plusieurs historiens hongrois, notamment le membre de l'Académie des Sciences Laszlo Borhi, admettent que le gouvernement U.S. voulait mettre à bas la révolte anticommuniste hongroise. La propagande américaine prétendit que les Hongrois commençaient à assassiner des communistes Juifs et qu'il était donc temps d'intervenir. Il s'agissait cependant d'une fausse déclaration. Même les bourreaux Juifs des forces de sécurité communistes ne furent pas tués. En fait, pas même le chef Juif haï de la sécurité, Gabor Peter (en fait Benjamin Ausspitz), n'eut à subir ce sort.

Pendant ce temps, *Voice of America* poussait les Hongrois à la révolte. Ils étaient convaincus que les États-Unis leur viendraient en aide. Tout cela n'était qu'un jeu pour amuser la galerie, tel le discours d'Allen Dulles au sujet de la libération de la Hongrie du communisme. Ce dernier était directeur de la CIA. Les États-Unis regardèrent passivement Moscou réprimer violemment la révolte. Même à cette époque, les amis des États-Unis furent trahis.

Le dirigeant espagnol Francisco Franco décida d'envoyer des armes aux Hongrois. Il contacta le Chancelier Allemand Konrad Adenauer et obtint la permission de ravitailler ses avions en Allemagne sur le chemin de Budapest.

Mais, comme le précisa le journaliste radio populaire Fulton Lewis Jr., le 27 mars 1957 sur sa station WKIC : « Il fallut tout le prestige du président Eisenhower pour mettre suffisamment de pression sur Franco et Adenauer » afin qu'ils annulent l'arrangement. Les armes d'Espagne tant espérées n'atteignirent jamais la Hongrie (John F. McManus, « Betrayal Made in the USA », *The New American*, 13 novembre 2006).

Pas moins de 100 000 volontaires Espagnols étaient prêts à se rendre en Hongrie pour aider à combattre les communistes. Eisenhower mit un terme à tout cela (*Magyar Jelen*, 27 novembre 2008).

L'auteur Frank J. Johnson concluait dans son ouvrage de 1962 « Pas de Substitut pour la Victoire » : « La Hongrie mourut parce que la seule nation qui aurait pu la sauver, les États-Unis, choisirent de la laisser mourir – en prétendant que nous pouvions manquer à nos propres responsabilités en participant à une organisation incapable de faire face à la situation. »

Moscou utilisa 1 500 tanks et 150 000 troupes d'infanteries. 1 945 personnes furent tuées à Budapest et 557 autres furent fusillées en province. 20 000 personnes furent blessées. 40 000 furent arrêtées. 200 000 personnes s'enfuirent de Hongrie.

Yuri Andropov était l'ambassadeur Russe en Hongrie. Il joua un rôle important dans la répression de la révolte hongroise de 1956. Après quoi, il fut récompensé par une nomination au poste de chef du Comité Central du département des pays socialistes. En 1962, il devint secrétaire du Comité Central, une autre étape importante vers le pouvoir en Union Soviétique.

Par contraste, les États-Unis et Moscou condamnèrent tout deux l'agression britannique et française au cours de la crise de Suez à l'automne de la même année.

Washington donna aussi au Kremlin le feu vert avant qu'il ne pénètre en Tchécoslovaquie. Zdenek Mlynar, qui était un membre du Politburo du Parti Communiste tchécoslovaque en 1968, révéla après sa fuite à l'Ouest que Leonid Brejnev avait déclaré aux dirigeants à Prague à la fin d'août 1968, que le président américain Lyndon Johnson avait assuré à l'Union Soviétique que les États-Unis d'Amérique n'interféreraient pas avec l'agression Soviétique en Tchécoslovaquie. (Zdenek Mlynar, « Nachtfrost » / « Nuit gelée », Cologne/Francfort-sur-le-Main, 1978, p.301). Lyndon Johnson était un franc-maçon du 32ème degré.

Les États-Unis refusèrent de donner leur accord lorsque l'Union Soviétique voulut attaquer la Chine en 1969. (Mikhaïl Heller et Alexandre Nekrich, « L'utopie au pouvoir », Londres, 1986, p.713) Moscou dût donc annuler son plan d'attaque.

Mais il leur fut facile d'occuper Kaboul en 1979. Selon la version officielle, l'aide financière et militaire de la CIA aux Moudjahidines débuta en 1980, c'est-à-dire après que l'Armée Soviétique ait envahi l'Afghanistan, le 24 décembre 1979. Mais cette version ne correspond en rien à la réalité.

À l'été 1979, le président Jimmy Carter fut persuadé par son conseiller à la sécurité nationale, le franc-maçon de haut-rang Zbigniew Brzezinski, de soutenir les Moudjahidines Afghans, le mouvement de guérilla qui combattait les marxistes Afghans et le gouvernement soutenu par les Soviétiques. C'est au sein de ce mouvement qu'Oussama Ben Laden a réalisé ses premiers faits d'armes.

Le 3 juillet 1979, le président Jimmy Carter signa la première directive d'une aide secrète aux opposants du gouvernement prosoviétique de Kaboul. Lorsque l'Union Soviétique envahit le pays en décembre, l'aide augmenta considérablement et en l'espace de quelques années, des dizaines de millions de dollars furent alloués aux guérillas antisoviétiques. Cette stratégie fut révélée par l'ancien directeur de la CIA, Robert Gates, dans son livre « From the Shadows » (New York, 1996, pp. 144-148). Entre 2006 et 2011, Gates était Secrétaire à la Défense des États-Unis.

En 1998, Brezinski affirma lui-même que les informations fournies par Robert Gates étaient correctes, lors d'un entretien accordé à l'hebdomadaire *Le Nouvel Observateur* (15-21 janvier 1998, p. 76). Il admit que la version officielle, selon laquelle les moudjahidines Afghans avaient reçu une aide financière américaine après l'invasion soviétique, était fausse. Brezinski confirma que Carter avait signé la directive secrète de l'aide aux moudjahidines le 3 juillet 1979. Il révèle également qu'il rédigea une note à l'attention du président le jour-même, lui expliquant que ce soutien entraînerait une intervention militaire soviétique contre l'Afghanistan. (*Le Nouvel Observateur*, interview de Zbigniew Brezinski. 15-21 janvier 1998). Carter voulait provoquer une guerre en Afghanistan.

Les États-Unis aidèrent aussi à mettre à bas le mouvement populaire anticommuniste Solidarnosc en Pologne. Le journaliste suédois Ulf Nilson déclara à l'*Expressen* le 24 juillet 1989 : « *L'homme que le président américain tient en haute estime – et a le plus aidé – fut l'ex-dictateur Jaruzelski. Sans l'aide de Bush, l'homme qui fit interdire Solidarnosc n'aurait pas été élu président, mais les États-Unis étaient paradoxalement du côté des communistes.* »

La CIA fit en sorte que la manœuvre de 1 500 exilés Cubains dans la Baie des Cochons du début d'avril 1961, pour renverser le franc-maçon Fidel Castro, soit déjouée. Arthur Gardner, l'ambassadeur à Cuba entre 1953 et 1957, déclara le 27 août 1960 devant une commission sénatoriale, que Castro avait obtenu ses armes directement des États-Unis. L'ambassadeur Earl Smith (1957-1959), confirma que les États-Unis (c'est-à-dire le franc-maçon Eisenhower), aidèrent Castro à prendre le pouvoir. L'agent de la CIA Robert Wiecha admit que la CIA avait financé Castro (Tad Szulc, « Fidel : A Critical Portrait », New York, 1986, pp. 427). L'échec de la Baie des Cochons fut une excellente opportunité pour accorder au régime communiste inefficace de Castro, une assistance de 53 millions de dollars. Officiellement pour l'achat de médicaments et de nourriture pour bébé, en échange des 1 400 soldats qui ne furent pas tués au cours de l'opération.

L'historien Jean Boyer a révélé que l'argent de Castro et ses armes ne provenaient pas de Moscou mais des États-Unis. Ne soyons dès lors pas surpris du fait que 5 000 soldats cubains furent déployés pour protéger les compagnies pétrolières américaines et françaises dans les zones de Cabinda et de l'Angola lorsque les forces de guérila UNITA attaquèrent les raffineries étrangères (*The Economist*, 1988).

Comme si cela ne suffisait pas, la CIA aida même le KGB à persécuter et à révéler ceux qui étaient critiques à l'égard du régime. Le poète de la propagande Soviétique, le franc-maçon Evgueni Yevtushenko (en fait Gangsnus), le déclara dans le journal *Ogonyok* du 6 décembre 1988. Le Sénateur Robert Kennedy admit au cours d'une conversation avec lui en 1966, que ce fut la CIA qui dénonça les opposants au régime Yuli Daniel et Andrei Sinyavsky, qui furent aussitôt poursuivis en justice.

LES ÉTATS-UNIS AIDÈRENT AUSSI LES COMMUNISTES CHINOIS À S'EMPARER DU POUVOIR

L'établissement du communisme en Chine fut aussi soutenu par les américains à travers Moscou et parfois même directement. Dès 1920, de hauts fonctionnaires Juifs visitaient la Chine dans le but d'y implanter le communisme dans certains endroits. Parmi ces « conseillers », il y avait Adolf Yoffe, Michael Borodine (nom véritable : Moshe Grusenberg, fondateur du parti communiste au Mexique en 1919), Béla Kun, Enrique Fischer (en fait Heinz Neumann) et Vassili Blücher (Galen-Chesin), tous furent responsables des horribles atrocités commises sur le peuple chinois.

Un autre Juif Soviétique, Anatoli Gekker, qui avait incarné le pouvoir caché derrière les dirigeants communistes Damdin Sukhkhe-Bator (1893-1923) et Khorlogin Tchoibalsan (1895-1952) en Mongolie en 1922, devint commissaire politique pour les régions communistes chinoises en 1924. Le Communisme fut introduit en Mongolie en 1921. Deux Juifs de Russie, V. Levichev et Yan Gamarnik, dirigèrent l'Armée Rouge Chinoise. Un Juif anglais au nom de Billmeier s'assura que les Rouges Chinois soient équipés d'armes soviétiques.

Borodine était pendant les années 1923-1927, le conseiller communiste de Sun Yat-Sen (du Parti du Kuomintang), à Guangzhou. Lorsque Tchang Kaï-chek en prit la direction après la mort de Sun, il rompit avec les communistes et expulsa Borodine. Ce dernier avait auparavant vécu aux États-Unis de 1907 à 1918, où il y était devenu franc-maçon. Diverses loges l'assistèrent à Chicago pour ouvrir des écoles spéciales pour les « révolutionnaires » de Russie.

En 1918, Borodine se rendit à Stockholm, sur ordre de Lénine, afin d'y détruire les données bancaires concernant les versements faits aux bolchéviques. Il fut arrêté en janvier 1919 par la police suédoise et déporté avec Vatslav Vorovsky, Aaron Sheinman (qui devint le directeur de la Banque Nationale en 1923), Maxim Litvinov, l'agent-double britannique Arthur Mitchell Ransome et d'autres. Ransome s'installa plus tard dans la capitale d'Estonie, Tallinn (Roland Chambers, « Le dernier Anglais : La double vie d'Arthur Ransome », 2009).

Le marxiste chinois Sun Yatsen (Sun Yaxian) était un franc-maçon éminent. Même Tchang Kaï-chek (Jiang Jieshi) coopéra avec les communistes au début. Il était un Franc-maçon du $33^{\text{ème}}$ degré (du rite écossais) qui se désolidarisa plus tard des communistes et devint le meneur des bourgeois chinois.

L'agent du Kominterm Grigori Voitinsky (1893-1953, en fait Zarchin), travailla continuellement à Shanghai, en Chine, à partir de 1920. Il y organisa de larges rassemblements communistes en 1926. Le Parti Communiste Chinois fut principalement fondé sous son influence.

En mars 1923, Moscou envoya trois millions de roubles aux communistes en Chine à travers Borodine. Des armes étaient convoyées sur le navire Vorovsky en octobre 1924 (John King Fairbank, « The Cambridge History of China : Republican China 1912-1949 », Cambridge, 1986).

Le 11 décembre 1927, la Commune de Canton (Guangzhou) fut proclamée dans la province de Guangdong. Mais les municipalités communistes furent rapidement renversées. L'agent du Kominterm avait organisé des « actions » et devint célèbre sous le surnom de boucher de Canton.

Le 7 novembre 1931, la République Soviétique Communiste de Chine fut déclarée à Ruijin dans la province de Jiangxi. Mao Tse Toung (1893-1976) devint président du Comité Exécutif Central. Mais en 1933, Tchang Kaï-chek, le Kuomintang et son gouvernement, parvinrent à neutraliser partiellement ce centre communiste à la frontière des provinces de Hiangxi et Fujian. Au printemps 1934, les bolchéviques de Jiangxi se vengèrent sur des centaines de milliers d'opposants au communisme.

Du 16 au 19 octobre 1934, Mao Tse Toung s'enfuit avec son Armée Rouge, qui recrutait tous les malfrats qui se présentaient. L'évènement est connu comme la Longue Marche. Mais un an plus tard, une nouvelle grande base à la frontière entre les provinces de Shenxi et Gansu, fut établie.

Les États-Unis demandèrent aux Japonais de cesser de combattre les communistes chinois entre 1937 et 1945. Le gouvernement américain trahit le front anticommuniste de Tchang Kaï-chek à l'automne 1948. Le général George C. Marshall (1880-1959), alors secrétaire d'état, demanda à ce que Tchang Kaï-chek autorise la présence des communistes au sein de son gouvernement. Le franc-maçon Marshall avait été l'envoyé spécial du président Truman en Chine de 1945 à 1947. Il affirmait que les communistes étaient des personnes bienveillantes, mais Tchang Kaï-chek refusa de se plier à ces exigences. Ce refus était tout ce dont les Américains avaient besoin et Tchang Kaï-chek fut abandonné sans aucune aide. À la place, le soutien à Mao Tsé-toung fut renforcé. L'aide aux chinois communistes transitait par Moscou.

Le 31 janvier 1949, les communistes pénétrèrent dans Pékin à bord de tanks américains et le 31 octobre, la République Populaire de Chine fut officiellement proclamée. La guerre civile prit fin après avoir fait 20 millions de victimes. L'année suivante les États-Unis déclarèrent que Mao Tsé-toung avait pris ses distances avec la dictature et cherchait à introduire la démocratie. Il s'agissait bien sûr d'un mensonge, mais ils avaient besoin de montrer le bon côté des communistes chinois.

Selon Gary Allen, cette prise de pouvoir des communistes en Chine avait été planifiée dès la conférence de Postdam à l'été 1945. Naturellement, les USA voulaient dissimuler leur rôle dans ce processus. Cela fut confirmé par le représentant du département d'état, Owen Lattimore : « Le problème était de faire tomber la Chine sans que les États-Unis aient l'air de l'avoir poussée. » (Allen, « None Dare Call It Conspiracy »).

La Chine est maintenant une zone de désastre environnemental. Les plus terribles zones de pollution industrielle en Russie et en Europe de l'Est ressemblent à des réserves naturelles en comparaison. Il y a des villes comme Benxi (peut-être la ville la plus polluée au monde) où des chinois âgés de 25 ans meurent du cancer. En 2010, 16 villes sur les 20 les plus insalubres au monde, étaient situées en Chine.

Mao Tsé-toung avait à ses côtés plusieurs conseillers Juifs. L'un d'eux était le Juif britannique Sidney Rittenberg qui travailla pour Mao de 1946 à 1976 ; il était également un agent soviétique. Les autres étaient Sidney Shapiro ; Israel Epstein, dont la famille provenait de Pologne ; Chen Bidi et Virginius Frank Coe. Ils se faisaient appeler les « conseillers volontaires », mais se présentaient officiellement comme journalistes.

Sidney Rittenberg avec Mao Tsé Toung.

Solomon Adler (1909-1994), un des consultants Juifs en Chine, avait travaillé au sein du Département du Trésor des États-Unis, aux côtés du Secrétaire d'État Henry Morgenthau. L'ancien espion soviétique résidant à Washington, Anatoli Gorsky, qualifiait Adler d'espion soviétique répondant au nom de Sax.

Tous ensemble, avec deux autres agents soviétiques, Virginis Frank Coe et Harry Dexter White, tous deux Juifs, Adler fit tout son possible pour s'assurer que les États-Unis n'accordent pas un prêt de 200 millions de dollars au gouvernement nationaliste de la Chine, pour lutter contre l'inflation dans les années 1943-45. Cette dernière atteignait les 1000 pour cent par an. Cette obstruction affaiblit les nationalistes et renforça l'opposition communiste.

La famille d'Adler avait quitté la Biélorussie en 1900, pour s'installer à Leeds en Angleterre. Il étudia l'économie à Oxford et s'installa aux États-Unis en 1936 afin d'y faire des « recherches ». Il fut recruté par le Département du Trésor et fut envoyé en Chine pour enquêter sur la situation. Lorsqu'Adler fut démasqué comme espion soviétique, il regagna l'Angleterre puis la Chine en 1960, d'où il traduisit les œuvres de Mao en anglais. Il fut dès lors consultant pour le compte du gouvernement communiste de Pékin, où il mourut le 4 août 1994.

La messagère du NKVD Elizabeth Bentley, qualifiait Adler et Coe de membres de l'organisation d'espionnage soviétique *Silver Master Group*. Ceci fut confirmé par les documents soviétiques qui furent déclassifiés après la chute du régime en Russie.

Grâce à ses conseillers, Mao assassina 46 000 personnes trop bien éduquées dans sa campagne contre les intellectuels de 1957. Le nombre de telles victimes devait augmenter plus tard. Selon l'historien hollandais Frank Dikötter, qui a eu accès aux archives chinoises, 45 millions de gens moururent de faim au cours d'une période de trois ans, grâce au « grand bond en avant » (« La grande famine de Mao : L'histoire de la catastrophe la plus dévastatrice de la Chine 1958-1962 », Londres, New York, 2010). Dikötter était professeur à l'Université de Hong Kong. Mao reçut le conseil de chasser et de tuer les moineaux. Le résultat fut un désastre. Le chef d'état Chinois Liu Shaoqi, admit que 70 pour cent des causes de la famine résultait d'erreurs politiques. Deux millions d'autres victimes furent massacrées. Les « réformes » agricoles avaient auparavant tué 1,5 millions de propriétaires terriens.

Au cours de la révolution culturelle de 1966-1976, les Gardes Rouges persécutèrent 100 millions de gens, dont la moitié sont apparemment disparus. Nous savons qu'au moins 400 000 d'entre eux furent tués. Personnes ne connaît les chiffres véritables – peut-être sont-ils d'ailleurs du double. 90 000 personnes furent massacrées rien qu'à Guangxi, d'après des statistiques incomplètes. (*Dagens Nyheter*, 17 août 1992)

En Chine communiste, avoir des chats ou des oiseaux comme animaux de compagnie, ainsi que faire pousser des fleurs, étaient interdit ; car tout cela gaspillaient de « l'énergie révolutionnaire ». Les jeunes hommes qui portaient les cheveux longs étaient rasés de force. Les gardes arrêtaient les citoyens dans la rue pour vérifier s'ils étaient capables de citer Mao. Les activités contre-révolutionnaires, y compris celles d'avoir des animaux, étaient sévèrement punies.

Dans le même temps, une épidémie de cannibalisme se déclara à travers toute la province de Wu Xuan. Ces formes les plus extrêmes étaient des « banquets cannibales » : viande, foie, cœur, reins, cuisses, tibias… bouillis, sautés, rôtis. Au plus haut point de cette épidémie, de la viande humaine était même préparée dans les salles à manger du comité révolutionnaire de la ville de Wu Xuan.

Zheng Yi, un Garde Rouge de Pékin, raconta dans un entretien pour un documentaire de la BBC à propos de Mao Tsé-toung en 1993, « Le Président Mao – le Dernier Empereur : « *Au début les gens se tuaient les uns les autres à cause de leurs convictions politiques. Puis ils commencèrent à se manger entre eux. Les tuer n'était pas suffisant. On ne pouvait prouver sa conscience de classe, qu'en mangeant la chair de nos ennemis. Vous deviez d'abord torturer quelqu'un puis lui ouvrir le ventre tant qu'il était encore en vie. Comme lors de l'abattage d'un porc, vous deviez couper le cœur et le foie, les mordre et les manger.* »

Zheng Yi devint plus tard un dissident et parvint à photographier certains documents secrets concernant les crimes communistes en Chine. Au moins 137 personnes furent mangées et probablement des centaines d'autres, d'après les documents secrets sur le cannibalisme au sein des Gardes Rouges dans la province de Guangxi à la fin des années 1980 (*Dagens Nyheter*, 8 janvier 1993).

Approximativement 30 millions de gens sont supposés avoir été tués au cours des dix premières années jusqu'en 1959. La terreur sanglante commença à Pékin le 24 mars 1951 et se répandit dans les autres villes les plus importantes. Rien qu'en 1960, il y eut davantage de tués en Chine qu'au cours de toute la guerre Sino-Japonaise. Le professeur Richard L. Walker de l'université de Caroline du Sud estima le nombre de victimes du Communisme chinois jusqu'en 1971 à 62.5 millions au minimum. En juillet 1994, après la parution de nouveaux documents choquants, Chen Yizi de l'université de Princeton déclara au *Washington Post* que le nombre total de chinois tués sous la terreur communiste chinoise était d'au moins **80 millions** (*Los Angeles Times*, 20 novembre 1994). Il fut plus tard révélé que les victimes du communisme en Chine furent de **140 millions**. (*Hufvudstadsbladet*, Helsinki, 23 décembre 1997). Les États-Unis d'Amérique sont tout aussi responsables de ces pertes humaines. »

Le banquier Juif Illuminati immensément riche, David Rockefeller, décrivit le régime de terreur du président Mao comme "un des plus importants et réussis de l'histoire humaine". Il pensait que ce dernier était parvenu à instaurer une morale plus haute et à présenter un but commun à la Chine. (*New York Times*, le 10 août 1973, Gary Allen, "The Rockefeller File".)

La position américaine (Owen Lattimore), selon laquelle les communistes de Mao étaient de véritables démocrates, n'avait aucun fondement.

Après le massacre de la place Tiananmen en 1989, lorsque Washington imposa des sanctions officielles contre Pékin, les compagnies américaines continuèrent à vendre leurs produits à la Chine comme si rien ne s'était passé. Les sanctions ne furent jamais appliquées ; elles n'étaient qu'un jeu pour épater la galerie. Israël avait aussi apporté une aide économique et militaire à la Chine afin d'installer la dictature communiste.

Les États-Unis aidèrent Adolf Hitler, les terroristes de Pol Pot au Cambodge, Saddam Hussein (qui, grâce à cette aide, massacra 300 000 Arabes vivants dans les marais riches en pétrole entre le Tigre et l'Euphrate en mars 1991) ainsi que beaucoup d'autres dictateurs.

JÜRI LINA

LA PRISE DE POUVOIR COMMUNISTE EN ESTONIE

La différence de niveau de vie entre l'Union Soviétique et ses états voisins (par-dessus tout la Finlande et les états Baltes l'Estonie, la Lettonie et la Lituanie, qui avaient été épargnés par le bolchévisme), était bien trop évidente pour en faire mention. Moscou préparait pourtant l'incorporation de ces états à l'Empire Soviétique. L'élite financière internationale donna à Staline carte blanche pour agir. Les états Baltes auraient dû constituer la base de l'Union Soviétique pour son offensive contre l'Allemagne (Carl O. Nordling, « Défense ou Impérialisme ? Un aspect de la politique étrangère de Staline », Uppsala, 1984).

Les Juifs extrémistes jouèrent bien sûr un rôle clef dans cette initiative. Une partie significative de la population juive (les initiés) des états Baltes avait été préparée pour la prise de pouvoir depuis longtemps. À Moscou, les préparatifs étaient terminés dès 1937, lorsque le Kremlin fit imprimer la première carte des états baltes avec le nom : « République Socialiste Soviétique de Lettonie et RSS d'Estonie ». Des brochures de phrases basiques en langage estonien, letton et lithuanien furent imprimées pour les soldats Soviétiques en 1940 (juste avant l'occupation).

Les préparatifs comprenaient un projet de déportations des citoyens Baltes. Cette information fut immédiatement transmise aux organisations sionistes internationales. Vladimir Jabotinsky (né à Odessa en 1880, mort en 1940), un activiste sioniste bien connu, le fondateur de l'organisation terroriste *Guerriers de Sion*, écrivit une lettre à un des fonctionnaires dirigeants sioniste des États-Unis le 2 novembre 1939. La lettre mentionne le traitement des Palestiniens, que les Sionistes voulaient déporter de Palestine. Il y avait une phrase notable dans la lettre concernant le projet d'une déportation future des Palestiniens : « **S'il a été possible de transférer les peuples baltes, il est tout aussi possible de déplacer les Arabes Palestiniens.** »

La lettre de Jabotinsky est conservée dans les archives nationales israéliennes (Le *Washington Post*, 7 février 1988). Cette lettre fut citée et commentée par le nationaliste Juif David Ben Gourion dans son « Journal de Guerre », Vol. III, p. 788).

Aucun politicien ordinaire n'avait à ce moment connaissance de l'occupation future des états Baltes. Encore moins d'imaginer une chose aussi méprisable que la déportation de la population originelle. La décision ultra secrète de déporter les éléments antisoviétiques des états Baltes fut signée par Ivan Serov (qui était le vice-commissaire du peuple à la sécurité) à Moscou le 11 octobre 1939. Le dirigeant sioniste Vladimir Jabotinsky n'était pas seulement au courant de ce crime planifié, mais il le vit d'un œil tout à fait positif. Jabotinsky n'était même pas communiste – mais plutôt d'« extrême droite ». Des dizaines de milliers de gens furent déportés en Sibérie depuis les trois états Baltes dans la nuit du 14 juin 1941. Plus de 10 000 furent déportés d'Estonie. Les Communistes voulaient déporter plus de 700 000 Estoniens pour n'en laisser que 358 000 aux mains d'administrateurs, mais le temps leur manquait. Une nouvelle vague de déportation eut lieu en Estonie le 25 mars 1949, lorsque plus de 20 000 personnes furent envoyés en Sibérie, y compris des enfants. D'autres déportations en provenance des états Baltes eurent lieu au cours de la même année (43 231 de la Lettonie). 259 chrétiens furent déportés d'Estonie en 1951.

750 000 Palestiniens furent chassés de leurs demeures le 2 décembre 1947. Les villes arabes importantes de Jaffa et de Haïfa furent complètement vidées. Les forces armées juives expulsèrent les Palestiniens de 531 villages et de 11 villes. Beaucoup de villages palestiniens furent rasés. Dans un village, Deir Yassin, 250 personnes sur 254 furent massacrées pour effrayer les gens des villages voisins. Les extrémistes Juifs s'emparaient des bijoux, des colliers, des bracelets et des alliances en or des Palestiniens. L'historien israélien Benny Morris décrivit ces événements dans son livre « La naissance du problème des réfugiés palestiniens 1947-1949 » (Cambridge University Press, 1988). Les documents d'archives israéliens correspondants furent classifiés dès que Morris commença à publier cette information.

L'auteur sioniste bien connu, Jon Kimche, décrivit dans son livre « Les sept piliers effondrés » comment le général Moshe Dayan tirait comme un fou sur les habitants de la ville de Lydda le 11 juillet 1948. Les 30 000 Arabes survivants s'enfuirent. Une explosion de violence similaire se produisit dans la ville proche de Ramallah le jour suivant. Kimche décrivit comment les biens des Arabes furent pillés.

Ainsi, la déportation des Palestiniens fut planifiée à l'avance et poursuivie avec une terreur brutalement barbare, d'après un documentaire qui fut montré à la télévision suédoise à l'automne 1993. Mais il y avait toujours 150 000 palestiniens restants dans le pays. Certains d'entre eux furent parqués dans des « réserves ». Israël, pour accéder aux Nations Unies, promit d'autoriser les Palestiniens à rentrer chez eux, mais comme d'habitude ne tint jamais cette promesse.

Deux organisations culturelles juives, La *Licht* (lumière) à Tallinn et *Chalom Aleichem* (que la paix soit sur toi) à Tartu, jouèrent un grand rôle dans l'introduction du bolchévisme en Estonie. La même tournure d'évènements fut répétée dans les deux autres états Baltes.

La *Licht* fut fondé en 1926. C'était un mouvement subversif dès le début, d'après un document (2197-2-3-227) des archives nationales estoniennes. L'organisation recevait principalement ses instructions de Moscou. La *Licht* coopérait avec MOPR ou l'International Red Aid, une organisation subversive qui camouflait ses activités derrière une contribution à divers prisonniers politiques rouges. La *Licht* était en contact permanent avec le bureau organisationnel du Parti Communiste estonien, situé en Suède. La *Licht* assurait aussi la distribution de la littérature communiste clandestine. Tout cela est relaté dans l'Encyclopédie Soviétique Estonienne, Tallinn, 1972. Vol.4, p.432.

La plupart des 120 membres de la *Licht* étaient des socialistes sionistes ou communistes, qui commencèrent systématiquement à organiser un coup d'état contre la république estonienne dès 1936. Beaucoup d'activistes (Moisei Pekker, Simon Perlman, Lazare Vseviov, Ksenia Eisenstadt, Leo Eisenstadt, Hans Grabbe, Sosia Schmotkin, Josef Goldman, Viktor Feigin et d'autres) devinrent membres du Parti Communiste Estonien (l'EKP) en 1936. Ce parti comportait 387 membres en 1934, dont seuls 133 restaient en 1939. Dans le même temps, Staline fit assassiner 254 communistes estoniens. (Vladimir Karassev-Orgussaar, « Molotov, Vorochilov et moi », Stockholm, 1988, p.115). Le nombre de Juifs figurant parmi les membres restants a été passé sous silence, mais des informations de 1945 évaluaient le nombre de Juifs membres de l'EKP à 69 (« Les chiffres de l'EKP, 1920-1980 », Tallinn, 1983). Ceci signifie certainement que plus de la moitié des communistes en Estonie en 1940 (juste avant la prise de pouvoir communiste), étaient Juifs. En 1979, 1 131 des 4 966 Juifs d'Estonie étaient membres du Parti Communiste. Comparé aux autres groupes, les Juifs étaient très fidèles à l'égard du Parti Communiste et étaient grandement surreprésentés dans ses activités, comme c'était le cas dans beaucoup d'autres pays. De nouveaux tchékistes Juifs arrivèrent en Estonie après la Deuxième Guerre Mondiale et commirent de terribles atrocités sur le peuple estonien.

Le président de la *Licht* en 1938 était Moïse Sachs. Il travailla étroitement avec d'autres communistes liés avec la *Licht*, comme Idel Jakobson, Viktor Feigin et Gerschon Zimbalov.

De la littérature marxiste et le journal *Kommunist* étaient imprimés dans l'appartement du directeur de la banque Leo Eisenstadt. Les imprimeurs étaient Ksenia Eisenstadt et Sosia Schmotkin. La police estonienne, en ce temps-là peu au fait de la connexion sioniste, pouvait difficilement soupçonner un directeur de banque d'une chose de ce genre.

Le dirigeant de la communauté juive, Hirsch Eisenstadt (de la même famille) était aussi, selon un document anciennement secret, un agent des Juifs communistes d'Estonie. Il intégra plus tard un des bataillons d'extermination du NKVD sous le nom de Grigori Eisenstadt. Il tomba victime de punitions arbitraires en 1949.

Après avoir donné un ultimatum à l'Estonie, l'Union Soviétique commença l'occupation de cette république le 17 juin 1940. Les autorités politiques et militaires de l'Estonie, dirigées par le président Konstantin Päts et le commandant en chef Johan Laidoner (tous deux appartenant à une loge maçonnique de Suède), refusèrent de résister. Le coup d'état fut organisé pour subvenir simultanément dans les trois états Baltes le 21 juin. Plus tard, un mythe fut répandu que les peuples Baltes s'étaient révoltés pour se réduire en esclavage eux-mêmes. « Un grand nombre de membres de la *Licht* prirent part à la révolution socialiste de 1940 », selon l'Encyclopédie Soviétique Estonienne. (Tallinn, 1972, Vol.4, p.432).

Les hommes qui abaissèrent le drapeau estonien de la tour du Grand Hermann et hissèrent la bannière rouge le 17 juin, furent Herman Gutkin, fils d'un riche marchand Juif âgé de 25 ans, Heinrich Gutkin, et le marchand Viktor Feigin (*Chicago Tribune*, 24 juin 1940). Tous deux étaient membre de la *Licht*. Donald Day, le correspondant du *Chicago Tribune*, a couvert les évènements des états Baltes pendant 22 ans. Ses rapports impartiaux sont très intéressants. Il raconta comment les Juifs extrémistes, conduits par Herman Gutkin, investirent Tallinn jusqu'à l'ambassade Soviétique, où les Juifs déchirèrent le drapeau estonien. Cet événement est confirmé par au moins une photographie. Donald Day fit remarquer dans ses mémoires que le comité de rédaction du journal effaçait les mots « les Juifs » de ses textes, au fur et à mesure qu'ils étaient imprimés dans les journaux.

La prise de pouvoir des Rouges dans la seconde ville d'Estonie, Tartu, fut organisée par l'organisation culturelle juive *Chalom Aleichem* et le Parti Communiste. Le comité des jeunes révolutionnaires fut fondé le 22 juin 1940 par les Juifs Selda Pats (en fait Zelda Paatz) et Moïsseï Sverdlov. Le même Moïsseï Sverdlov menait les Jeunesses communistes à Tartu (Olaf Kuuli, « La révolution en Estonie 1940 », Tallinn, 1980, p.112). Toute l'activité anti-estonienne de Tartu était coordonnée par Selda Pats et son frère Jaakov Pesah du *Chalom Aleichem*.

Le 22 juin 1940, les communistes Juifs exigèrent que le peuple de Tartu déploie la bannière rouge sur l'hôtel de ville. Le Juif O. Hirsch exigea d'abord que le drapeau estonien soit mis en berne. Lorsque le peuple protesta, les tanks soviétiques démarrèrent leur moteur. Pendant que la bannière rouge était déployée, l'*Internationale* fut jouée. Les fonctionnaires rouges retirèrent leur chapeau. Les jeunes Juifs demandèrent aux Estoniens de retirer le leur, mais ils refusèrent.

Les Juifs jouissaient pourtant d'une liberté infinie en Estonie avant l'occupation Soviétique. Ils avaient toutes sortes d'organisations, leurs propres écoles et journaux, dans le cadre d'une autonomie culturelle totale (*Judisk Kronika*, No.10, 1986). Il y avait même une chaire d'études judaïques à l'université de Tartu.

Les cercles Juifs internationaux ont plus tard nié cela. Max I. Dimont écrivit dans son livre « Les Juifs, Dieu et l'histoire » (New York, 1962, pp.374-375) que l'antisémitisme prévalait dans la République d'Estonie et que les Juifs étaient persécutés. Il prétendait que l'Estonie n'avait pas de démocratie et que l'antisémitisme « était devenu la norme politique ». Selon lui, les Estoniens demandaient une solution au problème Juif. Il affirmait que « les Juifs étaient chassés de toutes les professions ». Les Estoniens étaient supposés responsables « de l'augmentation des lois antisémites ».

Cependant, Dimont connaissait parfaitement la véritable situation car il étudiait en Finlande en ce temps-là. Le *Dagens Nyheter* (un quotidien socialiste libéral) d'Osmo Vatanen a contribué à répandre ces mythes. Il prétendait que les Juifs ne pouvaient pas trouver de travail en Estonie avant 1940 (*Postimees*, 21 février 1992).

Le 22 juin 1940, le drapeau estonien fut déchiré devant l'ambassade soviétique.

Qu'en était-il vraiment ? Il y avait seulement 4 434 Juifs en Estonie en 1934. D'après le professeur d'histoire Hain Rebas, l'Estonie ouvrit ses frontières aux Juifs autrichiens. Pourtant, un nombre restreint de Juifs possédaient 11 pour cent de l'industrie et en contrôlait une part encore plus grande (E. Martinson, « Profession – Tricheur », Tallinn, 1970, p.22). Plus de la moitié des magasins de la vieille ville de Tallinn était la propriété des Juifs. Le richissime marchand Heinrich Gutkin (né en 1879), représentait les intérêts Juifs au parlement.

Avec les Juifs russes, beaucoup de Juifs estoniens commencèrent à mener la terreur contre le peuple estonien dès le début de l'occupation

Soviétique. Hans Grabbe (en fait Hasa Hoff), un membre de la direction de l'organisation culturelle *Licht*, devint un des chefs du NKVD. Il fut le pire meurtrier de masse de l'histoire moderne de l'Estonie. Il porte la responsabilité principale de toutes les atrocités communistes et des déportations. Hans Grabbe donna aussi des ordres pour exécuter les officiers estoniens *en masse*[3].

Le Juif Idel Jakobson (1904-1997) n'avait aucune raison de haïr l'Estonie. Il était citoyen Letton et arriva de Lettonie pour mettre fin à la République d'Estonie et introduire la dictature du prolétariat (c'est à dire celle des Juifs extrémistes). Il fut interpelé dans le sous-sol d'une imprimerie clandestine de Tallinn et fut jugé en 1931.

Il ne fut jamais rejugé après la chute du communisme. Il travailla de 1940 à 1941 comme sous-directeur du département des investigations au NKVD. Il ne libéra jamais ses propres prisonniers. Il prononçait des discours d'agitation communiste de propagande au temps de l'indépendance de l'Estonie. Lorsqu'il travailla comme tchékiste, il mit en place diverses méthodes de persuasion sous la forme de cruelles tortures inhabituelles. Une fois, il blessa sérieusement une jeune femme avec la crosse de son fusil durant un interrogatoire. La femme devint plus tard un auteur célèbre.

En avril 1942, Idel Jakobson en tant qu'enquêteur en chef, signa l'arrêt de mort de 621 Estoniens dans le camp de prison de Vostok-Uralsky à Sosva, bien qu'aucun procès n'ait eu lieu, ni de sentence rendue. Une de celle qu'il avait condamnée à mort était la membre de la Croix Rouge, Salme Noor. En 1996, les forces de police de Tallinn menèrent une enquête sur son implication dans le meurtre de masse des citoyens estoniens. D'après les conclusions de cette investigation, Jakobson est responsable de 1 200 condamnations à mort. Il participa également à 1 800 cas de déportations et de persécutions. En tant que vice-président de l'équipe d'enquêteur du NKVD, il fit usage de la torture. Jakobson mourut à 93 ans le 12 septembre 1997.

Beaucoup d'autres Juifs eurent des carrières fructueuses dans la police politique, par exemple Rafail Beltschikow, l'homme d'affaire Léo Epstein, l'avocat Josef Markovitsch, l'avocat Kroppman, le photographe Schuras, les hommes d'affaires Mirvitz, Gens, Bakszt, Kofkin, Himmelhoch.

Le Juif Feodotov était le chef du département des prisons. Le Juif russe Lobonovich devint vice-commissaire du peuple aux affaires intérieures (en pratique il dirigeait le commissariat).

---

[3] En français dans le texte. Ndt

Le membre de la *Licht* Viktor Feigin, qui était aussi le dirigeant de la terrible organisation terroriste les Gardiens des Maisons du Peuple (RO), devint directeur de la prison centrale de Tallinn. Le commandant du NKVD Arnold Brenner se tailla aussi une réputation diabolique. Feigin et Brenner s'étaient battus ensembles du côté des communistes durant la guerre civile espagnole (Olaf Kuuli, « La révolution en Estonie 1940 », Tallinn, 1980, p.111).

C'était principalement les Juifs qui faisaient usage de la torture. Le dentiste Budas gagna une réputation maléfique dans la ville de Kuressaare sur l'île de Saaremaa. Il avait pour habitude d'ébouillanter les mains et les pieds de ses victimes pour que leur peau pende comme des gants ou des chaussettes.

Les docteurs Juifs du NKVD A. Tuch et B. Gluckmann, ayant tous deux des accointances avec *Licht*, furent des tortionnaires particulièrement cruels, tout comme l'était la procureur bossue Stella Schliefstein, qui devint célèbre sous le sobriquet de « l'araignée ». Elle était passée maître dans l'art de torturer ses victimes en leur arrachant les muscles des bras et des jambes. (L'hebdomadaire estonien *Vaba Eesti Sona*, New York, 25 juin 1981). En octobre 1941, elle tenta d'échapper à l'avancée allemande, en traversant par la Finlande, mais fut exécutée par les gardes rouges sur l'île estonienne d'Hiiumaa.

Hirsh Eisenstadt, le président du conseil de l'autonomie culturelle juive, admit que les tchékistes Juifs furent les pires (*Sirp*, 24 décembre 1991, article d'Andres Küng « A propos des Estoniens et des Juifs en Estonie »).

Sosia Schmotkin et Léo Eisenstadt devinrent aussi d'importants fonctionnaires Soviétiques, d'après le professeur israélien Dove Levin. (« Les Juifs estoniens en URSS, 1941-1945 », Yad Vashem Studies, Vol. II, Jérusalem, 1976, p.277)

Bien des membres de la *Licht* rejoignirent la milice Soviétique, d'après les documents que j'ai étudiés aux archives nationales de Tallinn en avril 1993. Parmi ceux-là étaient Manne Epstein, Hirsch Kitt, Gerschon Zimbalov et bien d'autres.

Des diplomates étrangers et des observateurs militaires dont les rapports relatent comment des Juifs estoniens devinrent soudain commissaires du peuple pour diverses compagnies, maires, adjoint aux commissaires du peuple ou des exécuteurs dans le NKVD, ont aussi confirmé qu'une très large proportion d'extrémistes Juifs, ont en fait trahi la République Estonienne qui leur avait offert une existence paisible à travers l'autonomie culturelle, et ont commencé à tuer et à torturer sans distinction des Estoniens bien intentionnés.

Un rapport du 4 avril 1941, envoyé d'Estonie au bureau C des services secrets suédois et adressé aux membres du personnel, fait état des changements politiques s'étant produit en Estonie après l'occupation Soviétique : « *Au cours de la réorganisation du système judiciaire, des personnes au passé trouble, y compris beaucoup de Juifs, ont été nommés juges…*

Le nombre de Juifs au sein du NKVD est tout spécialement remarquable. Presque tous les Juifs estoniens sont directement ou indirectement au service du NKVD. Les Juifs avaient avant leurs propres écoles. Ces dernières ont été maintenant dissoutes et leurs élèves ont été placés comme agents communistes dans les écoles estoniennes.

Les Juifs ont aussi atteint des positions éminentes dans les affaires, les banques, etc. »

Les Juifs, Docteur Gens et Léo Eisenstadt, furent élus représentants du gouvernement marionnette estonien Soviétique à Moscou, d'après Dove Levin. Les bolchéviques du Kremlin ne pouvaient pas faire confiance à qui que ce soit d'autre.

Le tableau était exactement le même en Lettonie et en Lituanie. La même histoire fut répétée plus tard (1948) dans le reste de l'Europe de l'Est. Les activistes Juifs menèrent la terreur contre les « ennemis du peuple » dans leurs pays d'origine. Nous pouvons mentionner le ministre des affaires étrangères Ana Pauker (fille du rabbin Zvi Rabinson), Josef Kisinevsky (en fait Jakob Brotman), le ministre de l'intérieur Teohar Georgescu (Burach Tescovich), le chef de la police, le général Zamfir (en fait Laurian Rechler) en Roumanie, Jakub Berman comme chef suprême de la police de sureté en Pologne, Rudolf Slanski (en fait Salzmann) et Stefan Reis en Tchécoslovaquie, Matyas Rakosi (en fait Roth Rosenkrantz), Erno Gero (en fait Singer), les francs-maçons Laszlo Rajk et Zoltan Vas (Weinberger), qui étaient tous citoyens Soviétiques, en Hongrie. Leurs victimes principales étaient les représentants et les piliers de la société qu'ils cherchaient à détruire.

Pourquoi les extrémistes Juifs pleins de rancœurs ont toujours prédominés à la tête des révolutions violentes, des coups d'état, des assassinats politiques et autres activités terroristes à travers l'histoire ? Est-ce vraiment une coïncidence ou cela relève-t-il d'une certaine cohérence ?

Le choc causé par le fait de voir les Juifs jouer un rôle dominant dans la mise en place du communisme, fut tout spécialement important en Estonie où 4 434 Juifs estoniens avaient été très bien traités. Plus de 10 millions de livres furent détruits après la prise de pouvoir Soviétique en Estonie en 1940, un nombre qui n'est jamais mentionné dans la propagande des autodafés. Après cela, les communistes commencèrent à répandre leurs propres « vérités ».

La terreur en Lettonie fut menée par les Juifs suivants : le président du tribunal du NKVD était Simon Shustin (qui venait de Moscou et émigra plus tard en Israël), Isaac Bucinskis devint chef de la milice de Lettonie, Alfons Novicks était commissaire aux affaires internes. Le docteur Juif Moïse Zitron devint célèbre comme tortionnaire dans les geôles de Daugavpils.

En 1991, le président du Soviet Suprême de Lettonie, Anatolis Gorbunov, condamna les atrocités commises par les Juifs communistes dans le pays. La télévision suédoise rapporta cela. Le *Dagens Nyheter* écrivit le 12 avril 1994 qu'Alfons Nyheter, âgé de 86 ans, avait été arrêté et plus tard condamné à perpétuité pour ses crimes de guerre. Il fut responsable des cruelles déportations de Lettons en Sibérie. Beaucoup d'entre eux ne survécurent pas aux camps. Noviks fut nommé chef du NKVD à Daugavpils en 1940. Il s'enfuit en Union Soviétique avant l'arrivée des troupes allemandes, mais rentra en 1945. Il fut alors nommé commissaire aux affaires intérieures et chef du NKVD en Lettonie. Noviks fut accusé de génocide, car il avait organisé un terrible règne de la terreur et beaucoup d'exécutions en Lettonie. La méthode habituelle de Noviks d'après les témoignages des rescapés, était de torturer et de battre les prisonniers pour extraire leurs « confessions ». Il est maintenant désigné comme « le bourreau du peuple » dans les journaux lettons. Le dossier fut étudié par une commission gouvernementale spéciale pour l'investigation des crimes politiques commis en Lettonie durant les années d'occupation.

Le NKVD commença à exécuter les patriotes Lettons immédiatement après la prise de pouvoir bolchévique. Des listes de 978 personnes furent découvertes après la retraite des bolchéviques en juillet 1941. Un document que les tchékistes n'eurent pas le temps de détruire fut trouvé. C'était un ordre de Simon Shustin de tuer 74 personnes, y compris six femmes. Des morceaux de corps des victimes de la Terreur Rouge furent trouvés enterrés dans la cour de la prison centrale de Riga. Simon Shustin avait signé cet ordre d'exécution le 26 juin 1941 et ajouté l'instruction suivante à l'encre rouge : « considérant le danger public qu'ils constituent, ils doivent tous être fusillés. » On ne l'appelait pas « le bourreau de la Lettonie » pour rien.

Pourquoi ses victimes étaient-elles si dangereuses ? J. Krischmanis avait parlé en faveur d'une Lettonie et une Lituanie libres. Viktor Somovits avait chanté des chansons folkloriques lettones. D'autres avaient critiqué le régime Soviétique... Ces martyrs ont enduré des tortures indescriptibles, de terribles souffrances avant que leurs vies ne se terminent par un tir de pistolet dans la nuque. Beaucoup de corps ont été mutilés et rendus méconnaissables.

Est-il étrange alors, considérant tous ces horribles crimes contre l'humanité, qu'une attitude antisémitique refasse surface en Lettonie, où vivent 95 000 Juifs ?

Il y avait des Juifs ouvertement non-communistes membres du parlement letton. Par exemple Rabbi Nurok, qui fut déporté en Union

Soviétique le 14 juin 1941. Il survécut, aussi étrange que cela paraîsse, et devint plus tard membre de la Knesset en Israël (*Expressen*, 24 mars 1969).

La terreur juive conduite par Nachmanas Dusanskis, Gorlitsky, Benenson, Fejgelson, Gorenstein, Finenberg, Kutcher, et A. Solomatin, contre le peuple lithuanien fut exceptionnellement cruelle. 34 000 femmes et enfants disparurent rien qu'en 1940.

Le docteur et ex-communiste Joseph Schmollers essaya de décrire le rôle des extrémistes Juifs dans la terreur Rouge dans son livre, « Vorkouta, l'histoire d'une cité d'esclave dans l'arctique Soviétique » (Londres, pp.108-110).

Il y avait 250 000 Juifs en Lituanie. 70 000 vivaient à Vilnius. Ils étaient ultra-orthodoxes et accueillaient donc avec ferveur le communisme, qui leur donnait un prétexte officiel pour montrer ce qu'ils pensaient vraiment des Lithuaniens. Ce ne fut dès lors pas une surprise lorsque le Juif suédois Moïse Apelblat appela l'occupation Soviétique de 1944 « la libération de l'Armée Rouge » dans le *Dagens Nyheter* du 27 janvier 1987.

D'après la propagande officielle, les Lituaniens tuèrent presque tous les Juifs. Si cela avait été le cas, pourquoi y avait-il plus de 20 pour cent des noms dans l'annuaire Kaunas qui étaient encore Juifs après la guerre ?

Le plus célèbre rabbin Juif Maïmonide (Moiche Ben Maimon), est l'auteur du livre « Le Guide des égarés », dont une nouvelle édition fut publiée à Varsovie en 1872. Dans son ouvrage, Maïmonide écrit, entre autres choses : « *C'est incontestablement la volonté de Yahvé que tous les Gentils soient tués, y compris les petits enfants avec leurs parents et les parents de leurs parents sans discrimination. Ce décret est souvent trouvé dans la Torah.* » (Op. cit. Vol.1, chapitre 54, p.81b) Cette partie fut retirée de l'édition anglaise.

Confucius a dit : « L'homme à l'esprit noble cherche à parfaire le bien chez les autres et non le mal. L'homme de peu d'esprit est le contraire de cela. » (Confucius, Entretiens, 12 :16. Traduit par W. E. Soothill. Londres, 1910) Les Illuminati Juifs Marxistes ont toujours été des hommes de peu d'esprit.

La *Licht* commença à persécuter activement les « réactionnaires » Juifs non-communistes. Les biens des organisations non socialistes furent confisqués. La *Licht* essaya de ruiner l'homme d'affaire Juif Salomon Klutschik. Le marchand de 56 ans Salomon Epstein, se confronta lui aussi aux Juifs marxistes fanatiques. Les Juifs « progressistes » interdirent à quiconque de l'employer. Les allemands l'envoyèrent plus tard en camp de concentration. Cela vaut la peine de mentionner que 14 Estoniens osèrent le défendre. (Eugenia Gurin-Loov, « Le grand Holocauste », Tallinn, 1994, p.115) Les allemands l'exécutèrent. Les Juifs communistes arrêtèrent son fils et l'envoyèrent en Russie.

Le 7 septembre 1940, la *Licht* commença à publier l'hebdomadaire *Na Leben* (la Nouvelle Vie) pour les autres Juifs estoniens. Le rédacteur en chef était Simon Perlman (né en 1902). La *Licht*, dirigée par Moïchée Scheer et Léo Epstein, décida de fermer toutes les organisations juives qui dérangeaient les activités marxistes. Leurs ressources et leurs fonds furent confisqués par la *Licht*, d'après les documents des archives nationales estoniennes.

La *Licht* se dissolue elle-même à l'automne de 1940. Elle avait rempli son rôle – la République d'Estonie avait été éliminée. Les « révolutionnaires » Juifs préférèrent plus tard agir en coulisses.

Les forces d'Hitler attaquèrent l'Empire Soviétique le 22 juin 1941. Une retraite rapide de l'Armée Rouge des grandes zones (y compris les états Baltes nouvellement acquis), devint nécessaire. Le 26 juin 1941, le major général Rakutin, le commandant des troupes frontalières du NKVD dans les pays Baltes, ordonna la formation de bataillons d'extermination spéciaux, de 320 hommes chacun, en accord avec le décret du 24 juin 1941 de Beria.

La terrible souffrance à laquelle fut soumis le peuple estonien, mais aussi les Juifs « réactionnaires » et d'autres groupes ethniques, fut bien sûr organisée par les Juifs marxistes.

Mikhaïl Pasternak détenait le commandement suprême sur les bataillons d'extermination. Il eut même une rue de Tallinn à son nom. Le bataillon d'extermination du NKVD de Josef Goldman perpétra des actions particulièrement brutales en juillet 1941. Goldman était un membre de la *Licht*.

Lorsqu'on compare la liste des membres de la *Licht* avec les noms de ceux qui formaient les bataillons d'extermination, il est surprenant de voir le nombre de membres de la *Licht* impliqués dans la destruction et le meurtre. Ils avaient même prévu d'empoisonner les puits. Voici une liste des criminels les plus actifs :

- Zemach Delski,
- Jakob Vigderhaus,
- Moïsseï Zimbalov,
- Refoel Goldmann,
- Isaak Halupovitsch,
- Schimon (Semjon) Hoff,
- Simon Strassman,
- Abram Vseviov,
- Isaak Bulkin,
- Meier Minsker,
- Isaak Minsker,
- Gerschon Zimbalov,
- Moïsseï Schimschelevitsch,
- Leo Epstein,

- Boruch Schor,
- Grinstein et bien d'autres.

Au moins 120 Juifs estoniens figuraient parmi les 8 980 hommes des 27 bataillons d'extermination, d'après Dove Levin. Cette information est trompeuse. Le Premier Ministre bourgeois d'Estonie Mart Laar, révéla dans son livre « Les frères de la forêt » (Tallinn, 1993, p.24), qu'il y avait un bataillon d'extermination exclusivement Juif en Estonie. 320 équivaut au moins à 120 – telles sont les mathématiques sionistes.

Seuls 40 pour cent des membres des bataillons étaient Estoniens. Beaucoup d'entre eux vinrent en Estonie en tant que citoyens Soviétiques de Russie au moment du coup d'état communiste de juin 1940. Des criminels de droit commun estoniens intégrèrent aussi ces bataillons et bien sûr aussi les Estoniens qui étaient des agents Soviétiques. Le reste était des Russes et d'autres nationalités, y compris beaucoup de Juifs. La composition ethnique de ces bataillons était un secret d'état, tout comme l'était celle du EKP (Parti Communiste Estonien). Les Juifs étaient de toute façon massivement surreprésentés au sein de ces unités sans pitié. Certains historiens estiment que les Juifs ne constituaient que 6 pour cent de ces bataillons, c'est à dire 540 hommes (*Eesti Ekspress*, 7 juin 1991). Leur pourcentage par rapport à la population était de seulement 0.4 pour cent. La question la plus importante est de savoir qui étaient les dirigeants de la terreur.

Les bataillons d'extermination travaillaient souvent ensemble avec l'Armée Rouge. Les exterminateurs portaient aussi des « uniformes » : ils avaient des habits de travail avec des brassards rouges. Seuls les dirigeants portaient des uniformes du NKVD ou des habits de miliciens. La plupart d'entre eux arboraient aussi une étoile rouge à cinq branches sur leur casquette. Les communistes de base pendant la guerre civile espagnole se battaient aussi souvent en habits d'ouvriers. Cela indiquait leur origine idéologique.

Certains des membres de *Chalom Aleichem* de Tartu, se portèrent volontaires pour intégrer les bataillons d'extermination. Parmi ceux-là, il y avait Selda Pats et son frère Jaakov Pesah et aussi Josef Mjasnikov, qui fonda le mouvement Sioniste Netzach en Estonie, d'après Dove Levin.

Movsa Michelson, président de l'organisation culturelle juive de Tartu, admit la chose suivante au cours d'un entretien au journal *Edasi* (26 février 1989) : « Au début de la guerre, beaucoup de Juifs rejoignirent les bataillons d'extermination » Le milicien Gershon Zimbalov fut un de ceux qui les rejoignit.

Les bataillons d'extermination étaient connus pour leur cruauté presque indescriptible et leur brutalité, tout spécialement à l'égard des femmes et des enfants. Les victimes étaient jetées vivantes dans le feu, des membres de leur corps étaient coupés, elles étaient clouées aux murs… Tout ceci se produisit aussi en Russie Soviétique. La Terreur Rouge dirigea l'Estonie pendant deux mois jusqu'au 28 août 1941, lorsque les troupes d'assaut furent vaincues. Elles avaient l'ordre de liquider tout sur leur passage, d'emprisonner les opposants au système communiste et de les éliminer sur le champ si nécessaire.

Les infâmes Boris Friedman et Jershik Schigol terrorisèrent la zone près de la ville de Voru, Jakob Jolanski s'occupa de Pärnu, Shustov et les autres de Kuressaare.

Voici quelques exemples typiques qui n'ont pas rejoint l'anonymat des grandes vagues de terreur. Josef Goldman, qui commandait un de ces bataillons d'extermination, donna l'ordre effectif que toutes les femmes et les filles trouvées sur les routes, dans les fermes ou les champs devaient d'abord être violées, puis avoir leurs poitrines tranchées pour finalement être brulées vivantes. Les hommes étaient aussi traités de manière similaire : tout d'abord ils perdaient leurs parties génitales, puis leurs yeux, après quoi leur ventre était ouvert, puis ils étaient finalement tués le plus lentement possible. Étant membre de la *Licht*, le camarade Josef Goldman, représentait vraiment une « culture » particulièrement sauvage et étrange.

Vingt hommes furent arrêtés par les exterminateurs à la gare de Viluvere. Ils furent emmenés à Tallinn où ils furent interrogés. Le commandant Juif du septième bataillon d'extermination, L. Rubinov, donna l'ordre de supprimer ces hommes dans la forêt de Liiva. Avant qu'ils ne soient tués, ils furent attachés avec du fil barbelé qui leur transperça la paume des mains et leurs oreilles furent tranchées.

Selma Ratsep de Kudina, le fermier Rudolf Pall près de Tartu, Anna Kivimae et leurs filles Ulanda et Armilda près de Tartu, Lembit Ital à Kuusalu et bien d'autres, furent aussi tués par les exterminateurs, après avoir été soumis à la torture. La tête d'Anna Kivimae fut écrasée, ses filles furent violées, leurs yeux arrachés. En Estonie occidentale, August Savir (40 ans) fut éventré avant que sa tête ne soit fracassée.

Trois exterminateurs dirigés par le Juif Leo Epstein prirent d'assaut la maison de Karolina Muhlbaum (83 ans), à Jarva-Jaani le 24 juillet 1941. Sa maison fut pillée et elle fut forcée de les accompagner. Son corps fut plus tard retrouvé sur la route menant à Kaagvere. Les assassins avaient écrasé son visage.

Le jardinier Albert Palu fut brûlé vivant à Helme le 5 juillet 1941. Albert Simm et sa femme Puhajoe subirent le même sort. Tiit Kartes âgé de 14 ans fut arrêté à Aseri plus tard le même jour. Il fut cruellement torturé, après quoi ses parties génitales furent coupées et il fut assassiné. Son corps fut trouvé dans la forêt.

Les exterminateurs écorchèrent certaines de leurs victimes vivantes, coupèrent leurs doigts, arrachèrent leur bras. Un berger fut écartelé entre deux voitures près d'Haapsalu. Anette Lenk à Kuressaare fut torturée à l'eau bouillante.

De jeunes Juifs, agents de Moscou, tiraient sur les piétons depuis les fenêtres de Tartu. Quelques uns de ces meurtriers furent pris. Ils portaient des bouteilles d'essence avec lesquelles ils mettaient le feu un peu partout. Les autres transportaient du poison pour empoisonner les puits.

Le quotidien Soviétique estonien *Vikerkaar* publia un article de l'historien Mart Laar (qui devint le premier ministre estonien de droite à l'automne 1992) en novembre 1988, sous le titre « Le temps des horreurs ». Cet article décrivait les crimes des bataillons d'exterminations. Ceci contrariait bien sûr les autorités soviétiques et ils voulaient poursuivre Mart Laar pour propagation de fausses informations, car ces actes inhumains paraissaient improbables. Tout ceci fut pourtant plus tard confirmé par d'autres sources.

Voici juste quelques exemples des crimes horribles décrits par Mart Laar. Les communistes détruisirent trois villages estoniens et tous leurs habitants d'une manière particulièrement cruelle. Les enfants étaient cloués aux arbres, les femmes enceintes étaient battues à mort. Dans le village d'Ehavere, les bébés étaient transpercés sur le sein de leurs mères avec des baïonnettes. Les langues des femmes et leurs poitrines étaient coupées. J'ai plus tard trouvé des informations relatant comment les porcs étaient parfois nourris par les corps des Frères de la Forêt (soldats estoniens de la guérilla).

Les Juifs Hans Grabbe (Hasa Hoff) et Mikhaïl Pasternak portent la responsabilité ultime de ces crimes atroces.

La nation estonienne perdit 25 pour cent de sa population (environ 250 000) au cours des dix premières années de l'occupation Soviétique. Les citoyens les plus éduqués et les plus actifs furent ceux qui souffrirent le plus. Imaginons que chaque Estonien – hommes, femmes, enfants et personnes âgés – soit placé sur une ligne et qu'une personne sur quatre soit éliminée. C'est exactement ce qui se passa en Estonie ! D'autres crimes paraissent bénins en comparaison. Le rôle actif des Juifs extrémistes fut une complète surprise. Pour les Estoniens ce fut comme une gifle en plein visage.

Un Juif estonien, Josep Frank, qui émigra en Israël, admit dans le journal estonien *Meie Elu* (Toronto) le 10 juillet 1986, que « les Estoniens ne furent jamais hostiles à l'égard des Juifs ». Le représentant des Juifs estoniens, Samuil Lazikin, déclara au journaliste suédois Jan Lindstrom en 1989 : « Du temps de la République Estonienne, il n'y avait aucun antisémitisme officiel en Estonie. » Lindstrom demanda : « Est-ce que les Juifs vivaient bien en Estonie alors ? » Lazikin répondit : « Évidemment, bien sûr ! » (*Expressen*, le 4 septembre 1989)

Donc il ne s'agissait nullement d'une revanche. Malgré cela, tous les employés Juifs de certaines compagnies de Tallinn rejoignirent les bataillons d'extermination. Je peux mentionner l'usine juive Rauaniit, où chaque Juif, avec à leur tête le manager Zemach Delski, intégra les exterminateurs. Ils n'avaient aucune loyauté à l'égard de la République d'Estonie, mais faisaient entière allégeance à une puissance étrangère.

La juive Irina Stelmach admit dans le journal *Hommikuleht* (Tallinn) le 17 décembre 1993, qu'il y avait beaucoup de Juifs dans les bataillons d'extermination. L'Estonie Soviétique devint la terre promise des Juifs, d'après Augustina Gerber, la rédactrice en chef du journal Juif *Hasahar* de Tallinn. Effectivement, les Juifs devinrent des chefs de haut-rang au sein du pouvoir Soviétique de l'Estonie occupée. Ils contrôlaient la radio (Ado Sloutsk), la TV, l'industrie du disque, le développement scientifique et bien sûr la propagande. Les politologues Juif Herbert Vainu, Gabriel Hazak et Simon Joffe, furent les plus importants commentateurs radio. La falsification de l'histoire était contrôlée par le Juif « dictateur de l'histoire » Herbert-Armin Lebbin, qui continua à publier les mensonges communistes selon lesquels les Estoniens intégrèrent volontairement l'Union Soviétique et choisirent la voie du socialisme progressiste dans le quotidien *Aja Pulss* (No.11 et No.12), pas plus tard qu'en 1988. En 1980 il publia le livre de propagande « Au service du communisme », dont l'audace dépasse tous les autres livres de ce type. L'idéologie des universités était sous le contrôle des Juifs suivants : Rem Blum (professeur de sociologie à l'université de Tartu), et Eugène Gurin-Loov (maître de conférences en philosophie à l'institut de l'éducation de Tallinn).

Lorsque quelques exilés Estoniens furent, pour la première fois autorisés à témoigner à la presse suédoise au sujet du rôle important joué par les Juifs dans les crimes des bataillons d'extermination, l'avocat Juif Hans W. Levy de Göteborg essaya d'expliquer que « les mots de bataillons d'extermination sont réservés pour les groupes Einsatzkommando Nazis ». (*Svenska Dagbladet*, 6 février 1992) Avec sérieux, il déclara que les Juifs n'avaient jamais été impliqués dans l'extermination.

Les Allemands ne commirent jamais d'atrocités aussi terribles et répandues que celles que j'ai décrites, lorsqu'ils occupèrent les états Baltes. Je n'ai ici besoin que de mentionner le fait que Moïse Hess (le mentor de Marx), considérait le communisme comme le meilleur moyen de répandre la destruction.

Si nous comparons les témoignages sur les bataillons d'extermination qui ravagèrent l'Estonie avec les rapports des territoires palestiniens occupés par Israël, nous pouvons voir que les crimes commis par les sionistes d'aujourd'hui, sont de la même nature que ceux perpétrés au cours de l'expansion du communisme dans les états Baltes en 1940-1941.

Voici quelques gros titres de la presse suédoise concernant les crimes contre les Palestiniens :

« Des Palestiniens torturés à mort » (*Aftonbladet*, 9 février 1988), « Terreur juive contre les Palestiniens » (*Svenska Dabladet*, 9 juin 1987), « Des soldats israéliens battent un jeune de 15 ans à mort » (*Aftonbladet*, 9 février 1988), « Un jeune de 17 ans tué par balle à Gaza » (*Aftonbladet*, 10 janvier 1988), « Dix Palestiniens brûlés à mort » (*Aftonbladet*, 29 février 1988), « Les Israéliens tirent et tuent deux enfants » (*Aftonbladet*, 6 juin 1990), « Massacre israéliens dans un village palestinien – six villageois tués » (*Expressen*, 14 avril 1989), « Des soldats brisent le bras d'un prisonnier » (*Expressen*, 27 février 1988), « La police tire droit sur les enfants » (*Expressen*, 2 avril 1989), « Un enfant de cinq ans en train de jouer tué par balle » (*Expressen*, 19 octobre 1988), « Usage d'armement chimique contre les palestiniens » (*Dagens Nyheter*, 23 mars 1988).

Le fait que des soldats israéliens brisent les bras des prisonniers Palestiniens ne constitue pas un acte arbitraire individuel. L'origine de cet acte peut être trouvé dans l'Ancien Testament, psaumes 10 :15-16 et 37 :17. Le premier passage dit : « *Brise le bras du méchant et du mauvais homme : extirpe sa méchanceté jusqu'à ce qu'il n'en reste rien. Le Seigneur est Roi à jamais : les païens sont expulsés de sa terre.* »

En février 1988, l'écolier Lyad Mohammed fut traîné hors de sa maison et battu à mort avec des crosses de fusils. Des témoins déclarèrent que les soldats israéliens avaient complètement écrasé sa tête (*Svenska Dagbladet*, 9 février 1988). Au printemps 1988, quatre Palestiniens furent forcés de se coucher sur le sol pendant qu'un bulldozer les recouvrait de terre à Kafir près de Naplouse en Cisjordanie. Les villageois réussirent plus tard à creuser pour les extraire vivants (*Svenska Dagbladet*, 16 mai 1988).

Les représentants de *Save the Children* sont allés jusqu'à déclarer que les soldats israéliens tirent exprès sur les enfants. Au moins 64 enfants furent tués au cours des 11 premiers mois après le début de l'Intifada (*Dagens Nyheter*, 8 décembre 1988).

Pour leur défense, les sionistes disent qu'ils doivent tirer sur les gens qui leur jettent des pierres. Des étrangers (y compris musulmans) ont jeté des pierres sur les forces de police en France et en Angleterre sans jamais pour autant être tués en retour. Un jeune de 23 ans à Malmö (Suède) a jeté une pierre sur la police au printemps 1993. Le juge lui a infligé une amende. (*Dagens Nyheter*, 30 octobre 1993).

Les faits démontrent clairement que les Juifs sionistes sont impliqués dans des formes horribles et anormalement violentes d'exterminations dans leurs « divers projets ». Des maisons palestiniennes ont été démolies aux explosifs, beaucoup de villages ont été tout bonnement rasés. Ces méthodes sont difficilement compatibles avec celles d'un pays démocratique. Pour quelle raison Israël a-t-il signé les conventions de Genève ?

L'hebdomadaire israéliens *Ha'olam Hazzeh* publia le 5 janvier 1974 une brochure du lieutenant-colonel Avidan « La pureté des armes ». Il est aussi le rabbin du commandement militaire central de la région. Il y encourageait les lecteurs à faire leur devoir en tuant des civils. C'est le Midrash – un acte bon envers Yahvé.

Le régime Soviétique en Estonie fut considérablement affaibli en 1988. La lutte pour la liberté commença ardemment. Les idéologues et les fonctionnaires devinrent désespérés – ils ne voulaient pas perdre leurs privilèges en tant que membre de la *Nomenclature* (nomenklatura – l'élite marxiste au pouvoir). En même temps, ils voulaient empêcher à toute attitude antisémite de faire surface dans le pays. C'est pourquoi le KGB organisa une opération punitive en Estonie entre le 20 et le 26 novembre 1988. L'opération prévue fut appelée *Les Désobéissants*. Elle devait être menée par le colonel du KGB Samuil Mikbailov (en fait Samuil Michelson), un Juif né à Pärnu, en Estonie. Il était le chef de la section baltique du KGB (*Nadalaleht*, 19 octobre 1991).

Le régime Soviétique en Estonie pris néanmoins fin. Le pays retrouva son indépendance en août 1991. Ce fut une dure leçon à avaler pour les Juifs marxistes. Le Juif Evgueni Kogan, était à la tête des prétendues internationalistes, qui essayaient de saboter le développement indépendant estonien de toutes les manières possibles. Aucune mesure ne fut prise contre lui.

La nouvellement fondée organisation culturelle juive à Tallinn orchestra une campagne de calomnie en Suède pour salir l'image de l'Estonie à l'étranger. C'est de cette manière qu'ils remercièrent les Estoniens pour leur avoir permis gentiment de créer ce nouveau club Juif de désinformation.

Le 18 novembre 1991, un fax à propos d'une réunion supposée de SS Estoniens et de tueurs de Juifs fut envoyé au comité suédois pour les Juifs Soviétiques. La réunion était en fait composée de vétérans estoniens, d'anciens soldats de l'Armée Rouge ainsi que de soldats de la Wehrmacht. Ils s'étaient rassemblés pour une réconciliation et pour discuter de leurs problèmes de pension et d'autres soucis qu'ils avaient en commun.

Mais le ministre des affaires étrangères suédois, Alf Svensson, qui s'est rendu ridicule en de nombreuses occasions, mordit à l'hameçon et lança un avertissement à propos des dangers du fascisme en Estonie. Les Juifs marxistes d'Estonie, conduits par Guennadi Gramberg, furent ravis de cette contribution à leurs tentatives pour regagner certains de leurs privilèges. Un Juif letton, Samuil Zivs, ancien vice-président de l'association des bars de l'Union Soviétique a aussi contribué à répandre la calomnie et une désinformation similaire.

Le 17 janvier 1992, le premier ministre japonais Kiichi Miyazawa formula des excuses pour ses soldats qui avaient utilisé des dizaines de milliers de femmes coréennes comme esclaves sexuelles au cours de la Deuxième Guerre Mondiale. Le premier ministre japonais Tomiichi Murayama présenta aussi ses excuses pour d'autres crimes de guerre le 15 août 1995.

J'espérai naïvement quelque chose de similaire de la part des Juifs d'Estonie. J'avais tort. Je reçus tout le contraire. Le 8 avril 1992, l'hebdomadaire *Eesti Aeg* (Tallinn) publia un long article où il décrivait les contributions de deux organisations culturelles juives (la *Licht* et *Chalom Aleichem*) à la terreur communiste de 1940-1941. En conclusion, je demandais au syndicat culturel Juif actuel de prendre ses distances avec ces crimes et de s'excuser auprès du peuple estonien. Les extrémistes fanatiques Juifs devinrent enragés et contre-attaquèrent aussitôt. Ils refusèrent définitivement de s'excuser. Ils demandèrent que le peuple estonien assume collectivement la culpabilité et la responsabilité pour les crimes que les forces d'occupations allemandes commirent contre les Juifs tchékistes et les terroristes.

Le gouvernement estonien s'excusa en fait auprès des Juifs. L'Estonie se joignit même à cette décision honteuse d'abolir la résolution des Nation Unies, qui catégorisait le sionisme comme raciste. Les Juifs, en contraste, essayaient de nier les crimes qu'ils avaient commis durant l'occupation Soviétique. Ils prétendirent que le peuple estonien portait une responsabilité collective pour les « masses » de Juifs qui avaient été tuées dans le pays. Selon la juive marxiste Eugenia Gurin-Loov, les Juifs, d'un autre côté, ne portent pas une responsabilité collective pour les crimes que « quelques Juifs **peut-être** » ont commis (*Eesti Maa*, 3 février 1993).

L'Encyclopaedia Judaica prétendait en 1971 que 1 000 Juifs furent tués en Estonie. Puis l'*Expressen* en Suède, publia les mensonges Soviétiques selon lesquels 12 000 Juifs (un nombre impossible) avaient été tués rien qu'à Tartu, y compris des femmes et des enfants (*Expressen*, 21 avril 1987, p.9). Mais seuls 200 Juifs furent tués à Tartu d'après les informations israéliennes. La plupart étaient coupable de crimes violents. La juive Eugenia Gurin-Loov, évalue le nombre de Juifs tués à Tartu à 159. Le *New York Times* publia un rapport des comptes rendus du témoin oculaire Oskar Art, qui avait conduit le bus Volvo transportant les prisonniers sur le lieu d'exécution. Il prétend que seuls 50 Juifs furent fusillés à Tartu « mais pas d'enfants ». Laquelle de ces estimations paraît la plus probable ?

Les Allemands échouèrent à organiser des manifestations antijuives parmi les Estoniens – ils ne voulaient pas y prendre part, en dépit des crimes terribles que les Juifs avaient commis à leur égard. Aucun pogrom n'a jamais eu lieu en Estonie. Même les Juifs admettent cela. Il y a pourtant encore des sionistes prétendant que les Estoniens commencèrent à tuer des Juifs avant l'arrivée des forces allemandes. Un de ceux-là était Salomon Schulman qui publia cette version dans l'*Expressen*, alors le plus grand quotidien de Scandinavie, le 10 janvier 1992.

Il y avait un peu moins de 1 000 Juifs restant en Estonie à l'automne 1941, d'après le professeur Juif Dove Levin (921 d'après les rapports du chef de la police allemande, Martin Sandberger). 3 000 avaient été évacués en Russie. Les Juifs estoniens ne parvinrent à présenter que 474 noms de Juifs tués. Seuls 474 Juifs avaient été tués avant que l'Estonie soit déclarée « libérée des Juifs » en janvier 1942, d'après le document 180-L qui fut utilisé au tribunal de Nuremberg (*Sirp*, 24 décembre 1991). Eugenia Gurin-Loov présenta les noms de 929 Juifs exécutés dans son livre « Le grand Holocauste » (Tallinn, 1994). Les mêmes propagandistes affirmaient dans le périodique *Horisont* en 1991, que 2 000 Juifs estoniens avaient été exécutés. Cette estimation était en fait plus élevée que le nombre total de Juifs en Estonie en ce temps-là. On peut penser que pas un seul Juif en Estonie ne fut épargné. Les faits nous indiquent une histoire radicalement différente.

Valev Uibopuu, un célèbre linguiste estonien et auteur exilé en Suède, confirme que certains Juifs estoniens, qui étaient tout à fait innocents des crimes commis par le régime Soviétique, survécurent à l'occupation allemande. Il écrit : « *Au début du printemps 1943, je me trouvais dans un fauteuil de dentiste à Nomme (une banlieue de Tallinn). Ma dentiste était juive. Ce fut la dernière fois que je la vis, car je quittais l'Estonie cet été là pour échapper à l'emprise de l'occupation allemande. J'appris plus tard que ma dentiste avait déménagé en Estonie du sud, où elle avait poursuivi son travail. Elle traversa la guerre sans être inquiétée, c'est à dire que personne ne la dénonça. Sa fille, qui était une jeune étudiante, survécut aussi et est maintenant docteur à Tartu.* » (*Estnika Dagbladet*, Stockholm, 10 janvier 1992)

Ce rapport avait été rédigé pour *Sydsvenska Dagbladet*, qui refusa de le publier.

La propagande Soviétique accusait constamment les Estoniens (collectivement) d'avoir pris part à des meurtres massifs de Juifs. Même l'auteur estonien exilé Andres Küng, fut considéré comme un criminel de guerre malgré le fait qu'il n'était même pas né du temps de la guerre (*Dagen*, 5 mars 1987).

Les activistes Juifs continuent à commettre des crimes contre l'Estonie, en prétendant que les Juifs n'ont rien à voir avec le régime Soviétique. Plus récemment ils ont admis qu'il se trouvait quelques sympathisants « isolés » parmi les Juifs. Ceci est un véritable exemple de l'audace juive – la *chutzpah*. L'Encyclopaedia Judaica donne un exemple de cela : le fils tue ses parents et se tourne vers la synagogue pour demander une allocation d'orphelin…

Il y avait 4 613 Juifs en Estonie en 1989 (Ils étaient 5 436 en 1959). Seuls 8.4 pour cent d'entre eux parlaient l'estonien, tandis que 34.5 d'entre eux comprenait la langue. (*Aja Pulss*, No.1, 1991) Cela illustre suffisamment le respect des Juifs pour la culture estonienne !

La vérité doit finalement émerger. Ceux qui dissimulent un crime s'y associent. Néanmoins, les activistes Juifs n'ont eu de cesse de faire tout ce qui est en leur pouvoir pour cacher les crimes des Juifs marxistes contre le peuple estonien en 1940-1941. Ils refusent de révéler combien de Juifs estoniens travaillaient pour le régime Soviétique. Ils veulent encore se venger de ceux qui osent dire la vérité.

Sous le régime de la Terreur Rouge, il n'était pas même autorisé de dire que la vie était meilleure en Estonie avant de rejoindre l'Union Soviétique Communiste. Oskar Sommer n'hésita quand même pas à le dire. Il fut condamné à dix ans de travaux forcés.

Les sionistes veulent éviter que des articles révélant les crimes Juifs soient publiés en Estonie. Le rabbin Léon Mark Perlman déclara même le 17 août 1992 à Göteborg-Posten, que la « démocratie dans les états baltes est menacée » suite à des articles qui révélaient le rôle des Juifs dans la terreur communiste. C'était une autre forme de *chutzpah* !

En même temps, il est possible de lire dans les journaux comment le monde financier Juif a commencé à infiltrer l'économie estonienne *(Rahva Hääl*, 16 juillet 1993). Le Premier Ministre estonien Mart Laar, devint soudain extrêmement coopératif sous cet aspect. Les Juifs paraissent une fois de plus avoir un contrôle total de la situation économique et idéologique dans les états Baltes, d'après l'*Eesti Ekspress* (29 octobre 1993, A7). Ainsi les Lettons ont été placés sous tutelle en matière d'affaires internationales importantes pour le compte du sionisme international.

Une indication plus précise de cette situation est l'ouverture de la loge maçonnique *Fööniks* (Phoenix) à Tallinn au milieu de juin 1993. Elle serait l'outil principal des sionistes en Estonie. Les fonds pour la création de la loge provenaient de la franc-maçonnerie suédoise.

Il y a déjà des représentants de l'organisation maçonnique juive internationale du B'nai B'rith en Estonie. L'avocat Juif Léon Glickman, en Estonie devint membre de cette organisation en 1989, d'après un entretien publié dans l'*Eesti Ekspress* (20 août 1993).

Les autorités d'occupation communistes en Estonie causèrent d'énormes dommages à la société estonienne. Ils empoisonnèrent à la fois l'environnement physique et spirituel, détruirent les valeurs morales du peuple avec leurs mensonges outrageants et leur hypocrisie, endommagèrent la santé publique avec de l'alcool de mauvaise qualité et de la piètre nourriture et limitèrent les occasions de développement spirituel pour le peuple. Les enfants attardés mentaux des institutions spécialisées reçurent un traitement pire que celui réservé aux animaux en Occident.

Le régime Soviétique endommagea également l'Estonie économiquement. L'occupation coûta à l'Estonie 10 milliards de dollars par an depuis 1940, selon l'information rendue publique à la télévision suédoise le 5 juillet 1991.

Les autres pays communistes furent similairement affectés. La Chine, le Vietnam, Cuba et quelques autres états restant communistes souffrent encore de ce système.

Il est impossible de décrire tous les crimes communistes. Les forces financières de l'ombre et les dirigeants communistes Juifs refusent d'assumer leur responsabilité et leur culpabilité. Alors, qui assumera la responsabilité de tous ces gens qui furent dégradés, oppressés et rendus impuissants par les chaines du communisme ? Le sentiment d'impuissance provient du fait que le système communiste n'autorise à survivre qu'un groupe spécialement sélectionné d'esclaves, un groupe qui est dépourvu de la perspicacité et du jugement nécessaire pour éclairer les autres. Lorsqu'une nation a été si terriblement blessée, elle se trouve en état de désordre souffrant de graves déficiences, mais elle essaie pourtant de revenir à la vie. Il est alors aisé de tromper la masse avec de nouvelles idées, de belles promesses et de fantastiques plans de restructuration (aussi sur le plan politique). Tout cela sous l'apparence de nouveaux dirigeants avec un nouvel appareil de contrôle.

La situation rappelle celle d'une blague hongroise bien connue : à la fin de la Deuxième Guerre Mondiale, un groupe de Juifs se trouve dans un abri antiaérien de Budapest. Ils discutent de la situation. Lorsque les bombardements cessent, ils décident d'envoyer un enfant Juif au dehors pour vérifier dans quel état se trouve la société, pour qu'ils puissent s'y adapter dès le début. Le garçon demande : « Comment le saurais-je ? » Un vieux Juif lui répond : « C'est très simple. Si les jeunes Juifs sont au pouvoir, c'est le communisme, mais si ce sont les vieux Juifs qui sont au pouvoir, alors c'est le capitalisme. »

Le Juif danois Samuel Beskow, déclara dans un discours public du 8 décembre 1935 : « *Nous les Juifs avons pris notre place au centre de la société : la bourse, les banques, les ministères, les journaux, les maisons d'éditions, les tribunaux, les compagnies d'assurance, les hôpitaux et les écoles. Nous sommes partout, car il ne s'agit pas seulement de s'emparer de l'or dans notre lutte contre les Gentils.* » (*Berlingske Tidende*, 9 décembre 1935)

Le dirigeant socialiste suédois et membre du parlement Arthur Engberg déclara dans son journal *Arbetet* du 12 mars 1921 : « *La revendication selon laquelle la dictature du prolétariat en Russie signifiait en fait la dictature des Juifs sur les Russes, est amplement justifiée.* ».

Les extrémistes Juifs n'ont jamais formulé aucune excuse ni accordé la moindre indemnité pour toutes leurs atrocités. Pourtant, selon Alla Jakobson, la fille d'Idel Jakobson, ainsi que les dirigeants Juif Estoniens, l'état estonien doit faire montre de révérence à l'égards des Juifs en Estonie (*Postimees*, 28 janvier 2013).

EN RÉSUMÉ : QUELQUES CONCLUSIONS

Le communisme Soviétique s'écroula le 24 août 1991 après que les troupes d'élite Alfa du KGB refusèrent d'obéir aux ordres de la vieille garde communiste. Par la suite, l'Union Soviétique fut officiellement abolie le 25 décembre 1991 à 19:33. Il n'y avait pas d'alternative. En décembre 1991, l'Union Soviétique devait à l'Occident 960 milliards de dollars. Cette montagne de dette ne pouvait pas être remboursée. Le pays était en faillite.

Par ailleurs, de nouveaux plans étaient devenus plus urgents – le projet de former une nouvelle Union Soviétique en usant de la tricherie, et avec une autre idéologie (le mondialisme) et sous un autre nom, l'Union Européenne, où l'économie de marché dirigerait tout.

La vérité sur le communisme maléfique commence maintenant à émerger de toute part, malgré que beaucoup de communistes, principalement des Juifs, nous disent : « Ne remuez pas les tragédies et les crimes du passé ! », « Nous devons oublier l'histoire ! » (*Expressen*, 6 juillet 1992) Nous sommes pourtant en droit de poser la question : à quelle sorte de futur peut-on s'attendre si nous n'osons pas faire face à la vérité ? Le grand philosophe et docteur Paracelse (Theophrastus Bombastus Von Hohenheim, 1493-1541) a écrit : « *Il est aussi nécessaire de comprendre le mal que le bien, car qui saura ce qui est bon sans connaître ce qui est mauvais ?* »

L'écrivain Alexandre Soljénitsyne déclara dans une interview à la télévision espagnole en 1976, que le communisme avait fait 110 millions de victimes en Union Soviétique. La même idéologie fut responsable de 300 millions de morts de par le monde.

En Suède, aucun secret véritablement important n'a jamais été révélé. Cela constituerait une expérience trop douloureuse pour les socialistes suédois, qui préfèrent ignorer la vérité.

L'*Aftonbladet* écrivit dans son éditorial du 5 novembre 1989 : « Un écroulement de l'Union Soviétique n'est pas souhaitable. » L'*Aftonbladet* pensait que l'Union Soviétique était un facteur de paix. Le ministre socialiste des affaires étrangères, Sten Andersson, déclara même que l'Estonie n'avait jamais été occupée par l'Union Soviétique, une déclaration qui dépassait les bornes. Devinez qui loua les propos d'Andersson ? Les Juifs marxistes des pays Baltes.

Le gouvernement américain était tout aussi contre l'indépendance des états Baltes. Selon des documents récemment déclassifiés, lorsque le président G. W. Bush (membre des *Skull and Bones*), rencontra Gorbatchev sur l'île de Malte en Méditerranée le 3 décembre 1989, il lui expliqua que si l'Union Soviétique devait se démocratiser, elle devrait en revanche préserver son intégrité territoriale, car l'indépendance des états Baltes serait une mauvaise chose.

Bush montra son opposition à l'indépendance des états Baltes, d'une manière encore plus frappante, lorsqu'il demanda aux dirigeants de la France et de l'Allemagne d'envoyer une lettre à la Lituanie, demandant à ce qu'elle suspende sa déclaration d'indépendance, tout en reprenant des négociations avec Moscou. Le 26 avril 1990, le président français Mitterrand et le chancelier Helmut Kohl de l'Allemagne de l'Ouest, envoyèrent une lettre conjointe au président Lithuanien, Vytautas Landsbergis.

Jusqu'au dernier moment, Bush demanda à ce que l'Union Soviétique demeure unie. Néanmoins, les états Baltes s'affranchirent du pouvoir soviétique en août 1991. Le président russe Boris Eltsine reconnu leur indépendance en dépit de Gorbatchev. Comme les autres nations lui emboîtèrent le pas, Bush n'eut pas d'autre option que de le faire à son tour. (Michael R. Beschloss et Strobe Talbott, « Au plus haut niveau : L'histoire secrète de la fin de la guerre froide », Boston-Toronto-Londres, 1993).

Le paradis communiste était mort. Des milliers de gens à Moscou demandèrent : « plus jamais de Lénine ! » Le dinosaure baissa sa tête diabolique et mourut en paix. L'Union Soviétique périt comme le scorpion qui se tue lui-même lorsqu'il est cerné par les flammes. Le scorpion est un symbole de destruction. Mais il reste à savoir si le scorpion des Illuminati se réincarnera dans un autre corps, celui du mondialisme.

« Celui qui contrôle le passé contrôle le futur, celui qui contrôle le présent contrôle le passé », pour citer l'auteur George Orwell. C'est pour cela qu'il est encore très difficile d'établir des faits véritables au sujet du communisme.

C'est aussi la raison pour laquelle il n'y a jamais eu de procès pour punir les crimes des communistes. Au cours d'un tel procès, il deviendrait rapidement possible d'identifier ceux qui organisèrent vraiment les meurtres de masses des Russes et des membres des autres peuples au nom du Parti Communiste Soviétique. Une telle enquête causerait le pire retour de flamme imaginable contre les sionistes racistes. C'est pourquoi les noms des bourreaux ne doivent jamais être révélés. Les défenseurs de la justice en Suède ont été remarquablement silencieux à propos des crimes affreux du régime Soviétique.

Il serait tout à fait justifiable de qualifier le régime Soviétique de Tchernobyl spirituel – une terrible catastrophe sociale. Mais le communisme, le socialisme, le national-socialisme, le fascisme et le capitalisme ne sont en fait que les symptômes d'une seule maladie, qui a pour nom Illuminisme. Car le nom de la bête et ceux qui la promeuvent sont les Illuminati.

L'occident était totalement opposé à l'indépendance des états Baltes au début du processus de libération. Le dirigeant lituanien Vytautas Landsbergis fut à maintes reprises moqué en Suède. Il déclara ouvertement : « L'Occident est en train d'aider l'Union Soviétique à détruire notre liberté ! » (*Expressen*, 9 mai 1990)

Néanmoins, le parti communiste sombra comme le Titanic. Personne ne croyait une telle chose possible, hormis ceux qui voyaient la situation réelle. Je l'avais déjà prédit au milieu des années 1980. L'ère de l'Union Soviétique fut un âge de médiocrité et de dilettantisme. Ceux qui étaient quelque peu doués en souffrirent terriblement.

Pour éviter que cela se reproduise, ceux qui savent ne doivent pas se taire. S'ils le font, ils devront partager la responsabilité de ces crimes contre l'humanité et de la disparition de l'histoire causée par la propagande illuministe. Le philosophe écossais Edmund Burke a dit : « Tout ce dont la tyrannie a besoin pour s'établir, c'est que les gens de bien se taisent. »

Il y a toujours eu des ignorants et des naïfs qui ont essayé de justifier le mal. Le journaliste suédois Peter Kadhammar qui remercia Lénine et lui adressa un adieu enflammé dans un article après l'effondrement du régime Soviétique, est un de ceux-là (*Expressen*, 25 août 1991). Le communisme peut ainsi être considéré comme une pierre de touche, révélant le niveau de développement d'une personne à travers son attitude envers lui.

Mais après que les gens se soient débarrassés du communisme qui, tel le diable, avait ruiné leurs vies, ils se rendirent compte que ce diable avait investi leur propre esprit et leur propre corps. Le commandant en chef, Aleksander Einseln, un colonel américain de retour chez lui, confirma : « L'Estonie est une nation malade. Il n'y a plus ni éthique, ni morale, ni honnêteté là-bas. » (*Expressen*, 5 janvier 1994, p.24)

Les communistes laissèrent derrière eux une Russie où la moitié des enfants de certaines régions naissent difformes. Il y avait déjà 20 millions d'alcooliques en Union Soviétique en 1987. Près de 50 millions de gens vivaient dans un environnement complètement détruit. Le nombre de victimes de cancer augmente de deux pour cent par an. Quatre millions de personnes vivent près de la Mer d'Aral, auparavant le quatrième plus grand lac du monde.

D'énormes quantités de sel sont emportées par le vent et détruisent la fertilité des sols. Ce qui se produit près de la Mer d'Aral peut être considéré comme le génocide écologique des Karakalpaks. Les nouveaux-nés sont sujets à des attaques chimiques, car divers poisons environnementaux sont répandus avec le sel. L'eau potable est fortement polluée. Les enfants ont des dommages au cerveau. Mais la chose la plus effrayante est le changement génétique.

Pendant ce temps, une femme russe sur quatre qui a subi un avortement devient stérile. 10 millions de femmes sont devenues stériles de cette façon en 1992. En 2012, 10 000 avortements par jour ont lieu. Depuis 1992, il y a davantage de Russes qui meurent que ceux qui naissent – près d'un million par an. En 1994, quatre enfants Russes sur cinq étaient malades. Au cours de ces 20 dernières années, plus de 23 000 petites villes, villages et même des cités entières ont disparu.

Personne n'a jamais demandé à ce que Moscou cesse sa destruction de l'environnement. Tout se déroulait suivant le slogan : « Nous n'avons nullement besoin de l'aumône de la nature. Nous prenons ce qu'il nous plait à la nature ! » Le résultat fut une catastrophe sans précédent. Un tiers des terres ukrainienne, jadis si fertiles, sont maintenant inutilisables.

Après la Deuxième Guerre Mondiale, l'Armée Rouge jeta 300 000 obus à gaz dans la Mer Baltique. Ceci est devenu maintenant une menace sérieuse pour cette mer déjà très polluée. Beaucoup d'endroits sont pollués par des substances radioactives et sont devenus des zones dangereuses. La contamination radioactive en Russie est une affaire très grave. Nous payons tous le prix de la folie des communistes.

Beaucoup de Juifs prirent peur d'une réaction possible lorsque la vérité sur le rôle des extrémistes Juifs dans l'oppression communiste fut révélée. Ils émigrèrent en Israël, malgré leurs privilèges en Russie. Ceci fut en fait admis par ceux qui avaient auparavant répandu le mythe selon lequel le gouvernement d'Union Soviétique s'était distingué par son antisémitisme. Ils sont devenus un fardeau pour le service d'assurance-maladie d'Israël, car un tiers de tous les Juifs souffrant de cancer dans le pays sont originaire de l'ancienne Union Soviétique. Les Juifs russes comptent pour juste 9 pour cent de la population, d'après le journaliste israélien Nurit Wurgaft. (*Dagens Nyheter*, 15 août 1993)

L'immigration de masse vers Israël commença en 1988, lorsque les crimes et les statuts privilégiés des Juifs extrémistes du temps des communistes commencèrent à être questionnés et discutés plus souvent. Le petit fils de Staline Evgueni Djougachvili, montra à des journalistes occidentaux interloqués une liste de responsables fonctionnaires au sein de divers commissariats du peuple, qui pratiquèrent la grande terreur contre la population entre 1936 et 1939. Chaque nom était marqué d'un symbole. Une étoile signifiait que la personne en question était juive, un trait signifiait qu'il était un russe. « C'est littéralement tout étoilé ! » s'écria Evgueni Djougachvili (*Expressen*, 18 août 1991).

Selon plusieurs sondages d'opinions, c'est à cause de ces terribles évènements qu'au moins un sixième de la population russe est définitivement antisémite. Ils sont convaincus qu'il existe une conspiration juive d'envergure internationale (*Dagens Nyheter*, 4 janvier 1991, A11).

Les principaux auteurs russes, Valentin Raspoutine, Vassili Belov, Valentin Pikul, Yuri, Bondarev et Viktor Afanasyev ont tous perçu le pouvoir caché des Juifs extrémistes en Russie. Vassili Belov a écrit un roman rempli de faits démontrant que ce furent les Juifs communistes qui portent la responsabilité de la brutalité incroyable de la collectivisation forcée. Pendant ce temps, un ou deux fonctionnaires Juifs, y compris Rubanovich, ont aussi déclaré à la télévision suédoise qu'ils ne s'excuseraient jamais pour leurs crimes.

Les activistes Juifs préfèrent déserter la scène lorsque les autres peuples ont besoin d'aide. Au début de la guerre civile en Abkhazie, beaucoup de docteurs Juifs se réfugièrent en Israël, laissant mourir des milliers de blessés. Un parfait exemple d'éthique médicale.

Beaucoup de criminels Juifs ont aussi profité de l'opportunité d'émigrer à l'Ouest (y compris en Suède). Un grand nombre de ces immigrants devint de célèbres gangsters sans merci aux États-Unis, d'après le *New York Times* (4 juillet 1989, p.38).

Le Juif russe Boris Kagarlitsky déclara même dans *Dagens Nyheter* (6 juillet 1990), que le socialisme n'était pas mort. Mais ça ne fonctionnait définitivement pas, car 90 pour cent des usines nationalisées, des kolkhozes et des fermes d'état avaient fait faillite. Elles avaient été gardées en vie de manière artificielle.

La prophétie du social révolutionnaire Juif Alexandre Herzen en 1850 était maintenant devenue vraie : « *Le Socialisme se développera jusqu'à ce qu'il atteigne son propre extrémisme et son absurdité. Puis un cri de reniement se fera entendre au sein d'une minorité de révoltés. Une fois encore, une lutte à mort sera déclenchée lorsque le socialisme prendra soit la place tenue par le conservatisme actuel ou sera vaincu par de futures forces révolutionnaires encore inconnues de nous.* » (Alexandre Herzen, « De l'autre rive », Tallinn, 1970, p.106).

« Le Socialisme a été une tragédie pour notre peuple. Ce fut une mauvaise chose que cela nous soit arrivé. Il aurait bien mieux valu que cela se produise dans un pays plus petit, » déclara le président russe Boris Eltsine en septembre 1991 (*Svenska Dagbladet*, 7 septembre 1991).

En Suède la fausse « version » Soviétique de cette tragédie est entièrement gobée sans réflexion aucune. Napoléon n'a-t-il pas dit : « *Qu'est-ce que l'histoire sinon un conte sur lequel tout le monde s'accorde ?* » La plupart des suédois ont accepté les nombreux mythes du communisme. C'était tellement bien de croire aux contes de fées, qui prétendaient entre autres choses que les citoyens des pays communistes avaient au moins la sécurité sociale. C'était effectivement une excellente forme de sécurité avec des agents de sécurité et des espions partout ! Il fut aussi déclaré que les citoyens soviétiques avaient un travail garanti. Les esclaves ne pouvaient pas travailler normalement sous oppression pour une monnaie sans valeur, qui pouvait seulement être utilisée dans des magasins où il n'y avait rien à acheter. On peut aussi prouver que les ouvriers des pays communistes étaient dans un état de santé pire que ceux de l'occident.

Le 13 décembre 1991, l'éditeur Juif de l'*Expressen* Leif Zern, publia un article de Claudio Magris qui pleurait et se lamentait sur l'effondrement de l'Empire Soviétique : « Je crois que nous devons considérer la chute tragique du communisme avec respect et même amour. Nous devons seulement penser aux milliers d'hommes et de femmes qui moururent pour cette croyance. » Cet écrivain déteste intensément lire des articles révélateur sur Lénine. Il ne sanglote pas pour les plus de 300 millions de victimes du communisme. Il est vrai qu'il se trouvait du côté des bourreaux.

Le politologue Juif Amos Perlmutter formula une mise en garde dans le *Washington Post* de septembre 1989, indiquant que l'effondrement de l'Union Soviétique pouvait devenir inconfortable pour les États-Unis. Il pensait que les nouveaux états ne sauraient pas quoi faire de leur liberté. Il maintenait aussi que les états Baltes manquaient de tradition démocratique.

L'élite financière internationale était devenue très inquiète au sujet des conséquences de la chute de l'Union Soviétique, maintenant que la liberté de parole n'était plus considérée comme un crime en Russie. C'est pourquoi les médias de masse ne ratent aucune occasion de parler de la « terreur fasciste » du régime Staliniste, ou de Mao Tsé-toung et Deng Xiaoping, Pol Pot et les autres. Ils ne veulent pas que ces crimes soient présentés sous l'égide de la terreur communiste. À la place, ils veulent que les fantômes de Lénine, Staline et des autres meurtriers de masse s'échappent par la porte de derrière du vaste abattoir qu'ils construisirent et dirigèrent avec tant de succès. Pas un seul des dirigeants étrangers ne voulut jamais arrêter le communisme, malgré le fait que cette idéologie, qui était basée sur la haine et l'agitation, était dirigée contre tous les gens intelligents. Tout ça n'était qu'un gigantesque cirque rempli de bavardages.

Un ouvrage fit sensation en Russie Soviétique le 26 août 1990, « Catéchisme pour les Juifs de l'Union Soviétique ». Ce texte contenait des instructions secrètes, qui avaient été façonnées par les sionistes à Tel Aviv en 1958.

Mais ce n'était pas le premier signe de revers. Il y avait des Juifs qui, dans la presse, informaient le public russe de l'existence de tels textes afin de prendre publiquement leur distance avec eux.

Le 26 octobre 1989, le journal *Tcheliabinsk Rabochy* publia une lettre d'un lecteur Juif S. Peisner, qui déclara sa loyauté envers la Russie et prit ses distances à l'égard du « Catéchisme pour les Juifs d'Union Soviétique ». Il cita les passages les plus cyniques du texte d'introduction et écrivit :

« Je suis Juif, mais je ne suis pas sioniste. Pourquoi n'y a-t-il personne pour arrêter leurs activités criminelles ? Comment prendraient-ils le fait que le « Catéchisme pour les Juifs d'Union Soviétique » soit publié ? Tout le monde comprendrait alors que toutes leurs activités à petite ou grande échelle étaient stratégiquement planifiées et tactiquement déterminées. »

Les sionistes gardèrent un complet silence. Les nationalistes Russes avaient entre temps obtenu des copies de ces « instructions ». Voici quelques uns des extraits typiques de ces directives :

« Il est nécessaire d'aider les jeunes Juifs à accéder aux positions dominantes. Les Russes ne sont pas capables de pensée profonde, d'analyse… ils sont comme des porcs… Tout ce qui leur appartient aujourd'hui, est en fait à nous – ils ne font qu'en jouir temporairement. Dieu nous a prescrit de tout leur prendre…

Les goys (gentils) sont stupides et primitifs, ils ne savent même pas mentir…

Calomniez leurs représentants les plus éminents qui sont capables de s'exprimer… notre mot d'ordre est l'audace respectable…

Accusez tous ceux qui travaillent contre nous d'antisémitisme et cataloguez-les comme antisémites. Répandez constamment des déclarations sur la souffrance éternelle du peuple Juif, qui a été persécuté dans le passé et se trouve maintenant victime de discrimination. La tactique du « pauvre » Juif a doté ses pratiquants d'une justification depuis des milliers d'années.

Dieu veut que nous, les Juifs, dirigions le monde et c'est ce que nous faisons.

Conservez entre vos mains les médias de masses, comme instrument de désinformation

Un peuple sans histoire est comme un enfant sans ses parents. Il doit recommencer sans cesse et toujours et il nous est alors facile de lui inculquer notre vision du monde et notre manière de penser. De cette manière nous pouvons liquider des races entières. Ils doivent perdre leur histoire et leurs traditions, suite à quoi nous serons capables de les modeler à notre guise…

À travers le mariage avec des juives, nous pouvons ramener les Russes sous notre influence et dans notre sphère d'intérêt.

Achetez, détruisez et empêchez la publication des livres qui révèlent nos tactiques et notre stratégie. Les goys ne doivent jamais connaître les raisons réelles derrières les pogroms de Juifs.

Ils doivent être forcés à choisir le chaos ou nous. Lorsqu'ils essayent de faire sans nous, nous devons causer le chaos complet. Assurez-vous que le désordre perdure jusqu'à ce que les gentils souffrants et torturés souhaitent désespérément le retour de notre régime. Les gentils doivent travailler sous notre direction et nous être utiles. Ceux qui ne sont pas utiles doivent être exclus. Celui qui n'est pas avec nous est contre nous « Œil pour œil, dent pour dent », c'est ce que Moïse nous a enseigné. L'argent est notre Dieu ! »

Le docteur Juif Jacob Nussbaum, un fonctionnaire haut placé dans une organisation internationale basée à Vienne, déclara littéralement la même chose que l'auteur Lars Gustafsson, lui-même un Juif : « Il n'y a rien, plus rien entre nous (c'est-à-dire les Juifs aux commandes) et le

chaos. » (*Svenska Dagbladet*, 10 avril 1983, p.14) Il déclara aussi :
« *L'Europe… dans les organisations internationales, n'est bien sûr d'un point de vue global que la simple expression de l'universalisme Juif… Sans l'universalisme Juif et sans la foi juive dans la stabilité des valeurs, il n'y aurait pas de place pour l'Europe.* »

Il n'aurait pas pu s'exprimer d'une manière plus insolente. Le socialisme communiste fut aussi une expression de l'universalisme Juif, qui eut pour conséquence plus de 300 millions de victimes, des sociétés ruinées et un environnement détruit. Les Sionistes-Frankistes, à travers l'aveuglement des peuples, ont été capables de nous tromper avec tous ces « ismes », qui nous ont conduit à un conditionnement social pour idiots et impotents.

Dans ce livre, qui peut être considéré comme une étude du mal, j'ai essayé d'informer le lecteur sur l'origine réelle de cet universalisme criminel et de dissiper la fausseté historique qui présente Lénine comme un immortel exemple de force morale et de noblesse (voir le livre de Gorbatchev « Perestroïka »), la collectivisation agricole comme quelque chose de positif, et d'autres mensonges similaires.

J'ai au moins tenté de récupérer une partie de notre histoire, que les forces tapies dans l'ombre nous ont volée. Je suis sûr que les matériaux que je suis parvenu à réunir pour ce livre ne forment que la partie immergée de l'iceberg. Je suis tout aussi sûr que nous découvrirons finalement de plus en plus d'horribles secrets. Ce livre est la preuve que l'histoire ne peut pas être assassinée.

L'élite financière internationale veut maintenant remplacer l'ancienne Union Soviétique par l'Union Européenne, comme l'explique le livre du politologue autrichien Dr Karl Steinhauser « EG – Die Super-UdSSR von morgen » (Vienne, 1992). Karl Steinhauser montre que les francs-maçons sont impliqués dans le processus de création d'un nouvel super-état fédéral, dont la capitale sera Bruxelles et qui maintiendra ses citoyens sous supervision par des moyens électroniques.

Un système de contrôle par un numéro d'identification personnel de 18 chiffres a déjà été mis au point. Nous ne pourrons plus passer certains points de contrôle sans être identifiés. Le rêve du dirigeant maçonnique et Illuministe Giuseppe Mazzini, de former les États-Unis d'Europe est sur le point de devenir une réalité.

Le 30 septembre 1992, le journaliste hongrois Andras Bencsik rédacteur en chef du *Pesti Hirlap*, publia l'article « L'art d'écraser le noyau dur » où il décrivit de manière allégorique les problèmes basiques auxquels chaque société post-communiste est confrontée.

Andras Bencsik déclarait :
« *La crise politique interne de la République de Hongrie est le résultat d'un piège dont le mécanisme est d'attirer la société qui y tombe de plus en plus profondément,*

à mesure que la société essaye de s'en libérer. Si la nation attendait patiemment et acceptait son sort, il n'est pas même certain qu'elle retrouverait sa sécurité.

Ce piège est semblable à une toile d'araignée, où une mouche capturée, battant désespérément des ailes, tente de se libérer. La mouche semble tirer sur les fils les plus fins de la toile, mais l'araignée, qui se tient cachée sur un bord de la toile, sent la force des filaments et attend patiemment, se tenant hors de vue, devenant presqu'invisible. Mais ça n'est pas par timidité... Ce drame est tragique pour la mouche. Car cela concerne sa survie. Pour l'araignée c'est tout naturel – c'est de cette manière qu'elle se nourrit.

Il s'agit d'une lutte pour la survie. L'essence de cette lutte repose sur le fait que les deux côtés croient eux-mêmes avoir raison. C'est pourquoi les possibles résultats finaux sont aussi similaires. Soit l'ordre de la société des mouches ou celui des araignées en sortira victorieux. Si les mouches gagnent, il n'y aura pas beaucoup d'opportunités restantes pour les araignées. Si ce sont les araignées qui gagnent, la société des mouches dégénèrera en une sorte de ferme des animaux. Elles ne se reproduiront que pour nourrir les araignées. Dans la société des mouches, il y a une démocratie tandis que dans celles des araignées il y a une dictature. Aujourd'hui nous connaissons les deux formes.

Seuls quelques uns d'entre nous ont découvert que, pendant que notre bonne vieille toile d'araignée avait séché et flétri, de nouvelles araignées en tissaient une nouvelle en dessous de nous, pour que notre libération ne puisse en fait signifier que nous tombons dans une toile nouvelle et plus forte au lieu de pouvoir voler librement.

Les araignées, qui ont organisées leur nation parasite en noyau dur, ont bénéficié d'une situation encore plus avantageuse lorsqu'elles commencèrent à réorganiser la structure de la société qui s'était effondrée. Leur avantage repose dans le fait qu'ils connaissent très bien leur propre culture et n'ont aucun doute que leur position était devenue bien pire. Le monde n'a pas été créé pour les araignées, mais la divine providence a aussi prévu une place pour elles, tout comme pour les moustiques. Nous pouvons l'exprimer de cette manière : c'est arrivé pour que les paisibles créatures ne commencent pas à se sentir trop en sécurité... »

Il s'agit de la meilleure analogie que je connaisse à propos de la situation actuelle en Europe.

L'auteur hongrois et membre du parlement Istvan Csurka (1934-2012), écrivit un article où il déclara ouvertement qu'il existait une conspiration dont le but est de nuire consciemment à la Hongrie. Les Juifs, les libéraux et le FMI (Fond Monétaire International) mènent la conspiration. Bien sûr, un gros scandale éclata. Il n'est pas permis d'exprimer son opinion si elle est dérangeante.

Les plans de la future Europe furent préparés bien à l'avance. Le comte Richard de Coudenhove-Kalergi (1894-1972), qui fut le premier président de l'Union Paneuropéenne fondée en 1923, écrivit ce qui suit dans son livre « Praktischer Idealismus » / « Idéalisme pratique » (1925) : « *L'homme futur sera un métis. En Europe, je veux voir un mélange de nègres eurasiens avec une grande variété de types... Les Juifs occuperont les positions dominantes, car une bonne providence a donné à l'Europe une race spirituelle d'une noblesse supérieure représentée par les Juifs.* » (Pages 22 et 50).

J'ai trouvé les plans francs-maçons pour la future Europe dans le *Wiener Freimaurer Zeitung* (Vienne, septembre 1925 et octobre 1926).

Le franc-maçon Coudenhove-Kalergi déclara dans son autobiographie que l'union paneuropéenne fut à l'origine sponsorisée par un cercle de banquiers Juifs dirigés par Rothschild et Warburg.

En 1925, la Grande Loge de Vienne envoya un appel à différentes fédérations maçonniques pour soutenir le mouvement paneuropéen de Kalergi.

GROSSLOGE VON WIEN

T∴ Ill∴ Grand Maître,

TTT∴ Ill∴ et TTT∴ CCC∴ FFF∴

La Grande Loge de Vienne, constituée vers la fin de l'année 1918, à l'heure du plus douloureux abaissement du peuple autrichien, s'est dévouée dès sa fondation au but, d'être toujours héraut et défenseur de la paix interne et externe parmi les peuples, déchirés alors par la haine et l'intolérance.

En se souvenant de cette mission, elle se fait par la présente auprès de vous, TTT∴ ILL∴ et TTT∴ CCC∴ FFF∴, ainsi qu'auprès de toutes autres Obédiences Maçonniques, interprète d'une idée, qui tende au relèvement et à la reconciliation des peuples.- C'est l'idée de

l'Union pan-Européenne

du fr∴ Docteur Richard N. Comte Coudenhove-Kalergi de Vienne, une idée, qui pourrait devenir l'instrument idéal pour arriver à l'union pacifique de l'humanité.

Le fr∴ Docteur Richard comte N. Coudenhove-Kalergi, que nous apprécions comme un membre prominent d'un de nos ateliers viennois, est philosophe érudit, politicien universel et apôtre de l'idée, que c'est la Maçonnerie, qui parmi toutes les institutions humaines, devrait avant tout contribuer à la pacification générale et à l'établissement d'une véritable fraternité de l'humanité. D'autre part, les conséquences qu'il voit naître des rapports actuels entre les peuples éveillent les craintes les plus funestes.

La Grande Loge de Vienne, convaincue que le désir de la paix universelle, et par conséquence le programme du fr∴ Coudenhove, trouvera un écho rétentissant dans les coeurs de tous les Maçons - chez les vainqueurs également comme chez les vaincus et les neutres - vous prie de bien vouloir vous intéresser fraternellement tant de l'idée que de l'action du fr∴ Coudenhove, dont les points essentiels vous trouverez ci-jointes.

Agréez, TTT∴ Ill∴ Grand Maître, et TTT∴ Ill∴ et TTT∴ CCC∴ FFF∴ nos hommages et salutations les plus fraternelles

Le Grand Secrétaire

Le Grand Maître

Même les Juifs suédois ont utilisé le mythe raciste des Juifs, selon lequel ils constituent le peuple élu, tout en reconnaissant le fait qu'il existe une conspiration particulière contre l'humanité. Hermand Greid écrivit méchamment ce qui suit : « *Mais Dieu ne les a pas choisis parce qu'ils sont une race sacrée, mais ils sont sacrés car il a plu à Dieu de choisir cette race pour accomplir certains desseins pour l'humanité.* » (*Judisk Kronika*, No.4, 1971, p.4, colonne 2).

À travers ce livre, j'ai essayé de montrer ce que ce prétendu plan a signifié pour nous tous. Non merci à tous les crimes, à la terreur et à l'oppression sous toutes ses formes ! Pour arrêter ce processus, il est nécessaire de recréer notre histoire et d'éviter de nouvelles erreurs en n'accordant aucun crédit aux nouvelles actions trompeuses de l'élite financière. Ces plans ont jusqu'ici inclus la manipulation avec de la nourriture frelatée (la propagande pour le fast-food et l'aspartame), les aliments irradiés et génétiquement modifiés, la manipulation économique, tel que celle pratiquée par le Juif hongrois George Soros, la suppression des inventions utiles à la protection de l'environnement et des sources d'énergies renouvelables.

L'élite financière a déjà réussi à détruire notre vie culturelle. La musique moderne est bizarre, tordue et aliénante avec ces rythmes violemment mécanisés. L'art témoigne de bien des symptômes de décadence, et la plupart des romans sont spirituellement vides. Dans le même temps, ils essayent de nous accoutumer à des divertissements qui propagent ouvertement et insolemment la violence comme moyen de résoudre les problèmes. Mais le lecteur a-t-il déjà vu le prétendu Holocauste exploité pour un divertissement violent ?

L'élite financière manipule la science, dissimule les faits de certains phénomènes sous les catégories de l'inexplicable, du discutable, et du non-existant. L'école ne forme plus que des idiots utiles.

À la place du communisme, qui fut vraiment un terrible fantôme planant sur l'Europe en causant la misère spirituelle où qu'il se trouva, il y a maintenant le mondialisme qui implique un danger encore plus grand. C'est une nouvelle idéologie, qui permet de soutenir et de justifier la construction de l'Union Européenne. Le livre révélateur d'Igor Shafarevich « La setta mondialista contro la Russia » / « La secte mondialiste contre la Russie » fut publié à Parme en 1991. L'objectif principal des mondialistes, d'après cet ouvrage, est d'éliminer tout idée de nationalité ; de détruire l'esprit des jeunes gens avec de la musique hard-rock, des films violents, de la pornographie et de la drogue ; d'imiter le mode de vie américain dans ses pires formes ; d'effacer la mémoire historique ; de mélanger les races au moyen de l'immigration de masse… Le sujet du mondialisme, qui est purement de l'Illuminisme sous une autre forme, a jusqu'ici été complètement évité en Suède.

Le but des mondialistes est l'établissement d'un gouvernement mondial. Le franc-maçon Mikhaïl Gorbatchev parla de ce but à Fulton, aux États-Unis le 6 mai 1992, lorsqu'il admit qu'il y avait une occasion de créer un « gouvernement mondial » après la « guerre froide ».

Gorbatchev est membre de la Commission Trilatérale. Comme le franc-maçon Roumain de haut-rang, Dan Amadeu Lazarescu, qualifiait Gorbatchev de frère, nous pouvons affirmer que le dernier dictateur de l'Union Soviétique est franc-maçon. En effet, seul un autre franc-maçon peut désigner ainsi un frère en maçonnerie.

Même Lénine suggéra la formation des États-Unis du Monde (L'Union Mondiale des Républiques Socialistes), dans le journal *Socialdemokrat* (No.40) en 1915. Lénine affirma que dans le futur, il n'y aurait plus d'état-nation.

Les francs-maçons, avec de nouvelles versions de leurs anciennes ruses, sont à la tête de toutes les nations les plus importantes. Aux États-Unis, le président Barack Obama joue un jeu maçonnique pernicieux (c'est un franc-maçon du 32ème degré au sein de la maçonnerie du Prince Hall), le président italien Giorgio Napolitano, qui est à la fois franc-maçon et ex-communiste, ou bien le premier ministre belge Elio di Rupo, qui est ouvertement homosexuel. Napolitano déclara ouvertement que tous ceux exprimant un point de vue critique sur l'EU, doivent être considérés comme des terroristes.

Dans les années 1950 1960 et 1970, le KGB infiltra définitivement plusieurs loges maçonniques importantes et les utilisa pour servir ses propres objectifs. Avec la CIA, le KGB était en fait parmi les sponsors de la loge maçonnique P2 en Italie. (Stephen Knight, « The Brotherhood » / « La Fraternité », Londres, 1985, pp.271-289, et d'après un entretien avec l'ancien agent de la CIA Richard Brenneke à la télévision italienne à l'été 1990)

La Russie est à présent l'objet de plans bien précis. Le Fond Monétaire International (FMI) – l'outil principal de l'élite financière internationale – s'est aujourd'hui déjà occupé des matières premières de l'ancienne Union Soviétique. Dans le même temps, la nation manque de projets et de ressources pour bâtir une industrie de production avancée.

Le Capitalisme n'a pas seulement été réintroduit en Russie à cause de la dérive dérangeante du communisme, mais surtout afin de piller la production réelle plus efficacement et pour transférer le surplus de valeur créé par les salariés dans la spéculation et la manipulation économique, tout comme en occident aujourd'hui. La troisième alternative, celle d'un système économique sans intérêt et sans inflation, est hors de question, car une telle économie rendrait l'élite financière complètement impuissante !

C'est ainsi que les anciens communistes de tous les pays sous l'ancien joug soviétique, travaillent à présent avec ferveur dans l'intérêt de dirigeants étrangers. Ils se moquent de leur peuple respectif, qui ont toujours autant de mal à comprendre leur sort actuel.

Il existe encore quelques gens sensés en Russie qui ont été capables de percevoir le jeu de dupe dont ils sont l'objet. *Komsomolskaya Pravda* écrivait ce qui suit le 6 octobre 1990 : « *Les russes ont été pillés pendant 73 ans, et sont ainsi tombés dans une pauvreté humiliante. Certains pensent que ça n'est pas suffisant et ont décidé de poursuivre le pillage jusqu'à ce qu'il ne reste plus rien.* »

Le Juif Yegor Gaidar a été la figure de proue derrière la prétendue thérapie de choc appliquée à la Russie. Mais les réformes économiques se sont effondrées. Le plus important conseiller de cette thérapie appliquée à l'ancien bloc de l'Est, fut le Juif américain Jeffrey Sachs, qui a contribué à la dévastation de l'économie de la Bolivie dans les années 1980, le tout au nom de la stabilité monétaire. La presse d'opposition russe a d'ores et déjà publié certaines mises en garde contre le mondialisme.

En Russie, un restant de forces communistes et nationalistes moins informées (idiots utiles), pensent naïvement pouvoir encore agir librement sur la scène politique et contrôler le développement. C'est pourquoi ces communistes essayèrent une fois de plus de gagner le contrôle de la Russie en tentant de renverser Boris Eltsine en Septembre 1993. Mais leur temps était définitivement écoulé. L'élite financière internationale fit en sorte qu'ils soient éliminés, tout comme les francs-maçons le firent avec le nationaliste dissident Lavr Kornilov en août-septembre 1917.

Il était évident que le franc-maçon Boris Eltsine éprouvait de grandes difficultés à réprimer la rébellion au début, car l'armée voulait rester neutre dans le conflit. Le 4 octobre 1993, le ministre de la défense Pavel Gratchev, ordonna aux brigades d'élites de la division de Tamansk de rejoindre Moscou. Il promit aux officiers de nouvelles maisons s'ils obéissaient. Gratchev voulait au moins dix groupes, mais seuls quatre le rejoignirent. Ils commencèrent à tirer sur le parlement. Les forces spéciales anti-terroristes refusèrent de tuer les ennemis d'Eltsine. Seule une partie des forces de police d'Omon (la police anti-émeute) et la garde présidentielle se lancèrent dans la bataille.

Eltsine n'osa pas leur faire confiance complètement, comme le journaliste russe Vladimir Alexandrov le révéla en Russie et à l'étranger, et donc Eltsine fut d'accord pour se faire envoyer à Moscou 35 membres du groupe terroriste sioniste international du *Betar*. (*The Spotlight*, 22 novembre 1993). Lorsque ce groupe essaya d'abord de pénétrer de force dans le parlement, les cosaques les en empêchèrent. La chose la plus intéressante était qu'il y avait (à la grande surprise des journalistes étrangers) tellement de Juifs parmi les défenseurs du parlement. Cette clique n'avait pas encore compris que l'époque des prétextes communistes était une page déjà tournée.

Les vétérans d'Afghanistan et les criminels des gangs organisés travaillant à Moscou, furent plus tard envoyés pour attaquer le parlement. Le *Betar* fit son apparition peu après avec ses tactiques de choc. On pouvait entendre les communications radios internes, qui révélèrent comment le *Betar* progressait dans le bâtiment.

Le *Betar* avait été fondé en 1923 par Zee Jabotinsky à Riga, Lettonie. Le but de ce groupe est de combattre « l'antisémitisme » par des actes de terreur. C'est tout à fait typique de ce genre de mouvements, qu'ils puissent aussi pratiquer la terreur contre des Juifs civilisés qui se tiennent en travers du chemin de leur utopie raciste et de leur hallucination religieuse.

La révolte fut réprimée le 4 octobre 1993, car les communistes n'étaient plus les bienvenus dans l'arène politique russe et manquaient aussi de soutien de la part des États-Unis. Les communistes maléfiques avaient été capables d'avancer principalement à cause du soutien de l'élite financière et de la complaisance des gens de bien.

Pendant ce temps, l'activiste Juif Vladimir Zhirinovsky (en fait Wolf Edelstein) était rentré en scène, non sans recevoir les habituels soutiens, bien entendu. Il avait été forcé de dissimuler son origine juive afin d'exploiter démagogiquement l'attitude antisémitique de Russie. En 1988, il était membre du conseil du groupe Sioniste Soviétique Chalom. Son ancien camarade, Yuli Kosherovsky le révéla depuis Israël (*Dagens Nyheter*, 18 décembre 1993). Le journal israélien *Ma'ariv* écrivit le 17 décembre 1993 que Zhirinovsky avait de la famille en Israël. Zhirinovsky fut aussi, comme agent du KGB, expulsé de Turquie pour espionnage dans les années 1960. Zhirinovsky lui-même déclara au journal *Ma'ariv* qu'il ne voulait pas dissimuler le fait qu'il était Juif. Il fit remarquer : « *Les Juifs ont un rôle particulier en Russie. 90 pour cent des membres du Parti de Lénine étaient Juifs. 90 pour cent de mon Parti sont aussi des Juifs.* »

Le Parti « libéral démocrate » de Zhirinovsky fut fondé le 31 mars 1990 par le KGB, sur ordre du Parti Communiste pour que Boris Eltsine ne reçoive pas trop de voix. Ce mouvement fasciste devint le deuxième plus gros parti après le Parti Communiste. Zhirinovsky n'est pas de droite. Beaucoup de véritables patriotes Russes disent : « Zhirinovsky est une marionnette du KGB. C'est une plaisanterie de croire qu'il puisse être de droite ! »

Zhirinovsky est un politicien quelconque, qui entre autre chose, a menacé de commettre un génocide : « S'il en coûte 90 000 Russes d'éliminer un million d'Estoniens, ce serait une bonne action. » (*The Baltic Independant*, No.135, 1992, p.6)

C'est évident que le rôle de Zhirinovsky est de contrôler et diriger l'attitude antisémitique des Russes et de forcer diverses petites nations à rejoindre l'Union Européenne. Un proverbe suédois indique : « Les fous se précipitent là où les hommes sages ont peur d'entrer. »

Zhirinovsky est un épouvantail utile pour certains pouvoirs. Parce qu'il est utile là où il se trouve, il ne lui a pas été donné d'autre marge de manœuvre. Les ennemis vraiment dangereux pour le sionisme sont simplement assassinés – c'est ce qui est arrivé au plus grand expert du sionisme à Moscou, Evgueni Yevseyev, en 1990. Il travaillait comme chercheur à l'institut des Études Philosophiques de l'Académie des Sciences.

Tout est littéralement possible pour l'élite financière internationale, qui contrôle 80 pour cent du capital global. Le pouvoir des prêteurs augmente et la marge de manœuvre des politiciens se réduit à mesure que les déficits publics des pays industrialisés croissent indéfiniment. Les dettes publiques des pays industrialisés ont atteint le montant astronomique de 15 000 milliards de dollars sur les 20 dernières années. Les super-capitalistes sont bien sûr devenus encore plus riches tout au long de ce processus d'esclavage généralisé. Le pillage des pays industrialisés continue à toute vitesse. Le résultat peut être la banqueroute, l'hyperinflation ou la complète obéissance à l'élite financière. Dans le meilleur des cas, nos arrières petits-enfants seront libres de l'esclavage des taxes, s'ils dépensent tout leur argent à rembourser les intérêts et souffrent de privation pendant que leurs parasites deviennent encore plus riches.

La Russie fut à nouveau pillée avec une intensité particulière par des forces criminelles au cours des années 1992-96 – d'au moins 800 milliards de dollars. Les dirigeants politiques Juifs (Gaidar, Kozyrev, Primakov, Yassin et les autres) se sont arrangés pour que 60 pour cent des richesses russes (le pétrole, les usines, les compagnies aériennes, les banques) terminent entre les mains des « hommes d'affaires » criminels Juifs au début des années 1990. Ils pillèrent le pays. L'infâme criminel Boris Berëzovski devint le nouveau propriétaire de la compagnie aérienne *Aeroflot*. (Oleg Platonov, « L'histoire du peuple russe au 20ème siècle », Moscou, 1997, partie II, p.672).

Une ou deux voix s'élèvent en protestant (y compris l'ancien maire de Moscou, Gavril Popov) contre la thérapie de choc des conseillers Juifs (Serguei Shakhrai, Serguei Stankevich), ce qui signifie pour la Russie d'être à nouveau ruinée et subordonnée aux monopoles internationaux.

Les politiques des pays Baltes sont décidées par un groupe secret composé de diplomates de haut rang de différents pays. (*Svenska Dagbladet*, 28 mars 1994) Les lignes directrices proviennent toujours de certaines forces financières.

Le *Financial Times* écrivit le 1er novembre 1996 : « *Les banquiers – dont plusieurs sont des membres dirigeants de la communauté juive de Russie – ont peur de devenir la cible éventuelle d'un retour de flamme nationaliste.* »

Ces banquiers (Boris Berëzovski, Vladimir Gusinsky, Mikhaïl Khodorkovski, Piotr Aven, Mikhaïl Friedman et Alexandre Smolensky) contrôlent environ 50 pour cent de l'économie. Ils étaient le pouvoir derrière Boris Eltsine. Berëzovski possède également la nationalité israélienne.

Les mythes sociaux et les faux idéaux des Illuminés ont eu les conséquences catastrophiques que j'ai exposées dans ce livre. Malheureusement, leurs activités continues sous des formes nouvelles et camouflées. C'est pourquoi nous ne devons pas oublier le paradoxe formulé par l'écrivain français Jules Verne : « Plus les choses semblent changer, plus la situation reste la même. » Et le philosophe allemand Georg Wilhelm Friedrich Hegel assure : « ***La seule chose que nous apprenons de l'histoire c'est que personne ne retient rien de l'histoire.*** »

L'Union Européenne fut elle aussi fondée sous le signe du Scorpion – le 1er novembre 1993. Le lecteur se demandera s'il y a vraiment le moindre parallèle entre l'Union Soviétique et l'Union Européenne. Malheureusement, il en existe d'innombrables.

Le parlement Européen est simplement un organe de conseil sans pouvoir législatif. Le parlement de l'ancienne Union Soviétique (le Soviet Suprême) ne détenait pas non plus de pouvoir législatif. Le Conseil de l'Union Européenne (le gouvernement) est dépendant des propositions de la commission européenne afin de rendre ses décisions. Le Conseil Ministériel de l'Union Soviétique, aussi, était incapable de prendre la moindre décision sans les directives du Politburo.

La Commission Européenne détient le pouvoir réel et peut prendre des décisions avec 8 membres présents sur 17. Les délibérations ne sont pas publiques et les comptes rendus des réunions sont classifiés. L'organe suprême du Parti Communiste en Union Soviétique, le Politburo (normalement composé de 15 membres), détenait aussi le réel pouvoir. Leurs délibérations étaient également gardées secrètes.

Lorsque l'Union Européenne fut fondée le 1er novembre 1993, le président de la commission, Jacques Delors (socialiste et franc-maçon), reçut un pouvoir supérieur à ceux des gouvernements des autres états. Tous les candidats pour le poste de membre de la commission doivent recevoir l'approbation du président. Le secrétaire général du Politburo détenait aussi un pouvoir totalitaire, ce qui est en tout point semblable aux pouvoirs dont fut investi le président de la commission européenne lorsqu'elle fut fondée en 1993.

De nombreux fonctionnaires de haut rang de l'Union Européenne sont également francs-maçons, et organisent des crimes dans le cadre des loges maçonniques du Grand-Orient et de la Mafia italienne *Cosa Nostra*, d'après les informations contenues dans le livre « The Octopus : Europe in the Grip of Organised Crime » / « La pieuvre : l'Europe sous la coupe du crime organisé (Londres, 1995). Des hauts fonctionnaires du parti de l'Union Soviétique organisaient aussi des crimes en collaboration avec les organisations criminelles.

Les francs-maçons de haut rang de la Commission Européenne, et plus tard de l'Union Européenne utilisent leur connaissance de l'astrologie pour renforcer leur position. Ce fut de cette manière que le franc-maçon de haut rang François Mitterrand, qui est devenu président de la France, trouva la meilleure date pour la tenue d'un référendum sur le traité de Maastricht. Il fit aussi établir les horoscopes de plusieurs membres du gouvernement socialiste de son temps. (*Svenska Dagbladet*, 9 mai 1997).

Les mêmes forces maçonniques et financières (les familles Rothschild, Warburg et Rockefeller) qui créèrent l'Union Soviétique, sont aussi derrière l'Union Européenne et sa « libre économie de marché ». Ils utilisent leur connaissance de l'astrologie pour augmenter et étendre leur base secrète de pouvoir. Officiellement, l'astrologie n'est qu'une superstition sans aucune base dans la réalité. Mais les évènements barbares du vingtième siècle ont prouvé que l'astrologie est un art que nous ne pouvons pas nous permettre d'ignorer.

Un symbole maçonnique : « l'Anneau De l'Organisation Des Francs-Maçons Européens Pour La Réforme De La Maçonnerie. »
Notez la similarité avec le drapeau actuel de l'Union Européenne.

L'élite au pouvoir a fait tout son possible pour dissimuler la relation entre le communisme et la franc-maçonnerie. La Yougoslavie était un des deux pays communistes qui autorisait la franc-maçonnerie. Le deuxième est Cuba, où le dictateur Fidel Castro appartient au Grand Orient. Le reste du monde communiste a passé sous silence le rôle de la franc-maçonnerie.

Le franc-maçon Richard Coudenhove-Kalergi a révélé : « *Aujourd'hui, la démocratie n'est que la façade de la ploutocratie... En régime républicain ou monarchique, les hommes d'état sont des marionnettes. Les capitalistes tirent les ficelles et dictent les consignes politiques et contrôlent l'opinion publique en achetant les votes.* » (Coudenhove-Kalergi, « Adel », Leipzig, 1922, p. 31).

Alors ne croyez pas tout ce que ces menteurs assoiffés de pouvoirs vous disent ! Pensez par vous-même et les secrets du monde commenceront à s'ouvrir devant vous ! Même le pouvoir secret des Illuminés peut être brisé. Les Illuminati ne peuvent pas soutenir la lumière de la vérité et cherchent à l'éviter, tout comme le scorpion se cache du soleil. Les forces des ténèbres échoueront inévitablement afin que la lumière puisse à nouveau atteindre l'âme des hommes.

JÜRI LINA

Jüri Lina, né le 13 octobre 1949 en Estonie lors de l'occupation soviétique, est un essayiste estonien résidant en Suède. Il y fut interdit d'exercer le journalisme en 1975.

Il travailla alors comme veilleur de nuit jusqu'à ce qu'il soit contraint de fuir son pays en 1979 après des affrontements répétés avec la police politique, le KGB. Il est un opposant au communisme, ce qui provoqua son exil forcé d'Estonie en 1979.

Il fut accusé de haute trahison en Estonie suite à la publication de deux livres – « *Sovjet hotar Sverige* » (« L*a menace soviétique contre la Suède* ») et « *Öised päevad* » (« *Jours sombres* »).

Le KGB le considérait comme l'un des écrivains les plus anti-communistes.

Jüri Lina a publié de nombreux articles dans plusieurs pays, ainsi que de nombreux livres et films.

www.jyrilina.com

BIBLIOGRAPHIE SÉLECTIVE

Agraniants, Oleg, "What is to be Done? or Deleninisation of our Society", London, 1989.
Ahlwardt, Hermann, "Mehr Licht" / "More Light", 1925.
Aleksinskaya, T., "The Memories of the Russian Socialist", Paris, 1923.
Allen, Gary, "None Dare Call it Conspiracy", 1971.
Allen, Gary, "Rockefeller File".
Allen, Gary "Say 'NO!' to the New World Order", California, 1987.
Antelman, Marvin S., "To Eliminate the Opiate", New York, 1974.
Aronson, Grigori, "Russia at the Dawn of the Revolution", New York, 1962.
Arutiunov, Akim, "The Phenomenon Vladimir Ulyanov/Lenin", Moscow, 1992.
Avtrokhanov, Abdurakhman, "The Mystery of Stalin's Death", Frankfurt am Main, 1981.
Avtrokhanov, Abdurakhman, "The Technology of Power", Frankfurt am Main, 1976.
Bakunin, Mikhail, "God and the State".
Bakunin, Mikhail, "Polémique contre les Juifs"
Barruels, Abbe, "Memoirs, Illustrating the History of Jacobinism".
Bieberstein, Johannes Rogalla von, "Die These von der Verschworung 1776- 1945", Frankfurt am Main, 1978.
Berge, Anders, "Flyktingpolitik i stormakts skugga. Sverige och de sovjetryska langarna under andra varldskriget" / "Refugee Policy in the Shadow of a Super Power. Sweden and the Soviet-Russian Prisoners during the Second World War", Uppsala, 1992.
Bjorkegren, Hans, "Ryska posten" / "The Russian Post", Stockholm, 1985.
Braudo, Alexander, "Notes and Recollections", Paris, 1937.
Brooks, Pat, "The Return of the Puritans", North Carolina, 1976.
Bunich, Igor, "The Party's Gold", St. Petersburg, 1992.
Carr, William Guy, "Pawns in the Game".
Carr, William Guy, "The Red Fog Over America", 1968.
Chomsky, Noam, "Man kan inte morda historien" / "You Cannot Murder History", Gothenburg, 1995.
Chuyev, "Thus Spoke Kaganovitch", Moscow, 1992.
Conquest, Robert, "Harvest of Sorrow : Soviet Collektivization and the Terror- Famine", Alberta, 1986.

Coudenhove-Kalergi, Richard, "Praktischer Idealismus" / "Practical Idealism", Vienna, 1925.
Cowan, A.., "The X Rays in Freemasonry", London, 1901.
Curtiss, John Shelton, "The Russian Revolution of 1917", New York, 1957.
Dall, Curtis B., "The Military Order of the World Wars", The Army-Navy Club, Washington, 1973.
Deutscher, Isaac, "Den ojudiske juden" / "The Un-Jewish Jew", Stockholm, 1969.
Des Griffin, "Descent Into Slavery", South Pasadena, 1984. Dichev, Todor, "The Terrible Conspiracy", Moscow, 1994.
Disraeli, Benjamin, "Lord George Bentinck : a Political Biography", London, 1852.
Disraeli, Benjamin, "Coningsby", London, 1844.
Dolgun, Alexander and Watson, Patrick, "Alexander Dolgun's Story. An American in GULAG", 1975.
Engel, Leopold, "History of the Order of the Illuminati", Berlin, 1906.
Engels, "The Situation of the Working Classes in England", Leipzig, 1845.
Ekholm, C. M., "100 000 Foreign Words", Stockholm, 1936.
Ervast, Pekka "The Freemasons' Lost Word", Helsinki, 1965.
Fedoseyev, Anatoli, "About the New Russia", London, 1980.
Felshtinsky, Yuri "Collapse of the World Revolution", London, 1991.
Fikentscher, Henning, "The Latest Developments in Research of Schiller's Mortal Remains".
Fischer, Louis, "The Life of Lenin", London, 1970.
Freemantle, Brian, "The Octopus : Europe in the Grip of Organised Crime", London, 1995.
Gargano, Michael di, "Irish and English Freemasons and their Foreign Brothers", London, 1878.
Gates, John, "The Story of an American Communist", New York, 1958.
Gohier, Urbain, "The Old France", 1922.
Govorukhin, Stanislav, documentary "The Russia We Lost".
Gumilev, Leon, "The Ethnosphere — The History of Man and Nature", Moscow, 1993.
Gumilev, Leon, "The Discovery of Khazaria", Moscow, 1996.
Gurin-Loov, Eugenia, "The Great Holocaust", Tallinn, 1994.
Halliday, E. M., "Russia in Revolution", Malmo, 1968.
Heckethorn, Charles William, "Secret Societies", Moscow, 1993.
Heller, Mikhail and Nekrich, Alexander, "Utopia in Power", London, 1986.
Hericault, Charles de, "La Revolution". 1883.
Herzen, Alexander, "From the Other Shore", Tallinn, 1970.
Hess, Moses, "Rome and Jerusalem", 1860.

Hess, Moses, "Selected Works", Cologne, 1962.
Istarkhov, Vladimir, "The Battle of the Russian Gods", Moscow, 2000.
Ivanov, V., "The Secrets of Freemasonry", Moscow, 1992.
Johnson, Paul, "The Intellectuals", Stockholm, 1989.
Johnson, Paul, "Modern Times", Stockholm, 1987.
Josephson, Emanuel M., "Roosevelt's Communist Manifesto", New York, 1955.
Jaaskelainen, M., "Ita-Karjalan kysymys : kansallinen laajennusohjelman synty ja sen toteuttamisyritykset Suomen ulkopolitiikassa vuosina 1918-20" / "The Question of Eastern Karelia : The Beginnings of the National Extension Program and Attempts of Finnish Foreign Policy to Realise it in the Years 1918-20", Helsinki, 1961.
Kahan, Stuart, "The Wolf of the Kremlin : Stalin's Right-Hand Man", Stockholm, 1988.
Keesen's "Archiv der Gegenwart", Part XV, 1945.
Knight, Stephen, "The Brotherhood", London, 1985.
Kobistyanov, Y., Drizdo, A., Mirimanov V., "The Meeting of Civilisations in Africa", Tallinn, 1973.
Kunzli, Arnold, "Karl Marx : Eine Psychographie", Vienna, 1966.
Kuznetsov, Viktor, "The Secret of the October Coup", St. Petersburg, 2001.
Laar, Mart, "The Forest Brothers", Tallinn, 1993.
Lacis, M., "The Cheka's Struggle against the Contra-Revolution", Moscow, 1921.
Larseh, "The Blood-Lust of Bolshevism", Wurttemberg, 1925.
Laurency, Henry T., "Livskunskap Fyra" / "Knowledge of Life", Vol. 4, Skovde, 1995.
Leers, Johan von "The Power behind the President", Stockholm, 1941.
Lénine, "Œuvres Choisies", Moscow, Vol. 44. Lenin, "Œuvres Choisies", 4th edition, Vol. 35.
Lénine, "Œuvres Choisies", 2nd edition, Vol. 29. Lenin, "Selected Works", Vol. 2.
Lénine, "Theses about the Tasks of the Communist Youth".
Levin, Isaac Don, "Stalin's Big Secret", New York, 1956.
Levin, Don, "Estonian Jews in the USSR, 1941-45", Yad Vashem Studies, Vol. 2, Jerusalem, 1976.
Levinson, Charles, "Vodka-Cola", Essex, 1979.
Machiavelli, Niccolo, "The Prince", 1532.
Margiotta, Domenico, "Adriano Lemmi", Grenoble, 1894.
Margiotta, Domenico, "Le Palladisme : Culte de Satan-Lucifer", Grenoble, 1895. 419
Martin-Saint-Leon, Etienne, "Les Deux C.G.T., syndicalisme et communisme" Paris, 1923.

Marx, Karl, "Œuvres Choisies", Vol. I, New York, 1974.
Marx, Karl, "Das Kapital".
Marx and Engels, "Œuvres Choisies", Vol. I, New York, 1979.
Marx and Engels, "The Communist Manifesto", 1848.
Marx and Engels, "From Early Works", Moscow, 1956.
Marx and Engels, "Selected Works" (in German), supplement.
Marx and F. Engels, "Works", Moscow, Vol. 33.
Melgunov, Sergueï, "The Red Terror in Russia", Moscow, 1990,
Melgunov, Sergueï, "The Preparations for the Palace Coup".
Mlynar, Zdenek, "Nachtfrost" / "Night-frost", Cologne/ Frankfurt am Main, 1978.
Monus, Aron, "Verschworung : das Reich von Nietzsche", Vienna, 1995.
Mousset, Alfred, "L'Attentat de Sarajevo", Paris, 1930.
Morner, Carl, "An Account of the History of Paraguay and the Pertaining Jesuit Missions from the Discovery of the Country to 1813", Uppsala, 1858.
Nabokov, Vladimir, "The Provisional Government and the Bolshevik Coup", London, 1988.
Nabour, Eric Le, "Le pouvoir et la fatalite" / "Power and Destiny".
Nechayev, Sergueï, "The Catechism of the Revolution".
Nechayev, Sergueï, "The Catechism of the Revolution".
Nikolayevsky, Boris, "The Russian Freemasons and the Revolution", Moscow, 1990.
Nordling, Carl O., "Defence or Imperialism? An Aspect of Stalin's Military and Foreign Policy", Uppsala, 1984.
Ostretsov, Viktor, "Freemasonry, Culture and Russian History", Moscow, 1999.
Paganuzzi, A., "The Truth About the Murder of the Tsar's Family", U.S.A., 1981.
Payne, Robert, "The Life and Death of Trotsky", London, 1978.
Payne, Robert, "The Unknown Karl Marx", New York University Press, 1971.
Pike, Albert, "Morals and Dogmas of the Ancient and Accepted Rite of Scottish Freemasonry".
Pinay, Maurice, "The Secret Driving Force of Communism".
Platonov, Oleg, "The History of the Russian People in the 20th Century", Moscow, 1997.
Platonov, Oleg, "The Secret History of freemasonry", Moscow, 1996.
Quigley, Carroll, "Tragedy and Hope", New York, 1966.
Raddatz, Fritz, "Karl Marx", Germany, 1975.
Ragnerstam, Bunny, "Arbetare i rorelse" / "Workers in Action", Stockholm, 1986.

Raisin, Jacobs, "The Haskalah Movement in Russia", Philadelpia, 1913-1914.
Robison, John, "Proofs of a Conspiracy", London, 1796. 420
Roosevelt, Clinton, "The Science of Government, Founded on Natural Law".
Rositzke, Harry, "KGB", Helsinki, 1984.
Saint Andres, Pouget de, "Les auteurs caches de la revolution française".
Salisbury, Harrison E., "The Russian Revolutions", Stockholm, 1979.
Salluste, "Les origines secrètes du bolchevisme", Paris, 1930.
Scholem, Gershom G., "Cabbala", New York and Scarborough, 1974.
Scholem, Gershom G., "The Messianic Idea in Judaism", New York, 1971.
Scholem, Gershom G., "Sabbatai Zevi", New Jersey, 1973.
Schurer, Emil, "Geschichte des judischen Volkes im Zeitalter Jesu Christi" / "History of the Jewish People in the Age of Christ", Leipzig, 1890.
Sédillot, Rene, "Le coût de la Révolution Française".
Shafarevich, Igor, "La setta mondialista contro la Russia" / "The Mondialist Sect aga i nst Russia", Parma, 1991.
Shahak, Israel, "Jewish History, Jewish Religion : The Weight of Three Thousand Years", London, 1994.
Sheinman, Mikhail, "Paavstlus" / "The Papacy", Tallinn, 1963.
Shumsky, Vladislav, "Hitlerism is Terrible, but Zionism is Worse", Moscow, 1999.
Shturman, Dora, "The Dead Grasp after the Living", London, 1982.
Simanovich, Aaron, "Memoirs", Paris, 1922.
Skott, Staffan, "Sovjetunionen fran borjan till slutet" / "The Soviet Union from Beginning to End", Stockholm, 1992.
Solomon, Maynard, "Mozart", Stockholm, 1995.
Soloukhin, Vladimir, "In the Light of Day", Moscow, 1992.
Solzhenitsyn, Alexander, "Œuvres Choisies", Paris, 1984, Vol. 13.
Somoza, Anastasio and Cox, Jack, "Nicaragua Betrayed", Belmont, 1980.
Steinhauser, Karl, "EG - Die Super UdSSR von Morgen", Vienna, 1992.
Stern, Mikhail and August, "Iron Curtain for Love", Stockholm, 1982.
Still, William T., "New World Order : The Ancient Plan of Secret Societies", Lafayette, Louisiana, 1990.
Strobl, Johann Baptist, "Babo, Impressions from Human Life".
Sutton, Antony, "Wall Street and the Bolshevik Revolution", Morley, 1981.
Sutton, Antony, "Western Technology and Soviet Economic Development", Standford, 1973.
Sutton, Antony, "The National Suicide" Melbourne, 1973,
Sutton, Antony, "The Best Enemy Money Can Buy", Billings, 1986.
Suvorov, Viktor, "The Ice-Breaker", Moscow, 1992.
Suvorov, Viktor, "M Day", Moscow, 1994.
Toll, Sofia, "The Brothers of the Night", Moscow, 2000.

Trotsky, Leon, "The History of the Russian Revolution", Vol. 1, London, 1967. 421
Trotsky, Leon, "Problems of the Development of the Soviet Union", Paris, 1936.
Trotsky, "What is the Soviet Union and Where is it Going?", Paris, 1936.
Trotsky, Leon, "Portraits : Political and Personal", New York, 1984.
Valentinov, Nikolai, "The Lesser-Known Lenin", Paris, 1972.
Vietor, Karl, "Goethe", Stockholm, 1953.
Volkogonov, Dmitri, "Trotsky", Moscow, 1994.
Volodin, Alexander, "Herzen", Tallinn, 1972.
Voslensky, Mikhail, "Mortal Gods" / "Sterbliche Gotter", Erlangen/Bonn/Vienna, 1989.
Voslensky, Mikhail, "Nomenklatura", Stockholm, 1982.
Walton, Terry, "KGB in France", Moscow, 1993.
Webster, Nesta, "World Revolution", London, 1921.
Webster, Nesta and Kerlen, Kurt, "Boche and Bolshevik", New York, 1923.
Weissin, Franz, "The Way to Socialism", Munich, 1930.
Wells, George, "The Fate of Homo Sapiens".
Whalen, William J., "Christianity and American Freemasonry", 1987.
Wilgus, Neal, "The Illuminoids", New York, 1978.
Wilson, Colin, "The Occult", London, 1971.
Wilson, Derek, "The Rothschild Family".
Winrod, Gerald B., "Adam Weishaupt - a Human Devil".
Zeman, Z. A. B., "Germany and the Revolution in Russia, 1915-1918. Documents from the Archives of the German Foreign Ministry", London, 1958.
"Ancient Oriental and Jewish Secret Doctrines", Leipzig, 1805.
"Grosse Absichten des Ordens der Illuminaten" / "Great Purposes of the Order of the Illuminati", with Professor Joseph Utzschneider's testimony.
"Einige Originalschriften des Illuminaten-Ordens" and "Nachtrag von weitern Originalschriften" / "Some Original Documents of the Illuminati Order" and "Supplement of Further Original Documents", Munich, 1786.
"Guidance for Freemasons", Stockholm, 1906.
The Greater Soviet Encyclopaedia, 1933.
Meyers Enzyklopadisches Lexikon.
Brockhaus Enzyklopadie. "Rheinische Jahrbucher", Vol. 1, 1845.
Judisches Lexikon, Berlin, 1929, Vol. 3, p. 1363.
The collection "Lenin and the Cheka", Moscow, 1975.
"Decrees of the Soviet Power", Moscow, 1964.
The collection "Chernyshevsky and Nechayev", Moscow, 1983.
"The Secret Inauguration of the 33rd Degree".

Encyclopaedia Judaica. "The Ugly Truth About the ADL", Washington, 1992.
Encyclopedia of Jewish Knowledge, article "Schiff", New York, 1938.
"Protocol and Stenographic Notes from the Communist Party Congresses and Conferences".
The collection "Voices from the Ruins", edited by Alexander Solzhenitsyn and Igor Schafarevich, Stockholm, 1978.
"The Writings of Thomas Jefferson", New York, 1899, Vol. 10.
"The Shorter Biography of Lenin", Moscow, 1955.
"The Book of Russian Judaism", New York, 1968.
"Papers Relating to the Foreign Relations of the United States, 1918, Russian", Volume 2.
Lenin's article "The Present Tasks of the Soviet Power" in Pravda and Izvestiya, April 28, 1918.
Svenska Dagbladet, 13th April 1983 and January 27, 1948 (Alexei Shchusev's article "Den oforglomliga kvallen" / "The Unforgettable Evening").
Strana i Mir Magazine, Munich, No. 3, 1988, p. 94.
Jewish Chronicle, London, 4th April 1919.
Wiener Freimaurer Zeitung, Vienna, September 1925 and October 1926.
La Vieille France, March 31, 1921.
Archives Israelites, 6th June 1889.
The Economist, the 26th December 1992.
New York Times, 23rd August, 1921 and 25th June 1963.
Literator, St. Petersburg, No. 38, 12th September 1990.
Illustrated Sunday Herald, February 8th, 1920.
Literaturnaya Rossiya, 8th March 1991, Yuri Chernichenko's article : "Who Needs the Farmers' Party and Why?".
Rodnaya Zemlya, No. 1, 1926.
Novaya Zhizn, No. 174, 1917,
Gorky's article "To Democracy". Ogonyok, No. 39, October 1997.
Novoye Vremya, March 1911.
Obozreniye, Paris, November 1985.
The Illustrated Sunday Herald, 8th February 1920, Winston Churchill's article "Zionism Versus Bolshevism".
Krasnaya Gazeta, 31st August 1919.
Executive Intelligence Review Nr 39, 30th September 1988.
American Jews' News, 19th September 1919.
Molodaya Gvardiya, No.9, 1989; No. 8, Nr 11, No. 19, 1990; and Nr 2, 1991. 423
Kommunist, Kharkov, 12th April 1919, M. Kogan's article "Services of Jewry to the Working Class".

Peiewische Vordle, 13th January 1919. Postimees, Tartu, 31st December 1919.
Le Contemporain, 1st July 1880.
Novoye Russkoye Slovo, New York, August 1, 1986, Professor N. Pervushin's article "The Russian Freemasons and the Revolution".
American Hebrew, 31st October 1919, 8th September, 1920, and 10th September, 1920.
The Times, September 18, 1920.
Pravda, December 25, 1918; Nr 18, 1929.
Sovershenno Sekretno, Nr 6, 1993 and Nr 9, 1995.
Fontanka, St. Petersburg, November 9, 1993.
Berlingske Tidende, 9th December, 1935.
Pesti Hirlap, 30th of September 1992.
The Financial Times, 1st of November 1996.
The Baltic Independent, No. 135, 1992.
The Spotlight, 22 October 1979.
Bulletin du Grand Orient, June 1843.
Komsomolskaya Pravda, 26 December 1995.

Ouvrages déjà parus chez Omnia Veritas

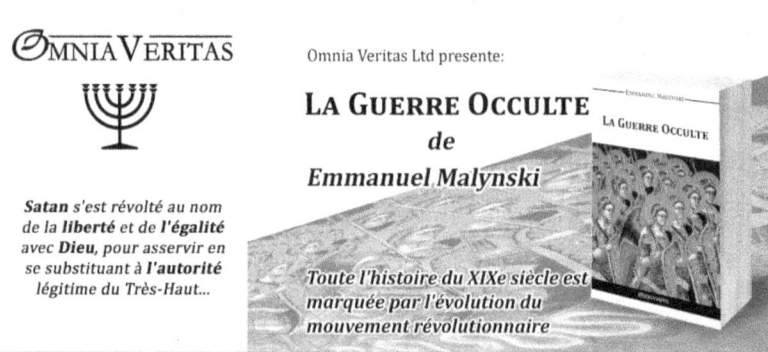

www.omnia-veritas.com

www.ingramcontent.com/pod-product-compliance
Lightning Source LLC
Chambersburg PA
CBHW050321230426
43663CB00010B/1703